अग्निसागर से अमृत

(मलयालम भाषा के जन्मदाता की जीवन-गाथा)

AF755638

प्रकाशक / लेखक की अनुमति के बिना इस पुस्तक को या इसके किसी अंश को संक्षिप्त, परिवर्धित कर प्रकाशित करना या फ़िल्म आदि बनाना कानूनी अपराध है।

ज्ञान गरिमा के

72 वर्ष

भारतीय

ज्ञानपीठ

अग्निसागर से अमृत

सी. राधाकृष्णन

अनुवादक
एस. तंकमणि अम्मा,
के.जी. बालकृष्ण पिल्लै

भारतीय ज्ञानपीठ

लोकोदय ग्रन्थमाला : ग्रन्थांक 1329

ISBN 978-93-263-5589-6

अग्निसागर से अमृत

(जीवन गाथा)

सी. राधाकृष्णन

अनुवाद एस. तंकमणि अम्मा, के.जी. बालकृष्ण पिल्लै

प्रकाशक : भारतीय ज्ञानपीठ

18, इन्स्टीट्यूशनल एरिया, लोदी रोड, नयी दिल्ली–110 003

मुद्रक : विकास कम्प्यूटर ऐंड प्रिंटर्स, दिल्ली–32

आवरण–चित्र : लीलाधर मंडलोई

आवरण–सज्जा : चन्द्रकान्त शर्मा

© श्री सी. राधाकृष्णन

AGANISAGAR SE AMRIT

(Jevan Gatha)

by C. Radhakrishnan

Published by

Bharatiya Jnanpith

18, Institutional Area, Lodi Road, New Delhi-110 003

Ph. : 011-24698417, 24626467; 23241619 (Daryaganj)

Mob. : 9350536020; e-mail : bjnanpith@gmail.com

sales@jnanpith.net; website : www.jnanpith.net

First Edition : 2017

Price : Rs. 770

उस परमाचार्य-कारुण्य को समर्पित
जिसने ज्ञानांजन की शलाका से
अन्तर्नेत्रों का मोतियाबिन्दी आवरण हटाकर
देखने की रोलानी प्रदान की

अनुक्रम

वन्दना

वन्दे सम्पूज्य! सायूज्य दायक!
वाणी हृदय-रहस्य-निर्धारक!

तूने ही एक रूप इदं सर्व को
अनेक करके न देखने की सीख दी
तू ही पराशर बन के अवतीर्ण हुआ
तद्पूर्व वाल्मीक तोड़ तूने ही जन्म लिया!

हे, मोहान्धकार-कूपार्त्त-संरक्षक!
मायारहित! महावाक्यवादक!

किसी अदृश्य कोने में सिमट कर, निरालम्ब हो—
दुःख में कलपती रही माँ की लाज बचाने
पूरे इक्यावन वर्णों को रच डालनेवाले
हे कृष्ण! तेरी जय हो।

हे, राम-सीता-कथा पीयूष-गायक!
हे नारायण दास! नित्यं नमोस्तुते!

उच्चवर्ग ने कोल्हू से बाँध रखा
शोषकों ने निशि-वासर निन्दा की
तो भी अखंड ज्ञान-ज्योति का तेल बन
निरन्तर निसृत होते रहे तेरी जय हो!

हे, वेद-वेदांग-पारंगत संसिद्ध—
वेदान्तसार सर्वस्व सम्पादक!

कालातिवर्ती बन विराज रहे हे मातुल!
बालदत्त यह तिलोदक स्वीकार कर ले।
अक्षरों की गलती होने से बचा ले!
अर्थ शंका होने से बचाकर मेरी रक्षा कर ले।

वन्दे सम्पूज्य! सायूज्यदायक!
वाणी हृदय-रहस्य निर्धारक!

(सन् 1957 में आकाशवाणी के कोषिक्कोट् केन्द्र द्वारा महाविद्यालयीन छात्रों के लिए आयोजित कविता-प्रतियोगिता में प्रथम स्थान प्राप्त यह कविता उक्त केन्द्र से प्रसारित हुई थी।)

अनुग्रह-स्मृति

मलयालम की वर्तमान वर्णमाला तिरूर की प्राथमिक पाठशाला में ही भाषा-पिता के हृदयकमल में विकसित हुई थी। इसलिए शिशुओं के विद्यारम्भ के समय उपयोग करने के लिए वहाँ से मुट्ठी भर मिट्टी ले जाने की प्रथा सदियों से चली आ रही है जिसे बिछा कर शिशुओं की अँगुली से आद्यक्षर लिखवाए जाते हैं। विद्यारम्भ के दौरान आद्यक्षर लिखवाने के लिए मीलों की दूरी तय करके गोकर्ण से लेकर कन्याकुमारी तक के शिशुओं को वहाँ लाया जाता है। उस पुण्य स्थली के सामीप्य-अनुग्रह के लिए आभार।

उस अनुग्रह के सिलसिले में और भी कई सहायक हस्तों का सहयोग भी इस कृति की रचना में मिला है। गुरुमातुलों की भलमनसी के साथ-साथ उनके कृपा कटाक्षों का भी आभारपूर्वक स्मरण करता हूँ।

भाषा-पिता की जीवन गाथा का मौखिक पाठ मातामही और पितामह से ग्रहण किया था। साथ ही हाई स्कूल में हमें मलयालम पढ़ाते रहे श्री पद्मनाभ पणिक्करजी ने महाकवि उल्लूर द्वारा रचित मलयालम भाषा साहित्य के इतिहास का जो दूसरा खंड मुझे पढ़ने के लिए दिया उससे भी इस रचना के लिए आवश्यक सत्यान्वेषण आरम्भ हुआ। बाहरी दुनिया द्वारा बरसायी गयी अनुग्रह-पुष्प-वर्षा का आरम्भ भी यही था।

उसके बाद, किसी भी विद्वान से परिचित होने का अवसर मिलने पर उनसे भाषा-पिता के जीवन के बारे में पूछना मेरी आदत बन गयी। ऐसे व्यक्तियों की तालिका बहुत लम्बी है। जैसे—डॉ. एन. वी. कृष्णवारियर, एन. एन. कक्काट, प्रो. विष्णुनारायणन नम्पूतिरी, प्रो.एस.गुप्तन नायर, डॉ. शशिभूषण, प्रो. पन्मना रामचन्द्रन नायर, प्रो. एम.के. सानु, प्रो. एम.थॉमस मैथ्यु, प्रो. डी. विनयचन्द्रन, प्रो. जी.कुमार पिल्लै, डॉ.प्रभाकर वारियर, डॉ.चात्तनात्त् अच्युतनुण्णी, प्रो.एम.आर.चन्द्रशेखरन, प्रो. के. पी. शंकरन, श्री एस. के. पोट्टेक्काट, महाकवि वैलोप्पिल्लि, श्री तकष़ी (ऐसी ही एक पुरावृत्त चिन्तन के दौरान उन्होंने बताया था कि उनके मातृपरिवार का

स्रोत आतवनाड रहा और पुराने घराने का नाम अरीप्रा रहा।) प्रो. पुतुश्शेरी रामचन्द्रन, श्री सी. उण्णिराजा, श्री सी. अच्युत मेनोन, डॉ. एम. एम. बशीर, प्रो. ओ. एन. वी. कुरुप, प्रो. मधुसूदनन नायर, डॉ. शशिधरन क्लारी, श्री एन. ई. बलराम, न्यायमूर्ति सी. एस. राजन आदि। इन सबसे कई प्रकार के ज्ञान-कण प्राप्त हुए।

आश्चर्य की बात है, भाषा-पिता की जीवन गाथा को यथावत् लिख रखने का हठ जितना मेरे पितामह की ओर से हुआ था उससे अधिक ज़ोरदार ढंग से पंडित रत्न श्री के. पी. नारायण पिषारटी की ओर से हुआ। प्रचलित रही दो वर्णमालाओं का संयोजन भाषा-पिता ने किस रीति से किया था उसकी ओर उन्होंने संकेत किया। उन्होंने यह भी सिखा दिया कि 'हरिनामकीर्तनं' और 'अष्टकं' वर्णमाला के संस्थापन और प्रचार में किस प्रकार सहायक हुए। उन्होंने बता दिया कि दशकों पूर्व रचित अपनी कृति 'तुंचत्ताचार्यन्' में इन सब बातों का उल्लेख किया गया है। इस छोटी परन्तु अमूल्य कृति को लिखवा कर प्रकाशित करने का कार्य तुंचन स्मारक समिति, तिरूर ने तब किया था जब स्व. एस. के. पोट्टेक्काट उसके सारथी थे।

अपनी शंकाओं के निवारण के लिए मैंने दशकों तक उन्हें लगातार तंग किया। इससे उन्हें अधिकाधिक आनन्द ही आता रहा। मेरी शंकाएँ कभी अपरिह्मत नहीं रहीं। रामायण के पाठसंशोधन का जो प्रयत्न 1990 में प्रारम्भ हुआ उसका भी प्रमुख अवलम्ब वे ही थे। उन्होंने ही शुद्ध पाठ की हज़ार प्रतियाँ (कागज़ों को पिरोकर रखने की सुविधा के साथ ग्रन्थ रूप में) मुद्रित करा कर पंडितों में इस आग्रह के साथ वितरित किया था कि वे पाठ में अपने संशोधन सुझाएँ और छः सौ से अधिक व्यक्तियों से प्राप्त सुझावों के आधार पर पाठ को अन्तिम रूप दे दिया था। (भाषा-पिता की इतर कृतियों का पाठ-संशोधन भी इस ढंग से करना है। इसके लिए अब जो मनीषी शेष रह गये हैं उन्हीं पर आश्रित रह सकते हैं।)

भाषा-पिता के जीवन से जुड़ी बातों की तलाश में केरल के अन्दर और बाहर स्थित अनेक ग्रन्थालयों से मदद मिली। श्री के. पी.विजयन ने अपने निजी ग्रन्थालय का उपयोग करने दिया। विचारों में स्पष्टता लाने में श्री के.सी.नायर के साथ हुई चर्चाएँ सहायक हुईं।

प्रो. पालक्कीष़ नारायणन ने वल्लुवनाट् से सम्बन्धित अपने प्रकाशित लेख और अप्रकाशित टिप्पणियाँ दीं। प्रो. मीराक्कुट्टी और श्री ई. पी. भास्कर गुप्तन ने अपनी कृतियाँ भेज दीं।

केरल के इतिहास के अन्धेरे गलियारों पर प्रकाश पाने के लिए प्रो. एम. जी. एस. नारायणन (कॉलेज में वे 'विश्व इतिहास' विषय के मैरे औपचारिक गुरु भी रहे) और प्रो. एम. गंगाधरन को सीधे सम्पर्क द्वारा और टेलिफोन द्वारा तंग किया। केशवन वेलुत्ताट्ट को ई-मेल तथा दूरभाष द्वारा परेशान किया। तीनों ने ससन्तोष

सहायता की। प्रो. एम. लीलावती ने सगी बहन के से वात्सल्य के साथ रचना में प्रोत्साहन दिया।

पाँच सदियों पूर्व केरल में जो चिकित्सा प्रचलित रही थी, उसका पता लगाने के लिए कोट्टक्कल आर्यवैद्यशाला के एरणाकुलम के सारथी डॉ. बालचन्द्रन से मिला। अपने पिताजी एवं गुरुनाथों से परामर्श करके शंका निवारण करने के बाद प्राप्त जानकारी उन्होंने मुझे बाँट दी।

तानूर के लोकज्ञान को एकत्र करने में युवा मित्र सुलफी तानूर ने कष्ट उठाया। वेट्टम परियापुरम के बुजुर्गों ने वहाँ की कथाएँ बता दीं। प्रतिपरीक्षा की सी प्रश्नावली का उत्तर देने के लिए भी वे तैयार हुए। आमक्काव् में एटप्पाल् घर में आचार्य की सन्तान-परम्परा रहती है। वहाँ के वर्तमान मुखिया, उनकी भानजी और सन्तानों ने अपने पास उपलब्ध ग्रन्थों से और जानकारियों से लाभान्वित किया। श्री पी. एम. प्रभाकरन (मणि दाऊ) ने पिलाक्काट्टीरि में तलाश करके प्राचीन जानकारियाँ खोज निकालीं। कोयंकाविल् का 'पाना' नामक अनुष्ठान देखने का अवसर भी उपलब्ध कराया। बचपन में कभी उसे देखने की याद ही मेरी रही थी।

चिट्टूर की जानकारियाँ प्राप्त करने के लिए की गयी यात्रा में आषा मेनोन ने मार्गनिर्देशन दिया। अप्पुवेट्ट नामक आचार्य-भक्त मठ के चौकीदार थे। उन्होंने शोकनाशिनी के किनारे किए गये प्रयाण में और 'एषुत्तच्छन् शिलाखंड' में साथ दिया। मठ में उपलब्ध अभिलेख दिखा दिए। वहाँ के सामाधि स्थान के सामने बैठ कर ध्यान करने की अनुमति भी दी।

तंचावूर में तलाश करने के लिए कोचिन विश्वविद्यालय के दक्षिण भारतीय भाषा विशेषज्ञ प्रो.मुरुगेश मुदलियार के माध्यम से तिरुच्चिरप्पल्ली के भारती दासन विश्वविद्यालय के प्रो. मुरुगेश रेड्डियार का सहयोग मिला। उन्होंने तंचावूर तमिल विश्वविद्यालय के विशिष्ट हस्तलिखित ग्रन्थों की रखवाली करनेवाले तथा उनसे सम्बन्धित विभाग के अध्यक्ष प्रो.अरिवुटैय नम्पी और पुरातत्व विभाग के अध्यक्ष प्रो. कुलत्तूरान से परिचय कराया।

प्रो. अरिवुटैय नम्पी ने तंचावूर के सरस्वती महाल ग्रन्थालय का भी परिचय कराया। चिरपुरातन ताड़-पत्रों की रखवाली करनेवाला सरस्वती महाल सभी अर्थों में वाणी मन्दिर ही है। वहाँ बिताए गये दिनों के बीत जाने का पता ही नहीं चला। उस संस्था की सेवाक्षमता अनन्य है। सामग्रियों के प्रति उनकी रखवाली करनेवालों का प्रेम प्रशंसनीय है। ग्रन्थ को छूने के लिए हमारा हाथ कहीं आगे बढ़ा तो सदा दस्ताने पहने रहनेवाले वे विनम्रता पूर्वक यह कहकर रोकते हैं—'आप कष्ट न करें मैं दिखा दूँगा!' एक ताड़-पत्र भी दूसरों की अँगुली के छोर से छूने नहीं देंगे।

बृहदीकार मन्दिर और मारियम्मन मन्दिर के समीप के प्रदेशों के गुरुकुलों के

सम्बन्ध में किये गये अन्वेषणों से एक बार और इस बात का पता चला कि तमिलनाडु वाले अब भी ज्ञान के प्रति कितना आदर रखते हैं। साथ ही इस दुर्भाग्य का भी पता चला कि चातुर्वर्ण्य का दुष्प्रभाव वहाँ भी व्याप्त हो गया है।

तिरुवनन्तपुरम के हस्तलिखित ग्रन्थालय से विस्तृत जानकारी प्राप्त करने में वहाँ के श्री.पी.एल.षाजी ने मनोयोग पूर्वक सहयोग दिया। हरिनामकीर्तन की व्याख्याओं की तलाश में था। जो मुझे गुरुवायूर के 'तीरभूमि' बुक स्टॉल से अप्रत्याशित रूप से वे भी मिल गयीं।

चम्रवट्टम के कुट्टिटश्शेरि 'मना' (भवन) में उस घराने का और समीपस्थ प्रदेश का दीर्घकालीन इतिहास उपलब्ध है। वहाँ के वर्तमान मुखिया विद्याविनीत एवं मेरा समवयस्क मित्र हैं। उन्होंने उस भवन के ठीक उत्तर में पेय्यापन्तल नामक जो भवन था और उसकी उत्तरी सीमा में जो संकेत—कोल्हूखाना था उनसे सम्बन्धित सर्वेक्षण संख्यांक और अन्य जानकारियाँ बता दीं। री-सर्वे में भी हैं दोनों जगहों के संख्यांक। पर वह ज़मीन अब नहर में है। नानी ने भी बताया था कि कालान्तर में वह ज़मीन नहर के अन्तर्गत समाहित हो गयी है।

तिरुनावाया और तृप्रंगोट महामन्दिर के समीप के बुजुर्गों ने उन प्रदेशों की कथाएँ विस्तार से बता दीं। तिरूर के कुमार दाऊ को प्रादेशिक इतिहास कंठस्थ है। (श्री कुमारन नायर सदा मेरे प्रति मातुल-जैसा वात्सल्य भाव रखते थे।)

भाषा-पिता के समय के भारतीय इतिहास का सामान्य अवलोकन तथा दक्षिण भारतीय और केरलीय इतिहास का विशेष अवलोकन करने का कार्य मेरे बेटे गोपाल ने किया। यही नहीं, इस कृति की पांडुलिपि पढ़ कर यथासमय उसने अपने सुझाव भी दिए हैं।

तीन वर्ष पूर्व 'मलयालमनोरमा' में प्रकाशित एक भेंटवार्ता में मैंने बताया था कि ऐसी एक कृति की रचना विचाराधीन है और प्रार्थना की थी कि जिनके पास भाषा-पिता से सम्बन्धित विभिन्न प्रकार के श्रुत ज्ञान है वे उसे प्रदान कर सहायता करें। उससे भी डेढ़ दशक पूर्व 'केरल कौमुदी' में प्रकाशित एक भेंट वार्ता में यही प्रार्थना की गयी थी और भाषा-पिता के साथ मेरे परिवार का जो पारम्परिक रिश्ता रहा उस पर प्रकाश डाला गया था। दोनों सन्दर्भों में अनेक व्यक्तियों ने गम्भीरता पूर्वक जो खत लिखे उनसे दन्त कथाओं को लांघ कर आगे जाने का रास्ता और आलोक मिला।

विद्वेष के रूप में भी एक बड़ा अनुग्रह प्राप्त हुआ। जब मलयालमनोरमा में भेंट वार्ता प्रकाशित हुई तब और जब यह कृति मातृभूमि में खंडशः प्रकाशित होने लगी तब जाति के नाम पर कड़ी भर्त्सनाएँ हुईं। ऐसी पदावली और स्वर विन्यास के साथ मुझे उत्तेजित करने की कोशिश की गयी जो भाषा-पिता की संस्कृति के

अनुरूप नहीं रही। यह कोशिश समाचार-पत्रों तक सीमित नहीं रही। टेलीफोन द्वारा भी यह ज़ारी रही। (लगता है कि इन लोगों ने 'केरल कौमुदी' में प्रकाशित पुराना वक्तव्य नहीं देखा होगा।)

इस प्रतिक्रिया का यह लाभ हुआ कि मैं ज्यादा क्षमा और समचित्तता का अभ्यस्त हो गया। इससे यह भी स्पष्ट हुआ कि उच्च-नीचत्व को जन्मार्जित माननेवाली जाति प्रथा के विरुद्ध आचार्य जी ने जो अचंचल रुख अपनाया था उसकी प्रासंगिकता बढ़ गयी है।

आचार्य जी के अनुग्रह से यह सोच कर मौन साधे रह सका कि सम्प्रति कोई उत्तर आवश्यक नहीं। जातिवादियों के प्रति विवेकपूर्वक प्रतिक्रिया प्रकट करने में सहृदय पाठक तैयार भी हो गये।

भाषा-पिता के कुल और काल से सम्बन्धित विविध उपलब्ध जानकारियों का सामान्य विवरण 'भाषा-पिता का कुल और काल' शीर्षक से अनुबन्ध में दिया गया है। केरल सरक़ार के पूर्व अपर सचिव श्री. एन.एस.मन्नाटियार ने यह तैयार कर दिया है। यह भी एक अनुग्रह ही रहा है।

इस कृति का कथ्य पितामह और मातामही से सीधे सुनी हुई बातें हैं। यह कल्पना की सृष्टि नहीं है। पूर्वजों से ग्रहण की गयी पारिवारिक इतिहास सम्बन्धी जानकारी अगली पीढ़ी को हस्तान्तरित करना मात्र उनका उद्देश्य रहा था, इसमें कोई सन्देह नहीं। प्रदेश के सामान्य इतिहास से सम्बन्धित बातें उन्हें ज्ञात नहीं थीं।

कथागति के पृष्ठभूमिगत कारणों की तलाश करता हुआ जब केरल के इतिहास का अध्ययन करने लगा तब मैं यह समझ सका कि भाषा-पिता के जीवन की गतिविगतियों का मुख्य कारण इतिहास की गति रहा। जिस भू-प्रदेश से होकर कोई नहर बहती है उस भू-प्रदेश की निम्नोन्नतियों और उस नहर के बीच जैसा सह—सम्बन्ध रहता है वैसा ही सह सम्बन्ध उनके जीवन तथा उसकाल की ऐतिहासिक घटनाओं के बीच दिखायी दिया। तभी यह बात भी समझ पाया कि महाकवि उल्लूर ने भाषा-पिता के जीवन के सम्बन्ध में जो कुछ लिखा है उनमें कई अंश सही हैं।

'मातृभूमि' के रविवारीय अंक ने एक वर्ष तक लगातार इस कृति का खंडश: प्रकाशन करके अनुगृहीत किया। कट्टर जातिवादियों की ओर से यद्यपि इसका प्रकाशन बन्द करने के लिए दबाव आया तो भी प्रकाशन रुका नहीं। कुछ हफ्तों के बाद यद्यपि 'पाठकों के पत्र' शीर्षक स्तम्भ स्थगित रखा गया तो भी पाठकों की ओर से पत्रों द्वारा और फोन द्वारा अभिनन्दन आते रहे। इसके पीछे जो सद्भाव रहा वह आचार्य की प्रीति का प्रमाण है।

'मातृभूमि' के सम्पादक श्री गोपालकृष्णन ने इतने लम्बे अध्यायों वाली इस

कृति के लिए रविवारीय अंक में एक साल से अधिक समय तक जगह देते रहने का साहस दिखा कर और प्रभारी सम्पादक डॉ.श्रीकुमार ने प्रकाशन की अवधान पूर्वक निगरानी करके, आचार्य का नियोग ही कहें, भरसक अनुगृहीत किया।

यह भी पुण्य-फल है कि अतिनिपुण सी.एन.करुणाकरन नम्पूतिरी और मदन ने इस कृति के अन्तरंग और बहिरंग को अलंकृत कर दिया।

आकाशवाणी के कोषि़क्कोट् केन्द्र ने 1957 में महाविद्यालयीन छात्रों के लिए जो कविता प्रतियोगिता आयोजित की उसमें प्रथम स्थान प्राप्त 'वन्दना' शीर्षक प्रार्थना गीत को अपनी स्मृति से लिपिबद्ध कर इस कृति के आरम्भ में दिया गया है। तब आकाशवाणी ने इसका वाचन करा कर प्रसारित किया था। यही मेरी ऐसी रचना है जिसे मैं जगत के समक्ष सर्वप्रथम समर्पित कर सका। (सोलह साल की उम्र में रचित होने के कारण उसे तब 'बालदत्तं' कहा गया। 'बाल' शब्द का एक सामान्य अर्थ यह भी है—'जिसका ज्ञान अधूरा हो।' इस दृष्टि से देखें तो पैंसठ वर्ष की आयु के बाद रचित यह कृति भी मेरी नज़र में 'बालदत्तं' ही है।

मार्गशीर्ष महीने के उत्तरा नक्षत्र के दिन आप के समधिस्थान पर यह अक्षरोदक सादर समर्पित करता हूँ।

इस की सारी भूल चूकें मेरी हैं। उन्हें आप और सहृदय संसार कृपापूर्वक माफ कर दें।

आप का करुणापूर्ण अनुग्रह, उसके फलस्वरूप प्राप्त सत्यज्ञान का प्रकाश और उससे उत्पन्न अक्षय आनन्द—ये ही इसकी फल श्रुति अथवा प्रसाद—प्रहर्ष हो जाए। इसके सभी पाठकों के लिए यह सुलभ हो जाए!

हे परमाचार्य स्वरूप आनन्द चिन्मय! प्रणाम!!

—सी. राधाकृष्णन

चम्रवट्टम्, जनवरी 2005

स्वस्ति

घर की उत्तरी कोठरी में बिछी घास की चटाई पर पाँव पसारे बैठी नानी मेरा बाल-पोथी-वाचन सुना करती थीं। उनके होंठों पर 'हरिनामकीर्तन' का जप रहता। गलकूप में पड़ा रुद्राक्ष श्वास—उच्छ्वास के साथ हिलता—डुलता रहता। अर्धनिमीलित नेत्रों में शान्ति का भाव समाया रहता। हर दिन की तरह उस दिन शाम के समय भी मैं ज़मीन पर औंधा लेटा हुआ, नानी के घुटनों पर पुस्तक खोले रख कर पारायण कर रहा था।

धारासार वर्षा का मौसम। कहीं ऐसी कोई वस्तु नहीं जिस पर नमी नहीं लगी है। घर की आठ मुट्ठी चौड़ी दीवार पर और गोबर पुते फर्श पर नमी। बाहर से आती बूँदा—बूँदी से भीगते तख्ते की मोटी सीखचियों पर और भीगने से बचे रहने वाले दरवाज़ों के चौखटों पर भी नमी। सूखने का मौका न पाने के कारण चटाई के जो घास फूले हुए हैं उनसे झड़ी फफूँद की बदबू। दीपक का तेल समाप्त होने पर जल रही बाती की अंजन की सी गन्ध। रसोई में पक रहे मेथी-इमलीवाले सांबार, नए धान का चावल तथा तली हुई सब्जी की सुगन्ध रह-रहकर आती है।

जो कुछ भी पढ़ें, वर्ण शुद्धि के साथ पढ़ें, नानी का यही एक हठ है। ससन्तोष सुनती रहेंगी। दखल नहीं देंगी। पर, उस दिन जब वाचन समाप्त करके नानी की गोद में सिर रख कर चित लेट गया तब धीरे से झुक कर नानी ने हाथ बढ़ाया : "यह पुस्तक कौन सी है?"

बीच में मोड़कर छाती पर डाली अंगोछी के नीचे से लटक आए, रेशमी थैलियाँ जैसे उनके स्तन मेरी छाती और उदर को छू गये। लम्बे खिंच आते प्रश्नचिह्न बनकर, तोटा नामक आभूषण से लम्बे किए गये नानी के कानों के निचले हिस्से उनकी ठोड़ी के नीचे की ओर झुक आए। नानी ने हाथ बढ़ा कर पुस्तक ले ली, पन्नों के बीच में अँगुली रख कर मोड़ ली और उसका आवरणपृष्ठ दीपक की ओर बढ़ा दिया। पर्याप्त रोशनी के होने पर नानीजी मोटे मोटे अक्षर बिना ऐनक की सहायता से पढ़ लेती हैं।

महाकवि उल्लूर द्वारा रचित केरल साहित्य का इतिहास, द्वितीय खंड। उस वर्ष की मेरी पाठ्य पुस्तक में एक कविता की कुछ पंक्तियाँ थीं जिनकी पहली पंक्ति थी—'धनुषभंग की आवाज़ मेघगर्जन के समान सुनाई पड़ी तो'...। आषाढ़ के महीने में नानीजी रामायण का पाठ स्मरण से किया करती थी। यों मैंने यह अंश पहले ही कई बार सुन रखा था।

उस काव्य पाठ के आमुख के रूप में कक्षा में रामायण के रचयिता महात्मा की कथा पद्मनाभ पणिक्कर मास्टर ने संक्षेप में सुनाई। यह भी जताया कि यदि उस महापुरुष के सम्बन्ध में अधिक जानना हो तो ग्रन्थालय चलें।

उस स्कूल में उसी साल मैं नया-नया भर्ती हुआ था। उस दिन पहली बार डरता-सुकुचाता मैं ग्रन्थालय में प्रविष्ट हुआ। मास्टर जी ने जो पुस्तक हाथ में थमा दी वह काफी मोटी थी। उसे ढोता हुआ करीब तीन मील का कंकड बिछा रास्ता और करीब एक मील का रेतीली रास्ता तय करके घर पहुँचा। उसमें रामायण के रचनाकार से सम्बन्धित भाग ढूँढ निकालना कठिन नहीं लगा। वही अध्याय मैं ऐसा पढ़ रहा था जो ज़्यादा उच्च या ज़्यादा धीमे स्वर में न रहा।

उल्लूर की कविताओं से नानी पहले ही परिचित थी। 'उमा केरलम्' का 'उमयम्मराणी का विलाप' नानी जी बड़े वात्सल्य के साथ गा कर सुनाती थी जिसे मैंने बचपन में ही कंठस्थ किया था। पर नानीजी को इस बात का पता नहीं था कि उन्होंने ऐसे एक ग्रन्थ की रचना की है।

"अरी बच्ची, यह देखा तूने?" शाम को तालाब में नहा कर, माताजी अंगोछे से जूडा बाँधे और गीला कपड़ा पहनकर ठंड से थरथराती आ रही थी। नानी ने माताजी से कुतूहल पूर्वक कहा—"बच्ची, यह देखो, अप्पू स्कूल से लाया है यह पुस्तक।"

"उसे तो पाठ्यक्रम की कोई चीज़ नहीं चाहिए न? विक्रमादित्य का कोई किस्सा...?" ठंड की कँपकँपी को रोकने के लिए छाती पर बाँधी हथेलियों को खोले बिना ही माताजी आत्मतोष के साथ दक्खिनी कोठरी की तरफ सीधे चली। "कैसी ठंड! गीले कपड़े बदल कर मैं अभी आयी।"

"हमारे बड़े मामाजी के बारे में महाकवि उल्लूर से लिखी गयी किताब है यह।" नानी ने बात जारी रखी—"क्या ही अचरज की बात!"

माताजी एकदम मुड़कर किताब देखने के लिए झुक गयी जैसे उन्हें किसी ने अँकुडी से पीछे की ओर खींच लिया हो।

नानी ने पुस्तक इस तरह मोड़ कर पकड़ी कि आवरण पृष्ठ दिखाई दे। माताजी ठंड और गीले वस्त्रों को भूल गयी। माँ की धोती से टपकते जलकणों की लड़ी दीपक की बाती के प्रकाश में सोने के सिक्कों की माला के समान चमकती हुई

उनके पाँवों के चारों ओर पड़ कर जम गयी।

''लो, गीले कपड़े बदलने के बाद देखना।'' नानी ने वात्सल्य के स्वर में सुझाया। ''जुकाम न लगे।''

गीले कपड़ों की सर्दी का अनुभव करने पर माँ ने हामी भरी और दक्खिनी कोठरी की तरफ चली।

हाथ में पुस्तक लिए नानी चिन्ता में डूब गयी।

माँ को जन्म देने के सोलहवें दिन चेचक लगने से नानी का देहान्त हो गया था। परनानी को माताजी 'माँ' ही पुकारती थी। उस दिन से उन्होंने माताजी को पाला पोसा। परनानी के तीन बेटे थे। यद्यपि नानी ने माताजी को जन्म नहीं दिया था तो भी उन्होंने माताजी को अपनी बेटी ही माना। लाड प्यार से पालती रहने के कारण आज भी परनानी माताजी को 'बच्ची' पुकारती हैं। मेरे दादाजी और माताजी के बड़े मामा एक ही व्यक्ति हैं। दादाजी ड्योढी पर बैठे हैं।

उस दिन ब्यालू के पहले दादाजी, नानी और माताजी ने उल्लूर की कृति का 'एषुत्तच्छन' अध्याय आद्यंत मुझसे पढ़वाया। जब पढ़ने में कठिन लगने वाले पद्यों का उद्धरण आ जाता तब दादाजी या नानी (जब दादा के मुँह में पान हो तब) स्मरण के आधार पर बता कर मेरी सहायता करते। दीपक की बाती बढ़ाती और दीपक में तेल डालती खड़ी होकर माताजी भी ध्यान से सुनती रहती थी।

वाचन के समाप्त होने के पहले ही अड़ोस-पड़ोस के घरों के दीपक बुझ चुके थे। चोटी खोलकर बाँधते हुए दादा जी विरस भाव से हँसे—''तो, हमारे बड़े मामाजी के सम्बन्ध में बाहरी दुनिया की यही धारणा है, है न?

एषुत्तच्छन 'हमारे' बड़े मामा? याने, इस घर के, माताजी के और मुझ जैसों के बड़े मामा? कक्षा की समाप्ति तक मास्टर जी को जिस महापुरुष का वर्णन अद्भुत और आदर के साथ करने पर भी सन्तोष नहीं मिला था वे हमारे सगे मामा थे, यह जानकारी मेरे मन के छोटे बर्तन में किसी भी प्रकार से समा नहीं पा रही थी।

''चार पुरुष-आयु का समय ही तो बीत चुका है। काल ने यथार्थ को इतनी जल्दी हल्का कर डाला! उसके स्थान पर किंवदन्तियाँ भी फैल गयी। हाय, हाय!'' परनानी ने लम्बी साँस भरी।

उस रात भी रोज़ की भाँति सोने के लिए मैं परनानी (जिन्हें मैं नानी ही पुकारता था) के बगल में लेटा रहा तब उन्होंने, मेरे पूछे बिना ही, उस बड़े मामाजी की कहानी मुझे बता दी। महाकवि ने अपनी पुस्तक में जिन अनुमानों का उल्लेख किया है उनमें बहुत कम अंश ही सही हैं, यों उन्होंने कहानी का आरम्भ किया।

मुझसे चौदह पीढ़ियों पूर्व जीवित रहे एक बड़े मामा ने ही रामायण की रचना की थी। नाम कृष्ण। उन्हें 'अप्पु' कहा जाता था। उसी पीढ़ी में उनसे बड़े एक मामा

थे जिन का नाम था राम। इन के सगे मामा का नाम भी राम ही था। इसलिए नयी पीढ़ी के राम को कुट्टिरामन और संक्षेप में कुट्टन कहते थे।

अप्पु मामा के पिताजी का नाम था नारायणन। माता का नाम था लक्ष्मी। कुट्टन मामा और अप्पुमामा के अलावा उनकी दो बेटियाँ भी थीं। अप्पु मामा के जन्म के पहले ही उसके पिताजी चल बसे। सामूतिरी के लोगों ने उन्हें धोखे में मार डाला था। इस कारण, अप्पुमामा के पिताजी के भानजे ने सामूतिरी के रक्षा पुरुषत्व के विरुद्ध लड़ाई लड़ने की ठान ली।

अप्पु मामा के पिताजी के पुश्तैनी घराने का मूसल अंगाटिप्पुरम् में है। वे वेल्लाट्टिरी द्वारा पेरुम्पटप्पु की सहायता के लिए भेज दिए गये योद्धा थे जिन्होंने पिलाक्काट्टीरी नामक स्थान पर 'कलरी' याने आयोधन कला का अखाड़ा खोल दिया था।

"हमारा परिवार जो परम्परा से लेखन पाठशाला चलाता था, प्राचीन काल में तिरुविल्वामला से आया था। तानूर में लेखन पाठशाला स्थापित करने के लिए वेट्टत्त् राजा के पास वल्लुवकोनातिरी ने उन्हें भेज दिया था।" नानी ने कहानी जारी रखी। 'मामांकम' के अवसर पर सभी पाठशालाओं के शिक्षक तिरुनावाया में एकत्रित होते थे। इस प्रकार परिवारों में पीढ़ी दर पीढ़ी मेल—जोल बढ़ता गया।

जब अप्पुमामा चार-पाँच वर्ष के थे तब बड़े मामा मोतियाबिन्द के शिकार हुए और उनकी आँखों की रोशनी चली गयी। उसके बाद उस इलाके में एक हमला हुआ। हमलावरों ने आयोधन 'कलरी' को जला डाला। हलचल के बीच बड़े मामा कलरी के कुएँ में गिर पड़े और मर गये। विपदा के आने पर हड़बड़ी में टटोलते हुए कदम रखते समय गिर पड़े होंगे। ऐसा भी बताते हैं कि आक्रमणकारियों ने जान-बूझ कर ढकेल दिया था।

उसके पश्चात् कुट्टन मामा ने ही वेट्टत्त् के महाराजा के सीधे संरक्षण में तिरूर में लेखन पाठशाला स्थापित कर कुलधर्म और परिवार का पालन किया था। कुट्टन मामा ने ही अप्पुमामा को पढ़ाया था और उच्चशिक्षा पाने के लिए तमिलनाडु भेज दिया था।

ये दोनों परिवार चूँकि वल्लुवकोनातिरी और पेरुम्पटप्पु के मित्र थे—एक परिवार आत्मघाती योद्धाओं की परम्परा का और दूसरा परिवार उसका सगा सम्बन्धी—इसलिए सामूतिरी के लोग सदा इन से नाराज़ रहते थे।

अप्पुमामा की बड़ी बहन के पति ही आत्मघाती योद्धा बने थे। वह औरत बड़ी साहसी प्रवृत्ति की थी। बच्चे के अन्नप्राशन के पूर्व ही उनके पति चल बसे थे। उसके बाद अपने बच्चे का ही नहीं, अप्पुमामा की अनुपस्थिति में पूरे परिवार का यथाविधि पालन—पोषण उन्होंने किया था। यदि ऐसी एक महिला नहीं रही होती

तो उस मातृसत्तात्मक परम्परा का नामोमिशान ही नहीं रहता।

और कहीं आश्रय न मिलने के कारण हम तिरूर से इस प्रदेश में आए थे। तब यह घर नहीं था। नहर के किनारे आज जो मातृसत्तात्मक परिवार है वह भी नहीं था। उसके पूरब में पेय्याप्पन्तल नामक घराने से लगा हुआ जो कोल्हूघर खाली पड़ा हुआ था वहीं आश्रय मिला था। इसीलिए बाद को हमारे घर का नाम चक्कुपुरयिल् (कोल्हू-घर) पड़ा था। पुराने घराने का नाम पष़ंञानत्तु था। ञानं माने ज्ञानं- ज्ञान। पषंञानम माने पुराना ज्ञान।

कालान्तर में पेय्याप्पन्तल भवन और वह जगह दोनों नहर में निमग्न हो गये। उन दिनों शासन का सारा अधिकार चार पाँच प्रबल परिवार वालों के पास था जो 'संकेत' वाले कहलाते थे। ये सामूतिरि के अत्यन्त प्रिय जन रहे थे जो आलवांचेरी तम्प्राक्कल का भी सिक्का नहीं मानते थे। उनकी शिकायत थी कि वेद, जो कि निम्न जातिवाले के लिए निषिद्ध है, लेखन शाला में सिखाया जा रहा है। उन दिनों उस इलाके के दूसरे परिवारों के ब्राह्मणों का कोई विशेष सम्मान नहीं था। तम्प्राक्कल के दखल देने पर ही कोल्हूघर में ठहरने की अनुमति पेय्याप्पन्तल घर वालों ने प्रदान की थी। संकेतवाले शासकों ने अप्पुमामा को यही दंड दिया था कि वे लेखन शाला बन्द करें और गुजारे के लिए बिना बैल के कोल्हू चलाएँ। परिवार का—जिसमें नन्हें मुन्ने बच्चे भी थे—पालन—पोषण करने के लिए साढ़े बारह साल तक अप्पुमामा ने साढ़े अठारह मन्दिरों के लिए आवश्यक सारा तेल खुद कोल्हू चला कर निकाला। (दन्तकथा है कि वेट्टम पल्लिप्पुरम के शिव-भूतगुणों ने एक ही रात में साढ़े अठारह मन्दिरों का निर्माण किया था। उन्नीसवें का निर्माण आधा ही हो पाया था कि इतने में सबेरा हो गया।) कोल्हू घुमाते समय उसकी जो आवाज़ आती थी उसी को श्रुति बनाकर अप्पुमामा ने रामायण रच कर ताड़-पत्रों में लिपिबद्ध कर रख दी। अधिक दंड की विपत्ति से बचने के लिए ही ग्रन्थ में ग्रन्थकार का नाम और पता नहीं दिया गया। उन्होंने अग्नि, सागर का मंथन कर अमृत निकाला।

"अप्पू! उस महापुरुष का स्मरण और वन्दन प्रतिदिन सदा सर्वदा करते रहना समझा?" नानी ने कहा।

नींद की थकावट में हामी भरके मैं सो गया। तब भी नानी कहानी कहती ही रही होंगी पर, उस दिन जो अंश छूट गया वह बाद की रातों में पूरा किया गया। संकेतवालों को जब किसी प्रकार पता चला कि अप्पु मामा ने ग्रन्थ की रचना की है तब उन्होंने फिर जाकर सामूतिरी से फरियाद की। उनकी आपत्ति यह थी कि एक ऐसे व्यक्ति ने, जो वेदशास्त्रों के अध्ययन का अधिकारी नहीं है, क्रिया मार्ग सहित सब कुछ देशी भाषा में लिख लिया है। इस पर तलाशी हुई। इस बीच अप्पु मामा और उनकी बहन ने मिलकर ग्रन्थ की प्रतियाँ निकाल कर वेट्टत्त्, वल्लुवक्कोन

और पेरुम्पटप्प् को समर्पित कीं। मूल ग्रन्थ नए कपड़े से ढक कर भीतरी कमरे की ज़मीन में गाड कर छिपा करके रखा।

पर इसका भी कोई परिणाम नहीं निकला। सामूतिरी की अनुमति से संकेत वालों ने अप्पु मामा को आयु भर के लिए समाज से बहिष्कृत रखा। किन्तु, वल्लुवक्कोन, वेट्टत्तुनाटु और पेरुम्पटप्पु के राजाओं ने और उनके साथ परप्पनाटु ने भी ग्रन्थ को सम्मानित पद प्रदान किया। बाद को वेल्लाट्टिरि राजाओं ने यह आदेश भी निकाला कि प्रदेश भर के सारे लोग हर कर्कटक (आषाढ़) महीने में इस ग्रन्थ का पारायण करें।

मुझे याद है कि जब मेरी स्मरण शक्ति विकसित होने लगी थी तब हमारे घर में 'ग्रन्थं मूडल' नामक एक विशेष कार्यक्रम सम्पन्न हुआ करता था। विषु के दिन 'विषुव-दर्शन' के बाद मामाजी तड़के ही खेत में हल चलाकर लौट आते थे और लेखन की पेटी नए कपड़े में ढक कर छत पर छिपा कर रखते और उस पर मिट्टी और गोबर पोतते। 'ऐसा क्यों करते हैं ?' यों पूछने पर बुजुर्ग यह बताते थे कि 'सेना आएगी, सेना'। फिर कर्कटक महीने के आरम्भ के एक दिन पूर्व ही ग्रन्थ बाहर निकाला जाता और पूजा के बाद पारायण की तैयारी की जाती।

जब मेरी स्मृति शक्ति विकसित हुई तब भी घर के छत पर एक ऐसी लेखन—पेटी रखी हुई थी जिसका शिल्प-विधान बहुत सुन्दर था और जो ग्रन्थों से भरी हुई थी। पेटी के दोनों छोरों पर कई छोटी बड़ी लेखन कीलें पड़ी हुई थीं जो ताँबे, पीतल या इस्पात से बनी थीं। जब मैं पाँच वर्ष का था तब घर के पुनर्निर्माण के दौरान वह पेटी चुरायी गयी। पुलिस ने आकर चोर को पकड़ लिया। चोर ने स्वीकार किया कि भारतप्पुषा नामक नदी के रेतीले तट पर उसे गाड दिया है। वहाँ रेतीला तट ऐसा है कि रोज़ रोज़ पड़नेवाले पद-चिह्न हवा में रेत के इधर उधर उड़ने से प्रायः मिट जाते हैं। चोर वह स्थान पहचान नहीं पाया जहाँ उसने पेटी छिपा रखी थी।

नयी पीढ़ियों के शरारती बच्चों को घर में यों डाँटा जाता था—"ज़्यादा शरारत नहीं करना बरना कोल्हू चलाना पड़ेगा।" बहुत दिनों तक मेरा विचार था कि यही दुनिया का सबसे कठोर दंड है।

घर के किसी सदस्य को जब लगता कि दूसरा कोई सदस्य कुछ दुस्साहस कर रहा है तब अँगुली उठा कर बता देते—'पूरब में पालक्काड़ ज़्यादा दूर नहीं।' मैंने इसे एक लोकोक्ति ही मान लिया था। बाद को जब मालूम हुआ कि यह उक्ति और कहीं प्रचलित नहीं है तभी समझ सका कि मेरी धारणा गलत है। यह केवल एक गृहोक्ति मात्र थी। इसका मतलब बस यही था—"बड़े मामाजी यद्यपि जन्म स्थान छोड़कर निकल गये हैं तो भी वे बहुत दूर नहीं हैं। पालक्काट के चिट्टूर में है। याद रखना।"

घर के अधिकांश सदस्य कृष्ण, राम, सीता, जानकी या लक्ष्मी हैं। नानाजी कृष्ण। नानीजी लक्ष्मी। नानीजी के बेटे कृष्णन, गोविन्दन और नारायणन। माँ जानकी। नानीजी से छोटी, पुराने घराने में रहनेवाली नानी सीता। मैं अप्पु कहलाने वाला कृष्णन। मेष्त्तूर में रहनेवाले रिश्तेदारों के साथ शादी के रिश्ते पीढ़ी-दर-पीढ़ी होते रहते हैं।

इस प्रकार मलयालम भाषा के पिता के सम्बन्ध में जो जानकारी पुस्तक-पारायण से मिली और घर में तथा गाँव में प्रचलित दन्त कथाओं से मिली उनमें एकरूपता नहीं रही। कुछ और बड़ा हुआ तो मैंने नानाजी से पूछ कर कुछ और जानकारी प्राप्त की। नानीजी की बतायी बातों को दादाजी ने सत्यापित किया। कुछ अतिरिक्त जानकारियाँ भी प्रदान की। दादाजी ने यह भी निर्देश दिया कि इन बातों को मैं यथातत् अगली पीढ़ी को हस्तान्तरित करूँ।

बाद के पुस्तक पारायण से मेरे मन में जो अतिरिक्त सन्देह उठे उनका निवारण करने का अवसर न देते हुए नानाजी चल बसे। जब मैं सत्रह साल का हुआ तब नानीजी भी

चल बसीं। ऐसी स्थिति आ गयी कि अब बाहरी दुनिया से ही अधिक जानकारी पायी जा सकती है।

परदेश वास के बाद जन्मस्थान लौट जाने पर मैंने अन्य कार्यों के साथ-साथ इस दिशा की अपनी तलाश भी जारी रखी। साल में एक बार रामायण पाठ करने की जो आदत बचपन में पड़ गयी थी उसे कभी नहीं दिया। उसी के सहारे भाषा-परिचय बनाए रखता आया हूँ। भाषा पिता की इतर कृतियाँ भी मन लगाकर पढ़ लीं। इतिहास के अभिलेख और ग्रन्थ जो उपलब्ध हो सके सब पढ़ लिए। विख्यात इतिहासकारों से सीधा सम्पर्क किया। तानूर और तिरूर (जहाँ लेखन शालाएँ स्थापित थीं) आमक्कावु (सन्तान परम्परा का आवास स्थान), चिट्टूर (समाधि स्थान) और पिलाक्काट्टीरी (अप्पुमामा के पिताजी का इलाका) जाकर जनश्रुतियाँ एकत्रित कीं।

चिट्टूर मठ में जाने पर ही भाषा—पिता की उपस्थिति का हार्दिक अनुभव पाने का अवसर मिला। शोकनाशिनी नहर के जिस शिलाखंड पर बैठकर वे ध्यान किया करते थे उसे वहाँ के निवासी आज भी आदरपूर्वक दिखा देते हैं।

यह बात निश्चित रूप से जान ली कि उस जीवन को समझने का एकमात्र उपाय प्राप्त सारी जानकारियों को एकत्र रख कर उस पर निरन्तर मनन-चिन्तन करते रहना ही है। इसका यथासम्भव अभ्यास किया। साथ ही पाँच सदियाँ पूर्व के केरल की ओर अपने संकल्प को ले जाने का अभ्यास भी यथासाध्य किया। पर-अपर के परे जो परम शक्ति है उसकी भक्ति का नशा चखने का अभ्यास भी आजमाया।

इन सबके फलस्वरूप मैं एक ऐसे पुण्य पुरुष का चित्र देख पाया जो अपनी

नरकतुल्य जीवन—महानदी को तैर कर पार करते हुए शोकनाशिनी के तट पर स्थित प्रज्ञान-शिलाखंड पर चढ़ पाए हैं। उस पार वे अपने पाँव नहीं रख सकते। राजाज्ञा ने रोक लगा रखी है। पर घर-बार और बन्धु-बान्धव वहीं हैं। उस पार के विस्तृत विश्व से ही उन्हें विद्या और विवेक की प्राप्ति हुई। दोनों किनारों के वृक्षों पर पंचवर्णी चिडियाँ चरितार्थता के साथ काव्यामृत-वर्षा कर रही हैं। उनका अन्तरंग बरस चुके आसमान के समान साफ हो रहा है। अश्रुधारा-सा स्वच्छ गतकाल शिलाखंड की दोनों तरफ से सही-गलत के प्रवाहों में स्वयं बँट कर बह रहा है। ज्यों-ज्यों वह प्रवाह निरन्तर अग्रसर होता रहता है त्यों-त्यों उस शिलाखंड की स्वच्छता और चमक के साथ-साथ जल की शुद्धि और पारदर्शिता निखर उठती हैं।

सभी व्याकुलताओं से अन्तिम मुक्ति पाने का यत्न करनेवाले वे अपने सारे संकटों को अपने चित्त की भित्तियों पर वेदना की कीलों से अंकित कर, फिर उन्हें एक-एक करके तोड़ लेकर शोकनाशिनी में इस तरह बहा रहे हैं कि वे पुनः कभी उनकी तरफ लौट न आने पाएँ। आयु के सभी ताड़-पत्रों का संचय करके, बची खुची अस्थियों के साथ निर्मल समुद्राभिमुख प्रवाह में निमज्जित करना—यही तो पुरानी प्रथा रही है न?

स्वच्छ जल की अकलंक हँसी में अस्तगामी सूर्य, शिष्य-वात्सल्य के अतिरेक के साथ सुवर्ण-लेप चढ़ा रहा है।

समस्त विश्व प्रसाद-पूर्ण हो रहा है।

सारी दृश्यमान वस्तुएँ देखते—देखते एक बन गयीं, फिर शून्य बन गयीं, और फिर सर्वस्व बन गयीं।

आठों दिशाओं में शुभ-आशीषों के साथ मौन मन्त्र गूँज उठता है—स्वस्ति! स्वस्ति!!

---

* संकेत : वैदिक ब्राह्मणों की एक समिति जिसको नीति-न्याय-शासन-निर्वहण का अधिकार प्राप्त था।

आत्म संचयन

हे ईश्वर!

हे सर्वेकार!

आपकी कृपा से मुझ दास का प्रयाण यहाँ तक हो गया।

हाय!

किन्तु यहीं तक ही हो सका।

अभी वहाँ पहुँच नहीं पाया हूँ। तय करने के लिए बहुत दूरी अभी शेष है। इस प्रवाह के बुलबुले और फेन अभी थमे नहीं हैं। अभी द्वन्द्वों के बीच में ही हूँ। वह तट और यह तट—इसके द्वन्द्व अभी मिटे नहीं। किनारों के टूट जाने पर भी तट तो बने ही रहते हैं। ज्यों-ज्यों किनारे टूटते हैं त्यों-त्यों भीतरी विलोड़न ज़्यादा हो जाते हैं! नीचे की तह देख पाने की स्वच्छता नहीं। यह सन्देह दूर नहीं हो पाता कि गहराइयों में दलदल है। ग्रीष्म में ज़्यादा सूख जाने पर भी प्रवाह रुकता नहीं।

हे प्रकाश स्वरूप भगवान! थोड़ी और रोशनी दे दे।

बहुत नीचे बैठा हूँ। बाहरी दुनिया का बहुत थोड़ा अंश ही देख पाता हूँ। जो कुछ दिखता है, भिन्न स्वरूपों में दिखता है, एक रूप नहीं। जानता हूँ कि उल्टी स्थिति ही काम्य है। क्या करूँ, भेदभाव मिटते नहीं। इसलिए दृश्यों में भाव भर जाते हैं। अन्दर जो पराग शेष रह गये हैं वे उन भावों में आविष्ट हो जाते हैं। प्रियों और अप्रियों के फल लग जाते हैं, रूपायित हो जाते हैं। वे पक कर, झड कर, पुनः अंकुरित होते हैं। वे कोंपलें पल भर में अन्धकार से भरे ऐसे निबिड वनों के रूप में पनप जाती हैं कि भीतर का रास्ता नहीं दिखता।

ऋतुओं में प्रायः तालभंग होता रहता है। दीर्घकाल के दौरान ही प्राप्य ताल-मेल मनुष्य-आयु में अप्राप्य ही रहता है। ऋतुभेदों के सभी तालों और तालभंगों में, प्राणांत तक आयुष्काल में खिलते सारे पुष्प आप के श्रीचरणों में अर्पित करूँगा।

शोकनाशिनी के बीच बैठे रहने पर भी शोक घुल जाता नहीं! हे प्रलयेश्वर! सिसकियाँ नहीं थमतीं। जब यह सोचकर आकास्त हो जाता हूँ कि भर सक कर

चुका तो भी ऐसा मान नहीं पाता कि जितना आवश्यक है उतना कर पाया। जो भी भूल चुकें हुईं, वे सब मानव जीवन की पराधीनता के कारण हुईं। जानबूझ कर कोई चूक नहीं होने दी। इतना ही हो पाया। समस्त भूल चूकें और कमियाँ माफ कर दें।

हे आश्रित वत्सल! अब भी स्वयं खोकर आपकी गोद में चैन से बैठ नहीं पाता। चिन्ताओं की अदृश्य डोरियाँ काँटों से खींचती हैं। दु:ख दर्द बेचैन कर रहे हैं। शेष रह गयी वेदनाएँ जलन पैदा करती हैं। बन्धु-मित्रों के दुरितपूर्ण अनुभव शिलालेख बनकर स्मृति में जमे पड़े हैं। अहम की जो भावना मुझे तंग कर रही है उसे पूरी तरह मिटा देने की शक्ति मुझे दे देना। हे करुणा सागर! जल में पड़े मिट्टी के ढेले के समान मुझे पूरी तरह अपने में घोल लें।

जानता हूँ, इसके लिए मुझे भी प्रयत्न करना है। भरसक यत्न कर रहा हूँ। नरक की अनुभूतियों की स्मृतियों से आयु की जड़ें आसानी से उखड़ नहीं पातीं। चूँकि मुझे स्वयं को आप में समूल ही अर्पित कर देना है इसलिए इस बात का ध्यान रखना होता है कि मूल का एक अंश भी कट न जाए।

सभी दु:खों और सुखों का बोझा एक साथ छाती से हटा कर मुक्ति पाने का श्रम करना व्यर्थ ही है! तराजू के दोनों पलड़ों में कमाई उतनी अधिक है। एक-एक सूत को अलग करके ही छुटकारे का विचिन्तन करना है।

सौभाग्य से प्रारम्भ में ही एक बेल का सम्बल मिला। विवेक के उदय की छोटी आयु में ही आपने कृपापूर्वक एक अँगुली बढ़ा दी जिसे मैं पकड़ सका। आलम्बहीनों का आलम्ब है न आप! यह बात मैं विस्मृत नहीं कर पाता कि जो कुछ मुझे दिख पड़े सब अद्भुत से लगे और उन सब अद्भुतों के अद्भुत के रूप में आपने स्वयं चमकते दिखाई देकर मुझे चकित कर दिया। यह भी मेरा पुण्य रहा कि मुझे ऐसे अनुभवी गुरुनाथ मिले जिन्होंने मुझे स्नेह पूर्वक बता दिया कि उस चमक को कस कर पकड़े रहो। सब आप का हित, आप का कारुण्य।

हे पार्थसारथे! मुझे जो भी प्रताडनाएँ झेलनी पड़ीं वे सब चाबुक की मार थी जो मुझे सही राह पर चलाने में सहायक हुई। उन प्रेरणाओं के दर्द से ही तो मैं यहाँ तक ही सही पैदल पहुँच पाया। अन्यथा सम्भावित लापरवाहियों से बचने के लिए ये प्रताडनाएँ आवश्यक ही थीं न? बिना आग पक जाएँ कैसे?

हे भगवान! जिस आग ने झुलसा डाला उसके प्रति हार्दिक कृतज्ञता अदा करने के लिए पर्याप्त समत्वदीक्षा अब तक मैं प्राप्त नहीं कर पाया हूँ।

सामूतिरी का यह आदेश आज भी कायम है कि इस नहर के उस पार मैं पाँव न रखूँ। सीता दीदी बीमार होकर बिस्तर पर विवश पड़ी हुई है। क्या मैं उस सीता दीदी को एक बार देख भी नहीं पाऊँगा जो जीवन भर मात्र लोक हित का ख्याल रखती हुई काम करती रहीं, पृथ्वी के समान सहन करती हुई सबसे प्रेम करती रहीं

और वेदनाएँ झेलती हुई थक कर गिर गयी है? पता नहीं कि बिलकुल सीधी सादी चीरू दीदी अब कहाँ है? हे ईश्वर, उसका पता लगाने के लिए निकलने का अधिकार मुझे प्राप्त नहीं? हे ईश्वर, क्या इस जीवन में आगे कभी अपने भानजों से मिलना मना है?

आपने मुझे उस मादा चिडिया की असह्य वेदना प्रदान की जो दावानल के फैल जाने पर अपने उन शावकों को छोड़ जाने के लिए विवश है जो उड़ने में असमर्थ हैं, शायद इस उद्देश्य से कि सब कुछ सहन करने की शक्ति मैं पा सकूँ। बच्चों ने मुझसे यही कहा था न—"हम पंख हीनों का ख्याल छोड़कर स्वरक्षा के लिए उड़ जाइएगा।" जब मैंने कहा—"शिशुओ, तुम मिट्टी के बिलों में छिप जाओ। बिल का मुख मिट्टी से ढक कर तुम्हें आग से बचाऊँगा।" तब अनखुली आँखोंवाले उन शावकों ने यों विलाप किया था कि मिट्टी के भीतर रहनेवाले चूहे हमें पकड़ कर ज़िन्दा खा जाएँगे। इतने दिनों के बीत जाने पर भी उनके पास पहुँचने की अनुमति नहीं! हरे! कठोर है यह आज्ञा।

पर यह सत्य है कि जो लोग बेकसूर जनों को कालापानी भेज कर और मार कर अपना हुकम कायम रखते हैं उनके प्रति भी दुर्भाव न हो। क्योंकि उस दुर्भाव से विद्वेष उत्पन्न होगा। क्रोध बढ़ेगा। शान्ति ही कामधेनु है। उल्टी भावना नहीं होनी चाहिए। दुष्ट पुरोहितों और उनके कठपुतले जड़ बुद्धि राजाओं को जन्म से ही वैसी विषग्रन्थियाँ मिली होंगी, जैसी साँप, बर्र और बिच्छू में पायी जाती हैं। इनमें यह सोच नहीं हुआ करता कि जिन्हें दंश लगता है वे जहर लगने लायक हैं या नहीं।

इस बात पर दु:खी मत होना कि जो लोग ईश्वरीय शक्ति पर अपना जन्मसिद्ध एकाधिकार मान कर इठलाते हैं वे सही ज्ञान और उसके प्रचार के विरुद्ध चन्द्रहास हिलाते है। ऐसे लोग भी ईस्वर की सृष्टि के अंश हैं जो राजाओं को यह विकास दिलाते हैं कि उन्हीं को ज्ञात अभिचार कर्म और उनके वश में रहनेवाले देवों की प्रीति पर अधार्मिक युद्धों का अन्तिम परिणाम निर्भर होता है। इसमें भी कोई आश्चर्य नहीं कि मूर्ख राजा युद्ध की पराजय से डर कर इनका अवलम्ब लेते हैं।

ये लोग अपने को सर्वोच्च मानते हैं। साथ ही अन्य गृहों की स्त्रियों को ही नहीं, स्वजनों को भी प्रदूषित और उत्पीडित करके आजीवन आँसू पिलाते हैं। ये स्वयं नहीं जानते कि इन के द्वारा किए जानेवाले पाप कर्मों की मात्रा कितनी अधिक है। पर वास्तविक अज्ञता, वह चाहे कितनी भी हानि पहुँचाए, विद्वेष का पात्र नहीं बनती।

सामूतिरिप्पाट् चाहते हैं कि सारा देश उनके कब्जे में आए। उसके लिए वे कोई भी अन्याय कर सकते हैं। दिए गये वचन का उल्लंघन कर सकते हैं। एक बात और चाहिए। जिन उच्चवर्ण वालों ने सामूतिरियों की अवहेलना इस आधार पर की

कि वे निम्न जाति के सामन्त हैं उन्हीं के द्वारा यह कहलाना है कि वे उच्चवर्णवाले हैं। इसके लिए उन उच्चवर्ण वालों को ऐसे अधिकार दिए जा सकते हैं जिन से इतर जनों के मामले में वे निर्णय ले सकें कि वे किस-किस जाति के हैं। इसके लिए कोई भी निष्ठुर नियमावली बना सकते हैं। पहले जिन जातियों को निम्न माना गया, पैसा वसूल करके उन्हें उच्च घोषित कर सकते हैं। किसी के प्रति स्थायी लगाव नहीं। वरदायिनी इष्ट देवता ही पर्याप्त है, सर्वशक्त जगदीश्वर की जरूरत नहीं। ईश्वर भी हमसे अधिक शक्ति मान नहीं। मुँह माँगा वरदान पाने के मोह में जिस देवता की आराधना करते हैं उसे भी दूसरे की छत से पकड़ कर खींच लाना ही अधिक वांछनीय है।

सामूतिरि इसी उद्देश्य से पीढ़ी दर पीढ़ी लड़ाई लड़ते आए हैं कि पेरार नदी के आरम्भ से सिन्धुसंगम तक के सारे प्रदेश अपने अधीन लाएँ। तिरुनावाया प्रदेश प्राप्त हुआ। मामाक महोत्सव पर अधीशत्व मिला फिर भी तृप्ति नहीं हुई। तिस पर परप्पनाट के शासक, वल्लुवक्कोन, वेट्टत्त् राजा और पेरुम्पटप्पु राजशासन सिर झुका कर मंच से हट जाने के लिए तैयार नहीं। परिणाम? सब कहीं, सदा हमला, लूट और दुरित।

मुसलमान लोग साथ हैं, यही कुन्नलक्कोन के अस्तित्व का आधार है। पर मुसलमानों का लगाव और सम्पर्क संकेतवालों के बन्द मन के साथ नहीं, बल्कि देश में प्रचलित खुले ज्ञान के साथ ही अधिक है। मुसलमानों की उपस्थिति ही संकेतवालों के स्वेच्छा-शासन पर थोड़ी ही सही, रोक लगाती है।

मुसलमानों को गुलाम बनाने में या उन्हें जातियों में बाँट कर परस्पर भिड़ाने में संकेतवाले सफल नहीं होते। अधिकार में उन्हें संकेतवालों जैसा साझा देने के लिए सामूतिरी बाध्य रहते भी हैं।

यह बात संकेतवालों को दुःख देती है कि पश्चिम से जो ईसाई आए है वे भी तन्त्र मन्त्र से और जाति-पाँति की अस्वतन्त्रता से मुक्त हैं। उनको सबसे बड़ा दुःख इस बात से पहुँचता है कि अछूत वर्गों के लोग बड़ी संख्या में धर्म परिवर्तन कर रहे हैं। धर्म परिवर्तन करने पर लोग संकेत-मर्यादा के बाहर हो जाते हैं। फिर गुलाम या नौकर के रूप में उन पर अधिकार नहीं चलता। यही नहीं, वे इस बात का निदर्शन बन जाते हैं कि उन मन्त्र-तन्त्रों का जो संकेतवालों के हथियार हैं आश्रय लिए बिना ही वे चैन से रह सकते हैं।

परमज्ञान का अस्तित्व पुरातन काल से ही रहा है। हे ईश्वर! आप का स्वरूप भी चिरपुरातन है। आप के कारुण्य से ही यह ज्ञान प्राप्त हुआ है कि अनाचारों के काले बादल आज पहली बार ज्ञान को ढक नहीं रहे हैं तथा जब ज्ञान दूषित होता है तब लोग भोग-ऐश्वर्य-प्रिय और कामात्मा हो जाते हैं, इस कारण क्रिया-विशेष

बहुल जीवन रीतियाँ उत्पन्न होती हैं। ऐसा अधिकार जन्म लेता है जो ईश्वरीय शक्ति के समानान्तर ही नहीं, उसकी अवहेलना करने के लिए उद्यत होनेवाला भी होता है। फिर ऐसे अभिलेख जन्म लेते हैं जो इस सब प्रकारों की गलतियों को ठीक साबित करते हैं। इन प्रमाणों के अलावा और कुछ भी सही नहीं है, ऐसा हठ करनेवाले वेदवादरत भी उत्पन्न होते हैं। वे पुष्पपित वृक्षों के सदृश सुन्दर ढंग से वाद-विवाद करके अपनी बात सही सिद्ध करते हैं। सत्य का मुँह सोने के बर्तन से ढक दिया जाता है। जो ज्ञानी हैं वे दंडनीति के शिकार बनकर धीरे-धीरे संख्या और शक्ति में क्षीण बन जाते हैं। वे निम्न कोटि के बनाए जाते हैं। दिन रात में बदल जाता है। सभी बातियाँ, यहाँ तक कि आदित्य भी घृष्टता के कुंभों में अध:कृत हो जाते हैं।

अवतार-पुरुष, तीर्थंकर और पैगम्बर इस बुराई को उखाड कर और हटा कर मानवों के बीच परम ज्ञान का पौधा लाकर बार बार रोप लेते हैं। लेकिन फिर वही अपचय आ जाता है।

यह पृथ्वी वेद और वेदान्त के नितान्त संघर्ष का कुरुक्षेत्र ही है। वह दिन कब आनेवाला है जब ज्ञान, ग्रहण का शिकार हुए बिना सदा चमकता रहेगा।

चमकेगा, किसी न किसी दिन।

मामाजी को यह कहते सुना है कि पृथ्वी पर ऐसे अच्छे दिन कभी-कभार बार बार कायम रहे हैं जब सभी मानव समान थे तथा ऐसा अन्तिम कालखंड हज़ार वर्ष पहले उपस्थित रहा था। उन दिनों अनादि वेदान्त दर्शन ही सजीव था। काल के बीतते-बीतते उसमें मैल बढ़ गया। मैल की लहरें समय समय पर जैसे हर जगह पहुँच गयीं वैसे यहाँ भी पहुँच गयीं। भलाई को परत-परत परास्त किया। अन्त में ठोस बुराई ने ही संकेतों का आधिपत्य पूरी तरह कायम किया। पेरुमालों के समय तक आते आते वह शायद पूरा हो गया। पूरा शासन इन के हाथों में आ गया। यहाँ तक कि राजा का चयन भी इनका संघ करने लगा। स्वयं नियुक्त इन परम-अधिकारियों ने बताया कि संकेत मर्यादा के नाम से लागू हुई अलिखित नियमावली को शास्त्रों की अनुमति प्राप्त है। उसके लिए आवश्यक प्रमाण उन्होंने श्लोकबद्ध किया। यह निर्णय किया गया कि कोई भी उस पर प्रश्न चिह्न न लगाए। वैदिकों ने यह भी स्थापित किया कि ब्रह्मज्ञान की प्राप्ति वासना, अभ्यास और कर्म से नहीं, अपितु केवल जन्म से होती है, ब्राह्मणों में भी केवल वे ही ब्रह्मज्ञान के अधिकारी हैं और राजा सहित दूसरा कोई भी वास्तविक परम अधिकारी नहीं है। 'कोल्लवर्ष' का आरम्भ और अधिकार की इस रथयात्रा का श्रीगणेश एक साथ ही हुआ।

उस दिन से शिक्षा का अर्थ कुछ तन्त्र-मन्त्रों को बिना अर्थ को तलाशे कंठस्थ करना ही हो गया। ऐसा भी माना गया कि वेदपाठी के रूप में स्वयं घोषित कुछ

परिवार मात्र यह कार्य करें। अन्य जातिवालों को, अन्य ब्राह्मणों को भी कोई मान-सम्मान नहीं। शेष सभी लोगों को देशी भाषा के अलावा कुछ नहीं सीखना है। वट्टेष्तुत्तु (अक्षर लेखन) और मोल-तोल का गणित सीखें तो बहुत हो गया। सामान्य जनों को उतना ही ज्ञान पर्याप्त है जितना लिपिक के काम के लिए आवश्यक है। जो लोग निम्न स्तर के घोषित हुए हैं उन्हें संस्कृत नहीं सीखनी चाहिए। निम्नजातिवालों में कोई गण्यमान्य व्यक्ति यदि थोड़ी-सी संस्कृत सीख भी जाएँ तो केवल काव्य तक ही सीमित रखें। उन्हें व्याकरण, तर्क, ज्योतिष, वेद या वेदान्त पढ़ना नहीं चाहिए।

पर वेल्लाट्टिरी इस विधान को स्वीकार करने के लिए तैयार नहीं हुआ। पेरुम्पटप्पु और वेट्टत्तु राजाओं ने एक सीमा तक ही इसे स्वीकार किया। ये समझ गये कि संकेतवालों का अधीशत्व पूरी तरह स्वीकार करें तो कालान्तर में वास्तविक अधिकार उनके हाथों में चला जाएगा और हमें अपने कुछ पूर्वगामियों के समान देश छोड़ कर जाना पड़ेगा। इसलिए इन प्रदेशों में आयोधन पाठशालाओं के समशीर्ष ही लेखन पाठशालाएँ आगे चलती रहीं। इन पाठशालाओं में विविध विषयों का अध्ययन कर चुके व्यक्ति राज्यशासन, कूटनीति और उद्योग में चतुर बन गये। सामूतिरी और निजी स्वार्थ के लिए सामूतिरि को पासा बनानेवाले संकेतवालों ने समान रूप से समझ लिया कि जब तक ये जीवित रहेंगे तब तक इस प्रदेशों को गुलाम नहीं बनाया जा सकेगा।

इसके तुरन्त बाद कलरियों (पाठशालाओं) और उनके अध्यापकों का उन्मूलन प्रारम्भ हुआ। आयोधन पाठशालाओं और लेखन पाठशालाओं के अध्यापकों की हत्या धोखाधडी में की गयी। छोटे-छोटे अपराध लाद कर मृत्युदंड दिया गया, देश निकाले का दंड दिया गया और जाति में निम्न बनाया गया। पाठशालाओं को जो अनुदान दिया जाता था उसे समाप्त किया गया। जमीन पर उनका जो स्वामित्व था वह वापस लिया गया। पाठशालाओं के मुख्यालयों और कृषिभूमि को अधिगृहीत किया गया।

हत्या और देश निकाले के द्वारा बुजुर्गों का नामो निशान मिटा दिया गया तो आगामी पीढ़ियों के लिए शिक्षा का कोई उपाय नहीं रह गया। लेखन शालाएँ बिलकुल नहीं रहीं। स्थिति यहाँ तक पहुँच गयी कि उच्चशिक्षा पाना हो तो तमिलनाडु जाना पड़ता था। तमिलनाडु में जाकर जो कोई भी ज्ञान प्राप्त करता वह ज्ञानी माना जाता था। किसी भी जाति को ज्ञान प्राप्त करने से मनाही नहीं थी। इसका मतलब यह नहीं कि ऐसे धूर्त वहाँ नहीं थे जो ज्ञान पाने पर भी विनम्रता से अपरिचित थे। ऐसे व्यक्ति भला, कहाँ किस ज़माने में नहीं रहे?

कष्ट सहकर कोई कहीं से कुछ ज्ञान प्राप्त करके आए तो यहाँ के संकेतवाले

उन ही हत्या करते। उनको देश निकले का दंड देते हैं। इस महापाप का कार्यान्वयन कर पाने के लिए वे राजाओं, समान्तों और प्रभुओं को परस्पर भिड़ा कर कमज़ोर बना कर अपने अधीन रखते हैं। ज्यों-ज्यों राज्य अराजक होता जाता है त्यों-त्यों संकेतवाले अपनी पकड़ को मज़बूत करते हैं।

फिरंगियों के आगमन के साथ वातावरण अधिक दूषित हुआ। वे भी सामूतिरी के दाँव-पेंच ही प्रयोग में ला रहे हैं। उनके लिए भी व्यापार ही सबसे मुख्य है। आक्रमण ही उनकी नीति है। छिद्र डालना ही उनका मार्ग है। उन्हें चाहिए था कि मुसलमानों को गोदामों से अलग रखा जाए। लगभग सभी संकेतवाले इस मामले में छिपे तौर पर फिरंगियों का साथ देते। लेकिन यह बात उनमें घबराहट उत्पन्न करती है कि फ़िरंगी जो मुसलमानों के समान तन्त्र-मन्त्रों में विकास नहीं रखते, भीषण रूप में क्रूर हैं। परिणाम? न संकेत रहा, न राजा। सम्पूर्ण अराजकता।

सुनते हैं कि विश्व में हर कहीं दूसरों पर अधीशत्व पाने का संघर्ष चल रहा है। यह ज्ञान का मार्ग नहीं है। एकदम विपरीत दिशा है। थोड़ा-सा भी ज्ञान रखनेवालों का धर्म इसे रोकना है। ज्ञान के मार्ग पर चलने की इच्छा रखनेवालों की संख्या में वृद्धि होनी चाहिए। उन्हें हाथ से हाथ मिलाकर चलने की सुविधा बढ़नी चाहिए। आपने ही तो कई लोगों के मन में यह सुझाया कि इससे बचने का एक मात्र उपाय विश्व के आगे भक्ति का मार्ग खोल कर रखना है।

भक्ति ही वह एकमात्र नौका है जिसके सहारे ज्ञानी जन मोक्ष की ओर और अज्ञानी जन ज्ञान की ओर बढ़ सकते हैं। काव्य की पाठशाला के माध्यम से वह देश भर में फैले। यद्यपि तान्नियूर और तिरुवूर के ही नहीं, सारे प्रदेशों की सारी लेखन शालाएँ तहस नहस की जाएँ, या उन्हें आग लगा दी जाएँ तो भी काव्य देवता की पाठशाला को कौन सी सेना नष्ट कर पाएगी? चाहे सारी लेखन शालाएँ समाप्त हो जाएँ तो भी ज्ञान का शुद्ध पाठ शेष रह जाए।

हे निर्मल स्वरूपवाले भगवान! अब मुझे यही करना शेष है कि जो रस्सी के टुकड़े मेरे अन्दर साँपों के रूप में कुंडली मारकर पड़े हुए हैं उन्हें भी उखाड कर फेंक दूँ। रस्सी समझ कर अज्ञानवश मैंने जिन चीज़ों को रख लिया है उन्हें भी बाहर निकाल देने का समय आ गया है।

यादों में यातनाएँ जीवित रहती हैं। मौका पाने पर बाहर निकलकर फन फैला कर विषग्रंथियाँ खोलती हैं। दुःख ठंडे होकर नीचे जमे हुए हैं। काल और समय की परवाह किए बिना वे अचानक घुल कर प्रलय रचते हैं। छिपी पड़ी शिकायतों की चिनगारियाँ मन्द पवन में भी भडक कर दावानल बन जाती हैं। रिश्ते अदृश्य रस्सियाँ बनकर बाँध रखते हैं। हे ईश्वर! आप तक पहुँचने के लिए आरम्भ की गयी यात्राएँ लौकिकता की वल्लरियों में उलझ कर चक्कर काट रही हैं, अब भी।

मन की भीतरी परतों में जो खराशें बनी हुई हैं उन्हें एक-एक करके हटा लेकर, प्रकाश में खोले रखकर, विस्तार से पढ़कर बिना ताड़-पत्र और लेखनी के संशोधित कर, शोकनाशिनी में बहा दूँगा।

कई चीज़ों के भरने और खाली होते रहने से पुराने पड़े इस बर्तन में पूरी तरह जो मैल लगा हुआ है, इसे साफ धुला हुआ रखना है। कौन जाने अब कितनी बार कोशिश करनी पड़ेगी। कई बार धोने पर इसका मैल लगा जल भी आपके सिवाय भला और किसे अर्पित करूँ?

साक्षी और सारथी स्वरूप हे सर्वेकार! काल तो इस नहर के समान है जिसका न सिर दिखता है, न पूँछ। लहरदार और अनन्त! बीच का आयुरूप छोटा-सा प्रवाह ही प्रवाह है। कैसा जोश! इस वर्धित उत्साह के लिए भी आपको धन्यवाद। मैं तो आप का खिलौना ठहरा। मैंने अपना खेल मान कर जो कुछ भी सजाये सब सचमुच आप के ही खिलौने तो हैं न?

जीवन—पुष्प की यह अंजली कृपया स्वीकार करें।

दावाग्नि के फैलने पर - महाभारत में खांडवदाह का जो विवरण है उस का स्मरण करें।

भोग-ऐश्वर्य ... - 'यामिमां पुष्पितां वाचं...
समाधौ न विधीयते' गीता-2 (42-44)

जो स्वर्ग मोही हैं, जन्म-कर्म-फलों की कांक्षा करते हुए बहुविध क्रिया विशेषों का अनुष्ठान करते हैं, जो भोग और धन में आसक्त हैं और आसक्ति से जिन का मन अपहृमत है ऐसे कामात्मा वेदों के नाम पर तर्क वितर्क करने में मजा लेते हैं और अपने कथन के परे कुछ नहीं है ऐसा साबित करने के लिए पुष्पित वृक्षों के समान वश्य-वाक् बने रहते हैं। पर उनकी बुद्धि कभी चिरस्थाई नहीं होती।

भाग : एक

तान्नियूर–1

न मुझे देखने का भाग्य पिताजी को मिला, न उन्हें देखने का भाग्य मुझे। मेरे जन्म के सत्रह दिन पहले पिताजी की हत्या हुई थी।

मेरी जानकारी केवल जनश्रुति पर आधारित है।

माताजी आसन्न प्रसवा थी। कुट्टन दाऊ अध्ययन के लिए परदेश गये हुए थे। सीता दीदी और चीरू दीदी छोटी बच्चियाँ थीं। मामाजी को मोतियाबिन्द का आरम्भ। देश में एक बड़े आक्रमण के बाद का अकाल भी।

सुबह–सुबह जो लोग जाल लेकर मछली पकड़ने पूरप्पुष़ा (नहर) गये थे उन्हों ने दौड़े–दौड़े आकर पाठशाला में खबर दी। पिताजी की और तीन साथियों की लाशें नारियल के कच्चे पत्तों में ढकी, नहर के किनारे सरकंडों के झुरमुट में पड़ी हैं। लड़कर मरे नहीं हैं। आस–पास कहीं भी तलवार और ढाल नहीं मिले। खून के दाग नहीं। कोई घाव भी नहीं। सदा साथ रहनेवाले ढाल और तलवार आस–पास कहीं नहीं दिख पड़े।

दो प्रदेशों के बीच की कड़ी द्यूत क्रीड़ा प्रतियोगिता में भाग लेना है, इस बहाने मैत्री भाव में पिताजी को परप्पनाट् तक बुला ले गये थे। पिताजी के सबसे प्रिय विषय थे 'कलरी' (आयोधन कला), 'पाना' और 'कूत्तु कविता'।। इनके अलावा वे जिस विषय में ज्यादा रुचि लेते थे, वह थी द्यूत क्रीड़ा। क्रीड़ा में भाग लेनेवाले चार खिलाड़ियों का एक दल ही परप्पनाट् गया था। उन चारों को धोखेबाजों ने छल से भोजन में जहर खिला कर मारा और नारियल के कच्चे पत्तों में बाँध कर वेट्टत्तुनाट् की सीमा से होकर बहनेवाली पूरप्पुष़ा नामक नहर के इस पार रात के अन्धेरे में लाकर छोड़ दिया था।

पता नहीं, किसने मारा। पर क्यों मारा, यह बात सबको विदित हुई। केवल इस उद्देश्य से कि आगे के हमलों में विजय सुनिश्चित रहे। धोखे का बदला चुकाने के लिए जो लोग स्वेच्छा से तलवार और ढाल लेकर निकल पड़े उन्हें रोकने के लिए वेट्टत्तु राजा के सिपाहियों को बहुत कठिनाई झेलनी पड़ी।

वेट्टत्तु राजा ने वीरों को ओढाया जानेवाला जो पाटंबर भेज दिया उसे ओढा कर पिताजी का दाह-संस्कार किया गया।

कहते हैं, माताजी को दिलासा देने के लिए जब मामाजी पहुँचे तब माताजी ने कहा—"भैया! मेरे बारे में सोचकर दु:खी न हों। मैं पहले भी जानती थी कि ऐसा एक अन्त आज नहीं तो कल होगा ज़रूर। आँसू बहा कर मैं किसी को लांछित नहीं करूँगी।"

बाद को ही कुट्टन दाऊ परदेश से लौट आए थे। वे रोने में भी असमर्थ होकर स्तब्ध खड़े थे। उन्हें अपने पास खड़ा करके मूर्धा पर हाथ रखकर माताजी ने कहा—कुट्टन, ध्यान से सुनो, अन्याय कोई भी करे, उसका विरोध किया जा सकता है। पर धोखा खाने के बाद बदला लेने की भावना पालने से अच्छा है सतर्क रहना। प्रतिहिंसा की भावना नहीं होनी चाहिए, किसी के प्रति। अन्तरंग में जो प्रतिहिंसा बनी रहती है वही हमें मार डालनेवाला सबसे कठोर जहर है।"

लेकिन पिताजी के भानजे उण्णि भैया जो कुमारन नाम से जाना जाता था, ने पिताजी के मरणानन्तर कर्मों से निपटने पर कुलदेवता भगवती के सामने खड़े होकर तलवार को छूते हुए 'खून का बदला लेने की' अनुमति माँगी और उसके लिए अपना जीवन अर्पित रखा। सीता नाम की दीदी से केवल चार साल बड़े थे उण्णि भैया। तब उनकी आयु पन्द्रह साल की थी। जननी की अनुमति माँगे बिना ही वे खून का तिलक लगाकर जपा कुसुमों की माला पहनकर मानसिक तौर पर 'आत्मघाती योद्धा' बनकर घर लौट आए थे। उस दिन से लेकर दृढ़ निश्चय के साथ अन्तिम दाँव-पेंचों का निरन्तर अभ्यास करके उसमें दक्षता प्राप्त करते रहे।

मृत्यु के समय पिताजी की आयु केवल बयालीस साल की थी। तलवार और भाल का प्रयोग करने में और शारीरिक आयोधन कला में वे निपुण थे। सेना का नेतृत्व करना भी उन्हें आता था। सामूतिरी के आश्रित हमलावरों के साथ एक से अधिक बार वेट्टत्तुनाट् और पेरुंपड़प्पु की जो भिड़न्तें हुईं उनमें सेना का नेतृत्व करने का अभ्यास भी उन्हें प्राप्त था। पानत्तोट्टम और कूत्तु कविता का गायन वे खूब करते थे। सबके साथ समान भाव से बर्ताव करते थे। "जंग रहित तलवार जिसकी मूठ सागौन के क्रोड की बनी है'—मामाजी पिताजी के बारे में यही कहा करते थे। कुट्टन दाऊ को पिताजी का शारीरिक गठन लगभग मिला है। "किन्तु उसको पिताजी की अन्य विशेषताएँ बहुत कम मिली हैं"—नष्ट बोध के साथ पिताजी ऐसा कहते थे।" दायाँ हाथ ही नष्ट हो गया है। मामाजी लम्बी साँस भरते थे।

पिताजी का स्मरण करते समय मेरे मन में कोई स्पष्ट रूप उभरकर आता नहीं। 'पिता' भाव मन में जो अनुभूति उत्पन्न करती है उसका स्रोत उस अनुभूति के समान है जो नील आकाश, तरंगरहित गहरा सागर या घाटी के घने जंगल का

विस्तार देखते खड़े रहते समय होता है। खुशी की रोशनी है। पर उसका स्रोत-स्थान दिखायी नहीं देता। यह दुःख भी उसके साथ उसी मात्रा में बना हुआ है। अनन्त शान्ति की प्राप्ति होती है। पर दृष्टिपथ में कहीं नहीं। इसके साथ-साथ यह घबराहट भी होती है कि आलम्बन स्वरूप पकड़े रहने के लिए कोई वस्तु नहीं। घाटी के जंगल की हरीतिमा और नमी दिलासा देने वाली ही है। पर उस नमी के भीतर अँधेरा, पथ न पहचान पाने का दुःख, भय की चंचल छाया और अनाथत्व की भावना छिपी हुई है।

काश! पिताजी को एक बार ही सही देख सका तो पिता के चल बसने से हुआ दुःख क्या कम हो जाता? पता नहीं। एक बात तो निश्चित है। ऐसी हालत में मन में एक चित्र कायम रहता। शायद वह अधिक दुःखदायक रहता। भरी हुई जगह को शून्य देखने का अपरिहार्य दुःख।

दोनों स्थितियों में दुःख ही दुःख। यही माना जा सकता है कि दोनों दुःख दो प्रकार के हैं।

पर, चूँकि पिताजी का कोई नियत रूप मेरे मन में नहीं था इसलिए पिताजी मेरे लिए सर्वव्यापी और सर्वशक्त बन गये। जब ईश्वर के रूप में कुछ जानने लायक बना तब मैं समझ गया कि वे ईश्वर के समान हैं। फिर यह तय करने में कोई विशेष कठिनाई नहीं हुई कि वे ईश्वर ही हैं।

माताजी, कुट्टन दाऊ और मामाजी इस प्रयत्न में थे कि बाल्यावस्था के बीतने तक मैं इन बातों से अनभिज्ञ रहूँ कि पिताजी नहीं रहे हैं और उनका देहावसान कैसे हुआ। मैंने माताजी को कभी भी पिताजी की याद में रोते हुए नहीं देखा। ऐसी बात नहीं कि वे रोती नहीं थीं, वे इस बात की भरसक कोशिश करती थीं कि मैं उन्हें रोते हुए न देख सकूँ। उन दिनों से ही माताजी अन्यमनस्क सी रहती थी। जैसे कोई अदृश्य शक्ति विशेष माताजी को सदा-सर्वदा बहुत ऊपर उठाए रखती थी। उस ऊँचाई में रहते समय माता जी के पैर ज़मीन को नहीं छूते थे। दृष्टि ऊँचाइयों में और दूरियों में खो जाती है। सदा यह उदासीन भाव कि अब देखने के लिए कुछ नहीं रहा। न कभी हँसती, न लाड-प्यार करती, न नाराज़ होती। चेहरे पर उस कमल-पत्र का सा भाव जो बड़ी कठिनाई से जल-स्तर से ऊपर उठ कर खुल कर फैला हुआ हो। कभी बरसात के ठंडे जल-कण आ पड़ें तो वे उस पर चिपके बिना पारे के गोले बन जाते और चाँदी के मोती बनकर फिसलते खेलते। किन्तु पल भर में ही वे स्वयं चारों तरफ के जलविस्तार की ओर फिसलकर अप्रत्यक्ष हो जाते, कोई भी निशान छोड़े बिना।

गर्मी का मौसम। शाम का वक्त। तप्त निकासों के समान रह-रह कर आनेवाली समुद्री हवा में शारीरिक अभ्यास की दक्षता दिखाता रहा सन्ध्यादीप।

उसके सामने माता की गोद में बैठा हुआ मैं। मेरी स्मृति यहीं से आरम्भ होती है। पश्चिमी तरफ की, लकड़ी से बनी दीवार के खुले झरोखे से होकर हवा आ रही है। उत्तरी कोठरी में और कोई नहीं। चारों ओर हल्की अंधियारी छायी हुई है। नाम जप कर रही माताजी के शरीर में रह-रह कर भीतरी कम्पन हो रहा है। इन दशा में अचंचल रहने के लिए वे साँस रोक कर छिपे तौर पर संघर्ष कर रही हैं। हर भीतरी कम्पन के बाद उसी कम्पन की पुनर्जनी दीर्घ निकास के रूप में प्रकट होती है।

मामाजी नहाने के बाद अभी तक नहीं आ पहुचे हैं। कुट्टन दाऊ पहले ही तालाब जाकर लौटे हैं और अन्तेवासियों के साथ मिलकर नाम जप कर रहे हैं। उनके दल में चीरू दीदी भी शामिल हैं। चूँकि मामाजी की आँखों की रोशनी नहीं रही इसलिए 'कलरि' (पाठशाला) का दायित्व कुट्टन दाऊ ने सम्भाल लिया है। छोटी दीदी को चीरू पुकारते हैं। बाद में ही मैं समझ सका कि उनका सही नाम श्रीदेवी है। बिलकुल सीधी सादी। उनसे बड़ी है सीता दीदी। बाद में ही मैं जान सका कि 'सीता' 'चीता' भी हो सकती है। तभी से सीता दीदी बड़ी होनहार थीं। चौदह वर्ष की अवस्था में ही, बिना किसी के कहे, घर के शासन की बागडोर उसने सम्भाल ली है। रसोई के कामों की देख-रेख के बाद ही स्नान, नामजप और वाचन में प्रवृत्त होती है।

घर के चारों ओर बाईस दीप-स्तम्भ हैं जो विस्तृत आँगन की सीमाओं पर और कोनों पर एक-एक शिलाखंड से बनाये गये हैं। उनमें बत्तियाँ और तेल डाल कर दीप जलाने का काम कुट्टन दाऊ और लेखन शाला के छात्र करते हैं। इस आँगन का पुराना नाम 'शोभापरंपु' (शोभा-अहाता) है जो सर्वथा सार्थक है।

दैनिक खर्च का प्रबन्ध राजमहल की ओर से किया जाता है। नहाने का बड़ा तालाब, रसोई से जुडा, पत्थर से बना कुआँ जिसमें पानी खींचने का चक्र और रस्सी डाले गये है, इन सब की सफाई से लेकर हर साल घर और पाठशाला के ऊपर नारियल के पत्ते छाने तक का कोई कार्य मामाजी या कुट्टन दाऊ के जिम्मे नहीं है। साधन-सामग्री और कामगारों को लेकर राजमहल से कारिन्दे आएँगे। भोजन, वस्त्र और तेल राजमहल की ओर से पूर्वनिश्चित मात्रा में घर पहुँचाये जाएँगे। अतिरिक्त खर्च के लिए आँगन के पेड़ पौधों से प्राप्त आय और संसाधन तथा छात्रों के अभिभावकों के द्वारा दिए जानेवाले उपहार पर्याप्त हैं। किसी भी चीज़ की कोई कमी नहीं।

संध्या के समय आँगन के नारियल के पेड़ों के पत्ते भी नाम जपते हैं। झींगुरों की आवाज़ और बड़े-बड़े पेड़ों की डालियों पर लौट आए पक्षियों की चहचहाहट भी उनसे जुड़ती है। सभी ध्वनियों के अन्तरतम में सागर की लहरों की निरन्तर प्रकम्पन-परम्परा की आधार श्रुति घुल-मिल जाती है।

माताजी मुझे सुबह-शाम दोनों वक्त मन्दिर ले जातीं। मूर्ति महाविष्णु की है। मन्दिर के चारों तरफ रक्त पुष्पी, मन्दार, तुलसी और जुही का जंगल सा बना हुआ है। मन्दिर का दायित्व एक परम भक्त ब्राह्मण सम्भाले हुए हैं। वे उस परिसर को छोड़ कहीं नहीं जाते। देखने में एक अस्थि-पंजर। ओठों पर जुही के फूल जैसी स्थाई मुस्कान। लोगों का कहना है कि वे नींद में भी नाम जप करते हैं।

उस दिन की सन्ध्या स्मरण में टिक गयी है, इसका एक विशेष कारण है। उसी दिन माताजी ने बता दिया था कि पिताजी ईश्वर हैं। माताजी ने ज़ोर देकर यही कहा था कि सारे मनुष्यों के ही नहीं, सारी जड़ चेतन वस्तुओं के भी पिता ईश्वर हैं।

किसी भी के पिता के सम्बन्ध में मैंने कुछ भी नहीं पूछा था। बिना पूछे ही माता ने यह बात कही थी। उन्होंने यह भी बताया कि वेट्टत्तुनाटु के राजा भी ईश्वर के बराबर दयालु नहीं है। उन्होंने यह भी कहा कि उतनी शक्ति सामूतिरी राजा या और किसी व्यक्ति को प्राप्त नहीं है।

जिस दिन मुझे पिता के रूप में ईश्वर मिल गया उसी दिन से मेरा रास्ता शुरू होता है। मेरा यह रास्ता कंकड़, काँटे और हिंस्रजन्तुओं से भरा हुआ है, पर इसमें कभी प्रकाश की कमी नहीं लगी है। हे हरि! इस पथ पर आप के सिवाय मेरा कोई सम्बल नहीं है।

यद्यपि घर का हर सदस्य इस बात की कोशिश कर रहा था कि मुझे पिताजी के अभाव का पता लगने न पाए तो भी पिताजी के बारे में सोच कर ही मैं सबसे अधिक चिन्तित और दुःखी रहा करता था। मुझसे चार साल बड़ी चीरू दीदी और लेखन शाला के सहपाठियों ने मुझे पिताजी की मृत्यु से सम्बन्धित बातें बता दी थीं। जिस दिन मैंने ये सारी बातें जान लीं उस दिन मेरे चेहरे पर प्रकट हुए भाव भेद माताजी ने पहचान लिए और मेरे बताए बगैर उनके कारणों का सही अनुमान करके मुझे गले लगाकर थपकी दी और सामान्य से अधिक लम्बी साँस ली। पर मुझे दिलासा दिलाने के लिए एक शब्द भी नहीं कहा। इससे मुझे पूरी तरह विदित हो गया कि जो कुछ मैंने सुना था सब सही था।

पिताजी के परिवार का मूल स्थान अंगाटिप्पुरम में था। ग्यारह पीढ़ियों के पूर्व पेरुम्पटप्पु राजवंश के आग्रह पर वल्लुवक्कोनातिरी ने उसकी एक शाखा को इस उद्‌देश्य से पेरुम्पटप्पु भेजा कि वह वहाँ सैनिकों को प्रशिक्षण दे। राजवंश ने उसके लिए आवश्यक खर्च आदि का प्रबन्ध किया और कुलदेवता की प्रतिष्ठापन करने की सुविधा भी प्रदान की।

पीढ़ियों के पूर्व, तत्कालीन वेट्टत्तु राजा इस प्रकार अपने राज्य में लेखन विद्या सिखलाने के लिए तिरुविल्वामला से मेरी माँ के परिवार को ले आए थे। इस बात का ठीक पता नहीं कि इन दोनों परिवारों में कब मेल-जोल शुरू हुआ।

'मामाकम्' के त्यौहार के समय वे एक जगह एकत्र हुआ करते थे। लेखन विद्या सीखने के लिए यहाँ आने और आयोधन कला सीखने वहाँ जाने की परिपाटी पहले से ही रही। दोनों विधाओं के अध्ययन से ही शिक्षा पूर्ण होती है, ऐसा माना जाता था। शिक्षा पूरी होते-होते शादी की आयु हो जाती और तब उचित लड़के-लड़की के साथ के रिश्ते परिवार के बुजुर्ग लोग तय करते थे।

जबसे सामूतिरी राजा ने तिरुनावाया और पोन्नानी पर कब्जा कर लिया और 'मामाकम्' के रक्षा-पुरुष का कार्यभार सम्भाल लिया तब से वेल्लाट्टिरी पर हमला बोलना तथा वेट्टत्तु राजा और पेरुम्पटप्पु राज्य के पक्षधर परिवारों के साथ छल - कपट करना रोज़मर्या की बातें हो गयीं। इनमें अधिकांश कार्य नीति और न्याय के विरुद्ध होते थे। अपमृत्युएँ अनेकों हुईं। पीढ़ियों के बीतते-बीतते ऐसे परिवारों की संख्या बढ़ती गयीं जिनमें प्रतिशोध की भावना तीव्र थी। इस प्रकार जो रणवीर्य वल्लुवनाट् में पहले से ही बना हुआ था वह वेटटुत्तु और पेरम्पटप्पु में खूब पनप उठा। पेरुम्पटप्पु की आयोधन कला शालाएँ 'मामाकम' के लिए जानेवाले आत्मघाती वीरों का प्रसूति-गृह बन गयीं। पिताजी के परिवार द्वारा संचालित अयोधन कलाशाला इनमें प्रमुख स्थान रखती थी। आत्मघाती वीर युवक हज़ारों भाला धारियों के बीच से पीछे हटते, झुकते, उछलते कूदते अपने को बचाते हुए अद्‌भुत ढंग से रास्ता निकालते मुख्य मंच तक पहुँचने लगे। सामूतिरी के लिए यह बड़ा सिरदर्द बन गया।

सामूतिरी के पक्षधरों ने कई बार वल्लुवनाटु और पेरुम्पटप्पु के बुजुर्ग आचार्यों को धन और जाति में बढ़ोत्तरी, ऊँचे पद आदि का लोभ दिखाकर अपने वश में कर लेने की कोशिश की। जब वे समझ गये कि यह तन्त्र सफल नहीं होनेवाला है तो उन्होंने एक और तन्त्र निकाला—छल से और परस्पर वैर बढ़ाकर खत्म करने का।

मेरी स्मरण शक्ति जब पक्की हो रही थी तब घर में पिताजी की अपमृत्यु की चर्चा हुआ करती थी। हर दिन सारे सदस्य उसकी याद करते। सीता दीदी के भविष्य की आशंका अलग। मामा का बेटा होने के नाते उण्णि भैया ने ही दीदी के गले में मंगलसूत्र बाँधा था। उण्णि भैया मरण का वरण करने के लिए भी तैयार होकर आत्मघाती योद्धा बनने का व्रत धारण कर चुके थे।

तिरुनावाया-हमले के बाद दस-पन्द्रह मामाकम् हो चुके थे। सौ-डेढ सौ वर्षों की इस अवधि में कोई भी आत्मघाती योद्धा जिन्दा नहीं लौटा था। समय के बीतते-बीतते सामूतिरी के पक्षधर और संसाधन बढ़ते ही गये। ऐसी भी जनश्रुति थी कि विपदा आ पड़ने पर अपने आवास से बच निकलने के लिए सामूतिरी ने भूमि के नीचे से कई सुरंगें भी बनवा ली थीं।

एक बार मामाजी ऐसा बोले कि सीता दीदी सुन सके—"आत्मघाती वीरों की हालत उन शलभों की सी है जो आग की ओर लपकते हैं। हर दिन दस बीस

आत्मघाती वीर तलवार से वार करते हुए मर जाते हैं। इसके बदले ये वीर एकजुट होकर एक मोर्चा बना कर लड़ते तो कितना अच्छा होगा।''

मामाजी ने शायद इस आशा से इतना बढ़ा-चढ़ा कर कहा था कि कम से कम दीदी उण्णि भैया को अपने उद्यम से विचलित कर सके।

दीदी ने विनम्रता पूर्वक, किन्तु बिना किसी सन्देह के यही पूछा—''पिताजी के हत्यारों से बदला लेने के लिए किसी को आना चाहिए न?''

मामाजी और माताजी ने ऐसी एक प्रतिक्रिया की प्रतीक्षा नहीं की थी, यह बात उनके चेहरों के भाव परिवर्तन से स्पष्ट थी। तुरन्त मामाजी ने सीता दीदी की तरफ मुख मोड़ा। चूँकि उनकी आँखों की रोशनी बिलकुल नहीं रही थी इसलिए दीदी के चेहरे पर प्रकट निश्चय की दृढ़ता उन्हें देखनी नहीं पड़ी।

एक दिन कडी चेतावनी के स्वर में माताजी ने पुकारा—''चीते''

छुट्टी का दिन था। अपराह्न का समय। कुट्टन दाऊ किसी कार्यवश राजमहल गये हुए थे।

दीदी ने तब कुछ नहीं कहा। किवाड़ से सटकर खड़ी थी, वहाँ से हटी नहीं। चुप्पी से दम घुटने लगा।

अप्रत्याशित रूप से मामाजी हँस पड़े। असहयता की हँसी।''तब तो नाणुआशान की मन: शक्ति तुझे ही मिली है न?''

''जो भी हो,'' दीदी ने मन पक्का कर लिया, ''मैं किसी को रोकना नहीं चाहती।''

मामाजी की हँसी सूख गयी। ''अनुभवज्ञान इतना काफी नहीं है न?''

''यह बात नहीं'' दीदी का कंठ अवरुद्ध हो गया।

''किस के रोकने पर उण्णि भैया रुकेंगे?''

माँ के कंठ से ज़ोर की एक चीख निकली जिसे रोकने का उनका प्रयास विफल रहा।

मामाजी ने सिर झुका लिया। बहुत कम अवसरों पर ही मामाजी का सिर झुकता था।

कम अवसरों पर ही दीदी के मनोधैर्य को धक्का लगता था। यह एक ऐसा अवसर था। चित्त का सन्तुलन लौटा लाने में देर न लगी। उन्होंने कोशिश करके सहज स्वर सम्भाल लिया। फिर क्या, मेहनत से लायी हल्की मुस्कान का आवरण बनाकर दीदी बोली—''कुल मिलाकर जो चार दिन मिलेंगे वे दिन दुखते हुए क्यों बिताएँ?''

''ठीक है।'' मामाजी का स्वर भारी हो गया।

माताजी ने दीदी को पास खड़ा करके प्यार दुलार से सहलाया।

वह दृश्य असुलभ था।

मामाजी की अन्धी आँखों से गरम बूँदें मेरी मूर्धा पर टपक पड़ीं। वे धीरे-धीरे सरक कर मेरे माथे और कनपटियों की तरफ बह आयीं।

---

* पाना : एक अनुष्ठान कला-रूप जिसमें काव्य और नाट्य का समावेश होता है।
* कूत्तु कविता : कूत्तु नामक कला-रूप में प्रयुक्त होनेवाली कविता।
* मामाकम् : राजाओं के शासन काल में तिरुनावाया के रेतीले तट पर बारह सालों के अन्तराल में चलता रहा एक सांस्कृतिक त्योहार। माघमास के मघा नक्षत्र के दिन सम्पन्न यह त्योहार माघमकम् (मामाकं) नाम से ख्यात हो गया।

तान्नियूर-2

कहा जा सकता है कि मेरे जन्म के साथ ही कुल में काल-दोष का आरम्भ हुआ। पिता की अकाल मृत्यु। वह भी अपमृत्यु। मामाजी की आँखों की रोशनी चली गयी। सीता दीदी के उर में जैसे आग भभक उठी। प्रदेश में अराजकता छा गयी।

लेखन शाला की स्थिति बिगड गयी। हमले ज़ोर पकड़ने लगे। बच्चों की पढ़ाई की ओर ध्यान देने के लिए समय नहीं मिला। लेखन शाला में संस्कृत न सिखाई जाए, ऐसा आदेश सामूतिरी से निकलवाने का प्रयत्न मंगलं नम्पूतिरिप्पाड और उनके साथी करने लगे। यह प्रयत्न केवल इसलिए सफल न हो पाया कि आऴ्वांचेरी के तम्प्राक्कल ने सहमति नहीं दी। पोयिलूर तिरुमेनी ने राजा को सूचना दी थी कि संकेत के मुखियों का कहना अन्याय और अवांछनीय है। तम्प्राक्कल् जो स्वयं ज्ञान के पूर्ण-कुंभ रहे उनका अपना रुख भी यही था।

पाठशाला में आम तौर पर लेखन और वाचन की ही शिक्षा दी जाती थी। केवल लिपि (वट्टेषुत्तु और कोलेषुत्तु) सिखायी जाती थी। जो इससे आगे कुछ सीखना नहीं चाहते थे वे इसके बाद पाठशाला छोड़ सकते थे। आगे संस्कृत के काव्य, नाटक आदि की शिक्षा दी जाती थी। उसके बाद इच्छुक छात्रों को व्याकरण, तर्क और ज्योतिष की भी शिक्षा दी जाती थी। वैद्यशास्त्र के प्रारम्भिक पाठ भी सिखाया जाता था। वेद, वेदांग, वेदान्त, दर्शन और स्मृतियाँ आदि की शिक्षा नहीं दी जाती थी। उन पर रोक लग चुकी थी। संस्कृत पर भी रोक लगाने की कोशिश चल नहीं थी। मन्दिर में एकत्र होकर वेद पाठ करनेवालों की अशुद्धियों का संशोधन दूसरों के सामने लेखन शाला के छात्र करने लगे हैं!

'संकेतवाले' कुछ वैदिकों का प्रभाव सामूतिरी पर दिनों दिन बढ़ता जा रहा था। वेट्टत्तुनाट् में उनकी इच्छा पूरी तरह सफल नहीं हो सकी। कारण यही था कि तान्नियूर पर शासन करनेवाला उण्णित्तंपुरान, उनके मामा वेट्टत्तु उडयवर और राजाओं की आज्ञाओं का पालन करनेवालों में अधिकांश लोग लेखन शाला के शिष्य गण थे। सौभाग्य से राजा लोगों को पहले से ही इस बात का पता था कि 'संकेत'

के कुछ लोग उनकी अवहेलना करते हुए सामूतिरी के साथ मैत्री जोड़े हुए हैं।

पाठशाला के कार्यों में जाति-धर्म का ख्याल नहीं रखा जाता था। अन्तेवासियों में गणमान्य मुसलमानों के और कुछ गुरुवायूर के कोट्टप्पडि गाँव के अन्य धर्मावलंबियों के बच्चे भी थे। उनके साथ तथाकथित निम्न जातियों के बच्चे भी थे। पाठशाला के सम्बन्ध में मुख्य शिकायत यही थी कि उसमें छुआछूत और विशुद्धि का ख्याल नहीं रखा जाता। मामाजी की यही राय थी कि सभी के सभी बच्चे सदा ही शुद्ध रहते हैं। यह भी शिकायत हुई कि संस्कृत की शिक्षा प्राप्त साधारण जन मन्दिर के पूजाकर्मों में बाधा डालते हैं। यह सही है कि वे बाधा पहुँचाते थे। संस्कृत का उच्चारण गलत और विकल रूप में होने पर कुछ लोग हँस पड़ते थे। गलत पदों का सही उच्चारण बताने के लिए कुछ लोग उद्यत हुए। लेखन शाला के तत्कालीन छात्र और पूर्व-छात्र ऐसे लोगों का अधीशत्व आँख मूँद कर मान लेने के लिए तैयार नहीं थे जो अर्थ समझे बिना संस्कृत का उच्चारण करते थे।

इसी ढंग से कुट्टन दाऊ, उण्णि भैय्या, दीदियाँ और मैंने विविध काल खंडों में पढ़ना-लिखना सीखा था। दोनों कुटुम्बों के बच्चे दोनों पाठशालाओं में अध्ययन करते थे। अपने कुल की परम्परा के अनुसार उण्णि भैय्या आयोधन कला की ओर मुड़े। कुट्टन दाऊ उच्चशिक्षा पाने तंचावूर गये। पिताजी की मृत्यु और मामाजी की आँखों की बीमारी के कारण उसमें विघ्न पड़ गया। उच्च शिक्षा पूरी होने में छः सात साल लगते थे। एक ही साल पढ़ सके।

मामाजी भी परदेश जाकर शिक्षा पा चुके थे। मंगलम तिरुमेनी खुल्लमखुल्ला यह कह कर अवहेलना करते रहे कि पाठशाला के अध्यापक ऐसे हैं जिन्होंने छिपे तौर पर वेद का अध्ययन किया था, जब कि वेदाध्ययन उनके लिए निषिद्ध था। पाठशाला बन्द करानी चाहिए- यहाँ तक आ गया था उनका हठ। पर प्रदेश के अधिकांश ब्राह्मण सही ज्ञान रखनेवाले थे। उनमें कोई ऐसा हठ नहीं करता था। कारण यह था कि वे सब वेदान्ती थे। जनश्रुति थी कि मंगलम की शिकायत सुनकर आलवांचेरी तम्प्राक्कल हँस पड़े थे। कहते हैं कि शिकायत करनेवालों से उन्होंने पूछा था—" पदार्थ सम्बन्धी प्रमाणों में जब आपको कोई शंका होती हो तब कम से कम उनसे पूछकर शंका निवारण कर संकेंगे न? यह तो अच्छा ही है न?"

इस सवाल ने स्थिति और बिगाड दी। कई संकेतवालें सोचने लगे कि सामूतिरि का स्वेच्छा शासन होने पर ही स्थिति सुधर सकती है। सामूतिरियों में पहले से ही यह धारणा रही थी कि वे वेट्टम, पेरुम्पटप्पु और वल्लुवनाड राजपरिवार वालों की अपेक्षा जाति में निम्न हैं। वे लगातार इस कोशिश में थे कि संकेतवालों की सहायता से इस समस्या का हल करें। किन्तु वहाँ भी संकेतवालों के मार्ग में रोडा अटक गया। सामूतिरिप्पाड के अधिकांश सेनानी मुसलमान थे। उनके साथ मिल कर

काम करने में हिचक कर संकेतवालों में कुछ तो अलग ही रहे। मुसलमानों में जो विवेकशील थे वे संकेतवालों की चालाकी और स्वार्थता पहचान कर सतर्कता से व्यवहार करते रहे।

परन्तु, दैवी शक्ति का क्रय-विक्रय करने का अधिकार वैयक्तिक और परम्परागत सम्पदा के रूप में बनाए रखने और उसके बल पर परम-अधिकारी बनने के जो षड्यन्त्र पुरोहितों ने रचे वे विफल नहीं रहे। राजाधिकार क्रमशः क्षीण होता गया। अधिकांश भू-सम्पदा पुरोहितों के हाथ आ गया। उन्होंने दूसरों को कई जातियों में बाँट कर कई विभागों में जकड रखा। उन्होंने यह धारणा फैलाई कि युद्धों में जीत हासिल करने और वर्षा कराने का मन्त्र-तन्त्र और अभिचार उनकी की मुट्ठी में हैं, और इस प्रकार राजाओं से लेकर सेनानायकों तक की भय-भक्ति और तद्द्वारा सामान्य जनों का आदर-सम्मान प्राप्त किया।

इसमें कोई सन्देह नहीं कि यह व्याधि उत्तर से आयी थी। यह प्रत्यक्ष देखकर मैं अत्यधिक दुःखी हुआ कि विन्ध्य के उत्तर में चातुर्वण्य कितना दूषित हो गया है। जहाँ वेद, वेदान्त और दर्शन कायम थे वहाँ निरा कीचड़ भरा है। वह सदियों से घनीभूत होकर पड़ा हुआ है। बाद को वहाँ से जो लोग यहाँ आए उनके पाँवों पर यही कीचड़ लगा हुआ था। मन्त्र शक्ति के नाम पर डरा कर और लुभाकर उन्होंने राजाओं को परस्पर भिड़ाया तथा कभी-कभार उनका पितृत्व तक हथिया कर कोई कोई अपना कार्य सिद्ध करने लगा। इन्होंने उन वेदान्तियों को भी पतित घोषित किया जो यहाँ पहले आ चुके थे। इठला-इठला कर इन्होंने आकाश तक को छूने का स्वांग रचा। इनको सदा मैथुन और मृष्टान्न भोजन की ही धुन लगी रहती थी। वे ऐसा कोई धन्धा नहीं करते थे जो मनुष्य के लिए प्रयोजनकारी है। इतना ही नहीं, वे किसी को कोई अच्छा कार्य करने नहीं देते थे। इनकार्यों में साथ नहीं देनेवाले राजाओं को छल और विश्वासघात द्वारा और उन पर हमला करा कर उन्हें तहस नहस कर डालते थे।

उन्होंने सामूतिरियों को ही पीढी दर पीढ़ी इसके लिए उपयुक्त उपकरण माना। सामूतिरियों की एक ही एक लालसा थी—उत्तर में गोकर्ण से लेकर दक्षिण में कन्याकुमारी तक का भूप्रदेश अपने अधीन करने की। दूसरों की एक मुट्ठी भर मिट्टी को हथियाने में सहायक किसी भी क्षुद्र मन्त्र का उपदेश पाने के लिए कोई भी रियायत करने के लिए वे तैयार रहते थे।

ऐसे सामूतिरि—कुल से प्रतिशोध करने के लिए ही उण्णि भैया ने कमर कस लिया था। आत्मघाती योद्धा बनने का व्रत ग्रहण करते समय उसकी सूचना प्रदेश वालों को नहीं दी जाती। इसे गुप्त रख जाता है। प्रतिशोध में साथ देनेवालों को ही इसकी सूचना दी जाती है। वल्लुवक्कोनातिरी के कारिन्दों को भी सूचना दी जाती।

फिर वर्षों तक के लिए आत्मघाती योद्धा और उसके रिश्तेदारों की वही दशा होती जैसे सुलगती भूसी में फँस गये हों। इसका बस यह परिणाम होता कि अगले 'मामाक' के साथ एक और प्रतिशोध का आरम्भ होता।

उण्णि भैया को दस साल तक व्रत रखना था। तीनों वक्त नहाना। केवल एक जून का भोजन। देवी पूजा। शस्त्राभ्यास। मन और तन को दृढ़तर बनाते वक्त कई बातें निषिद्ध हैं। माँसाहार और नशीली वस्तुओं से लेकर शादी का प्रस्ताव तक। कोरी ज़मीन पर ही सोना है। इन शर्तों का उल्लंघन कोई भी आत्मघाती योद्धा नहीं करता।

उण्णि भैय्या हर महीने मामाजी से मिलने आते। ठंड में और वर्षा ऋतु में भी इसमें कोई बाधा नहीं पड़ती। देहाती सड़क से यदि बुजुर्गों की बैलगाड़ी मिलती तो उस पर चढ़ आते। नहीं तो पैदल। किसी भी प्रकार से हो, उनके आ पहुँचते-पहुँचते शाम हो जाती। नहा धोकर मामाजी और माताजी का चरण स्पर्श करते और कुट्टन दाऊ को साथ लेकर मन्दिर जाकर दर्शन करते। रात को केवल दूध और फल लेते। चूँकि उनके आने की तिथि और तारीख निश्चित रहती इसलिए दोनों वस्तुएँ तैयार रखी जाती। सीता दीदी का चेहरा खिल जाता। उण्णि भैया की छाती चौडी, कटि कृश, और कद ऊँचा था। प्रदेश भर में कहा जाता है उण्णि भैया के शरीर की गठन और हाव-भाव नाणुआशान के जैसे ही हैं।

उण्णि भैया के व्रत के अन्तिम दिनों में ही मैं उस आयु को प्राप्त हो पाया था जब घर की भारी दुविधा समझ पाता। उण्णि भैया को देखते ही या उनकी आवाज़ सुनते ही क्षण भर के लिए प्रसन्न होते माताजी, दीदियों और कुट्टन दाऊ आदि के चेहरे अगले ही पल उदास हो जाते। किन्तु उण्णि भैया के चेहरे की हँसी वैसी ही रह जाती। यह देख दूसरों का दुःख और बढ़ जाता।

सीता दीदी और उण्णि भैया के विवाह की बात तभी पक्की हो चुकी थी जब वे दोनों बिलकुल छोटे थे। दीदी के 'केट्टु कल्याणम' के दिन पिताजी, फूफीजी, मामाजी और माताजी ने मिल कर पूर्ण सहमति और प्रसन्नता के साथ विवाह की बात पक्की की थी। अब उचित आयु और सुविधा के अनुसार 'पुटवा' (विवाह वस्त्र) देने का कर्म ही शेष रह गया है। इस भाव को आत्मसात करके ही दीदी और उण्णि भैया बड़े हुए थे। देखने में ये ऐसे लगते थे मानो जन्म लेने के पहले ही वे जोड़े रहे हों।

पर अब तो यह रिश्ता एक अबूझ पहेली-सा बन गया है। विवाह सम्पन्न कर दें या न कर दें। दोनों सम्भव नहीं!

मामाजी का निर्णय था कि दीदी की पसन्द को प्रमुखता देनी है। माताजी ने सहमति प्रकट की।

मामाजी के किसी भी कथन का विरोध माताजी या कुट्टन दाऊ नहीं करते थे।

दीदी को बुला कर मामाजी ने ही पूछा—"तेरे मामले में अब क्या करना है?"

दीदी ने तुरन्त अपना दृढ़ निश्चय बताया—"और किसी के साथ शादी नहीं करनी है।"

"इस हालत में कुमार की शादी की बात"।

"बात तो पहले ही पक्की हो चुकी है न?"

"विवाह भी मना है।"

"तो नहीं करें।"

"फिर कैसे?"

कोई जवाब नहीं आया।

थोड़ा सोचकर मामाजी ने पूछा—"तो क्यों न निर्णय लें कि शादी हो जाए। सूक्ष्म चिन्तन करें तो यही उचित लगता है न?"

मौन रूप में सहमति।

मामाजी ने निर्णय लेते हुए कहा कि उण्णि भैया से भी परामर्श करेंगे।

कुट्टन दाऊ की उपस्थिति में ही मामाजी ने उण्णि भैया के सामने विषय प्रस्तुत किया।

"कुमार, जब नाणु आशान जीवित थे तभी तेरी और सीता की शादी की बात पक्की की गयी थी। अब आगे क्या करें?"

"लोकाचार के अनुसार ..."

"जैसा सीता चाहे वैसा ही हो।"

"वह चाहती है कि शादी हो जाए।"

"रामन मामा जो निर्णय ले वही मेरेलिए लोकाचार है।"

"तो ठीक। शादी सम्पन्न करेंगे। अब कुट्टन के लिए भी एक लड़की देखनी है। दोनों शादियाँ एक साथ हो जाए।"

कुट्टन दाऊ बोले," जब तक अप्पू कलरि में सहयोग देने लायक हो जाय..."

"यदि असहमति न हो तो," उण्णि भैया ने बताया- "मेरी बहन ठीक रहेगी। अम्मिणि चीरू की आयु की है। विलम्ब से करें है तो भी कोई हर्ज नहीं। यह भी हो सकता है कि मेरी सन्तानों की देख-रेख कुट्टन दाऊ को करनी पड़े। ऐसी हालत में कुट्टन दाऊ के साथ अम्मिणी ही रहेगी तो..."

माताजी ने टोका—"अशुभ बात मत बोल, कुमार।"

"दोनों सँभावनाओं को मानते हुए ही 'अंकम्' (रण) के लिए उद्यत होना है

न, मामी जी?... या तो अगले रण के साथ सामूतिरिप्पाड का शासन समाप्त होगा। नहीं तो... नहीं तो क्या होगा, यह भी सोचना है न?''

''बस, बस।'' माताजी दु:ख के साथ बोल उठी:

ऐसी चालें मैंने कितनी बार देखी हैं।''

पिताजी की प्रकृति की ओर संकेत कर रही थी माताजी।

''आपको दु:ख देने के लिए नहीं कहा मैं ने। कृपया क्षमा करें।''

''दर्द सहकर बच्चों को जन्म देनेवाली माताओं की पीड़ा तुम लोगों को तनिक भी नहीं जानना है न?''

''जन्म लेनेवालों में पौरुष नहीं दिखता तो दु:ख होता है, मामी।''

''मैं यह भी जानती हूँ कि तुम्हारे परिवार वालों से बहस में जीत नहीं पाऊँगी।''

''उण्णि कुछ भी कहे''—कुट्टन दाऊ ने दखल दिया, ''मैं नहीं मानता कि 'अंकम' (रण) के लिए उण्णि की तैयारी ठीक है। यह युक्ति संगत नहीं लगता।''

''मामी जी ने जो बताया उसकी उल्टी स्थिति भी सही है न? कुट्टन दाऊ? इस लेखन शाला के पुरुषों से वाद-विवाद में जीतने में मैं ही नहीं, अड़ोस-पड़ोसवाले भी समर्थ नहीं। मेरे अन्दर से जो प्रेरणा आती है वही मेरे निर्णय का आधार है। पूरे एक साल की व्रत-दीक्षा के दिनों में प्रतिशोध की आन्तरिक पुकार से लगातार लड़ते रहे मुझे अन्त में हार माननी पड़ी। इसलिए नहीं कि मुझे यह पसन्द था। इसलिए भी नहीं कि यह न्याय संगत था... कुट्टन दाऊ मुझ पर कृपा करें।''

''मैंने केवल इसलिए बताया कि मैं जीवन के पक्ष में हूँ।'' कुट्टन दाऊ ने सिर झुकाया। ''उण्णी! जीत कर आ।''

''बस करें।'' मामाजी की कर्कश आवाज़ गूँज उठी। ''कोई भी गीतोपदेश सुन ले तो भी सब अपनी-अपनी इच्छा के अनुसार ही आचरण करें। यही है धर्म।''

अगले दिन सुबह चीरू दीदी मन्दिर में बहुत देर तक अंजलीबद्ध खड़ी रही। प्राय: दीदी प्रार्थना करने का रस्म अदा करके इधर-उधर देखती खड़ी रहकर समय गँवाती। प्रदक्षिणा करते समय माताजी के साथ चलती। तब भी ध्यान और कहीं रहता। बाद को माताजी और चीरू दीदी साथ-साथ मन्दिर जाने लगीं। कभी-कभी माताजी मेरा भी इन्तज़ार करतीं। यदि मैं मामाजी के समीप होता तो मुझे नहीं बुलातीं। उस दिन मैं भी साथ था।

बाद के सभी दिनों में मैंने विस्मय पूर्वक देखा कि दीदी माताजी की अपेक्षा अधिक समय तक हाथ जोड़े खड़ी रहती है। खूब मन लगा कर प्रार्थना करती है। प्रसाद हाथ में लिए पुजारी सामने आकर खड़े रहते। दीदी जब आँखें खोलती तभी पुजारी को देख पाएगी न?

एक दिन मैंने पूछा—''इतनी गम्भीर प्रार्थना किस बात की है?'' दीदी ने मुझे प्रदक्षिणा पथ से थोड़ा हटा कर खड़ा किया। फिर चारों ओर दृष्टि दौड़ायी। यह निश्चित किया कि आस-पास कोई सुननेवाला नहीं। फिर मेरे कान में फुसफुसाया—''बताऊँगी। पर तुम्हें भी उसके लिए प्रार्थना करनी होगी। तैयार है क्या?''

''बात क्या है?''

''प्रार्थना करोगे, क्या?''

मैंने सिर हिला कर हामी भरी।

''बात किसी को मत बताना।''

मैंने सहमति जताई कि नहीं बताऊँगा।

''बस यही कि अगले 'मामाकम्' का समय जब निकट आएगा तब हे भगवान, उण्णि भैया को ऐसी किसी बीमारी से लिटा देना जिससे वे उठ नहीं पाएँ।''

मैंने सन्देह प्रकट किया—''रक्षा करने की ही प्रार्थना करनी होती है न?''

''अरे बुद्धू!'' दीदी नाराज़ हो गयी। रक्षा करने के लिए ही ऐसी प्रार्थना करनी है न?

मुझे तो रुलाई ही आई। उस समय ईश्वर की मूर्ति की तरफ मुख करके ही मैं खड़ा था। आँखें भूँद कर भगवान का स्मरण किया। रुदन को दबाए रखा।

चीरू दीदी के भोलेपन को देखकर ही शायद होगा भगवान हरि की मूर्ति के चेहरे पर करुणापूर्ण मुस्कान खिली ही रही।

तान्नियूर-3

या तो माताजी के पास। नहीं तो मामाजी के साथ। इसी प्रकार मेरा बचपन बीता। बैठे रहने की पहली स्मृति माताजी के अंक में बैठे रहने की है। बाहरी दुनिया की ओर पहला कदम बढ़ाने की याद मामाजी की उँगली पकड़ कर चलने की है।

अन्तरंग में जो आग सुलग रही है वह बाहर नहीं दिखती। तो भी मामाजी के चेहरे पर सदा मिट्टी के चिराग की प्रकाश भरी हँसी दिखती थी। उनके देह पर एक प्रकार का शीतल ताप बना रहता था। मामाजी का हाथ पकड़ें, या पीठ पर हाथ फेरें, तो इसका अनुभव होता। उँगली के छोर से ज़रा छूने पर भी यह अनुभव होता। कुछ असुलभ अवसरों पर जब वे मुझे उठा कर अपनी छाती पर रखते थे तब उनके कानों में पड़ा लाल रत्न जड़ा चाँदी का कर्णफूल मैं छू सकता था। चोटी पर लाल फूल जो शाम तक नीचे गिरे बिना गुंथा रहता है। उसे उंगलियों के बीच रख कर लट्टू सा घुमा सकता था। बाएँ गाल पर कान के समीप गुंजाफल के आकार का जो भस्सा था उस पर एक बड़ा सा रोम बढ़ रहा था।

मामाजी ने ही मुझे पिताजी की विशेषताओं के बारे में तथा माताजी और नानीजी के बारे में बता दिया था। मामाजी, बड़े मामाजी और परिवार की परम्परा के बारे में माताजी समय समय पर मुझे जानकारी देती रहती थी।

मामाजी निस्सन्तान थे। विलम्ब से ही शादी हुई थी। शिक्षा के बाद परदेश से लौटने पर वेट्टत्तुनाड को बचाने के लिए लड़े गये दो युद्धों में भाग लिया था। उनमें एक तो बड़ा हमला था। वह महीनों तक चलता रहा। चूँकि मामाजी को भी उस युद्ध में भाग लेना पड़ा इसलिए युद्ध के समाप्त होने तक 'कलरि' को बन्द रखना पड़ा। यद्यपि हमलावर लुटेरों के दल के रूप में चढ़ आए थे तो भी सामूतिरी के आश्रितों और आज्ञानुवर्तियों ने ही बार बार लूट-पाट के लिए चढ़ाई की थी। नहीं तो लुटेरों को बढ़िया किस्म के घोड़े कहाँ से मिलते? जब कभी वेट्टत्तुनाड में समृद्धि और ऐकार्य बढ़ जाता तब हमला हो जाता।

मामीजी की कोई सन्तान उत्पन्न नहीं हुई थी। यही नहीं, चालीस वर्ष की

आयु तक भी वे जिन्दा नहीं रहीं। माताजी कहा करती थी—"वे अश्विन महीने की वर्षा के समान आयीं और चली गयीं। छोटी-सी बात पर ठठाकर हँसती और छोटी सी बात पर फूट-फूट कर रो पड़ती थी। मन काला हुआ तो चेहरे पर काजल की कालिमा। मन साफ हुआ तो चेहरे पर भी उज्ज्वल उजाला। फिर खूब गाना और खेलना।

मामीजी के चल बसने के तुरन्त बाद ही कुट्टन दाऊ का जन्म हुआ था। अठाईसवें दिन बच्चे का नामकरण करने के पूर्व पिताजी ने मामाजी से पूछा—" क्या बच्चे को रामन भैया का नाम रखूँ?

उसका कोई जवाब नहीं आया। उससे जो समस्या उत्पन्न हो सकती थी उसका समाधान मामाजी ने आसानी से ढूँढ निकाला। नये पत्ते को बुलाते वक्त नारियल के पेड़ का पका पत्ता सिर न हिलाए। (बच्चों को बुलाते वक्त बड़ों को सिर हिलाना न पड़े।)

"घर में पुकारने के लिए एक और नाम भी रखेंगे—कुट्टन।"

सीता दीदी को माताजी का नाम। चीरू दीदी को दादी का नाम। मुझे बड़े मामाजी का नाम। चूँकि दादी और नानी जीवित नहीं थीं इसलिए दीदियों को घर में पुकारने के अलग नाम रखने न पड़े। तोभी जहाँ तक हो सके माताजी उनका नाम लिए बिना ही काम लेतीं। 'पहली' और 'दूसरी' यों कहती। चूँकि मेरा नाम बड़े मामाजी का रखा गया था इसलिए मुझे पुकारने के लिए मामाजी को एक अलग नाम चाहिए था। मामाजी ने ही मुझे पुकारने के लिए 'अप्पु' नाम रखा। असली नाम ऐसे रखा जाना चाहिए था कि सबको उसका पता चले। यही प्रथा थी कि पुकारनेवाले की सुविधा के अनुसार कोई नाम पुकारने के लिए रख सकते थे। पुकारनेवाला हर व्यक्ति अपनी पसन्द का कोई नाम रख सकता था। बस यही शर्त थी कि वह नाम भी स्वीकार हो। पुकारने पर आवाज़ तो दे। (कभी सभी भूल जाते कि असली नाम क्या है?) कभी-कभी पुकारने का नाम इतना मुखर रहता कि असली नाम सभी भूल जाते। मेरा असली नाम पहले से ही पुकारने के नाम के नीचे दबा रहा। बाद को मुझे रामन एष़श्शन का अनुज एष़श्शन कहने लगे। तब भी 'कृष्ण' नाम पिछड़ गया।

मामाजी ने मेरा विद्यारम्भ कराया था। तब तक उनकी आँखों की रोशनी लगभग नष्ट हो चुकी थी। मामाजी की धारणा थी कि सच्ची हालत का पता केवल उन्हें और उनके चिकित्सक वैद्य को ही था। जलन उत्पन्न करनेवाली एक दवा ऊँगुली की नोक से दोनों आँखों में लगाने का अभ्यास किया गया था। वह केवल मन की शान्ति के लिए। मोतियाबिन्द की बीमारी थी। जो रोशनी चली जाती है वह वापस नहीं मिलती। बस इतना ही सम्भाव है कि रोशनी के चले जाने में थोड़ा विलम्ब ला सकते हैं। विधिवत दवा लगा कर झुक कर बैठते। आँखों से आँसू की

धारा बहती। खुलने पर आँखें कमलपुष्प के समान लाल-लाल रहतीं।

आँखें भर आने का कारण दवाई लगाना मात्र नहीं था।

कुट्टन दाऊ को परदेश की उच्च शिक्षा बीच में ही छोड़नी पड़ी, जिसका दु:ख मामाजी को मृत्यु पर्यन्त सताता रहा। कुट्टन दाऊ ने मामाजी की उँगली पकड़ कर सहायता की थी, तभी वे मेरा हाथ पकड़कर लिखवा सके थे। माताजी भी तभी समझ पायी थी कि उनकी आँखों की शक्ति इतनी क्षीण हो चुकी है। बिना टटोले ही वे अपनी सारी दिनचर्या कर लेते थे। लोगों को पहचान लेते थे। पाठालयों और ग्रन्थालयों तक सौ-डेढ़ सौ कदमों का रास्ता बिना किसी की सहायता या कहीं टकराए बिना तय कर लेते।

जब मुझे लिखना सिखाने लगे थे तब तक मेरी स्मृति पक्की हो चुक्की थी। बर्तन में चावल बिछा कर उसमें उँगली चला कर लिखते हैं तो उस खुरदरेपन का अनुभव कभी भुलाया नहीं जाता। दो गुरुनाथों द्वारा सिखाया जाना साधारण था। पर उन दोनों के द्वारा एक साथ विद्यारम्भ कराए जाने का सौभाग्य बहुत कम बच्चों को मिल पाता है।

विद्यारम्भ के औपचिरिक रस्म के पूर्व ही मामाजी मुझे लेखन सिखाने लगे थे। सन्ध्या के नामजप के बाद वे पारायण किया करते थे। आँखों के क्षीण होते-होते इसमें कमी आती गयी। उसके बदले, मुझे अंक में बिठा कर नाम-जपन और कीर्तन करते। वाचिक अभ्यास कराते हुए सन्ध्या नाम, नक्षत्र, तिथि, महीने आदि के नाम, वर्णमाला, मोल-तोल, पहाड़ा आदि उन्होंने मुझसे कैसे कंठस्थ कराया इसका पता मुझे भी नहीं लगा। फिर, कीर्तन के बाद 'तोट्टम्' (स्तोत्र) की बारी आती। तोट्टम् के बाद लोक गीतों की बारी आती। उसके भी पश्चात् श्रीरामोदन्त और गीतगोविन्द। यों गीत और उपनिषद तक आ गये। पर आरम्भ में यह सब मुझसे नहीं रटवाया। पालथी मारकर बैठे हुए मामाजी रसास्वादन करते हुए इनका पाठ करते। साथ ही ताल-लय में थोड़ा-थोड़ा झूमते भी रहते। अंक में बैठे मुझे भी उसी ताल-लय में झूमना तो पड़ता ही था। मामाजी की दाढ़ी ताल देती हुई मेरे सिर पर छू जाती। प्राय: हर दिन पाठशाला के वरिष्ठ छात्र मामाजी के गाए भजन आदि सुन कर रट लेने के लिए उपस्थित रहते। मामाजी शायद मुझ में यह मोह उत्पन्न कर रहे थे कि मैं भी उनके समान रट सकूँ? अनजाने ही मन ही मन मैं भी उनके साथ-साथ रट लेता।

जिस दिन मेरा विद्यारम्भ कराया गया उस दिन सन्ध्या के नामजप के पश्चात् मामाजी ने कहा—"अब तो मैं एक बात केवल एक ही बार बता दूँगा। ध्यान से सुनना। बिना गलती किये मुझे सुना देना।"

मैंने कान लगाकर सुन लिया। मामाजी ने अक्षरों को अलग-अलग करके गाया—

'ई...शा...वा...स्य...मिदम...सर...वम।'

कई बार सुन चुका था। अतः रटने में मुझे कोई कठिनाई नहीं हुई। "ईशावास्यमिदम सर्वम।"

'वाह!'

अमृत तुल्य अभिनन्दन के पश्चात् श्लोक के शेष अंश भी सुनाए।

उस दिन बस उतना ही हुआ। जब अर्थ बता देने लगे तभी मुझे मालूम हुआ कि ईश्वर के सम्बन्ध में माताजी ने जो समझाया था और यह दोनों एक ही है। इस प्रकार एक विशेष अध्ययन प्रणाली निकल आयी। अक्षर और भाषा सिखाने के पूर्व ही काव्य और सार ग्रहण कराने की कोशिश उल्टी रीति लग सकती है। पर उल्टी नहीं। भाषा और वर्णमाला केवल बर्तन ही हैं। अन्न तो अलग चीज़ ही है। बर्तन कितना भी शुद्ध क्यों न हो, उसमें परोसने के लिए कुछ न रहे तो वही अकाल का लक्षण है न?

जिस अध्यापन में बाहरी आँख की आवश्यकता नहीं थी उसमें भीतरी आँख का उपयोग ही प्रमुख रहा। न लिखी बात को देखने की ज़रूरत है न देख कर लिखने की ज़रूरत है। सीधी या उल्टी लकीर की ज़रूरत नहीं। जो दुनिया आँखें मूँदने पर दिखती है उसमें सब कुछ दिख सकता है। तुलसी का फूल तुलसी का फूल ही है। ताड़ के पत्ते पर उसे लिख रखना आवश्यक नहीं। ईश का वास सब कहीं है। ग्रन्थ में भी। बस। ऐसा नहीं कि वह मात्र ग्रन्थ में है। ताड़ के पत्ते पर लिखना किसी भी प्रकार के अध्ययन का एक अनिवार्य अंग मात्र है। किन्तु कुछ लोग 'अन्धी शिक्षा' कह कर इसकी हँसी उड़ाते थे।

समानान्तर रूप में अक्षरविद्या सीखने के लिए समवयस्कों के साथ मैं भी कुट्टन दाऊ की कलरी में (लेखन शाला) में शिष्यत्व ग्रहण किया। अक्षर सीखना औरों की अपेक्षा मुझे अधिक कठिन लगा। कारण यही था कि जिन श्लोकों और पदों के उच्चारण का अभ्यास कर चुका था उनका लेखन करने के लिए वट्टेषुत्तु के लिपि चिह्न पर्याप्त नहीं थे। अक्षर की नियत ध्वनि एक तरफ। पद का सही उच्चारण दूसरी तरफ़। विघ्नम शब्द वट्टेषुत्तु में लिखने पर 'विक्कम' ही होगा। जैसे लिखा जाता है वैसे पढ़ा नहीं जाता। जैसा पढ़ना चाहिए वैसा लिखा नहीं जाता। बड़ी उलझन में पड़ गया।

कुछ समय बाद जब तक संस्कृत की वर्णमाला सीखी तब तक यह उलझन बनी रही। इस पर बड़ा खेद महसूस हुआ कि जैसे कहा जाता है वैसे अपनी भाषा में लिखा नहीं जा सकता। तभी से मेरे मन में यह शंका होने लगी कि जितने अक्षर संस्कृत में उपलब्ध हैं उतने ही अक्षर प्रादेशिक भाषा में भी क्यों न चालू किए जा सकते।

परन्तु इन सब बातों पर अधिक विचार करने का अवसर उन दिनों नहीं मिला। सुबह उठने के तुरन्त बाद से ही मामाजी के साथ ही रहता था। यह दोनों की आवश्यकता थी और पसन्द भी। उतना समय ही मैं मामाजी से अलग रहता था जितना समय मैं लेखन शाला में बिताता था।

साथी के रूप में कोई नहीं रहा। माताजी एकदम एक मूक जीव बन गयीं। सदा नाम जपन। खोयी-खोयी सी स्थिति। इसके साथ ही सीता दीदी एक असली वृद्धा सी बन गयी। दीदी का रुख एकदम कर्कश बन गया। कुट्टन दाऊ दिन रात अतिव्यस्त रहते। घर का और 'कलरि' का काम एक साथ देखना था। आयु में जो अन्तर था, वह भी साथ खेलने में विघ्न डाल रहा था।

मामाजी दूसरों की सहायता के बिना कुछ नहीं कर पाते थे। दातुन के लिए जली तुषी का दन्तमंजन तक हाथ में रख देना होता था। जीभ साफ करने के लिए नारियल के पत्ते का 'ईर्किल' लेकर साफ करके देना होता था। तालाब की तरफ ही नहीं, हर कहीं, हाथ पकड़ कर चलाना पड़ता। बिछाकर बैठने के लिए चटाई या लकडी का तख्ता भी खुद उठाकर रख नहीं पाते। आँख में दवाई टपका देनी होती थी। ये सारे काम केवल मुझे ही करना था। हर वक्त यही टेक लगी रहती—"अप्पू को बुलाना।" लेटना भी साथ-साथ होता था।

इस सहवास के दौरान मेरी शिक्षा भी साथ-साथ चल रही थी। मुझे इसका पता ही नहीं चलता था। उन दिनों लगता था कि मेरी शिक्षा में कोई क्रम नहीं रहा। बाद को ही मैं समझ पाया कि उसका एक अति विशिष्ट क्रम था। उपनिषद से ही मेरी शिक्षा का आरम्भ हुआ था न? पहले पाठ कंठस्थ करा देते। फिर सारांश बता देते। प्रश्न करने की बारी उसके बाद। प्रश्न का समाधान मेरे मन में सूझ जाए इसलिए प्रश्न में विलम्ब करते। प्रमुख उपनिषदों की समाप्ति पर ही काव्य की ओर प्रविष्ट हुए। चूँकि उपनिषदों का अध्ययन पहले हो चुका था, इसलिए काव्यों का अनुशीलन सुगम हुआ। अर्थ आसानी से समझ में आ जाता। अनुभूति अनायास ही प्राप्त होने लगी। चमत्कार का अधिक विस्तार न करना पड़ता। कालिदास के पद्यों का अध्ययन समाप्त होते होते भाषा पर सामान्य अधिकार पा सका। इसी कारण से व्याकरण भी बिना ज़्यादा कठिनाई के सीख सका।

उस महा गुरुनाथ को कभी एक कविता या श्लोक यत्नपूर्वक स्मरण में लाना नहीं पड़ता था। जब आँखों की रोशनी चली गयी तब स्मरण शक्ति और तेज़ हो गयी क्या? यों सोच कर मैं विस्मय के साथ मामाजी की अन्धी आँखों की ओर ताकता रहता कि यह अनन्त पाठ-प्रवाह कहाँ से आ रहा है। फेन से आवृत क्षीर सागर की गहराई से स्वयं उभरनेवाला अमृत! वह मेरा सुकृत बन गया।

कभी कभार मुझे अपने निकट खड़ा करके अंगोपांग सहलाते। प्यार जताने का

यही एक तरीका था। कभी भी अति परिचय होने का मौका नहीं दिया।

ऐसा भाव कभी नहीं दिखाते कि कोई गम्भीर कार्य सिखा रहे हैं। जैसे साँस लेते हैं वैसे ही सहज ढंग से। ऐसा ही मुझे भी अनुभव हो, यह सतर्कता भी उनमें रहती। जब कभी मेरे स्वर में या प्रतिक्रिया में ऊब या थकावट का आभास होता तब एक हल्की-सी हँसी हँसते। फिर कोई रसीली कहानी सुना देते। कहानी के आरम्भ में ही पूछते कि यह कहानी पहले ही माताजी ने बता दी है या नहीं। रामायण, महाभारत और पंचतन्त्र की कहानियाँ मैंने माताजी से सुन रखी थी। मामाजी कहानी सुनाते तो भाव की प्रधानता रहती। माताजी कथन शैली के सौन्दर्य को प्रमुखता देतीं। माताजी अपनी पसन्द के अनुसार कथा का कोई अंश घटा कर और कोई अंश बढ़ा कर सुनाती। मामाजी उसे समेट कर संवार कर प्रस्तुत करते।

मामाजी को इस बात की जल्दी थी कि जितनी जल्दी हो सके मुझे सब कुछ सिखा सके। मेरी शिक्षा में तभी बाधा आती जब कोई प्राक्त न शिष्य उनसे मिलने आते या कोई समवयस्क उनसे चर्चा करने आते। मिलने आनेवाले शिष्यों में अधिकांश ऐसे थे जो ऊँचे ओहदों पर विराजमान थे। इनमें कई तो देश और परदेश के शासकों और राजाओं के विकास्त थे। धन, पकवान और फलों के रूप में वे जो कुछ भी लाते वह सब 'कलरि' के छात्रों को दे देते। ऐसे लोगों को ही ज्यादा देर बैठे रहने देते जो कोई अतिरिक्त ज्ञान प्राप्त करना चाहते थे। चर्चा के लिए आनेवालों के प्रति ज्यादा लगाव नहीं रहता। जब उन्हें प्रतीत होता कि उनसे कोई नयी जानकारी नहीं मिल सकती तो वे ऊब उठते थे।

पोयिलूर तिरुमेनी ही इसमें एक अपवाद थे। दोनों ने एक ही गुरुनाथ से तर्क की शिक्षा पायी थी। आयु भी समान थी। किसी-किसी दिन सुबह से शाम तक बैठे हँसी मज़ाक करते। इस दौरान शास्त्र सम्बन्धी विषय भी आ जाते जैसे हवा में सूखे पत्ते उड़ आते हैं। केवल इन्हीं दिनों में मामाजी की ज़ोर की हँसी सुनने को मिलती थी।

दस वर्ष की आयु तक आते-आते मामाजी ने मुझे गीता और ब्रह्मसूत्र भी सिखा दिये। सारांश भी बता दिया। भाष्यों से ज़रूर गुज़रना चाहिए। किन्तु यह भी ज्यादा ज़रूरी है कि अपना भाष्य स्वयं बनाएँ, इस ओर भी उन्होंने संकेत किया। इस शर्त पर सामवेद भी सिखा दिया कि किसी को यह न बताएँ कि यह उसने पढ़ा है। ज्योतिष सिखाने के लिए कौडियाँ और चौकोर तखता चाहिए न? यह भी बताया कि ज्योतिष या उसके अलावा कोई विषय सीखना हो तो कुट्टन दाऊ से पूछ-ताछ कर लूँ।

जिस दिन ये सब कार्य पूरे हुए तब मामाजी के चेहरे पर जो तसल्ली और सन्तृप्ति प्रकट हुई वह देखने लायक थी। उनके माथे की सारी सिकुडनें उसी दिन

सीधी हो गयी थीं। उसके उपरान्त भी वात्सल्य में कोई कमी नहीं आयी। किन्तु मेरे साथ ऐसा बर्ताव करने लगे थे जैसे किसी समशीर्ष के साथ बर्ताव कर रहे हैं। इस बहाने मुझसे काव्य, शास्त्र आदि के अंश रटवाते कि वे भूल गये हैं। अर्थ विचार भी कराते। मुझे 'अप्पु' पुकारने की जगह 'तुम' जैसे शब्दों का प्रयोग करते।

माताजी को सामने बुला कर बताया—"सुन लो, तुम्हारा छोटा बेटा अब कुट्टन की सहायता करने के लिए आवश्यक दक्षता पा चुका है।"

माताजी चुप खड़ी रही। आनन्द के आधिक्य से शब्द नहीं निकल पाए शायद। मामाजी ने थोड़ी देर तक प्रतीक्षा की। किन्तु मैं ही समझ सकता था कि माताजी के चेहरे पर कोई भाव-भेद नहीं दिखाई देने का कारण क्या है? मैंने भी यही सोचा था कि माताजी किसी और बात को लेकर चिन्तित होगी।

माताजी धीरे-धीरे परिसर-बोध खो रही थी।

जब कुछ अटपटा-सा लगा तब मामाजी ने ज़ोर से पुकारा—"ओ! बहिन!"

"मुझे कोई पुकार रहा है!" यों धीमे स्वर में बोली। फिर व्यस्तता पूर्वक पीछे की ओर हटी। फिर बोली : "अभी आयी।"

"ओ! बहिन!"। मामाजी का स्वर अधिक ऊँचा हो गया।

माथा सिकोडते हुए कान लगाए खड़े रहे मामाजी को मैंने सूचना दी—"माताजी चली गयीं।"

"क्या?" मामाजी अचरज में पड़ गये। "प्रत्युत्तर भी दिए बिना पीछे की ओर चली गयी क्या? दाल में कुछ काला है।"

दायें हाथ छाती पर रख कर मामाजी ने पुकारा—'हे ईश्वर!'

तभी मुझे आभास हुआ कि कुछ गड़बड़ है।

तब भी मैं समझ नहीं पाया कि क्या गड़बड़ी है।

मामाजी ने फरमाया—"तुम जाकर कुट्टन से कहो कि वह जल्दी इधर आ जाए। दीदी से कहना कि देख लें कि माताजी किस ओर मुड़ गयी है। उसके बाद ही 'कलरी' की ओर जाना।"

यह बताने के लिए मैं सीता दीदी की तलाश में भीतरी कक्ष की ओर बढ़ा तो देखा कि माताजी छत के बन्द दरवाजे पर खड़ी, धीमी आवाज़ में, गम्भीर रूप में कुछ बोल रही है, पर सुननेवाला कोई नहीं।

ईश्वर से कोई निवेदन तो नहीं कर रही हैं। मन का सन्तुलन खो जाने पर की जानेवाली चेष्टा ही तो है यह।

तान्नियूर-4

सामूतिरी की सेना का कोई भी हमला कभी भी, किसी भी दिशा से आ सकता है।

आशंका का भूत कभी छूटने का नहीं।

मामाजी के पंखों के नीचे रहते समय भी काँटों के लगने का अकारण भय अनुभूत होता था। तलवार की धार न जाने किस दिशा से बल खाती आएगी। उससे बचने के लिए ढाल भला, किस दिशा में मोड़ लेना है?

जब बुद्धि पक्व हो गयी और परिसर-बोध पूरी तरह विकसित हुआ तब यह तनाव बढ़ गया। मेरी हालत धनुष की उस प्रत्यंचा की सी हो गयी जो तान कर धनुष पर बाँधी गयी हो। इतना खिंचाव कि किसी भी समय टूट सकती है। एक न एक नाखून की पैनी नोक लगातार आकर टकराती है। मन्द पवन के बहने पर भी स्थायी अपश्रुति। बेचैनी का अपस्वर।

देखते-देखते माताजी उस दीप की बाती के समान क्षीण होती गयी जिसमें तेल न रह गया हो। एक बूँद तेल डालने की गुंजाइश नहीं। मामाजी ने वैद्य मूस को बुलावा लिया। उनकी अनुकम्पा भरी दृष्टि का सहज प्रसादभाव माँ को देखने पर मन्द पड़ गया। उन्होंने 'स्नेह-पान' नामक चिकित्सा विधि ही सुझाई। फिर उन्होंने मामाजी से पूछा—"बात एथ्रश्शन की भी समझ में आ गयी होगी न? यही अच्छा होगा कि हम कोई क्लेशकारी चिकित्सा रीति न आजमाएँ।"

माताजी को दवा पिलाने का काम मामाजी ने मुझे ही सौंपा। दवाएँ कैसे मिलानी हैं, कब-कब दवाएँ देनी है, यह सब कुट्टन दाऊ ने बता दिया। उन्होंने मात्रा भेद भी समझा दिया। यह काम ज़रा भी कठिन न था। कारण यही था कि 'खा लें' कह कर जो कुछ भी उनके हाथ पर रख लेता, माताजी बिना हिचक के खा लेती थी। नहीं पूछती कि क्यों है या क्या है। स्वाद-अस्वाद का कोई भेद नहीं। कुछ भी न दें, तब भी कोई बात नहीं थी। केवल प्यास की ही चेतना रह गयी थी। पुकारने पर ही नहीं, छेडने पर भी कोई प्रतिक्रिया नहीं थी।

एक दिन कई बार पुकारने पर भी माताजी चुप्पी साधी रही तो चीरू दीदी

स्वयं ही रूढ गयी—'ऐसी ढिठाई क्यों ?...' यों कहते हुए दीदी रोने लगी।

फूफी और बन्धु जन आए और देखकर चले गये। अड़ोस-पड़ोस के रिश्तेदार भी बीमारी देखने आए और लौट गये। खबर लेने के लिए कारिन्दा आये। उनके पीछे छोटे तम्पुरान भी पधारे और देख लिया। बुला—बुलाकर परिसर-चेतना जगाने की कोशिश सभी ने की। किन्तु माताजी कुछ देखती नहीं, सुनती नहीं, जैसे किसी दूसरी दुनिया में हो। चेहरे पर निरी फीकी हँसी मात्र शेष रह गयी थी।

जब उण्णि भैया ने 'मामीजी' पुकारा तब गहराई में कहीं कुछ हल्के आन्दोलन का आसार दिख पड़ा। सदा नीचे की ओर अर्ध-निमीलित नेत्र थोड़ा उन्मीलित हो उठे। ओठों पर कभी न मुर्झानेवाले फूल की सी जो निरर्थक हँसी फैली रही वह चेतना के जागरण से किंचित सजीव हो उठी।

जल्दी ही वह उन्मेष ठंडा पड़ गया।

उण्णि भैया ने दूसरी बार नहीं बुलाया। चेहरे में उनकी व्याकुलता स्पष्ट झलक पड़ी।

नियम यही था कि जिसने आत्मघाती योद्धा बनने का व्रत रखना आरम्भ किया है उसे किसी भी प्रकार का मनोविकार प्रकट नहीं करना चाहिए। उसे कभी रोना या सिसकना नहीं चाहिए। रो पड़ने पर व्रत का भंग हो जाता है। दोनों हाथ छाती से लगाए रखकर दीवार से टिके खड़े होकर उण्णिभैय्या अग्नि परीक्षा का सामना कर रहे थे। ओठ को दाँत से दबाए, साँस रोके, मन को काबू में रखने का भगीरथ प्रयत्न उसने किया। पीछे हट कर कमरे चला जाना भी पराजय स्वीकार करना है। आत्मघाती योद्धा को तो किंचित भी पराजित नहीं होना चाहिए न?

पता नहीं क्यों, उस पल में, मुझे उण्णि भैया के प्रति अपूर्व लगाव महसूस हुआ। जैसे कोई ऐसा सूक्ष्म किवाड़ खुल गया हो जो ऐसा एक अवसर न होता तो आजीवन बन्द ही पड़ा रहता। वह जादुई द्वार फिर कभी बन्द नहीं हुआ। मेरी इस धारणा में छेद पड़ गया कि उण्णि भैया कर्कश स्वभाव के, हठी और घमंडी हैं। मैं पूरी तरह समझ गया कि ये ऐसे व्यक्ति हैं जिन्हें दुःखी होना भी आता है।

उस दिन मैं यह बात ज्यादा समझ पाया कि पिताजी के और मामाजी के परिवारों की मानसिकताओं में कौन सा मूलभूत अन्तर है। एक ऐसा परिवार है जिसके सदस्य दुःखों के ज्वार के सामने खुल्लंखुल्ला झुक जाने में संकोच नहीं करते थे। हर तरह के दुःख से वेदान्त के सहारे मुक्ति पाना ही वे पसन्द करते थे। दूसरा परिवार ऐसा कि जिसके सदस्य हर तरह के दुःख का आमूल प्रतिरोध करते हैं। इन के लिए दुःख गुरु नहीं है, शत्रु है। यदि दुःख लादा हुआ है तो वे उसके स्रोत के विरुद्ध आजीवन लड़ने के लिए निकल पड़ते हैं। ये ही लोग किसी भी प्रकार के दुःख से अधिक दुःखी हो जाते हैं। इनकी रीति के उपचार में पूर्ण विराम असम्भव

है। इसलिए इनका दु:ख कभी समाप्त नहीं होता, जीवन भर बना रहता है।

जबसे माताजी कलरी की लड़कियों को गायन और नाच सिखाने में उदासीन हो गयी थीं तभी से उनकी बीमारी आरम्भ हुई थी। पर इस बदलाव पर किसी ने खास ध्यान नहीं दिया। वैसे तो पिताजी के देहान्त के बाद माताजी के लिए अन्यान्य कार्यों के समान 'कलरी' जाना और नाच-गान सिखाना भी केवल रस्म-अदायगी सा बन गया था। उनकी इस उदासीनता की ओर किसी का भी ध्यान नहीं गया था।

नाच-गान में माताजी की जो चातुरी थी उसका पता मुझे बाद को ही चला था। ओणम के त्योहार के अवसर पर राजमहल में जो नाच होता था उसमें माताजी और उनके दल को ही हर साल पुरस्कार स्वरूप पाटंबर और धोती मिलते थे। ऋतुमती होने तक राजपरिवार की कन्याएँ गाना और नृत्य सीखने के लिए 'कलरी' में आया करती थीं। माताजी को देखने आयी फूफी ने अपना दु:ख यों प्रकट किया था—"नाचने और गाने में इसकी कैसी उमंग रही थी!'

उस आगमन के दौरान ही फूफीजी ने पहल करके उण्णि भैया के विवाह की तिथि निश्चित कर ली।

ड्योढी के द्वार के पीछे खड़ी होकर उन्होंने मामाजी से पूछा—

"बच्चों के मामले में अब और विलम्ब न करें। यही ठीक रहेगा न?"

हल्की लम्बी साँस छोड़ने के पश्चात् मामाजी ने कहा—"हाँ, यही सुनने की प्रतीक्षा में था मैं।"

"मैं भी इस सोच में थी कि कैसे कहूँ?" दु:ख के भँवर में पाँव जमाए रखने का प्रयत्न करती हुई फूफी ने फिर कहा "आप तो जानते ही हैं कि यहाँ तक आने के लिए भी वहाँ और कोई..."।

"कुट्टन का मामला भी है तय करने के लिए। उसका विचार है कि अभी समय नहीं आया है। तो भी..."

"उण्णि ने कहा था कि जब चाहे कर सकते हैं। इसमें सबको खुशी ही हो सकती है न? ... कुछ और दिनों के बाद करें तो भी ठीक है।" फूफी का स्वर फिर गद्गद की ओर खिसक आया। साँस गले में अटक गयी।..."किन्तु यह मामला ऐसा नहीं है न?"

"नहीं।"

किसी अदृश्य स्थान पर अटक गयी साँस को सायास खींच कर फूफी ने ही संकेत किया—"शादी की बातों पर गौर करने पर लगता है कि ज़्यादा आडम्बर..."

"ठीक है...सादा रस्म ही काफी होगा।"

इस प्रकार बात पक्की की जाने के बाद दो दिन ही बीते थे। माताजी की बीमारी का हाल जानने आए पोयिलूर तिरुमेनी ने मामाजी से पूछा—"ऐसा सुना है

कि नारायणन आशान का कुमार संकेत के आदेश का उल्लंघन करने के लिए निकल पड़ा है। एष़्रशन! क्या यह सही है?''

तान्नियूर 'संकेतम्' के छः शासनकर्ताओं में एक थे पोयिलूर तिरुमेनी। इस दृष्टि से यह सवाल बहुत अर्थपूर्ण था। कितनी ही छिपा के रखें, एक आत्मघाती योद्धा की तैयारी की बात दिनों के बीतते-बीतते इलाके में फैल ही जाएगी। भली भाँति ढककर रखने पर धुआँ बाहर दिखाई नहीं देगा। पर आग के ताप को चारों ओर फैलने से कैसे रोका जा सकता है?

'संकेत' के अपने सिपाही हैं। वेट्टम, वल्लुवक्कोन और सामूतिरी अपने समर्थक सामन्तों के द्वारा उन सिपाहियों का नेतृत्व करते हैं। अपनी-अपनी सत्ता को मज़बूत करने का निरन्तर परिश्रम करते भी हैं। तीनों इकाइयों के जनों को परस्पर विरोधी बनाए रखकर संकेत का कारिन्दा स्वेच्छपूर्वक कार्य करता है। पर चूँकि तान्नियूर संकेत और वेट्टम संकेत वत्तु राजाओं की आँखों के सामने हैं इसलिए आखिर वेट्टत्तु राजवंश की इच्छा के अनुसार की कार्य चलते हैं। तो भी, सामूतिरि के राजमहल का प्रतिनिधि सभी संकेतों में हैं। वे हर बात का पता लगा कर समय समय पर अपने उच्च अधिकारियों को सूचना देते रहते हैं। पोयिलूर तिरुमेनी इस ओर संकेत कर रहे थे कि ऐसा हो चुका है।

मामाजी ने तिरुमेनी के प्रश्न का सीधा उत्तर नहीं दिया। वे यों ही बोले : ''मैं आपको इस बात की सूचना देने ही वाला हूँ कि उण्णि का ब्याह इस घर की सीता से होनेवाला है।''

''अच्छा! बहुत अच्छा।'' तिरुमेनी दिल खोल कर हँस पड़े। 'तो ब्याह कर्म में अब विलम्ब न होने पाए।''

सामूतिरी के अनेकों गुप्तचर ऐसे है जो उनके विरुद्ध उगनेवाले पौधों का पता लगा कर उनके अंकुरों को नोच डालते हैं। जिस अंकुर के बड़ा होने पर उस पर पराक्रम के फलों के लगने की सम्भावना है उसे छल से काट कर छिन्न-भिन्न कर डालें तो काम तमाम हो जाएगा। चन्द्रोत्त का एक चौदह वर्षीय बालक जब कमल सरोवर में नहाने उतर पड़ा था तो जाल फेंक कर उसे फँसा लिया था और पानी में डुबोकर दम घोंट कर मार डाला था। नहाने के लिए पानी में उतरते समय कोई अपने साथ हथियार नहीं रखता। निश्चित ही वह जाल तोड़कर, सरोवर के बाहर आकर प्रत्याक्रमण नहीं कर पाएगा।

तिरुमेनी के कथन का मतलब यही था कि सावधान रहें। चूँकि आत्मघाती योद्धा का विवाह साधारणतया नहीं कराया जाता इसलिए यह ब्याह, कुछ दिनों के लिए ही सही, एक बहाना हो सकता है। तिरुमेनी ने इस बात की ओर भी इशारा किया कि अगला 'मामाकम' निकट ही होनेवाला है—''तिरुनावाया के घाट पर

मोटी-मोटी लकडियाँ आ पहुँचने
लगी हैं।''

सुना है कि ये लकडियाँ नहर के घाट पर लाकर नहर के गर्त में डुबोए रखते हैं। ऐसा करने पर एक तो लकडी कीडों के आक्रमण से बची रहती हैं। लकडी का कच्चा हिस्सा पानी में गल जाएगा। वर्षा के समाप्त होने पर हाथियों द्वारा ये लकडियाँ किनारे पर खिंचवा लेंगे और बढ़ईगिरि का काम आरम्भ होगा।

यह मुठभेड़ अभी दो साल बाद ही होनेवाली है। ऐसी हालत में उसके बारे में सोच विचार करना वहाँ उपस्थित श्रोता पसन्द नहीं करेंगे। ऐसी स्थिति में तिरुमेनी के इस प्रस्ताव का मतलब बस इतना ही था—''अब तो कुछ दिनों तक ही यह मामला गुप्त रखना होगा।''

मामाजी का भावभेद समझ कर तिरुमेनी ने विषयान्तर किया—''एम्रश्शन! बहन की बीमारी शान्त हो गयी है, क्या?''

इसका भी कोई असर मामाजी पर नहीं पड़ा। उन्होंने एक लम्बी साँस ली। बस।

जब तिरुमेनी बिदा हुए तब मामाजी ने मुझे बुलाया—''बहिन से ज़रा मिलना है।''

हाथ पकड़कर चलाने पर माताजी कहीं भी चल सकती हैं। ड्योढ़ी पर भी आती। पर कुछ दिनों से मामाजी को अपने पास नहीं बुलवाते थे। जब उनसे मिलने का मन होता तो उन्हीं के पास चले जाते। चलने के लिए दोनों को ही किसी का आसरा चाहिए। मामाजी को थाम कर चलाना नहीं पड़ता। हाथ उठा कर कन्धे पर रख लें तो साथ चले आएँगे।

सीता दीदी जो माता जी के उलझे बालों पर जूँ निकालने की कंघी चलाती रही थी उठ गयी और हट कर खड़ी हुई।

''और कौन है अन्दर?'' मेरे कन्धे पर धरे हाथ को पीछे हटा लिए बिना ही मामाजी ने पूछा—''सीता ही है न?''

''जी।''

''अब बहिन का क्या हाल है?''

''कुछ खास नहीं।''

''मुझ अन्धे से जो चाहे बता सकती है। है न?'' मामाजी के मुख से नीरस हँसी फूट निकली।

कमरे के कोने में पड़ी तिपाई उठा कर सीता दीदी ने मामाजी के बैठने के लिए रख दी। तिपाई जमीन पर टकराई तो उसकी आवाज़ के आधार पर मामाजी ने तिपाई टटोल ली और उस पर बैठकर ज़ोर से पुकारा—'बहिन'!

मेरे कन्धे पर धरे हाथ के माध्यम से मैंने उस पुकार में समाए दुःख का बोझ भाँप लिया।

कमरे में रोशनी कम है। फिर भी मुझे और दीदी को माताजी का चेहरा साफ-साफ दिख रहा है। ऐसा नहीं लगता कि उन्होंने पुकार सुनी हो। कोई भाव-भेद नहीं। यदि जमकर बर्फ बन गयी हो तो कोई भी छुए, कैसे हिल सकेगी?

''सुन रही हो मेरा कहना? हमारी सीता को कुमारन के हाथों में सौपने का निर्णय कर रहा हूँ। सुना?''

कोई जवाब नहीं आया तो मामाजी ने वह प्रस्ताव अधिक स्पष्टता के साथ ज़ोर से दुहराया।

उसका भी कोई परिणाम नहीं निकला।

मामाजी मेरे कन्धे पर हाथ टेक कर विवशता भरी आह भरते हुए उठे। ''इतना बदतर हो गया है हाल, है न?''

किसी ने जवाब नहीं दिया।

''तो अब उसे ज़्यादा परेशान नहीं करें। चैन से पड़ी रहने दें।'' मामाजी ने निर्देश दिया।

चन्द्रोत्त्—आत्मघाती योद्धाओं का एक विख्यात परिवार

तान्नियूर-5

यह बात बार बार समझ में आ रही है कि इस दुनिया की सभी वस्तुएँ ऐसी हैं जो किसी भी समय नष्ट हो सकती हैं। किन्तु एक वस्तु ऐसी है जिसका नाश कभी नहीं होगा। पर यह जानने से भला क्या फायदा? उसके सम्बन्ध में कोई सुव्यक्त जानकारी तो नहीं। अनुभव भी नहीं। ऐसा लगता कि उसके सम्बन्ध में अधिक खोज किए बिना नहीं रह सकता। इस निर्णय की छत्रछाया में ही उस दिन माँ के कमरे में बहुत देर तक मैं बैठा रहा।

मामाजी का हाथ थाम कर सीता दीदी उनको ड्योढ़ी तक ले जा चुकी थी। जाते समय दीदी ने ओंठों पर अँगुली रख कर हमें शान्त रहने का सन्देश दिया था।

कमरे का छत ज़्यादा ऊँचा नहीं था। छत की हर लकडी पर मकडी के जाल लगे हैं। कई महीनों से किसी ने यह छत साफ नहीं किया है। मकडियों ने खिड़की के सीखचों के बीच भी जाल बुन कर बसेरा बना लिए हैं जिन के तन सरसों के दानों के समान छोटे हैं और पैर बिलकुल पतले और बहुत लम्बे हैं। लगता है कि वे शून्यता पर खड़ी हुई हैं। हर वक्त वे अपने पैरों पर हिलती-डुलती रहती हैं। जैसे वे मनुष्य के भौतिक जीवन पर बराबर उपहास प्रकट कर रही हों। सफेद चूना पोती गयी दीवार पर फफूँद के पीले दाग। घर के भीतर सफेदी चमक नहीं के बराबर है।

बीमार होने के पहले माताजी बारबार कहा करती थी—''सोचने पर कोई अन्त नहीं।'' किसी से अनौपचारिक वार्तालाप करते हुए माताजी इसी निष्कर्ष पर ही आखिर पहुँच जातीं। मन्दिर के प्रदक्षिणा-पथ पर या मन्दिर में प्रार्थना करके लौटते वक्त पड़ोसवाले कुशल-मंगल पूछने या दुःख बाँटने जब आते तभी माताजी चिर मौन तोड़ती थीं। वार्तालाप का विषय सुख की अपेक्षा दुःख ही अधिकतर रहता। सब कुछ ध्यान देकर सुनने के पश्चात् सभी दुःख भार बाँट लेने के बाद माताजी कहती—''ठीक है, सोचने पर कोई अन्त नहीं।'' अपने को दिलासा देने का उद्‌देश्य भी इस कथन के पीछे रहता है। उसमें यह ध्वनि भी छलकती—''एक और रास्ता भी तो है।''

मन्दिर जानेवाली माताजी से भिन्न थी मन्दिर से लौटनेवाली माताजी। अमावास के बाद के बालचन्द्र के समान एक परिवर्तन। मन्दिर में प्रार्थना करके लौटते वक्त सिर सामान्यत: ऊँचा रहता। आँखों में तनिक चमक होगी। गालों पर लालिमा छा जाती। ओंठों के कोनों का तनाव तनिक ढीला पड़ जाता। चाल में नयी जान आ जाती। साथ चलनेवालों में भी यह बदलाव संक्रमित हो जाता। अक अजीब प्रसादात्मकता। प्राय: दोपहर तक वह बनी रहती।

सब कुछ ईश्वर में समर्पित कर रही थीं माँ। सोचने पर कोई अन्त नहीं। फिर क्यों सोचें? कुछ भी सोचना नहीं है। पर मनुष्य सोचे बिना नहीं रह सकता। तो ठीक, कुछ सोचे बिना अपने को भी पूर्णत: ईश्वर के सुपुर्द करना ही ज़्यादा सही है न? स्वयं को समर्पित करते वक्त अपना जो कुछ भी है उसको भी समर्पित किया जाता है। फिर किसी व्यक्ति या वस्तु के बारे में किसी प्रकार की आशंका या दु:ख की ज़रूरत नहीं। जो सब कुछ जानता है उससे कुछ कहना नहीं है। यही कहना है कि सहने की शक्ति प्रदान करें।

''रक्षा करें।'' अन्तर्मन से ही माताजी की आवाज़ ज़ोर से निकलती।

मच्चिल भगवती से भी उन दिनों माताजी की यही प्रार्थना रहती। विश्व के पिता से जो कुछ कहना था वही सबों की माता से भी कहना था।

जब माताजी के साथ मन्दिर में अंजलीबद्ध खड़ा रहता तभी मुझे इस विचार से मुक्ति मिलती थी कि मेरे पिताजी नहीं रहे। उस समय पिताजी विश्व भर में समाये रहते। परिसीमा बस यही कि उसे छूने का प्रयत्न केवल मन से करने पर ही उस महान उपस्थिति की नमी और शक्ति का आभास पल भर के लिए ही सही मिल पाता। बुद्धि द्वारा किसी भी पथ पर जाकर कितना भी परिश्रम करें वह आभास नहीं मिल पाता। कुछ भी सोचे बिना उस सन्निधि में पूरी तरह घुल जाएँ तो उसके अंक में जितनी देर तक भी चाहें बैठे रह सकते हैं।

घर के सदस्यों का अन्तिम सहारा था यह समर्पण। परन्तु मामाजी चिन्तन के सोपान चढ़ कर ज्ञान की सीमा पर पहुँच कर ही अपने को अर्पित करते। जो वस्तु परम श्रेष्ठ बुद्धि से भी बड़ी महान है उसकी ओर चिन्तन के शिखरों से पाँव बढ़ाने में मामाजी को कोई कठिनाई नहीं। अविराम परिश्रम के द्वारा ही कुट्टन दाऊ स्वयं को समर्पित करते। तड़के तीन बजे आरम्भ करके आधी रात तक मेहनत ही मेहनत। सुबह का थोड़ा समय सीखी हुई बातें याद करने और नया कुछ सीखने के लिए रख देते। शेष सारा समय अश्रान्त परिश्रम में लगे रहते थे जो अपने लिए नहीं होते।

माताजी की खाट के समीप ज़मीन पर झुक कर बैठा था मैं। मेरे घुटने पर जब चीरू दीदी की हथेली पड़ी, तभी मुझे पता चला कि दीदी मेरे समीप आ पहुँची है।

थोड़ी देर तक मुझसे सट कर बैठने के बाद चीरू दीदी ने धीमे स्वर में पूछा—

"अप्पू! क्या, माताजी की बीमारी अब कभी दूर नहीं होगी?"

यह प्रश्न मैं कई बार स्वयं से पूछ चुका था। हर बार यही निश्चय करने का मन होता कि माताजी की बीमारी अब कभी दूर होनेवाली नहीं। पर साथ ही यह विचार भी आता कि कुछ चमत्कार का घटना असम्भव नहीं। ज्यों-ज्यों यह विचार पक्का करने का प्रयास करता त्यों-त्यों पहला निर्णय ज़्यादा रूढमूल हो जाता। वह यही कि प्रत्याशा की कोई गुंजाइश नहीं। पर यही बालपाठ ह्मदिस्थ हो चुका था कि ज्ञात सत्य यदि अहित हो तो उसे तभी बताना है जब उसे बताने से कोई विपदा टल सकती हो।

परन्तु चीरू दीदी से असत्य कैसे कहूँ? मौन रहूँ तो दीदी सोचेगी कि बात कुछ दुखद अवश्य है। चीरू दीदी को दु:खी नहीं बनाना है। चीरू दीदी का विकास है कि किसी भी चीज़ का अन्त भला ही हो सकता है। दीदी की स्वाभाविक मन:स्थिति यही है। पढ़ने में ज्यादा रुचि नहीं रही थी। इसलिए कलरि में प्राथमिक पाठों तक ही की शिक्षा हुई। कुछ भी काम दे दें, कर लेगी। कोई झिझक नहीं, ऊब नहीं।

"कुछ बताया नहीं जा सकता।" इतना ही मैं चीरू दीदी से कह पाया।

"यह कैसी बीमारी है?"

"पता नहीं।"

माताजी का हाल जानने के लिए सीता दीदी कमरे में लौट आयी। यह देख कर लौट चली कि माताजी अभी झपकी में ही है।

"अब तो ब्याह होनेवाला है न? क्या ही मज़ा रहेगा।" चलो, चीरू दीदी का ध्यान माताजी पर से हट गया। इस पर दीदी की अपेक्षा मैं ही ज़्यादा आकास्त हुआ था। पर यह सांत्वना अल्पायु ही रही। अगली साँस में दीदी ने पूछा—"मामाकम में यदि जीत जाएँ तो उण्णि भैया सामूतिरि राजा बन जाएँगे क्या?"

"धीमे स्वर में, दीदी।"

दीदी का स्वर धीमा हो गया!" क्या यह कथन सच है कि आत्मघाती योद्धा कभी जीतता नहीं?"

"ऐसा किसने बताया?"

"यह सही नहीं हो सकता। सचमुच। ऐसा कैसे कहा जा सकता है कि एक पक्ष की जीत कभी नहीं हो सकती?"

मामाजी ने दीदी को बुलाया तो मैं आकास्त हो गया। पर जब मैं कमरे में अकेला पड़ गया तब यह सांत्वना, दम घोंटनेवाले उस वातावरण में, आलम्बनहीनता की कडी सज़ा में परिणत हो गयी।

अपना मार्गदर्शक रहने का काम मामाजी धीरे-धीरे चीरू दीदी को सौंप रहे

थे। प्रभात-कृत्यों से निपटने पर वे मुझे मुक्त कर देते। यद्यपि मामाजी से कुछ पूछने के लिए दीदी की जीभ नहीं उठती तो भी मामाजी के सामने बैठकर खेलते रहने में वह हिचकती नहीं थी। मामाजी देख नहीं पाते। दीदीजी को यह बात ज्ञात नहीं थी कि मामाजी बिना देखे भी सब कुछ जान सकते हैं।

सबेरे जब थोड़ी देर के लिए मुझे अपने साथ पाता तो मामाजी मुझसे पूछते कि 'कलरी' में मैंने कौन-कौन से नए सबक सीखे। इसका उद्देश्य इस ओर संकेत करना भी रहता कि कुछ नया सीखने के लिए ही वे मुझे मुक्त कर रहे हैं। रात के भोजन के लिए जब बैठ जाते तब कुट्टन दाऊ से पूछते—"अप्पू की पढ़ाई कहाँ तक हो गयी?"

कुट्टन दाऊ ने एक बार सूचित किया कि उन्हें जितना ज्ञान प्राप्त है उतना सारा ज्ञान एक वर्ष के भीतर मुझे हस्तान्तरित कर देंगे तब मामाजी ने पूछा—"उसके बाद?"

कुट्टन दाऊ को कोई सन्देह नहीं रहा—"परदेश भेजेंगे।"

मामाजी के हाथ का अन्न मुँह की तरफ पहुँचा नहीं। "भेजना तो चाहिए। पर इस बात का ख्याल रखना है कि आजकल का समय अच्छा नहीं हौ और यही नहीं यहाँ कोई दूसरा भी नहीं रह गया।"

मैं तो पढ़ाई पूरी नहीं कर सका।" कुट्टन दाऊ ने कहा—"अब तो यही सम्भव है कि वह जाकर जो कुछ लाएगा उसे ग्रहण करूँगा।"

"यहाँ यदि एक ही व्यक्ति अकेला रह जाए तो?"

"किसी काम में विघ्न न पड़ने पाए, इसके लिए आपकी सहमति और अनुग्रह चाहिए।"

"क्या अप्पू में इतनी सामर्थ्य आ गयी है कि वह घर से दूर रह सकेगा?" मामाजी

का माथा सिकुड गया। "मैं तो उसका मन ही देख पाता हूँ। तन देखने की क्षमता नहीं

रही न?"

" ग्रहण करने की क्षमता छोटी अवस्था में ही ज़्यादा रहती है न?"

राजा को पहले ही सूचित करना है। स्वयं जाकर उनसे भेंट कर उनसे अनुमति लेनी है। 'संकेत' को बताना आवश्यक नहीं। यदि कहीं उनका उत्तर अनुकूल नहीं रहा तो गड़बड़ होगी।

"सामूतिरी राजा को सूचित करना है क्या?"

"ऐसी रीति-रिवाज़ नहीं।"

भोजन कर चुकने के पूर्व ही मामाजी ने सारे निर्देश दिये—"परदेश के शास्त्री

को पहले ही सूचना देनी है। वर्तमान गुरुजी का नाम क्या है?''

''नीलकंठर। मेरा सतीर्थ्य रहा है।''

''बुनकरों के गाँव से अगली बैलगाड़ी पूरब की ओर जब निकलेगी तब एक ताड पत्र लिख भेजना।''

''ऐसा करेंगे।''

''तंजावूर से जवाब मिलने पर आगे की कार्रवाई तय करेंगे। तब तक और किसी को सूचित करना आवश्यक नहीं लगता।''

अगले दिन कुट्टन दाऊ ने कहा कि परदेश जाकर वेद, वेदांग, क्रिया समुच्चय, योगशास्त्र और ब्रह्मविद्या का अध्ययन ही करना है। यह भी बताया कि इन विषयों का अध्ययन इस प्रदेश में रह कर नहीं हो सकता। अड़ोस-पड़ोस में व्याप्त अन्धकार पूर्ण परिवेश का विवरण भी दिया।

जनता कई जातियों में बँटी हुई है। इनमें उच्चनीचत्व साधारण-सी बात है। सब से आगे हैं पौरोहित्य करनेवाले कुछ नम्पूतिरी ब्राह्मण। इसका निर्णय करनेवाले स्वयं वे ही हैं। उनके अलावा और कोई, अन्य नम्पूतिरी भी वेदों के अध्ययन के अधिकारी नहीं। यह निर्णय भी उन्हीं का है। किन्तु, वे वेदाध्ययन भली-भाँति करेंगे क्या? यह भी नहीं।

ईश्वर के कारिन्दे रहने का प्रभावी ढंग से बहाना करके उन्होंने राजाओं और महाराजाओं को अपने अधीन कर रखा है। जिन्होंने अधीनस्थ रहने से इनकार किया है उन्हें अपने अधीनस्थ जनों से अधीनस्थ बनवा लिया है। संकेत के माध्यम से मन्दिरों के प्रशासन में दखल देते हुए वे देश भर की बागडोर सम्भाले हुए हैं। वे ही संकेत—मर्यादा या देश मर्यदा की विधि का विधान करते हैं। संकेत के अन्तर्गत राजा-महाराजाओं के प्रतिनिधि कोइल्नम्पी भी हैं। इनको परस्पर भिड़ा कर संकेत के मुखिया अपना स्वार्थ साधते हैं।

पुरोहित वर्ग ने मातृसत्तात्मक व्यवस्था को प्रदूषित किया है। वे पितृसत्तात्मक व्यवस्था को माननेवाले और भू-सम्पदा के स्वामी हैं। परम्परागत सम्पत्ति से हाथ धोना न पड़े—इस उद्देश्य से परिवार के पुत्रों में वरिष्ठ ही अपनी जाति से विवाह कर सकते हैं और शेष सारे व्यक्ति निम्न जातियों से 'सम्बन्धम्' ही कर सकते हैं। धन और अधिकार के आधार पर ही 'सम्बन्धम्' हो पाता है। पर 'सम्बन्धम्' से जो सन्तानें उत्पन्न होती हैं उनको पिता की सम्पत्ति पर कोई अधिकार नहीं। यही नहीं, उन्हें अपने पिता को छूने तक का भी अधिकार नहीं। एक प्रथा यह भी है कि छूने पर पिता अशुद्ध हो जाएँगे। निम्न स्तरों की एक-एक जाति को उसके उच्च स्तरों की जाति के अधीन कर रखा है। यह भी व्यवस्था की गयी है कि निम्न जातियों के लोगों को उच्च जातियों के लोग गुलाम बनाकर जंगम सम्प्रदाओं के समान उनका

उपयोग कर सकते हैं। उन्हें चाहे खरीदो, बेचो, जुर्माने के रूप में जमा करो अथवा तलवार की वार से मार डालो। भला, पूछनेवाला कौन?

बाहरी दुनिया के साथ सम्पर्क में आते समय किन किन बातों का ध्यान रखना है, इसके बारे में भी कुट्टन दाऊ ने ही बता दिया। चूँकि लेखन शाला चलानेवाले पषंञानत्तु परिवार वाले परम्परागत रूप में वल्लुवक्कोनातिरी के और उनकी आज्ञा के अनुसार वेट्टत्तुनाड के पक्षघर रहे इसलिए इस परिवार के सदस्यों को पहले से ही सामूतिरी सन्देह की दृष्टि से देखते आए हैं। पिताजी के परिवार के प्रति इनके मन में प्रतिशोध की भावना है। उनको वे पेरुम्पटप्पु के पक्षधर मानते हैं जो आयोधन कला में प्रवीण और योद्धा हैं। पिताजी को धोखे में मार डालने पर भी उनका द्वेष मिटा नहीं है। पिताजी के प्रति सामूतिरी का सीधा विद्वेष है तो पिताजी की सन्तानों के प्रति संकेत ब्राह्मणों का जो विद्वेष रहा वह सामूतिरी में संक्रभित हो गया है। बस। इतना ही। स्थिति काँटे पर चलने के समान है। सन्तुलन कभी भी बिगड सकता है। यह बात पिताजी की हत्या मात्र से प्रमाणित हो चुकी थी कि सामूतिरी के स्वजनों के तरीके नेक नहीं हैं। आष्वांचेरी तम्प्राक्कल, भले नम्पूतिरी और ऐसे गण्यमान्य मुसलमान जो कलरि के पूर्व शिष्य रहे हैं—उन पर ही अब भरोसा है, वे ही रक्षक हैं।

जो मुसलमान धनी और साहसी हैं उन्हीं की तरफ अब संकेतवालों की घृणा के भाले की नोक मुड़ी हुई है। यही आकासन इस तरफ के लोगों में है। मुसलमानों का ज़मींदार होना संकेतवालों को बरदाश्त नहीं। पर वे इसके विरुद्ध कुछ कर नहीं पाते। कारण यह है कि समुद्री व्यापार में मुसलमान ही सामूतिरी के सहायक हैं। उनकी सहायता से ही तिरुनावाया पर कब्जा कर सके थे। तब से लेकर सामूतिरी की नकेल उनके हाथ में है। उनमें जातिभेद नहीं। उनको सामूहिक ढंग से अछूत मानने की संकल्पना भी सामूतिरी नहीं कर सकते। इस कारण जहाँ-जहाँ मुसलमानों के पास संख्याबल और धाक है वहाँ संकेतवाले खास तौर से विह्वल बने हुए हैं। कतिपय मुसलमानों के समर्थन के कारण ही लेखन शाला और परिवार का कार्य चलता रहता है।

यह कहा नहीं जा सकता कि अगले मामाकम में जब उण्णि भैया आत्मघाती योद्धा बनकर मंच पर आएँगे तब क्या होगा। किसी आत्मघाती योद्धा के प्रति खुल्लंखुल्ला सहानुभूति दिखाने में मुसलमानों को भी परेशानी हो सकती है।

तमिष़्रकम की स्थिति इतनी बदतर नहीं है। कोई भी व्यक्ति शास्त्रियों से वेद और तत्सम्बन्धी किसी भी विषय का अध्ययन कर सकता है। विद्यार्थी यदि अपने को विद्या पाने का उचित पात्र प्रमाणित करे तो फिर कोई बाधा नहीं। फिर जाति के नाम पर या और किसी के नाम पर उनमें कोई भेदभाव नहीं। इसी तरह, तेलुगुदेश,

वंगदेश और गांधार में भी ज्ञान का प्रकाश बुझा नहीं है। पर तुलुदेश के करीब आधे हिस्से पर स्वार्थी पुरोहितों का कब्जा हो गया है। हिमालय की घाटियों से होकर आनेवाले आक्रमणकारी ही आए दिन उनके अधीशत्व के सामने चुनौती बने हुए हैं।

हामी भर कर सब सुनता रहा।

समझ गया कि घर के भीतर और बाहर समान रूप से विपदाओं की बाढ़ आयी हुई है। निद्राहीन रातों में प्रकाश की ओर जाने के रास्ते ढूँढ निकालने का प्रयत्न किया। इससे यह विचार दृढ़तर होता गया कि रास्ता अवश्य है। पर इसी अनुपात में मन की बेचैनी भी इस कारण बढ़ती गयी कि यह बात निश्चित रूप से समझ नहीं पाया कि सही रास्ता कैसे निकाला जाए।

---

* बुद्धि से भी महान...
इन्द्रियाणि पराण्याहुरिन्द्रियेभ्य: परं मन:।
मनसस्तु परा बुद्धिः यो बुद्धेः परमस्तु स:॥
गीता–3 (42)
(इन्द्रिय उत्कृष्ट हैं। उन से उत्कृष्ट है मन। मन से उत्कृष्ट है बुद्धि। बुद्धि से भी जो उत्कृष्ट है वही ईश है।)

तान्नियूर-6

'पुटमुरि' अथवा ब्याह तो ऐसा कर्म है जो शुभ मुहूर्त में सन्तोषपूर्वक किया जाना है। पर उस दिन के निकट आते आते सारे बन्धुजनों के मन में उद्वेग बढ़ता गया। उसके साथ सन्तोष का अभाव भी नहीं रहा। बस यही कि सन्तोष की सारी कोंपलें उगते ही विपदा की आशंका के भीतरी ताप के लगने से झुलस जाती हैं।

इसे 'पुटमुरि' भी कहा नहीं जा सकता। नहीं तो, 'केट्ढकल्याणम' के अवसर पर ही 'पुटवमुरिक्कल' नामक रस्म अदा किया जाता है। और इसका मतलब है विवाह-सम्बन्ध का विच्छेद।

दीदी के विवाह में कोई रस्म अदा नहीं किया गया। घर में तो पहले से ही सारे निरर्थक आचार निषिद्ध हैं। परिवार का दैनिक जीवन ही ऐसा है जिसमें सारे ऐसे अनुष्ठान छोड़ दिए जाते हैं जो ईश्वर-अर्पण के लिए उपयुक्त नहीं रहे। लेखन शाला में भिन्न-भिन्न किस्मों के बच्चे हैं। उनका पालन और पढ़ाई ही मुख्य हैं। घर के रस्मों की फिजूल खर्ची के कारण उन्हें कोई तकलीफ न होने पाए। मन ही मन नहीं तो भी सभी स्वजनों ने इसे मान लिया था।

चात्तात्तु के पणिक्कन लोग और आलंगाड के मूप्पिल नायर के अलावा और किसी ने इस रुख का उपहास नहीं किया था। मात्र इन दोनों ने बौद्ध कह कर एषश्शन की हँसी उड़ायी। ये तो संकेतवालों के मार्ग का अनुसरण करके ही अपने विचारों को रूपायित करते हैं। ये दोनों उन सब बड़ाइयों के साथ रहते हैं जिन्हें वे शान-शौकत के लक्षण मानते हैं। दोनों सामूतिरी के विकास्त सेवक हैं। सामूतिरिप्पाड के सिपाहियों के उच्चाधिकारी का पद दोनों को प्राप्त है। सामूतिरी को देय 'संरक्षण राशि' वसूल करने के लिए जिम्मेदार ये ऐसा बर्ताव करते हैं जैसे उन्हें जाति में पदोन्नति मिल गयी हो। चूँकि ये अधिकार और सम्पदा से सम्पन्न हैं इसलिए अन्य जन चुप रहते हैं। इनकी धारणा है कि यह चुप्पी हर बात की स्वीकृति है।

पंडाल नहीं डाले गये। कोई साज-सज्जा नहीं हुई। कोई ठाटबाट नहीं। चूँकि माताजी की तबियत बिगडी हुई है इसलिए सन्तोष का वातावरण नहीं रहा। इसलिए

शादी के पिछले दिन भी वातावरण ठंडा ही रहा। आँगन की सीमा पर बने दीपस्तम्भ में एक भी अतिरिक्त बत्ती जलायी नहीं गयी। कलरी में केवल सामान्य भोजन परोसे गये, कोई विशेष भोज्य नहीं। सामान्यतः सुबह और रात को कंजी (चावल का दलिया) ही परोसी जाती है। हाँ, सुबह यदि चावल की कंजी हो तो रात को सावाँ की। इतना ही अन्तर रहता है। दोपहर के भोजन में मुख्य रूप से चार सब्जियाँ, घी और तली हुई सब्जी होती थीं। बीच के अल्पाहार में चिउड़ा, केला और गुड। कलरी के भंडारघर और रसोई का प्रबन्ध राजमहल के कारिन्दे ही करते। महल से मासिक वेतन पर नियुक्त कर्मचारी रसोई पकाते थे। सामान्य भोजन के अतिरिक्त वे कलरी के बच्चों के लिए हर दिन कोई न कोई मीठा पकवान घर की रसोई में विशेष तौर पर पकाते थे।

सीता दीदी के विवाह में हमें मेला जैसा रौनक नहीं आया, इस बात की बड़ी निराशा चीरू दीदी को ही हुई। मेरे कान में चीरू दीदी ने शिकायत की "यही विवाह है क्या?"

कुट्टन दाऊ बच्चों के लिखने के लिए ताड़-पत्र काट कर ठीक कर रहे थे। यह सुनकर एक अपूर्व हँसी के साथ उन्होंने कहा—"री छोकरी! यह तो ऐसा ही रहने दे, तेरी शादी में चार पाँच गजवीरों को सजा के खड़ा करेंगे।"

केवल चीरू दीदी के साथ ही कुट्टन दाऊ लाघव के साथ व्यवहार करते थे। दीदी की छाया ही दिख पड़ी तो अति व्यस्त रहने पर भी, वे कुशल-मंगल पूछते। दीदी के प्रति कोई कटु वचन कहना भी पड़े तो मज़ाक के रूप में ही कहते। यदि और कोई श्रोता रहता तो उन्हें और दीदी के लिए वह हितकर लगता।

कुट्टन दाऊ का अप्रत्याशित प्रत्युत्तर सुनते ही वह 'हाय, हाय' कहती हुई, दाँतों बीच अंगुली दबाकर और फिर उसे छिड़कती हुई भाग निकली। वह भी कुट्टन दाऊ के लिए एक लघु हास का कारण बना। एक बार चीरू दीदी के बारे में कुट्टन दाऊ ने कहा—"ईश्वर ने उसमें भोलापन भर दिया है।"

विवाह के पिछले दिन भी सीता दीदी ऐसा व्यवहार कर रही थी जैसे विवाह और किसी का हो रहा है। उस दिन भी पहले की सी दिनचर्या। माताजी का सेवा कार्य, मामाजी का सेवा कार्य, कलरी के बच्चों का सेवा कार्य, कुट्टन दाऊ का सेवा कार्य—किसी में तिल भर चूक नहीं होने दी। अपनी बात को अन्तिम स्थान। उत्साह में कोई भी कमी नहीं। पल भर के लिए भी। पर अपने हित में बिलकुल नहीं। जैसे दु:ख की अदृश्य सेना से भिड़ कर मुश्किल से जीत हासिल की हो।

विवाह के पिछले दिन, रात के भोजन के पहले मामाजी ने सीता दीदी को बुलवा लिया। ड्योढी में नाम जप के लिए पालथी मार कर बैठे हुए थे। साथ नाम जप करने के लिए मैं और चीरू दीदी भी। तब तक कलरी के छोटे बच्चों को

सन्ध्या-नाम-जप कराने के बाद रात के भोजन के लिए भेज कर कुट्टन दाऊ भी आ पहुँचे।

सीता दीदी दरवाज़े से होकर समीप आयी। थोड़ी देर तक मामाजी कुछ नहीं बोले। आहट से मामाजी आगन्तुक को पहचान सकते हैं। उनके चेहरे से प्रकट था कि मौन का कारण सीता दीदी की उपस्थिति की अनभिज्ञता नहीं था।

आखिर इस प्रकार बोले—"अब तुझे कुछ बता देने की आवश्यकता नहीं है। तो भी बहन के प्रति भैया का दायित्य किसी को निभाना है न? चूँकि वह बीमार है इसलिए वह दायित्व मैं निभाऊँगा।

सीता का चेहरा मुरझा गया। ऐसी उदासी असाधारण नहीं थी। पर उस उदासी को हमेशा ही एक चटुल तप्त निश्वास द्वारा इस तरह तुरन्त हटा देती जैसे बुने जा रहे कपड़े पर दिखती किरकिरी को बाएँ हाथ से हटा देती है।

पर अब सीता दीदी ने ऐसा नहीं किया। स्वयं उस उदासी के वशीभूत हो खड़ी रही।

" बुजुर्ग लोगों का कहना है कि हर मामले में दीर्घ दृष्टि अत्यन्त आवश्यक है।"

आँखों की रोशनी के न रहने पर भी सीता दीदी के चेहरे पर प्रकट दुःख की छाया मानो उन्होंने देख ली। "मुझे तो अब निकट की वस्तुएँ भी नहीं दिखती। सारी बातों पर विचार करने पर लगता है कि ईश्वर ने भी सोचा होगा कि अब यही ठीक है। कौन जाने?"

चीरू दीदी ने दीपक की बाती बढ़ा दी। रूक्ष गन्ध वाला तेल लगी अँगुली का छोर अपने बालों पर फेर दिया। इंगुदी और एरंड के बीजों का तेल। बीजों को कूट कर बड़ी हाँडी में भरे पानी में डाल कर धूप में रख दिया जाता है और ऊपरी सतह पर उभर आते तेल को एकत्रित किया जाता है।

मामाजी ने कहा—"अब सामने हर कहीं अँधेरा है।"

कौन जाने कब प्रभात होगा? मैं नहीं जानता कि तुझ से क्या कहना है।" फिर आह भर कर विवशता द्योतक हँसी के साथ बोले—" "आश्वासन इस बात का है कि तू बिना कहे ही समझने की सामर्थ्य रखती है।

"ध्यान रखूँगी" सीता दीदी ने कहा।

"एक बात पर ही खास ध्यान रखना है। आनेवाले मेघ गर्जन और बारिश से डरकर वर्तमान की धूप को खो न देना।"

"ठीक है।"

"वर्षा ऋतु आनेवाली है, इस बात की सतर्कता भी रहे।"

सीता दीदी ने से हामी भरी।

हामी भरने का स्वर विन्यास ऐसा नहीं था जिसकी प्रतीक्षा मामाजी ने की थी। इसे पहचान कर ही मानो मामाजी ने बोलना आरम्भ किया—''मैं यह इसलिए कह रहा हूँ''। इतना बोल वे सहसा रुक गये।

''मेरी कोशिश रहेगी कि मैं किसी को न दुःखाऊँ।'' सीता दीदी का सिर झुक गया।

''वही सबसे कठिन है।'' मामाजी ने हँसने की कोशिश की। ''यह कथन कि ढक कर पकाएँ तो स्वाद बढ़ेगा। केवल भोजन के मामले में ही ठीक बैठता है। किन्तु ढके मन के भीतर जो पकता है वह बहुत कड़ुवा लगेगा। बहिन का हाल देखा न?''

कुछ कहने के लिए सिर उठा कर सीता दीदी ने वह श्रम छोड़ दिया और धीरे से सिर नीचा किया।

''कम से कम कुमारन के सम्मुख अपना मन खोलना।'' मामाजी ने निर्देश दिया।

''चूँकि वे व्रत दीक्षा में हैं इसलिए...'' सीता दीदी ने सन्देह प्रकट किया।

''ऐसी बातों की परवाह न करना। जब तक जिन्दा रहे खुशी के साथ जीएँ। सन्तान की प्राप्ति भी आवश्यक है।''

''फिर''—सीता दीदी एक कदम पीछे हटी। किवाड़ की चौखट से टिकी खड़ी रही। सिर थोड़ा और झुक गया।

''फिर क्या?'' मामाजी ने पूछा। '' फिर जैसा भी हो। मूसल के दोनों छोर पर लगे लोहे के आवरण जैसे ऊपर-नीचे दो भाई हैं न? जो भी हो, इस परिवार की सन्तानों का लालन-पालन वे करेंगे ही।''

सीता दीदी ने पिघलते मन से पुकारा—''मामाजी!''

''नहीं'' मामाजी के दाहिने हाथ ने सर्प की शीघ्रता के साथ उठ कर टोका।'' किसी प्रकार का सन्देह नहीं हो।''

सीता दीदी कुछ नहीं बोली।

मामाजी धीरे से उठे। दीवार पर टटोल कर चौखट ढूँढ ली। फिर उसके छोर पर से हाथ सरकाते हुए सीता दीदी को भी छू लिया।

दीदी के सिर पर हाथ रख कर मामाजी ने आशीर्वाद दिया—''मंगल ही हो।'' चौखट के आगे आकर दीदी ने मामाजी के चरण छू कर वन्दना की।

''अब तो,'' मामाजी ने दीदी के सिर पर से हाथ उठा कर अपनी छाती पर रखा। ''वह बात भी बता देता हूँ जो नहीं बतानी चाहिए। यदि उसके लिए और कोई मौका न मिल पाए तो...। मन के एक कोने में यह सतर्कता भी रखे रहना कि बड़ी विपदा भी आ सकती है। नहीं तो एकदम टूट जाएगी।''

कुट्टन दाऊ ने धीरे से दीपक के प्रकाश से चार कदम पीछे हट कर अन्धेरे की ओर मुड़ करके आँखें पोंछ लीं।

"पर यदि सामर्थ्य और बुद्धि हो" मामाजी ने बात जारी रखी। "तो उसे पीछे हटा लेना है। सन्देह की गुंजाइश ही नहीं। मनुष्य-जन्म दीपक में पड़नेवाला शलभ बनने के लिए नहीं है।"

"इसके लिए ..." सीता दीदी चिन्ता में पड़ गयी।

"मेरे चाहने से..."

"हो जाएगा।" मामाजी ने नहीं छोड़ा। केवल तेरे सोचने से ही हो सकेगा। ईश्वर ने उसे कृपा पूर्वक सकल अंगोपांगों के साथ जो पुरुष-जन्म दिया है उसका मूल्य तू उसे समझा देना। धीरे-धीरे ही सही। समय अभी काफी पड़ा हुआ है।"

"फूफी के अलावा परिवार के सभी सदस्य सदा पुश्तैनी प्रतिशोध का मन्त्र ही जपते रहते हैं। इस बीच यदि अकेली मैं..."

"इस मामले में केवल दो ही वास्तविक साझेदार हैं तू और वह। परिवार वाले और प्रदेश वाले चाहे जो कुछ भी कहें। उसके मामा नाणुआशान ऐसी आत्मबलि के लिए क्यों तैयार नहीं हुए? यदि युद्ध के लिए जाना ही हो तो सेना सहित जाना ही बुद्धिमानी है न?

सीता दीदी हिचकती हुई बोली—"मेरे कहने पर भी उसका प्रभाव न पड़ा तो?"

"यह तो अच्छी कहानी हुई। एक ऐसा व्यक्ति जो अंकम (मुठभेड़) के लिए निकल रहा है जिसमें पराजय सुनिश्चित है। साथ देने के लिए ऐसी स्त्री जो पहले से यह मान लेती है कि उसको रोकना है। क्योंकि पराजय निश्चित है।" मामाजी ने टटोल कर दीदी की हथेलियों को पकड़ कर अपनी हथेलियों में ले लिया। "कोई भी कार्य असाध्य नहीं है। तू मुझे वचन दे कि उसे पीछा हटाने के लिए तू सर्वात्मना प्रयत्न करेगी। अन्तर्मन का पर्याप्त सम्बल पाए बिना दीदी ने कहा—"कोशिश करूँगी।"

"ऐसे नहीं", रक्ति म नेत्रों के साथ कुट्टन दाऊ दीदी के पास पहुँचे और कहा—"पूरे मन से कह—मैं पूरी कोशिश करूँगी।"

"पूरी कोशिश करूँगी" दृढ़ स्वर में सीता दीदी ने दुहराया।

"अवश्य जीतना होगा तुझे।" कुट्टन दाऊ ने हठपूर्वक कहा।

मामाजी ने प्रार्थना की—" हे भगवान! दीर्घ सुमंगली बनाए रखें"

जिस प्रकार गर्मी के दिनों की वर्षा पाकर तप्त भूमि का उर ठंडा हो जाता है उसी प्रकार मामाजी की इस प्रार्थना से भीग कर सीता दीदी खड़ी रही। इतने में जलालु मूप्पन की सजी हुई घोड़ा-गाड़ी ड्योढ़ी के सामने आकर खड़ी हो गयीं।

अनुगमन करती गाड़ियाँ और अनुचर पीछे।

दीदियाँ अन्दर चली गयीं।

"शादी की बात पक्की की, किन्तु हमें इत्तला नहीं दी।" आँगन में खड़ा मूप्पन ज़ोर से हँस पड़ा।

मूप्पन का आकार ही कुछ अलग है। उभरी हुई तोंद। गोरे चेहरे पर नमाज़ का भूरे रंग का दाग। गोल गाल। खुली हँसी में जम गये होंठ। वृत्ताकार दाढ़ी जो आधी सफेद हो चुकी है। खड़ाऊँ। तुरकी टोपी। टोपी के ऊपरी हिस्से से लटकी काली रेशमी डोरें गले तक लटकी हुई हैं जो चलते वक्त हिलती हैं।

मूप्पन धनी है। सामूतिरी पर बड़ी धाक है। उत्तर से बड़ी-बड़ी नावों में कपास लाकर 'शालियत्तेरुव' याने 'बुनकर गली' के बुनकरों को देता है। उनसे विभिन्न प्रकार के कपड़े खरीद कर निर्यात करते हैं। उनकी अपनी कुछ नावें हैं। मूप्पन के लोग ही समुद्र तट की सारी मछलियाँ खरीद कर कच्चे रूप में बेचते हैं या सुखा कर अन्य देशों की तरफ निर्यात करके व्यापार करते हैं। ये सारे कारोबार चार-पाँच पीढ़ियों से चल रहे हैं। मूप्पन अपने बचपन में कलरी का छात्र रहा था। उनके दो बच्चे कलरी के शिष्य हैं।

मूप्पन ने मामाजी के चरण छूकर वन्दना की। इस बीच सहचरों ने टोकरे और पिटारे उतार कर ड्योढी में रखे और पीछे हटे। केले, सब्जियाँ, पान, सुपारी, विविध प्रकार के कपड़े...।

मूप्पन फिर हँस पड़े। "लेकिन हमने आधा, पाँव, आठवाँ-हिस्सा आदि ठीक ठीक जोड़कर योगफल निकाल लिया।"

"आधा, पाँव, आठवाँ हिस्सा आदि की यह बात मूप्पन जब कभी मामाजी से मिलने आते हर बार दुहराते। बचपन में गणित सीखना ही मूप्पन के लिए सब से अधिक कठिन कार्य था। अपने शिष्यत्व की शीतल यादों का नवीकृत करना ही इस संस्मरण का एकमात्र उद्देश्य रहता।

बैठने का आदेश देकर मामा जी ने कहा—"बहन की तबीयत ठीक नहीं। वैसे ये सब रस्म इस घर में कभी भी धूमधाम से मनाये नहीं जाते है न जलालु?"

मूप्पन का असली नाम जलालुद्दीन है। मेरी जानकारी में मामाजी अकेले व्यक्ति हैं जो उन्हें संक्षिप्त नाम से पुकारते हैं। पुकारने का यह ढंग भी मूप्पन को खुश करता है। क्यों कि इसमें भी शिष्य-वात्सल्य की छाप लगी है।

"दूल्हा मृत आशान का भानजा है न? हम तो जानते हैं।" मूप्पन ने हँसी रोक कर माथा टटोला। "सुना है कि उस शख्स ने खून की बिन्दी लगा ली है।"

मामाजी हँस पड़े। "यह भी सुना है कि जलालु दूसरी शादी करने जा रहा है।"

“ओह, वह खबर यहाँ भी आ पहुँची?” मूप्पन ठठा कर हँस पड़े। “क्या ही अचरज की बात! यह झूठी खबर है। सरासर झूठ।”

“तब तो यह खबर भी झूठी हो सकती है न?”

चीरू दीदी द्वारा काँसे के बर्तन में लायी गयी छाछ पीकर तथा कुट्टन दाऊ से अपने बच्चों की पढ़ाई का हाल पूछ कर, मूप्पन बिदा हो गये तो मामाजी गम्भीर चिन्तन में डूब कर मौन रह गये।

सारा संसार नीरवता में डूब गया।

एक अपूर्व शान्ति शुभ प्रतीक्षा की उस नीरवता में शहद की मिठास के समान लीन पड़ी रही।

संरक्षण राशि –सुरक्षा का प्रबन्ध करने के एवज में प्रदेश के लोग अपने अधीन जो जमीन है उसकी गुणवत्ता और मात्रा के अनुपात में जो निश्चित रकम देते हैं वह है रक्षा भोग। उस में से संकेतवालों, नंपियों और सेनानायकों को उनकी सेवा के एवज में जो रकम देनी होती है उसे काट कर जो रकम सम्बन्धित राजाओं को दी जाती है वही ‘संरक्षण—राशि’ है।

तान्नियूर-7

विवाह के पिछले दिन सुबह सीता दीदी के मन्दिर के लिए रवाना होने के पहले ही मामाजी भी नहा कर तैयार हो गये थे। उमंग के साथ वे बोले—"आज ईश्वर की वन्दना के लिए मैं भी आऊँगा।"

मामाजी जब भी बाहर निकल जाते, साधारणतया एक-एक कदम शंका के साथ ही रखते। मार्गदर्शक के रूप में आगे चलनेवाले मुझे उसके अनुसार अपने कदमों की गति ठीक करनी पड़ती। उस दिन बात उल्टी थी। सड़क पर पर्याप्त प्रकाश नहीं पड़ा था। इसलिए विपदा की शंका में मैं सन्देह और सतर्कता के साथ धीरे-धीरे कदम बढ़ा रहा था जब कि पूर्वाधिक उत्साह के साथ मामाजी लम्बे कदम बढ़ा कर चल रहे थे।

सीता दीदी के साथ ही चीरू दीदी मन्दिर जाया करती थी। तो इस प्रकार उस दिन चारों एक साथ निकले। आर्द्रा के त्यौहार का काल। कडी ठंड। हवा बह रही है जिसमें समुद्री हवा की सौम्यता छू भी नहीं गयी है। वह कर्कश हवा कभी धीमी गति से और कभी तेज़ गति से बह कर गर्मी बिछा रही है। आर्द्रा के दिनों की हवा में प्रायः यह कारुण्यहीनता और अपरिचितत्व पाया जाता है। आकाश की चन्द्रलेखा विवर्ण होकर क्षीण और शान्त पड़ी थी।

माताजी की सहायता के लिए कुट्टन दाऊ को नियुक्त करके ही हम निकले थे। उस दिन के लिए कुट्टन दाऊ जाप, ध्यान और स्वध्याय का स्थान छत से बदलकर माताजी के कमरे में रख लिया। रात में माताजी चैन से पड़ी नहीं रह पाती। तड़का होते ही थोड़ी झपकी लग जाती। जगने में विलम्ब होगा। सन्ध्या के समय बिल्ली के समान थोड़ी देर तक झपकी लेती। फिर बार बार बिस्तर पर उठ बैठती। शेष समय तभी उठ जाती जब उठना सम्भव होता। तब उस सन्दर्भ के अनुरूप कुछ बोलती और सामने जो कोई दिखे उनसे उसी प्रकार बर्ताव करती जैसे वे उनके तत्कालीन मनोदशा के व्यकित हों। कोई कुछ भी कहे तो उसे अपनी मनोदशा के किसी व्यक्ति की प्रतिक्रिया मान लेती।

मन्दिर के रास्ते पर प्रतिदिन प्रणाम करने जानेवालों की भीड़ है। चूँकि महीने का प्रथम दिन था इसलिए भीड़ अधिक थी। सीता दीदी ने तेज़ कदम बढ़ाने की भरसक कोशिश की। कारण बस यही था कि जितनी जल्दी हो सके माँ के पास लौट जाना था। इस पर भी हमारे लोग हम से आगे निकल जाते थे। जब कोई ऐसे व्यक्ति साथ हों जिनकी आँखों की रोशनी नष्ट हो चुकी है, तब जल्दी चलने की भी एक सीमा होती है।

मन्दिर के गोपुर के सामने लोगों की भीड़ लगी है। काठ का बड़ा किवाड़ बन्द है। सुना कि चूँकि मूप्पिल नायर का भानजा शयन प्रदक्षिण कर रहा है इसलिए लोगों का प्रवेश रोका गया है ताकि उनकी ओर से कोई झमेला न होने पाए। जब तक उस मनौती का रस्म पूरा नहीं होगा तब तक और किसी को अन्दर घुसने नहीं दिया जाएगा।

यह क्या बला है! किसने यह आदेश निकाला है? ऐसी प्रथा तो नहीं रही है। इस प्रकार कुछ लोग फुसफुसा रहे हैं। लेकिन मूप्पिल नायर की अप्रीति से बचने के लिए कोई ज़ोर से या खुले तौर पर कुछ नहीं कहता।

पोयिलूर के तिरुमेनी भी आए हुए थे। मामाजी को देखकर वे समीप आ गये। वे यों पूछनेवाले थे—"आज कौन-सी खास बात है कि आज आप आ गये?" पर उन्होंने उसका कारण स्वयं ढूँढ निकाला। "ओह! वह रस्म आज ही होनेवाला है न? आजकल स्मृति बहुत क्षीण हो गयी है।"

"बहुत समय से मन्दिर का द्वार बन्द कराया गया है, क्या?"

तिरुमेनी हँस पड़े। "द्वार बन्द करानेवाले ज़्यादा समय तक रहेंगे, क्या?"

"ऐसा करते होंगे।" मूप्पिल नायर ने ऐसे फुसफुसाया जैसे कोई आकाशवाणी हो। चार कदम आगे पीठ पर जो बैठे हैं उन्हें भीड़ की आड में नहीं देख सके थे। मूप्पिल नायर जहाँ भी जाते, पालकी के पीछे से कोई सेवक एक पीठ उठाए चलता। यद्यपि वे युवक हैं तो भी अपने पैरों पर खड़े रहने में उन्हें शर्म लगती है। किसी के भी सामने वे बैठें ही रहेंगे। ईश्वर के सामने भी क्यों न हो वे अवश्य बैठेंगे।

"पता नहीं चला था कि आप यहाँ विराजमान है। मूप्पिल्नायर की ओर देख कर तिरुमेनी हँसे। यदि पता चलता तो भी और कुछ बताने के लिए नहीं।"

"नम्पूरी को अपने काम पर ही ध्यान रखना है न?" मूप्पिल नायर उठ खड़े हुए।

मूप्पिल नायर जैसे पदाधिकारी लोग कुछ परिवारों के नम्पूतिरियों को ही 'तिरुमेनी', नम्पूतिरिप्पाड' आदि कहते। और सबको केवल नम्पूरी ही कहते।

"मैंने समझ रखा है कि जो विवेकशील हैं उन्हें केवल अपना काम ही नहीं देखना चाहिए।" तिरुमेनी हँसते ही रहे। "जो उल्टा समझते हैं वे वैसा कर भी

सकते हैं।''

गले में पड़े सोने की जरीवाले दुपट्टे के दोनों पल्लू को छती से लगा कर अलग-अलग थामे हुए मूप्पिल नायर समीप आए। ''आहा! यह कौन?'' एंब्रश्शन! आँख की रोशनी जिसकी नष्ट हो चुकी है वह भला, किसको देखकर वन्दना करने के लिए निकल पड़ा है?''

उनकी बुरी नज़र रह-रह कर सीता दीदी की तरफ उठ रही थी जिसे तिरुमेनी ने ही नहीं, मामाजी के अलावा सभी ने देख लिया।

हँसे बिना ही तिरुमेनी ने कहा—''आँखें नहीं हों तो एक फायदा है, रामनकुट्टी! किसी अनावय्सक वस्तु को देख कर भ्रमित होने की नौबत नहीं आएगी।''

अधिकार के गर्व से मूढता को आवृत रखते हुए मूप्पिल नायर दुपट्टे को पकड़कर दोनों हाथ छाती पर बाँधे, सीधे खड़े रहे। आठों ऊँगलियों पर रत्नजड़ित सोने की अँगूठियाँ चमक उठीं। सोने की जरीवाले दुपट्टे के निचले पल्लू छोटी तोंद के नीचे तक लटके, हवा में झूमते हुए, आत्मश्लाघा के सोने के झण्डे फहरा रहे थे।

मामाजी हल्की हँसी हँसे। ''रामनकुट्टि को अब मैं भली-भाँति देख पाता हूँ।''

''सुना कि इस लड़की की शादी किसी को बताए बिना ही करानेवाले हैं।''

पदाधिकारियों को विधिवत् न्योता नहीं देने पर वे खुला विरोध प्रकट कर रहे थे।

''ठीक है।'' मामाजी ने सौभ्यतापूर्वक कहा।

बन्द किवाड़ के खुलने के इन्तजार में हाथ जोड़े खड़े जनों का ध्यान इस ओर खिंचने लगा।

''होने दो, होने दो।'' मूप्पिल नायर मुस्कुराए। ''किन्तु सारे रहस्य ज्यादा से ज्यादा अगले 'मामाकम' तक ही रहेगा।''

इसके जवाब में मामाजी, तिरुमेनी या श्रोता कुछ नहीं बोले।

कालुष्य का शमन न होने पर मूप्पिल नायर ने आगे कहा—''उसके साथ सारा काम तमाम हो जाएगा।''

सीता दीदी का तप्त निकास मेरे गले के पिछले हिस्से पर यों आकर छू गया जैसे धौंकनी खुल गयी हो।

''उससे तुम्हें क्या हानि होनेवाली है?'' तिरुमेनी ने बिना हँसे पूछा। ''तब तो और कोई रहस्य शुरू कर सकते हो।''

''रामनकुट्टी!'' गम्भीर स्वर में मामाजी ने डाँटा। गपशप छोड़ मन्दिर की ओर देख नाम जपन करो।''

इसका भी कुछ असर नहीं पड़ा।

मूप्पिल नायर एक विकृत हँसी हँसे। "नाम ही नहीं, कोई मन्त्र भी क्यों न जपें, सामूतिरिप्पाड के भालेवालों से भिड़ने पर कोई भी आत्माघाती योद्धा 'मृत्युकूप' में ही जा गिरेगा, और कहीं नहीं।"

सीता दीदी का हाथ मेरे बाएँ कन्धे पर दब कर थरथराने लगा।

ज्यों ही गोपुर का किवाड़ खुला त्यों ही लोग अन्दर घुस गये और दीदी विवश होकर ज़मीन पर बैठे गयी। मूप्पिल नायर खुशी के साथ यह देख रहे थे।

दीदी की सहायता करने मैं झुक गया। तभी मेरे कन्धे पर रखा मामाजी का हाथ आलम्ब खो जाने पर निरालम्ब हो गया। गोपुर के किवाड़ के कराह की आवाज़ और चारों ओर

खड़े लोगों की हलचल पहचान कर आगे बढ़ने को उद्यत मामाजी निराश्रय होने पर पुकारने लगे—"अप्पू"।

छटपटा कर उठते हुए दीदी ने हाथ मेरी और चीरू दीदी की तरफ बढ़ाकर इशारा किया "मामाजी से कुछ नहीं कहना।" कठिनाई से खड़ी होकर दीदी ने मूप्पिल नायर की ओर तीखी दृष्टि डाली। लगा कि मूप्पिल नायर उसमें जल जाएँगे। अपनी बड़ाई और सामर्थ्य पर इठलाते हुए खड़े उनका उल्लास उसी क्षण समाप्त हो गया। चेहरे पर नीरसता छा गयी।

मन्दिर में प्रवेश करके मामाजी ने प्रणाम किया और प्रदक्षिण पथ से थोड़ा हट कर दंडवत नमस्कार किया। उनके साथ दंडवत करके मैं उठा और देर तक इन्तज़ार करने पर भी मामाजी ने सिर नहीं उठाया। भूमि पर लेटे हुए मुझसे कहा—"जाकर प्रणाम करके आ।"

मैं बाहरी पथ पर प्रदक्षिणा करने लगा। हर बार लेटी हुई स्थिति में मामाजी को देखकर ही, प्रणाम करके आगे बढ़ता। मेरे सात बार प्रदक्षिणा करने पर भी मामाजी वैसे ही लेटे पड़े हुए हैं। मैं मामाजी के समीप इन्तज़ार करता खड़ा रहा।

"अप्पू! क्या तुम ने अन्दर जाकर सोपान की वन्दना नहीं की?" लेटे-लेटे ही मामाजी ने कहा—"जाकर वन्दना करके आ।"

मैं समझ नहीं पाया कि उस स्थिति में लेटे मामाजी को इसका पता कैसे चला।

भीतर के प्रदक्षिण पथ में कहीं भी सीता दीदी दिखायी नहीं दी। ढूँढने पर पाया कि वे हनुमान जी की मूर्ति के सामने, एक सुनसान जगह पर, दंड नमस्कार की मुद्रा में लेटी हुई हैं। बगल में ही चीरू दीदी भी हाथ जोड़े औंधे मुँह लेटी हुई है।

मैं मामाजी के बगल तक और फिर दोनों दीदियों के बगल तक दो बार इधर-उधर चला। मामाजी को बुला कर उठा लेना असम्भव ठहरा। दीदी को बुलाने का भी मन नहीं हुआ।

आखिर मैं भी मामाजी के बगल में दंडवत नमस्कार करता लेटा रहा। भीतर ही भीतर मूप्पिल नायर नुकीले दुवर्चन मिचलाते रहे। मन ही मन ईश्वर को पुकार कर बहुत रोया। प्रार्थना बस यही थी कि इतनी शक्ति देना कि रो न पड़ूँ। कलाई पर किसी के स्पर्श का अनुभव पाकर मैंने सिर उठाया।

घुलकर खरी बनी सीता दीदी साक्षात् देवी के समान हाथ में और चेहरे पर प्रसाद लिए खड़ी है

मुझे पकड़ कर उठाया और आँसू पोंछे। माथे पर शीतल चन्दन का तिलक लगाया।

तब भी मामाजी की दोनों ओर की पसलियाँ काला पत्थर बिछे फर्श कर अविराम सूर्य नमस्कार कर रही थीं।

दीदी आयी तो प्रतीक्षारत खड़े रहने का बोझ हल्का हुआ।

देखते-देखते मन्दिर में लगी भीड़ कम हो गयी।

पूजारी जो यह सब देख रहे थे आखिर सहायता के लिए आए। ''उठिए एष्शशन। बच्चे देर से आपकी प्रतीक्षा में खड़े हैं।''

''जानता हूँ।'' मामाजी काला पत्थर बिछे खुरदरे फर्श पर हाथ टेक कर धीरे से उठे और तिरुमेनी को प्रणाम किया। यद्यपि आँखों में रोशनी नहीं रही तो भी वन्दना की दिशा में कोई चूक नहीं हुई। उस समय मामाजी का चेहरा एक दम शान्त था। ''सिर पर इतना बोझ कि उठा नहीं जाता।''

''हाय, नहीं, नहीं। किस को कौन-सा बोझ? ये सब व्यर्थ की कुछ प्रतीतियाँ हैं।

''हाँ, हाँ।'' मामाजी ने फिर हाथ जोड़े। याद दिला कर अच्छा किया...अन्तिम रक्षा तो इसी शयन में ही है।''

''उतना नहीं सोचा'' तिरुमेनी हँस पड़े।'' एक प्रकार से वह भी ठीक है। किसी का भी अन्तिम आश्रय अनन्त शयन ही है।

उदीयमान सूर्य अनुकम्पा पूर्वक जितना प्रकाश बिखेर रहा है उससे अधिक प्रकाश मन्दिर से बाहर निकलते वक्त मामाजी के चेहरे पर था। इसका कारण यह नहीं था कि रास्ते भर उन्हें प्रणाम कर, उनके लिए रास्ता निकालते शिष्य गण को उन्होंने देखा। बाहर के दृश्य देखने की क्षमता उनमें नहीं रही।

अचानक ही पीछे से हुँकार की ध्वनि निकालती हुई मूप्पिल नायर की पालकी तीव्र गति से आयी और मामाजी और मुझसे टकरा कर हमें गिरा कर रुके बिना आगे की ओर निकल गयी। दीदियाँ रास्ते के किनारे से होकर चल रही थीं, इसलिए वे गिरने से बच गयीं।

कोई बड़ी चोट नहीं लगी। पथ पर रेत ही है। केवल बीच में ही काले पत्थर

बिछे हैं। पर पथ पर इधर-उधर कंकड बिखरे पड़े हैं। उनमें किसी पर ठोकर खाने से होगा, मामाजी के घुटने की त्वचा के उखड़ने से खून के कण निकले। आगे चलते रहे मेरे ऊपर ही मामाजी गिरे। मेरा मुख रेत से भर गया। बस, इतना ही।

ज्यों ही मैंने पालकी का हुँकार पीछे से सुना तभी मैंने आवश्यकता से अधिक रास्ता दिया। इस पर पालकीवाले जानबूझ कर रास्ते के किनारे की ओर हट कर हम से टकरा गये। पालकी ढोनेवाले तो इनसान हैं, भैंसे या बैल नहीं। भूल से नहीं, जान बूझ कर ही ऐसा किया। मालिक ने आदेश दिया होगा हमें टकरा कर गिरा देने के लिए। यदि भूल से ऐसा हुआ हो तो निश्चित रूप से ठहर कर इस बात का पता लगा कर ही आगे बढ़ते कि जो गिर गये है उन्हें कोई ठेस तो नहीं लगी। इनसान तो ऐसे ही करेंगे न?

मामाजी को भी पता है कि पालकीवालों की आवाज़ सुन कर मैंने पर्याप्त रास्ता दिया था।

"कुछ ठेस लगी क्या, अप्पू?" यही मामाजी का पहला प्रश्न था। आँख में रेत के पड़ जाने से मैं हड़बड़ा रहा था। जवाब देने में असमर्थ। मुख में भी रेत। बड़बड़ाते हुए मैंने जताया—"नहीं।"

मामाजी के घुटने पर खून देखकर चीरू दीदी रो पड़ी। "ओह! पाँव पर चोट लगी है।" सेवा—शुश्रुषा के लिए चारों ओर लोग एकत्र हो गये।

मामाजी का दूसरा प्रश्न आया—"रामनकुट्टी है, न?"

उस प्रश्न का उत्तर भी मामाजी ने ही दिया—"और कौन हो सकता है?" फिर एक हँसी भी। "कोई बात नहीं। लेखन शाला में दिए गये दंड का बदला लिया होगा उसने।"

"धृष्टता की भी एक हद होनी चाहिए न?" दौड़े आए लोगों में किसी ने पूछा।

तब भी मामाजी केवल हँसते ही रहे। भला, धृष्टता की हद कैसे हो सकती है!

"देर क्यों लगी?" इस अर्थ में भौंहें सिकोडते रहे कुट्टन दाऊ से चीरू दीदी ने सारी कहानी विस्तार से कही। कुट्टन दाऊ के होंठ खिंच कर तन गये। आँखें सुई की पैनी नोकें बन गयीं। किन्तु क्रोध-ताप का वह ज्वर जल्दी थम गया।

जड़ी बूटियाँ तोड़ कर उन्हें कूट कर, मामाजी के पाँव की चोट पर पट्टी बाँध देने के बाद कलरी की ओर निकलते हुए कुट्टन दाऊ पल भर आँखें मूँद कर खेड़े रहे। "ओह! यहाँ तक हो गया!"

मामा ने इस को अनुसुना करके पूछा—"राजमहल की ओर कब जाना है?"

"अपराह्न में पहुँचने का आदेश मिला है ताड़-पत्र द्वारा।"

"ये सब बातें वहाँ नहीं बताना।" मामाजी ने निर्देश दिया। फिर, कुछ सोच

कर अपना निर्णय सुनाया—"नहीं तो, मैं ही जाऊँगा। अप्पू को भी ले चलूँ तो उसकी बात भी वहाँ बता सकेंगे।"

"तो पालकी बुलाएँगे।"

"जब चलने फिरने की शक्ति नहीं रह जाएगी तभी पालकी चाहिए।" फिर हल्की मुस्कान के साथ बोले—"हमें रास्ते में किसी को टकरा कर गिरा देना नहीं है।"

नया कपड़ा पहना कर सीता दीदी ने मेरा शृंगार किया। राजमहल तक केवल पन्द्रह मील की दूरी है। दो वरिष्ठ शिष्यों ने अनुगमन किया।

सड़क के दोनों किनारों पर खड़े शिष्यों ने जो आदर प्रकट किया वह भुलाया नहीं जा सकता। यह जानते हुए कि गुरुवर नेत्र हीन हैं, उनके प्रति जो आदर प्रकट किया जाता रहा उसे देख कर कुल की परम्परागत महिमा पर गर्व हुआ। साथ ही गुरु मातुलों की कृपा से यह प्रार्थना भी मन में सूझी कि यह गर्व दुरभिमान में परिणत न हो जाए।

राजमहल का अनुभव भी भुलाया नहीं जा सकता। यद्यपि तान्नियूर में युवराज का ही निवास है तो भी उस राजमहल में भी वे सब साज-सज्जाएँ थीं जो मुख्य राजमहल में थीं। बाहरी दीवारें, खाई, गोपुर, किवाड़, ड्योढी, लेखालय, कार्यालय, दरबार सब कुछ थे। प्रहरी और कारिन्दे प्रथम गोपुर से ही साथ आए। "तान्नियूर लेखन शाला के रामनाशान (रामाचार्य) पधार रहे हैं।"—यह घोषण पहले गोपुर से अन्तिम गोपुर तक प्रतिध्वनित हुई।

दरबार के द्वार तक आकर तम्पुरान (युवराज) ही प्रतीक्षा रत खड़े हैं। तम्पुरान ने मामाजी के चरण छूकर वन्दना की और बोले—"आशीर्वाद दें।"

तम्पुरान की मूर्धा पर हाथ रख कर मामाजी ने आशीर्वाद दिया "विजय और ऐकार्य सदा रार्बदा प्राप्त होते रहे।"

तम्पुरान ने ही मामाजी का हाथ पकड़ कर, ले जाकर सम्मानपीठ पर बिठाया।

"यही तो कह भेजा था कि कुट्टन से मिलने की इच्छा है। यह सुन कर हमें खेद हुआ कि गुरुवर स्वयं पैदल पधार रहे हैं। यही नहीं जब आप सुबह मन्दिर से लौट रहे थे तब...।"

"वे सब बेमतलब की बातें हैं।" बेपरवाही प्रकट करते हुए मामाजी ने हाथ फैलाते हुए ज़रा मुस्कुरा पड़े और बताया—"यदि आज्ञा हो तो दो तीन बातें..."

चूँकि तम्पुरान अभी तक बैठे नहीं थे। इसलिए मामाजी के अलावा सारे लोग खड़े ही थे। तम्पुरान की कनिष्ठिका का इशारा पाकर चार व्यक्तियों के अलावा बाकी सब बाहर गये। दरबार का बड़ा दरवाज़ा खरखराहट के साथ बन्द हुआ।

"अब बताएँ"—आज्ञा हुई।

तान्नियूर-8

मामाजी ने तम्पुरान से निवेदन किया—''आपकी जो आज्ञा है उसकी सूचना पाने के बाद ही अपना आवेदन समर्पित कर सकूँगा।''

''ऐसे सात-आठ व्यक्तियों की जरूरत है जो गणित में समर्थ हैं। भंडार और दैनिक लेखा का रख-रखाव सूक्ष्मतापूर्वक सिखाने के लिए पर्याप्त कार्मिकों की कमी यहाँ और वेट्टत्त् में है।''

''कुट्टन को बताऊँगा कि विशेष परीक्षा का आयोजन करके चुने हुए व्यक्तियों को यहाँ भेजे।''

''हाँ'' पल भर में तम्पुरान का चेहरा किंचित् रक्ति म हो गया। ''लगता है कि उत्तर का विरोध बढ़नेवाला है।''

''क्या, अब हमले की तैयारी हो रही है?''

''इस की सम्भावना नकारी नहीं जा सकती यदि ऐसा हो तो, भी अचरज की बात नहीं। इन सब बातों की पूर्व सूचना प्राप्त करने के लिए हमारा कोई साधन नहीं रहा। यह तो एक गम्भीर अपर्याप्तता है। इसका समाधान निकालना ही होगा।''

मामाजी चुप हो गये।

तम्पुरान ने और एक बार अपने साथियों के चेहरों की तरफ देखा। उनकी दृष्टि से प्रकट था कि उनके साथ परामर्श करने के बाद ही वे ऐसा बता रहे हैं। वे भी आज्ञा की प्रतीक्षा में चुप खड़े रहे।

''हमें ऐसे संसाधन की ज़रूरत है जिसके सहारे हम किसी भी पद्मव्यूह में प्रवेश कर सारे रहस्यों का पता लगा सकें।''

मामाजी ने केवल भौंहे सिकोड लीं। कुछ बोले नहीं। ''उसका नेतृत्व करने के लिए एक व्यक्ति की ज़रूरत है।''

मामाजी के माथे की सिकुडनें अधिक गहरी हो गयीं।

तम्पुरान ने सीधे पूछा—''कुमारन पर्याप्त रहेगा न?''

यद्यपि माथे की सिकुडनें कुछ-कुछ सीधी हो गयीं तो भी मामाजी और कुछ

पलों तक मौन ही रहे।

तम्पुरान क्षमापूर्वक तत्परता से इन्तज़ार करते रहे।

मामाजी ने शंका प्रकट की—"डील-डौल आदि का पूरा ख्याल रखा होगा न?"

"जहाँ तक हो सके"—तम्पुरान मुस्कुराए।

"मामाकम तो निकट आ गया है न?"

"उससे क्या? बीमार चाहता था दूध पीना। वैद्य ने भी वही बताया। कुमारन के लिए ऐसी बात ही होगी न?

"अपने घर में और मामा के घर में एक ही समय उपस्थित रहना उसके लिए ही नहीं किसी के लिए भी असम्भव ही रहेगा।"

"पकड़ कर अपने घर में ही रहने के लिए प्रेरित कर दें।"

"बताऊँगा कि आकर आप से मिले।"

"मामले का गुण-दोष विवेचन सुन लूँ।"

"बड़े तम्पुरान (महाराजा) की इच्छा क्या है?"

"वहीं से ही संकेत मिला है।"

"सन्देह नहीं, गुण का पलड़ा ही भारी है। उसके लिए भी भला ही है। किन्तु वह असमंजस में पड़ जाएगा।"

"सहपाठियों को असमंजस में डालना मुझे पसन्द नहीं है। किन्तु ज़रूरत पड़ने पर और किस को कष्ट दूँ?

"आप स्वयं उसे आदेश दें यही अच्छा रहेगा न?"

"हाँ, सोचा कि पहले गुरुवर को बताऊँ।"

मामाजी की पलकें भीग गयीं। हास का अंकुर फूटा।

"ऐसा न हो कि गूलर के पेड़ को अपने अधीन रखने की कोशिश जुही की जड़ करे।"

"समझ गया।" तम्पुरान की हँसी मिट गयी। उसके स्थान पर बचपना निखर उठा। मेरी ओर देख कर मुस्कुराए। "यही अप्पु है न?"

"इस को उच्च शिक्षा के लिए परदेश भेजने की इच्छा है। सहमति और सहायता हो।"

"दोनों में कोई कठिनाई नहीं।"

"अभी नहीं।"

"जब भी हो।"

"कलरि का दायित्व कुट्टन को हस्तान्तरित करने का आदेश अभी नहीं मिला है।

‘‘जान बूझकर विलम्ब नहीं किया गया। कुट्टन का विचार है कि अभी कोई जल्दबाज़ी नहीं।’’

‘‘जिसे ताड़-पत्र दिखता ही नहीं वह लेखन शाला का दायित्व क्यों सम्भालता रहे?’’

तम्पुरान ने विषय बदला ‘‘अन्तपुर में माता जी सहित सभी गुरुवर के दर्शनों की प्रतीक्षा कर रहे हैं।’’

मामाजी उठने लगे।

‘‘नहीं नहीं, बैठे रहिएगा। वे यहाँ आ जाएँगी।’’

छोटे बच्चों के साथ अन्तपुर की सभी महिलाओं ने अम्मत्तंपुरान (रानी माँ) के पीछे-पीछे आकर मामाजी को प्रणाम किया। उनकी शिष्याओं ने अपना-अपना नाम बता कर वन्दना की।

‘‘मैं...’’ रानी माँ अपना परिचय देने लगी।

आशीर्वाद देने के लिए बढ़ाए गये हाथ वापस लेकर मामाजी ने प्रणाम किया। बोले: ‘‘आवाज़ से ही पहचान गया।’’

‘‘सीता के लिए एक उपहार भेज देना था। कुट्टन को बुलाने का उद्देश्य यह भी था।’’

सखी थाल में जो रेशम की साड़ी और सोने की माला लायी उन्हें लेकर रानी माँ ने मामाजी के हाथों में सौंप दिया।

‘‘इस बात की बड़ी खुशी है कि ‘‘गुरुवर के हाथों में ही सौंप सकी।’’

उनके ठीक पीछे थाल में मीठे पकवान और दो धोतियाँ लिए और एक सखी खड़ी थी। तम्पुरान ने धोतियाँ मुझे दे दीं। अनुचरों ने पकवानों का टोकरा बाहर निकालके रखा।

तम्पुरान ने आदेश दिया कि मामाजी की वापसी यात्रा पालकी में ही हो। यह आदेश उन्होंने इस ढंग से निकाला कि इसे राजाज्ञा मान ले तो भी कोई एतराज नहीं। फिर मुस्कुराते हुए बोले—‘आशंका की कोई गुंजाइश नहीं। राजमहल के पालकीवाले रास्ते में किसी को टकराकर नहीं गिरा देंगे।’’

‘‘यथा राजा तथा प्रजा’’, ऐसा ही होना चाहिए था। किन्तु तम्पुरान की हँसी में भाग लेते हुए भी मामाजी दु:ख का अनुभव कर रहे थे।

‘‘जो विवेकशील हैं वे तो वैसे ही हैं न?’’ तम्पुरान ने मुस्कुराते हुए ड्योढ़ी की सीढ़ियाँ उतर कर उन्हें बिदा किया।

हवा थम कई थी। धूप गरम हो गयी थी। ऐसे समय यदि वापसी यात्रा भी पैदल करनी पड़ती तो मामाजी बहुत थक जाते। रास्ते के रेत तप्त होकर गर्मी उछाल रहे थे।

छोटी आयु के हम बड़े छत्र की छाया में चल रहे थे। पालकी वालों और उनके कदम से कदम मिलाकर जल्दी-जल्दी चलने में अभ्यस्त पल्लेदारों की तेज़ चाल के साथ-साथ कदम बढ़ाने में हमें कठिनाई अनुभूत हो रही थी। एक प्रकार से यह अच्छा ही हुआ। चूँकि कदम जल्दी-जल्दी उठाकर चलना था इसलिए रेत की गरमी महसूस नहीं हुई।

हमारे पहुँचने के आधा घंटा पहले उण्णि भैया और साथियों का दल घर पहुँच चुके थे। दल में फूफीजी, उण्णि भैय्या के छोटे भाई और चार पाँच मित्र व बन्धु थे।

कुट्टन दाऊ पुरुषों के साथ ड्योढ़ी पर बैठे हैं। चीरू दीदी दरवाज़े पर खूब खिलखुलकर हँसती हुई खड़ी है।

उण्णिभैय्या ने मामाजी के चरण छुए। मामाजी ने खुशी के साथ कहा—''अच्छा हुआ कि उण्णि पहले ही पहुँच गया।''

''यह बड़ा अद्‌भुत है कि यद्यपि आँखों की रोशनी नहीं रही तो भी व्यक्तियों को आसानी से पहचान लेते हैं।'' अनजाने ही कोई ऊँचे स्वर में कह गया।

''कोई कठिनाई नहीं।'' मामाजी हँस पड़े। उण्णि की उँगलियों में भी है शारीरिक अभ्यास से प्राप्त लचक।''

अनुचरों ने घर के उत्तरी आँगन में पकवानों का टोकरा उतार कर रखा। मामाजी ने सीता दीदी को बुलवा कर तम्पुरान के दिए गये उपहार सबके सामने दे दिए।

उस दिन सीता दीदी के चेहरे पर जो प्रसाद और चमक दिखाई दी वह अपने ढंग की निराली थी। लज्जायुक्त चारुता थी, साथ ही साथ शालीनता भी। लगा कि सुबह जो उपहास और दुःख सहना पड़ा था वह बहुत पहले की बात है।

किन्तु उण्णि भैय्या में कोई भावभेद दिखाई नहीं दिया। लम्बे पतले हाथ सदा निरालम्ब-से लटके रहते हैं। उनकी तीव्र गति और शक्ति का आभास अभ्यास के वक्त ही दिखायी देता है। आँखों में चाकू की नोक का पैनापन, चारों ओर के अदृश्य तलों तक व्याप्त फैलाव और ज्वलन्त सजगता। पर कुट्टन दाऊ की सम्भीरता और चीरू दीदी का बचपना उस चेहरे पर बारी-बारी से झलकता। जैसे एक-एक भाव के लिए अलग-अलग भीतरी खाने हैं। कभी-कभी उग्र व्रती नहीं लगते। कभी ज़ोर से हँसना और स्तोत्र गाकर मन बहला देना पसन्द करते हैं। तब किसी को यह आभास नहीं होता कि यह वह आत्मघाती योद्धा है जिस ने मामाकम् की मुठमेड़ के लिए जाने की ठान ली है, जिसके बाद लौट आने की कोई सम्भावना नहीं।

उण्णि भैया के चेहरे से ऐसा कोई भाव प्रकट नहीं हो रहा था कि यह एक खास दिन है। जैसे हर महीने आया करते हैं वैसे ही आ गये हैं। घर में या घरवालों में ऐसा कुछ भी नहीं जो उण्णि भैया के लिए आरिचित हो।

"तम्पुरान उण्णि से कुछ कहना चाहते हैं।" मामाजी ने उण्णि भैया को जताया।

"अभी जाना है?"

"ज़रूरी नहीं। कल या उसके भी बाद जाना पर्याप्त है।"

शरीर और मन को अभ्यस्त करने वाली दोनों कलरियों में उण्णि भैया के सहपाठी थे तम्पुरान। उण्णि भैया जब कभी आते तम्पुरान से मिले बिना नहीं लौटते। उण्णि भैया ने अनुमान किया होगा कि तम्पुरान के मन में कोई खास बात होगी और मामाजी को वह बता दी होगी। अन्यथा उनसे मिलने के लिए विशेष रूप से बताने की कोई ज़रूरत नहीं थी। उन्होंने तब बस यही समझा कि कोई उपहार देने के लिए औपचारिक निमन्त्रण दिया होगा। यह भाव उनके चेहरे पर प्रकट था।

मामाजी ने कुट्टन दाऊ को बताया कि तम्पुरान ने गणित में प्रवीण कुछ व्यक्तियों की मांग की है। आगे एक सवाल भी पूछा—"कलरी के दायित्व से मुझे मुक्त करने में ज़्यादा हिचक तम्पुरान को नहीं, है न?"

"अप्पु की बात... ?" बचने के लिए कुट्टन दाऊ ने यह प्रतिप्रश्न पूछा।

प्रतिक्रिया स्वरूप मामाजी ने इस अर्थ में भनभनाया कि ठीक हो गयी है। इसमें यह शिकायत भी समायी हुई थी कि जो प्रश्न पूछा गया था उसका उत्तर अभी नहीं मिला।

बाद को ही मैं समझ पाया कि उस भनभनाहट के निचले तल में और भी कुछ समाया हुआ था। मुझे उच्च शिक्षा के लिए भेजने की इच्छा तो थी ही। साथ ही मुझसे बिलग होने का अनिष्ट भी मामाजी के मन में उतनी ही सशक्त था।

एक बार कुट्टन दाऊ ने जब प्रस्ताव रखा था—"वह तेलुगुनाड में ज़रा हो आए" तब मामाजी ने यही सवाल उठाया—"यदि ऐसा कुछ रह गया हो जो तमिलनाडु में नहीं मिल सकता, तभी तो और उत्तर की तरफ भेजना होगा न?" यहाँ तक पूछा—"यदि सारा जीवन देशाटन में ही बीत जाए तो फिर वह लोक कल्याण का कार्य कब करेगा?"

मामाजी की सहमति लेकर, उण्णि भैया की तरफ देखकर हँसते हुए कुट्टन दाऊ कलरी में उतरे।

चीरू दीदी मामाजी के लिए छाछ लिए ड्योढ़ी में आई।

कांसे का खाली लोटा लिए लौटते वक्त उण्णि भैया से इशारे से चेताया कि वे भी साथ चलें। उण्णि भैया ने मेरा हाथ पकड़े चीरू दीदी का अनुगमन किया। चीरू दीदी हमें सहन से होकर जीने तक ले गयी और मुड़कर इशारे से समझाया—

"चुपचाप सीढी पर चढ़ना।"

ऊपरी मंजिल के उत्तरी कमरे में आईने में अपना चेहरा देखती बैठी है सीता

दीदी। चीरू दीदी और मेरे लिए यह बिलकुल नया दृश्य था। अपनी छटा निहारने के लिए सीता दीदी एक पल भी नहीं बिताती थी। अपने तन का शृंगार वह कभी नहीं किया करती। नहाने के बाद अंगेछे से ओढ कर भीगे बालों को माथे पर बाँध रखती। फिर कभी समय पाने पर ठीक तरह से अंगोछती। जबसे माताजी की तबियत बिगड चुकी है तब से वह न आँखों में काजल लगाती और न तिलक लगाती। इसका भी ध्यान नहीं रहता कि पहना हुआ कपड़ा साफ है या नहीं। छाती पर डाला अंगोछा अस्त-व्यस्त पड़ा रहता। जब से मामाजी की आँखों की रोशनी मन्द पड़ गयी तब से दीदी की वेष भूषा का कसर देखने या देखने पर उसे ठीक कराने के लिए कोई नहीं रहा। कुट्टन दाऊ को तो ऐसी बातों में पहले से ही कोई रुचि नहीं रही।

मेरे लिए और चीरू दीदी के लिए तो सीता दीदी ने माता की भूमिका निभाई। यों कहना अधिक सही होगा कि वह माता ही बन गयी। कभी ऐसे भी अवसर आते जब सीता दीदी नानी की भी भूमिका निभाती। अकारण रोती माताजी को छाती से लगा कर उनकी पीठ थप थपाकर सांत्वना देने का कार्य नानी बने बिना कैसे कर सकती? हमारे दु:खी होने पर वे हमें छाती से लगाकर अपने शरीर का ताप देती थी। पर सीता दीदी को कोई दूसरी माता नहीं मिली जो उनका आलम्ब बन जाती।

उण्णि भैया के सामने भी सीता दीदी की चाल-चलन में कोई विशेष अन्तर नहीं रहता। जैसा व्यवहार कुट्टन दाऊ के प्रति करती वैसा ही व्यवहार उण्णि भैया के प्रति भी करती। एक ही स्वर में दोनों को पुकारती। इनमें कोई कुछ पूछे तो उत्तर भी एक ही स्वर में। जबसे होश सम्भाले तब से सीता दीदी और उण्णि भैया के मन में इस बात का बोध बना हुआ है कि दोनों को साथ-साथ रहना है। इस बोध के चलते दीदी के मन में कुट्टन दाऊ के साथ उण्णि भैया का स्थान भी स्थिर हो गया।

बस यही अन्तर था कि सीता दीदी के सामने कुट्टन दाऊ कभी बच्चा नहीं बन जाता, किन्तु उण्णि भैया ऐसा बन जाया करते। नटखटपन उनकी जन्मजात प्रवृत्ति है। उसे देखने पर सीता दीदी में मातृत्व ही उभर आता। जब से व्रत की दीक्षा शुरू हुई तब से इसके मौके विरले ही मिलते। तो भी कभी-कभी ऐसे मौके आते अवश्य। 'अजन्मा शिशु' कह कर दीदी उण्णि भैया की हँसी उड़ाती। ('उण्णी' शब्द का मलयालम में अर्थ है शिशु।)

खुली पड़ी खिड़की के सम्मुख ही सीता दीदी बैठी है। चूँकि तिपाई की ऊँचाई बहुत कम है इसलिए सीखचों से उतर आनेवाला सूरज का प्रकाश चेहरे पर खूब पड़ रहा है।

आहट सुन कर सीता दीदी ने आईना गोद में रखकर धीरे से मुड़ कर देखा। जैसे कोई खास घटना नहीं घटी हो, बस इतना ही पूछा—"अरे! क्या बात है?

"कुछ खास नहीं।" उण्णि भैया हँस पड़े। एक अद्भुत देखने के लिए चीरू

हमें बुला लाई है।''

''उसके लिए तो हर चीज़ अद्भुत है।''

''किसी के लिए भी क्यों न हो, यह तो अद्भुत ही कहा जा सकता है!'' उण्णि भैया का चेहरा खिल उठा।

''अरे! क्या इससे पहले दुनिया में किसी ने आईना नहीं देखा है?''

''रहने दो। कहते हैं न, यदि दोस्त अच्छा हो तो आईने की ज़रूरत नहीं?''

''हाँ! हाँ।''

''ऐसा तय न करे कि यदि आईना ठीक हो तो दोस्त की ज़रूरत नहीं। बस।''

''हमेशा साथ रहनेवाला आईना ही उस दोस्त से कहीं अच्छा सहारा है, जिसके दर्शन बहुत दुर्लभ हैं।''

उण्णि भैया की प्रसन्नता सहसा मन्द पड़ गयी।

''लम्बा रास्ता तय करके आया है न? नहाकर कपड़े बदल लो।'' सीता दीदी का स्वर बदल गया।

''सुना है कि आज यहाँ कोई विवाह सम्पन्न होनेवाला है।'' उण्णि भैया बोल उठे।

''देह शुद्धि करने से उसमें भंग नहीं आएगा।''

तम्पुरान की भेजी सोने की माला सीता दीदी के गले में सटी पड़ी है। उसके एक-एक दल पर अलग-अलग सूर्य उदित हुआ है। सीता दीदी के गाल और पूतलियों में शत-शत सूर्यों की संयुक्त शोभा समा गयी है।

पूर्णतः पुष्पित अमलतास के समान बैठी उसका रूप अद्भुतकारी है।

सीढ़ियों से वापस उतरते समय ही नहीं, कई दशकों के बीत जाने पर भी वह अद्भुत दृश्य मेरे भीतर ज्यों का त्यों बना हुआ है।

यह सहोदर उस ऐकार्यमूर्ति को पर्याप्त सुरक्षा प्रदान नहीं कर सका—इस दुःख से इस जन्म में मुझे कैसे मुक्ति मिल सकती है?

तान्नियूर-9

रात के दो तीन प्रहर बीतने पर केवल ड्योढ़ी में ही दीप जलता रहेगा। दूसरी सारी कुटीरों की बतियाँ उसके पहले ही बुझाई जातीं। कलरी की तरफ खुलनेवाली ड्योढ़ी के दरवाज़े पर भी सुबह तक दीपक जलता रहता।

घर की ड्योढ़ी का दरवाज़ा बन्द किए जाने के पहले ज़ोर से यह पूछने का रस्म सीता दीदी को ही अदा करना है। ''कोई है जिसे रात का भोजन नहीं मिला है?'' जबसे मैं चार पाँच साल का हुआ तब से मैं ही उस समय लटकन दिया लिए दीदी का अनुगमन करता। दरवाज़े के बाहर झाँककर तीन बार यह प्रश्न पूछना है— ''कोई है जिसे रात का भोजन नहीं मिला है?''

इसके बाद ही ड्योढ़ी का बड़ा काठ का दरवाज़ा ढकेल कर बन्द करना है। उसके लिए दीदी को मेरी मदद चाहिए।

कोई ऐसा नहीं निकलता जिसे रात का भोजन नहीं मिला हो। किसी को ऐसी बात की याद भी नहीं।

सीता दीदी के विवाह के बाद भी यह रस्म जारी रहा। विवाह के अगले दिन सीता दीदी को साथ घर ले जाने का मुहूर्त उण्णि भैया ने ज्योतिषी से लिखवा रखा था। पर वैसा नहीं हुआ। सुबह तम्पुरान से मिलने गये। लौटने के बाद उण्णि भैया ने मामाजी और कुट्टन दाऊ से दबे स्वर में कुछ कहा। सीता दीदी को साथ लिए बिना ही फूफी और साथी बिदा हो गयीं।

इस बात पर घर के एक सदस्य को ही निराशा हुई चीरू दीदी को, जो सीता दीदी के साथ सेल्लास जाने के लिए उत्साहपूर्वक बैठी थी। ''वह भी नहीं!'' चीरू दीदी ने निराशा प्रकट की। पर उसी वक्त दीदी ने वह बात भुला भी दी।

उण्णि भैया सुबह स्नान और पूजापाठ के बाद राजमहल चले जाते। देर रात हुए ही लौट आते। कभी-कभी लौटते भी नहीं। दूसरे दिन ही दिखते। रात को दरवाज़ा बन्द करने जाती सीता दीदी स्तब्ध खड़ी रहती। ज़ोर से पूछने का रस्म अदा कर चुकने पर भी दरवाज़ा बन्द करने में हिचकती। कोई कुँडी नहीं ड्योढ़ी के

दरवाज़े की। बाहर से यों ही ढकेलने पर खुल जाएगा। बन्द करते और खोलते समय किवाड़ की खूँटी विभिन्न रागों में ज़ोर से आवाज़ करती। निबिड होती रात की मूकता में और तड़के तीन बजे के धुँधले प्रकाश में वह आवाज़ विविध भावों में थोड़ी दूर तक सुनाई देती।

एक दिन उण्णि भैया कुछ पहले ही आ गये। रेशम की साड़ियों की एक गठरी साथ लिए हुए थे। सूर्यास्त के पहले का समय था। जो व्यक्ति निहत्थे कहीं नहीं जाते थे उनके हाथ में कोई हथियार नहीं था। खूब मोड़ कर मोटी दरी में आवृत रखी रेशम की साड़ियाँ। सीता दीदी को दिखा कर हँसते खड़े रहे। "बढ़िया है। जो पसन्द आए, ले सकती हो।"

दरी पर करीने से रखी साड़ियों की शोभा आँखों में कौंध उत्पन्न करनेवाली थी। सब कांचीपुरम की रेशम और मायापुरम की जरी। एकदम नयी। नए वस्तु की सुगन्ध कमरे के भीतर फैल गयी। किन्तु सीता दीदी ने उस ओर ध्यान ही नहीं दिया। उनको अनदेखा ही किया। वह भांडा ऐसा लगता था जैसे कन्धे पर थैली में साड़ियाँ लिए फिरनेवाले सौदागरों का भांडा हो। उण्णि भैया के चेहरे पर और पाँवों पर लम्बा रास्ता तय कर आने के लक्षण थे। सीता दीदी तब तक कुछ नहीं बोली जब तक उण्णि भैया ने बड़ी दक्षता से साड़ियाँ मोड़कर बाँध रखीं। उसके बाद वे आँखों से वार्तालाप करने लगे। यह सोचकर मैं वहाँ से चला गया कि उन्हें कुछ रहस्य बताना होगा। खिड़की की सीखचों के बीच से मैंने यही देखा कि सीता दीदी उण्णि भैया के सीने की ओर झुक रही हैं और उण्णि भैया के चेहरे पर हँसी खिल रही है। उतनी साफ हँसी उस चेहरे पर बिरले ही दिखती थी।

बाद को ही मैं समझ पाया था कि तब तक सीता दीदी के पाँव भारी हो गये थे।

एक दिन साधारण रीति के विपरीत सन्ध्या के उपरान्त उण्णि भैया रवाना हुए। साड़ियों की गठरी नहीं ले गये। बदले में हथियार लेकर चले थे। निकलते समय 'अंकम्' की मर्यादा के अनुरूप कुट्टन दाऊ और मामाजी की वन्दना की थी।

उण्णि भैया जब तक सीढ़ियाँ उतर चुके तब तक सीता दीदी ड्योढ़ी के द्वार पर ही खड़ी रहीं। उण्णि भैया आँखों से ओझल हो गये। इसके बाद भी थोड़ी देर तक वैसे ही खड़ी रहीं। फिर धीरे से पीछे हठी, मुझे और चीरू दीदी को माताजी के कमरे में पहरे के लिए बिठाया और ऊपरी मंजिल पर चढ़कर किवाड़ बन्द किया। उस दिन साधारण दैनिक कृत्यों में सीता दीदी का ध्यान नहीं रहा। मामाजी और कुट्टन दाऊ ड्योढ़ी पर चुपचाप बैठे हैं। वह ऐसा एक दिन निकला जब घर का कोई सदस्य किसी दूसरे से कुछ नहीं बोला। केवल समुद्री हवा नारियल के पत्तों से कुछ फुसफुसाती रही।

सीता दीदी ने हम सबको रात का भोजन परोस दिया, पर खुद कुछ नहीं खाया। ड्योढी में खड़ी रहकर पुकार कर पूछने में जल्दी नहीं की। ड्योढ़ी का किवाड़ बन्द करते-करते आधीरात तक हो चली थी। आखिर अनमने भाव से ही मुझसे दीपक लेकर अनुगमन करने के लिए कहा। जब हम ड्योढ़ी से होकर निकल रहे थे तब भी मामाजी और कुट्टन दाऊ वैसे ही बैठे हुए थे। मामाजी आराम-खाट पर और कुट्टन दाऊ दो खम्भों के पार के चबूतरे पर।

दीपक लिए सीता दीदी के आगे-आगे चला मैं रोज़ की तरह ड्योढ़ी पार कर बाहर खड़ा रहा। धुँधली चाँदनी बिछी है। घर के सामने से होकर जानेवाले रास्ते के उस पार आम का एक बड़ा बाग है। लोग उसे आम्र-वन कहा करते थे। वह सियारों का अड्डा था। चूँकि आम्र वन के बीच एक तालाब था इसलिए रहगीर कभी आम के पेड़ के तले खाना पका कर खाते और वहीं ठहर जाते थे।

हर रात की तरह सीता दीदी ने किवाड़ से बाहर झाँक कर रास्ते के दोनों छोरों पर नज़र दौड़कर अपनी टेक दुहरायी—''कोई है जिसे रात का भोजन न मिला हो?''

कोई नहीं।

तो भी सीता दीदी किवाड़ बन्द करने में हिचकी खड़ी रही।

अकस्मात् आम्रवन से उण्णि भैया ने पुकार कर कहा—''एक आदमी है।'' सीता दीदी खड़ी थी। नीचे की ओर झुके पेड़ की शाखा में बँधे घोड़े की छाया चाँदनी में दिख रही है। चलकर निकट आ रहे उण्णि भैया के हाथ में पोटलीनुमा कोई चीज़ है।

हमारे निकट पहुँचे उण्णि भैया ने फुसफुसाया—''ओह! गुरुमातुलों ने बचा लिया।''

सीता दीदी किवाड़ बन्द करने के लिए पीछे की ओर मुड़ी, जैसे वह किसी व्यक्ति या वस्तु से डर रही हो।

''बन्द न करना।'' उण्णि भैया बोले। ''काम अभी पूरा नहीं हुआ। जाना है।''

हमारा जुलूस ड्योढ़ी तक पहुँचा नहीं, उसके पहले ही वार्तालाप से उण्णि भैया का आगमन पहचान कर मामाजी उठे। साथ ही कुट्टन दाऊ भी उठे।

''ओह!'' मामाजी ने लम्बी साँस ली। जब उण्णि भैया प्रकाश की तरफ आए तभी उनके शरीर पर जमे हुए खून के दाग दिखाई दिए। हाथ में बहुरंगी रेशमी चादर की जो पोटली थी उसे उण्णि भैया ने मामाजी के चरणों पर रखा। चरण छूकर वन्दना की। पोटली खोली।

काट कर ली गयी हथेली।

सूजी हुई उँगलियों पर सोने की अँगूठियाँ। मध्यमा पर एक और अनामिका

पर दो। अँगूठियों, नाखूनों और उँगलियों के रोमों पर जमे हुए खून की चिपचिपी कालिमा।

''यह हाथ वही है जिसने मातुल जी को जहर दिया था।'' उण्णि भैया ने मामाजी की जानकारी के लिए बताया।

मामाजी ने भगवान का नाम जपा। कुट्टन दाऊ ने ओंठ दबाए। उनींदी उठकर आयी चीरू दीदी ने जीभ को दाँतों से दबाया और आँखें फाड़े खड़ी रह गयी।

हथेली को रेशमी चादर के साथ उठा कर उण्णि भैया अन्दर घुसे। खाट पर चित लेटी माताजी के चरणों पर उसे रखा और दंडवत किया।

उण्णि भैया ने जताया ''मामी!'' मातुलजी के हत्यारे का हिसाब चुकाया है मैं ने।

आँखें खुली ही रहती हैं। पर माताजी किसी की हिसाब-किताब ही क्या, किसी का जन्म-मरण जानने की स्थिति में भी नहीं हैं।

ओंठ दबाए, साँस रोके खड़ी सीता दीदी से उण्णि भैया बोले—''घर की कलरी में भी इसे भेंट चढ़ाना है। अभी करना है। यह ऐसी वस्तु नहीं जो देर तक रखी जा सके।

कभी का पकाया दलिया लाकर सीता दीदी ने उण्णि भैया को दिया।

रक्त रंजित हाथों में बर्तन लेकर उण्णि भैया ने पूरा का पूरा दलिया पी लिया। शत्रु की हथेली फिर से ढक कर ले ली। ड्योढ़ी की तरफ लौटकर मामाजी से कहा—

''पुश्तैनी घर की कलरि तक हो आऊँगा।''

'' कोई सहायक साथ है?''

''घोड़े पर सवार हूँ।''

''सतर्क रहना।''

''अनवसर पर ही सही, क्या मैं एक बात पूछूँ?''

कुट्टन दाऊ ने उण्णि भैया की कलाई को पकड़ा। ''पर्याप्त प्रतिशोध हो चुका है न? अब 'आत्मघाती व्रत' काहे को?''

''मेरा विचार भी वही है।'' मामाजी ने कहा।

उण्णि भैया की नज़र सीता दीदी के चेहरे की तरफ मुड़ी। सीता दीदी के चेहरे पर वैसी ही सहमति का भाव था जो उस माता के चेहरे पर प्रकट होता है जिसके नटखट बेटे को कोई प्रभावी ढंग से डाँटता है।

''उसकी जगह'' कुट्टन दाऊ ने बताया, ''तम्पुरान की भरसक सहायता आगे भी करते रहना पर्याप्त होगा न? यहाँ सबको एक सहारा भी रहेगा।''

निर्णय न कर पाने की आह ही उण्णि भैया से निकली।

अनुकूल उत्तर पाने के लिए कुट्टन दाऊ बेचैन खड़े रहे। पल के पल बीतते गये। अनिर्णय की स्थिति में थे उण्णि भैया।

"दुश्मन कितने थे?" मामाजी के इस प्रश्न ने असमंजस की स्थिति को विराम दिया।

"पाँचों एक साथ हाथ लग गये।"

"क्या, कोई चूक रह गयी जिस पर सामूतिरी अँगुली उठा सकें?"

"उसकी गुंजाइश नहीं।"

"क्या तम्पुरान को सूचना नहीं दी?"

रात काफी बीत चुकी है न? उनको जगाना उचित नहीं है। सेनानायक से कहा है।"

"तब तो" मामाजी उठे। यदि पिलाकाट्टीरी जा रहे हो तो अब विलम्ब नहीं करना।"

कुट्टन दाऊ साथ निकल पड़े। सीता दीदी भी साथ निकली। जब सब निकल पड़े तब चीरू दीदी भी आ मिली।"

"उण्णि ने अत्यन्त दुष्कर कार्य कर लिया है।" कुट्टन दाऊ ने कहा—"अब क्यों पूरी तरह निष्फल..."

अनसुना करके चार कदम आगे चल कर उण्णि भैया मुड़ कर खड़े हो गये। बाकी लोग भी ठहर गये।

"ठीक है" उण्णि भैया हँस पड़े। मोती जैसे दाँत स्वच्छ चाँदनी में चमक उठे। "यही रास्ता चुनेंगे। दूसरा रास्ता छोड़ देंगे।"

कुट्टन दाऊ इस बात का निर्णय नहीं कर पा रहे थे कि यह कथन सही है या केवल दिल्लगी है।

उण्णि भैया ने कुट्टन दाऊ का हाथ पकड़ा—"सन्देह करने की ज़रूरत नहीं।"

कुट्टन दाऊ ने उण्णि भैया के धूल मैल और खून लगे शरीर का कस कर आलिंगन किया। लगा कि दोनों सुबह तक ऐसा ही खड़े रहेंगे।

सीता दीदी ने मुझे अपने पास सटा कर मेरे सिर पर हाथ फेरा। निश्चित है, ऊपर खड़े गूलर के पेड़ से मेरे सिर पर हिमकण टपक नहीं पड़ रहे थे। आधीरात को टपकनेवाले हिमकण में हल्की गरमी कैसे हो सकती?

उण्णि भैया ने आम के पेड़ों की छाया में बन्धे घोड़े का बन्धन खोला। और उस पर चढ़कर तीर के समान निकल गये। देखते-देखते वह रूप एक बिन्दु में सिमट गया और चाँदनी की रूई के चादर में ओझल हो गया। थोड़ी देर बाद ही कुट्टन दाऊ भी पीछे की ओर मुड़े। शून्यता की ओर नज़र गाड़े थोड़ी देर और स्तब्ध खड़ी रहने के बाद ही सीता दीदी ने किवाड़ बन्द किया।

छद्म वेष में दुश्मनों के यहाँ घुस पैठ कर उनके रहस्यों का पता लगाने में लगे हुए थे कुछ दिनों से उण्णि भैया। उसी के लिए रेशम की साड़ियों के व्यापार का बहाना किया था। कपड़े के व्यापारी किसी भी घर में प्रवेश पा सकते हैं। कई स्त्रोतों से लोक वार्ताएँ सुन भी सकते हैं। किसी से भी कितनी देर तक भी, वार्तालाप कर सकते हैं। स्त्रियों से भी सूचनाएँ प्राप्त कर सकते हैं।

मछली पकड़ने का जल लिए छोटी नाव पर चढ़कर नहर से भी यात्रा किया करते थे। मछुवारे भी कहीं भी प्रवेश पा सकते हैं। बस शर्त यही कि उठने बैठने में और चाल चलन में असली मछुआरा ही लगे। उसके अनुरूप एक पोशक भी बनाकर रखी थी। पर उसे हम घरवाले देख नहीं पाते थे। नहर के किनारे पहुँचकर ही वह पोशाक पहन लेते थे।

दोनों पेशों का प्रशिक्षण उण्णि भैया ने मूप्पन के मज़दूरों से पाया था। कपड़े की सौदागिरी के पाठ कुंञामन से सीखे। साड़ियों के किस्म और दाम, सौदागिरी के रवैये, मोल-तोल करनेवालों के साथ किया जानेवाला व्यवहार, यह सब इतर सौदागरों के साथ रह कर सीखा। उन्होंने बस इतना ही समझा कि ये सौदागिरी का पेशा सीख रहे हैं। मछली पकड़ने का जाल कैसे बिछाना है, फेंकना है। कैसे समेटना है, कैसे फेंकना है, कैसे खींच लेना है, कैसे छिडकना है, कैसे पानी में हिला हिला कर साफ करना है, यह सब उण्णि भैया को

उनके समवयस्क वेलु ने सिखाया। वेलु ने सोचा कि ये तो मछली पकड़ने के लिए ही निकल पड़े हैं।

उण्णि भैया इस बात का पता लगा सके कि 'पूरप्पुषा' (नहर) के इस पार वेटेटत्तु राजा ने प्रतिरोध की जो मोर्चाबन्दी की है उसे तहस नहस करने की तैयारी परप्पनाटु राजा की सहायता से सामूतिरी कर रहे हैं और हाल ही में शुरू होनेवाले एक आक्रमण की तैयारी नेपथ्य में हो रही है। इसके लिए दो हज़ार से अधिक सैनिकों की एक सेना रूपायित की जा रही है। एक सौ से अधिक नौकाओं का निर्माण हो रहा है। समय आने पर कल्लुवाय्पुषा से निकल कर समुद्र-मार्ग से ये नौकाएँ और इन के खेवैये आएँगे। वल्लिक्कुन्नु के परुत्तिक्काटु में एक बड़ा शस्त्र-भंडार शुरू हुआ है। बहुत बड़ा पारिश्रमिक देने का वादा करके ही लुहारों को करुवारक्कुंटु से छिपे तौर पर लाया गया है। शस्त्रों का निर्माण 'मामाकम्' के नाम पर हो रहा है। पर मुख्य रूप से भाले नहीं, तलवारें बनाई जा रही हैं।

सामूतिरी के सेनानायकों में एक ने ही पिताजी की हत्या की साजिश रची थी। साथ दिया था परप्पनाटु के कारिन्दे और अनुचरों ने। हत्या के बाद उन्होंने पिताजी की तलवार और ढाल एरालप्पाटु* को भेंट चढ़ाए। बदले में उन्हें सम्मान सूचक पद और जमीन प्रदान की गयी। इनका दल जब परुत्तिक्काट की नौका-निर्माणशाला का

निरीक्षण करके बड़ी नौका में रात को लौट रहा था तभी उण्णि भैया छिपे-छिपे उन पर झपट पड़े थे। नौका घाट पर लगा कर एक-एक व्यक्ति उतर रहा था, तभी उन्हें पंक्ति बद्ध करके गिरा दिया। चूँकि यह हमला अप्रत्याशित था इसलिए उनमें चारों व्यक्ति म्यान से तलवार निकाल भी नहीं पाए। सब से पीछे उतरे सामूतिरी के सोना नायक ने तलवार निकालकर सामना किया। अपना नाम, पहचान और मतलब बता कर तलवार की मूठ पकड़ी और उसकी हथेली काट ली। शस्त्रविद्या के विविध दाँव-पेंच का प्रयोग करके उसका गला भी काट डाला। दुश्मनों के हथियार सब एकत्र करके राजमहल में सौंप दिए गये।

माना जाता था कि नौका-निर्माण कार्य छिपे तौर से हो रहा है। सेनानायक वहाँ जो निरीक्षण करते थे उसे भी गुप्त रखा गया। पर इन सबका पूरा पता खेत में धान के पौध उखाडनेवाले मज़दूरों को भी था। सेनानायकों के लिए यह नौका-यात्रा जी भर शराब पीने का भी अवसर प्रदान कर रही थी। यह तो निरीक्षण-यात्रा से अधिक उल्लास-यात्रा थी। इसलिए कोई अनुचर नहीं था। बाहर का एक ही व्यक्ति था, गृह-नौका का मल्लाह।

समय गँवाए बिना पहले ही उसका भी काम तमाम किया। वार खाकर पानी की ओर गिरते उसे देख कर नौका के अन्दर से किसी ने बताया—"उसने भी कुछ पी लिया था, न?"

छोटी नौका को खुद खेते हुए ही उण्णि भैया पहले वहाँ पहुँच गये थे। घाट के ऊपरी हिस्से पर घास की झाड़ी में मछुवारे के भेष में बैठे रहे। प्रतिशोध चुकाने के बाद उसी नौका में नहर से होकर इस पार पहुँचे। तम्पुरान द्वारा कृपापूर्वक दिए गये घोड़ों और चार पाँच अनुचरों को वहाँ खड़ा करके ही गये थे। कीच भरी ज़मीन के जल-सस्यों के बीच रहने के कारण वे किसी की नज़र में नहीं पड़े।

साहसियों के इस दल का चयन तान्नियूर राजमहल के सैनिकों में से गोप्य रूप से चुन कर जल्दबाज़ी में किया गया था। सभी ऐसे थे जिन में पारिवारिक प्रतिशोध की भावना कूट-कूट कर भरी हुई थी। बीते दिनों में उत्तर से हुए हमलों में जिन के मातुल मारे गये थे। सभी लगभग समवयस्क। किसी भी कृत्य के लिए तैयार। आयोधन विद्या में अतिनिपुण भी।

इन सब बातों का पता मुझे बाद में ही मिला था। उस दिन केवल काट ली गयी हथेली और उण्णि भैया का चेहरा दोनों ही मेरी आँखों में व मन में जमे हुए थे। मुझे नींद नहीं आयी। मैंने कई बार अपने को समझाने की कोशिश की कि इस बात पर सन्तुष्ट रहना है कि पिताजी के हत्यारों के प्रति बदला चुकाया गया है। तो भी सन्तोष नहीं हुआ। यह प्रति-विचार भी आया कि पिताजी मरे नहीं हैं। जगत के पिताजी ही मेरे पिताजी हैं। पिताजी को कौन मार सकता है?

क्या, तलवार से काट कर मनुष्य की हत्या करना ठीक है? जड़मतियों को कारागार में बन्द रख सकते हैं। मारते क्यों है? अब जो मर गये हैं उनके भी घरवाले और बच्चे हैं न? उनके मन में क्या बीत रहा होगा! उन्होंने कौन-सा अपराध किया? कई लोगों की हत्या तो कर सकते हैं। पर किसी एक को भी कोई जिला सकेगा क्या? यह तो ऐसा नहीं जैसे साँप मेंढक को मारता है। भूख मिटाने के लिए तो नहीं।

मैं मामाजी के साथ ही सोता हूँ। सीता दीदी और चीरू दीदी माताजी के कमरे में। कुट्टन दाऊ कलरी के बच्चों के साथ।

मामाजी की श्वास-गति से मैं समझ गया कि वे अभी सोए नहीं हैं। सामान्यत: उन्हें नींद कम आती है। नींद लगने तक या तो नाम जपन करते या कुछ श्लोक रटते हैं। अब तो वह भी नहीं।

जैसे मेरे मन की बात समझ गये हों, मामाजी रटने लगे—"अशोच्यानन्वशोचस्त्वम्..."।*

उस निमन्त्रण ने भी सन्देहों को ही जन्म दिया। क्या मैं उनके बारे में सोचकर दु:खी हो रहा हूँ जिन के बारे में सोच कर दु:खी नहीं होना है? इस जगत में ऐसा कौन है जिसके बारे में सोचकर दु:खी नहीं होना है?

द्वार पर आहट सुनाई दी।

उसके पीछे ही कुट्टन दाऊ का अवरुद्ध स्वर—"माताजी अब नहीं रहीं।"

---

* एराळपाटु –सामूतिरी के राजकुल का युवराजा

* अशोच्चान – "अशोच्यानन्वशोचस्त्वं प्रज्ञावादांश्च भाषसे।
गतासूनगतासुंश्च नानुशोचन्ति पंडिता:॥" (गीता—2 (11).

जिनके सम्बन्ध में सोच कर दु:खी नहीं होना है उन के बारे में सोच कर तुम दु:खी हो रहे हो। ज्ञानियों के समान बहस भी करते हो। जो ज्ञानी हैं वे मृत या जीवित व्यक्तियों के बारे में सोच कर दु:खी नहीं होते।

तान्नियूर–10

हर रात एक–एक पहर के बाद सीता दीदी जाग कर माताजी का हाल देखा करती थी। उस रात जब उसने दूसरी बार जागकर देखा को माताजी चल बस चुकी थी। दीदी ने पहले कुट्टन दाऊ को बुलाया। माताजी की आँखें और मुँह ठीक तरह से बन्द करने के बाद मुख भी ढक कर वे आये।

चीरू दीदी तब भी कुछ जाने बिना सोयी पड़ी थी। नारायण नाम जपते हुए उठे मामाजी ने आलम्ब के लिए मेरा कंधा ढूँढा। यद्यपि अधिक निकट पहुँचने पर भी उन्हें कुछ नहीं दिखता था तो भी माताजी के कमरे की ओर निकले। यद्यपि गलियारे में कोई रुकावट नहीं थी तो भी दो बार मामाजी के पाँव लड़खड़ाए। नाम जपन जोर से करने लगे।

माताजी के समीप चुप खड़ी हैं सीता दीदी। चीरू दीदी केवडे के पत्ते की बनी मोटी चटाई पर सिकुडी पड़ी हैं।

मामाजी ने माताजी के माथे से लेकर पाँवों तक अपने हाथ फेरे।

हाथ पीछे खींचकर सिर झुकाए खड़े रहे। भीतर की आग बुझाने के प्रयत्न में होगा, जोर से भनभनाया। थोड़ी देर बाद बोले: ''सीता के लिए यह दुःखी होने लायक समय नहीं है। वैसे तो दुःखी होने की कोई बात नहीं। यह भी ईश्वर का हित है।''

चीरू दीदी की कास–गति से यह जान कर कि वे गाढ़ निद्रा में हैं, मामाजी ने वात्सल्य पूर्वक निर्देश दिया—सोने दो, जगाना मत अभी। क्यों व्यर्थ... ?

कुट्टन दाऊ और सीता दीदी के हाथ पकड़कर मामाजी कमरे से बाहर निकले। दालान में पहुँचे जहाँ ज़्यादा प्रकाश नहीं था। अपने सामने मुझे और अपने दोनों पार्श्वों पर सीता दीदी और कुट्टन दाऊ को अपने शरीर से सटा कर खड़ा किया और कहा—''अब तो, हम कुछ रोएँ। यद्यपि रोना–कलपना व्यर्थ है तो भी उसे रोकना ठीक नहीं। कल से हमारे जीवन में न मेरी बहिन रहेगी, न तुम्हारी माता। ऐसा जीवन बिताने की शक्ति तब हमें मिल जाएगी जब रो–रोकर हम सारे दुःख

मिटाएँगे।

सहसा दु:ख ने मुझे आ घेरा जैसे वर्षा के मौसम में दखिन-पश्चिमी आसमान में उमड़ घुमड़ कर आनेवाले काले बादल चन्द क्षणों में ही घनीभूत कालिमा बनकर पूरे नभ पर छा जाते हैं। समुद्री ज्वार के समान दिल विदकने लगा। रुदन का आरम्भ मैंने ही किया। तुरन्त ही कुट्टन दाऊ भी रोने लगे। थोड़ी देर बाद ही सीता दीदी का गला रुंध गया। हम तीनों के आलम्ब स्वरूप खड़े रहे मामाजी ने केवल लम्बी साँस ली।

कुट्टन दाऊ ने ही मामाजी के कन्धे पर से पहले सिर उठाया।

मामाजी ने निर्देश दिया—खलिहान के आहाते में ही चिता तैयार करें। सोलह दिन तक हम वहीं रहेंगे। कलरी के संचालन में कोई विघ्न तो नहीं होना है न?

आँखें और नाक पोंछकर कुट्टन दाऊ ने लम्बी साँस ली। सहमति जताते हुए धीमे स्वर में भनभनाया।

''इलाके के घर-घर में सूचना देनी है। उसके पहले ही तम्पुरान को सन्देश भेजना है। तिरुवूर में कीषेटत्तु, शबरकोट्टम् के पिषारत्तु, कुलंकरा तथा मेषत्तूर के स्वजनों को ताड-पत्र पर लिखकर मृत्यु की खबर पहुँचानी है। हाँ, अब हम उण्णि के आने की प्रतीक्षा करें। अब किसी को रोना नहीं चाहिए। सचमुच बहन कहीं नहीं गयी है।''

ड्योढ़ी की ओर लौट चले मामाजी ने मुझे अंक में ही बिठा लिया। अंक में बैठने की आयु के बीतने के बाद का यह पहला अनुभव था। यद्यपि देख नहीं पाते थे तो भी उनका शरीर मज़बूत था।

वैसे ही बैठे हुए बोले—''वैसे वह भी चल बसी।''

अनजाने ही मेरी आँखें फिर भर आईं।

कुछ दिनों से माताजी खाने पीने में भी रुचि नहीं लेती थी। मुश्किल से दो चमच दलिया पी लेती। वह भी केवल सुबह के वक्त। पानी मिला दूध घूँट भर पी कर ही अकसर पूरा दिन गुजारती। रात को कुछ नहीं लेती। शरीर बिलकुल सूख गया। आँखें गड्ढों में धँस गयीं। गाल चिपक गये। बाल उलझ कर और भूरे पड़ कर भद्दे हो गये तो पूरे काट दिए गये। इस पर सूरत ही बदल गयी। पूरी परिचर्या सीता दीदी अकेले ही करती थीं। कुट्टन दाऊ ने बारबार कहा कि मदद के लिए किसी और को भी लगा देंगे। पर सीता दीदी मानती नहीं थी।

माताजी को देखने वैद्यजी को आए एक हफ़्ता ही बीत चुका था। बिदा लेते समय उन्होंने कहा—''चिन्ता की कोई बात नहीं। अब तो गोरोचन जीरे के क्वाथ में मिला कर मुँह में बूँद-बूँद गिरा देना काफी है।

सीता दीदी का दु:ख यही था कि इस बात का पता ही नहीं चला कि प्राण

कब उड़ गये।

दीदी ने ही इसका समाधान भी ढूँढ निकाला—''सोचा होगा कि क्यों तकलीफ दूँ।''

मैं इस बात का ज्ञान बहुत कुछ अनुभूत करने लगा था कि पिताजी विश्व भर में व्याप्त हैं। पर मैं माताजी को उस अनुभव की हिस्सेदार नहीं बना पाया। जिस व्यक्ति को हम देखते और छूते रहे उसे एक दम कैसे प्रपंच में घोल लें? क्षीण काय बन, परिसर-बोध के बिना, भटकती दृष्टि लिए, अशरण बनी, माताजी सदा सामने पड़ी रही। जीवित रहते ही दूर हटती गयी माताजी, सर्वस्व में नहीं, शून्य में बदल चुकी थी। सम्पूर्ण शून्यता!

खलिहान के अहाते में सजी चिता की ओर ले जाते समय माताजी के ठंडे पाँव मैंने ही थाम लिए थे। कुट्टन दाऊ ने सिर थाम लिया। उण्णि भैया ने कमर सम्भाली। यह विचार दृढ़ हो गया कि अब माताजी को पुनः लौटा नहीं ला पाएँगे। यों ही ऐसा लगा कि हम जीवित माताजी को उठाए ले जा रहे हैं। चिता को आग देते समय यह विचार असहनीयता की कोटि तक पहुँच गया। डर लगा कि माताजी के शरीर को भी ज्वलन महसूस होगा। मन में यह चीख उठी कि अभी आग बुझा देनी है। आग का अट्टहास उर में गूँज उठा।

शवदाह के बाद बिना मुड़ के देखे लौट आते समय बिलकुल थक चुका था।

खलिहानवाले मकान में ठहरने में सब से अधिक कठिनाई मामाजी को ही हुई। वहाँ चलने फिरने, बैठने और लेटने के जो स्थान हैं उनका परिचय बहुत पहले कभी ही पाया था। पर जबसे आँखों की रोशनी नहीं रही तब से वहाँ जाते नहीं थे। बीच-बीच में पाँव दरवाजों की देहरियों पर टकराते, सिर ऊपर की चौखट से टकराता। तालाब के पानी में उतरने के लिए पहले सीढ़ियों पर बैठ कर टटोलते हुए सरक कर आना पड़ता। आँगन में भी बहुत धीरे-धीरे ही चलते। पर इन कठिनाइयों के बीच भी हमें आकास्त करने के उपाय ढूँढ निकालते।

''यह जगह हम में से किसी के लिए शाकात नहीं है।'' माताजी की अन्त्येष्टि जिस दिन हुई उस दिन शाम को मामाजी ने मुझसे कहा। ''एक दिन इसी प्रकार मुझे भी इस प्रकार उठा ले जाकर आग लगाने का कार्य तुझे ही करना पड़ेगा। हाँ, एक-एक बाजी खेलने के बाद पुराने पाँसे हटा देने ही होंगे न? उसमें दुःख क्यों?''

कहीं रुका हुआ दर्द बाँध तोड़ कर बह निकला। मामाजी ने ऐसे अपनी बात जारी रखी जैसे उन्हें उसका पता नहीं चला—''मैं यह कहने में अशक्त हूँ कि रोना नहीं चाहिए। पर, ज्ञानी जन ज़्यादा नहीं रोते। क्यों कि रोते समय भी उस रुदन के बारे में सोच कर हँसने में उनका ज्ञान सहायक होगा। नहीं तो सारी पढ़ाई व्यर्थ! जो

ज्ञान ग्रहण किया गया है उसे बुद्धि में बाँध रखने से क्या फायदा? वह हृदय की ओर उतर आए। वहाँ से अमृत बनकर इन्द्रियों की ओर बहे। जानते नहीं? ज्ञान स्वरूप शाकात सत्ता ही आदि और अन्त में सदा बनी रहती है। वही पिता है। उसका एक अंश माया में परिणत होता है। वह माया ज्ञान बीज धारण करके प्रकृति का रूप लेती है। विभूतियाँ जन्म लेती हैं। वही है विश्व। प्रलय और प्रभव की आवृत्ति होती है। रोना प्रकृति का स्वभाव है। अपने को रोता देखकर हँसना स्वार्जित ज्ञान का धर्म है। या यों कहें, वही हँसी सनातन सत्य है। कोई कहीं भी, कैसे भी रहे, वह माता के अंक में और पिता की छाया में है। इसमें कोई सन्देह है क्या?''

'नहीं' के अर्थ में भनभना नहीं सका। क्यों कि साँस की गति अभी ठीक नहीं हो पायी थी। सन्देह से मुक्ति मिली भी नहीं थी।

''ऐसे अनुभवों के द्वारा ही हमारी मूढ़ शंकाओं से निवृत्ति पानी है।''

यह सुनती हुई घुस आयी चीरू दीदी ने अपने को और मुझे आकास्त करने के लिए मुझसे पूछा—''दु:ख किस बात की? कुट्टन दाऊ ने बताया है कि माताजी स्वर्ग की ओर ही गयी है।''

मामाजी ज़ोर से हँस पड़े। ''सुना? कितना आसान है यों सोचना। किन्तु यह सबके लिए सम्भव नहीं है न?''

तो भी चीरू दीदी का चेहरा थोड़ा उदास हो गया। ''शिशु के नन्हे पैर भी देखकर जा सकती थी न माताजी? इतनी जल्दी क्यों चली गयी? कौन जाने!

बार-बार चीरू दीदी इस बात की दृढ़ घोषणा करती फिरी कि सीता दीदी की प्रसूति का इन्तज़ार किए बिना माताजी का चल बसना ठीक नहीं हुआ। ''नहीं तो, जाने दें। एक पाँव इधर और दूसरा पाँव स्वर्ग पर धरे अब माताजी क्यों कष्ट सहें?'' वह फिर बोली—''जो सुकृत करके वहाँ पहुँचेंगे वे माताजी से आगे भी मिल सकेंगे न? फिर परेशानी क्यों?''

मृताशौच के उन दिनों में, जब कलरि का अभ्यास कार्य स्थगित रह गया था तब मामाजी ने मुझे कुछ ऐसी बातें भी बता दीं जो पाठ्यक्रम में नहीं थीं। परम ज्ञान विश्व के विविध भागों में विविध कालखंडों में बहुत पहले ही उदित हुआ होगा। जो भी हो, इस बात का प्रमाण है कि भारत की भूमि पर ऐसा हुआ था। वेदान्त के पाठ ही इसके प्रमाण हैं। परम ज्ञान जगह-जगह पर मनुष्यों के बीच बार-बार उदित होने की चेष्टा भी कर रहा है। यह चेष्टा कल भी रहेगी. हर जमाने में रहेगी।

ऐसा मान सकते हैं कि यह तथ्य पहचानने का सौभाग्य उन्हीं लोगों को सब से पहले मिला जिन्होंने खेती को अपने जीवन-यापन का साधन बनाया। वे प्रकृति से हिल मिल गये, उससे एकाकार हो गये। जैसे गाय का बच्छडा दूध पीता है वैसे ही, सहज रूप से मन भर उन्होंने ज्ञान पाया। उन्होंने ऐसा कोई औजार कभी नहीं

बनाया जो खेती के लिए उपयोगी नहीं हो। उन्होंने घोड़े को नहीं, बैल को ही पालतू बनाया। इसके विपरीत जिन लोगों ने कहीं भी स्थायी रूप से टिके न रहकर शिकार करके गुज़ारा किया उन्होंने घोड़ों और भेड़ियों को पालतू बनाया। आरम्भ से ही उन्होंने प्रकृति के प्रति शत्रुता ही बरती। हमला करके कब्जे में करना उनका उद्‌देश्य था। प्रकृति की शक्तियों को उन्होंने अपने ही विकारों से युक्त उग्र देवताओं के रूप में माना। उनमें एक-एक विभाग ने इन शक्तियों में एक-एक की आराधना की। अपनी-अपनी आराध्य शक्तियों को प्रसन्न करने का कठिन प्रयत्न किया। जिन जिन वस्तुओं की प्राप्ति से खुद को सन्तोष मिलता उन्हीं सब वस्तुओं की भरपूर भेंट उन्हें चढ़ाने का रिवाज बन गया। इसके लिए जिन व्यापक रस्मों को अपनाया वे कालान्तर में अनुष्ठान बनकर स्थिर हो गये। यज्ञों का आरम्भ इसी प्रकार हुआ।

समय के बीतते-बीतते वंश की वृद्धि होती गयी। शिकारी प्रकृति के लोगों ने जानवरों की तरह कृषकों को भी अपना शिकार बनाया। तीर, कमान, तलवार और भाले पहले से ही उनके काबू में थे। मार कर और मृत्यु-तुल्य पीडा देकर शान्त प्रकृति वालों को गुलाम बना लिया। एक व्यक्ति के दूसरे के अधीन बने रहने की प्रथा तभी से आरम्भ हुई। गुलामों में जिन लोगों ने ज़्यादा अदब दिखाया उन्हें अधीनस्थ लोगों में अपेक्षाकृत श्रेष्ठ स्थान दिए गये। एक-एक श्रेणी पर रखे गये लोगों को उसके ठीक नीचेवाली श्रेणी के लोगों पर कुछ अधिकारों का भी विधान किया गया। इस प्रकार असंख्य जाति भेद उत्पन्न हुए। धन-सम्पत्ति का भी आविर्भाव हुआ—व्यवसायों से तथा परम्परागत रूप से।

जो गुलाम बनाए गये उनमें उपलब्ध चिरपुरातन ज्ञान को अपनाने का प्रयत्न विजेताओं ने अवश्य किया। इसके लिए गुलामों की सहायता से अपनी भाषा का संशोधन भी किया। इसके बाद गुलामों का ज्ञान उन्हीं के द्वारा उस भाषा में लिखवा लिया। पर ये पाठ इतने कड़वे लगे कि मालिक इन्हें निगल नहीं पाए, इतने मीठे लगे कि मालिक इन्हें उगल भी नहीं सके। जानते नहीं, वाल्मीकि ने क्या कहा था? कितना भी बड़ा व्यक्ति क्यों न हो, यदि वह शिष्ट पुरुष से प्रकृति को लूट कर उसका उपभोग करना चाहे तो उससे उसका सर्वनाश होगा ही। यही नहीं, उन्होंने यहाँ तक बताया कि यदि कोई आदर्श पुरुष अधिकार के मोहजाल में फँसकर प्रकृति का परित्याग करे तो वह निस्तेज हो जाएगा। व्यास ने यही बात दूसरे ढंग से संक्षिप्त रूप में बतायी—भूमि और प्रपंच किसी के अधीन बनने के लिए निर्मित नहीं हैं। उलटे, सारे मनुष्यों को प्रकृति के अधीन रहना चाहिए। इसे भूल कर, पृथ्वी पर परम प्रभुता किसे मिले इस बात पर वाद-विवाद करके इसका निर्णय करने के लिए प्रतिस्पर्धापूर्वक जुआ खेलें तो परिणाम अशान्ति, अनीति, हिंसा और सर्वनाश ही होगा।

परन्तु शिकारी प्रवृत्ति वालों की समझ में यह दर्शन नहीं आया। जो यह मान कर चलते हैं कि जातिभेद जन्मार्जित है, वे उपनिषदों का सर्वसमत्व दर्शन कैसे समझें? जिस बर्तन में केवल सवा सेर भरेगा उसमें सेर भर कैसे समाए? उन्होंने उच्च-नीचत्व पर विकास रखा। यह पहचान भी लिया कि यदि उपनिषद का दर्शन सामान्य जनता के अधीन बना रहे तो हानि उन्हीं के हितों को पहुँचेगी। तब उन्होंने एक उपाय निकाला, उसे गुप्त रखने का। ऐसा नियम बनाया कि निम्न जातिवाले उसका अध्ययन न करें। यह भी विधान किया गया कि उच्च जाति वालों में भी कुछ श्रेष्ठ वर्ग ही उसे छू सकते हैं। पर, क्या ज्ञान को इन प्रकार

चार—दीवारी में बन्द रख सकते हैं? जब अधर्म बढ़ जाते हैं तब उनको संशोधित करने के लिए महाज्ञान स्वयं अवतीर्ण हो जाता है।

"अधर्म का विनाश करने का अन्तिम शस्त्र कौन सा है?" अपने इस प्रश्न का उत्तर मामाजी ने खुद दिया—"सुदर्शन! वह एक चक्र नहीं है। हथियार अवश्य है। किन्तु वह सम्यक दर्शन या सत्य ज्ञान का आखिरी हथियार है।"

वह ज्ञान जब कायम होगा तब सभी मनुष्य समान होंगे। तब कोई भी अपनी-अपनी रुचि और क्षमता के अनुसार कोई भी विद्या सीख लेगा। जितना चाहे उतना ज्ञान अर्जित कर पाएगा। प्राप्त विद्या और ज्ञान के अनुरूप ही उसका विकास होगा। ऐसा नहीं कि महावत का पुत्र, जन्म से महावत ही बने। व्यक्ति चाहे कोई भी काम करता हो, वह किसी के नीचे या ऊपर नहीं होगा। गाप-तोल में ढकोसला नहीं होगा। फिर झूठी वाणी क्यों? मानव जीवन इस प्रकार सुखपूर्वक बिताने के लिए होता है।

ऐसा एक कालखंड मलयाल-देश में भी था। राजा महाबली का शासन काल। महाबली ने सही ज्ञान का व्यापन देश भर के दैनिक जीवन में किया। उस जमाने में सार्वत्रिक शिक्षा, स्वतन्त्रता और समता कायम रही। अन्धविकास और अनाचार गायब हो गये। विहारों के साथ ही साथ विद्यालयों का भी संचालन होता था।

बौद्ध-जैन विकास धीरे-धीरे प्रदूषित होते गये। यह अधोगति का कारण बना। सदा सर्वत्र ऐसा ही होता है। एक जीवन्त अभियान के रूप में ही ज्ञान का नवांकुर फूट निकलता है, जड़ें जमाता है और फैल जाता है। फिर जब वह संगठन बनकर मज़बूत चौखटों में जकड जाता है तब अन्धी विभागीय प्रवृत्तियों के कारण प्रदूषित होने लगता है। उसे आलम्ब बना कर जब अयोग्य व्यक्ति अधिकार हथिया लेते हैं तब प्रदूषण पूर्ण हो जाता है।

कालान्तर में यहाँ भी उच्च-नीचत्व-विकास ने सत्य-ज्ञान की पवित्रता को कलंकित किया। अहिंसा भी निरा अर्थरहित आचार बन गयी। शाकाहार कुलीनता

का मुखौटा बन गया। अन्धे तन्त्र-मन्त्रों की वृद्धि हुई। अधिकार-प्रेमी जन मंच पर अपनी जगह बना सके। इसके लिए उन्होंने अपने अनुष्ठानों की जटिलता का आविष्कार किया। विहार याग यज्ञ-यजमानों के कार्मिकत्व में संचालित मन्दिर बन गये। जिन्होंने उनका कहना नहीं माना और उनकी अधीनता स्वीकार करने से इनकार किया, उन्हें पुरोहितों ने अपनी अँगुली पर नाचनेवाले प्रशासकों के द्वारा नियुक्त हमलावरों की सहायता से भगा दिया और मार डाला। जीते-जी ही किसी-किसी की खाल उखाडने की घटनाएँ भी हुईं। वे गाँव के मुखिया और सारी सम्पत्ति के मालिक बन गये।

मन्त्र-तन्त्र से राजाओं पर प्रभाव डाल कर ही पुरोहितों ने सब अपने कब्जे में कर लिए। समय के बीतते-बीतते इन राजाओं में से किसी एक को परम-अधिकारी के रूप में चुन लेने का कार्य भी ये ही करने लगे। इस प्रकार से नियुक्त 'पेरुमाल्' इन के हाथ की क्रीड़ा-पुतली बन गये। पुरोहितों की धृष्टता और प्रजा की दयनीय स्थिति जब असह्य लगी तभी अन्तिम पेरुमाल् ने इस्लाम धर्म ग्रहण कर मक्का की ओर प्रस्थान किये थे।

जो भी हो, अन्तिम पेरुमाल् के स्वर्गवास के उपरान्त भी वल्लुवनाटु में प्राचीन जीवनशैली और संस्कृति बनी रही। वल्लुवक्कोनातिरी तन्त्र-मन्त्र वालों का सिक्का मानने के लिए तैयार नहीं हुए। जो इतर धर्मावलम्बी वहाँ आकर बस गये उन्होंने भी इनका विरोध किया। इस बीच ही एक छोटे प्रदेश का अधीश, एक ओर इन तन्त्र-मन्त्रवालों और दूसरी ओर इस्लाम धर्मियों का साथ लेकर, छल कपट के सहारे, दुर्योंधन के से दुर्मोह के साथ, पड़ोसी प्रदेशों पर कब्जा करने लगा। हज़ारों लोगों की अकारण मृत्यु हुई। उससे अधिक लोग अनाथ हुए। एक-एक 'अंकम्' (मुठभेड़) के समाप्त होने पर पारिवारिक प्रतिशोध की भावना बढ़ती गयी। आते आते अब यहाँ तक आ गया।

सही ज्ञान के व्यापन और सुस्थिति के अलावा, इस मलयालम प्रदेश ही नहीं, कहीं की भी जनता की उन्नति का कोई मार्ग नहीं। जब तक हिंसा, लूटपाट और आक्रमण बने रहेंगे तब तक शान्ति कैसे? यह सब समाप्त होना हो तो लोगों में सत्-असत् के विवेचन की क्षमता होनी चाहिए न? समर्पण की भावना के साथ इन सब की शिक्षा देने वाला कोई हो, तब न? जो लोग वृथा चाहते हैं कि सारी दुनिया उनके कब्जे में आ जाए, उनके रहते किन को मिल सकती है शान्ति? इसलिए जब तक तन में जान हो तब तक विवेकियों को सही ज्ञान का व्यापन करते रहना चाहिए। यथा शक्ति ही सही वही एक कार्य मानव जन्म में करणीय है। यदि ऐसा करने का निर्णय कर लिया तो पहले सही ज्ञान का पूरा-पूरा अध्ययन करना होगा, चाहे इसके लिए कितनी ही कठिनाइयाँ क्यों न झेलनी पड़े।

इन्हीं दिनों मैंने मामाजी से मरणोपरान्त किए जानेवाले क्रिया-कर्मों के बारे में पूछा था। उनका जवाब था कि ये सब निरर्थक हैं। जैसे पुष्प से गन्ध निकलती है वैसे ही शरीर को छोड़ कर जान निकलती है। वह प्रपंच में विलीन हो जाती है। जो पहले जा चुके हैं उनकी पूरी महिमा के साथ उनका स्मरण करना जीवित जनों के लिए अच्छा है। जिनकी मृत्यु किसी संक्रामक रोग से हुई और जिन्होंने उनकी परवरिश की थी उन्हें दस पन्द्रह दिनों तक दूरी पर रखना दूसरों के लिए अच्छा है। रोग के संक्रमण से तो बच सकेंगे।

मामाजी ने तभी बता दिया कि उनके मर जाने पर कोई अंत्येष्टि क्रिया-कर्म नहीं करना है। प्राण के निकलने पर जितनी जल्दी हो सके, देह का दाह-संस्कार करना चाहिए। वही बस।

जिस काल के प्रवाह से मैं परिचित था उससे सर्वथा भिन्न एक कालखंड का ही अनुभव उन दो हफ्तों में प्राप्त हुआ। सोचने के लिए पर्याप्त समय। इन्हीं दिनों मन को साफ करने का उपाय भी सीखा। सिखाया मामाजी ने ही। ऐसा एक अभ्यास ही सिखाया जो करने में आसान था। किसी स्वच्छ स्थान पर सीधे बैठना। परिवेश स्वच्छ—शान्त रहे तो अच्छा। सारे अंगों को शिथिल कर देना। आँखें मूँदे रहना ही सुविधाजनक होगा। दो तीन बार पूरी साँस लेना। यह अभ्यास करते समय इस बात का ध्यान रखना अच्छा होगा कि साँस भीतर खींचने में लगता समय, साँस को भीतर रोके रखने का समय और बाहर छोड़ने में लगता समय तीनों लगभग समान रहे। इसके बाद साधारण ढंग से साँस ले सकते हैं। इसके साथ ही मन में विचार का जो भी अंकुर फूटता जाए उसे उसी क्रम में मिटाते जाएँ। सभी दिशाओं से विचार घुस आएँगे। प्रारम्भ में कठिन लगेगा। यही सोचें कि रेत पर लिखे गये अक्षर मिट रहे हैं। अपनाने की इच्छा के बिना किसी वस्तु को कल्पना में धारण किये रहने का प्रयत्न करें तो दूसरे विचारों को मिटाना आसान होंगा। किसी के सम्बन्ध में ज़्यादा जानने की इच्छा हो तो उसी को कल्पना में धारण किए रहें। फिर यह विचार दृढ़ कर लेना चाहिए कि वही मैं हूँ। यह सारा कार्य बड़े आयास के साथ नहीं करना है। इच्छापूर्वक करें। आनन्द पूर्वक करें। जब ऐसा लगे कि अब इतना ही पर्याप्त है तो उससे निपट सकते हैं।

मुझे चलना सिखाने पर जब उन्होंने पाया कि मेरे पाँव जम रहे हैं तब स्नेहनिधि स्वरूप मामाजी मुझे भीतर की ऊँचाइयों तक सीढ़ियाँ चढ़ने का प्रशिक्षण दे रहे थे।

ध्यान—मनन के अभ्यास की यह सीढी पहले ही मिल नहीं पाती तो दु:ख के गर्तों को इस प्रकार मैं पार नहीं कर पाता।

मृत्यु के उपरान्त की रस्म—अदायगी की समाप्ति के एक दिन पहले उण्णि

भैया जो दो खबरें लाए उन दोनों ने घर के वातावरण में आमूल परिवर्तन कर दिया। एक खबर यह थी कि 'चबूतरे' का निर्माण प्रारम्भ हुआ। याने 'मामाकम्' लड़ने के लिए खड़े रहने के चबूतरे की मरमत करनेवाले कार्मिक आ गये हैं। इससे यह आशंका उपजी कि भाले लेकर लड़नेवाले सैनिकों के निकलने का समय आ गया है। भालाधारी सैनिक जिस रास्ते से होकर निकलते हैं वहाँ वे लूट-पाट और नर संहार किया करते हैं। दूसरी खबर ने ही प्रदेश में और घर में ज़्यादा खलबली मचा दी। वह यह थी कि आनेवाले दिनों में सामूतिरी के आश्रित हमलावर और एक बार वेट्टत्तुनाट् के विरुद्ध संहार तांडव करेंगे।

प्रतिरोध की जो नयी मोर्चाबन्दी की गयी है उसे तहस नहस करने की ही कार्रवाई आरम्भ हुई है। दूसरों की जानकारी के लिए कारण यही बताया जा रहा है कि सामूतिरी द्वारा माँगा गया अतिरिक्त कर वेट्टत्तुनाटु द्वारा अदा नहीं किया गया। कर इतना अधिक माँगा गया है कि उसकी अदायगी एकदम असम्भव है। चाहे रकम का भुगतान करें या नहीं, आक्रमण सुनिश्चित है। कारण बस यही कि लूट-पाट ही उनका यथार्थ लक्ष्य है।

मामाजी ने पूछा—"उण्णि! इस सर्वनाश के प्रयाण का प्रारम्भ कब होगा?"

"किसी भी दिन।" यही था उण्णि भैया का उत्तर।

तान्नियूर-11

मेरा रटा हुआ पाठ सुन कर कुट्टन दाऊ ने भारी स्वर में भनभनाया।

मैं घबरा गया। रटना बन्द किया। क्या पाठ में कोई गलती आ गयी? कुट्टन दाऊ और कुछ भी सहन कर सकता है। परन्तु पाठ की अशुद्धि उनके लिए क्षम्य नहीं। उनकी राय में पाठ शुद्धि और अक्षर शुद्धि अति पवित्र हैं। कभी इन दोनों में अशुद्धि नहीं आनी चाहिए।

देखा कि दूसरी तरफ बैठे हुए मामाजी भी धीरे से अपना सिर मेरी तरफ मोड़ रहे हैं।

अँधेरा छा जाने लगा है। यद्यपि सन्ध्यादीप जल रहे हैं तो भी किसी का मुख-भाव स्पष्ट नहीं दिखता।

सन्ध्या-नाम—जपन के साथ गीता का पाठ करने की भी प्रथा है। हर दिन एक-एक अध्याय। उसके प्रारम्भ के रूप में मैं वन्दना-श्लोक ही रट रहा था।

हाथ उठा कर कुट्टन दाऊ को टोकते हुए मामाजी ने मुझसे कहा—''और एक बार सुनूँ।''

शंका के साथ मैं रटने लगा—

''वसुदेव सुतं देवं,
कंस चाणूर मर्दनम्।
देवकी परमानन्दं,
कृष्णं वन्दे परापरम्।''

तभी मुझे अपनी गलती का अहसास हुआ।

अन्तिम चरण का सही शब्द है—'जगद्‌गुरुम्।'

''ओह! असावधानी!''

कुट्टन दाऊ ने डाँटा।

'रुको'। यों कुट्टन दाऊ से कह कर मामाजी ने मुझसे पूछा—''तुम्हें यह कहाँ से मिला?''

मैं अवसाद के साथ उठा। "अन्तिम शब्द बदल गया। गलती हुई। क्षमा करें।"

"पाठ शुद्ध रहे।" मामाजी ने स्मरण दिलाया। फिर कुट्टन दाऊ से बोले—"कोई बात नहीं। गलत बोल गया तो भी सही रास्ते पर तो है।" फिर रुँधे कंठ से प्रार्थना के स्वर में बोले—"देवी सरस्वती, प्रणाम।"

यों कहते हुए मामाजी ने हाथ बढ़ा कर मुझे पकड़ा और अपनी ओर खींचते हुए कहा—"वाणी का वरप्रसाद तुम्हें खूब मिले।"

"अशुद्धि अनुग्रह बन गयी?" यों सोचकर मैं घबरा रहा था कि भी मामाजी ने अपना दायाँ हाथ मेरी मूर्धा पर रखा। "कविता करने की वासना विरल है। महा सुकृत! उसकी महिमा लोकमंगलकारी हो।"

"वहाँ तक नहीं सोचा था"

कुट्टन दाऊ भी तब प्रसन्न भाव से मेरे समीप आ गये।

"परन्तु, एक बात याद रहे।" मामाजी ने वात्सल्य के साथ, रुद्ध कंठ से, मुझसे कहा—" 'कवि' शब्द का अर्थ है 'क्रान्तदर्शी'। यह भी माना गया है कि जो ऋषि नहीं वह कवि नहीं। 'नानृषि कवि'। केवल क्षमता या वासना मात्र से कुछ नहीं होगा। साथ ही लोक शास्त्र और काव्य के प्रत्यक्ष ज्ञान से प्राप्त निपुणता, काव्यज्ञों का शिक्षण और निरन्तर अभ्यास भी आवश्यक है। अच्छा, कल तुम अपने चार श्लोक मुझे सुना देना। मंगल हो।"

सीता दीदी और चीरू दीदी दरवाज़े के चौखटे की तरफ आईं। मामाजी का आर्द्र स्वर सुनने पर यह सोचकर आयी होंगी कि ड्योढ़ी पर कुछ असाधारण घटना घट रही है। चूँकि मृताशौच के दिन हैं इसलिए बन्धुजन ही रात का भोजन तैयार करते हैं। चूँकि खलिहानवाले मकान में हैं इसलिए सीता दीदी को कलरी के छात्रों के भोजन का प्रबन्ध करना भी नहीं हैं।

आहट से उनका सान्निध्य जान कर मामाजी ने आह्लाद पूर्वक उन्हें जताया—"अप्पु में सरस्वती-प्रसाद! अब तक मैं उसे पहचान नहीं पाया था। मेरा यह गर्व व्यर्थ है कि मैं गुरुनाथ हूँ।"

"काव्यों का अध्ययन कुछ और कराऊँगा।" कुट्टन दाऊ अपने आप से बोले।

"यह आवश्यक है।" मामाजी ने सिर हिलाया। व्याकरण का अभ्यास भी भली-भाँति किया जा सकता है।

मामाजी ने आदि कवि से लेकर कई महापुरुषों के बारे में विस्तार से बताया। इस बहाने कुट्टन दाऊ से भी कुछ कहलवाया कि उन्हें ठीक-ठीक याद नहीं आ रहा है। सब मेरी भलाई के लिए था। और मैं? इस घबराहट में कि चार श्लोक कैसे रच

सकूँ। आज्ञा का पालन करना ही होगा। किस के बारे में गाऊँ? किस छन्द में? किस अर्थ में? भूख तक मिट गयी। सोने के लिए बिस्तर पर लेटा, तब भी घबराहट। बहुत कोशिश करने पर भी एक श्लोक क्या, एक चरण भी सूझा नहीं।

फिर क्या? एक अर्द्धश्लोक के साथ ही मैं दूसरे दिन जाग पड़ा। इस चमत्कार का स्वाद अब भी मन से नहीं मिटता। अब मैं निश्चित रूप से समझ पाया कि मैं कुछ बनाता नहीं, मुझे यों ही कुछ मिल जाता है।

प्रभात-कर्मों के दौरान चारों श्लोक पूरे हो गये। सुबह का नाश्ता करते समय और चार श्लोक भी सूझ गये। इस प्रकार जो अष्टक पूरा हो पाया उसे ताड़-पत्र में लिखने ही वाला था कि सेना के प्रयाण का अट्टहास सुनाई पड़ा।

पूरे प्रदेश में उथल-पुथल मच जाने में अब देर नहीं लगी।

कोई मूल्यवान वस्तु हो तो उसे कहीं गाड देना। स्वरक्षा के हर उपाय पर सोचना। सम्भव हो तो स्त्रियों और बच्चों को और कहीं पहुँचा देना। आगजनी होने की स्थिति में आग बुझाने के लिए, पानी भर कर उड़ेलने के लिए आवश्यक घडे, पीटने के लिए आवश्यक केले के तने आदि का प्रबन्ध सुनिश्चित कर लेना। अनाज के भंडार ऐसी जगहों की तरफ हटाना जहाँ शत्रु आसानी से उनका पता नहीं लगा सके। हर ऐसी कार्यवाही के लिए तैयार रहना जो तुरन्त करनी पड़े।

लेखन शाला अनिश्चित काल के लिए बन्द की गयी। जो छात्र 'कलरी' में ठहर के पढ़ते थे उन्हें अपने-अपने घर भेज देने का प्रबन्ध किया गया। इसमें मदद पहुँचाने के लिए ही राजमहल से कारिन्दे का दूत आदमियों और गाड़ियों के साथ आया। यह भी पूछा गया कि घर से किसी को और कहीं पहुँचा देने की आवश्यकता है या नहीं। मतलब सीता दीदी से ही था। गर्भवती जो थीं। "मैं कहीं नहीं जाती।" सीता दीदी ने कहा। चीरू दीदी ने भी यह कह कर ठहर गयी—"तो मैं भी कहीं नहीं जाती।"

लुटेरों के वेष में आनेवाली उत्तरी सेना का मुख्य लक्ष्य राजमहल ही है। इसलिए वहाँ जो भी मूल्यवान वस्तु है, सबको वेट्टत्तु तक पहुँचाने की व्यवस्था है। राजमाता के अलावा अन्तपुर की बाकी सभी को हटाया जा रहा है। राजमाता इस हठ में हैं कि वे युवराज को छोड़कर नहीं जाएँगी। सेनानायक ने बहुत कहा कि राजमहल और आस-पास की जगह की रखवाली वह कर लेगा। परन्तु युवराज स्वदेश छोड़ जाने को तैयार नहीं।

अप्रत्याशित रूप में ही लूटपाट हुआ करती है। लुटेरों के निकल पड़ने की पूर्वसूचना पाने का कोई उपाय तब तक नहीं रहता था। इस कारण लूट-पाट अबाधरूप से होती रही। अकथनीय हिंसा और आगजनी के बाद जिस दिन ये किरात पीछे हटते उसके अगले दिन राजमहल से ताड पत्र पर लिखा एक सन्देश

आता। उसमें बीती अनहोनी घटनाओं पर कपट दुःख प्रकट किया गया होता। उसमें सामान्यतः आनाकानी प्रकट करते हुए यों लिखा रहता—किसी छोटी बात पर हुई झपट के नाम पर भड़क उठी जनता पर काबू नहीं किया जा सका। मुआवजे के सम्बन्ध में या ऐसी घटनाओं की पुनरावृत्ति को रोकने के सम्बन्ध में कोई वादा नहीं रहता। अब की बार उण्णि भैया और उनके साथियों ने हमलावरों की मोर्चाबन्दी की सही जानकारी पहले ही प्राप्त कर ली है। कितनी नौकाएँ, कितने प्यादे कौन-कौन से हथियार, कौन-सा उद्देश्य, कहाँ से और कब होगा प्रयाण का आरम्भ, इन सब बातों का लगभग पता है।

दो मार्गों से ही आगमन हुआ करता है—नहर के मार्ग से और समुद्र के मार्ग से। दोनों तरफ प्रतिरोध सशक्त है। नहर के किनारे एक सिरे से दूसरे सिरे तक डेरे डाले गये हैं। एक डेरे से दूसरे डेरे तक पहुँचाने के लिए घोड़े और बड़ी नौकाएँ तैयार हैं। तड़के जो आरव सुनाई दिया वह उस लोगों का था जो सैनिक न होते हुए भी हाथ लगे हथियार लिए उन डेरों में जा मिलने के लिए जय जयकार के साथ जा रहे थे। पौ फटने पर भी उस आरव की लहरें उठती ही रहीं।

ज़्यादा मोर्चाबन्दी समुद्र के किनारे की गयी है। पर्याप्त मात्रा में आदमी और संसाधन। एक तिहाई सैनिकों को राजमहल की पहरेदारी के लिए नियुक्त किया गया है। कोई किसी न किसी प्रकार घुसपैठ करके राजमहल की तरफ आए तो भी वह जल्दी चहार दीवारी के समीप कहीं पहुँच नहीं पाएगा।

सारे प्रदेश वासी इस दृढ़ विकास में है कि कई दिन चोरी करनेवाले एक दिन अवश्य पकड़े जाएँगे। सब यही कथन रट रहे हैं कि इन घमंडियों को इस बार एक सबक सिखाना ही चाहिए। शत्रुओं की मिट्टी पर उण्णि भैया ने अकेले घुसपैठ करके जो करामात की उस ने एक नया आत्मविकास जगा दिया है।

कुट्टन दाऊ ने उण्णि भैया से कहा—''वे देख लेंगे तो यों ही छोड़ेंगे नहीं। सतर्क रहना।'' पर उण्णि भैया नहीं जानते कि डर नामक विकार किस चिडिया का नाम है। हो सकता है , जिस वातावरण में पले, उसका प्रभाव हो। कुट्टन दाऊ ने जब यों कहा तब उण्णि भैया के चेहरे पर जो भाव प्रकट हुआ उसका सारांश यही था—''जब हम मारने के उपाय ही सीख रहे हैं तब मरने के लिए भी तैयार रहना ही होता है। दूसरा कोई चारा नहीं।''

घर और 'कलरी' पर पहरा देने के लिए दो भालाधारी सैनिकों को नियुक्त करके कारिन्दे का दूत लौट गया तो उसके तुरन्त बाद चार व्यक्तियों का और एक दल भी आया घर के द्वार पर पहरा देने। खलिहानवाला मकान 'कलरी' के घर के बिलकुल निकट ही है। एक घर से पुकारें तो दूसरे घर तक सुनाई देगा। खलिहानवाले मकान के सामने खुला रेतीला मैदान। पहरा देने के लिए आये नए सैनिकों के हथियार हैं

तलवार और कटार। उनके नेता ने कहा—"हमें मुखिया ने यहाँ भेज दिया है।"

चीरू दीदी को कोई भय नहीं। एक-एक खिड़की पर बारी-बारी से मुख दबाए, देखती खड़ी है। बीच-बीच में स्वयं घोषणा करती है—"लो, चार घुडसवार जा रहे हैं दखिन की तरफ़। और लो, भाला घारी दो यमदूत आ रहे हैं...।"

असहनीय लगने पर सीता दीदी ने जोर से पुकारा—"चीरू!" यह तभी हुआ जब चीरू दीदी का आस्वादन यहाँ तक बढ़ गया—"न जाने कब इसका आरम्भ हो पाएगा।"

यहाँ तक आने पर सीता दीदी कैसे सहन कर सकेगी? सीता दीदी इस कोशिश में है कि दुनिया जान न पाए कि वह आग पर खड़ी है।

दोपहर तक लुटेरों का प्रयाण आरम्भ नहीं हुआ। दोपहर के बाद उण्णि भैया घोड़े पर सवार होकर खलिहान पहुँचे और मामाजी से बोले—"अब की बार वे वेष बदलकर आ रहे हैं—हमारे सैनिकों का-सा गैंडे के चर्म का कवच और पगडी पहन कर।"

उण्णि भैया ने आगे कहा—"एक-दूसरे को पहचान पाने के लिए वेट्टत्तुवाले सैनिकों पर जल्द ही गैंडे का छापा लगाया जाएगा। जो सैनिक नहीं है, उन्हें घर से बाहर निकलते समय निशान लगी पट्टी हाथ पर बाँध लेनी है। जो लोग उण्णि भैया के साथ आए उन्होंने इस बीच घर के पहरेदारों पर गैंडे की छाप लगाई और मुझे तथा कुट्टन दाऊ को हाथवाली मुहर दे दी। घोड़े पर से उतरने का समय नहीं था, इसलिए खिड़की के पीछे खड़ी सीता दीदी को देख हाथ हिलाते हुए उण्णि भैया घोड़े को दौड़ाते हुए गये।

जिन रास्तों से हमलावरों के आने की प्रतीक्षा थी वे रात की आड़ में उन रास्तों से नहीं आए। एक दल ने नहर को वहाँ जाकर पार किया जहाँ तक ज्वार चढ़ नहीं पाता था। फिर नहर के किनारे से बस्ती की तरफ हटकर झुरमुटों में मौके की ताक में रहे। एक दूसरा दल बड़ी नावों में समुद्र में बहुत दूर तक गये और दखिन की तरफ मुड़ कर किनारे आ लगे। यही निर्णय किया गया था कि वे ज्यों ही किनारे पर उतरेंगे तभी हमला शुरू होगा। नाम के वास्ते कुछ लोगों ने नहर के उस पार से छोटी नौकाओं में सीधे आकर हमला बोल भी दिया। इन्होंने वेष नहीं बदला था। इसका उद्देश्य भ्रम पैदा करना था। प्रतिरोध करनेवाली सेना को नहर के किनारे रोके रखने का उद्देश्य भी था ताकि हमलावरों को निर्बाध रूप में प्रदेश को घेर लेने की सुविधा मिले।

यद्यपि झुरमुटों में छिपे रहे लोग प्रदेश वालों की नज़र से बच नहीं पाए तो भी वेष से यही लगा कि वे वेट्टत्तु के सैनिक हैं। यद्यपि समुद्र में मछली पकड़ने उतरे मछुआरों ने बड़ी नौकाओं का यात्रारम्भ देखा तो भी उन्होंने भी सोचा कि वह वेट्टत्तु

की सेना है। जिन बड़ी नावों पर वेट्टत्तु का निशानवाला झंडा फहरा रहा हो उन पर सन्देह क्यों करें ?

एक ही समय दखिन-पूर्व और दखिन-पश्चिम से राजमहल पर हमला हुआ। पर्याप्त सतर्कता के बावजूद बहुत बड़ी क्षति पहुँची। पहले प्रदेश वालों ने यही सोचा था कि हमारी सेना ही लूट रही है। यह भी क्या तमाशा! यही जनता की प्रतिक्रिया थी। इस बात का ढिंढोरा पीटने की गुंजाइश ही नहीं रही कि शत्रु बन्धुवों के वेष में आ गये हैं।

पर, इन सबके बावजूद उण्णित्तंपुरान ने स्वयं जिस प्रतिशोध का नेतृत्व किया वह सफल हुआ। समुद्र से आयी सारी बड़ी नावों को जला दिया गया। नहर के ऊपरी भाग को पार कर थल से होकर जो घेर आए वे जब वेट्टत्तु सेना से भिड़ गये तब उन्हें मालूम हो गया कि उनका छद्म वेष भ्रम उत्पन्न करने में पर्याप्त नहीं था और यह भी कि वे प्रतिरोध करने में असमर्थ हैं। जो दखिन-पश्चिमी ओर मुड़ कर दौड़े वे बड़ी नावों को जलते देख परेशान होकर, तलवार की वार खाकर और समुद्र में कूद कर मर गये। पीछे मुड़ कर भागे हमलावरों के दूसरे दल ने पूरब की ओर हट कर उथले हिस्से में नहर पार करने की कोशिश नहीं की। उनका पूर्व निश्चय यही था कि इतने में उस पार से स्वपक्ष की नौकाएँ आएँगी। नौकाएँ आ गयीं, पर वे वेट्टत्तुनाट् की थीं। जो भी उनमें चढ़े उनमें कोई उस पार नहीं पहुँचा। शत्रुओं की सारी नौकाओं को पहले हुई मुठभेड़ में डुबो दिया था। संक्षेप में कहें तो वेट्टत्तुनाटु से लूटा गया कोई भी माल उस पार नहीं पहुँचा।

परन्तु अचानक हुए एक हादसे ने इस असुलभ विजय को पूर्णतः निष्प्रभ कर डाला। अम्मत्तंपुरान (रानी माँ) का देहान्त। पता नहीं कैसे हमलावरों में एक राजमहल की चहारदीवारी के भीतर धुस गया। सम्भव है, छद्म वेष की कसर सुरक्षा सैनिक पहचान नहीं पाये हों। यह भी सम्भव है कि शस्त्र के प्रहार से क्षत होकर गिरे वेट्टत्तुनाटु के किसी सैनिक की गैंडा छापवाली पोशाक उतार के पहने अन्दर घुस गया हो।

अन्दर और बाहर पहरा था। तिरछे तख्ते के सम्मुख बाहर की ओर ताककर निद्राहीन बैठीं रानी माँ की पीठ के बीचों बीच विषैला तीर मार कर उनकी हत्या की गयी। उल्टी दिशा की दीवार में खिड़की नहीं थी। केवल एक छोटा-सा छेद था जिसमें से मुट्ठी घुसेड़ी नहीं जा सकती थी। उसी छेद से तीर मारा गया था।

बाँस की एक पतली तीली ही तीर के रूप में लग गयी थी। कौन जाने कि उसकी सूई सी नोक पर कौन-सा भीषण विष लगा था ? परप्पनाट् या सामूतिरी की सेना तीर-कमान का उपयोग नहीं करती। हत या जीवित पकड़े गये किसी के पास कमान या तीर नहीं था।

जो छोटा कमान और पैना तीर लेकर आए थे उनका लक्ष्य रानी माँ नहीं रहा होगा। तम्पुरान, उण्णि भैया और अन्य सैनिकों को ही लक्ष्य करके वे आये होंगे। यह नहीं हो पाया तो रानी माँ पर बाण का प्रयोग कर सन्तुष्ट हो गये होंगे। तब तक स्त्रियों को, विशेष कर माताओं को, किसी भी युद्ध में किसी ने जान बूझ कर नहीं मारा था। वह भी, पीछे से विषैले शर का प्रयोग कर।

हमले के बाद, जयजयकार के गूंज उठने के पहले ही घर के पहरेदारों में किसी एक ने खिड़की खटखटा कर दोनों खबरें दी थीं। हमला तो खत्म हुआ। किन्तु रानी माँ की अपमृत्यु हुई।

मुहल्ले भर में आग के समान खबर फैल गयीं। बाढ़ के समान दुःख भी।

पौ फटने के बाद ही उण्णि भैया घर आ पहुँचे। अति परिश्रम की थकान। सारा शरीर खून से लथ पथ। हथेली पर चोट। चेहरे पर घनीभूत अमर्ष और दुःख।

"हार गये" ऐसा कहने के लिए पहले ओंठ हिले। रानी माँ की मृत्यु के लिए जो परिस्थितियाँ कारण बनीं उन सबका विवरण उण्णि भैया ने ही दिया। हत्यारे को पकड़ नहीं सका। आक्रमण करने आए करीब डेढ हज़ार हमलावरों में सौ के करीब ही लौट पाए हैं। जो पकड़े गये या मारे गये उनमें वह हत्यारा नहीं था। उनमें किसी के पास तीर-कमान नहीं पाया गया।

युद्ध का पहनावा उतार कर स्नान करके आए उण्णि भैया ने सीता दीदी का दिया बर्तन भर दूध लेकर खड़े खड़े ही पी लिया। बिस्तर जाने के पहले सबों की ओर दृष्टि डाल कर कहा—"अब आगे कभी कोई स्वाभिमानी आयोधन कला निपुण और सामूतिरी जैसा कोई महादुष्ट एक साथ इस पृथ्वी पर जिन्दा नहीं रह पायँगे।"

"जो हुआ सो हुआ"। मामाजी ने सबों की ओर से कहा। "आगे की कार्यवाई की योजना खूब सोच समझ कर ही बनानी होगी न?

"तम्पुरान की अनुमति मिली है।" उण्णि भैया बोले। फिर किसी के चेहरे की ओर देखे बिना अनुरोध किया—"मुझे रोकना मत।"

सीता दीदी का मुख विवर्ण हो गया।

ओंठ थर थरा उठे। गर्भ लक्षण के रूप में माथे पर जो नीली नस उभर कर आई थी वह छिपकली की कटी पूँछ के समान फडफडा उठी।

कुट्टन दाऊ चुप रहे, शायद यह सोच कर कि ज्यादा कहने से क्या फायदा! उण्णि भैया थके पाँव अन्दर गये। ऊपर जाने की एक-एक सीढ़ी की आवाज़ बड़े अन्तराल के बाद ही सुनाई पड़ी।

सीता दीदी बहुत देर तक वैसे ही खड़ी रही। तन ही नहीं, सिर भी दीवार से टिकाए खड़ी थी। दोनों हथेलियों की एक-एक उँगली दीवार पर अलग-अलग

अदृश्य चित्र खींचती रही।

दीदी को पहले या बाद को कभी भी इतनी लाचार नहीं देखा था। उनका वह रूप अब भी मेरी आँखों के सामने विद्यमान है।

न जाने किस प्रेरणा से, मैंने जाकर दीदी का हाथ थाम लिया। मेरे कन्धे पर झुककर धीरे-धीरे दीदी ज़मीन पर पड़ गयी जैसे गल कर नीचे की ओर जा रही हो।

गैंडा... — सैनिकों से पहना जानेवाला कवच जो मोटी खाल से बनाया गया हो।

वेष्ममक्करा — सैनिकों की खास प्रकार की पगडी जिससे जल्दी पहचाना जा सके कि वे किस पक्ष के हैं।

तान्नियूर–12

उण्णि भैया की बिदाई और तिरोधान भुलाए भूल नहीं सकते।

सीता दीदी की प्रसूति के बाद अभी चार महीने भी नहीं बीते। बच्ची मुश्किल से औंधे मुँह लेटने लगी है। बच्ची का नाम रखा है 'लक्ष्मी'। बच्ची के पिता ने ही यह निर्णय लिया कि उसे मामी का नाम ही रखा जाए। उन्होंने घर में बुलाने के लिए ''एच्चु' नाम ढूँढ लिया और बच्ची को ऐसे बुलाना शुरू भी किया।

सुरक्षा के प्रबन्धों का दायित्व निभाते हुए उण्णि भैया तम्पुरान के इर्दगिर्द ही बने रहते हैं। आत्मघाती व्रत के सातवें वर्ष में ही मुहल्ले की परम्परागत आयोधन पाठशाला का दायित्व पूरी तरह छोटे भाई को सौंप दिया। सभी दायित्वों से छुटकारा पाना है न? तम्पुरान के कार्य, आयोधन कला का अभ्यास, स्नान और आराधना, इन सब से निपटने पर जो अवकाश मिलता वह बच्ची और सीता दीदी के साथ बिताते। एच्चु जब अकारण हाथ–पाँव पटकती हुई रोती या हँसती तब उसे निहारते रहते। गोल–गोल गाल, काली पुतालियों में कभी–कभी फूटने वाली हँसी, तुतलाती हुई एक नन्ही चुहिया सी बच्ची। वह रो पड़ती तो उण्णि भैया उसे उठाकर अंक में रख लेते और जांघों से झुला–झुलाकर सुला देते। बच्ची के जागने तक वैसे ही बैठे रहते।

प्रसूति कर्म सहज रूप से सम्पन्न हुई। ज्यादा समय नहीं लगा। उसकी कोई पीडा या संत्रास बाहर किसी को विदित नहीं हुआ। गर्भ के आठ महीने पूरे होने पर सीता दीदी की सहायता के लिए उण्णि भैया की माताजी आ गयी थी। उन्होंने बच्ची को नहला कर सबको दिखा दिया।

इतनी नन्हीं बच्ची को मैं पहली बार देख रहा था। मेरा अद्‌भुत–भाव देखकर उण्णि भैया ने कहा—''अरे! सबका आरम्भ ऐसा ही होता है। जब पाँव जमाने लगते हैं तो फिर शुरू होता है पराक्रम।''

मामाजी बच्ची को देखने नहीं आए। जिनकी आँखों की रोशनी नहीं रही वे देखते कैसे? बिना किसी झंझट के जच्चा–बच्चा दोनों अलग–अलग हो गयीं, यह खुशखबरी सुन कर उन्होंने लम्बी साँस ली और सिर झुकाकर हाथ जोड़े प्रार्थना में

लीन हो गये।

जब कभी बच्ची का रुदन सुनते तब पुकार कर पूछते—"बच्ची रो रही है। कोई नहीं है क्या उसके पास?" यह सुनते ही उण्णि भैया की माताजी फुसफुसाती—"बच्चे तो रोया करते हैं न? यह भी क्या नयी बात!"

उण्णि भैया से सम्बन्धित तनाव बाहर प्रकट न होने देने का प्रयत्न सभी ने किया। तोभी जब मुठभेड़ के लिए प्रयाण के दिन निकट आ गये तब किसी के मन में और कोई विचार नहीं रहा। उण्णि भैया में भी भावभेद हो गया। निर्भयता अब नहीं रह गयी। नटखटपन की लहरें थम गयीं, निस्पन्द दीपक के समान। नज़रें अधिक पैनी हो गयी। इतनी पैनी कि उसकी नोक के लगते ही काला लोहा भी कट जाता।

उण्णि भैया जब आत्मघाती—प्रयाण के लिए जब घराने की तरफ निकले तब उनके साथ जाने के लिए मातुलों ने मुझे ही नियुक्त किया। यदि कुट्टन दाऊ जाते तो कलरी अनाथ हो जाती। किसी को अवश्य जाना ही होगा। तिरुनावाया मन्दिर के चार परम्परागत कारिन्दों में एक तो वल्लुवक्कोनातिरी का प्रतिनिधि होता है। उनके घर से ही आत्मघाती योद्धा अन्तिम प्रयाण के लिए निकलने के पहले भोजन करते। कुट्टन दाऊ ने कहा—वहाँ मिलेंगे। यह बात ज़ोर देकर बतायी कि वहाँ भीड़ में गुम न हो जाना। फूफी के साथ ही रहना। साथ छूट गया तो ढूँढ लेना कठिन होगा। एरनाट् के तीस हज़ार सैनिकों की सेना और पोलनाटु के दन हज़ार सैनिकों की सेना तिरुनावाया में पहुँच चुकी हैं। सामूतिरी के अंगरक्षकों के रूप में छोटे-छोटे राज्यों से एक हज़ार, पाँच सौ की संख्या में और भी परिचर आए हुए हैं। दर्शकों और व्यापारियों आदि की बड़ी भारी भीड़ होगी। धक्कामुक्की में प्रायः कई लोगों की मृत्यु हुआ करती है।

बिदाई के पूर्व की एक—एक सन्ध्या का नष्टबोध तीव्रतर बनता गया। बहुत टालने पर भी नहीं टलता हुआ, आखिर वह दुर्दिन भी आ धमका। 'अब आगे क्या'? इस निरुत्तर प्रश्न ने घर के भीतर और बाहर व्याप्त रह कर दम घोट लिया। लगा कि आर्द्रा की हवा की ओर हिचक—हिचककर उदित हो रहा सूर्य उसी प्रश्न के काले तीर ही छोड़ रहा है। जूड़ा खोल कर झूम रहे नारियल के पेड़ पाँव जमाए खड़े रहने में दिक्कत अनुभव कर रहे हैं। किसी भी हालत में ऊर्जास्विता न खोनेवाली चीरू दीदी भी अन्तःपुर में सहमी सहमी खड़ी रहती है या चलती-फिरती है।

पिछली रात सीता दीदी के कमरे में से देर रात तक फुसफुसाहट सुनाई पड़ी। प्रकाश भी दिखा। पर तड़के तीन बजे उण्णि भैया कमरे से बाहर निकले। आयोधन कला के साधारण अभ्यास से निपट कर स्नान और पूजापाठ के बाद उन्होंने नाश्ता किया। सीता दीदी ने बच्ची को छाती से लगाए, रखकर ही नाश्ता परोस दिया। फिर

मामाजी की अनुमति लेकर तम्पुरान से भेंट करने निकल पड़ा। साथ चलने के लिए निकले कुट्टन दाऊ को रोका। घोड़ा गाड़ी में ही जाना और आना हुआ। राजमहल में हुई मुलाकात और वापसी जल्दी ही सम्पन्न हुई।

आँगन में ठंडी हवा में उड़-उड़कर आ गिरे गूलर के पत्तों के ऊपर से कदम बढ़ाते हुए उण्णि भैया अन्दर घुसे और एच्चु को लेकर छाती से लगा लिया। एच्चु के माथे पर चूम लिया। प्रसूति के लिए तैयार करायी गयी नाटे पाँवों वाली खाट पर ही उन दिनों भी सीता दीदी बच्ची के साथ लेटा करती थी। उस पर से उठ कर हाथ बढ़ा कर एच्चु को लेकर सीता दीदी सिर झुकाए खड़ी रही। रोयी नहीं। सीता दीदी ने चेहरा सायास धीरे-धीरे ऊपर उठाया, जैसे कोई बहुत भारी वस्तु उठा रही हों। तो भी उण्णि भैया की ओर देखने पर न वे विचलित हुईं, और न अपनी दृष्टि हटा ली।

''मैं आऊँगा'' उण्णि भैया ने कहा। ''यदि मैं न आ सका तो मुझे माफी देना। एच्चु का ठीक तरह से पालन-पोषण करना।''

''आएँ ज़रूर।'' गद्‌गद को रोक कर सीता दीदी ने बड़ी मुश्किल से वाक्य पूरा किया।

इतनी देर तक उण्णि भैया को ताकती यों ही हँसती रही एच्चु इतने में उण्णि भैया की ओर बढ़ी। जब उण्णि भैया को पकड़ने में असफल हो गयी तो ओंठ खोल कर रो पड़ी।

उण्णि भैया के चेहरे से दृष्टि हटाए बिना सीता दीदी ने एच्चु को शान्त करने के लिए उसे हाथों में लेकर झुलाया। उससे भी उसे शान्त नहीं किया जा सका तो उसे छाती पर पड़े अंगोछे के भीतर अभय प्रदान किया।

दो कदम पीछे चल कर जब उण्णि भैया पीछे मुड़े तब एच्चु स्तनपान भी भूल कर मुख मोड़कर अंगोछे के ताने बाने के बीच से उण्णि भैया को अपलक देख रही थी। किन्तु वह न हाथ बढ़ाकर उनकी ओर बढ़ी, न रोयी।

उण्णि भैया ने म्यान से निकाली गयी तलवार सिर के ऊपर उठा कर मामाजी के चरणों पर समर्पित की और यात्रा की अनुमति पाने के लिए दंडवत प्रणाम किया। ''गुरु मातुलो, कुमार को 'अंकम' लड़ने जाने की अनुमति दे दें।''

उठते उण्णि भैया के कन्धे को पकड़ कर मामाजी उठ खड़े हुए। मूर्धा पर हाथ रख कर, विचलित हुए बिना आशीष दिया—''विजय तुम्हारे आगे-आगे चले।''

तलवार म्यान में डालकर उण्णि भैया ड्योढ़ी की तरफ बढ़े। फिर कभी पीछे मुड़कर नहीं देखा। दुध मुँही बच्ची को छाती से लगाए ड्योढ़ी तक पहुँची सीता दीदी की ओर भी नहीं देखा।

पल भर मन्दिर की ओर देख अंजलीबद्ध खड़े रहने के बाद उण्णि भैया ने मेरा हाथ पकड़ कर मुझे घोड़ा—गाड़ी पर चढ़ा लिया। पीछे वे भी चढ़ गये। गाड़ी जब

आगे बढ़ी तब भी उण्णि भैया की दृष्टि पीछे नहीं मुड़ी। आगे अनन्त दूरियों की ओर ही गड़ी रही।

एक प्रकार के अपरिचित उद्वेग ने मुझे परेशान कर डाला। उस अशरण की असहाय दशा थी मेरी, जो सिर पटकते, कूलों को तोड़ते हुए अनन्त सागर से जा मिलने के लिए बड़े वेग से आगे बढ़ रहे महा प्रवाह में बिना पतवार की नौका में फँस गया हो। कोई ऐसा नहीं जिससे सहायता मांगी जा सके।

उण्णि भैया को कस कर पकड़े रोने के लिए मेरा मन हुआ। पर यह डर लगा कि छूने पर हाथ झुलस जाएगा। एक हाथ के फासले पर ही उण्णि भैया आँखें मूँदे, देवी का ध्यान लगाए बैठे हैं, तो भी वे मुझसे कितनी दूर है!

मन की पक्की दृढ़ता के साथ ही उण्णि भैया ने पूछा—"डर किस बात का अप्पू? साथ ही दायाँ हाथ मेरे कन्धे पर रखा। दिखने में साधारण किन्तु अति बलिष्ठ हाथ।

"हम सब मिल कर दूर कहीं जा सकते हैं न?" रुदन रोकने का मैंने विफल प्रयास किया।

"कहीं भी हों, क्या फरक पड़ता है?" सदा मीठी लगनेवाली उस हँसी में उस वक्त तीखी मिर्ची की कटुता अनुभूत हुई। डरने पर ही मौत होती है। है न?"

उण्णि भैया ने मुझे अपनी ओर खींच लिया और अपने शरीर से टिकाए बिठा कर मेरी छाती पर ताल दिया। तब मुझे अकथनीय सांत्वना का अनुभव हुआ। हमारे वहाँ पहुँचने तक यह अनुभव बना रहा।

पिताजी के घर की 'कलरी' की देहली पर आत्मघाती योद्धाओं का स्वागत करने के लिए मुहल्लेवाले बाजे बजाते हुए और मुँह से 'लूलू का मंगलरव' निकालते हुए, थाल और दीप लिए खड़े थे।

देवी के मन्दिर में पशुबलि और पाना गान का आयोजन हुआ। 'पाना'–गान के बाजे की और गायन की ध्वनि पूरब में आर्द्रा की हवा में पशुबलि की समाप्ति तक गूँजती रही।

अगले दिन तिरुमाधांकुन्नु की तरफ गये। 'मामाकम्' के अन्तिम दिन के 'अंकम्' (मुठभेड़) के लिए प्रस्थान करने के लिए व्रत रखते हुए बीस के करीब योद्धा मन्दिर के समीप के चबूतरे पर बैठे थे। सामूतिरी जब 'अंकम्' के चबूतरे पर चढ़ कर तलवार उठाए ललकारते खड़े होंगे तब इन्हीं आत्मघाती योद्धाओं को उनके रक्षापुरुष पद का विरोध करने निकल पड़ना होगा। व्रत का पालन करते हुए कई मुहल्लों से आए हुए हैं ये योद्धा। परन्तु सभी चेहरों पर एक ही भाव। गल कर एक ही साँचे में जम गये काले लोहे की दृढ़ता।

वेल्लाट्टिरी से रेशमी वस्त्र लेकर, प्रसाद भोज के उपरान्त तिरुनावाय तक

पैदल यात्रा। फूफी, उण्णि भैया का छोटा भाई गोपी भैया, मुहल्लेवाले और बिलकुल ही अपरिचित कई व्यक्ति साथ थे। ढिंढोरा पीटते हुए 'तोट्टम' का गाना गाते हुए चल रहे थे। हृदयस्पन्दन के ताल में ढिंढोरा बजने लगता। उसका ताल जब ढीला और द्रुत होता तब उसी के साथ-साथ मेरी नस भी ढीली और द्रुत गति से स्पंदित होती रही। विस्मय के साथ मैंने पहचान लिया कि उस बाजे की ध्वनि मुझ में भी मृत्यु को ललकारने का मनोवेग उत्पन्न कर रही थी।

मनुष्य-महासमुद्र ही तिरुनावाय में लहराता दिखाई दिया। इतनी क्या, इस की शतांश भीड़ भी मैंने पहले कभी नहीं देखी थी। मेले के लिए राजाज्ञा पर उस साल खाली छोड़े गये खेतों में, मन्दिर के चारों ओर, नहर के दोनों तटों पर और नहर में पड़ी नावों में भीड़ ही भीड़ थी। नहर के दक्षिणी तट पर एरालपाड (सामूतिरी-वंश के युवराज) और साथी। उत्तरी तट पर चबुतरा, (वह मंच जिस पर मामाकम् के समय पेरुमाल् राजा सिंहासन पर आरूढ़ होते हैं) सेना, भोजनशालाएँ, आवास की कुटियाँ, व्यापारीगण, झंडे व बन्दनवार, नगाडे और बिगुल, पटाखे, हर्षारव तथा पदचाप से उड़ते धूलिकण।

वेल्लाट्टिरि के पक्षधर कोयिलालर के आँगन में कुट्टन दाऊ दिखाई दिया। वहाँ की दावत के बाद आत्मघाती योद्धाओं ने कमर पर लम्बी धोती बाँधकर, सिर से पाँव तक विभूति लगाकर, तलवार और ढाल उठा ली। एक समान दिख पड़नेवाले उन्हें पहचानना कठिन हो गया।

मन्दिर के द्वार की ओर जानेवाले रास्ते में इतनी भीड़ लगी थी कि उस पर रेत डालें तो नीचे नहीं गिर पाएगा। एक कदम आगे नहीं रख पाते। आत्मघाती योद्धाओं के ठीक पीछे रहने के कारण कदम रखने भर की राह तो मिल गयी। मन्दिर के पश्चिमी द्वार पर वह स्थान चूने के चूर्ण से निशान लगा कर अलग रखा गया था जहाँ से आत्मघाती योद्धाओं को यात्रा शुरू करनी थी। प्रणाम और प्रदक्षिणा करके वहाँ जाकर खड़ा हो गया।

बाईं तरफ चौडी नहर। विशाल रेतीला मैदान और उसमें भरी भीड़। मैदान में दो कुल्याएँ। छोटी-छोटी नहरें। उनमें अनेक छोटी-बड़ी नौकाएँ लोगों को इधर उधर ले जा रही हैं। दायीं तरफ खेतों के परिसर में हाल ही में सुन्दर ढंग से बने आवास केन्द्र। उनके पीछे 'कल्लटिक्कोटन' टीले की ऊँची चोटी और उसको पहरा देनेवाली चट्टान सिर उठाए खड़ी हैं। मन्दिर के पश्चिमी द्वार से सीधे पश्चिम की तरफ जानेवाली करीब एक हज़ार कदम लम्बी कंकड़ीली सड़क खाली पड़ी है। उस सड़क की दोनों तरफ बाँस के तने लगा कर सुपारी के पेड़ के तने की तीलियों से बाडा बाँधा गया है।

सड़क उतनी चौड़ी तो नहीं। सड़क की दोनों तरफ, बाडों के बाहर, बड़ी दूर

तक भालाधारी सैनिक भाला उठाए हर्षारव मचाते हुए उद्वेलित हो रहे हैं। सड़क का पश्चिमी छोर लाल पत्थरों के एक टीले से जा मिलता है। सड़क से चार सीढ़ियों के ऊपर टीले पर बड़ा पंडाल डाल कर अलंकृत किया गया है। वही है 'निलपाट्टुतरा' याने 'अंकम्' (मुठभेड़) का चबूतरा। उसके पीछे और दोनों पार्कों पर और भी समतल प्रदेश हैं। पर वहाँ पंडाल नहीं, आवास कुटियाँ ही बनी हुई है। 'निलपाट्टुतरा' से सटे हुए एक समतल पर एक मोटा तगडा, गजवीर खड़ा है। महावत उसके माथे पर स्वर्णिम आवरण पहना कर अलंकृत कर रहे हैं। बताया जाता है कि उसके आभूषण और सांकल असली सोने से निर्मित हैं। मोटी सांकल की एक सौ चौदह कडियाँ हैं। अंकुडा भी जोड़ें तो कुल एक सौ पन्द्रह।

उस दिन सामूतिरिं की अंगरक्षा की निगरानी का दायित्व एरनाट के कोतवाल और कोष़िक्कोट् के तलच्चेन्न नायर के ऊपर है। उन दिन के आत्मघातियों का मुखिया पुतुमण्णा पणिक्कर है। तीनों अपने-अपने स्थान पर हैं। अठारह आत्मघाती योद्धाओं को उस दिन प्रस्थान करना है। उनमें दो मुसलमान हैं। उनके सिर पर हरी पगडियाँ हैं। उन्होंने न माला पहनी है, और न विभूति का लेपन किया है। प्रतिशोध की पुश्तैनी भावना ही उन्हें भी आगे ले जा रही है। ये भी उन सैनिकों के वंशज हैं जिनकी हत्या सामूतिरि के द्वारा विविध प्रदेशों में किये गये हमलों में हुई थी। मजहब कोई भी क्यों न हो, अधर्मियों से बदला लेने का आवेग सब में समान ही है।

कोई महान चक्रवर्ती भी क्यों न हो, वे उन लोगों का भला क्या कर सकते हैं जो मरने पर भी अधीनता मानने को तैयार नहीं होते। कई अतिमोही इसे समझ नहीं पाते। यही उनकी गलती है। अंकम में भले ही जीत जाएँ, तोभी स्वाभिमानी जनों के प्रदेश पर कब्जा नहीं किया जा सकता। प्रदेश की जनता खूब प्रतिशोध करेगी, धिक्कार कर भगा देगी। इसीलिए कई बार हमला करने के बाद भी वेट्ट्त्तुनाट, वल्लुवनाड और पेरुम्पटप्पुनाड अब तक सामूतिरी के अधीन नहीं हो पाए हैं। इनमें किसी भी प्रदेश से शक्ति शाली सामूतिरी अपनी सेना ले जाकर विजयघोष कर सकते हैं। रास्ते में खूब मारकाट और लूटपाट कर सकते हैं। किन्तु यह प्रदेश पर कब्जा नहीं हो सकेगा। उलटे, ज्यों-ज्यों अतिक्रम बढ़ेगा त्यों-त्यों प्रदेशवासियों के प्रतिशोध की भावना भी बढ़ेगी।

बन्दूकों से एक सौ एक गोलियों के छूटने की आवाज़। चारों ओर से हर्षारव उठा। सामूतिरी चबूतरे पर चढ़कर रक्षापुरुष की भूमिका में खड़े रहने की तैयारी में है। हज़ारों भालाधारियों के बीच से जाती सड़क की दोनों तरफ सख्त सतर्कता बरती गयी है। पूरी भीड़ पैरों के अँगूठों पर लपकी जैसे कोई ऊँची लहर उठकर आई हो।

पता नहीं किस क्षण में अठारहों आत्मघाती वीर एक साथ आगे की ओर लपके। देखते-देखते यह कार्य हुआ। सैकड़ों भालों की चमकती नोकें रण-भूमि की

तरफ तीव्रगति से आगे बढ़ रही हैं। तलवार और ढाल लिए आत्मघाती वीर आगे बढ़ रहे हैं, जैसे उनके शरीर में हड्डियाँ ही नहीं है, आयोधन कला के विविध दाँव-पेंचों का प्रयोग करते हुए वे कभी आगे बढ़ते, कभी पीछे हटते, कभी बाएँ कभी बाएँ झुकते, कभी वार करते, कभी वार को रोकते, तीर के समान आगे बढ़ रहे हैं। उन सबके कंठ से प्रोत्साहन सूचक ध्वनि निकल रही है जो सामूतिरी की सेना के सदस्य नहीं।

किसी चरण में पल भर भी रुके बिना जब आत्मघाती वीर लड़ते हुए अगे बढ़ते हैं तब उनमें किसी को भी पहचान पाना कठिन है। विस्फोट करती जल रही लकडी से उठनेवाले अंगारों को देखकर कैसे जाना जा सकता है कि अंगारे का कौन सा कण कहाँ से निकला है!

उस अजेय 'अंकम्' में लड़ते हुए उनमें से एक-एक वीर शस्त्र से आहत होकर ज़मीन पर गिर पड़े। जो बच गये वे वर्धित धीरता के साथ लड़ते हुए आगे बढ़े, जैसे गिरे वीरों का वियोग उनकी वीरता को अधिक शक्ति प्रदान कर गया हो। मन्दिर के प्रांगण में और विशाल खेत में खड़े लोगों के कंठ से अद्भुत द्योतक स्वर निकले। वे सारे के सारे स्वर मिले तो वह समुद्र गर्जन सा गूँज उठा। अनीति के विरुद्ध लड़े जा रहे जीवन-मरण 'अंकम्' की विजय के लिए लाखों की तादाद में लोग छाती पीटकर चीख उठे। सब कहीं चीख और चिल्लाहट।

एक-एक आत्मघाती वीर जब गिर पड़ता तब कुट्टन दाऊ मेरे हाथ की कलाई को ज्यादा कस कर पकड़ लेते।

अचरज की बात है कि आत्मघातियों में से दो वीर मार्ग के अन्तिम छोर तक पहुँच गये। अब आगे चार सीढ़ियों की ऊँचाई तक लाल पत्थर पर बनाए गये तख्ते हैं। सीढ़ियों पर रक्षा सैनिकों की जमघट। उनके बीच से होकर कोई तंग रास्ता भी नहीं है। उन सीढ़ियों पर चढ़ना हो तो शस्त्रधारी सैनिकों की मज़बूत दीवार को तोड़ कर रास्ता बना लेना होगा।

तो भी चारों ओर से एक साथ हमला करते विविध शस्त्रधारी सैनिकों से अकेले लड़ता हुआ एक आत्मघाती वीर सैकड़ों शत्रुओं को तलवार की वार से गिराता हुआ, जल प्रपात से होकर लपक कर ऊपर उठती मछली के समान, कभी पीछे हटता, फिर आगे लपकता, छलांग मारता पन्द्रह-बीस सीढ़ियों तक ऊपर चढ़ गया।

क्रुद्ध जन समूह आक्रोश कर उठा—जिस संग्राम में एक व्यक्ति का सामना अनेक व्यक्ति मिल कर रहे हैं, उसमें नेता बनकर, जंग खाई तलवार उठाए खम्भे के समान खड़े रहने में क्या आपको शर्म नहीं आती? सारे दर्शक उस चुस्त और होशियार आत्मघाती वीर के पक्ष में हैं।

परन्तु सारा हर्षारव बेकार सिद्ध हुआ। करीब पौन घड़ी तक आँखों में चकाचौंध उत्पन्न कर लड़ता रहा वह वीर भी धराशायी हो गया।

गिर कर तड़पते रहे वीरों के बन्धु-बान्धवों के देखते रहते वक्त चबूतरे की दायीं तरफ से हाथी उतर आए। वे लसदार मिट्टी पर अर्ध-मृतप्राय पड़े आत्मघाती वीरों को पैरों तथा सूँड़ से धकेलते ढुलकाते ले जाते और अन्त में उनके हाथ या पैर को पकड़ कर उठा लेकर 'मणिक्किणर' (कुएँ) में जोर से फेंक देते।

शोरगुल थम गये।

सूरज पश्चिम की ओर झुका पड़ा रहा। पूर्वी हवा रुक गयी।

मन्दिर के प्रांगण के बरगद के पेड़ के पत्ते भी निश्चल हो गये।

कन्धे पर पड़े अंगोछे को कस कर खींचते हुए कुट्टन दाऊ दाँत पीसते हुए बोले—"चलें।"

बन्धुजनों से बिदा लेने के लिए वे नहीं रुके।

लड़खड़ाते हुए चल कर जब कारत्तोल पहुँचे तभी जन-प्रलय से मुक्ति मिल पायी। मुख्य सड़क से थोड़ी दूरी पर लगभग सुनसान पड़ा एक बरगद का चबूतरा और पौसला दिखाई दिए। वहाँ पीने का पानी मिला। यद्यपि चबूतरा टूटा-फूटा था तो भी उस पर चित लेट कर कमर सीधी कर सके।

सोचने की शक्ति पुनः प्राप्त हुई तो विचार आया कि यह कैसा युद्ध है! घबराहट-सी महसूस हुई। मर्दानगी यही है न एक-एक आत्मघाती वीर का सामना एक-एक वीर करे? एक का सामना यदि चार-पाँच व्यक्ति मिल कर करें तो भी उसमें थोड़ा-सा औचित्य है। यहाँ तो अठारह का सामना करने के लिए सैंतालीस हज़ार व्यक्ति। तब तो इन योद्धाओं को इसमें भाग नहीं लेना था। वह भी नहीं हुआ। स्वबुद्धिवाले मनुष्यों के लिए यह निष्प्रयोजन नरबलि उन्नित कैसे हो?

थके मांदे चलते हुए कुट्टन दाऊ ने विस्तार से बता दिया—तिरुनावाया पर आधिपत्य जमाने के लिए जो युद्ध हुआ था वह तेरह साल जारी रहा। जीतने को मार्ग नहीं दिखा तो सामूतिरी ने आखिर वल्लुवक्कोन के दो सेनानायकों को मोल लिया और अपने पक्ष में कर लिया। युवराज (तम्पुरान) को धोखे में फँसा कर तलवार की वार से गिराया। घायल होकर गिर गये उस तम्पुरान की छाती पर पाँव टेके खड़े सामूतिरी से तम्पुरान ने

कहा—"तू जीत नहीं पाया है। जीत पाएगा भी नहीं। तुझ धोखेबाज़ को मेरे प्रदेश की जनता कभी सीधे खड़े रहने नहीं देगी।"

तन्त्र-मन्त्र वालों की कठपुतली बनकर उनकी अँगुली पर नाचते रहे अन्तिम पेरुमाल ने जब तंग आकर इस्लाम धर्म स्वीकार करके गद्दी छोड़ दी तब रक्षापुरुष का पद वल्लुवकोनातिरी को सौंप दिया। किसी के प्रति दायित्व निभाए बिना सारे

अधिकार हथियाने का जो षड्यन्त्र रचा उसमें वे वल्लुवकोनातिरी को अपने वशवर्ती नहीं बना सके। उसी दिन से तन्त्र मन्त्रवालों ने सामूतिरी को वल्लवनाट् के विरुद्ध खड़ा करने की कोशिश शुरू की थी। किन्तु मुसलमानों की सहायता से ही सामूतिरी तिरुनावाया पर कब्जा कर सके। फिर भी तन्त्र-मन्त्रवाले अब भी सामूतिरी को मुसलमानों से अलग करके अपनी कठपुतली बनाये रखने की कोशिश में लगे हुए हैं। जो लोग सामूतिरी के धोखे के शिकार हुए उनके वंशज आज भी खुले तौर पर विरोध करते हुए आत्माहुति के लिए आ रहे हैं। विरोध का मान-मर्यादा पूर्वक सामना करने का साहस सामूतिरी में नहीं है। यह जो बदतमीजी हो रही है उससे मुसलमान भी सहमत नहीं है। बाडों के उस पार सुरक्षित रहकर, जो भालाधारी सैनिक मक्खियों के झुंड के समान खड़े हल्ला मचा रहे हैं उनमें किसी को चंद पल तक ही सही किसी एक आत्मघाती वीर से भिड़ते रहने का साहस है क्या?

जल्दी घर पहुँचने के लिए तेज़ कदम बढ़ाने पर और एक दुःख मन में घर कर गया। पहले ही सब कुछ जाननेवाली सीता दीदी को अब जानने के लिए विशेष कुछ भी नहीं होगा तो भी क्या यह अंत्य उनको विदित हो गया होगा? यद्यपि वह निश्चित रूप से जानती है कि प्रत्याशा की कोई गुंजाइश नहीं तो भी उनका अन्तर्मन एक आश्चर्यकारी समाचार की प्रतीक्षा कर रहा होगा न?

हे ईश्वर, कैसे उनका सामना करूँ?

तान्नियूर-13

तिरुवूर के करीब समीप पहुँचते-पहुँचते सूर्यास्त हो गया। मन के निस्तेज हो जाने के कारण पाँव भारी पड़ने लगे। एक-एक कदम रखना मुश्किल पड़ रहा था। रास्ता खत्म होता ही नहीं।

कुट्टन दाऊ ने बताया—'कीष़ेटत्तु भवन जाकर आज का दिन बिताएँगे।'

ताऊ का बन्धु-भवन है कीष़ेटत्तु घराना। पहले कभी मैं वहाँ नहीं गया था। न ताऊ को देखा था। पिताजी से आयु में सोलह साल बड़े थे ताऊ। पिताजी की मृत्यु के पहले ही वे चल बसे थे। ताई के तीन सन्तानें हैं—दो बेटे और एक बेटी। आयोधन कला पाठशाला की परम्परा से लगे रहने के कारण दोनों मर्द वेट्टत्तुनाटु के योद्धा थे। जब युद्ध नहीं होता तब वे वहाँ के और किसी काम में लगे रहते। ताई जिन्दा हैं। बेटी और दो छोटे बच्चे ताई के साथ रहते हैं।

"यह कौन? कुट्टन है क्या?" सन्ध्यादीप के सामने बैठी नाम-जपन करती रही ताई उठ कर सीढ़ियाँ उतर कर आँगन में आ गयीं। "अरे! अप्पू भी साथ है। यहाँ का रास्ता अभी तक भूले नहीं हो, न मेरे बच्चे!" कभी-कभार जाकर न मिलते रहने के कारण उत्पन्न रूठना जल्द ही उण्णि भैया की स्मृति से उत्पन्न परिताप में बदल गया। "वह बलि भी हो चुकी।" ऊर्ध्व दृष्टि के साथ, दीर्घ निश्वास, छोड़ती हुई ताई दीर्घ स्वर में नाम जपन करती

रही—"नारायण ..., हरे कृष्ण...!"

फिर स्नेह पूर्वक बोली—"हाथ-पाँव धोकर इधर आ जाओ। जोभी हो, मृताशौच तो नहीं है न?"

आत्मघाती वीर की उदक किया नहीं की जाती। आत्मघाती वीर की मृत्यु पर सूतक भी नहीं माना जाता।

तान्नियूर मार्ग से एक खेत की दूरी पर जो पगडंडी आरम्भ होती है उसका चढ़ाव कीष़ेटत्तु भवन में आ मिलता है। खेत से थोड़ी ऊँचाई पर है घर। ड्योढ़ी पर खड़े रह कर पश्चिम की ओर देखने पर नीचे खेत और तान्नियूर का मार्ग दिखाई

देगा।

ताई यद्यपि पचास-साठ साल की हो गयी हैं तो भी रीढ़ सीधी करके सिर ऊँचा करके ही खड़ी रहती है और चलती फिरती है। एक तो अस्थियों की परम्परागत दृढ़ता। दूसरा, बचपन में 'कलरी' में स्थिर खड़ी रहने का जो अभ्यास किया था उसका प्रभाव। घने बाल अभी पके नहीं हैं। मुखश्री फीकी नहीं पड़ी है।

रोती कलपती लाल हुई आँखों के साथ कुंची दीदी द्वार पर आ गयी।

उण्णि भैया के खानदान के सदस्यों की जो आम शरीर-प्रकृति है वही दीदी के शरीर की भी है। पर मन की दृढता उतनी नहीं। हमें देखते ही फिर से फूट-फूट कर रोईं। अपने घराने से तान्नियूर जाते वक्त उण्णि भैया के लिए बीच का पड़ाव था कीष़ेटत्तु घर। दीदी को उनसे अच्छी जान पहचान थी। शायद यह समझ कर कि उनका मानसिक सन्ताप हमें दुःखी बना रहा है, उन्होंने अपने को सम्भाल लिया। आँखें पोंछीं।

हाथ-मुख धोकर हम बरामदे पर बैठे ही थे कि काँसे के थालों में गरम चावल का दलिया परोसकर नमक मिला कर लाईं। "ओह! बढ़िया जन्म बेकार हो गया न? किस से कहें दुःख!"

मैंने एक दो घूँट दलिया गटकने की कोशिश की। निगल नहीं पा रहा था।

"जब तन और मन बुरी तरह थक गये तो अन्न कैसे निगल सकें?" हमारी तकलीफ देखकर ताई ने कहा। "ऊपर जाकर थोड़ी देर लेट जाओ। कम से कम तन की थकावट मिट जाए। बाद को विस्तार से बात करेंगे।"

कुट्टन दाऊ ने आँगन में खड़े बिल्ववृक्ष की झुकी डाली से चार पाँच पत्ते तोड़ लिए और तुलसी के फूलों के साथ मिला कर मरोडा, उसका दो बूँद रस मेरे मुँह में टपका दिया। बची खुची सीठी अपने मुँह में डाल ली।

खेत और तान्नियूर मार्ग जिसके किनारों पर छायादार पेड़ कतार में खड़े हैं, ऊपर के कमरे की खिड़की से दिखाई देते हैं। वही कोष़िक्कोड जाने का मार्ग है। मामाकम के पश्चात् सामूतिरी के भालाधारी सैनिक लौटने लगे हैं। जयघोष करते हुए, अट्टहास करते हुए वे मदमत्त होकर कूच कर रहे हैं।

पुराने ज़माने में जब सामूतिरी तिरुनावाया पर हमला करने निकले थे तब उन्होंने इस मार्ग का निर्माण कराया था। तिरुनावाया में हुए समझौते की शर्तों के अधीन बारह साल में एक बार सामूतिरी की सेना तिरुनावाया जाते वक्त इस रास्ते से गुज़र सकती है। किन्तु केवल 'मामाकम्' के लिए ही सेना इधर से गुज़र सकती है। मामाकम् के लिए जाते समय उनको कोई रोकेगा नहीं। पर, हर बारह वर्ष के कालखंड के बीतते, यहाँ से गुजरती सेना के अत्याचार बढ़ते ही जाते हैं। इस बात में भी सामूतिरी का रवैया यही है कि समझौता केवल ताड़-पत्र में ही रहे।

समझौते की और एक शर्त यह है कि आत्मघातियों का सामना केवल आत्मघाती वीरों से ही कराया जाए। उसे भी सामूतिरी ने सुविधापूर्वक भुला दिया। कारण यही कि यदि आत्मघाती वीर 'अंकम्' लड़कर जीत जाएँ तो 'निलपाटुतरा' (चबूतरा) छोड़ना होगा।

समझौते के अनुसार, 'मणिक्किणर'(कुआँ) इसलिए बनाया गया है कि उसमें मृतकों के शरीर का आदरपूर्वक संस्कार किया जाए। समझौते की शर्त यह नहीं है कि भाले के वार से गिरे आत्मघातियों को हाथी पाँव से थकेल कर, लुढ़काकर कुएँ में फेंक दे। शर्त यही है कि हर एक के रिश्तेदार वीरोचित सम्मान के साथ रेशमी वस्त्र में लपेट कर उनकी लाश कुएँ में अर्पित कर दें।

अब तो कुछ रूढ़िगत शर्तों का पालन ही शेष रह गया है जैसे नावामुकुन्द मन्दिर के प्रबन्धकों में एक वेल्लाट्टिरी का प्रतिनिधि हो और एक वेट्टत्तु का प्रतिनिधि हो।

सामूतिरी के भालाधारी सैनिक मामाकम् के बाद की वापसी यात्रा के दौरान सारी उच्छृंखल करतूतें मुहल्ले भर में अबाध रूप में करते हैं। लूटपाट, हत्या, आगजनी व छीना झपटी से लेकर बलात्कार तक। लोगों का कहना है कि यह वैसा ही उत्पात है जो ईखों की झुरमुट में घुसे हाथी मचाते हैं या खेत में उतरे सुअर मचाते हैं। सड़क के किनारों पर बसे हुए सारे जन घर छोड़कर भाग निकलते हैं। जो नहीं निकल पाते वे सामने के किवाड़ पर बाहर से ताला डालकर रसोई में, छत पर, या सर्प पूजा के लिए बनी वनस्थलियों में छिपे रहते। ऐसी कई स्त्रियाँ हैं जो कीचड़ भरे तालाबों में, नाक पानी के ऊपर किए डूबे रह कर बच गयीं। सड़क के किनारे बसे हुए लोग साँस रोके इस प्रतीक्षा में रहते कि भालेधारियों का पहाड़ी जल प्रवाह कब थम जाएगा।

वापसी यात्रा में ही अधिक उत्पात मचाया जाता। तब सेना वैसे ही उच्छृंखल हो जाती है जैसे रस्सी के बन्धन से छूट गये बैल हो। सामूतिरी को पुनः रक्षापुरुष के स्थान पर आसीन करके ही सेना आ रही है न? कुछ भी करे, पूछनेवाला कौन? चूँकि सेना भारी है इसलिए प्रतिरोध अतिदुष्कर।

इस बीच कुछ कुतन्त्रवाले इन ढीठों की सहायता से विरोधियों की सम्पदा और शक्ति को ध्वस्त करने का षड्यन्त्र रचते हैं। उत्पात का रास्ता मोड़ देना ही काफी है न? इस उपाय से वे ऐसे विरोधियों को तहस-नहस करने का प्रयत्न करते हैं जिनका सामना वे अकेले नहीं कर सकते।

झपकी की ओर जाते हुए कुट्टन दाऊ ने स्वगत के रूप में कहा—"पता नहीं;' 'कलरी' का क्या हाल है। तम्पुरान ने पहरा लगवा दिया होगा, तो भी घर में केवल दीदियाँ, दूध मुँह बच्ची और दृष्टिहीन मामाजी ही हैं। 'कलरी' बन्द पड़ा है।

दूर से आकर आवासीय अध्ययन कर रहे कुछ छात्रों के अलावा बाकी सारे छात्र अपने-अपने घर गये हुए हैं। लेखन शाला सड़क के किनारे से थोड़ा हटकर अन्दर की तरफ है। खतरा तभी सम्भव है जब लूट पाट और हत्या दोनों तरफ व्यापक रूप में फैल जाए। किन्तु आग के बारे में यह सुनिश्चित रूप से कैसे कहा जा सकता है कि वह अमुक स्थान तक ही फैलेगी?

पीढ़ी दर पीढ़ी सुरक्षित रखे गये ग्रन्थ छत पर और ग्रन्थागार में हैं। यह ऐसी अमूल्य निधि है जिसे पुनर्निर्मित नहीं किया जा सकता। यह वह ज्ञान है जिसे आगामी पीढ़ियों को हस्तान्तरित किया जाना है। यदि वह खो गया तो अपरिहार्य हानि होगी। अक्षरशः स्मरण से लिख लेना असाध्य नहीं, तो भी कठिन अवश्य है न?

उनके बेटे जब भोजन करने आए तब ताई ने हमें छू कर जगा दिया। 'मामाकम्' के सम्बन्ध में सामान्य रूप से और आत्मघाती वीरों की रणयात्रा के सम्बन्ध में विशेष रूप से जानने की उत्सुकता प्रकट की गयी। कुट्टन दाऊ ने विस्तृत रूप से बताने की तत्परता नहीं दिखाई। रात का भोजन करने में भी मन नहीं लगा। कुट्टन दाऊ ने सोचा—अभी क्यों न घर की ओर प्रस्थान करें? ताई ने हठ किया कि भालाधारियों की यात्रा की समाप्ति के बाद ही निकलना है। पूछा—'विपदा को क्यों नाहक मोल लें?' चूँकि एक प्रकार से यह भी ठीक था इसलिए ताई का कहना मानना पड़ा। फिर जाकर लेट गये, पर नींद नहीं आई।

रात के सन्नाटे को चीरता हुआ सेना का आक्रोश सुबह तक सुनाई दे रहा था। चीख, हर्षारव, जानवरों की आवाज़ों का अनुकरण भी। संहार-भाव का उमडता-घुमडता प्रबल प्रवाह। इस घबराहट में आँखें मूँदे पड़े रह कर रात बिताई कि इस प्रवाह में क्या-क्या तहस-नहस हो जाएँगे।

ताई ने ज़ोर देकर कहा था कि सुबह रोशनी फैलने पर ही निकलना। इसलिए चिडियों के जागने के बाद भी हम तब तक इन्तज़ार करते पड़े रहे जब तक अँधेरा बिलकुल क्षीण हो गया। पौ फटते ही उठकर लम्बे कदम रखते चले।

रास्ते भर में फटे हुए झंडे और बन्दनवार, भोज्य पदार्थों के अवशेष, कूडे कर्कट आदि बिखरे पड़े थे। कोई इन्सान बाहर कहीं भी नहीं। सड़क के किनारे की कई इमारतें जल रही हैं। कहीं से आनेवाले विलाप प्रत्युत्तर पाए बिना हवा में विलीन हो रहे हैं। जलती मशालें लिए जानेवालों के लिए कितना आसान है घरों के सूखे बड़े छतों को आग लगाना!

कोष़िक्कोड-मार्ग से घर जानेवाले रास्ते की ओर मुड़ने पर आम्र-कुंज के ऊपर से घर के सामने खड़े उदुम्बर का पेड़ दिखाई देता है। उसका एक हिस्सा जल भुन चुका है। उसके नीचे से घना काला धुआँ उड़ रहा है।

"ओह! छल हो गया!" छाती पर हाथ रख कर कुट्टन दाऊ आगे की ओर दौड़े।

'कलरी' और घर जल कर ढह रहे थे, इसी दृश्य ने हमारी अगवानी की। खलिहान वाला घर भी जल रहा है। चारों ओर कहीं इनसान का पदचाप नहीं। केवल ड्योढ़ी ही आग लगने से बचा हुआ है। ड्योढ़ी का दरवाज़ा बन्द पड़ा है। कुट्टन दाऊ ने लात मार कर उसे खोला।

आग की गर्मी और काले धुएँ के साथ मुख पर लगी जले भूने हुए कच्चे माँस की गन्ध। यह जान कर हतप्रज्ञ हो गये कि सब कुछ समाप्त हो गया।

धुएँ के धुंधलेपन के बीच हम ने देखा कि आँगन के उत्तर-पूर्वी कोने में खड़े इमली के पेड़ के तले से दो शस्त्रधारी व्यक्ति हमारी तरफ आ रहे हैं।

कुट्टन दाऊ मुझे पीछे की ओर करते हुए आगे खड़े रहे।

डर नहीं लगा। जैसे पूरा डूब जाने पर ठंड नहीं महसूस होती। यद्यपि हम शस्त्र अपने पास नहीं रखते तो भी हम इतने अभ्यस्त हैं कि यदि कोई शस्त्रधारी हमारे मर्म पर आघात करे तो उसका डटकर सामना कर सकें।

वे जलालुमूप्पन के आदमी थे। खेद पूर्वक उन्होंने यह कहा कि उनके आ पहुँचने के पहले यह सब कुछ हो चुका था।

दीदियाँ, बच्ची और 'कलरी' के बचे खुचे अन्तेवासी राजमहल में हैं। सतर्कता के तौर पर तम्पुरान पहले ही उन्हें यहाँ से ले गये थे। मामाजी जाने के लिए राजी नहीं हुए। यह मान कर रुक गये कि 'कलरी' छोड़ जाना उचित नहीं। इस बात पर उन्हें खेद हुआ कि यदि वे दिन होते जब उनकी आँखों की रोशनी थी तो वे बच्चों को भी घर के बाहर नहीं भेज देते। कारिन्दों को यह कह कर लौटा दिया कि पहले कभी 'मामाकम्' के दिनों में यहाँ कोई उत्पात नहीं मचा है।

तब तक शाम हो चली थी।

'कलरी' के पहरे के लिए दो सैनिकों को लगा कर कारिन्दे लौट गये। ऐन मौके पर इस बात का पता नहीं चल सका कि लेखन पाठशाला को आदमी समेत आग लगाने का षड्यन्त्र रचा जा रहा है। मंगलम् तिरुमेनी और मूप्पिल नायर ने मिल कर जो योजना बनाई उसका कार्यान्वियन परप्पनाटु सेना के एक उपनायक के द्वारा कराया गया। वह भालाधारी सैनिकों के एक दल को यहाँ ले आया। आते समय रास्ते में जो कुछ मिला, सब तहस-नहस कर डाला। संख्या में वे हमलावर अधिक थे। पहरा देते रहे दोनों सैनिकों को उन्होंने घेर लिया, मुठभेड़ में हराया और भाले में पिरो कर कलरी के भीतर डाला और दरवाज़ा बन्द किया। बाहर से दरवाज़े की कुंडी लगाई और 'कलरी' को आग लगा दी।

भालाधारी सेना को कलरी की तरफ ले आये व्यक्ति की जांघ पर तलवार

घुसेड़ कर, गर्दन पर पाँव दबाए पूछताछ की गयी तो उसने तोते के समान सारा रहस्य बता दिया। पर केवल वही पकड़ में आ सका। उस नीच को जिन्दा जला डाला भी। जब उसके अनुचरों को पता चला कि सामना करने के लिए मर्द खड़े हैं तब वे तितर बितर होकर अन्धेरे में छिप गये।

इतना सारा कष्ट उठाने पर भी बड़े गुरुजी को बचा नहीं पाए। पता नहीं वे कहाँ हैं। इस बात का निर्णय नहीं कर सकते कि वे टटोलते हुए जाकर कहीं छिपे बैठे हैं या आग में पड़ गये हैं! बुलाया, चीखा चिल्लाया। कोई जवाब नहीं। शायद इसलिए कुछ नहीं बोलते होंगे कि यह पहचान नहीं पाते होंगे कि कौन पुकार रहा है। कुछ देख नहीं पाते न? शायद इस बात का भी पता नहीं चल पाया होगा कि दिन निकल आया है।

कपड़े में बन्धे ग्रन्थों की एक गठरी कुएँ के किनारे से प्राप्त हुई है।

कुट्टन दाऊ ने मामाजी को ज़ोर-ज़ोर से पुकारा। बहुत कोशिश करने पर भी मैं उनके साथ पुकार नहीं पाया, आवाज़ बाहर नहीं आयी।

हम ने कान लगाया, पर व्यर्थ।

लक्ष्यहीन होकर मँडराती रही हवा के बवंडरों में आए घने घुएँ ने हमें बार बार घेर लिया।

कुएँ के किनारे मिली ग्रन्थों की गठरी कुट्टन दाऊ ने खोली। छत पर जो ग्रन्थ रखे गये थे उनमें सब से नीचेवाले ग्रन्थ ही गठरी में थे।

सहसा किसी बात की याद करके एक दहक के साथ कुट्टन दाऊ कुएँ के किनारे की ओर भागे।

कुएँ के चारों ओर घुटने तक की ऊँचाईवाली दीवार है।

चक्र के सहारे ही पानी खींचा जाता है। बाल्टी और रस्सी चक्र पर ही है। कुएँ में पानी तो है। कडी गर्मी के दिनों में भी कुएँ में पानी रहता है। मकानों के जलने पर उड़ी राख और धूल कणों के पड़ने से कुएँ की ऊपरी सतह ढकी हुई है।

उस चादर के नीचे मामाजी जल समाधि में डूबे हुए हैं।

रोने की भी गुंजाइश नहीं।

कुट्टन दाऊ कुएँ में उतरे। राख का आवरण हटाकर मामाजी के मुख की छानबीन की। मुख उठाया! "सब समाप्त!"

मूप्पन के अनुचरों की सहायता से मामाजी का शरीर किनारे पर चढ़ा लिया। मात्र कौपीन। अंगोछा नहीं। धोती भी नहीं। उन्हीं कपड़ों में ग्रन्थों को आवेष्टित किया गया है।

खबर पाकर, कारिन्दे ही नहीं, स्वयं तम्पुरान ही चले आए। साथ कुछ सैनिक भी। भारी हलचल के कारण होगा अड़ोस पड़ोस के लोग इक्के-दुक्के होकर आए।

पानी खींच कर उँड़ेल कर और केले के तने काटकर उससे पीटे कर आग बुझा दी। घर के अवशेषों के बीच से तीन अधजले शरीर निकाले गये। भालाधारी सेना के नायक की लाश दफना दी गयी। बाकी दोनों का दाहसंस्कार एक ही चिता में किया गया।

मामाजी के दाहसंस्कार का नेतृत्व स्वयं तम्पुरान ने ही किया। तिरुवूर के वलियचेट्टियार की दूकान खुलवाकर अगरू, चन्दन, घी, रेशमी कपड़ा और कपूर मँगवाये गये।

जहाँ हवेली और भवन खड़े थे वहाँ का आकाश शून्य। छत पर भी ऐसा कुछ नहीं बचा जो आग में जल नहीं गया।

तम्पुरान ने जब ग्रन्थों की गठरी राजमहल के धान्यागार की तरफ भेज देने का आदेश दिया तब कुट्टन दाऊ ने बताया—"शेष ग्रन्थ भी कुएँ में होंगे।"

वह अनुमान गलत नहीं निकला। दरियों और चादरों में आवृत रखे गये सारे ग्रन्थ कुएँ से मिल गये। जब आक्रमणकारी पहरेदारों से भिड़ते रहे तब या उसके पहले ही मामाजी ने ग्रन्थों को बटोर कर बाँध लिया और टटोलते हुए जाकर कुएँ में डाल दिया। अन्तिम एक गट्ठर वहाँ पहुँच नहीं पाया। आक्रमणकारियों ने दखल देकर रोका होगा। पर, चूँकि मूप्पन के अनुचर आ गये इसलिए आक्रमणकारी उस गट्ठर को भी हथियाने या जलाने में कामयाब नहीं हुए।

आज भी यह निश्चित नहीं हो पाया है कि आखिर मामाजी का क्या हुआ। क्या वे तब पाँव लड़खड़ाने से कुएँ में गिर गये जब मूप्पन के अनुचर आक्रमणकारियों से लड़ रहे थे? जिन मामाजी ने पाँव लड़खड़ाए बिना उतनी गठरियाँ कुएँ में पहुँचायी थीं उनके पाँव केवल तब कैसे लड़खड़ा गये? या उन्होंने यह तय कर लिया कि आक्रमणकारियों से पकड़ा जाकर जलाए जाने से अच्छा कलरी के कुएँ में जल समाधि लेना है? या सिरफिरे भालाधारियों में से किसी ने जानबूझ कर मामाजी को कुएँ में धकेल दिया? भालाधारी सैनिक तो असंख्य थे ही।

बेटे की भूमिका निभाते हुए तम्पुरान ही मामाजी का सिर थाम कर चिता की ओर आगे-आगे चले। सन्ध्या की अरुणिमा में एक और अग्निकुंड जल उठा। उस धुएँ में सुगन्ध भरी हुई थी।

चिता के जल चुकने के पहले ही प्रदेश में हुए विनाश का हिसाब लिए कारिन्दे आए। करीब सौ घर जल गये हैं। सभी घरों में जो भी रत्न थे, और अन्य सम्पदा थी सब लुटेरे ले गये। वेट्टत्तुनाटु के सत्रह सैनिक मरे। करीब चालीस आक्रमणकारी मारे गये। स्त्रियों और बच्चों को कोई खतरा नहीं। अच्छा हुआ कि उन्हें घर से अलग रखा गया था।

दुःखड़ा रोने के लिए आए लोगों की फरियादें ध्यान से सुनने के बाद तम्पुरान

ने कारिन्दों को आदेश दिया—जिनकी कुटियाँ जल गयी हैं उन्हें नयी कुटियाँ बनवा दें। क्षतिपूर्ति के रूप में एक लाख चाँदी के सिक्के माँगते हुए एक ताड़-पत्र नेटियिरुप्पु (सामूतिरी) को भिजवा दें।

हम घोड़े गाड़ी में सवार होकर तम्पुरान के घोड़े के पीछे-पीछे राजमहल की ओर रवाना हुए। उस समय की हमारी दशा अत्यन्त दयनीय थी। बदलने के लिए दूसरा वस्त्र नहीं। घर नहीं। 'कलरी' नहीं। भंडार-घर नहीं। हाथ में एक कौड़ी भी नहीं। मामाजी नहीं। उण्णि भैया नहीं। कुल देवी मच्चिल भगवती भी नहीं।

राजमहल के धान्यागार की ड्योढ़ी पर हमारे इन्तज़ार में खड़ी रही दीदियों और कलरी के अन्तेवासियों के सामने तम्पुरान घोड़े पर से उतर पड़े। हम सबके प्रति ही उन्होंने कहा—"यही मानना कि जब तक कोई दूसरी जगह न मिले तब तक घर और 'कलरी' यही है। जो गया सो गया। जो भी नष्ट हुए उनमें से जान के अलावा बाकी सब कुछ पुनः प्राप्त किए जा सकते हैं। हमारी इच्छा है कि कल कुट्टिरामन एष़श्शन का सस्वर काव्यपाठ सुनते हुए जाग उठें। इस इच्छा की पूर्ति करा दें।"

तान्नियूर-14

तम्पुरान के जाने के बाद भी हम पूर्ववत् खड़े रह गये। थोड़ी देर तक हम हिल नहीं पाए। कारण बस यही था कि किसी को यह नहीं सूझ रहा था कि मन को ही नहीं शरीर को भी अब किस ओर मोड़ना है।

भयभीत बच्चों ने बारी-बारी से हम में से एक-एक के चेहरे की ओर देखा। हममें से कोई उनके या हम में से किसी के चेहरे की ओर देखने के लिए उद्यत नहीं हुए। आखिर कुट्टन दाऊ ने कठिनाई से मौन तोड़ा ''समय गँवाए बिना, बच्चे जाकर अपने-अपने पाठ रट लें।''

धान्यागार में उनके लिए आवश्यक सारी सुविधाएँ हैं। विशाल ड्योढ़ी। ऊपर, नीचे और पार्श्वों में आठ कमरे। सारे कमरे, दालान और रसोई घर बड़े दीपों से प्रकाशित हैं। चटाई, तकिये, खाट, बिस्तर सब हर कमरे में यथा स्थान हैं। रसोई तथा अन्य कमरों में परिचारक गण पर्याप्त संख्या में हैं। उनमें से एक व्यक्ति दीप का आलोक दिखाता हुआ तालाब तक आया। जब हम दोनों नहा के आए तब बदलने के कपड़े लिए चीरू दीदी

ने हमारी आगवानी की। स्नान के बाद पहनने के लिए धोती तक कारिन्दों ने पहले ही पहुँचा दी थी।

मैंने भीगे कपड़े बदल कर नए कपड़े पहन लिए। सीता दीदी के कमरे में घुसते ही मैंने देखा कि पालने में सोयी पड़ी एच्चु को पालने का आवरण हटा कर देखते हुए कुट्टन दाऊ झुक कर खड़े हैं। थोड़ी देर बाद चेहरा ऊपर उठाये बिना पूछ लिया—

''जगह बदलने पर भी एच्चु कोई हठ तो नहीं करती है न?'' मामाजी का वही भाव वही स्वर।

'नहीं' के अर्थ में सीता दीदी ने विवशता पूर्वक भनभनाया। उसके बाद सीता दीदी ने परिस्थिति का जायजा लेकर कहा ''भैया! भीगे वस्त्रों में ज्यादा देर तक न रहना। कुछ खा पी कर सोने की तैयारी करें। आज का कार्य तो पूरा हो चुका है न?''

पालने के भीतर झाँकते खड़े मेरे कन्धे पर हथेली रख कर सीता दीदी ने कहा—"सुना नहीं मैंने जो कहा? जाकर नाम जपन करके भोजन कर लेना।"

जिस प्रकार कुट्टन दाऊ ने मामाजी की भूमिका ग्रहण की उसी प्रकार उसी पल सीता दीदी भी माताजी के रूप में पुनः अवतरित हुईं।

रसोई में केवल जीरे का पानी ही उबाला गया। भोजन राजमहल से बर्तनों में भर कर भेजा गया। ब्यालू करने दालान में कतार में बैठे बच्चों के साथ बैठने पर मुझे भूख का सही अनुभव हुआ। चूँकि परोसने का काम दीदियों ने उठा लिया इसलिए स्वाद का भी अनुभव हुआ। कुट्टन दाऊ तब भी अन्न निगलने में कठिनाई का अनुभव कर रहे थे। सीता दीदी ने कोई हठ नहीं किया। किसी ने किसी से यह नहीं पूछा कि कुछ और चाहिए? जोभी परोसा जाता उसे मना नहीं करते, यद्यपि पूरा नहीं खाते।

कुट्टन दाऊ को रात के भोजन के बाद कम से कम दस कदम चलने की आदत है। उस समय वे सामान्यतः गहरी सोच में होते। कोई पाठ्यविषय कैसे परिवर्तित करें, ऐसा कोई विषय ही सोच का मसाला रहता। उस दिन की सोच का विषय ऐसा कुछ नहीं था। रह-रहकर वे आह भरते। यह इस बात का प्रमाण था कि वे दुःख के भँवर से बच निकलने का प्रयत्न कर रहे थे।

देखने में महर्षि जैसे लगते कारिन्दा कुशल मंगल पूछने उसी समय फिर आ गये। "तम्पुरान का आदेश है कि इस बात का पता करूँ कि यहाँ किसी चीज़ की ज़रूरत है कि नहीं?"

"नहीं"। कुट्टन दाऊ ने बताया। "पर यहाँ यों हर दिन नहीं रह सकेंगे न?"

कारिन्दे ने बताया कि लेखन पाठशाला का पुनर्निर्माण करने का निर्णय हो चुका है। सन्देह इसी बात में है कि उसका स्थान कौन-सा है। बड़े तम्पुरान का विचार है कि तान्नियूर राजमहल और परिसर अब सुरक्षित नहीं रह गये हैं। अति भीषण आक्रमण अब किसी भी समय उत्तर दिशा की ओर से हो सकता है।

रानी माँ की अपमृत्यु के बाद बड़े तम्पुरान बहुत लाचार हैं। हर वक्त यही फुसफुसाते हैं—"अब मुझसे कुछ नहीं हो सकता।" फरमा चुके हैं कि सारा बोझ उतार डालना है। बिना विलम्ब छोटेत्तंपुरान (राजकुमार) को गद्दी पर बिठाने का विचार है। उनका इरादा है कि आगे तान्नियूर में एक प्रबल सेनानायक और पर्याप्त संख्या में पहरेदार पर्याप्त हैं। वह ठीक भी है। युद्ध में चाहे हार जाएँ या जीत जाएँ राजवंश का मूसला अविच्छिन्न रहेगा। सामूतिरी के समुद्री व्यापार का विस्तार हो रहा है। लगता है कि पेरार के समान ही पूरप्पुषा को भी अपने अधीन लाने का लक्ष्य बना लिया है। वंश का विनाश करने पर वह कार्य आसान बन जाएगा न? जहर लगे पैने तीर बड़ी मात्रा में उनके पास होंगे न? कुमतियों के लिए कौन-सा तरीका

निषिद्ध है?

उण्णित्तंपुरान का भी यही विचार है कि छोटे बच्चों की शिक्षा-दीक्षा का प्रबन्ध अब तान्नियूर में नहीं होना चाहिए। इस तर्क में दम है कि ऐसे स्थान पर बच्चे सुरक्षित नहीं रह सकते जहाँ रह-रह कर मुठभेड़ होते हों। क्यों छोटे बच्चों के जीवन से खिलवाड़ करें? सुख और सन्तोष के साथ उनके आवास और शिक्षा का प्रबन्ध और कहीं हो सकता है न? वेट्टत्तुनाट में जगह की कमी नहीं है। यदि स्थान वेट्टत्तु के मुख्यालय से अधिक दूर नहीं है तो राज्य उस पर सदा अपनी नज़र रख सकेगा। और यदि एष़श्शन लोगों को लगे कि पुराना स्थान ही पर्याप्त है तो ऐसा भी हो सकता है।

''सदा के लिए इस जगह को छोड़ जाने में दुःख है।'' कुट्टन दाऊ के मन में शंका हुई। ''पर तम्पुरान की सोच में दम है भी। जान बूझकर बच्चों की जान जोखिम में डालना ठीक नहीं।''

'उण्णित्तंपुरान के मन में यह विचार है कि इतनी अच्छी लेखन पाठशाला को यदि वेट्टत्तुनाट के मध्य भाग की ओर तब्दील किया जाए तो लोगों को आनेजाने में अधिक सुविधा होगी। उत्तर दिशा से अध्ययन के लिए आनेवालों की संख्या अधिक नहीं हो सकती। बाहर से आनेवालों के लिए कलरी चाहे इधर हो या उधर, कोई खास फरक नहीं पड़ता। दूरी थोड़ी अधिक बढ़ जाने से वे हतोत्साहित नहीं होंगे। दक्षिण से आनेवालों के लिए दूरी में उतनी कमी आएगी न? कहीं से भी आनेवाले क्यों न हो, सब की सुरक्षा सुनिश्चित करनी है न?''

''उनके विचार में अब कौन-सी जगह है?''

''पूछा कि तिरुकंटियूरमें क्यों नहीं हो?''

''जगह भी निश्चित की होगी?''

''तिरुक्कंटियूर में एक जगह है। तुंचन परम्पु। अब वह राजमहल के अधीन है।''

कुट्टन दाऊ का माथा थोड़ा सिकुड़ गया। ''यह वही जगह है न जहाँ मुनयूर इल्लम के कारिन्दों और साथियों ने जाकर उत्पात मचाया था?''

वह कहानी वेट्टत्तुनाट में सबको विदित है। तुंचन नायक कोई व्यक्ति आवास और रोज़गार की तलाश में घूमता हुआ पूरब से आया और एक छोटी रकम भेंट कर मुनियूर इल्लम (भवन) से थोड़ी फालतू ज़मीन अपने नाम खरीद ली। तुंचन और उसकी पत्नी ने दिन रात मेहनत करके भरपूर मिट्टी डाल कर ज़मीन को ऊँचा किया और पौधे लगाए। बारह वर्षों की अवधि में उस बंजर ज़मीन में फसलें लहलहा उठीं। उस अहाते की फसलें इतनी समृद्ध थीं कि लोगों ने यहाँ तक बताया कि तुंचन को ज़मीन के भीतर से कोई निधि मिली है।

यह देखकर इल्लमवालों ने उस ज़मीन का स्वामित्व तुंचन को देने का निश्चय किया। यह भी निश्चय किया कि ऐसा करने के लिए तुंचन से एक बड़ी रकम भी वसूल की जाएगी। उसकी वसूली का दायित्व कारिन्दे को दिया गया। उस भारी रकम के अतिरिक्त एक बड़ी रकम कारिन्दे को रिकात के रूप में भी देनी है।

तुंचन और कारिन्दे के बीच जो वाद विवाद हुआ वह झगड़े में परिणत हो गया। कारिन्दा तुंचन को तुरन्त अहाते से निकाल देने को उद्यत हो गये। तुंचन नारियल के पेड़ से ताडी निकालने का पेशा करता था। अन्दर का पीड़ा बढ़ी तो तुंचन को परिस्थिति की सुधि नहीं रही। जान हथेली पर लेकर उसने चाकू हाथ में ले लिया। कारिन्दा और अनुचर निकल कर भागे।

उस रात अनुचरों के साथ आकर कारिन्दे ने तुंचन की कुटी को घेर लिया। तुंचन को भाले में पिरो कर गाड़ दिया। उसी गड्ढे में तुंचन की औरत तथा सात और चार बरस की दो लड़कियों को भी गाड दिया। जिन्दा दफना दिया।

जाति भेद के बिना उस प्रदेश वालों ने वेट्टत्तु तम्पुरान के समक्ष जाकर फरियाद की कि ऐसी क्रूरता बरदाश्त नहीं की जा सकती। तम्पुरान ने तिरुकंटियूर 'संकेतम्' के द्वारा कारिन्दे की पैरवी करायी। कारिन्दे को प्राणदंड देने का निर्णय हुआ तो ब्राह्मण घरानेवाले इस पर आपत्ति पेश करने के लिए सामूतिरी के पास गये। पर उनके पहुँचने के पहले ही दंड विधान का कार्यान्वयन तम्पुरान ने करा लिया। प्रायश्चित स्वरूप तुंचन का अहाता और ब्राह्मण घराने के और चार अहाते जब्त कराए गये और ब्राह्मण घराने वालों से कसूर स्वीकार कराया गया।

उसके बाद बड़े अर्से से तुंचन का अहाता अनाथ पड़ा हुआ है। यह विश्वास फैल चुका था कि यह जगह अभिशप्त है। यहाँ घर बनाकर बस जाने या वह आहाता अपने नाम लिखवा कर अपने अधीन रख कर उसकी उपज लेने के लिए कोई तैयार नहीं होता। लोगों की धारणा है कि तुंचन और परिवार की प्रेतात्माएँ यहाँ बसी हुई हैं। बताया जाता है कि रात से समय यहाँ की मिट्टी के नीचे से इधर उधर बच्चों का रुदन उठता है। प्रेतात्माओं से सताए जाने का दुस्वप्न प्रदेशवासियों को तंग करता है। वे सब मिल कर यहाँ के कुचले के पेड़ तले चबूतरा बनाकर उस पर तुंचन और सन्तानों को प्रतिष्ठित रखकर निर्विघ्न रूप से सन्ध्या-दीप जलाते हैं। आषाढ़ की अमावस्या के दिन प्रदेश वासियों की ओर से अनाथ प्रेतों को भोज भी दिया जाता है।

तिरुकंटियूर शिव मन्दिर से करीब पाँच सौ कदम चलने पर 'तुंचनपरम्प्' पहुँच सकते हैं। वह प्रदेश तिरुकंटियूर संकेत वालों के नियन्त्रण में है। संकेत के मुखिया वन्नेरी नम्पूतिरी हैं। किसी भी प्रकार के उत्पात की सँभावना नहीं।

''चूँकि एषश्शनों को भूत-प्रेत आदि पर विश्वास नहीं है इसलिए यदि और

कोई बाधा नहीं हो तो वहाँ लेखन पाठशाला क्यों न स्थापित करें?'' कारीन्दे ने पूछा।

तान्नियूर में जितनी जगह है उससे अधिक जगह और सुविधाएँ यहाँ हैं। मिट्टी खोद् निकालकर जो खेत तैयार किया गया है वह अलग पड़ा हुआ है। दस्तावेज में दोनों सम्मिलित हैं। यद्यपि देख रेख के अभाव में खेती-बारी में कमी आ गयी है तो भी अब भी अच्छी फसल मिल रही है। कुआँ और तालाब हैं जिन में पानी पर्याप्त मात्रा में है। कुएँ का पानी निकाल कर उसे साफ करना है। तालाब की भी मरम्मत करनी है।

''हाँ, सोचेंगे।'' सब कुछ सुनकर कुट्टन दाऊ ने कहा।

''आदेश हुआ है कि जहाँ भी हो, राजमहल के खर्च पर घर और शालाएँ यथाशीघ्र निर्मित की जाएँ।''

कारिन्दे के जाने के बाद कुट्टन दाऊ से सारी खबरें जान कर सीता दीदी ने शंका के बिना निश्चित किया—''अब यहाँ रहा नहीं जा सकता। कहीं और जाना ही अच्छा रहेगा।''

''पड़ोस में कीष्रेटत्तुवाले होंगे भी।'' कुट्टन दाऊ ने व्यक्त किया कि उनकी इच्छा भी वही है।

कुएँ से निकाले गये ग्रन्थों को एक-एक करके खोलकर ऊपर के हवादार दालान में सुखाने के लिए बिछा कर रखने के बीच ही यह वार्तालाप हुआ था। राजमहल के पल्लेदार ग्रन्थों के जो गट्ठर ड्योढ़ी पर और वहाँ पर्याप्त जगह न मिलने के कारण गलियारे में रख गये थे उन्हें जब मैं ऊपर ले जा रहा था तब भी उनसे पानी चू रहा था।

कुट्टन दाऊ ने एक-एक ग्रन्थ का बन्धन खोल कर ताड़-पत्र एक के पीछे एक रखकर फर्श पर बिछा दिए। एक-एक ग्रन्थ के ऊपर और नीचे लकड़ी के फलक उसके पत्रों के आगे और पीछे रखे। कसकर बाँधे गये ग्रन्थों के भीतरी पत्रों तक पानी की नमी नहीं पहुँची थी। तो भी वे अनभीगे पत्र भी कतार में यथा स्थान बिछाए रखे ताकि पुनः क्रम से बटोर कर बाँध लेने में सुविधा रहे।

मामाजी ने हर गट्ठर में दीपक, गडुआ या कोई न कोई छोटी बड़ी चीज़ रख दी है। एक गट्ठर में तो चन्दन घिसाने का सान-पत्थर था। हर गट्ठर में मुट्ठी भर नाराच भी हैं। ये भारी चीज़ें हर गट्ठर में इस उद्देश्य से रख दी होंगी कि कुएँ में डाले जाने पर भी ये गट्ठर पानी के ऊपरी सतह पर पड़े रह कर दुश्मनों की दृष्टि में न पड़ सकें। ग्रन्थों के ऊपर नीचे रखे लकड़ी के फलक ऐसे नहीं कि पानी की ऊपरी सतह पर तैरते रहें। लकड़ी के घने गूदे से निर्मित हैं। पत्तों में भी वायु का अंश नहीं। ग्रन्थ वैसे ही पानी में डालें तो भी डूबे रहेंगे अवश्य। पर मामाजी को सन्देह रहा

होगा। जो भी हो काँसे के उतने सामान और नाराच भी तो बच गये।

ग्रन्थों को कुएँ में ही निक्षिप्त करने के पीछे यह उद्देश्य भी रहा होगा कि यदि किसी तरह आक्रमणकारी ग्रन्थों को ढूँढ़ लेकर आग में डाल भी दें तो भी वे जल्दी जलने न पाएँ। भीगने पर आग लगना आसान नहीं है न? तीन चार घंटे तक धुआँ निकालते हुए पड़े रहें तो भी हर ग्रन्थ के बीच के कम से कम चार पत्ते तो शेष रह जाएँगे। अथवा, किसी की दृष्टि में पड़े बिना कुएँ में दीर्घ काल तक ऐसे रहना पड़े तो भी ग्रन्थों को आँच नहीं आएगी। सादियों तक पानी में पड़े रहने पर भी लकड़ी के गूँदे से बने आवरण फलक एकदम ध्वस्त नहीं होंगे, थोड़ा-सा जीर्ण हो जाएँगे, बस।

ताड़ के पत्तों पर कीडे लग सकते हैं। चूने के साफ पानी में एक बार धोकर दिन भर धूप में सुखाने पर कीड़ों से मुक्ति मिलेगी। आग ही ग्रन्थों के लिए अन्तक बन सकती है। प्राणियों और ताड़-पत्रों के लिए आग समान रूप से हानिकारक है।

कुट्टन दाऊ ने भरी आँखों से स्वयं कहा—छत पर रखे ग्रन्थों में एक भी नष्ट नहीं हो गया है। जो ग्रन्थ भंडार में रखे गये थे वे ही जल गये हैं। वे तो बच्चों के वाचन और अध्ययन के लिए निकाली गयी प्रतिलिपियाँ मात्र हैं। श्रम और समय लगाने पर प्रतिलिपियाँ लिख कर तैयार की जा सकती हैं। जो भी हो नयी लेखन शाला का आरम्भ 'हरिश्री' से ही करना पड़ेगा।

तुंचन और उसकी सन्तानों के प्रेतों का भय केवल चीरू दीदी को ही था। "ओह! पता नहीं, उनका उत्पात आगे भी रहेगा क्या?"

"इससे एक काम आसान हो गया।" कुट्टन दाऊ ने कड़बी हँसी के साथ देख लिया। जिस चबूतरे पर उन्हें आवाहित करके रखा गया है उस पर हम "मच्चिल की भगवती' को भी प्रतिष्ठित कर सकते हैं... एकं सत्।"

"तो भी...।" चीरू दीदी का सन्देह दूर नहीं हुआ।

"तुंचन को और उसके बीवी बच्चों को हमने नहीं सताया था।" कुट्टन दाऊ की हँसी विलीन हो गयी। "यदि वे सताने की शक्ति रखते भी हों तो वे क्यों हमारी तरफ निकल आएँ?"

सोने के लिए लेटे रहते समय मैंने सोचा—यदि मान लें कि प्रेत नाम की चीज़ है और वह अपने पूर्व शरीर की शक्ति से कई गुनी शक्ति से सम्पन्न है, तो क्या उण्णि भैया का प्रेत कुएँ से उड़ता हुआ बाहर आकर सामूतिरी के सारे भालाधारियों को तथा सामूतिरी को भी तलवार के वार से खंड-खंड कर डाल देता न? पिताजी को छल से विष खिलाकर जिन लोगों ने मार डाला था उन्हें पिताजी के प्रेत ने परप्पनाट से पश्चिमी समुद्र की ओर उठा कर फेंक दिया होगा न? मामाजी के प्रेत ने कुएँ से बाहर निकल कर उन भालाधारियों और साथ ही उनके तम्पुरान को जला

डाला होगा न?

झपकी आयी तो माताजी हँसती हुई सामने आकर खड़ी हो गयीं। रुग्ण होने के पहले की माताजी। आँखों में दु:ख। ओंठों पर हँसी। पता नहीं, क्यों हँस रही हैं। माताजी कहीं जाने के लिए तैयार खड़ी है। कोई नहीं कहता कि वे कहाँ जा रही हैं। धोती ओढ़ली है। साथ जाने के लिए खड़ा हूँ मैं। पर एक प्रमुख व्यक्ति जिन्हें उनके साथ जाना है, अभी तक आ पहुँचे नहीं है। पता नहीं, वे कौन हैं। यह भी नहीं पता कि वे क्यों देर कर रहे हैं और कब आ पहुँचेंगे। शाम होने को है। ड्योढ़ी से मामाजी का अधीर स्वर बार-बार सुनाई पड़ रहा है—''यह क्या बात है!''

आँगन में खड़े मौलसिरी के पेड़ पर एक पालना बन्धा गया है। उसमें एक शिशु लेटा है। पता नहीं वह शिशु कौन है या किसका है। पालना हवा में झूल रहा है। उदुंबर के पेड़ पर लगी आग हवा में सुलग कर फैल रही है। उस आग से उसी रंग का एक बड़ा साँप पेड़ के तने से लिपटता हुआ नीचे उतर रहा है। उसकी जीभें म्यान से निकाली गयी सोने की तलवार जैसी लगती हैं। उसका सिर सिंह का सा है। वह आ रहा है पालने में पड़े शिशु की ओर। सब लोग उस सिंह जैसे साँप को भगाने के लिए 'शू...शू' की आवाज़ कर रहे हैं। मैंने भी कई बार 'शू...शू' ध्वनि निकाली। पर सिंहनुमा साँप पर कोई असर नहीं पड़ता। जिस रस्सी से पालना बाँधा गया है उस रस्सी से लिपटता हुआ वह नीचे की ओर उतर रहा है। उसके आते आते पालने के कपड़े के बीच की दरार कम होती जाती है। ज़ोर से चीखती हुई माताजी दौड़ी हुई वहाँ पहुँचती है। तब वह जीव शिशु को छोड़कर, माताजी पर लिपट जाता है। सिंह का-सा सिर माताजी के सिर के ऊपर करके साँप कालिया नाग के समान फन फैलाए खड़ा है। कोई पास नहीं जा सकता। इन के बीच की ओर ही उण्णि भैया का वेलिच्चप्पाड (देव-प्रतिपुरुष) चीखता हुआ आ जाता है। पायल की झंकार तलवार की धार की चमक। अट्टहास। पर वेलिच्चप्पाट् को रास्ते में रोकने के लिए अनेकों सिंह-नाग भाले की नोक के समान पृथ्वी से उठ रहे हैं। सहसा उग आनेवाली कोंपलों के समान अंकुरित होते हज़ारों भालानुमा साँप वैलिच्चप्पाट् को डराने के लिए एक साथ आगे बढ़ते हैं। शारीरिक अभ्यास का प्रावीण्य दिखाते हुए पीछे हट कर रास्ता बना लेने की भरसक कोशिश कर रहा है वेलिच्चप्पाट्। इस बीच जिस सिंहनाग ने माताजी को लपेट लिया था, वह माताजी का सिर निगल रहा है। देखते-देखते विकसित होती खाल की थैली के समान उसके मुँह ने माताजी के गले तक का हिस्सा निगल लिया।

– मैं ज़ोर से चिल्ला उठा।

जाँघ पर चुटकी लगने पर जाग पड़े मुझसे कुट्टन दाऊ ने पूछा—''कोई डरावना सपना देखा कोई?''

डस रहे साँप पर मैंने जो थप्पड़ मारा वह कुट्टन दाऊ के हाथ पर ही लगा था।

पहचान लेने पर मैंने वह हाथ कस के पकड़ लिया।

फिर कुट्टन दाऊ का सस्वर पाठ सुनने पर ही मैं जाग पड़ा। सस्वर पाठ की आवाज़ सामान्य से ऊँची थी।

नयी लेखन शाला का निर्माण तिरुकंटियूर में आरम्भ करने का निर्णय हो गया। आदेश हुआ है कि जब तक उसका निर्माण पूरा नहीं होगा तब तक राजमहल का धान्यागार ही लेखन शाला रहेगा। जो बच्चे मामाकम की छुट्टी में अपने-अपने घर गये थे वे एक-एक करके वापस आ गये। जलालुमूप्पन के बच्चों को मूप्पन ने ही पहुँचा दिया। मूप्पन ने तम्पुरान से प्रार्थना की कि 'कलरी' के पुनर्निर्माण में उसका भी विनम्र सहयोग स्वीकार करें। कुट्टन दाऊ ने इस बात के लिए मूप्पन को धन्यवाद दिया कि उन्होंने पहरेदारों को भेज कर ग्रन्थों की रक्षा की। मूप्पन ने इस बात पर अपने को कोसा कि आक्रमण की सूचना पहले ही प्राप्त नहीं कर पाया। मामाजी का स्मरण करता हुआ, भरी आँखों के साथ ही मूप्पन सीढ़ियाँ उतर गये।

वियोगों और नष्टों का दुःख झेलते हुए और दायित्वों को निभाते हुए दिन गुज़रने लगे। एक-एक दिन ने दिल के दुःखों को और गहरा कर दिया।

हे जगदीश्वर! मुझ में ज्ञान का जो थोड़ा-सा स्वर्ण है वह अभी निखर नहीं उठा है। अब भी उर की अँगीठी की आग बुझती नहीं। हे भगवान! क्या उसी आग में इस शरीर को भी जल जाना है?

भाग : दो

तिरुवूर–1

उर के भीतर आसमान–सी एक दरार, जैसे कोई बड़ा वृक्ष अप्रत्यक्ष हो गया हो।

उस दरार को भरने का कोई उपाय नहीं।

मामाजी नहीं रहे।

यों देख लें तो तिरुकंटियूर कलरी में किसी चीज़ की कोई कमी नहीं है। जो भी परिस्थितियाँ नष्ट हो गयी थीं वे सब लगभग पुनः लब्ध हो चुकी हैं। पर नाव है अनाथ। जिस व्यक्ति ने अपना सारा जीवन लगाकर नाव को तट पर पहुँचाया, वह अब नहीं रहा।

निश्चय ही अब कभी वे साथ नहीं होंगे। पर यह विश्वास भी उतना ही प्रबल बना रहा कि मामाजी समीप ही हैं। ग्रन्थागार में या घर के भीतर रहते समय हमें लगेगा कि मामाजी ड्योढ़ी पर हैं। जब ड्योढ़ी खाली दिखेगी तब लगेगा कि वे ग्रन्थागार में या गृह के भीतर कहीं होंगे। उस वक्त दुःख पराकाष्ठा पर पहुँचता जब नाम जपन, ब्यालू आदि के लिए निश्चित समय पर निश्चित स्थान पर वे नहीं दिखाई देते।

लिखते, पढ़ते और नाम जपन करते समय भी अकारण ही मानों एक भीतरी कम्पन का अनुभव होता है। उसका चढ़ाव मन की एकाग्रता को ध्वस्त कर डालता है। किसी कार्यवश कहीं जाने के लिए निकलते वक्त एकदम स्तब्ध हो खड़ा रह जाता कि आशीष माँगने मामाजी कहाँ?

घर के सभी सदस्यों की हालत यही है, यह बात मुझे आकास्त नहीं कर पायी। अन्धेरे में जलते दीप के समान कभी कभार ही सही हँसा देनेवाली एक ही बात थी, ठुमक–ठुमक कर चलने लगी एच्चु। उस हँसी के प्रसाद ने उसे देखते खड़े रहनेवालों के दुःख को तीव्रतर बना दिया। उण्णि भैया से सम्बन्धित जो दुःख था उसकी ओर भी उसने अंगारे फेंके।

ज्ञानी लोग मृतक या जीवित व्यक्तियों के बारे में सोच कर दुःखी नहीं होते। मामाजी ने यह जो पाठ गा—गा कर सिखाया था, हर दिन रट लिया। ऐसे हर अवसर

पर मैं समझ पाया कि मेरा ज्ञान अभी पक्व नहीं बना है। जो दु:ख बना हुआ है वह धुआँ निकालता हुआ ज़्यादा जल रहा है। अन्तर्मन शान्त नहीं होता। यही नहीं जो नए नए दु:ख उपज रहे हैं उनका सामना दृढ़तापूर्वक कर नहीं पाता। अन्दर की जलन से मुक्त हो, आकास्त होने के लिए और कितना ज्ञान अवश्यक होगा? प्राप्त ज्ञान को अनुभव में परिणत किया जाना भी है। दूसरी कोई दवा नहीं। ईश्वर तो अन्यून ज्ञान ही है न? हृदय से ईश्वर के अधिकाधिक समीप पहुँचने पर ही शान्ति मिल सकेगी। वहाँ पहुँचने तक के मार्ग भर में शायद ये व्यथाएँ शेष रह जाएँगी।

ईश्वर अविनाशी बन विश्वभर में व्याप्त रहता है। मुझ में जो ईश है वही स्थायी रूप में मैं हूँ। शेष सब कुछ उसकी विभूतियाँ हैं। ईश्वर सब में है। पर इनमें से कोई वस्तु ईश्वर में नहीं है। मेरे सारे सन्तोष और दु:ख उस सागर की लहरें हैं। लहरें सागर की हैं। किन्तु सागर कभी लहरों का नहीं। यह सब मामाजी ने गा-गाकर सिखाया है। ऊपरी सतह पर जो भी हलचल मचे, सागर की गहराई की शान्ति भीतर बनी रहे। पर जब सही ज्ञान पर्याप्त ढंग से रूढ़ मूल हो पाएगा तभी तो चंचलता थम जाएगी न?

तान्नियूर राजमहल का धान्यागार सचमुच एक पड़ाव था। वहाँ रहते समय मन सुन्न रहता था। किसी ने किसी को आकास्त करने का प्रयत्न नहीं किया। सबके भीतर सदा जो व्यथा बनी रही उसके सम्बन्ध में कोई एक शब्द भी नहीं बोले। उन दिनों कुट्टन दाऊ घर के किसी सदस्य के सम्बन्ध में यह नहीं पूछते थे कि कौन कहाँ है। किसी के काम में कोई कसर देखते तो स्वयं वह काम सही ढंग से कर लेते। हर कार्य करते समय बीच-बीच में वे आँखें मूँद कर ध्यान लगाते दिखते। मैंने भी वह अभ्यास शुरू किया। इसी के द्वारा मैं थोड़ी मात्रा में ही सही यह कल्पना कर सका कि पिताजी के सर्वव्यापी अस्तित्व के साथी हैं मामाजी। इस प्रकार दोनों एक हैं और अन्तत: ईश ही हैं।

न जाने क्यों, जितना वियोग दु:ख धान्यागार की कलरी में अनुभूत हुआ उससे अधिक वियोग दु:ख तिरुकंटियूर-कलरी के जीवनकाल में अनुभूत हुआ। उसका एक कारण यह रहा होगा कि मन की जड़ता कालान्तर में कुछ-कुछ दूर हो जाती है। यह प्रत्यक्ष सत्य भी एक कारण रहा होगा कि नयी कलरी के कार्यसंचालन की पतवार सँभालने के लिए अब मामाजी तो नहीं रहे।

नयी कलरी के निर्माण में एक साल नहीं लगा। संकटकाल के बाद की गर्मी में घर की और शालाओं की नींव डाली गयी। वर्षा के मौसम में दीवारों बनीं। इसी बीच नीचे चूने का फर्श जल्दी तैयार हुआ। साथ ही साथ लकड़ी का काम भी चलता रहा। तुलाम् (अकिान) महीने की वर्षा की समाप्ति पर जब पूर्वी हवा चलने लगी तभी छत का ढाँचा चढ़ाया गया और छप्पर छाया गया। दीवारों पर चूना भी

पोता गया।

तिरुकंटियूर कलरी में दीप जलाने के पिछले दिन शाम को कुट्टन दाऊ ने सबको लक्ष्य करके कहा—"बात बात पर रोते रहने का अब समय नहीं। बहुत सारा काम मामाजी ने हर एक को सौंप दिया है।"

फिर उन्होंने सबको काम बाँट देने का काम ही किया। हर एक को इतना अधिक काम मिल गया कि एक पल भी गँवाया नहीं जा सकता। कडी मेहनत जिसे टाला नहीं जा सकता, हर दुःख के लिए दवा है। जो भी काम किया जाता वह मामाजी को, अन्य मातुलों को और अन्ततः ईश्वर को अर्पित किया जाता। इससे वे सारे मृत आत्मा कल्पना में ईश्वर के अंश बनकर उभर सके।

इस दौरान उण्णित्तंपुरान तान्नियूर मुख्यालय को केवल एक सैनिक केन्द्र और किले के रूप में सीमित रख कर वेटटत्तु जाकर बस जाने की तैयारी कर रहे थे। उन दिनों तम्पुरान मुख्यतः विश्वस्त और सक्षम योद्धाओं को चुन कर प्रशिक्षित करने का प्रयत्न ही कर रहे थे। इस बात में किसी को शंका नहीं थी कि लुटेरों के दलों के आक्रमण आगे भी हो सकते हैं। पिछली बार की मुठभेड़ में कई योद्धा मर-मिट गये हैं। लोगों ने यही सोचा कि नेटियिरुप्पु के नए दम्भों का प्रतिशोध लेने के लिए ही तम्पुरान मोर्चाबन्दी कर रहे हैं।

बड़े तम्पुरान (महाराज) के बहुत ज़िद करने पर भी राजकुमार राजतिलक के लिए तैयार नहीं हुआ। कुमार का हठ था कि जब तक बड़े तम्पुरान के तन में जान रहे, मुकुट उन्हीं के सिर पर रहे। यही नहीं, उन्होंने बहिन की शादी को इसलिए प्राथमिकता दी कि यदि वे धराशायी भी जाए तो मुकुट धारण के लिए एक और सुयोग्य सिर यथाशीघ्र तैयार रह जाए। इसके लिए उन्होंने पेरुम्पटप्पु के छोटे कुमार का ही चयन किया। यह कार्य भी दूरदृष्टि से ही किया था। सामूतिरी से भिड़ने का काम दूसरों की सहभागिता के बिना नहीं हो सकता। चिरकाल के बन्धुओं के प्रति जो छोटे मोटे वैर उत्पन्न हुए हैं उनसे मुक्ति भी मिलनी है। नए मैत्री सम्बन्ध स्थापित हो सकें तो ज्यादा अच्छा होगा।

तम्पुरान हफ़्ते में कम से कम एक बार धान्यागार की कलरी में आया करते थे।

रात्रि—भोजन के बाद बिना अनुचरों के ही आ जाते। बीच-बीच में कुट्टन दाऊ तिरुकंटियूर जाते और नयी कलरी की निगरानी करके लौटते। उस सम्बन्ध में तम्पुरान को जानकारी देना और उनसे चर्चा करना आवश्यक होता। अक्सर दर्शन और शास्त्र-चर्चा भी हो जाती। बहुत कम अवसरों पर हँसी-मज़ाक भी होता।

एक बार तम्पुरान ने रानी माँ से सम्बन्धित एक प्रसंग का जिक्र किया। उस दिन की कथा यही थी। कमल—सरोवर में तैरने गया तो लैट आने में देर लग गयी। माताजी घबराई हुई सरोवर के किनारे आयी तो दस वर्ष के बालक को पीटने के

लिए एक हथियार हाथ में ले रखा था—कमल पुष्प का डंठल! पीटने के लिए तानते वक्त वह सौ खंडों में टूट कर बिखर गया।

यह कहानी कहते वक्त तम्पुरान के होंठों पर हल्की मुस्कुराहट फूटी। पर शीघ्र ही वह गायब हो गयी। वाणी रुक गयी। माताजी की अपमृत्यु का स्मरण आया। सहसा उन्होंने अपने दोनों हाथ ऊपर की ओर उठाये। मुट्ठियाँ कस लीं। हथेली की एक-एक पेशी खिंच कर उभर आईं। किन्तु वह भाव भी ज़्यादा देर तक नहीं टिका। पेशियाँ ढीली हो गयीं। चेहरे पर जो मुस्कुराहट फूटी थी वह पुनः प्रत्यक्ष हो गयी। ''अधर्म का सामना कैसे करना है? इस सम्बन्ध में एषश्शन की क्या राय है?''

''क्या, यही कहा जा सकता है कि अपनी-अपनी इच्छा के अनुसार सामना करें?'' अप्रत्याशित रूप से घर के भीतर से सीता दीदी ने पूछा—''हमें प्यार करनेवालों की इच्छा का भी ख्याल रखना उचित रहेगा न?''

''हमारी इच्छा जो भी हो,'' तम्पुरान की हँसी फूटी—''ईश्वर की इच्छा को मनुष्य रोक पाएगा क्या?''

सीता दीदी ने ईश्वर को या स्वयं को लक्ष्य करके पूछा—जिन्हें आदेश देने का अधिकार प्राप्त है वे यह आदेश क्यों नहीं देते कि निष्फल मृत्यु का वरण न करें?

''किसने कहा कि वे ऐसा आदेश नहीं देते?''

''तो क्या जो गये वे आदेश को ठुकराते हुए गये थे?''

''उनके पास अकाट्य न्याय थे।''

लगा कि सीता दीदी की फरियाद यहाँ तक सीमित है। पर उस प्रतीति के दृढ़ होने के पहले ही सीता दीदी की यह आकाशवाणी भी आयी—''अब जो तैयारी हो रही है...।''

''बहनजी'', डाँट के स्वर में कुट्टन दाऊ ने पूछा—''पूरी हो गयी न सुनवाई?''

''दुःखी बनाने के लिए नहीं।'' सीता दीदी ने दरवाजे के चौखट से झाँक कर तम्पुरान को प्रणाम किया। ''बस इसीलिए कि आजीवन दुःख भुगतना न पड़े।''

बाद को ही यह बात स्पष्ट हो गयी कि अयिरूर की पार्वती के सम्बन्ध में ही सीता दीदी का संकेत था। तम्पुरान के साथ कलरी में पढ़ी हुई वह कन्या रंग ढंग में और चाल चलन में सुन्दर और शालीन थी। जन्मजात क्षात्र गुण से सम्पन्न भी। आयोधन कला का अभ्यास खूब सीखने के उपरान्त ही लेखन सीखने आयी थी। सीता दीदी उनसे केवल एक साल बड़ी है आयु में। तो भी वे उन्हें भाभी का स्थान दे चुकी हैं। गम्भीर मुखमुद्रा लिए चेहरे पर तभी बचपन की सी हँसी विस्मयकारी ढंग से पूटती है जब सीता दीदी से कभी कभार मिलती है। तम्पुरान ने उन दिनों में ही तय कर लिया था कि वही उनकी पत्नी बनेगी। इसे छिपाने की कोशिश नहीं हुई।

किन्तु कई लड़ाइयों के हो चुकने पर और रानी माँ की अपमृत्यु के बाद एक साल बीत जाने पर भी उस रिश्ते को औपचारिक ढंग से दृढ़ करने के लिए तम्पुरान की तरफ से कोई पहल नहीं हुई। इसके पीछे यह विचार रहा होगा कि वेट्टत्तुनाटु की स्वतन्त्रता के लिए की जानेवाली लड़ाई में यदि उनकी मृत्यु हो गयी तो पार्वती को अश्रुपूर्ण नेत्रों के साथ राजमहल से बिदा होने का दुर्योग न भोगना पड़े।

सब की प्रतीक्षा यही थी कि बड़ी भिड़न्त और 'मामाकम्' के बाद तो विवाह कर्म सम्पन्न होगा। यह बात बाहर कैसे विदित हो सक़ती थी कि माताजी की अपमृत्यु ने तम्पुरान के मन में पारिवारिक प्रतिशोध का बीज बोया था? सीता दीदी ने इसका सही अनुमान कर लिया था। बोली भी उसी के विरुद्ध। इसके पहले किसी ने सीता दीदी को तम्पूरान से सीधे वार्तालाप करते नहीं देखा था।

"मेरी भी इच्छा यही है कि किसी को आजीवन दुःख न भोगना पड़े। उसकी फलप्राप्ति के लिए यथा शक्ति प्रयत्न करने की भी आवश्यकता है।" तम्पुरान ने बिना क्षोभ के सीता दीदी से कहा। "उदाहरण के लिए, कुमार को टोकने की हमने भरसक कोशिश की। किन्तु सफल न हुए। आत्मघाती योद्धाओं को हाथ-पैर बाँध कर कारागार में डालना उचित है क्या? यदि उस तरह माताजी की हत्या नहीं की गयी होती, तो..."

"बुरा न मानिएगा।" सीता दीदी ने विनती की।

तेई ने उसी दिन बताया था कि जैसे भी हो, कुमार को टोकना है। मामाजी ने भी इस ओर संकेत किया था। पर, करते क्या? कुमार का हठ किसी भी बागडोर से रोका नहीं जा सकता था। हमने जो व्यथा भोगी वह थोड़ी नहीं है।"

तेई बहिन है।

तम्पूरान चाँदनी बिछे आँगन में उतर पड़े। साथ उतरे कुट्टन दाऊ से पूछा—"एऺश्शन को क्या सूझता है? क्या वह परतन्त्रता अभिकाम्य है जो आगामी परम्पराओं तक जारी रह सकती है या प्राण की बाजी लगा कर उस साँकल का बन्धन तोड़ डालने के लिए कूद पड़ना?"

"मैं ठीक ठीक नहीं जानता।" कुट्टन दाऊ ने स्वर धीमा किया। "यह विषय इतना गहन है कि अपनी पक्की राय बताने लायक ज्ञान मुझ में नहीं है। कहा गया है कि उतना पाँव पसारिए जितना लम्बा दौर। जब तक समुद्र लाँघने की क्षमता सुनिश्चित न हो तब तक छलाँग कैसे मारे? जो थोड़ा-सा प्रकाश है उसके मिट जाने पर आँखों की शक्ति कैसे तेज होगी?

"नेटियिरुप्पु पर कोई मन्त्र-तन्त्र असर नहीं करेगा न?" तम्पुरान हँसे। यह प्रश्न और हँसी अकारण नहीं थी। लोगों का कहना है कि 'तुंचनपरम्पु' (तुंचन अहाते) में कलरी का निर्माण कार्य जब से आगे बढ़ा है तब से रात्रि के एकान्त यामों

में वहाँ की मिट्टी के नीचे से बच्चों के प्रेतों का रुदन सुनाई देना बन्द हो गया है। कुट्टन दाऊ ने जब कुचले के पेड़ के तले के चबूतरे पर कुल की भगवती की भी प्रतिष्ठा की तब से सारी झँझटों का शमन हो गया।

चैन की बात यह रही कि तुंचन और पत्नी तथा बच्चों के प्रेतों से आस-पास वालों और राहगीरों को डरने की ज़रूरत नहीं रही। यह धारणा फैल गयी कि एषश्शन लोग भूतप्रेत झाड़नेवाले हैं। कई प्रकार के भूतप्रेतों के उत्पात से मुक्ति पाने के उपाय कराने के लिए लोग कलरी आने लगे। कुट्टन दाऊ ने किसी को खाली हाथ नहीं लौटाया। अहाते की चुटकी भर मिट्टी लेकर कुचले के पत्ते में लपेटकर मुफ्त में दे देते।

भय और आशंका के असह्य हो जाने पर सामान्य जन अपने पास जो भी सोना और पैसे बचे है सब उठा कर किसी ओझे को दे देते हैं। ऐसा न हो, इसी उद्देशेय से कुट्टन दाऊ यह सत्कृत्य करते थे। हर मन्त्र-तन्त्र की आधारशिला विकास है। शंका-विष के लगने से भयभीत हुए जनों को बिना किसी खर्च के पर्याप्त आकासन मिल सके तो वह भी एक पुण्य-कर्म ही ठहरा। इसके लिए केवल पलभर का समय लगता है।

सिद्ध वैद्य की परम्परा कलरी में रही है। वह भी निशुल्क। दवाओं के लिए लोग तिरुकंटियूर भी आने लगे। जल्दी ही उनकी संख्या में वृद्धि होती गयी। कारण यही कि तान्नियूर की अपेक्षा तिरुवूर में जनवास अधिक है। पोन्नानिप्पुष्रा के जल मार्ग से बहुत अधिक माल का आयात और निर्यात होता है। यहाँ के जंगली रास्ते से ही पूरब की ओर का व्यापार-मार्ग खुलता है। साप्ताहिक हाट भी धूमधाम से चलती है।

'कलरी' की स्थापना और उसके विकास में वन्नेरि तिरुमेनी के नेतृत्व में कार्यरत तिरुकंटियूर संकेतम् का भरसक सहयोग रहा। इस उद्यम में तिरुकंटियूर मन्दिर के कारिन्दे कार्मिक और अनुचरों ने खूब भागीदारी की। केवल मुनयूर नम्पूतिरी जो संकेत-जनों में एक थे, अलग रहे। उन्होंने खुल्लम-खुल्ला यह घोषणा भी की कि शूद्रों को वेद सिखाने के पाप-कर्म में वे शामिल नहीं हो सकते।

कलरी में जिस दिन पहली बार दीप जलाया गया उस दिन देर रात तक जनों की उपस्थिति बनी रही। यद्यपि ड्योढ़ी का निर्माण पूरा नहीं हो पाया है तो भी यह पुरानी पुकार कि "कोई है जिसे रात का भोजन नहीं मिला है?" अब भी जारी है।

उण्णि भैया की बिदाई के बाद सीता दीदी की जगह चीरू दीदी ही यह कार्य करती है। चीरू दीदी बड़ी हो गयी है। तो भी इस पुकार के लिए जाते समय मुझे उनका अनुगमन करना है। नयी परिस्थिति में दीदी अधिक भयभीत है।

तान्नियूर में जितने वृक्ष थे उनसे अधिक वृक्ष तिरुकंटियूर के अहाते में हैं। दक्षिण-पूर्वी कोने में एक अम्बर-चुम्बी सर्प-वन है। वह तो एक खास प्रकार के

मुर्गों का अड्डा है। ये मुर्गे 'कालमुर्गे' के नाम से जाने जाते हैं। लोगों का विश्वास है कि उनकी बाँग अशुभ-लक्षण है। लोगों का मानना है कि ऐसे मुर्गों को भगाये बिना ब्यालू नहीं खाना है।

संगीत में ध्वनि का जो सम्बन्ध आनन्द के साथ है उसके ठीक विपरीत है मुर्गों की बाँग की बात। ऐसा अट्टहास जो भीतर घुस कर प्राणों को निकाल लेता है। उस रात्रि-पक्षी का निमन्त्रण है—'चलें यमलोक की ओर।' तुंचन के अहाते के इर्द-गिर्द जो भय का वातावरण फैला हुआ था उसका एक कारण आधीरात की यह भीषण ध्वनि भी रहा होगा।

तिरुकंटियूर के कलरी-प्रवेश में भाग लेने फूफी, गोपी भैया, पिलाक्काट्टीरी की आयोधन पाठशाला के अचार्य आदि भी आए। उण्णि भैया की मृत्यु के छोटे अर्से में ही असामयिक बुढ़ापे से ग्रस्त हो विवश हो चुकी फूफीजी आ पहुँचते ही सीता दीदी के कन्धे पर झुककर सिसकियाँ भरने लगी। जैसे लम्बा रास्ता तय करके लाया गया बड़ा बोझ अचानक दिखे टेकान पर उतार दे रही हों। सीता दीदी उस प्रबल प्रवाह की बाँध और सम्बल बनकर अटल खड़ी रही।

दोनों के बचाव के लिए एच्चु का तुतलाना ही काम आया। फूफी सीता दीदी को छोड़, बच्ची को उठा लेकर अश्रुपूर्ण नेत्रों से हँसी। एच्चु ने अपरिचय का कोई भाव नहीं दिखाया। कस कर आलिंगन करते समय ही नहीं जब फूफी ने उसे उठा कर बारबार चूमा तब भी वह सहम नहीं गयी। उसके पूरे चेहरे में आँसू की लोनाई और गरम नमी संक्रमित मिली। जिसने छाती पर उठा लिया है उसे और अपनी माता को बारी-बारी से देखती रही एच्चु से सीता दीदी ने कहा—"दादी माँ है।"

कालिमा छाए नेत्र-तटों में धँसी आँखों में भरे गहरे वात्सल्य की ओर डुबकी भरती हुई एच्चु ने सिर हिलाया। फिर खिल खिलाकर हँस उठी। और नानी की छाती से सिर लगाया। सदा एच्चु के समीप ही खड़ी रहने से फूफी को फिर रोने का मौका नहीं मिला। हर बार भीतर के आवर्तों से लहराकर आनेवाली सिसकियों को अपनी आत्मा पर कब्जा करने का मौका न देकर फूफी एच्चु को देख कर हँसने को विवश हो जाती। एच्चु की भाषा समझ लेने के लिए मेहनत भी करनी पड़ती। इस दौरान ही उन्होंने सीता दीदी से सन्तानों की शादी की बात भी बता दी। अम्मिणी दीदी की बात कुट्टन दाऊ से जोड़कर और गोपी भैया की बात चीरू दीदी से जोड़ कर।

पहली तो तभी तय की जा चुकी थी जब मामाजी और उण्णी भैया जीवित थे। दूसरी एकदम नयी। किन्तु सभी को यह सहज ही ज्ञात है।

"यह बात तो मेरे मन में भी रही है।" सीता दीदी ने जताया—"मौका पाने पर भैया से कह दूँगी।"

नए बसेरे की एक विशेषता यह थी कि उससे लगा हुआ धान का खेत था। गोशाला, औज़ारों को रखने का मकान, धान के बीज उगाने का खेत आदि सब अलग-अलग। मिट्टी से बीज का नाता जोड़ने की विद्या सीखने के लिए पर्याप्त सुविधा मिली। कुट्टन दाऊ ने इस बात की ओर संकेत किया था कि पढ़ाई के लिए परदेश में प्रवास के दौरान मठ के खेतों में शारीरिक श्रम भी करना है।

यह देख कर मुझे अत्यधिक विस्मय होता कि मुट्ठी भर बीज बोते हैं किन्तु वे अंकुरित होकर हज़ारों बीज बनते हैं। एक ओर मूँग का बीज जो मिट्टी में गाडने के तीसरे दिन अंकुरित होकर घुटने के बल उठ जाता है। दूसरी ओर आम के फल की गुठली जो बोई जाने के महीनों बाद ही नींद से जागती है। सब पुनर्जन्म के भिन्न भिन्न आश्चर्य! सब से बड़ा विस्मय बरगद का बीज ही है। एक छोटा-सा फल जिसके भीतर रेत के कण समान सैकड़ों बीज। इसमें एक-एक, बड़े बरगद का पेड़ बन जाने में सक्षम जो हज़ारों वर्षों तक न जाने कितने सहस्त्रों को ज्ञान और छाया प्रदान करने की क्षमता रखते हैं। ऐसा अहसास भी हमें होतां रहता है कि विश्व के पीछे की नियामक शक्ति द्वारा भेंट किए जानेवाले इन आश्चर्यों के प्रकट रूप जितना अधिक हम देखते हैं, उससे कहीं अधिक अभी देखने को शेष हैं।

कलरी के पुनर्जन्म के तुरन्त बाद ही अहाते की सिंचाई के लिए पानी लाने का जो नाला था वह बन्द हो गया। 'तुंचनपरम्पु' के दखिन और पूरब में जो अहाते हैं वे मुनयूर भवनवालों के हैं। इन अहातों से होकर कलरी के अहाते तक पहुँचने की जो पगडंडी थी उसे उन्होंने कलरी के कार्यारम्भ के तीसरे दिन ही बन्द करवाया। उनका तर्क यह था कि चूँकि तुंचन के अहाते से होकर अब प्रदेश वासी पगडंडी में पहुँच नहीं पाएँगे। इसलिए अब उस रास्ते की ज़रूरत नहीं है। खेत की सिंचाई में काम आनेवाले तालाब से जो नाला बना था वह उस पगडंडी के किनारे से होकर बह रहा था। पगडंडी के बन्द होते ही नाला भी बन्द हो गया। प्यास के कारण अहाते के अधिकांश अंकुर और कोंपलें मुरझा चुकी हैं।

घर के सभी सदस्य हाथ लगे बर्तन लेकर तालाब से पानी भर कर पौधों को सींचने निकल पड़े। एक छोटी-सी टोंटीदार सुराही लिए निकली एच्चु पाँव फिसलने पर तालाब की सीढ़ियों पर गिर पड़ी। घुटने पर चोट लगने पर भी वह पीछे नहीं हटी।

वह उत्साह सफल हुआ। नयी कोंपलों पर आनन्द के अश्रुकण टपकाने के लिए ही सूरज फिर उदित हुआ। इसे देखते ही यह आकासन हुआ कि अब मुरझाने की नौबत नहीं होगी।

लगा कि दुर्दिन अब बीत चुके हैं।

तिरुवूर-2

पहले ही उण्णि भैया से भिन्न स्वभाववाले थे गोपी भैया। अधिक हृष्ट पुष्ट है शरीर। पर सुगठित और सुन्दर। शरीर का डील डौल लगभग वैसा ही। हाँ, बाहर दिखते व्यक्ति और अन्दर की प्रकृति में आकाश-पाताल का अन्तर।

फूफी जी पहले से ही कहा करती थी कि बाहर दिखते गोविन्द के भीतर एक अदृश्य गोविन्द है। दोनों गोविन्द साथ-साथ पले। दूसरा गोविन्द सभी से, अपनी माता से भी, थोड़ी दूरी पर रहता है। उस गोविन्द की दुनिया ही अलग है। लक्ष्य और मार्ग दोनों भिन्न। आकुलता या आशंकाएँ कभी बाहर के गोविन्द में प्रतिबिम्बित नहीं होतीं। बाहर के गोविन्द में सदा दिखाई देती है बेपरवाही और हर्षोल्लास की हँसी।

कायिक पाठशाला का कार्य सम्भालने के लिए दूसरे दिन ही गोपी भैया पिलाक्काट्टीरी की ओर रवाना हो गये। उसके भी चार दिन बाद ही फूफी रवाना हुई। मैं एच्चु को कमर पर बिठाकर और सीता दीदी को सहलाकर खड़ा रहा।

बिदाई की बेला आ गयी तो फूफी जी की आँखें भर आयीं। "बच्चो! मेरे दिन अब ज्यादा शेष नहीं रहे। आगे न जाने कब दो दिन ऐसे...।"

"शत शरत्काल पूरा करना", "जीवेम शरदः शतम्।" कुट्टन दाऊ ने साहस बँधाया। "हमारे पुराने बन्धुजनों में एक फूफी ही अब शेष रह गयी है। जल्दी में कहीं निकल नहीं जाना।"

"आँखें मूँदने के पहले अच्छा कुछ भी देखने का अवसर मिले तो सुकृत मानूँगी।"

आगे-आगे सीढ़ी पर उतर खड़े रहे मुझे गले लगा कर मूर्धा पर चूम कर कहा—"अप्पू! पढ़ लिख कर समर्थ बन जाना।"

ड्योढ़ी तक पहुँचने के पहले दस बार पीछे मुड़ कर देखा।

रात्रि-भोजन के वक्त सीता दीदी ने कुट्टन दाऊ से कहा—"फूफी जी ने दो बातें..."

''मुझे भी इसका संकेत दिया था।''

थाली में परोसा गया दलिया पी चुकने तक कुट्टन दाऊ चुप रहे। यह समझ कर कि वे किसी गम्भीर चिन्तन में हैं, सीता दीदी भी चुप्पी साधे रही। दलिया पीने के लिए चम्मच सा बनाया गया कटहल का पत्ता थाली में छोड़, सीधे बैठ, कन्धे पर पड़े अंगोछे से सीना पोंछ कर कुट्टन दाऊ ने पूछा—''बहिन! तुम्हारी क्या राय है?

''अम्मिणि यदि जल्दी यहाँ पहुँच पाए तो मेरे लिए एक सम्बल रहेगी।''

कुट्टन दाऊ ने सन्देह प्रकट किया—''किन्तु क्या अभी... ?''

''अच्छा होगा यदि ज़्यादा विलम्ब न हो।''

''अब तो चीरू की बात देख लेंगे।''

''गोपी का आजकल का रवैया देखने पर...''

''ठीक है। ऐसे ग्रन्थ के समान जिसको ऐसे बाँध रखा है कि खोला न जा सके।''

''कहते हैं कि बड़ा चालाक है।''

''उस पर चीरू की नेक प्रकृति...''

''तो...''

''गोपी ने कुछ कहा भी नहीं है।''

''फूफी ने जान लिया होगा न उसका मन?''

उस दिन तय हो गया कि मेरे परदेश के लिए निकलने के पूर्व ही चीरू दीदी का विवाह सम्पन्न किया जाएगा। पर उसके बाद एक पखवाड़े तक इन्तज़ार करने पर भी कुट्टन दाऊ ने कुछ नहीं कहा।

एक और दिन ब्यालू के वक्त सीता दीदी ने वह बात भी छेड़ दी। ''क्या, अप्पू के जाने के पहले ही वह कार्य भी कर सकेंगे न?'' तब तो फिर झंझट न झेलनी पड़ेगी।''

''बहिन! मेरे कन्धे पर अभी जो बोझा है उसका पता तुम्हें नहीं है क्या?''

''यह भी पता है कि थोड़ा और बोझ उठाने की ताकत उस कन्धे में है।'' सीता दीदी के होठों पर एक मुस्कान अंकुरित हुई।

''गुरु मातुलों ने जो काम सौंपा है उसमें कोई कसर आ गयी तो...''

''तीसरे आश्रम को लांघ कर दायित्व निभाने का आदेश उनमें किसी ने...''

''समय अच्छा नहीं। आगे अधिक बदतर होता जा रहा है। कुल धर्म निभाना है न? उसके लिए लड़े जाते रण में जीत न भी हासिल हो, उस पराजय का कारण न रह जाए हमारी उपेक्षा न हो।''

यह ज़रूरी नहीं कि आज जो भी व्यक्ति दिखाई दे रहे हैं वे सब सदा-सर्वदा जीवित रहें। अथवा, कभी थक जाएँ जो थाम लेने के लिए भी कोई तो होना है न?''

"सीता! यह बात अनुभव से सिद्ध हो चुकी है न, रिश्ते कितना दु:ख ला देते हैं?"

सीता! सम्बोधन इस बात का प्रमाण था कि कुट्टन दाऊ का मन बचपन की ओर खिसक गया था। उस छुटपन की स्वतन्त्रता का लाभ सीता दीदी ने भी उठाया। "कायर ही यह प्रश्न ... पूछ सकते हैं न? यही नहीं अम्मिणी अब बड़ी हो चुकी है। वह तो इसी के इन्तज़ार में बैठी है। क्या यह ऐसा सवाल है जो उससे पूछा जाने लायक है?"

कुट्टन दाऊ ने चुप्पी साधी...।

"यदि भैया स्वयं नहीं समझ पाएँगे तो ?" सीता दीदी के स्वर में नमी आ गयी "साफ-साफ बता देती हूँ। यदि कल ही मेरा जीवन समाप्त हो भी जाए तो भी एच्चु माता-विहीन न रह जाए, यह मोह भी मुझ में है।"

कुट्टन दाऊ दीदी के पास पहुँचे। सिर थोड़ा झुक गया। मुख ऊपर उठ गया तो एक नये बोध का प्रकाश मुख पर फैला। जैसे दुरन्तों को बन्द कर रखी गयी अन्धेरी कोठरी के बाहर की ओर खुलते दरवाजों में एक छोटा पल्ला खुल जाने पर प्रकाश की अपूर्व किरण पड़ गयी हो।

"ठीक है।" मुस्कुराते हुए कुट्टन दाऊ ने हामी भरी। "पर एक बात। यह सोच कर यहाँ से कोई कल ही चल बसने का निर्णय न करे कि अब एच्चु माता-विहीन नहीं होगी।"

नयी कलरी की व्यवस्था पूरी करने की मेहनत के साथ-साथ विवाहों की और मेरी यात्रा की तैयारियाँ भी आरम्भ हुईं। मायावरम् के तिरुवावाटुतुरै और धर्मपुरम्—की शालाओं तथा कुम्भकोणम के तिरुप्पनन्तल और तन्निलम के तिरुप्पकलूर गुरुकुलों की स्थितिगतियों और व्यवस्थाओं का पता लगाना था।

नयी कलरी में मुझे मुख्य रूप से ग्रन्थों की प्रतिलिपियाँ तैयार करने का दायित्व ही मिला। सारे ग्रन्थों के जल जाने से जो नुकसान हुआ, उसका निवारण शीघ्र ही करना था। कुट्टन दाऊ ने प्राथमिकता का एक क्रम निर्धारित कर दिया जिसके अनुसार उन ग्रन्थों को प्राथमिकता देनी थी जिनकी आवश्यकता बच्चों को सब से अधिक होती है।

प्रतिलिपियाँ निकालने की एक विशेष प्रणाली स्वयं उभर कर आई। पहले कंठस्थ पाठ रट कर स्मृति की जांच करना। फिर उसका मिलान ग्रन्थ से करना। जब यह निश्चित हो जाए कि कोई अन्तर नहीं तब स्मृति के आधार पर ही प्रतिलिपि लिख लेना। कंठस्थ पाठ की गलतियों को सुधारने में भी यह रीति सहायक हुई। इस प्रकार, प्रतिलिपियाँ निकालने की यह प्रक्रिया और ग्रन्थ परिपालन परदेश में अध्ययनार्थ जाने की तैयारी भी सिद्ध हुई।

यह भी देखा गया कि भंडार में कुछ ऐसे भी ग्रन्थ हैं जिन का पाठ मामाजी ने नहीं कराया था। ऐसे ग्रन्थों में अधिकांश भाष्य हैं। ऐसे ग्रन्थों का जिक्र भी मामाजी ने नहीं किया था, जिन में कलरी की कार्य प्रणाली, इस प्रणाली में समय समय पर लाए गये संशोधन और कलरी का इतिहास उल्लिखित था। सोचा होगा कि ऐसे ग्रन्थ जिन में परिवार का इतिहास भी है, बाद को देख लूँ। तान्नियूर कलरी की त्रासदी का संक्षिप्त वृत्त भी कुट्टन दाऊ ने उसमें जोड़ दिया था।

जब मैं उसे दुबारा पढ़ रहा था तभी सीता दीदी यह आग्रह प्रकट करती हुई तहखाने में आ पहुँची कि फूफी को देने के लिए एक ताड़-पत्र लिख दूँ। जो कुछ लिखना था सो बता भी दिया। "तिरुवूर से पषंञानम घर की सीता लिखती है कि फूफी ने जो बातें सुझाई थीं, दोनों बातें यहाँ सब लोगों को पूरी तरह स्वीकार है और स्वीकार करने में सन्तोष है। यदि सुविधा के अनुसार यहाँ तक आ जाएँ तो रही सही बातें भी तय कर लेंगे। आप जानती हैं कि फिलहाल वहाँ तक आने के लिए यहाँ कोई नहीं है। एच्चु बार बार दादी के बारे में पूछा करती है। नमस्कार।"

सीता दीदी जब वह ताड़-पत्र लेकर पीछे हटी तब चीरू दीदी मुझे पिलाने के लिए छाछ लिए तहखाने आ पहुँची। "यह कैसी तपस्या है अप्पू! इस गुफ़ा में?"

मैं चुपचाप पढ़ता रहा।

तहखाने के धुँधले प्रकाश से समरस होने में कठिनाई महसूस हो रही थी, तो भी झुक कर मेरे हाथ के ताड पत्र पर दृष्टि डाली। "यह ताड़-पत्र कौन-सा है?"

मैं समझ गया कि दीदी यह जानने के लिए आयी है कि पिलाक्काट्टीरी को भेजे जानेवाले ताड़-पत्र में क्या लिखा है।

बिना सिर उठाए ही मैं बोला—"पूरब को जो ताड़-पत्र भेजना था वह जा चुका है।"

"क्या लिखा है उसमें?"

"यही कि गोविन्दनाशान का रिश्ता इस परिवार से नहीं जुड़ सकेगा। और क्या?"

"अरे वाह! झूठ।"

"दिल्लगी नहीं। यहाँ पुनर्विवाहवालों की ज़रूरत नहीं।"

"पुनर्विवाह? सो कैसे?"

"सुनते हैं कि सामूतिरी के महल में उनका एक सम्बन्ध जुड़ा है।"

"अरे नटखट!" चीरू दीदी ने मेरा कान पकड़ कर उमेठा। "क्या मुझसे खिलवाड़?"

"कुट्टन दाऊ, ये चीरू दीदी..."

छाछ की सुराही के खाली होने की प्रतीक्षा किए बिना ही दीदी मुड़कर भाग गयी।

तहखाने से ज़ोर से पुकारने पर भी बाहर सुनाई नहीं देगा। पूर्व अनुभवों के आधार पर ही यह तय किया गया था कि नयी कलरी में ग्रन्थों को अधिक सुरक्षा के साथ रखने की सुविधा सुनिश्चित करना ही है। तहखाने में उतरना आसान नहीं है। दरवाज़ा तोड़ कर छत पर घुस कर फर्श की सफेद दरी और कम्बल हटा कर फर्श के गुप्त द्वार का पता लगा कर उसे भी खोल कर सीढ़ियों से उतर कर ही तहखाने में पाँव रखा जा सकता है। कोई अपरिचित व्यक्ति इसका पता लगा कर प्रवेश नहीं कर पाएगा। कोई अपरिचित व्यक्ति आकर कलरी को चाहे आग लगा दे तो भी ग्रन्थ भंडार बचा रह जाएगा। क्षुद्र जीवों को हटाने अष्टगन्ध चूर्ण जलाते रहने के कारण तहखाना हमेशा सुगन्धित रहता है। कडी गर्मी में भी ठंड रहती है। बस, समस्या यही है कि दिन में भी दीपक की ज़रूरत पड़ती है।

तहखाने में पाँव रखते समय और कोई भी ग्रन्थ हाथ में लेते समय मामाजी का स्मरण किया। उस स्मरण से यह धारणा अधिकाधिक पक्की होती गयी कि भविष्य में काम आनेवाली जानकारी के दस्तावेज को प्राणों से भी अधिक महत्त्वपूर्ण मानना ही कुल धर्म है। पिछली पीढ़ियों के कितने ही व्यक्तियों ने किसी भी नारकीय अनुभव को भोगते हुए भी इस जिद को कस कर पकड़े रखा! तभी तो दुनिया में कम से कम इतनी रोशनी शेष रह गयी है। उपलब्ध ज्ञान से चाहे कुछ नया जोड़ न सकें तो भी जो ज्ञान बचा हुआ है उसकी पहरेदारी करते हुए आयु बिता सकें।

पहले से ही यह प्रमाणित हो चुका था कि यह आसान काम नहीं है। तिरुवूर कलरी को घेरता हुआ अन्धकार का जो घेरा रूपायित हो रहा था वह भी निष्क्रिय नहीं था। उसके लक्षण प्रारम्भ में ही दिखाई दिए। जब कलरी के कार्यकलाप एक प्रकार से व्यवस्थित होने लगे थे तब तिरुकंटियूर 'संकेतम्' का सचिव अधीनस्थ कर्मचारियों को साथ लिए कलरी की कार्यप्रणाली पर आपत्ति उठाता हुआ कुट्टन दाऊ के सामने आ पहुँचा।

संघ की माँग थी कि तिरुकंटियूर मन्दिर के पश्चिमी तालाब के किनारे के अधिवासी मरक्कार नामक मछुवारे के बेटे को कलरी में जो प्रवेश दिया गया है उसका पुनरीक्षण हो। यद्यपि मरक्कार जहाज़ का मालिक, धनी और सामूतिरी का निकटतम व्यक्ति है तो भी वह तो ठहरा मछुआरा ही। मरक्कार झगड़ालू व्यक्ति है। तिरूर के प्रतिष्ठित परिवारों के बच्चों को एक मछुआरे लड़के के साथ ही कलरी में अध्ययन करना पड़ता है न? यही नहीं, यह मरक्कार थोड़े अर्से से 'संकेतम्' के लोगों को तमिलभाषी ब्राह्मणों से भला- बुरा कहलवा रहा भी है न? यही नहीं वह प्रादेशिक मर्यादाओं का पालन किए बिना उद्दंड बना फिरता भी है न?''

जब यह जान गया कि यह माँग 'संकेतम्' के किसी औपचारिक निर्णय के आधार पर नहीं की जा रही है, तथा संघ केवल तिरुवूर निवासियों की मानसिकता

जताने के लिए ही आया है तब कुट्टन दाऊ ने पूछा—"बालक मरक्कार ने उस प्रदेश में किसी के प्रति कोई धृष्टता नहीं बरती है न?"

"नहीं।"

"यदि बालक का पिता उद्दंड और निकम्मा है तो भी उसका वह स्वभाव यहाँ से अर्जित किया हुआ नहीं है।"

"यदि बच्चों को थोड़ी शिक्षा और निखार मिले तो वह मरक्कार अब किसी भी प्रकार की मनमानी कर बैठेगा न? जैसे बन्दर को ज़ीना भी मिल गया हो?"

"यदि वैसा हो भी जाए तो भी उसके लिए इस बच्चे की पढ़ाई कैसे जिम्मेदार होगी? मैं वादा कर सकता हूँ—यहाँ से शिक्षा पाकर निकलने वाला कोई भी किसी के प्रति किसी प्रकार की मनमानी नहीं करेगा, यह निश्चित है।"

"तो इसका मतलब क्या यही है कि मुहल्लेवालों के प्रति वह मरक्कार जो घृष्टता बरत रहा है उसका बदला न लें?"

"ऐसा होना चाहिए क्या? क्या यह सही है?

"मुहल्लेवालों की राय है कि यही सही है।"

"किन्तु श्रुतियों में यही लिखा मिलता है कि वह सही नहीं है। खैर, मरक्कार के बच्चे को कलरी से कोई जाकर बुला नहीं लाया है। मरक्कार ने यहाँ आकर बच्चे के लिए शिक्षा माँगी। बच्चे ने भी कहा कि वह पढ़ने में रुचि रखता है। दोनों ने वचन दिया कि यहाँ की शर्तों का पालन करेंगे। ऐसे एक विद्यार्थी को शिक्षा देने से भला, कलरी कैसे मना कर सकता है?"

आगत जनों ने एक प्रत्युपकार का प्रस्ताव भी रखा कि यदि बालक मरक्कार को कलरी से निकाल दिया जाएगा तो कलरी के आहाते की ओर की जो पगडंडी नाले सहित बन्द बड़ी है उसे शीघ्र ही खुलवाया जाएगा। खेत के बड़े तालाब से कलरी के अहाते की ओर सिंचाई का जल छिडकना है न? सिंचे न जाने के कारण अहाते की सब्जियाँ भी मुर्झाई पड़ी है न? कब तक बर्तन में जल भरकर सिंचाई करते रहेंगे?"

यह प्रलोभन भी सफल नहीं निकला। कुट्टन दाऊ ने स्पष्ट शब्दों में उनसे कहा—"कलरी की कार्य प्रणाली पीढ़ियों से यही रही है। उसमें परिवर्तन लाने की सामर्थ्य मुझ में नहीं है। उसके लिए कोई पर्याप्त कारण भी नहीं है। कलरी पहुँचने का रास्ता किसी ने बन्द नहीं कर रखा है। मुहल्लेवालों का रास्ता ही रोका गया है। उसका निवारण कैसे किया जाए, यह बात देश का प्रशासन तय करेगा और यदि प्रशासन इसमें समर्थ नहीं हो तो भी कोई बात नहीं। अन्न, जल जैसी किसी भी वस्तु की आपूर्ति रुक जाए, तोभी हमारी ओर से कोई अत्याचार नहीं हो सकता। गुरु-मातुल माफ़ नहीं करेंगे। यदि कलरी के कारण ऐसी कोई असुविधा हो तो

कृपया क्षमा करें।

रात को मन्दिर के दो कर्मचारियों को साथ लिए सामूतिरी के प्रतिनिधि आ पहुँचे। मन्दिर का प्रबन्धक कोम्मालि चेरामंगलम् भी आ गये। वे नेटियिरुप्पु के कर्मचारी हैं। वे निरे पहरेदार ही नहीं, उससे बढ़कर मन्दिर के संरक्षक भी हैं। इन्होंने इस बात की याद दिलाने की ही कोशिश की कि कलरी के कार्य के सुचारू रूप से संचालन के लिए प्रदेशवासियों का सहयोग और भलेमानसी अत्यन्त आवश्यक है। उनका बहाना यही है कि वे कलरी के उत्कर्ष में रुचि रखते हैं। किन्तु उन्होंने परदे में ढकी धमकी पेश की। इनका आग्रह यही था कि मरक्कार के बेटे को बरखास्त किया जाए। उनको भी कुट्टन दाऊ ने कलरी की परम्परा का स्पष्टीकरण दिया। उसके बाद भी यह सुझाव लेकर तिरुवूर के कुछ और प्रतिष्ठित व्यक्ति भी आए। पर कुट्टन दाऊ डटे ही रहे।

अधिक विलम्ब के बिना ही तिरुवूर 'संकेतम्' को वेट्टत्तु के कारिन्दे से निर्देश मिला कि उनको पूर्व सूचना दिए बिना कलरी के कार्यसंचालन में दखल न दें। आदेश हुआ कि बन्द रखा गया रास्ता शीघ्र ही कलरी की पश्चिमी ओर से पगडंडी तक खोला जाए। पौधों की क्यारियों में ठंडे जल की नमी फिर से पर्याप्त मात्रा में प्राप्त होने लगी।

वन्नेरी के तिरुमेनी ने दूत भेज कर कुट्टन दाऊ को बुलाया और 'संकेतम्' के अन्दरूनी विरोध के बारे में विस्तार से समझाया। मुनयूर भवनवाले संकेतम् का नियन्त्रण अपने अधीन लाने की भरसक कोशिश कर रहे हैं। उन्हें सामूतिरी का सम्बल प्राप्त है। उद्देश्य यही है कि नाममात्र के किसी मुद्दे पर प्रदेश के विभिन्न विभागों में झगड़ा छिडा दें तथा उसमें सामूतिरि का हस्तक्षेप करा कर, अपना स्वार्थ सिद्ध करें। मुनयूर भवन वालों का विचार और भाव यही है कि उनके और उनके बन्धुजनों के सिवाय तिरुवूर में कोई यथार्थ ब्राह्मण नहीं है। कुछ साल पहले जब स्थिति अत्यन्त बिगड़ गयी थी तभी परप्पनाट के सात भवनवालों ने इस्लाम धर्म स्वीकार किया था। ऐसी घटनाएँ पहले और बाद को और कई जगहों पर घटी हैं। जोभी हो, तिरुवूर की झंझट अब उस सीमा तक नहीं पहुँची है। किन्तु कुछ निश्चित नहीं कहा जा सकता कि स्थितियाँ ऐसी ही बनी रही तो परिणाम क्या होगा।

बाहरी दुनिया से हर दिन जो जो भली-बुरी जानकारी प्राप्त होती उसकी चर्चा उसी दिन कुट्टन दाऊ गृह-सभा में करते। पहले तो मामाजी को सूचना देते थे। वही क्रम अब भी ज़ारी है। मामाजी के अभाव में भी बातें ऐसे प्रस्तुत की जाती थीं मानों उन्हीं को जतायी जा रही हो। मुनयूर भवनवालों के बारे में बता कर कुट्टन दाऊ ने यों ही पूछा—''हमें तो सज्जनों का सन्तोष और सहमति पाना ही पर्याप्त है न?''

''हाँ-हाँ!'' सब की ओर से मामाजी की आत्मा ने मौन रूप में बताया।

तिरुवूर-3

सीता दीदी के सन्देश के जवाब में फूफी का ताड़-पत्र नहीं आया। गोपी भैया को सहायक के रूप में साथ लिये स्वयं फूफी ही तिरुवूर आ पहुँची। तभी घर के सारे सदस्यों ने शेष सारी झंझटें कुछ समय के लिए भुला दीं। दूसरे दिन तड़के तीन बजे सबने उठ कर स्नान किया, तिरुकंटियूर मन्दिर जाकर प्रार्थना की और प्रज्ज्वलित दीपक के सामने असीन हो गये। विवाहों की बात पक्की की। होनी-अनहोनी के सम्बन्ध में कुछ विशेष सोच-विचार नहीं करना था। सारी रस्में जल्दी पूरी हो गयीं।

फूफी ने पहले ही कह दिया—''बात तो पूर्वजों द्वारा पहले ही पक्की की जा चुकी है।''

''ओणम के दौरान हो जाए तो कलरी के कार्यों में विघ्न नहीं होगा।'' कुट्टन दाऊ ने अपनी राय प्रकट की।

''अनुराधा नक्षत्र का दिन ठीक रहेगा।'' फूफी ने बताया।

''दोनों विवाह एक ही जगह पर सम्पन्न करें तो सुविधा रहेगी न?'' सीता दीदी ने पूछा।

''यहीं पर ठीक होगा न?''

निर्णय हुआ कि यही सुविधाजनक हो तो ऐसा ही हो।

सीता दीदी ने ही सगाई का ताम्बूल लिया और दिया भी। उस वक्त बड़े अर्से के पश्चात् सीता दीदी के चेहरे पर प्रसन्नता का अंकुर फूटा। ''मंगलसूत्र बँधने पर अम्मिणी यहीं रहे।''

''और चीरू वहाँ।'' फूफी ने भी साबित किया कि वे भी हँसना नहीं भूली हैं। अब तो पुरानी रूढियों का पालन करने की बात नहीं रही। मंगल सूत्र बाँधने का मतलब किसी के पाँव को बाँधना थोड़ा ही है। जहाँ चाहें रहें, जहाँ चाहें दौड़ें।''

इस आनन्ददायक मुहूर्त के बीतने पर जब ड्योढ़ी पर केवल पुरुष ही रह गये तब कुट्टन दाऊ ने पूछा—''कलरी का क्या हाल है, गोपी?''

''राज परिवार की ओर से संरक्षण की अपर्याप्तता बुरी तरह खटक रही है।''

गोपी भैया ने कहा—''राजा का प्रसाद नाम के वास्ते ही है। नहीं के बराबर।''

जब से पिलाक्काट्टीरी राज्य के शासन की बागडोर सामूतिरी के हाथ में आ गयी तब से कलरी की दुर्दशा आरम्भ हुई है। प्रतिशोध की इच्छा रखनेवाले परिवारों का संघ भलाई से अधिक बुराई ही कर रहा है। उस विभाग में आनेवाले सभी कलरी नेटियिरुप्पु की आँखों में दुश्मन हो गये हैं न? यह एक और मुसीबत है कि अब उनमें कई कुन्नलक्कोन के पक्ष का समर्थन करने के लिए लुक-छिपकर प्रयत्न कर रहे हैं। सामूतिरी के सम्मुख की पेचीदी समस्या हल हो गयी। जो अब भी पक्ष बदलने में हिचके हुए हैं वे शीघ्र ही नामावशेष हो जाएँगे। अब उपाय यही कि या तो कलरी पेरुम्पटप्पु के अधीनस्थ प्रदेश में स्थापित करें। नहीं तो देश की रीति का अनुसरण करें। कलरी का स्थानान्तरण व्यावहारिक नहीं। बड़ा परिश्रम करके ऐसा करें भी तो क्या फायदा होनेवाला है? पेरुम्पटप्पु में तो अधिकार के लिए बड़े और छोटे में तर्क वितर्क जोरों पर चल रहा है न?

जब शिविर में ही लड़ाई हो रही है तब पूछना ही क्या?

यदि यह निर्णय लिया जाए कि सामूतिरी की सेवा ही एक मात्र आश्रय है तो फिर एक दिन भी गर्व के साथ रह नहीं सकेंगे। दूसरे दिन से ही छोटे कर्मचारी भी आदेश देने आ पहुँचेंगे।''

''तो क्या उपाय है?''

''एक ही उपाय है।'' गोपी भैया हँसे। ''इन सभी लोभी राजाओं से 'कलरी' चलाने के लिए राशि ली जाए।''

'' सो कैसे?''

''कलरी को किसी भी राज्य के अभ्यासियों के प्रशिक्षण का मंच बनाना है।''

''ऐसी स्थिति उत्पन्न होगी न कि एक ही कलरी में सीखे हुए अभ्यासियों में आगे चलकर मुठभेड़ हो जाए।''

''आपस में भिड़ने पर भी उनमें कुछ तो बच जाएँगे ही। यह तो बेहतर होगा कि सभी लोग हारनेवाले राजा के ही पक्ष में लड़कर एक साथ मर मिटें है न?''

''बिना आस्था के, सैनिक कैसे बनेंगे?''

''लड़ने के धन्धे के प्रति ही आस्था रखना पर्याप्त होगा न?''

''उससे कलरी को क्या फायदा?''

जिन राज्यों के राजा अपने सैनिकों को कलरी में प्रशिक्षण दिलाएँगे, वे शुल्क भी दे दें। लेखन शालाएँ इस बात की चिन्ता नहीं करतीं कि लेखन अभ्यास की पूर्ति पर छात्र किस पक्ष में रह कर जीविकोपार्जन करते हैं। आयोधन कला के कलरियों के प्रति भी यही रुख पर्याप्त होगा न? यही नहीं कालान्तर में कलरी के प्रति आस्था

रखनेवाले राजा भी रहेंगे।''

''तब तो कलरी एक प्रकार का व्यापार हो जाएगा न?''

''होना चाहिए न? तभी तो कुछ पैसे बच जाएँगे न?''

''क्या, पैसे कमाने से सब कुछ हो जाता है?'' कुट्टन दाऊ का माथा सिकुड गया।

''कुट्टन दाऊ! यदि हाथ में चार कोड़ी नहीं है तो, और कुछ भी पास रखने से क्या फायदा?''

''क्या तुम अपने मन की बात कह रहे हो?''

''खूब सोच समझ कर बता रहा हूँ। और कोई चारा नहीं।''

''तो क्या इसी उद्देश्य से कोष़िक्कोट गये थे?''

गोपी भैया ने कुट्टन दाऊ की दृष्टि का, विचलित हुए बिना सामना किया। हामी भरी।

कुट्टन दाऊ फिर शंकित हुए। बीती बातों की याद करने पर...''

''जो अभी बीतने को है उसी पर ज़्यादा सोच-बिचार करना है न?''

''आम दुश्मन के साथ के रिश्ते का पता यदि पेरुम्पटत्तु और वेट्टत्तुवालों को लग गाया तो?''

'' 'यदि' की बात अब नहीं रही। उन्हें पता लग गया है। लगना भी चाहिए। वे भी आकर सौदा कर सकते हैं। वे भी अपनी मर्जी आकर सौनिकों को प्रशिक्षित करा ले जा सकते हैं।''

''गोपी!''

गोपी भैया हँसे। आस्था नहीं, अन्न ही बड़ा है। यह सबक हमने नहीं सीखा, यही हमारी गलती रही। जो हुआ सो हुआ। एक पैसा भी पारिश्रमिक पाए बिना दूसरों के लिए अपना अमूल्य जीवन बलि देने के लिए मैं तैयार नहीं हूँ।''

''यदि सबके शत्रु बन जाएँ तो?''

''छोटे-छोटे राज्यों के ये राजा लोग मिल-जुल जाएँ तब न? ऐसा दिन आएगा तो सूरज पश्चिम में उगेगा। वैदिक प्रमुखों को देखा न? किसी भी अत्याचारी के लिए वे याग और यज्ञ कर देंगे। मात्र मरने जानेवालों के लिए स्थायी आस्था की क्या ज़रूरत है?''

''कुल धर्म नाम की एक चीज़ है न?''

''वह तो एक बोझ बना हुआ है न? मामाजी ने उस धर्म का पालन किया, तभी तो यह लेखन कलरी भी सामूतिरी की आँखों की किरकिरी बन गया है न?''

''किसी को किसी के प्रति आस्था न रहे, यही मतलब है तो...''

''मुझे धृष्ट न समझना। मुझे तो वही रास्ता दिखता है। जिन्दगी भर जलता-

भुनता रह कर आखिर मुट्ठी भर राख बन जाना। यह मुझसे सम्भव नहीं होगा।''

जब तक चेरयन मरक्कार सजे-धजे इक्के में आ पहुँचा तब तक कुट्टन दाऊ कलरी की ओर प्रस्थान कर चुके थे। अपने बेटे के मामले में आपत्ति उठानेवालों के प्रति मैंने जो सुदृढ़ रुख अपनाया था, उसके लिए कृतज्ञता ज्ञापित करने के लिए मरक्कार आया था।

गोपी भैया का परिचय पाने पर मरक्कार ने सन्तोषपूर्वक कहा—''मैं वहीं आकर मिलने वाला था। जहाज़ की रखवाली के लिए नौ शस्त्रधारी सिपाहियों की ज़रूरत है।'' गोपी भैया ने जवाब दिया कि छः महीने लगेंगे। मरक्कार ने स्वीकृति जताई। य़ोद्धाओं को प्रशिक्षित करने का शुल्क, वेतन, मुआवजा आदि का दर गोपी भैया ने मोल-तोल कर वैसे ही निश्चित किया जैसे अन्य व्यापारों में करते हैं। पेशगी में मरक्कार ने एक सौ रुपए दिए।

जलालुमूप्पन की हास्यप्रियता या लोक परिचय चेरयन मरक्कार में नहीं। छोटे कद का आदमी। पतले होठों पर तथा गहरी पैनी आँखों में मेधाशक्ति की प्रबल झलक।

कलरी जाकर कुट्टन दाऊ से मिलकर जब मरक्कार बिदा हुआ तब तान्नालूर कलरी के (आशान) शिक्षक आए। पिलाक्काट्टीरी कलरी का हालचाल पूछने आये थे। उनके समक्ष भी गोपी भैया ने अपना रुख प्रकट किया।

उनका भी प्रश्न यही था—''अपनी जड़ को भूलना उचित है, क्या?''

''तान्नालूर कलरी को वेट्टत्तु राजा का अनुदान मिलता है। मुझे तो किसी से कोई अनुदान नहीं मिलता। आशानों (शिक्षकों) को वेतन देना है। कलरी के दैनिक कार्यों का संचालन करना है। इसलिए ऐसा निर्णय लिया गया है।''

''सभी ऐसा ही निर्णय लें तो?''

''क्यों नहीं ले सकते?'' गोपी भैया हाथ पसार कर खूब हँसे।

दोपहर के पहले गोपी भैया लौट गये। इस बार भी फूफी को लौटा नहीं ले गये।

कहा कि सहायता के लिए किसी को भेज देंगे। यह भी बताया कि वे अब कलरी नहीं जा

रहे हैं।

भोजन करने बैठे तो सीता दीदी ने कुट्टन दाऊ से पूछा—''गोपी अब काफी बड़ा हो गया है। है न?''

फूफी और चीरू दीदी एच्चु को पुचकारती हुई यह सुन रही थीं।

कुट्टन दाऊ ने सिर्फ सीता दीदी के चेहरे पर दृष्टि डाल कर सहमति जताई। जवाब नहीं दिया।

सीता दीदी ने भी तत्काल के लिए वह विषय छोड़ दिया।

कुट्टन दाऊ ने इस ओर मुड़ कर पूछा—''नन्नूल' (तमिल व्याकरण ग्रन्थ) का अवलोकन पूरा हो गया क्या? अप्पू!''

तीन सदियों पूर्व, भावनन्दी मुनिवर नामक जैन पंडित द्वारा रचित 'नन्नूल' नामक तमिल लक्षण ग्रन्थ ही तमिल के सम्बन्ध में कलरी का प्रामाणिक ग्रन्थ है।

''पूरा नहीं हुआ।''

''देरी करने से काम नहीं'' चलेगा। और भी ग्रन्थ हैं, यात्रा पर निकलने के पहले अवलोकन करने के लिए। ग्रन्थागार से ही पता चला कि मामाजी ने जिन तमिल छन्दों, गीतों ओर पंक्तियों का अभ्यास कराया था वे किस कालखंड में किन के द्वारा विरचित हुए थे। चूँकि नायनारों और आलवारों द्वारा रचित तेवारम्, तिरुवाय्मोषी, तिरुप्पावा और तिरुवेणपावा जैसे कीर्तनों का परिचय पहले ही प्राप्त कर चुका था इसलिए तमिल सीखना आसान हुआ। समझ गया कि तमिल का प्रवाह, कोमलता और चिकनापन कुछ अलग ही है। तमिल की प्राचीनता का जो उल्लेख ग्रन्थों में मिला उसे पढ़कर विस्मित भी हुआ।

इरयनार महाकवि की रचनाओं में पाया कि अद्वैत सार दस-सहस्त्र वर्षों से तमिलनाडु में विद्यमान रहा है। उस समय की विद्वज्जन—सभाओं को 'कूटल' कहते थे। इन महासभाओं ने भाषा का निखार और रचनाओं की नवीनता बनाए रखी। हज़ारों वर्ष पहले वज्रनन्दी नामक जैन पंडित ने इन सभाओं को 'द्रमिल संघम' नाम दिया। कालान्तर में यह शब्द संक्षिप्त होकर 'संघम' में परिवर्तित हो गया। उन दिनों, इन सभाओं का केवल नाम परिवर्तन ही नहीं हुआ, इनमें नयी जागृति भी आई थी।

यह भी समझ पाया कि इन कूटलों का इतिहास उस समय के पूर्व के दस हज़ार वर्षों का रहा है। समुद्री आक्रमण और जलप्रलय के कारण वे प्राचीन ग्रन्थ नष्ट हो गये। एक बार जब बारह सालों तक अकाल रहा था तब एक पांड्य राजा ने राज्य के सभी विद्वानों को एक साथ एक दूसरे स्थान पर बसा दिया था। जब तोलकाप्पियम में इसका उल्लेख पढ़ा तो यह सोचकर दु:ख हुआ कि कालान्तर में स्थिति ठीक उल्टी हो गयी है। नेटियिरुप्पु में हुए आक्रमण के दौरान मामाजी को तो जलसमाधि ही भुगतनी पड़ी!

ग्रन्थों में इस बात के भी दस्तावेज मिले कि वज्रनन्दी के समय में बौद्ध जैन धर्मों के प्रचारक ज्ञानी चिकित्सा, शिक्षा, कृषि, पशुपालन जैसे विषयों पर साधारण जनता के लिए उपयोगी पुस्तकें रचते थे और इस क्षेत्र में व्यावहारिक परिचय प्रदान करने के लिए प्रदेश भर में जनसम्पर्क केन्द्रों की स्थापना करते थे। पूरे भारतखंड में ऐसे कार्य का व्यापन हुआ था। धीरे-धीरे यह हिमगिरि और सागरों को लाँघ कर

इतर देशों में भी फैल गया।

पल्लवों के शासन काल में वेदाध्ययन करानेवाली संस्थाओं को प्राथमिकता मिली। ब्रह्मविद्या केन्द्रों और मन्दिरों से जुड़े विद्याकेन्द्रों की स्थापना प्रचुर मात्रा में हुई। जाति-पाँति की प्रथा अधिक रूढ हो गयी। इस अन्तराल में तमिल विद्यालयों और 'कूटलों' की क्या स्थिति रही, इसका कोई उल्लेख ग्रन्थों में नहीं मिला।

इस बात के परोक्ष प्रमाण प्राप्त हुए कि इस अन्तराल में भी संस्कृत के समानान्तर ही तमिल विद्या भी जारी रही। उसके बाद तमिल का पुनर्जीवन हुआ। नायनारों और आलवारों के उदय के बाद कभी भी तमिलनाडु में तमिल भाषा पिछड़ी नहीं गयी। उन दिनों परिमेलष़कर ने 'तिरुकुरल' की, तथा अटियारक्कुनल्लार ने 'चिलप्पतिकारम' की व्याख्याएँ प्रस्तुत कीं। कम्पर ने रामायण की रचना की। इसी क्रम में नन्नूल जैसे व्याकरण-लक्षण ग्रन्थों ने जन्म लिया।

'नन्नूल' में इस बात की विस्तृत चर्चा है कि शिक्षा कैसी हो, शिक्षण कैसा हो, गुरु कैसे हो, शिष्य कैसा हो- आदि। यह भी समझ पाया कि उसमें बताए अनुसार ही प्रदेश की लेखन शालाओं का कार्य संचालन और पाठ्यक्रम आयोजित हो रहा है।

'नन्नूल' अच्छे गुरुनाथ की तुलना अच्छी भूमि, पर्वत, तराजू और फूल से करता है। भूमि किसानों द्वारा लगाए जाते सभी आघातों को क्षमापूर्वक सहती है और मेहनत के अनुपात में हर एक को उपज देती है। इसी प्रकार अच्छे गुरु को चाहिए कि वे शिष्यों की सभी गलतियों और अपराधों को माफ़ करते हुए उनकी क्षमता और प्रयत्न के आधार पर विद्याफल प्रदान करें। उन्नत, सुदृढ़, स्थिर एवं उदार पर्वत के समान, पारिश्रमिक की इच्छा किए बिना शिष्यों की ओर विद्या को झरनों की तरह प्रवाहित करें। पक्षपात से दूर रहने के लिए अच्छे गुरुनाथ में अच्छे तराजू की सी सूक्ष्मता और निस्संगता होनी चाहिए। ये सब गुण हों तो जैसे सुगन्ध और सौन्दर्य के कारण पुष्पों को सब लोग चाहते और उनका सम्मान करते हैं उसी प्रकार अच्छे गुरुनाथ भी सबका प्रेम और आराधना प्राप्त करते हुए हर श्रेष्ठ मंच पर अत्यन्त अपेक्षित माने जाएँगे।

सुनाना, पूछना, प्रश्न कराना, तलाश कराना, समाहरण कराना, मधु का छत्ता बनवाना अथवा ज्ञान को सुरक्षित रखने का प्रशिक्षण देना, जैसे अध्यापन के विविध चरणों का व्यवस्थित प्रतिपादन अनुभव ज्ञान के साथ 'नन्नूल' में किया गया है।

उपर्युक्त संकल्प का मूर्तरूप और सिद्धान्तों का प्रयोक्ता बनकर ही मामाजी जीवित रहे और अन्त में ज्ञान के लिए उन्होंने अपना जीवन भी अर्पित किया था। कुट्टन दाऊ भी इसी पन्थ का अनुसरण निष्ठापूर्वक करते हैं। स्पष्ट हुआ कि पीछे आनेवालों का पथ भी दूसरा कोई नहीं। उसके लिए आवश्यक मानसिक तैयारी कर

सका।

'नन्नूल' में बताया गया है कि अच्छे शिष्य को हंस या गाय के समान होना चाहिए। माना जाता है कि हंस दूध से पानी को अलग करके केवल दूध पी लेता है। इस प्रकार किसी भी अज्ञान से सारांश स्वरूप ज्ञान को निकाल लेने की क्षमता उसमें हो। बड़ी मात्रा में घास पाने पर गाय यद्यपि उसे जल्द से जल्द खा लेती है तो भी बाद को वह जुगाली करके उसे पचा लेती है। इसी प्रकार अच्छे विद्यार्थी को चाहिए कि वह किसी भी पंडित से मिले, उनसे शीघ्रातिशीघ्र अधिकाधिक ज्ञान प्राप्त करे और उस पर पर्याप्त चिन्तन-मनन करके पचाकर, धीरे-धीरे जुगाली करके उसे आत्मसात कर ले।

इसी से यह भी समझ पाया कि अपने मातुलों से सीखने में जितना अवकाश मिलता है उतना अवकाश परदेश के गुरुजनों से कुछ सीखते वक्त नहीं मिल सकेगा। उन्हें तो बाद को जितने भी छात्र आएँगे उन सबको लगातार पढ़ाना होता है। केवल एक ही पौधे को पानी और खाद देते हुए उसी की सेवा-शुश्रुषा करते रहना सम्भव नहीं। उनसे जितना सीख लेना हो उतना ज्ञान उसके लिए प्रदत्त थोड़े से समय के भीतर बड़ी मेहनत करके शीघ्र प्राप्त कर लेना है।

तमिलनाडु में शैव परम्परा के जो विद्या केन्द्र हैं वे शूद्रमठ कहलाते हैं। उन कलरियों में गुरुनाथों या शिष्यों की जाति या विश्वास की गणना नहीं होती। तमिल का प्राचीन ज्ञान और संस्कृत का नवीन ज्ञान बिना किसी भेदभाव के सम्बद्ध भाषा में सिखाया जाता है। शिक्षा का माध्यम है तमिल। सीखने और सिखाने में पुरुषों की बराबरी में स्त्रियाँ भी हैं। चूँकि प्राचीन काल से ही शासकों ने इन मठों को पर्याप्त अनुदान और अधिकार दे रखा है इसलिए शिष्यों को घूम फिर कर भीख माँगते हुए अन्न प्राप्त करने की ज़रूरत नहीं पड़ती थी।

उत्तर खंड की रीति भिन्न है। शिक्षा का माध्यम देशी भाषा प्राकृत नहीं। केवल संस्कृत है। इसलिए शूद्र पढ़ने नहीं पहुँचते। कालान्तर में पाठशालाएँ निजी वेदपाठशालाओं में परिवर्तित हो गयीं। उनमें शूद्रों को प्रवेश नहीं। चूँकि शूद्र पढ़ नहीं पाते थे और किसी भी तरह पढ़ भी लें तो भी दूसरों को पढ़ाने की अनुमति और अवसर नहीं मिलता था। इसलिए शूद्रों में गुरुनाथों का अभाव हो गया। बालिकाओं को शिक्षा देने की प्रथा उच्च जातियों में भी नहीं रही।

ग्रन्थों में उल्लिखित है कि लोक ज्ञान और लोकाचार समय-समय पर तमिलनाडु से पश्चिमी समुद्रतट की कलरियों में भी आ पहुँचते थे।

चिरपुरातन काल से ही यहाँ के गुरुनाथों ने विविध कालखंडों में प्राप्त समस्त ज्ञान को बिना पूर्वाग्रह के ग्रहण किया। बौद्ध जैन धर्मावलम्बियों ने समाज सुधार के जो परिश्रम प्रारम्भ किए थे उनका अनुसरण उन्होंने किया। शास्त्रों और दर्शनों के

प्रति उस समय जो नयी रुचि जगी उसे आत्मसात किया। विद्यालयों का संचालन अबाध रूप से करते रहे। अँधेरे युग के आगमन पर भी ज्ञान के दीपक को बुझने नहीं दिया। जिस समय यह आशंका हुई कि दीपक बुझ जाएगा, तब सभी ज्ञानखंडों का समावेश कर ईश्वरार्पण अभियान (भक्ति आन्दोलन) आरम्भ किया। परदेश के समानान्तर केन्द्रों के साथ सम्पर्क भी बनाए रखा।

प्रदेश में जो अन्य कलरियाँ थीं उनसे सम्बन्धित सूचनाएँ भी ग्रन्थों से मिली।

जगह—जगह कार्यरत सैकड़ों कलरियों की शिक्षा प्रणाली एक जैसी ही रही थी। एकतानता का यह विस्मय किसी राजा या शासक के निर्देश पर कायम नहीं हुआ था। यह तो कूटलों (संघों) के समय से जारी है। बौद्ध जैन पंडितों ने इसे स्थिर प्रतिष्ठा प्रदान की। भीतरी प्रदेशों में भी नयी पाठशालाएँ स्थापित हुईं।

यह धारणा सुदृढ़ हो गयी कि ज्ञान का क्षय ऊँच-नीच के भेदभावों का स्रोत है। हिंसावृत्ति का भोजन भी वही है। ज्ञान ही ईश्वर है। उसका कभी क्षय नहीं होता। उसके साथ मनुष्य का जो सम्पर्क है उसी में वृद्धि-क्षय होता है। ज्ञान सम्पर्क में जब क्षय होता है तब जो अन्धकार जन्म लेता है वही एक में दो की प्रतीति तथा जो वस्तु नहीं है उसके अस्तित्व की प्रतीति उत्पन्न करता है। जो ज्ञानी हैं उन्होंने इन दोनों स्थितियों को पहले से ही व्यतिरिक्त रूप में पहचान लिए हैं।

जब कलरी के ग्रन्थों से इतना सब समझ सका तब आत्मविश्वास और कर्तव्य बोध दृढ़तर हो गया। ग्रन्थों की प्रतिलिपियाँ निकालने का काम देर रात तक चलता रहा। देर से सोने पर भी तमिल कृतियों के साथ का संलाप तड़के तीन बजे से ही शुरू हो जाता।

कुट्टन दाऊ ने कहा—''यह ज़रूरी नहीं कि नए पानी में उतरी मछली को शरीर की थकान का अनुभव जल्द महसूस हो। आगे की यात्रा दुष्कर और सुदीर्घ है। उसके लिए थोड़ी ऊर्जा बचाए रखनी है।''

तिरुवूर-4

पहले ही सूचना मिल चुकी थी कि अटियाष़त्तु के मूप्पिल नायर ने अपने कुलदेवता की कसम खाते हुए खुले तौर पर कहा था कि तुंचन के अहाते से पष़ंञानत्तुवालों की कलरी भी हटवा कर उसे तहस नहस करके ही रहेंगे। मुनयूर भवन के कारिन्दे हैं अटियाष़त्तुवाले। तिरुवूर में वे सामूतिरी के दूसरी श्रेणी के कारिन्दे भी हैं। उन दिनों उस परिवार के मुखिया उस व्यक्ति के सबसे छोटे भानजे थे जिसे तुंचन के परिवार की हत्या कर डालने के अपराध पर मृत्युदंड मिला था। मुनयूर भवन के एक नम्पूतिरिप्पाट् का विवाह—सम्बन्ध अटियाषत्तु परिवार की एक स्त्री के साथ है।

मुनयूर वालों का प्रभाव तभी बढ़ा जब वट्टत्तुनाट को सामूतिरी का आधिपत्य स्वीकार करना पड़ा। इसके साथ ही साथ उनके आश्रित और कारिन्दे रहे अटियाष़त्तु वालों के भी अधिकार और सम्पदा में वृद्धि हुई।

मुनयूर भवनवाले और अटियाष़त्तुवाले तिरुवूर के पुराने निवासी नहीं हैं। चन्द पीढ़ियाँ पहले वे वहाँ आकर बस गये थे। कहते हैं कि जब तिरुनावाय का संग्राम चल रहा था तब बन्नेरी और तिरुवूर के अन्य पुराने निवासियों ने आदमी और धन देकर सामूतरी की पर्याप्त सहायता नहीं की थी। उसके बाद भी वन्नेरी भवनवाले वेट्टत्त् राजा और सामूतिरी दोनों को समान मान्यता ही देते हैं। बहुत दिनों से यह रवैया सामूतिरियों को रास नहीं आया है।

पहले से ही मुनयूर और वन्नेरी में कोई मैत्री नहीं रही। पद और सम्पदा के नाम पर ही वैर बना हुआ है। मुठभेड़ों में वन्नेरी ने वेट्टत्तु राजा का साथ दिया था। इसमें सामूतिरि को जो असन्तोष था उसका फायदा उठाते हुए मुनयूर वालों ने सामूतिरी की सहायता से तिरुवूर में बड़ी मात्रा में ज़मीन हथिया ली। सम्पदा और धन की वृद्धि के अनुपात में मुनयूर भवनवालों ने अपने को स्वयं श्रेष्ठ और अभिजात साबित किया। यह दावा सामूतिरी ने स्वीकार किया। राजतिलक के अवसर पर उन्हें भी निमन्त्रित करने की परिपाटी चल पड़ी। उनकी सिफारिश पर अटियाष़त्तु वालों को 'मूप्पिल' (मुखिया) पद भी प्रदान किया गया।

तिरुकंटियूर 'संकेतम्' के कायम होने तक तिरुकंटियूर मन्दिर के न्यासी का पद वन्नेरी को प्राप्त था। इसलिए बाद को भी संकेतम् का अध्यक्ष पद वन्नेरी ही सम्भालते रहे। संकेतम् ही सामाजिक आचार व्यवस्थाएँ निश्चित करता था। नीति न्याय का संचालन भी करता था। नेटिइरिप्पु का इंगित यही था कि तिरुवूर पर तभी कब्ज़ा करना सम्भव हो सकेगा जब संकेतम् मुनयूर के पूरे नियन्त्रण में आ जाए।

कहते हैं कि किसी एक अन्तराल में तिरुकंटियूर मन्दिर में कोई पुजारी नहीं रहा था। पुजारी के स्थान पर पूजा करने के लिए मुनयूरवाले आ गये। इसके पारिश्रमिक के रूप में वन्नेरी भवन वालों ने तुंचन का अहाता वहाँ की उपज लेने के लिए उन्हें दे दिया था। प्राचीन काल से ही वह अहाता मन्दिर की सम्पत्ति रहा। पूजाकार्य से मुक्त होने पर भी मुनयूर भवन ने उस अहाते पर अपना अधिकार बरकरार रखा। चूँकि उस अहाते से कोई गणमान्य आमदनी नहीं मिलती थी, इसलिए इस पर किसी को बड़ी आपत्ति नहीं थी। मुनयूर भवन से तुंचन ने वह अहाता अपने नाम लिखवा लिया और वहीं बस लिया। अच्छी उपज मिलने लगी तो अहाता आकर्षण का विषय हो गया। इसी के बाद ज़मीन का हस्तान्तरण कराया गया, कारिन्दे के द्वारा कब्ज़ा कराया गया, फिर झगड़ा हुआ और अन्त में वह बड़ा निष्ठुर कार्य भी हो गया।

मुनयूर के कारिन्दे को 'संकेतम्' ने जो मृत्युदंड दिया उसका कार्यान्वयन वेट्टत्तु तम्पुरान ने सामूतिरी के दखल देने के पूर्व ही जल्दबाजी में करा डाला। पाप के प्रायश्चित के रूप में तुंचन का अहाता और अन्य दोनों जायदादें जब्त कर लीं। मुनयूर के मुखिया से माफी मँगवा कर जुर्माना अदा कराया गया। इन सबके पीछे विशेष उद्देश्य था। इनका एक उद्देश्य यह भी था कि सामूतिरी के समर्थन से संकेतम् पर कब्ज़ा करने का अवसर मुनयूर वालों को नहीं मिले। यदि संकेतम् का विधिनिर्णय नेटियिरिप्पु द्वारा बदल दिया जाता, कारिन्दा बच जाता और अहाता फिर से मुनयूर भवन के अधीन हो जाता तो इसके बाद संकेतम् में आस्था परिवर्तन हो जाता और संकेतम् के बहुमत का समर्थन वन्नेरी को नष्ट हो जाता।

सामूतिरी के प्रतिनिधि के रूप में एक स्वार्थ कर्मचारी संकेतम् में है। पर कार्य संचालन में ज्यादा अधिकार वेट्टत्तुतम्पुरान के प्रतिनिधि को प्राप्त है। माना जाता है कि सामूतिरी का प्रतिनिधि तभी दखल दे सकता है जब संकेतम् किसी बात में निर्णय नहीं ले पाता, और देशी राजा भी उसमें असमर्थ होकर सामूतिरी के निर्णय की माँग करे।

वेट्टत्तु राजा का प्रतिनिधि बूढा हो चुका है। क्षमता भी कम हो गयी है। पर नेटियिरुप्पु का कर्मचारी युवक है और षड्यन्त्र रचने में समर्थ भी। यह बात भली भाँति जानता है कि वह मन्दिर के कार्यसंचालन में तथा उसकी जायदाद में मनमानी

कर पाएगा जब संकेतम् वन्नेरी के नियन्त्रण से मुक्त हो जाएगा। वे तो सामूतिरी के तिरुवूर कारिन्दे के परिवार के साथ वैवाहिक सम्बन्ध में भी जुड़ चुके है। चूँकि वे लोगों को नाहक सताने के आदी रहे इसलिए वे 'परपीडन प्रेमी' कहलाते थे।

सामूतिरी का कारिन्दा इस कोशिश में है कि एक ओर मुनयूर के अधीन वेदान्तियों को और दूसरी ओर चेरयन मरक्कार के नेतृत्व में मुसलमानों को खड़ा करके बीच में रह कर अपना स्वार्थ साधे। सामूतिरी की आम नीति भी यही है। इन गुटों के बीच कहीं भी और किसी के रहने की गुंजाइश न रहे। वास्तव में दोनों गुट सामूतिरी के पक्ष में ही हैं। अन्तर एक ही है। दक्षिणा लेनेवाले कुछ प्रतिकूल भी हो जाएँ तो कोई परवाह नहीं। खजाना भरने में सहायता देनेवालों को कैसे अप्रसन्न करें? राजमहल की स्त्रियों के 'पति बनकर रहने' के लिए भी मुनयूर भवनवालों को निमन्त्रित किया जाता है। ऐसी जनश्रुति बनी रही कि मुनयूर वाले चाहे थोड़ा बहुत अप्रसन्न रहे तो भी सामूतिरी मरक्कानों को अप्रसन्न करने में हिचकते थे।

तिरुवूर कलरी में दीप जलाने के अवसर पर सम्मिलित होने के लिए परम्परा के अनुसार अरियाष़त्तु वालों को भी निमन्त्रित किया गया था। पर उन्होंने ताड़-पत्र फाड़ कर लौटा दिया और इस प्रकार अपनी अस्वीकृति प्रकट की। ताड़-पत्र लानेवालों से अरियाष़त्तु के मुखिया ने रुष्ट होकर पूछा : "जब उन्हें विदित था कि जब तक तुंचन का अहाता दूसरों के कब्जे में रहे तब तक वहाँ चाहे कुम्भमेला ही आयोजित हो, शुभकामनाएँ देने हम नहीं आएँगे, हमें वहाँ पहुँचने के लिए आमन्त्रित कर हमारा उपहास ही किया है न?"

निमन्त्रित करने आए लोगों को ड्योढ़ी में प्रवेश करने न देकर मुनयूर भवन ने लौटा दिया। भवन के कारिन्दे ने ऐसा व्यवहार किया जैसे ऐसा करने का पूर्व निर्देश भवनवालों से मिल गया था। वे मानों इस प्रतीक्षा में बैठे थे कि निमन्त्रण देने आनेवालों को उनके आते ही फटका सुना कर बाहर कर देना है।

किन्तु तान्नियूर में हुए आक्रमण के पश्चात् वेट्टत्तुनाटु का प्रभाव तिरुवूर पर भी थोड़ा बढ-सा गया है। वन्नेरी और वेट्टत्तुनाटु के प्रति आस्था रखनेवाले मध्यवर्गीय धनी लोग और मुसलमान, केवल वेल्लाट्टिरी के प्रति ही आस्था रखनेवाले लोग तथा सामूतिरी के प्रति आत्मघाती वैर रखनेवाले परिवार, इन सबने पुनः आत्मविकास प्राप्त कर लिया है। उनका गर्व इसी बात पर है कि सदियों के बाद उत्तर के लोगों को वे एक सबक सिखा सके।

एक दिन सबेरे मन्दिर के अहाते में अटियाष़त्तु के मूप्पिल नायर से भेंट हो गयी। उसके बाद लौटते वक्त कुट्टन दाऊ ने उस भेंट के परिप्रेक्ष्य में सारी बातें समझा दीं।

"राजाओं के लिए यह एक प्रकार से जुआ का खेल है। हम तो कलरी के

संचालक हैं। हमें इनमें किसी के कीड़ा स्थल का पासा नहीं होना है। इस बात पर हमें सतर्क रहना चाहिए।''

कुट्टन दाऊ ने आगे बताया—''खेल की समाप्ति पर ही जुए के खिलाड़ियों को धक्का पहुँच सकता है। पर पासों को किसी भी पलवार खाकर मरकर बहिष्कृत होना पड़ सकता है। सम्माननीय स्थानों पर रखे जाने की खुशी में आत्मविस्मृत हो जाने के कारण ज्यादातर पासे यथासमय इस बात का स्मरण नहीं रखते। खिलाड़ियों का लक्ष्य केवल खेल में विजय पाना है, पासों का कुशल-मंगल नहीं। उनके लिए खेल मुख्य कार्य है। कोई भी खिलाड़ी किसी भी पासे को अनुपेक्षणीय नहीं मानता। कोई भी पासा छोड़ देने को सभी खिलाड़ी सदा तैयार रहते हैं। यदि ऐसा करना जीत के लिए सहायक हो जाए तो वे इसमें आधे पल की भी देरी नहीं करेंगे।

हर बार खेल की समाप्ति पर किसी भी खाने में कोई भी पासा शेष नहीं रहेगा। खाने थोड़ी और देर के लिए खाली और अनाथ पड़े रह सकते हैं। इसी खाने में खेलने के लिए नए खिलाड़ी और नए पासे आ सकते हैं। फिर वे खिलाड़ी और वे पासे चले जाएँगे। इस प्रकार से कई बार खेल हो चुकने पर खिलाड़ी ही नहीं रहेंगे। इसके बाद रेखाएँ भी मिट जाएँगी। इस बात का कोई प्रमाण नहीं रह जाएगा कि कोई खेल खेला गया था या कोई जीत गया था। ईश्वर का क्रीड़ा—खाना ही शेष रह जाएगा।

सभी पासे, सभी खिलाड़ी और सभी जय पराजय ईश्वर की बड़ी क्रीड़ा-परम्परा के छोटे-छोटे मुठभेड़ मात्र हैं। किसी भी खेल का पासा बने रहते वक्त हमें यही देखना है कि क्या हम ईश्वर की इच्छा के अनुरूप आगे बढ़ रहे हैं या नहीं।

उस दिन एक नयी दृष्टि मिली थी। मन्दिर की चहारदीवारी के सामने अटियाप्रत्तु मूप्पिल नायर इस गर्व के साथ खड़े थे कि उनका सिर मन्दिर के गोपुरम् से भी ऊँचा है। वे भी ठहरे ईश्वर का एक पासा मात्र। एक तृण की नोक दूसरे तृणों की नोकों से अँगुली भर ऊँचा तभी तक दिखाई देती है जब तक कोई सूखा न पड़े अथवा किसी गाय की खुरदरी जीभ या हँसिया की धार उस रास्ते से न गुज़रे।

यद्यपि अधिकार का नशा पर्याप्त मात्रा में अन्दर है तो भी ये मूप्पिल नायर तान्नियूर के मूप्पिल नायर की तरह नहीं है। ऐसी दशा को नहीं पहुँचे हैं जब नशे की मस्ती में पाँव लड़खड़ाने लगे। मिले तो थोड़ा और नशा अपने अन्दर समाविष्ट करने की क्षमता उन्हें है। सज-धज या मसखरापन नहीं। यद्यपि अधेड़ उम्र के हो चुके हैं तो भी शरीर की डील डौल में कोई कसर नहीं। सिर ऊँचा ही रहता है। न तोंद, न जरीदार कपड़ा अथवा रत्नजड़ित आभूषण।

''वे तान्नियूर कलरी के पूर्व छात्र हैं। उनका नमन करें''—कुट्टन दाऊ ने धीमी आवाज़ में निर्देश दिया। मैंने अपनी छोटी आयु की विनम्रता से मूप्पिल नायर

के सामने जाकर हाथ जोड़े। ''मैं पष्नञ्ञानत्तु परिवार का कुट्टिरामन हूँ। शायद स्मरण होगा।''

मूप्पिल नायर ने खुली हँसी के साथ हाथ जोड़कर कहा—''यह बताने की ज़रूरत है क्या? मुझे इतनी शिक्षा तो प्राप्त है कि मैं पष्नञ्ञानत्तु के एष्रश्शनों को पहचान सकूँ।''

कुट्टन दाऊ ने निमन्त्रित किया ''जब सुविधा मिले—कलरी आ जाना।''

''मिट्टी बिछाकर उस पर अक्षरों का लेखन अभ्यास करने का समय तो बीत चुका है, तो भी आऊँगा।'' गम्भीरता बनाए रखते हुए मूप्पिल नायर ने हँसी जारी रखी।

''कलरी के संचालन में भरसक मदद करना।''

''वह भी करेंगे। एष्रश्शन के प्रति मुझे या एष्रश्शन को मेरे प्रति कौन-सा विरोध है?''

मूप्पिल नायर की हँसी गायब हो गयी। ''मेरे विचार में परिवार के सभी लोगों का यही हठ है कि वह तुंचन परम्पु (अहाता) पुनः मुनयूर भवन को ही मिले। तब तो मुझ मुखिया को उसके लिए आगे रह कर लड़ना होगा न? इसलिए दूसरों को दिखाने के लिए हमें शत्रु बने रहने पड़ेंगे।''

''इस ओर हो सकती है शत्रुता।'' कुट्टन दाऊ ने स्वर धीमा किया। ''उस ओर नहीं होगी शत्रुता। उसका अभिनय भी नहीं हो सकेगा।''

थोड़ा आगे झुककर मूप्पिल नायर ने नकली हँसी के साथ गुप्त रूप से कहा—''हम दोनों मिल कर एक मृदंग बन जाते तो दोनों तरफ बजा-बजा कर धूम मचाते। कोई बात नहीं। मैं एक ही सिरे पर बजा कर पर्याप्त शोर मचाऊँगा। मैं अभी दिखाऊँगा कि वह कैसे सम्भव होगा।'' दूसरे ही पल उन्होंने ज़ोर से उद्घोषणा की—''चाहे कलरी के नाम पर या और किसी चीज़ के नाम पर कोई भी कैसा भी दावा पेश करे, तुंचनपरम्पु मुनयूर भवन की परम्परागत सम्पत्ति रही है। उसे मुनयूर भवन को लौटा देना ही होगा। चाहे मुझे भी मृत्यु दंड मिले, तो भी इस निर्णय से मेरा परिवार पीछे हट नहीं पाएगा। एष्रश्शन लोगों के लिए यही अच्छा है कि वे शूद्रों को वेद सिखाने और आत्मघाती योद्धा बनने के लिए यहाँ ठहरे बिना यह जगह छोड़ कर चले जाएँ।''

अन्य कार्यों में इधर-उधर व्यस्त रहे अनुचर मालिक का उच्च स्वर सुनकर एकत्र हो गये। बाहरवाले भी घेरे में खड़े रहे। जो लोग दूर बरगद के चबूतरे पर बैठे थे वे भी आ गये। सबको सुनाते हुए मूप्पिल नायर ने भारी क्षोभ के साथ उच्चस्वर में कहा—''तिरुवूर के शूद्र जनों को वेद सिखा कर उन्हें त्रिशंकु में फँसाने के उद्देश्य से ही तुंचनपरम्पु में यह लेखन कलरी शुरू की गयी है। यह कुतन्त्र यहाँ

नहीं चलेगा। इसे देखकर चुप रहने के लिए अटियाग्रत्तु वाले या मुनयूर भवनवाले तैयार नहीं हैं। तब तक कोई रियायत नहीं जब तक वह अचल सम्पत्ति मुनयूर भवन को वापस न मिल जाए।''

कोई एतराज प्रकट किए बिना, पर अस्वीकृति का बहाना करते हुए कुट्टन दाऊ पीछे मुड़ कर चले। उनकी दबायी गयी हँसी मन्दिर के बाहर, विजन गली में पहुँचते ही बाँध तोड़ गयी। इस हँसी के सिलसिले में ही उन्होंने विस्तार से बात कही।

इसके बाद भी याद करते-करते हँस पड़े। ''देखा न? गुरु मातुलों की महत्ता! उनके शिष्यत्व में शिक्षित कोई भी व्यक्ति बुरा नहीं बन सकता। शायद बुरा बन जाने का बहाना कर सकेगा, यदि उसके लिए आवश्यक हास्यप्रियता और अभिनय पटुता हो तो।''

दोनों घर पहुँचे तो सीता दीदी ने नाश्ता परोस दिया। उनके चेहरे पर हल्की मुस्कुराहट फैली और उल्टी तरफ खड़ी चीरू दीदी के आँखों में रुलाई की लालिमा।

कुट्टन दाऊ ने पूछा—''क्या हुआ?''

''सुबह से ही कलपने लगी है।'' सीता दीदी के होठों के छोरों की मुस्कुराहट तब भी गायब नहीं हुई।'' सीधे पूछ लेना ही अच्छा होगा।''

''क्या हुआ चीरू रानी!'' कुट्टन दाऊ हँसे। ''कौए या कोयल ने कुछ बुरा भला कहा क्या?''

''मैं यहीं रहूँगी।'' सिसकियाँ भरती हुई चीरू दीदी बोली—''मैं कहीं नहीं जाऊँगी।''

क्या यही बात है? चेहरे की हँसी मिटाए बिना कुट्टन दाऊ ने सात्वना दी—''हाँ, रास्ता निकालेंगे।

''सोचती है कि अब भी नन्हीं मुन्नी है।''—सीता दीदी ने चीरू दीदी को डाँटा।

फूफी ने जब बताया कि चीरू यहीं रहे, तब सीता दीदी ने मना तो नहीं किया।

इसलिए कि यही अच्छा लगा है न?''—सीता दीदी ने पूछा। ''अच्छा तो वह नहीं।''

—चीरू दीदी फिर से रुआँसी हो गयी और बोली—''मैं यहीं रहूँगी।''

सीता दीदी का स्वर थोड़ा कडा हो गया। ''बस बस। जिसने मंगल सूत्र बाँधा है उसी के साथ रहना है। इसके लिए सौभाग्य चाहिए।''

नींद खुलने पर लड़खड़ाती आयी एच्चु चीरू दीदी के तन से टिक कर आँखें

मींजती खड़ी रही। उसे उठा लेने पर चीरू दीदी की मिजाज ठीक हो गयी। चीरू दीदी एच्चु को लिए बाहर निकली।

यह देख कर सीता दीदी ने लम्बी साँस ली। "यह भोली कैसे उस बड़े चालाक के साथ चैन से रह पाएगी! ईश्वर ही रक्षा करें!

किंचित असुखकारी उस सोच से उबर कर कुट्टन दाऊ ने मूप्पिल नायर से हुई भेंट की कहानी साती दीदी को कह सुनाई "पहले से ही वे बड़े रसिक हैं। जब से ये मामाजी के शिष्य बने तभी से मामाजी उस बहाने बाज को बहुत पसन्द करते थे। सीता दीदी हँसी नहीं। "आम का खट्टापन तभी महसूस होगा जब गुठली पर दाँत लगेगा।"

"खूब पका हुआ लगता है। है न अप्पू?"

"अवसर के अनुसार बोलनेवालों पर कैसे भरोसा रखें?" सीता दीदी का शक तब भी बना रहा।

"ऐसा शुद्ध व्यक्ति जिसे दुष्ट के रूप में जन्म लेना पड़ा।" कुट्टन दाऊ की हँसी ज़ारी रही।

"चाहे किसी भी पक्ष में रहें, इस कलरी पर आक्रमण करने के लिए उनका मन नहीं करेगा। जो भी हो, अच्छा ही हुआ कि उनसे भेंट हो गयी।"

इतना होने पर आधे मन से सहमत होकर सीता दीदी ने हामी भरी। "हाँ, देखना है!"

"किसी-किसी से संयोग से ही भेंट हो जाती है।" कुट्टन दाऊ ने अपने आप कहा। "पर जिन से भेंट करने का निर्णय किया था उनसे भेंट नहीं हो पाती।" अप्पू को साथ

लेकर बड़ेतम्पुरान (राजा) से भेंट करने में विलम्ब हो ही गया। दूसरी खबरें भी उन्हें देनी

है न?"

चार साँसों के अन्तराल के बाद कुट्टन दाऊ ने अपनी बात जारी रखी "पता नहीं गोपी के रवैये के सम्बन्ध में उण्णित्तंपुरान (राजकुमार) क्या सोचते होंगे। और अप्पू को आऌवांचेरी तम्प्राक्कल की सन्निधि में ले जाना भी है। उसमें भी अब विलम्ब नहीं होना चाहिए।"

एच्चु का हाथ मुँह धुला कर तथा अपना हाथ मुँह धोकर चीरू दीदी बड़ी प्रसन्नता के साथ ही बरामदे वापस आयी। ओणम के मौसम के बादलों की तरह दीदी का विषाद अकस्मात् पूरा पूरा मिट गया।

यह देख फिर जो आह निकल आयी उसे सीता दीदी ने रोक लिया। कुट्टन दाऊ का चेहरा आर्द्र हो गया। आँखें मूँदकर उन्होंने मंगलकामनाएँ दीं।

तिरुवूर-5

उन दिनों वेट्टत्तु के मुख्य राजमहल के दक्षिणी और उत्तरी ओर अनेक मकान बने हुए थे। मुख्य कर्मचारियों के भवन, मुख्यालय, सभा-मंडप, दरबार, भंडार घर, न्याय मंडप आदि। इनके पश्चिम में थोड़ी दूरी पर एक और राजमहल है। यह छोटा राजमहल युवराज का है। उसके और वेट्टत्तुकावु के बीच नाटकशाला है और रानियों के षोड़शकोण महल भी हैं।

कहते हैं कि शासन कर रहे महाराजा का राजतिलक जब हुआ था तब छोटा राजमहल खाली पड़ा था। लोगों में यह आशंका फैल गयी थी कि चूँकि उसके निर्माण में वास्तुशास्त्र सम्बन्धी कोई चूक हो गयी इसलिए उसमें रहने के लिए कोई तैयार नहीं। इन्हीं दिनों, इस आशंका का निवारण करते हुए, महाराजा की छोटी बहन ने एक बेटे को जन्म दिया। इसके बाद एक राजकन्या ने भी जन्म लिया, मानो भाग्य की वेला आ गयी।

किले के भीतर के मन्दिर जाकर वन्दना करके ही कुट्टन दाऊ और मैं राजमहल गये थे। मन्दिर यद्यपि छोटा है तो भी ऐश्वार्य में कोई कसर नहीं। दैनिक पूजाकर्म आदि ठाट बाट से चलता है। मंगलवार और शुक्रवार को कन्याएँ थालों में दीप लिए परिक्रमा करती हैं। दैनिक-पूजाक्रमों में मूर्ति पर मालाएँ चढ़ाना, मन्दिर के चारों ओर की दीवारों के घोरों पर दीप मालाएँ जलाना, मूर्ति पर चन्दन चढ़ाना, पकवान चढ़ाना, चतुश्शत अर्चना आदि हैं। सारे कार्य बड़ी निष्ठा के साथ सम्पन्न होते हैं। भक्तों की बड़ी भीड़। सूर्योदय के बाद करीब तीन पहर बीत चुके। तो भी प्रदक्षिणापथ पर भारी भीड़ है।

राजमहल में भी निगरानी अत्यन्त सशक्त और सक्षम। हर काम के लिए अलग-अलग व्यक्ति। ''उनमें किसी को किसी कार्य से सम्बन्धित कोई सन्देह या घबराहट नहीं। जो महाराजा से कुछ निवेदन करने आए हैं उन्हें सभा मंडप के बाहर ले जाकर बाहरी बरामदे पर मोटी चटाई बिछा कर बिठा दिया जाता है। सेनानायक, कोक्षाध्यक्ष और कारिन्दा युवराज के महल में ही आदेश की प्रतीक्षा में खड़े हैं।

यद्यपि राजमुकुट महाराजा के सिर पर हैं तो भी युवराज ही सारा राजकाज सम्भालते हैं।

मुख्य राजमहल की तरफ आगे-आगे चलते हुए राजकुमार ने सूचना दी—मामाजी की तबियत पहले से ही कुछ खराब थी न? माताजी के चल बसने पर वह कुछ और खराब हो गयी है।

नयी कलरी का कुशल-मंगल जानकर महाराजा का चेहरा खिल उठा। "और भी उन्नति करनी है।" बस इतना ही उन्होंने फरमाया। वह भी खाट पर लेटे-लेटे। शरीर की शिथिलता के लक्षण शब्दों में और दृष्टि में प्रकट थे।

बिदाई के वक्त राजकुमार (उण्णित्तंपुरान) ने कुट्टन दाऊ से प्रसन्नता के साथ कहा—"शादी करने का निर्णय करके उचित ही किया।"

कुट्टन दाऊ हँसे। "वह औचित्यबोध बिना विलम्ब यहाँ भी सफल जाए।"

"होगा, ज्यों ही तेई का मामला ठीक हो जाए, त्यों ही।" महाराजा का चेहरा भी और अधिक प्रसन्न हो गया।

परन्तु, जब कुट्टन दाऊ ने अटियाष़त्तु मूप्पिल नायर के दोहरे वेष के सम्बन्ध में और चेरयन मरक्कार की धृष्टता के सम्बन्ध में बताया तब महाराजा का तेवर बदल गया। अधिकार का गाम्भीर्य वापस आया। वे बोले—"मध्यवर्गीय पूँजीपतियों और व्यापारियों में केवल स्वार्थता ही पाई जाती है। किसी के प्रति आस्था नहीं। दलीय प्रतियोगिता के कारण उनमें किसी पक्ष के प्रति प्रतिबद्धता है। यदि देखें कि मुनाफा उस पक्ष में है तो सामान्यत: पक्ष बदलने में वे हिचकते नहीं। उन पर भरोसा नहीं रख सकते। सामान्य जनों में ही चारित्रिक दृढ़ता है। महाराजा ने अपना कथन जारी रखा, जैसे कुट्टन दाऊ का मनोभाव जान गये हो लगता है कि गोपी में भी है मध्यवर्गीय प्रभुत्व का मोह। अपनी-अपनी मर्जी। जो भी हो, अब तक कुछ ऐसा नहीं हुआ है जिस पर हमें आपत्ति लगे।"

आष़्वांचेरी तम्प्राक्कल से जो भेंट हो सकी वह एक असुलभ उपलब्धि रही। आँखों में और ओंठों पर जो भाव प्रकट था वह राजभवन के आश्रम-सहज सरल वातावरण के बिलकुल अनुरूप था। उस पुण्यात्मा को दंडवत् प्रणाम किया जिन्होंने ईश्वर साक्षात्कार को अपना जीवन व्रत बना लिया था।

तान्नियूर पर हुए हमले और मामाजी के स्वर्गवास तक के सारे दुखदवृत्त वे जान चुके थे। एक करुणार्द्र मुस्कुराहट ही उनसे फूट निकली। "यदि हम मान लें कि सब कुछ भलाई के लिए है तो सहन करना आसान होगा।"

जब कुट्टन दाऊ ने अपने विवाह के प्रस्ताव और मेरी परदेश यात्रा की बात बताई तब उन्होंने आशीर्वाद दिया—"अच्छा हुआ। दोनों दीक्षाएँ सफल हो जाए।"

दोनों हाथ ऊपर उठाकर उन्होंने आशीर्वाद दिया।

प्रणाम करके जब हम विदा ले रहे थे तब मुझे एक निर्देश भी दिया—"अक्षर

परिचय का पूरा हो जाने पर फिर हरिनाम का कीर्तन करना।''

वापस चलते समय कुट्टन दाऊ ने सहानुभूति के साथ फुसफुसाया—''हाय, ऐसे पुण्य पुरुष के प्रति ही नेटियिरुप्पु रूठा हुआ है! महलों के पराक्रमी पुरुष मानसिक शान्ति के मामले में, तम्प्राक्कल के प्रति क्यों ईर्ष्यालु रहे? अकलंक सर्वाधिपत्य का जो सुख एक परम भक्त को प्राप्त होता है वह भला किस पराक्रमी पुरुष को मिल सकता है?''

कलरी के ग्रन्थों में इस बात का उल्लेख है कि प्रदश की लेखन कलरियों की मुख्य जड़ें कहाँ-कहाँ पहुँच गयी है। प्राचीन ज्ञान ईश्वरार्पण भावना के साथ और एक बार पुष्पित हुआ। अज्ञानी को ज्ञान और ज्ञानी को ईश्वर—साक्षात्कार का एक मात्र मार्ग है भक्ति जिसकी लहरें प्रदेश भर में प्रसारित हुईं। जैसे हताश और शुष्क पड़ी ज़मीन पर ठंडी बरसात हुई। कायम रही शासन व्यवस्थाओं और संस्थाओं में जो दूषण आ गया था उसका परिहार हो गया। जैसे भक्ति हीनों का ज्ञान निष्प्रयोजन है वैसे ही अज्ञानियों की भक्ति निर्मूल है। इसलिए जो आचार्य ज्ञान की सुस्थिति, वृद्धि और पुनरवतरण को प्रमुख मानते हैं वे कलरीवालों के लिए सम्बल और आश्रय बने हुए हैं। उनके साथ निरन्तर सम्पर्क बनाए रखना है। यही किसी भी कलरी के लिए मुख्य सत्संग है। उनकी सलाह लेकर ही नए कार्य आरम्भ करने हैं।

वापसी यात्रा के दौरान रास्ते भर अधिकार के मुद्दे से जुड़े सन्देह ही मन को उद्वेलित करते रहे। इस विषय में महाभारत कथा के ज़रिए वेदव्यास द्वारा बोए गये बीजों से उगी आशंकाएँ पहले से ही मन में भरी हुई थीं। उन्हीं दिनों से अधिकार की जो संकल्पना पहेली बन मन में पड़ी हुई थी वह अब अधिक जटिल हो गयी।

'कोई अधिकारी नहीं, दायाधिकारी भी नहीं—जो व्यक्ति यह तथ्य जानता है वही अच्छी तरह शासन कर सकेगा। इसमें कोई सन्देह नहीं। पर जिन्हें यह ज्ञान प्राप्त है वे किसी पर शासन करने के लिए तैयार नहीं होगा। कारण यही कि सहज ही ऐसे लोगों को उसमें रुचि नहीं होगी। और यदि ऐसे लगे त्याग-बुद्धि से प्रेरित होकर राजमुकुट धारण करने के लिए तैयार भी हो जाएँ तो उतना अधिक ज्ञान न रखनेवाले इतर राजमुकुट धारी उन कर्म यात्रियों को चैन से रहने नहीं देंगे। हिंसा ज्ञान को हरा देगी। अन्याय का बोलबाला होगा।

एक बार मामाजी से पूछा था कि ऐसा क्यों होता है। शान्त स्वर में उनका जवाब था—जब तक ऐसा जमाना नहीं आएगा जब शम, दम आदि द्वारा हर व्यक्ति अपना शासन कर सके तब तक अत्याचारी व्यक्ति शासक बनेंगे। यह सुनने के बाद राजमुकुट का चाहे वह किसी के भी सिर पर हो उसका मन ही मन आदर करना कठिन हो गया। सिंहासनों से यथा सम्भव दूर रहने का सबक सदा-सर्वदा मन में रहा।

राजाओं के माध्यम से नर जीवन में स्वीकार्य नेक पथ की अच्छाई और

स्वच्छता दिखा देने के पश्चात् कुट्टन दाऊ ने अपराविद्या के विस्तार का भी परिचय दिया। बढ़इयों के साथ उनका काम सीखने के लिए भेज कर ही उन्होंने यह कार्य साधा। परदेश के गुरुकुल में अध्ययन के लिए पहुँचने पर एक-एक काम बारी-बारी से करके उस महान संस्था की सहायता करनी होगी।

बढ़इयों, कुम्हारों, धोबियों, खुदाई करनेवालों, बुनकरों और कृषकों का महत्त्व इस प्रकार समझ सका। पहले ही मामाजी और न दाऊ से समवेत स्वर में सुन रखा था कि बाद को ही इन समूहों को निम्न जातिवाले मानने लगे थे। पुरानी रीति यही थी कि सभी व्यक्ति सभी काम करके अपनी-अपनी रुचि पहचान लेते तब तो और हर व्यक्ति उस काम को अपने लिए चुन लेता था जो उसे अधिक आनन्दप्रद लगता तथा जिसे वह दूसरों की अपेक्षा अधिक अच्छे ढंग से कर पाता। कोई किसी से निम्न या उच्च नहीं था। काम कोई भी हो उसकी चातुरी का कद्र किया गया। प्रमाण यही है कि कर्म में जो कौशल है वही योग है। यह भी उसके साथ याद रखना है कि समत्व ही योग है।

कोई काम किए बिना खाते सोते जीवन बितानेवाले ही श्रेष्ठ हैं ऐसी मूर्ख बात तभी से प्रचलित हुई जब उन ब्राह्मणों का परम्परागत आधिपत्य कायम हुआ जो पूर्ण रूप से साक्षर नहीं बने थे। जब ब्राह्मण्य जन्मसिद्ध मना जाने लगा तब यही स्थिति शेष व्यवसायों की भी हुई। इसके साथ ही ज्यादातर कामगारों में अपने-अपने काम में अक्षमता और अरुचि आ गयी। जिस व्यक्ति की रुचि कोल्हू चलने के काम में है, उस पर यदि अपने पिता का धन्धा बुनाई का काम थोपा जाए तो भला क्या होगा?

इस पहचान से असीम विस्मय हुआ कि दस्तकारी और शारीरिक श्रम में जो नित्य लगे रहते हैं उनमें कई सधे हुए कर्मयोगी हैं। जो कुम्हार यह सोचे बिना कि किस के उपयोग में वह आएगा, निस्संग भाव से चक्र घुमाता हुआ चिकनी मिट्टी से बर्तन बनाता है वही ब्रह्मा है। जो निष्काम रह कर किसी के लिए ईंट, मिट्टी, नारियल के पत्ते और बाँस से मकान बनाते हैं, वे ही विश्वकर्मा के अवतार हैं। बिना किसी हिचक या थकान के जो लोग दूसरों का सारा मैल बार बार धोकर कपड़ा साफ करते हैं वे असत् से सत् की ओर लोगों का ध्यान आकृष्ट करते रहते हैं। लकडी के अन्दर स्थित उपस्कर का मानसिक दर्शन जो बढ़ई पहले ही कर लेता है उसकी पहचान असम्भूति में अन्तर्लीन जीवोन्मेष का उत्थान ही है। बारीकी के साथ सूत बुन कर और जरी लगाकर जो कपड़ा बुनते हैं वे विश्व का ताना-बाना बुनने के तत्व के ज्ञाता हैं। जो लोग ताड़ के पत्ते से छाता बनाते हैं वे उस आकाश को दोने में समेट लेते हैं जिसकी आराधना ताड़-वृक्ष आयु भर करते हैं।

विद्या का पौधा लगा कर विद्या के बीज उत्पन्न करानेवालों से अधिक श्रेष्ठ हैं वे निस्संग व्यक्ति जो बीजों से बीजों तक पुल बना कर जीवन को कालातिवर्ती

बना देते हैं। प्रकृति के इंगितों का जितना ज्ञान ज़मींदार का है उससे कहीं अधिक आन्तिरक ज्ञान गणक बालक के पास होता है।

सन्ध्या के समय कुटी के सामने दीप जलाए रखकर डमरू बजाता हुआ पाणनार (पिछड़ी जातिवाला) जो मधुर गान गाता है वह तिरुवरंगत्तु के पुराने पाणनार के गुणगान ही हैं। अछूत कहे जानेवाले शुद्धात्मा लोग फसल-कटाई के बाद अपने जोड़ों के कर में कर डालकर जो गान गाते हुए झूमते हैं वे आदिकवि के गीतों के चरणों की अनुकृतियाँ हैं। ये सारे लोग तो ग्रन्थों की सहायता के बिना ही ज्ञान को अपने मन-प्राणों में समाए हुए हैं।

सबसे अधिक आनन्ददायक लगी खेती-बारी। उसमें प्रकृति और पुरुष का मिलन होता है। जीवन अंकुरित होता है, बढ़ता है, पकता है और सार्थक फसल बन जाता है। चौपायों और अन्य प्राणियों के साथ आत्मवत् व्यवहार करके समष्टि के साथ जीवैक्य स्थापित कर लेता है। ऐसा विलयन जिसमें जोतनेवाला, हल, जुआ, फाल, खेत, बैल, कीचड़, मैल, जल, केकड़ा, केंचुआ, कौआ, तोता सबका समंजस सम्मेलन हो जाता है। हरीतिमा जो हर दिन समस्तर बनाए रखने का प्रयत्न करती है, जन्म लेते समय ही मुस्कुराने लगती कलगियाँ अन्त में अनन्तशायी बनने के लिए झुकनेवाले कनक जैसे धान सब ज्ञान की पूर्णता के कारण समान रूप से नम्रशीश! फिर नयी कोंपलों का हर्ष। हरे तिनके का एक टुकड़ा सामने बढ़ा देने पर जो सन्तोष गाय में उत्पन्न होता है वही सन्तोष उस तोते की दृष्टि में भी है जो धान की बाली चुग कर उड़ जाते हुए अपने सिर को एक ओर झुका कर कृतज्ञता पूर्वक खेत को निहारता है।

सुबह के वक्त जब तुहिन कण कोंपलों के सामने स्वयं को पुलकपूर्वक रागर्गित कर देता है तब से लेकर रक्तिम मुख के साथ सिसकते हुए विदा लेनेवाली सन्ध्या के समय तक खेत में मेहनत करने के उपरान्त, स्नान कर जब नाम जपन के लिए बैठ जाते हैं तब एक-एक जप के साथ खिलते फूल के दलों के समान अनायास रूप में जीवात्मा परमात्मा के निकट पहुँचता है, यह सच्चा अनुभव है।

नारियल के पेड़ की जड़ के समीप की मिट्टी फावडे से खोदनेवालों के साथ वह काम करने के लिए थोड़ी देर रहा। जब देखा कि कामगारों का मुखिया नारियल के पेड़ों के तले पड़े हुए नन्हें फल चुनकर धोती के पल्ले में रख लेता है तब सोचा घर के बच्चों को खेलने के लिए देने के उद्देश्य से ऐसा करता होगा। पर उस बुजुर्ग ने एकत्र किए सारे नन्हे फलों को आदरपूर्वक ज़मीन में गाड़ दिया।

नए कामगार के चेहरे पर अज्ञान से उत्पन्न अद्भुत का भाव देखकर उन्होंने पूछा—"दूधमुँह बच्चे यदि माँ की छाती से गिर कर मर जाएँ तो इससे बड़ा दुरन्त क्या हो सकता है? कम से कम उन बच्चों को सही ढंग से दफना देना है न?"

उसी दिन निर्णय हो सका कि मन को सब से अधिक भानेवाली अपरा विद्या खेती बारी ही है। उन्हीं दिनों यह भी समझ सका कि बिलकुल असाध्य कार्य लुहार का काम है। भट्टी का लोहा ज्यों-ज्यों गरम होता है त्यों-त्यों मन गरम हो जाता है। गरम हुआ लोहा खाल उघाड़ा गया तन-सा लगता है। हथौड़ा उठा कर उस पर प्रहार नहीं कर सकेंगे। जल्द ही थोड़ा पानी डाल कर ठंडा करने को ही मन होगा।

जब कुट्टन दाऊ से यह बात बताई तो वे ठठा कर हँस पड़े। ''बात एकदम उल्टी है। कोप-ताप का, जो कि आत्मा के शत्रु हैं, दमन करने का सब से अच्छा उपाय लुहार का काम है। जो यह काम सीख चुका है वह कभी हिंसालु नहीं होता।

·बाहरी दुनिया के साथ हिलमिल रह कर उसका परिचय पाने का अभ्यास कराने में भी कुट्टन दाऊ ने भरसक प्रयत्न किया। चूँकि गर्मी समाप्त हो चुकी थी और वर्षा के मौसम के लिए आवश्यक तैयारियाँ शुरू हो गयी थी इसलिए जल्दी ही सुविधा मिल गयी। धान को उबाल कर, सुखा कर और कूटकर चावल कोठार में भर देना है। तिल और नारियल को पेर कर तेल मर्तबानों में भर कर रखना है। कदद्, खीरा और ककडी के पके फल तोड़ कर उन्हें नारियल के पत्तों से बने बोरों में बाँध कर गृहान्तर्भाग में जहाँ-जहाँ सुविधा हो, रख देना है। उड़द और मूँग की फसल तोड़ कर, फूट कर चटकने तक धूप में सुखा कर दाने निकाल कर टोकरों में बाँध रखना है। काम ही काम। ऐसे काम जो दूसरों की सहायता के बिना कर नहीं सकते। चूँकि वर्षा के समाप्त होने पर दो विवाह सम्पन्न कराने थे इसलिए साधारण से कहीं अधिक तैयारियाँ आवश्यक थीं। उत्साह के दिन थे वे।

तभी से ही, तान्नियूर में जितने शिष्य थे उनसे कहीं अधिक थे तिरुवूर कलरी के शिष्य। उनके अनुपात में गुरुजनों की संख्या में तत्काल बुद्धि नहीं कर पाए। जिन्होंने उस वर्ष पढ़ाई पूरी की उनमें केवल एक ही व्यक्ति कलरी में रहने के लिए तैयार हुआ। राजमहल की नौकरी नहीं चाहिए, कलरी में सिखाना ही पसन्द है, ऐसा निर्णय लेनेवाला था शबरकोट्टम् के पूर्वी पिषारम् का कुट्टप्पिषारटी। उसका प्रिय विषय काव्य है। व्याकरण और तर्क भी सिखाएँगे। किन्तु छोटे बच्चों के साथ रहने में उसे दिक्कत है। इसलिए कुट्टन दाऊ को कलरी में अधिक श्रम और समय लगाना पड़ा। कुट्टन दाऊ ने उन बच्चों पर ज्यादा ध्यान केन्द्रित किया जो या तो बिलकुल छोटे थे या पढ़ाई पूरी करने को थे। उन्होंने विस्तार से मुझे समझा दिया कि यदि आरम्भ अच्छा रहे तो बीच में कोई गड़बड़ी नहीं होगी, अथवा बीच में कोई गड़बड़ी हो भी जाए तो अन्त में उसे ठीक किया जा सकता है। यह भी निर्देश दिया कि कल से जब वे पढ़ाते हैं तब उनके साथ रह कर उनका पढ़ाने का ढंग देख कर समझ लूँ।

मामाजी कलरी में बच्चों के साथ कैसे व्यवहार करते थे, इसे देखकर समझने

का सौभाग्य मुझे नहीं मिला था। वह कसर अब पूरी हो गयी। सामने बैठ कर सीखने का अनुभव और पढ़ाने का ढंग देख कर समझने का अनुभव समान नहीं। जिन दिनों में कुट्टन दाऊ के सामने बैठ कर पढ़ा करता था उन दिनों 'नन्नूल' जैसे प्रामाणिक ग्रन्थों का परिचय नहीं पा चुका था।

दंड या फटकार के बिना ही कुट्टन दाऊ सिखाते थे। कदम कदम पर इस बात की परीक्षा लेते कि सिखाई गयी बात बच्चे सीख सके कि नहीं। यह तो इस बात की तलाश भी थी कि सिखाने का ढंग ठीक रहा कि नहीं। उन्होंने अपने कार्य से अध्ययन का यह बाल-पाठ सिखा दिया कि गुरुनाथ को विषय की अपेक्षा शिष्यों के मन को अधिक समझने की आवश्यकता है।

शिष्यों में एक-एक का नाम और पृष्ठभूमि सदा स्मरण रहे। एक-एक की विशेष रुचि की ठीक पहचान हो। क्षमता और अक्षमता पहचान लें। भोजन में जिस प्रकार मिठास और नमक ठीक मात्रा में मिलाते हैं उसी प्रकार अभिनन्दन और आलोचना का उचित मात्रा में मिलान हो।

अच्छे गुरुनाथ के लिए अत्यन्त आवश्यक है क्षमा। पृथ्वी की जितनी क्षमा हो तो भी पर्याप्त नहीं। जब कभी यह लगे कि बहुत परिश्रम से समझाने के बावजूद कोई शिष्य कोई बात समझ न पाता हो तो अधीर होने पर इस बात का स्मरण करें कि बातें समझ लेने में हर किसी ने कितना कष्ट उठाया था और इसके बावजूद कितनी बातें कितनी गलत समझ गये थे।

एक व्यक्ति को जितनी रुचि किसी एक विषय में है उतनी ही रुचि दूसरे विषय में भी हो यह ज़रूरी नहीं। इसलिए शिष्यों की तुलना एक दूसरे से नहीं करनी चाहिए। चौकोर डंडा वृत्ताकार छेद में ठीक कैसे बैठे? गुरु को चाहिए कि वे उपयुक्त डंडा ढूँढ लेने में सहायता करें। पाव भर दूध जिस बर्तन में समा सकता है उसमें सेर भर दूध कैसे समा सकता? इसमें पाववाले बर्तन का क्या दोष? छात्रों के दल में ऐसा कोई अवश्य होगा जिसमें सेरभर ही हीं, चार समुद्र ही समा सकते हैं। ऐसा कोई एक भी मिल पाए तो मान लें कि गुरुनाथ का जन्म सफल हुआ।

निरीक्षण से सीखने की अवधि जिस दिन पूरी हुई उस दिन सन्ध्या के समय नाम जपन के बाद कुट्टन दाऊ ने पूछा—"अब तो कुछ प्रयोग क्यों न आरम्भ करें?"

दूसरे दिन गुरुमातुलों की वन्दना करके कलरी की ओर निकल पड़ा, प्रयोगार्थ सिखाने के लिए। कुट्टन दाऊ का चरण स्पर्श कर वन्दना की तो उन्होंने आशिष दी। दीदियों ने

मौन प्रार्थना की। कुट्टन दाऊ ने झुक कर कान में फुसफुसाया—"सिखानेवाले हम नहीं, ईश्वर हैं।"

पहले दिन छोटे बच्चों को अक्षरों के उच्चारण का अभ्यास कराने का काम

दिया गया। पाँच-छः वर्ष की आयु के बारह बच्चे। खेल कूद की आयु। अक्षरों का उच्चारण करने के कार्य से वे जल्दी तंग आ जाते हैं। उच्चारण यांत्रिक हो जाता है। मन और तन उससे फिसल कर खेलों और शरारतों में लग जाते हैं।

कलरी के अहाते में खेलते समय ही अक्षरों का उच्चारण कराने की रीति पहले से ही चली आ रही है। बच्चों को कलरी के अहाते के बाहर ले जाने की भी अनुमति कुट्टन दाऊ से प्राप्त की। सही उच्चारण का अभ्यास पक्का करने के लिए श्लोकों के अतिरिक्त लघुगीतों का पाठ कराने की भी अनुमति मिली। अध्ययन का कार्य बच्चों के लिए कुछ और क्रीड़ात्मक बन गया और अध्यापन मेरे लिए भी।

कुछ ही महीनों के अन्दर कलरी के प्रायः सभी स्तरों में अध्यापन का प्रयोग करने का अवसर मिला। उच्चस्तरों के शिष्यों में कई आयु में मुझसे बड़े थे। उच्च स्तरों पर अध्यापन के लिए श्रमकर पूर्व तैयारी की आवश्यकता हुई। कुट्टन दाऊ की दीर्घ दृष्टि की फलश्रुति तभी प्रकट हुई जब गुरुकुल के आम सभागार में बड़ी विद्वत्-सभाओं के समक्ष खड़ा होने के मौके प्राप्त हुए।

मैंने एच्चु को भी क्रीड़ा गीत गाने तथा अक्षरों का सही उच्चारण करने का अभ्यास कराया। हर दिन थोड़ा समय ही सही, एच्चु के साथ खेलने में लगाया। नारियल के पेड़ का पत्ता, कटहल के पेड़ का पत्ता, नारियल के कच्चे छोटे फल आदि को जोड़ कर जब तोता, वंशी, गाड़ी आदि बना कर देता तो हाथ बढ़ा कर उन्हें ले लेती और छोटे नन्हे दाँत दिखाकर हँसकर खुशी-खुशी उन्हें तोड़ डालती। बिगडने पर बड़ी नटखट बन जाती है। किसी के शरीर का जो भी हिस्सा हाथ लगे उसे पकड़ कर दाँतों से काटेगी। तब तक नहीं छोड़ेगी जब तक दाँत न गड जाएँ।

माताजी और उण्णि भैया की जितनी याद मुझे सीता दीदी को देखने पर आती थी उससे कहीं अधिक याद एच्चु के साथ रहते समय आती थी। यह सोच कर कि अधिक हिल-मिल कर रहने के बाद बिछुड़ने पर बच्ची को बड़ा दुःख भोगना पड़ेगा, अतः थोड़ी दूरी रखकर ही उससे मिला करता था। जानबूझ कर यों दूरी बरतना बड़ा दर्दनाक था।

विदाई का दिन निकट आ गया तो कुट्टन दाऊ ने पास बुला कर कहा— ''मिट्टी में मिले पूर्वजों के अनुग्रह से तुझ में पूज्य पूजकत्व गुणों की कमी नहीं है। सभी विद्याएँ अर्जित करने एवं प्रदान करने की क्षमताएँ शीघ्र ही पूर्णरूप से विकसित हो जाएँ।''

वही आर्द्र दृष्टि, वाणी और आशीष ही आज तक मृतसंजीवनी बनी हुई हैं।

कर्मकौशलम – 'योगं कर्मसु कौशलम्'—गीता
समत्व ही योग – 'समत्वं योग उच्यते'—गीता

तिरुवूर-6

धारासार वर्षा की नितान्त श्रुति।

मामाजी कहा करते थे कि ज्ञान का आगमन भी वर्षा के समान है। वर्षा तभी हो पाएगी जब आकाश कृपा करे। इच्छा या मोह के साथ इन्तज़ार करते रहना व्यर्थ। याचना करके या हड़प कर ग्रहण किया नहीं जा सकता। हमला करके हथियाना एकदम असम्भव। जब पृथ्वी की तपस्या और आकाश की कृपा पर्याप्त मात्रा में हो तब वर्षा शुरू होगी। तभी शुरू होगी।

चूँकि परम ज्ञान ही ईश है इसलिए शिष्य ईश के जितना अधिक निकट जाएगा ज्ञान पाना उतना ही आसान हो जाएगा। ईश तो स्वयं में तथा सर्वत्र विद्यमान है। पर ज्ञान की वर्षा तभी सघन हो जाएगी जब ईश की ओर से प्रस्तुत परीक्षा में उत्तीर्ण हो जाए।

यह सुनिश्चित करने के लिए कि बरसते ज्ञान का दुरुपयोग नहीं किया जाएगा, उसके लिए ईश्वर द्वारा निर्धारित परीक्षा है—एक बड़े वृक्ष को काट कर हटा देना। चुनौती देते हुए खड़े राग-द्वेष-वृक्ष को काट कर हटा देना है। धकेल कर गिराया नहीं जा सकता। जड़ से काट डालना होगा। सावधानी से करना होगा। बिना प्रशिक्षण के यह सम्भव नहीं। यह एक विशेष नस्ल का नटखट माया-वृक्ष है जिसकी एक तरफ काटने पर दूसरी तरफ का छेद अपने आप भर जाएगा। कोई मामूली हथियार काम नहीं आएगा। निस्संगता की तलवार से काटने पर ही थोड़ा-सा कट जाएगा।

इस वृक्ष की जड़ें अपर की तरफ हैं और शाखाएँ, पत्ते और कोंपलें नीचे की तरफ हैं। यह वृक्ष बाहर से खाद और जल खींचता हुआ भीतर विकारों की कोंपलें और मोह के सुमन उगाता हुआ पल्लवित होता और बढ़ जाता है। इस की हरियाली की छाया जो लगती है वह सचमुच ईश का आवरण है।

प्रत्यक्ष ज्ञान के साथ आत्मबन्ध जन्म के समय ही पूर्ण रहने के कारण अवतार-पुरुषों में यह वृक्ष उगता ही नहीं। आधे पल में ही वे सब कुछ सीख जाते हैं। यह देख कर कुलगुरु वशिष्ठ को विस्मय हुआ था कि श्रीरामचन्द्र को एक

चौथाई पल में ही सारा ज्ञान हृदिस्थ हो गया है। कन्हैया के रुचिर मुँह में तो विश्व का सम्पूर्ण ज्ञान ही प्रकट हुआ था न?

सम्पूर्ण ज्ञान का सामीप्य पूर्ण रूप से पाने के लिए श्रीबुद्ध जैसे महात्माओं को भी परिश्रम करना पड़ा है। किन्तु इस कोटि के व्यक्तियों के लिए थोड़ा-सा परिश्रम ही पर्याप्त है। साधारण व्यक्तियों को अधिक क्लेश सहना पड़ता है। कभी-कभी तो आजीवन काटते रहने पर भी यह विलक्षण वृक्ष कट कर गिरता नहीं। कितना भी परिश्रम करें इसका आवरण, एक सीमा से अधिक, दूर नहीं हो पाता। तो भी एक छोटा-सा टुकड़ा कट जाने पर जो छेद बनेगा वही अमृत के प्रवाह के लिए पर्याप्त होगा।

आवरण हटाने का क्लेश कम करने का एक आसान मार्ग है। हर प्रकार का छेदन समाप्त करके स्वयं को ईश के चरणों पर समर्पित करना। यह समर्पण ज्यों-ज्यों अन्यून बनेगा त्यों-त्यों माया-वृक्ष की जड़ें अपने आप क्षीण होकर नष्ट हो जाएँगी। चूँकि बीच की रुकावट कम हो जाती है इसलिए ज्ञान स्वयं भीतर बरस पड़ने लगेगा। कारुण्य का वरदान उसी मात्रा में बढ़ेगा। इस प्रकार जो बरस पड़ता है वह भर जाने पर प्रबल प्रवाह बन जाएगा। बीच के व्यवधान धीरे-धीरे उस प्रबल प्रवह में धकेल दिए जाएँगे।

एक ओर पहाड़ और दूसरी ओर समुद्र के होने मात्र से ही नदी नहीं बन सकती। वर्षा होनी चाहिए। भरे हुए जल के निर्गमन के लिए द्वार और बहने के लिए तैयार की गयी ज़मीन चाहिए। इन सबके एक साथ उपलब्ध होने के कारण ही पुराणेतिहास और दर्शनों का स्रोत फूटा है।

ऊँचाइयों से टपकते रहते विवेक कणों के परस्पर मिलने पर उसका वितान ऊपर उठता है फैलाव बनता है। साथ ही गहराइयों में उतरती नमी की आर्द्रता प्रतिभा की जड़ों के लिए नए वितानों तक बढ़ कर पहुँचने के मार्ग तैयार करती भी है। पुष्पित होने के लिए आवश्यक पोषक तत्त्व पानेवाले पौधों की खुशी को शब्दों में कैसे प्रकट कर सकते हैं? कारुण्य की जो वर्षा दुःख और मालिन्य को धो डालती है वह एक और कार्य भी करती है। अन्दर सुकृत के जो बीज पड़े हुए हैं उन्हें उगाती भी है जिसका पता सम्बन्धित व्यक्ति को भी नहीं चलता है। ज्ञान ही आत्मा के लिए सबसे अधिक हितकर अन्न, जल और आधार है।

एक-एक करके इन पाठों की याद करता हुआ, वर्षा की श्रुति में लीन हो बैठा रह गया। ओणम के दिन थोड़ी धूप रही। उसके बाद, श्रावण महीने के अन्त तक भारी वर्षा ही रही। मूसलधार वर्षा प्रदान करने के बाद भी आकाश को इस बात का दुःख रहा कि भूमि को जो वरदान दिया वह पर्याप्त नहीं है। और भूमि इस विचार में रही कि अब जितनी वर्षा और अधिक मिले उतनी खुशी।

खेतों के तरंग रहित सागर का जलवितान जितना भी ऊँचा उठे उसके ऊपर

सिर उठानेवाले धान के पौधों की कोंपलों पर जीवन के तेज का मन्दहास झलकेगा। सूखी पड़ी नदी और नाले में पुनर्जीवन का उन्मेष और आह्लाद का स्वर गूँजेगा।

"अप्पू" अम्मिणि दीदी ने द्वार से झाँक कर पूछा—"क्या ब्यालु परोसूँ?"

काले बादलों से घिरे आकाश में, पूरब में जो छोटी-सी दरार थी उससे होकर बरसात की तरफ बढ़ कर पुष्पित हो खिलती रही चाँदनी की छटा में आत्मलीन रहने के कारण दीदी को जवाब देने में विलम्ब हुआ। टपक रहे चाँदी के फूलों से आँखें हटा नहीं पाता। यही नहीं मैं भली-भाँति जानता था कि वास्तव में प्रश्न मुझसे नहीं किया गया है।

लगा कि ग्रन्थ में दृष्टि डालकर उस तरफ बैठे कुट्टन दाऊ ने यह सुना नहीं। दीदी ने और ज़ोर लगा कर दुबारा पूछा—

"क्या, ब्यालू परोसूँ, अप्पू?"

"हाँ" कुट्टन दाऊ सहसा जाग उठे।

कुट्टन दाऊ से कुछ बताने या पूछने के लिए दीदी यही रीति अपनाती थी। जब घर का कोई सदस्य कुट्टन दाऊ के साथ होता तब उसी का सम्बोधन करती। यदि साथ कोई नहीं होता तो वह ऐसे कहती जैसे ईश्वर को सम्बोधित करती हो।

बिना किसी हर्षारव के जब विवाह के बाद घर में पाँव रखा तभी से अम्मिणी दीदी ने यह शैली अपनाई थी। नए वातावरण ने दीदी में कोई अपरिचय या घबराहट उत्पन्न नहीं की। दीदी उसी प्रकार आयी थी जैसे पूर्वजन्म की स्वाभाविक स्थिति में प्रवेश कर रही हो। शालीनतापूर्वक ही खड़ी रहती। कुट्टन दाऊ दीदी के लिए सर्वोपरि गुरुनाथ भी है। दूसरों से वार्तालाप करते समय उनके लिए एम्रशशन शब्द का प्रयोग जब करती तब उसमें आदर का भाव ही अधिक मुखर रहता।

जब पाया कि घर की सारी जिम्मेदारी अम्मिणी दीदी के कन्धों पर रखकर सीता दीदी अन्दर सिमट रही है तब थोड़ी आशंका हुई। माताजी की बात याद आयी। यही विचार कुट्टन दाऊ को भी हुआ होगा। तभी तो उन्होंने कोई भी ज़रूरत पड़ने पर सीता दीदी को ही पुकारने की रीति जारी रखी। पता नहीं, कुट्टन दाऊ के कहने पर हो या स्वयं पहचान कर हो, सीता दीदी का निर्णय जानने के बाद ही, तदनुसार अम्मिणी दीदी घर का संचालन करती थीं। सीता दीदी को कभी कोई ग्रन्थ साथ लेकर घर के किसी कोने में सिमटे रहने नहीं दिया।

पिताजी और मामाजी के अकाल देहवियोग के पश्चात् अम्मिणी दीदी का एकमात्र आश्रय, खेल का साथी, मित्र, बन्धु सब कुछ उण्णि भैया ही थे। उन दिनों से ही गोपी भैया तो केवल नोचने-खरोंचने तथा अपना स्वार्थ सिद्ध करने में ही समर्थ रहे। गोपी भैया के ऐसे सभी आक्रमणों को टोकने का एक मात्र आश्रय उण्णि भैया थे। 'मेरी अम्मिणी' कहते समय उण्णि भैया की आँखों में गर्व और वात्सल्य

भरा रहता, और दायाँ हाथ अपनी छाती पर रहता।

आत्मघाती योद्धा का व्रत रखनेवाले दिन में एक बार ही भोजन करते हैं। रात को भोजन नहीं करते। जिन्हें रात का भोजन नहीं मिला हो उनको पुकार कर पूछने के लिए पहले दिन अम्मिणी दीदी जब निकली तब एक ही साँस में तीन बार पूछने में असमर्थ रही। रुँधा गला साफ करके, एक लम्बी साँस लेकर, बड़े आयास के साथ ही तीसरी बार पुकार कर पूछ सकी। हर दिन शाम को जब तुलसी के चबूतरे पर अम्मिणी दीदी दिया जलाती तब एक बत्ती अलग करके जलाती।

बच्चों के समान रोती कलपती ही विवाह के बाद चीरू दीदी बिदा हुई थी। भारी वर्षा में भी एक महीने में दो बार आईं। दोनों बार सीता दीदी ने पूछा—"तू यहाँ आ जाए तो फिर वहाँ कौन रहा?" घर का सारा काम तब तक अम्मिणी दीदी ही सम्भालती थीं। कलरी की सेवा भी करनी थीं।

"अप्पू के परदेश जाने के पहले उसके साथ दो दिन बिताने आयी हूँ।" दोनों बार चीरू दीदी ने यही बताया।

तंचावूर के सभी मठों की गतिविधियों का अवलोकन करने के बाद कुट्टन दाऊ ने मुझे तिरुवावाटुतूरै विद्यापीठ भेजने का ही निर्णय लिया। उनका निष्कर्ष था कि वहाँ ईश्वरीय विभूति का विलास है और वहीं सबसे उत्तम शिक्षा मिल सकती है। यही नहीं कुट्टन दाऊ के एक पूर्व सहपाठी ने वहाँ मुख्य गुरु का पद सम्भाला है। अध्ययन वर्ष का आरम्भ अगहन के महीने में होता है। उसी कालखंड में व्यापार-मार्ग में यातायात सुगम रहता है और लोगों का आना-जाना बना रहता है।

रास्ते में छीना—छपटी और लूटमार हुआ करती है। जंगली रास्ते में जंगली जानवर भी हैं। जब रास्ते भर में यात्री रहते हैं तब इन दोनों का उपद्रव कम रहता है। जब भी हो, बड़े संघों में ही यात्रा सम्भव है। तब तो वणिकों के संघों की सुरक्षा के लिए शस्त्रधारी अनुचरों को साथ लगा दिया जाएगा। संघों की अपनी गाड़ियाँ हैं, अपने पल्लेदार हैं। बार-बार आते जाते रहने के कारण सारे रास्तों से और बीच के पड़ावों से वे परिचित भी हैं।

सारी परिस्थितियाँ अनुकूल होने पर भी वहाँ पहुँचने में कम-से-कम एक महीना लगेगा। यदि पहाड़ी मार्गों में भूस्खलन हो जाए तो उससे भी अधिक समय लगेगा। अचानक हवा और बरसात ज़ोर पकड़े तो भी विलम्ब हो जाएगा।

सुना कि उत्तर से तमिलनाडु की तरफ हमला आ रहा है। फिर सुना कि सेना निकल चुकी है। तिरुवूर से तंचावूर जानेवाले रास्ते की आम दिशा पूरब से पश्चिम की तरफ है। पर इस हमले की दिशा उत्तर से दक्षिण। एक कहावत ही है—जब रास्ता काट कर सेना बहती है तब पुल कैसे बाँधा जाए? हमले का ठीक-ठीक पता लगा कर ही प्रस्थान कर पाएँगे। यह विवरण पाने का एक मात्र स्रोत वापस आनेवाले

व्यापारियों का संघ ही है।

गुरुकुल की पढ़ाई दो-दो वर्षों के तीन चरणों में ही पूरी होगी। उसके बाद का दोशाटन अनिवार्य नहीं। पढ़ाई के दौरान ज़्यादा से ज़्यादा दो बार ही घर आ सकेंगे। वह भी निश्चित नहीं। रास्ता साफ पाने पर ही आ सकेंगे। यात्रा का खर्च भी बड़ा है।

जलालुदीन मूप्पन ने हँसते हुए कहा—"जब मेरे संघ के साथ जा रहे हैं तब भाडा या अन्य खर्च की चिन्ता ही नहीं करनी है।" कुट्टन दाऊ को अकेले मूप्पन से ही इतनी बड़ी रियायत स्वीकार करने में संकोच हुआ। किन्तु और किसी के साथ भेजने की अपेक्षा मूप्पन के संघ के साथ भेजना ही उन्हें निरापद लगा।

कुट्टन दाऊ ने मूप्पन से हठपूर्वक कहा कि कम से कम उतराई का नाममात्र पैसा ले लें। मूप्पन ने इस बात की चर्चा करने से ही सख्त मनाही की। मूप्पन ने इस बात के लिए भी हठ किया कि छोटे एष़श्शन की इस यात्रा का ही नहीं, सभी परदेश यात्राओं का खर्च उन्हीं पर छोड़ दें।

प्रस्थान की खबर पाने पर दायित्व उठा लेने के लिए तैयार होकर चेरयन मरक्कार भी आ गये। मरक्कार का वादा था कि यदि समुद्री-यात्रा से होनेवाला सिर-चक्कर सहन कर सकें तो तीन हफ्तों के अन्दर कावेरी के बन्दरगाह पर पहुँचा सकेंगे। हर महीने बेड़ा जाता है। कोई दिक्कत नहीं। यदि समुद्र में ऊँची-ऊँची लहरें न उठें तो यात्रा सुखद रहेगी।

यद्यपि समुद्री-यात्रा का रास्ता अधिक लम्बा है तो भी कुछ दिन बचा सकेंगे।

बेडे तो रात में भी चलते हैं। किन्तु समुद्री यात्रा से होनेवाला सिर चक्कर बहुत तंग करेगा। यही नहीं जो लोग दैनिक जीवन में अधिक पानी इस्तेमाल करने के आदी हैं उनको बड़ा कष्ट होगा। खतरे की सम्भावना भी ज्यादा है। हवा और बादल की ही समस्या नहीं, लूटपाट भी थल की अपेक्षा समुद्र में ज़्यादा है।

कुट्टन दाऊ ने कृतज्ञता जताते हुए कहा—'दूसरा एक रास्ता तय हो चुका है।'

साथ ले जाने की वस्तुओं की सूची कुट्टन दाऊ के लिए कंठस्थ है। दातून करने के लिए जली भूसी, नारियल के पत्ते की सींक, धुला कपड़ा, अंगोछा, चादर, दरी, आदि तथा शस्त्र, नाराच, ताड के नए पत्तों का पुलिंदा आदि। विद्यापीठ को भेंट स्वरूप देने की वस्तुएँ और पष़्ंजानत्तु कलरी द्वारा ताड़-पत्र पर लिख दिया पत्र, और इनके अलावा रास्ते में खाने के लिए चिउड़ा, खील, गुड, नारियल की सूखी गरी, यह सब जितना ले जा सकें उतना।

धन बहुत कम चाहिए। गुरुकुल में अध्ययन के लिए कोई शुल्क नहीं देना है। बस, एक शर्त है—गुरुजनों का संघ छात्र के ज्ञान का नाप-तोल करने के उपरान्त ही उसे प्रवेश दिया जाएगा। वह सीढ़ी पार करनेवाले छात्र को प्रतिमास साठ कुडव

चावल और आधे माशे की तौल का सोना देने का प्रावधान है। गुजारा करने के लिए यह पर्याप्त है।

यह सब कायम रखने की आय के लिए पर्याप्त सम्पत्ति प्राचीन काल के राजर्षियों ने गुरुकुल के लिए आबंटित रखी है। गुरुकुल में सभी शास्त्र, दर्शन और वेद समान रूप में सिखाए जाते हैं। जब तमिलनाडु में संस्कृत भाषीकरण जोरों से चल रहा था तब भी इन मठों की परम्परा या स्थिति पर कोई गणनीय क्षति नहीं पहुँची थी। शिक्षा के प्रति ऐसे सुचिन्तित उपागम का यह चिरकाल-नैरन्तर्य भारत में और कहीं नहीं रहा था।

कविवर कम्पर की जन्मभूमि के परिसर में पाँव रखने का सुअवसर पाना ही पुण्य! कुट्टन दाऊ ने याद दिलाई कि दूसरे गुरुकुलों को भी जाकर देखना है और बृहदीकार मन्दिर का भी सन्दर्शन करना है। जितना अधिक सुनता उतना अधिक वहाँ जाने की उतावली महसूस होती।

सारी तैयारियाँ पूरी करने के बाद, यात्रा के पिछले दिन, कुट्टन दाऊ ने दीदियों को साक्षी बना कर आखिरी उपदेश दिया कि स्वास्थ्य ही सब से प्रमुख है। बिना दीवार के चित्र नहीं खींच सकते। विनम्रता मुख्य है। पानी उसी ओर बहता है जहाँ नीचाई है। कुलधर्म का सदा स्मरण रखना। बुद्धि को ईश्वर में अर्पित करके रहना। किसी प्रकार की कोई दिक्कत नहीं होगी। पीढ़ियों से हमारे मातुल वहाँ जाकर अध्ययन करते रहे हैं। वहाँ के आचार्य गण इस कलरी के सम्बन्ध में जानते हैं। वे इसका सम्मान भी करते हैं। इससे भी छोटी उम्र में ही मामाजी और बड़े मामाजी वहाँ अध्ययन करने गये थे। पुराने समय में वहाँ से कई व्यक्ति अध्ययन के लिए यहाँ आया करते थे। राजा के दर्शन पाने के लिए वहाँ से यहाँ आनेवाले कलरी में ही ठहरते थे। कई नए-नए ज्ञान प्राप्त हुए होंगे। पुराने ज्ञानों में परिवर्तन आए होंगे। आँख, कान और मन को खुले रखकर सब कुछ सीख कर आना। तभी तो हम कलरी की प्रणालियों में सुधार ला सकते हैं। यहाँ की बातें सोच कर दुःखी मत होना। यदि गुरुमातुलों का अनुग्रह और ईश्वर का कारुण्य बना रहा तो सारा कार्य पूर्ववत् चलता रहेगा। हाँ, मामाजी ने पहले ही बता दिया है—कवित्व की प्रतिभा एक विशेष अनुग्रह है। विशेष प्रयोजन को लक्ष्य में रख कर ही ईश्वर ने कृपा पूर्वक वह प्रतिभा प्रदान की होगी। उसके पोषण के लिए आवश्यक खाद और पानी की तलाश करना। उसके लिए भी वहाँ सुविधा

मिल सकती है। जिस परिसर में कम्पर जन्मे और जीवित रहे वहाँ सरस्वती का सामीप्य विरल नहीं होगा।

इतना सब कह सुनाने के बाद भी कुट्टन दाऊ देर तक बैठे रहे जैसे कहने के लिए कुछ और रह गया हो। देर रात तक ऐसे ही बैठे रहे मौन को सन्देश बना कर।

आखिर शयन कक्ष तक अनुगमन करके द्वार पर थोड़ी देर तक यों ही खड़े रहे।

वहाँ से कुट्टन दाऊ बिदा हुए तो उस बिदाई ने असीम दु:ख दिया। पल भर के लिए भी झपकी नहीं ले सका। तब पता चला कि अदृश्य दूरी की ओर उड़ान भरते देशाटन पक्षियों को कितना दु:ख भोगना पड़ता है। वहाँ पहुँचने की बड़ी उतावली। घोंसला छोड़ने में अतीव दु:ख। दोनों एक साथ।

सुबह तक करवट बदलता पड़ा रहा। सीता दीदी द्वार तक आकर, यों ही खड़ी रही और लौट गयी।

लेटे-लेटे ही बीच-बीच में पूर्वी गवाक्ष से बाहर की ओर देखा। शुक्रतारा शीघ्र ही उदित हो जाए या कभी उदित न हो जाए, बारी-बारी से इसकी चाह के साथ उधेडबुन में रहा तो गलियारे में फिर पदचाप सुनाई दिया। लटकन दीपक का प्रकाश टिमटिमा कर बुझ गया।

इस घबराहट में जब उठ रहा था कि इतनी जल्दी सबेरा हो गया, तब सीता दीदी हाथ में दीपक लिए कमरे में आयीं। "नींद नहीं आ रही है, है न?"

"समय क्या हुआ?"

"अधिक नहीं हुआ है." बाती धीमी कर दीपक एक ओर रख कर सीता दीदी मेरे समीप बैठी। सिर गोद पर रख कर बोली—"इतना ही है तेरा साहस! कल से लेकर बड़ी दीर्घ यात्रा करनी है न? अच्छी तरह सोना है न?"

मेरा सारा नियन्त्रण खो गया।

सिसक सिसक कर रो पड़ा।

किसी इन्द्रजाल के प्रभाव से ही मानों, बिना विलम्ब गाढ निद्रा में लीन हो गया।

जब नींद खुली तब भी सिर सीता दीदी की गोद पर ही था। धूप खिल आयी है। ऐसे दिन की याद नहीं जब मैं इतनी देर तक सोया हो।

अपनी उदासी पर हैरान होकर मैं उठ खड़ा हुआ।

माथे पर और सिर पर हाथ फेर कर और मूर्धा पर चूम कर सीता दीदी हँसती हुई बोली : "स्नान और अर्चन-वन्दन करके आ जाना। किसी कार्य में कोई विलम्ब नहीं हुआ है।"

मायावृक्ष—"ऊर्ध्वमूलमधः शाखम् अश्वत्थं प्राहुरव्ययम्।" गीता-15-1
अश्वत्थवृक्ष जिस की जडें ऊपर की ओर और शाखाएँ नीचे की ओर हैं। ऐसा माना जाता है कि माया रूपी यह वृक्ष नाश रहित है।
"अश्वत्थमेनं सुविरूढमूलं संग शस्त्रेण द्ददढेन छित्वा"—(गीता-15-3)
इस रूढमूल अश्वत्थ को निस्संगरूपी शस्त्र से काट डाल कर...

तिरुवूर-7

यात्रा धनुषाकार छाजन लगी बैलगाड़ी में थी। रास्ता ऊबड़-खाबड़ रहा, अतः डगमगाहट असहनीय लगी। एक बैलवाली उस हिलती-डुलती गाड़ी में बिछी दरी पर इधर-उधर हाथ टेके आराम से बैठने की कोशिश करता रहा। पर ज्यादा दुःख अपनों से बिछुडने के कारण हो रहा था, शारीरिक क्लेश के कारण नहीं।

व्यूह की इक्कीस बैलगाड़ियों में चार-पाँच ही ऐसी हैं जिन पर धनुषाकार छाजन लगी हो। उनमें तीन ऐसी हैं जिन्हें बैलों के जोड़े खींच रहे हैं। उनमें सागर पार से आए खास किस्म के शीशे के बर्तन हैं, नक्काशी से युक्त चीनी गागरियाँ हैं और कीमती सुगन्ध द्रव्य हैं। ये सारी खास चीज़ें रास्ते में इधर-उधर उतारने के लिए रखी हुई हैं।

सबसे आगे जानेवाली एक बैलवाली गाड़ी में सिपाहियों का मुखिया और अनुयायी हैं। वैसी ही एक गाड़ी उसके पीछे हैं। संघ का नायक उसी में हैं। मेरी गाड़ी उसके भी पीछे हैं। उसमें केवल मैं और मेरी गठरियाँ हैं।

एक झोले में नित्य पारायण के ग्रन्थ और नाराच। एक दूसरे झोले में पहनने के कपड़े तीसरे में दातुन करने और नहाने के साधन तथा अल्पाहार की चीज़ें। पानी भरा तांबे का घडा गाड़ी के ऊपरी भाग में टँगे रस्सी के छींके में रखा है। हिलने पर छलक न पड़े, इस उद्‌देश्य से घड़े का मुँह एक काँसे के लोटे से ढँक कर रखा है। छींके को झुका कर पानी उडेल कर पीने के लिए भी वह लोटा काम आता है।

संघ में करीब पचास जन हैं। उनमें आधे से अधिक शस्त्रधारी सुरक्षा कर्मचारी हैं। व्यूह के पचास कदम आगे पर्यवेक्षक म्यान से निकाली तलवार लिए घोड़े पर सवार होकर जाता है। अगले पड़ाव तक रास्ते का पूर्व निरीक्षण कर लौटने के बाद वह हर दिन व्यूह का नेतृत्व करता है। दूसरों के जाग उठने के पहले ही उसकी वह साहसी पड़ताल पूरी हो चुकी होगी। रात के वक्त यात्रा नहीं होती।

एक गाड़ी भोजन पकाने की खाद्य सामग्री और उपकरणों से भरी हुई है। एक अँगीठी की भूसी में अंगारे अनबुझे रखे गये हैं। अनन्नास के पत्तों से बने टोकरे में

भूसी भरी हुई है। एक और गाड़ी में रास्ते में बैलों को देने का चारा और पानी है।

बिदा करते समय दीदियों और कुट्टन दाऊ के चेहरे पर यही प्रार्थना समाई हुई थी कि बिना किसी दिक्कत या विघ्न के यात्रा-संघ लक्ष्यस्थान तक पहुँच जाए।

फूफी, गोपी भैया और चीरू दीदी पिछले दिन ही पहुँच गये। बुजुर्गों का चरण स्पर्श करके अनुग्रह लेते समय मन अशान्त नहीं हुआ। कारण यही कि उनमें किसी की आँखें भरी हुई नहीं थी। इसके विपरीत सभी आँखों में इस बात की प्रसन्नता छलक रही थी कि एक बड़ा कार्य सिद्ध होनेवाला है।

'निपुण बनो' सीता दीदी ने सिर पर हाथ रखा। उनका चेहरा वैसा ही सन्तोष-पूर्ण था जैसा मेरे विद्यारम्भ के दिन रहा। आँखों में गर्व था और शीतलता भी।

एच्चु भी उस समय खूब हँसती हुई खड़ी थी। उसकी उम्र इस लायक नहीं हुई थी कि वह यह सोच कर बेचैन हो जाए कि कितने अर्से के बाद अब मिलन हो पाएगा, आदि। घर में अपने पसन्द के लोगों को देख वह खुश हुई। वह खुशी दूसरों में भी प्रतिबिम्बित हुई, मेरे अनजाने ही मेरे अन्दर भी खुशी छा गयी।

चौराहे तक की यात्रा में भी मन अशान्त नहीं हुआ। कुट्टन दाऊ, गोपी भैया कलरी के गुरुजन, वरिष्ठ छात्र और उनके पीछे पड़ोसी जनों ने अनुयात्रा की।

जलालुमूप्पन अपनी खास गाड़ी से उतर कर वहाँ खड़े थे। चेरयन मरक्कार, कीषेटत्तु के सभी मामा और तिरुक्कंटियूर मन्दिर का प्रसाद लिए वन्नेरी के कारिन्दा तथा साथीगण भी पहुँच गये।

मूप्पन का उपहार एक विशेष प्रकार का पाटम्बर था जिसे गुरुकुल पहुँचने पर वहाँ के विशेष अवसरों पर पहना जा सकता था। चेरयन मरक्कार के उपहार थे टोकरे भर, सूखे खजूर, अंगूर और बादाम। ये वहाँ बाँटने और रास्ते में खाने के लिए थे।

मूप्पन ने आशीर्वाद दिया—"मातुलों के समान गणित के हर सवाल हल करने की प्रवीणता प्राप्त करके शीघ्र लौट आना।"

'याद रखना' मुझे छू कर उन्होंने यात्रा संघ के मुखिया को कड़े स्वर में आदेश दिया—"यही इस यात्रा का सबसे एधिक मूल्यवान माल है। जो भी हो कुट्टिएष़श्शर का एक बाल भी बांका न होने पाए। बात समझ में आई क्या?"

मूप्पन का स्वर और एक बार बदल गया। प्रार्थना के स्वर में किन्तु अपने आप से बोले—"जब परवरदिगार मददगार हैं तब हम क्यों बेचैन हों? निरी मूर्खता!"

लम्बी यात्रा के दौरान पूरब से लौट आ रहे कुछ समान संघों से कई स्थानों पर भेंट होगी। उनमें कम से कम दो संघ जलालुमूप्पन के ही अधीनस्थ होंगे। सभी खबरें उनको दे सकते हैं। वे कलरी में आकर बताएँगे। ये संघ ही जब लौट आएँगे तब वहाँ सकुशल पहुँचने की खबर भी कलरी को मिल पाएगी।

चौराहे के चारों ओर किसी विशिष्ट पर्व की हृदयहारिता व्याप्त थी। गुरुमातुलों की वन्दना कर, पृथ्वी को छूकर मूर्धा पर उँगली रख कर, 'आदित्य हृदय' मन्त्र का जाप कर, सफेद कपड़े और कम्बल बिछी गाड़ी पर चढ़ते समय भी मन में उत्साह भरा ही रहा।

आगे चलती गाड़ी के साथ थोड़ी दूर कर तक आकर कुट्टन दाऊ ने बार-बार कहा—"सारी बातें पूर्व सूचना के अनुसार।" मंगल-मुद्रा दिखाकर, अनमने से होकर चाल की गति धीमी कर ली।

गाड़ी वहाँ से आगे बढ़ी। मोड़ पर मुड़ी तो सभी लोग एकदम आँखों से ओझल हो गये। तो मन का रवैया बदला। मन जलने लगा। जलन धुआँ बनी। दम घुटने लगा। आँखों में भाप भर गया। आँसू भी।

जब और कोई चारा नहीं रहता तब मन की समस्थिति वापस पाने के लिए मामा रूपी आखिरी आलम्बन की शरण लिया करता था। विस्मृति में पड़ी कोई बात या दृष्टि तब आलम्बन स्वरूप अवश्य मिल जाती। उस दिन भी याद करते ही, मामाजी का चेहरा न जाने कहाँ से भीतर प्रकट हो गया।

तेज भरी आँखों में अनुग्रह की मुस्कान।

"अरे! भूल गया क्या, दिल को ठंडा करने की विद्या?"

विचारों को उनके जन्म लेते ही मिटा देने की विद्या भी मामाजी ने ही बता दी थी। जब उसका आश्रय लेने लगा तब मामाजी के चेहरे की मुस्कान वात्सल्य से आर्द्र बन गयी। दृष्टि में प्रोत्साहन का भाव जम गया। फिर अन्य विचारों और चित्रों के साथ वह सामीप्य भी क्षीण हो गया। गाड़ी के साथ-साथ तन जब हिलता-डुलता रहा तब भी मन ज्यादा गरम होने से बचा रहा। अकेलापन और बिदाई का दुःख कोई बोझ या क्लेश न रहा। लगा कि बन्धुजन और कलरी बस वैसे ही हैं जैसे यात्रा के वक्त सड़क के किनारे के दृश्य आँखों के सामने से धीरे-धीरे पीछे की ओर हटते दिखाई देते हैं। सब से प्रमुख है सर्वदुःख हारी ज्ञान। वह तो है बहुत दूर। नहीं जानता कि उसके निकट पहुँच पाऊँगा या नहीं। निकल चुका हूँ। इतना तो हो सका, यही पुण्य है। हज़ारों में एक ही इस प्रकार निकल सकता है।

करीब पाँच-पाँच कोस की दूरी पर निश्चित पड़ाव हैं। वहाँ लोगों और मवेशियों के लिए खाना और पानी मिलते हैं। साथ जो खाद्य पदार्थ लाया है उन्हें कभी-कभी ही बाहर निकालना पड़ता।

अधिकांश पड़ाव नहरों या नदियों के किनारों पर हैं। गरम हवा, कंटीली झाडियाँ और सूखी ज़मीन को पार करते हुए जब पहुँचते हैं तब वहाँ की हरियाली दिलासा देती है। बैल यदि थकावट या चोट लगने के कारण विवश हो गये हों तो इन पड़ावों में उनके बदले दूसरे बैल ले सकते हैं। बदलाव का शुल्क ही अदा करना

होता है।

ज्यादातर पड़ाव उनके संस्थापकों के नाम पर ही जाने जाते हैं। वेलन पड़ाव, आण्टि पड़ाव, मुनयन पड़ाव आदि। चूँकि व्यक्तियों के नाम ईश्वर के नाम हुआ करते हैं इसलिए इन्हें ईश्वर के आवास केन्द्र भी मान सकते हैं। पड़ावों में पहुँचने पर भी बैठना, लेटना, सोना सब गाड़ी में ही।

आगे के लम्बे रास्ते से सम्बन्धित विवरण भी पड़ावों से प्राप्त होता है। पहले ही इस बात की जानकारी मिलती है कि रास्ते में गड्ढे कीचड़ आदि हैं या नहीं, भूस्खलन, लुटेरों का आक्रमण आदि द्वारा यात्रा के बाधित होने की सम्भावना है या नहीं, इत्यादि। इस ओर लौट आनेवाले आखिरी संघों से प्राप्त होनेवाली यह जानकारी विश्वसनीय रहती है।

सबसे बड़ी विपत्ति है सेना का प्रयाण। उसे रोका नहीं जा सकता। आमने सामने होने पर उससे बच भी नहीं पाएँगे। लुटेरों का भी एक हद तक सामना कर सकते हैं। पर सेना का सामना करना सम्भव नहीं। सैनिकों की बड़ी संख्या ही उसका कारण है। जैसे बर्रे अपने छत्ते से झुंड-झुंड में बाहर निकले हों। सैनिकों के प्रयाण की खबर पाने पर या तो रास्ते से हट जाना है, नहीं तो सेना के आगे निकल जाने तक कहीं ओट में छिपे रहना है। बचने का और कोई उपाय नहीं।

सेना चाहे किसी भी राजा की क्यों न हो, समान रूप से क्रूर होती है। सभी सेनाओं का समान स्वभाव है—उनकी हिंसालु प्रवृत्ति।

अपने राजा के प्रति आस्था बनाए रखें तो सेना कुछ भी कर सकती है। राजा के अपने जनों को छोड़ कर किसी पर भी वह कोई भी अत्याचार कर सकती है। यदि शिकार अधीनता स्वीकार न करें तो न्यूनतम दंड है मृत्युदंड। अधीनता स्वीकार करें तो उस दंड विधान का कार्यान्वयन आसान हो जाएगा, बस इतना ही। स्थिति जैसी भी हो, शिकार के प्राण नष्ट हो जाएँगे। गाड़ी, उसपर लदे सामान, बैल सब कुछ हमलावर हथिया लेंगे।

पूरे रास्ते में कई जमींदार, राजा और महाराजा हैं। ये कभी भी शान्ति से नहीं रहते। यदि शान्त रहें तो अनुयायी दूसरे किसी नेता की तलाश करेंगे। पद और मान नष्ट हो जाएँगे। किसी के भी सैनिकों को वेतन समय पर नहीं मिलता। लूटमार करके ही वे गुजारा करते हैं और आराम से जीवन बिताते हैं। अन्य राज्यों पर हमला करके ही उनके स्वामी अपना भंडार भर सकते हैं, मुकुट पर हीरे जड़ा सकते हैं और अन्य प्रकार के आडम्बरों का खर्चा निकाल सकते हैं। प्रजा इसी उद्देश्य से राजा को कर देती है कि उनकी सेना ही प्रजा को नहीं लूटे और इतर राजाओं की सेनाओं के हमलों से प्रजा को बचाए रखे।

व्यापारियों द्वारा दी जानेवाली चुंगी ही रास्ते के राज्यों के राजाओं की आय

का मुख्य हिस्सा है। इस लिए हर राजा व्यापारियों की सुरक्षा का सदा ध्यान रखता है। परन्तु इनकी नजर ज़रा भी हट जाए तो दूसरे राजाओं की सेनाएँ चोंच मारने के लिए उड़ती आएँगी।

सभी सेनाओं के पीछे-पीछे गीधों के झुंड उड़ते रहते हैं। मुठभेड़ में किसी की भी जीत या हार क्यों न हो, गीधों को स्वादिष्ट भोजन सुलभ। यात्रा-संघ किसी भी पड़ाव पर पहुँचने पर पहले पहल यही देखते हैं कि आस-पास कहीं गीध तो नहीं? यदि सुनिश्चित हो जाए कि आस-पास कहीं गीध नहीं हैं तभी साँस ठीक से चलने लगेगी।

चार पाँच दिनों में ही यात्रा के तालक्रम से समरस हो गया। दस दिन बीतते-बीतते यात्रा मज़ेदार लगने लगी। पर, अठारहवें दिन शाम के बाद जिस पड़ाव पर पहुँचे वहाँ जो सहमी हुई बातचीत हो रही थी वह उत्तर से आई एक सेना के प्रयाण के सम्बन्ध में थी। चार कोस आगे जो चुंगी की चौकी थी वह उस सेना के अधीन हो चुकी थी। वहाँ नए अधिकारी आए हैं और नए कायदे-कानून लागू हो चुके हैं। सेना दक्खिन की ओर बढ़ रही है। विजयनगर के नरशनायक की बड़ी सेना है। सामना करने का साहस किसी में नहीं।

तिरुच्चिरप्पल्लि के नरेश ने सिर झुका कर अधीशत्व स्वीकार किया। मधुरा के अधिप से भी इस सेना ने अपना कब्जा स्वीकार कराया। कावेरी के ऊपर पुल बनाकर श्रीरंगपट्टणम पर कब्जा किया। वहाँ के राजा ने भी झंडा नीचा करके इनके साथ सुलह कर ली। कहते हैं कि सेना कन्याकुमारी तक पहुँच जाएगी। यह भी सुनते हैं कि सेना इसके साथ-साथ कोंकण से होती हुई गोकर्णम तक भी कूच करेगी। कहा जाता है कि पश्चिमी प्रदेशों पर भी अपना अधीशत्व कायम करने के लिए ही नरशनायक निकल पड़ा है।

सेना के निकल जाने तक इन्तजार करना ही पड़ेगा। यह कुछ निश्चित नहीं है कि कितना समय लगेगा। एक मात्र आश्वासन यही है कि इसके ठीक पहले जो धावा हुआ था उतना हिंसात्मक तो नहीं होगी इन लोगों की चढ़ाई। उस धावे के दौरान व्यापक लूटपाट और हत्याएँ हुईं।

अब जो सेना धावा मार रही है वह केवल रास्ते के किलों, प्रकारों और चुंगी घरों पर ही है। लापरवाह अतिक्रमण नहीं। जिन जिन चूँगीघरों पर कब्जा हो चुका है उन सब में चुंगी बढ़ा दी गयी है।

यद्यपि थोड़े समय के लिए थोड़ी दिक्कत होगी तो भी अनेकों टुकडों में बँटे और परस्पर झगड़ते रहते सारे प्रदेश आखिर एक बड़ी शक्ति के अधीन आ जाएँगे, व्यापारी लोग आम तौर पर इसका स्वागत करते हैं। रास्ते भर में एक ही एक अधीश की प्रीति सुनिश्चित करना पर्याप्त होगा। पर, हाँ, चुंगी बढ़ जाएगी। तब भी वह

रकम उस कुल रकम से कम ही रहेगी जो विभिन्न चौकियों में विभिन्न व्यक्तियों को देनी पड़ेगी। रास्ते में पग-पग पर होनेवाली रोक-टोक से पिंड छूटेगा भी।

यहाँ भी अराजकता ही छाई हुई है। समय-समय पर वे ही परम अधीश बनते हैं जो किसी न किसी प्रकार जीत जाते हैं। यदि बाहर से किसी सेना की कूच नहीं आती तो ये छोटे मोटे राजा अपने छोटे मोटे प्रदेशों पर राज करते हैं। ये सदा आपस में लड़ते भी रहते हैं। बाढ़-सी बढ़ आती बड़ी सेनाएँ जब हट जाती हैं तब ये छोटे मोटे राजा फिर से सिर उठाते हैं। आपस में लड़ने लगते हैं। प्रदेश में कभी किसी को कोई चैन नहीं।

उस पड़ाव में तीन हफ्तों तक इन्तज़ार करते रहना पड़ा। रोज़ ही तड़के उठकर मुख्य निरीक्षक अगले पड़ाव तक की स्थिति की पड़ताल कर आता। हर दिन यही खबर मिलती कि अभी भी कई सेना व्यूहों का निकल जाना शेष है।

पहले जो सुना था, सो ठीक निकला। पूरब की ओर जो रास्ता जाता है उसे बीच में काटता हुआ ही सेना का प्रवाह आगे बढ़ता है। हाथियों, घोड़ों, माल गाड़ियों, और हज़ारों प्यादों के द्वारा आने-जाने व कुचले जाने की वजह से रास्ता अभी अस्त व्यस्त है। यह कुछ निश्चित नहीं कहा जा सकता कि सेना का प्रवाह थम गया है। रास्ता ठीक करना हो तो अनेकों लोगों को महीनों तक कड़ी मेहनत करनी पड़ेगी। उसके लिए आवश्यक तैयारियाँ कहीं नहीं दिखतीं।

यदि पाठशाला पहुँचने में अधिक विलम्ब हो जाए तो सम्भव है एक वर्ष नष्ट हो जाए। बड़ा ही विख्यात गुरुकुल। दक्षिण खंड के विविध भागों से आवेदन पत्र आते हैं। प्रतिवर्ष केवल बाईस छात्रों को प्रवेश दिया जाता है। पर्याप्त संख्या में छात्र न मिलें, ऐसा कभी नहीं होता। यदि घर लौट जाने का निर्णय करें तो इतना या इससे अधिक कष्ट उठाना पड़ेगा। प्रार्थना द्वारा आशंकाओं का निवारण करता हुआ और सीखे हुए पाठों को रटता हुआ धीरज बाँधे रहा।

वह पड़ाव हरा भरा था। तड़के बड़ी ठंड है। एक दिन कडी ठंड पड़ी। रोज़ की भाँति सूर्योदय के पहले ही गाँव के तालाब में नहाने के लिए उतर पड़ा और ठंडे पानी में डूबकर उठा तो सारा तन थरथर काँपने लगा। कंठ में 'सौन्दर्य लहरी' ही उभर कर आई। ठंड से छुटकारा पाने के लिए आत्मविस्मृत होकर उसे ज़ोर से रटता रह गया। अंगोछा निचोड कर तन पोंछा। किनारे पर चढ़ जाने पर भी कम्पकपी नहीं रुकी। इसलिए श्लोकों को ज़ोर से रटता ही रहा।

तब तक पौ फट चुका था। उण्णि भैया की आयु और डीलडौल वाला कोई व्यक्ति

ऊपर किनारे पर खड़ा है। पड़ाव के जीवन के दौरान कभी-कभी देखा है, बस इतना ही परिचय है।

लगा कि शायद वह मेरे इन्तज़ार में खड़ा है। सोचा—कौन होगा? क्यों मेरा इन्तज़ार कर रहा होगा? कोई उत्तर नहीं मिला।

रास्ता बदल कर चलने की कोशिश की। ''जंगल के भीतर वीणावादन है क्या?'' वे हँस पड़े। पूछा : ''तुम कौन हो? कहाँ जा रहे हो?''

यह निश्चित हो गया कि ये पड़ाव में ठहरे हुए संघों के व्यापारियों में से कोई नहीं है। हाव-भाव और आवाज़ भिन्न। उनमें कोई भी 'सौन्दर्य लहरी' के सम्बन्ध में ऐसा प्रश्न नहीं कर सकता।

हाथ जोड़कर अपना नाम और गाँव का नाम बताया।

उन्होंने प्रत्यभिवादन में हाथ जोड़ते हुए कहा—''मेरा नाम अरिवुटयोर। तंचावूर जा रहा हूँ।''

अधिक जान पहचान होने पर पता चला कि वे उसी गुरुकुल में दर्शन सिखानेवाले गुरुनाथ हैं जिसमें मुझे प्रवेश पाना है। माना मधुरा ही उनका इलाका है। छुट्टी के बाद लौट रहे हैं। हर साल गाँव जाया करते हैं। माता-पिता वार्धक्य की पीडा से दु:खी हैं। गृहणी उनकी सेवा-शुश्रुषा करती हुई घर में ठहरी हुई है। व्यापारियों के संघों के साथ ही आना-जाना होता है। सेना के धावे की यह परेशानी कुछ नयी नहीं है। किन्तु सामान्यत: इतने दीर्घ समय तक नहीं टिकती। अब ठीक से बताया नहीं जा सकता कि कब तंचाऊर पहुँच पाएँगे।

चरण स्पर्श कर वन्दना की। अपनी यह आशंका उन्हें जताई कि गुरुकुल में प्रवेश मिल पाएगा कि नहीं। उन्होंने सांत्वना दी कि चूँकि वहाँ के लोगों को भी सेना के धावे का पता है इसलिए कोई तकलीफ़ नहीं होगी।

उसके बाद हम दोनों का उठना बैठना साथ-साथ होने लगा। उनकी वाणी और दृष्टि में ज्ञान की पूर्णता झलकती थी। गुरुकुल में पहुँचने के पहले ही अध्ययन आरम्भ हो पाया।

इस मुलाकात को भी ईश्वर का अनुग्रह ही मानता हूँ।

बीच का वह पड़ाव एक छोटा-सा गाँव है। वहाँ बहुत कम अतिथियों का स्वागत करने भर की सुविधा ही है। बाद को जो संघ आते रहे वे रास्ते में कहीं अपनी गाड़ियाँ खड़ी रखने की जगह न पाकर मुसीबत में पड़ गये। इन्तज़ार करते-करते तंग आ गये तो संघों के मुखियों ने आपस में सलाह-मशविरा करके इस निष्कर्ष पर पहुँचे कि चौकी तक जाकर नए अधिकारियों के समक्ष अपनी समस्या पेश करें।

शस्त्रधारियों को साथ लिए बिना, संघों के मुखियों ने जाकर झुक कर प्रणाम किया। चौकी में चुंगी वसूल करनेवाले नए कर्मिकों ने उनसे कहा कि यदि सेना के प्रयाण तक इन्तज़ार करते रहने का निर्णय है तो वर्षों तक यहीं पड़े रहना पड़ेगा।

रास्ता ठीक करने में समय लगेगा। चुंगी वसूल करके ही मरमत करनी है। पूछा कि वर्द्धित दर की चुंगी देकर निकल जाने के लिए तैयार हैं क्या? यदि यह स्वीकार है तो आगे की चौकियों के सेना नायकों को दिखाकर निकल जाने के लिए मुद्रा मिल जाएगी। सड़क की गड़बड़ी के अलावा और कोई दिक्कत नहीं होगी।

वहाँ से सभी संघ एक साथ निकले। सेना द्वारा उजाडे गये रास्ते से बैलगाड़ी चलाना ज्यादा मुश्किल नहीं था। परन्तु बोझ से लदी गाड़ियाँ ले जाने में बड़ी कठिनाई हुई। पहिए और बैलों के पाँव भीगी मिट्टी में धँस जाते। पहिया उठाते, खींचते, धकेलते एक कोस की दूरी तय करने में पूरा एक दिन लग गया। उस जगह को पार करने पर अब कुछ ही दिनों का रास्ता रह गया था।

रास्ते में जो गुरु मिले वे ही मुझे गुरुकुल की ओर ले गये।

नीम के बड़े-बड़े वृक्षों की घनी छाया से आच्छादित उस रेतीले आँगन में पाँव रखा तो सफलता के हर्षातिरेक के कारण मेरी आँखें पूर्वसूचना दिए बिना ही भर गयीं।

''रोना मत, भाई'', अरिवुटयोर अनुकम्पा पूर्वक मुस्कुराए। ''तुम्हें तो ज्ञान ही चाहिए न? वह तो यहाँ प्रभूत मात्रा में मिलेगा। रोना मत।''

तिरुवूर-8

गुरुमुख्य को गुरुकुल के सभी लोग 'पेरियोर' ही कहते थे। 'नीलकंठ' नाम तभी से विस्मृत हो चुका था। एक बड़े कमरे में चटाई पर बैठे रहनेवाले वे कुट्टन दाऊ की आयु के थे। मद्धिम रंग। घने लम्बे घुंघराले बाल और दाढ़ी। बादलों के बीच उदित होनेवाले चाँद की चाँदनी जैसी उनकी शान्त-शीतल हँसी। जो भी उस हँसी का पात्र बनता है उसका दुर्लभ सौभाग्य ही है वह। एकदम शुभ्र उनके उत्तरीय में कैलास की सी धवलिमा, उनकी हँसी जैसी ही।

उस कमरे में आडम्बर बिलकुल नहीं। एक विशाल कक्ष। चूना पोती गयी दीवारें। बाँस के शहतीरों पर ताड़ के पत्तों से छाया छत। चारों ओर बाहर की ओर खुलते छोटे गवाक्ष। फर्श पर चटाई बिछी हुई है।

पेरियोर के सामने रखी छोटी लेखन-पेटी पर और दाएँ-बाएँ पार्कों पर अनेक ग्रन्थ। हाथ की दूरी पर मिट्टी की सुराही में पानी। उस कक्ष में और भी चार पाँच गुरुनाथ हैं।

अरिवुटयोर ने मुझे द्वार पर ले जाकर खड़ा किया। नाम और गाँव का नाम बता कर परिचय दिया। परस्पर मिलने की घटना की याद में हँसे और वह घटना भी सुनाई।

आशीर्वाद के स्वर में आदेश मिला—"अन्दर आओ, भाई। अन्दर आओ।"

प्रणाम किया।

कुट्टन दाऊ का दिया ताड पत्र दोनों हाथों को आगे बढ़ा कर भेंट किया।

उसे पढ़ते हुए उन्होंने कहा—"बैठ जाओ।"

यह जानकर कि मैं बैठने से हिचक कर खड़ा ही हूँ तब ताड पत्र पढ़ने के बीच उन्होंने मधुर मुस्कान के साथ पूछा—"अरे! बैठने या खड़े होने में ही आदर रखा है क्या? बैठने का आदेश पाने पर खड़े रहना आज्ञापालन है क्या?"

पालथी मारकर सामने बैठ गया।

उन्होंने कुट्टन दाऊ और कलरी का हालचाल पूछा। मामाजी के देहवियोग

की खबर पहले ही मीली थी। जब यह भी सुना कि उनका मरण किस परिस्थिति में किस प्रकार हुआ, उनके गहरे नेत्र अपने आप अर्धनिर्मीलित हो गये—''हे भगवान!''

नयी कलरी की स्थापना और उसकी वर्तमान स्थिति की बात भी सुनी तो उनका चेहरा खिल उठा। फिर केवल आष़वांचेरी तम्प्राक्कल का हाल ही पूछा। जब उन्होंने जाना कि वे खैरियत से हैं और मैं उनके दर्शन करके ही आया हूँ तो उनकी प्रसन्नता बढ़ गयी।

सुराही से थोड़ा पानी लेकर मेरी तरफ बढ़ाया। ''यह देखना है कि ज्ञान के पथ पर तू कहाँ तक आ गया है।'' अपने पास बैठे हुए व्यक्तियों के चेहरों पर दृष्टि डालते हुए वे मेरी ओर देखकर मुस्कुराए। ''यहाँ के गुरुनाथ हैं। डरने की कोई बात नहीं। ज्ञान के पथ के अन्त तक पहुँचा हुआ कोई यहाँ भी नहीं है।''

कल्पना की कि कुट्टन दाऊ के सामने बैठा हूँ। ईश्वर का और मामा का स्मरण कर धीरज सम्भाला।

गुरुनाथों के सवाल वात्सल्य की नहर में बहती आ रही छोटी नावों के समान लगे। जवाबों में गलतियाँ न आयीं तो वे अत्यन्त हर्षित हो उठे।

यह परीक्षा जो परीक्षा नहीं लगी, एक दो घंटे तक जारी रही। साथ ही उनमें से प्रत्येक में निहित ज्ञान की पक्वता और सूक्ष्मता मेरे सामने अवतरित होती भी रही।

चेरयन मरक्कार के द्वारा भेंट किये गये सूखे खजूर, अंगूर और बादाम को पेरियोर ने हँसते हुए, कक्षा में उपस्थित सभी को प्रसाद-स्वरूप बाँट दिए।

'बहुत स्वादिष्ट' गुरुनाथों में एक ने कहा।

नीलकंठ गुरु ख़ूब खिल-ख़ुल कर हँसे। ''यह चीज़ अच्छी ही होनी चाहिए।''

हँसते हुए उन्होंने पूछा ''कौन सा विषय सीखने की रुचि है?''

सच सच बोला—''सारे विषय।''

''असम्भव''। कारुण्य छोड़े बिना, किन्तु निश्चित रूप में गुरुनाथ ने बताया—''एक मात्र ईश्वर ही हैं जो सब कुछ जानते हैं। जितना वे देते हैं उतना ही पा सकते हैं। कठिन परिश्रम करने पर ही वे थोड़ा-सा देते हैं।''

उन्होंने यह भी बताया कि ईश्वर कभी-कभी ऐसे पात्र को भी धन बहुतायत में दे देते जो उसे पाने योग्य नहीं होते। परन्तु पात्र को ठीक तरह से परख कर ही वे ज्ञान का एक कण भी देते हैं।

गुरुनाथों ने आपस में परामर्श करके मेरे लिए पाठ्यक्रम तैयार किया। तमिल का ज्ञान पूरा करना, उसके बाद कंठस्थ किए गये शास्त्र विषयों में कमी रह गयी है तो उसे पूरा करना। उसके भी बाद वेदान्त दर्शन में जहाँ तक हो सके, आगे जाना।

मैंने जिस दवा की आशा की थी वही दवा इन महावैद्यों ने मेरे लिए निश्चित

की। चूँकि अरिवुटयोर ने ही नए शिष्य को रास्ते में ही देख लिया था इसलिए वे ही अभिभावक नियुक्त हुए। पेरियोर ने आदेश दिया कि मुझे और कहीं नहीं, अकेले रहते उनके साथ ही ठहराया जाए।

पहले ही अरिवुटयोर मुझे यात्री-संघ से अपने आवास की ओर ही ले गये थे। वहाँ पहुँचने तक संघ के मुखिए ने अनुगमन किया। गठरियाँ लिए पल्लेदार पीछे आए। परिसर का पूरा अवलोकन करके, अरिवुटयोर से भी बिदा लेकर लौटते वक्त उस भले आदमी ने कहा—"सर्वशक्त और परमकारुणिक ईश्वर सदा-सर्वदा आपकी रक्षा करें। अगली बार की यात्रा में आकर कुशल-मंगल पूछ लूँगा।"

गुरुकुल के अतिविस्तृत परिसर में ही सभी गुरुनाथों के आवास हैं। 'एरी' नाम के जलाशय को छोड़ गुरुकुल की लगभग शेष सारी ज़मीन कृषिभूमि है। धान, मकई और ईख की खेती होती है।

सपाट भूमि। बीच-बीच में छोटे-छोटे मकान। बीच में मन्दिर, ग्रन्थालय, आम-सभागह और भोजनालय। मकानों के चारों ओर बड़े-बड़े वृक्ष। हर जगह अतीव स्वच्छ।

अरिवुटयोर ने बताया था कि इस गुरुकुल की परम्परा उतनी ही पुरानी है जितनी मनुष्य में ज्ञान की आदिम उत्पत्ति। वही ज्ञान यहाँ की मुख्य खेती है। उसे बनाए रखने मात्र के लिए अन्य उपज भी उत्पन्न की जाती हैं।

यह निश्चित नहीं है कि पृथ्वी के किस भाग के निवासियों को अनादि ज्ञान उपलब्ध हुआ। पर तमिल में वह अतिप्राचीन काल से ही विद्यमान रहा है। बाद को उस ज्ञान में कई झरने बहते हुए आ मिले। उदाहरण स्वरूप हज़ारों वर्ष पहले प्रारम्भिक वेद उसमें आ मिले। उससे उनका जो हेल-मेल हुआ उसी से वर्तमान वेद और वेदांग फूट निकले। इस सब

के बावजूद भारतवर्ष बाद को दूषित हुआ। तब पुराने ज्ञान से संशोधन के अंकुर-स्वरूप बौद्ध-जैन दर्शन उत्पन्न हुए। उनसे उत्पन्न किया गया जागरण थोड़े अर्से तक ही बना रहा। वे अभियान भी कालान्तर में मलिन हुए। गला-सड़ा चातुर्वर्ण्य तभी पुनः प्रतिष्ठित हुआ। वह मालिन्य रूपी भूत पूरे भारत वर्ष में आविष्ट हुआ। सर्वत्र अन्धकार फैल गया।

इसके बाद भी ईश्वरीय और अनादि ज्ञान पृथ्वी के विभिन्न स्थानों में विविध दर्शनों के रूप में अवतरित हुआ।

प्रत्यक्ष ज्ञान ही ईश्वर है, सत्य है, सत् है और शाकात है।

ज्ञात काल से लेकर यहाँ उस ज्ञान के संरक्षक चोलराजा ही रहे। वज्रनन्दी ने 'कूटल्' का नाम जिस समय 'संघम' रखा उसके बाद के दस्तावेज ही उपलब्ध हैं। उसके पूर्व की अधिकांश रचनाएँ और दस्तावेज प्राकृतिक विपदाओं में नष्ट हो गये

होंगे। वेदों में इस बात का प्रतीकात्मक प्रस्ताव मिलता है कि महाप्रलय के समय एक द्रविड राजा ने ज्ञान को एक नाव में लिए फिरता हुआ सुरक्षित रखा था। प्रत्यक्ष ज्ञान और पाशविक भुजबल के बीच जो संघर्ष रहा है वह भी अनादि है।

बीच-बीच में उन अन्तरालों में भी, जब उस भुजबल की धाक रही, सौभाग्य से प्रत्यक्ष ज्ञान उन्मूलन से बचा ही रहा। उसे कस कर पकड़ती रही जनता की ईमानदारी ही इसका कारण रहा। विंध्या-सतपुडा पहाडियों का योगदान भी कम नहीं रहा। विन्ध्य-पर्वत की दक्खिनी ढलान नर्मदा नदी की तरफ लम्बवत् जाती है। नदी पार करने पर भी दक्खिन की ओर का पथ दुर्गम है। सतपुडा महादेव-माय्कल पहाड़ों की लम्बवत् घाटियाँ भी लांघनी हैं। आगे, पश्चिम की ओर बहनेवाली ताप्ती नदी और उसके भी उस पार पूरब की ओर बहनेवाली महानदी बाधा पहुँचाती हैं। इनके किनारे भी लम्बवत् उतार चढ़ाव हैं। इसी दौरान अन्य देशों की संस्कृतियाँ बन्दरगाहों के मार्ग से दक्षिण खंड में बराबर पहुँचती भी रहीं।

यह भूप्रदेश पूरब की ओर क्रमशः ढलता विस्तृत समतल है। यहाँ, उस ज्ञान के अनुस्यूत प्रवाह में प्राकृतिक विपदाओं ने चोट नहीं पहुँचाई। यहाँ प्रकृति द्वारा दया पूर्वक प्रदत्त ऐसी जलवायु भी है जिससे प्राणिमात्र की निरन्तरता में भंग न आने पाए। दूरस्थ 'कुटक' से निकलती कावेरी नदी सूखे में भी एक सिरे से दूसरे सिरे तक मृतसंजीवनी बनी रहती है।

इन सबके अलावा, ज्ञान के मामले में इससे अधिक सुरक्षित है तुम लोगों का प्रदेश। वह तो दक्षिण खंड की ज्ञान-मंजूषा का गुप्त तहखाना जैसा है। यहाँ जो विध्वंसक भुजबल आ पहुँचते हैं वे भी सदा वहाँ तक बढ़ते नहीं। यदि बढ़े तो भी गुप्त तहखाने पूरी तरह नष्ट नहीं हुआ करते। चिरकाल से ही वहाँ के गुरुकुलों की जड़ों की दृढ़ता और बहुलता बढ़ी-चढ़ी है न? चिरकाल से सागर पार के देशों के साथ उस प्रदेश का नितान्त सम्पर्क उतना अधिक और सुगम भी रहा है।

यहाँ के प्रायः सभी प्रशासकों में प्रत्यक्षज्ञान की ही संस्कृति रही। उनमें किसी ने किसी भी दर्शन के दोष का अन्धा अनुगमन नहीं किया। उन्होंने यह सही दृष्टिकोण अपनाया कि सारे दर्शन अनादिज्ञान की विविध उपज हैं। समय-समय पर सभी दर्शनों के प्रवर्तकों को आराधनालय और पाठशालाएँ निर्मित करने की सुविधाएँ दी गयीं और धन भी प्रदान किया गया। उनकी पहल पर निर्मित आराधनालयों में विभिन्न दर्शनों के प्रभावों का सामंजस्य मिलता है। यद्यपि यहाँ के 'पेरिय कोविल' (बड़े मन्दिर) की मूर्ति आदिशिव की है तो भी दीवारों में श्रीबुद्ध के जीवन के मुहूर्त चित्रित किए गये हैं। चोल राजाओं के शासनकाल में किसी भी विकास के नाम पर कोई भी किसी के विरुद्ध कोई ज्यादती नहीं कर पाता था। उस समय के राजा प्रदेशों के प्रशासन में स्थानीय ग्राम सभाओं के मतों को कभी ठुकराते नहीं थे।

एक छोटे अन्तराल में ही तमिष़कम के शासक पक्षपात के शिकार बने थे। उन दिनों प्रशासन कट्टर पन्थी वैदिक ब्राह्मणों के चंगुल में रहा। उन्हीं दिनों कई बौद्ध-जैन धर्मावलंबियों को मृत्यु के घाट उतारे गये। उसके साथ ही तुम्हारे प्रदेश में भी उन दर्शनों के माननेवालों के प्रति ऐसे भीषण अत्याचार हुए जो उसके पूर्व वहाँ कभी भी नहीं हुआ था। आलुवाय, तिरुनावाय, चेट्टुवाय जैसे बन्दरगाहों में और अनेकों भीतरी प्रदेशों में उन दिनों हज़ारों का नर-संहार किया गया था न? अपने ही पूर्वजों के प्रति किए गये उस महापाप के निवारण के लिए ही तो उन स्थानों में पितरों के लिए बलितर्पण करने की परम्परा चल पड़ी।

बातें करते-करते जो समय बीत गया उसका पता दोनों को नहीं चला। छाया की लम्बाई दृष्टि में पड़ने पर 'शेष बाद को' यों कह कर बिदा लेते हुए अरिवुटयोर पाठशाला की ओर गये। वे यह बता कर गये कि दिन भर चक्कर काट कर मैं गुरुकुल देख लूँ।

सरल जीवन के निदर्शन स्वरूप उस कक्ष में बैठे रहते समय कुट्टन दाऊ का समान प्रकृति का लेखन-कक्ष याद आया। साथ ही एच्चु, दीदियाँ और कलरी भी याद आईं। यह बोध उभर कर आया कि सारे बन्धु-मित्रों और सभी वस्तुओं से मैं कितनी दूर हूँ। यह प्रश्न फिर से अंकुरित हुआ कि इन सबसे कब मिल सकूँगा। यह अपराध-बोध उसके लिए खाद बन गया कि घर-बार और कलरी को सम्भालने का कार्य अकेले कुट्टन दाऊ पर लाद कर आना पड़ा। दिल दहकने लगा।

'यह काम आएगी' कहकर सीता दीदी ने जो छोटी पुडिया पकड़ा दी थी उसकी याद तभी आई। इस बात का खेद भी हुआ कि तब तक यह नहीं देखा था कि उसमें कौन सी वस्तु रखी है। ग्रन्थों के साथ रखी वह पुडिया मैंने खोली।

मामाजी की जपमाला।

रेशम की डोर में पिरेए गये एक सौ एक छोटे-छोटे रुद्राक्ष।

जल समाधि के पूर्व ही मामाजी ने ग्रन्थों की एक गठरी में वह माला भी तान्नियूर के कुएँ में रख दी थी। यहीं इंगित था कि बाद को काम आएगी। पर, किसे? क्या ऐसा सोचा होगा कि हमलावरों से छूट जाएँगे और वे स्वयं इसका उपयोग कर पाएँगे? या यही सोचा होगा कि आगेवाली पीढी को यह काम आए?

यही अनुमान किया जा सकता है कि दूसरा उद्देश्य ही रहा होगा। जिस विपदा पूर्ण सन्दर्भ में यह लगा कि अब मेरा एकमात्र आश्रय हरिनाम-जपन ही है, तभी वे इस जपमाला को आगामी पीढ़ी के लिए बचाए रखा था।

मेरी छोटी आयु में ही मामाजी ने यह उपदेश दिया था कि यज्ञों में सब से श्रेष्ठ जपयज्ञ ही है। वर्षों बाद ही इस बात का पता लगा कि यह गीताकार के अमूल्य सारोपदेशों में एक है। सन्देह नहीं, अर्पणबोध के साथ किया जानेवाला

हरिनाम जपन सर्व-ताप-हर ही है।

जपमाला का स्पर्श करते समय लगा कि मामाजी को छू रहा हूँ। इनमें एक-एक रुद्राक्ष मामाजी की उंगलियों के बीच से लाखों बार फिरा हुआ है। एक-एक रुद्राक्ष के बाद की खाली जगह आने पर मामाजी के मन में हरि को प्रतिष्ठित करने का प्रयत्न बार बार होता रहा। अगला रुद्राक्ष जब उँगलियों के बीच आ जाता तब तक स्थापना हो जाती। फिर दर्शन, पूजन और वन्दन। फिर अगली खाली जगह, फिर अगला रुद्राक्ष।

बचपन में एक बार जब मामाजी के सामने बैठा हुआ मैं नाम जपन कर रहा था तब मुझे सिर खुजलाते देख कर मामाजी वात्सल्यपूर्वक हँसे। ''या तो सिर खूब खुजला सकते हो। नहीं तो मन लगा कर नाम जपन कर सकते हो। दोनों काम एक साथ कोई नहीं कर पाएगा। नाम के साथ यदि मन में हरि-भावना सही रूप में हो तो सिर पर ही नहीं, कहीं भी कोई खुजलाहट नहीं होगी।''

यह निर्देश भी दिया गया था कि नाम जपन करते समय ही नहीं, और कोई काम करते समय भी यदि चित्त एकाग्र न हो पाए तो थोड़ी देर के लिए वह कार्य स्थगित रखते हुए विचारों को अपने पसन्द की राह भटकने देना है। विचार अनुशासनहीन भेड़ों के समान हैं। सभी के मन में सदा-सर्वदा एक भेड़ नहीं, भेड़ों का एक बड़ा झुंड है। हर समय हर व्यक्ति के मन का एक-एक भेड़ घूमता-भटकता एक-एक पत्ता काटता है और भिन्न-भिन्न राहों पर आगे बढ़ता है। लेकिन इनमें किसी भेड़ के पीछे मत भागना। दखल दिए बिना, टोके बिना, उनकी शरारतों का अवलोकन करते रहना। बहुत रसीला होता है वह दृश्य। ये तो साधारण भेड़ नहीं हैं न? इधर-उधर भटकते रहते विचारों के भेड़ हैं न? जब वे देख लेंगे कि मालिक गडरिया हृद्-देश में बैठा हुआ हमारी सारी शरारतों का ध्यान से अवलोकन करता हुआ मजा ले रहा है तब वे स्वयं शान्त हो जाएँगे। तब तो झंझट खत्म।

यद्यपि मैं नाम जपन किया करता था तो भी मुझे जपमाला का उपयोग करने की आदत नहीं थी। मामाजी की जपमाला फर्श पर या अंटी में रखने का मन भी नहीं हुआ। थोड़ी देर असंमजस में रह गया। फिर लगा, सन्देह करने की क्या जरूरत? अनुग्रह की परिकल्पना के साथ गले में पहन लूँ।

गले में पहनने भर की देरी थी कि छाती पर पड़े पड़े उस माला के सभी रुद्राक्ष हरिनाम जपने लगे। उसके साथ हृदय में वही जप आरम्भ हुआ। अन्दर के उस जप के साथ श्रुति मिलाते हुए संघगान के समान एकतान होकर हृद्स्पन्दन के ताल लय में सागर की लहरों के समान वह नितान्त संकीर्तन बन गया।

धीरे-धीरे उसमें लीन होकर अन्दर की सारी अपश्रुतियाँ पूर्ण रूप से मिट गयीं। परम आनन्द की प्राप्ति।

पदचाप सुनकर आँखें खोलीं तो पाया कि अरिवुटयोर और कुछ शिष्य सामने खड़े हैं। धूप लगभग ढल चुकी है।

विकास नहीं हो रहा था कि इतने दीर्घ समय तक मैं वहीं बैठा रहा। ऐसा उन्मेष लगा जैसे गाढ निद्रा के बाद जाग उठा हूँ।

झनझनाती बैलगाड़ी से दीर्घयात्रा करने से उत्पन्न सिर का चक्कर और तन की थकान पूरी तरह मिट गये। भोजन नहीं किया। किन्तु न भूख, न प्यास।

उस दिन से लेकर वह माला मेरे लिए आश्रय और सांत्वना रही है। कारुण्य और वात्सल्य के वरदान स्वरूप वह अब भी गले में पड़ी है। वहाँ पड़े पड़े वह मामाजी की उदृश्य उँगलियों के बीच से हमेशा फिरती रहती है। उसके रुद्राक्ष, दृश्य जगत के आधार स्वरूप जो तुटि-ताल है उसके लय में अनवरत हरिनाम जपते रहते हैं। सीसे को गला कर उसे उंडेल कर जीभ को यदि कोई निश्चल कर दे तो भी वह जप रुकेगा नहीं। जीभ ही नहीं, सारा तन भी यदि न रह जाए तो भी रुद्राक्षों की धड़कन क्यों रुके?

इस जन्म में इससे बड़ा कौन-सा पुण्य मिलना है?

तिरुवूर-9

फिर क्या! शर—वेग से ही दिन उदित होते, प्रस्फुटित होते और झड़ते रहे। तड़के तीन बजे जाग उठना, दैनिक कर्म, मन्दिर में दर्शन, जप, ध्यान, स्वाध्याय। नाश्ते के बाद गुरु की सन्निधि में। जिन दिनों खेती का काम नहीं रहता, पढ़ाई दोपहर तक जारी रहती।

उस साल की कृषि आरम्भ हो चुकी थी। जलाशय भरा जा चुका था। नीम के पेड़ के फल बटोर लिए जा चुके थे। आम के पेड़ अभी फूलने लगे हैं। हवा में आम्रमंजरी की गन्ध भरी हुई है। चारों ओर हरियाली फैली हुई है।

खेत में शिष्यों के साथ काम करने के लिए पेरियोर सहित सारे गुरुनाथ पहुँचते हैं। इसलिए चाहे कड़ी धूप लगे या मूसलधार वर्षा में भीग जाएँ, वह भी आह्लाद का ही अवसर। कभी घुटने तक कीचड़ में खड़े रह कर ही सांख्य, योग और ब्रह्मसूत्र की चर्चा होती है। मवेशियों की परवरिश करने में भी गुरुनाथ साथ हैं। कृषि से इतर काम भी हैं गुरुकुल में। इनमें खाना पकाना भी शामिल है। वह भी बारी-बारी से करना है। हाँ, यदि किसी को किसी काम में विशेष रुचि हो तो उसी में स्थायी रूप में लगा रह सकता है।

फिर एक बार स्नान। भोजन और विश्राम। धूप के ढ़लने तक ग्रन्थालय में बैठे वाचन या ग्रन्थों की नकल कर सकते हैं। सायंकाल में वृक्षों के तले 'संगम'। यह शंका निवारण का मंच है। यहीं हर एक की सीखी हुई विद्या का संशोधन होता है और रुचि रखनेवाले अन्य छात्रों को बाँट दी जाती है। ग्रहण की हुई विद्या में कहीं न्याय या युक्ति सम्बन्धी चूक रह गयी हो तो संगम में उसका पता चलता है।

संगम में प्रश्न ऐसे उठाए जाते हैं जैसे स्वयं से पूछे जाते हों। उनके पीछे जो उद्‌देश्य हैं उनमें या प्रश्नों के स्वर में चुनौतियों के काँटे नहीं होंगे। उत्तरों में अहम् का दंभ भी नहीं। उत्तर ऐसे निकलते हैं जैसे अपने प्रश्नों के उत्तर अपने आप ढूँढ़ निकाले हों। प्रश्न पूछनेवालों को या उत्तर देनेवालों को अपनी विजय या क्षमता का अहंकार नहीं। न ही पराजय का अवसाद। व्यक्तियों के बीच नहीं, बुद्धियों के बीच

ही संवाद होता है। निष्कर्ष सही निकले, इसी के लिए विचार मंथन होता है।

ऐसा प्रतीत होने पर कि शाखा चंक्रमण होता है गुरुनाथ दखल देते। सही पथ पर लगा देते। जिन सवालों को हल करने में शिष्य असमर्थ रह जाते हैं उन्हें हल करने में गुरुनाथ सहायता देते हैं। कुछ सन्दर्भों में उन्हें भी कठिनाई महसूस होती। निर्णय लेते कि सोचना होगा, ग्रन्थ देखना होगा। वे भी अधिकाधिक अध्ययन करते रहते थे—सदा-सर्वदा।

उन्हीं दिनों में ही लगा था कि ग्रहण की हुई विद्या की गलती सुधारने में सहायक यह रीति सभी कलरियों में सभी स्तरों पर अपनायी जा सकती है। यह रीति तो नन्नूल नामक प्रामाणिक ग्रन्थ द्वारा निर्देशित रीतियों में एक है। किन्तु तान्नियूर में इसका प्रयोग नहीं किया गया था। प्रदेश की अन्य कलरियों में भी उन दिनों यह रीति प्रचलित नहीं थी। मातुलों ने इस कारण प्रदेश की कलरियों में इसका प्रयोग करना आवश्यक नहीं समझा होगा कि तब मानव-संसाधन और जगह की अपर्याप्तता थी।

अधिकांश दिनों में 'संगम' देर रात तक जारी रहते। बीच के अवकाश की घोषणा के बाद, सन्ध्या-वन्दना और आरती के पश्चात्, जलती मशालों की रोशनी में ये जारी रहते। ब्यालू के वक्त तक जारी रहते। उससे आगे लम्बित रहने की अनुमति गुरुनाथ नहीं देते।

इसके उपरान्त भी दिन का अन्त नहीं होता। टिप्पणियाँ लिखने और आवश्यक ग्रन्थों के नित्य-पारायण के लिए अलग से समय नहीं। ग्रन्थालय में ग्रन्थ दो विभागों में रखे गये हैं। एक जगह नकल किए गये ऐसे ग्रन्थ जिन्हें निवास स्थान पर ले जा सकते हैं। कनक की तरह संरक्षणीय मूलग्रन्थ अलग रखे गये हैं। दूसरे विभाग के ग्रन्थों से ज़रूरत भर खुद नकल कर सकते हैं। शाम के पहले ही नकल करने का कार्य समाप्त होना चाहिए। एक ही समय एक से अधिक ग्रन्थ खुले नहीं रखने चाहिए। जितना एक दिन नकल किया जाता है उतना उसी दिन सीखना भी चाहिए न?

प्राय: सभी दिन आधी रात के बाद ही नींद के लिए चटाई का आसरा लेते हैं। तड़के तीन बजे चौंक उठते समय यही विस्मय होता कि अभी अभी तो लेटा था। समतल प्रदेश होने के कारण हर ऋतु में सूर्योदय अत्यन्त मनोहर। आदित्य का वृत्ताकार ताम्रवर्ण चेहरा निर्निमेष देखते हुए गायत्री मन्त्र का जाप तब तक करता जब तक वह स्वर्णिम थाली का रूप ले लेता। वे सूर्योदय अहोरात्र हृदय में प्रसन्नता बरसाते रहते।

अनध्ययन के दिन बहुत विरल होते थे। सप्ताह में एक दिन दोपहर के बाद छुट्टी रहती। उसी दिन गुरुकुल की सफाई होती। अध्ययन के लिए लगातार पाँच-छः

दिनों की लगातार छुट्टी तभी रहती जब फसल-कटाई के दिन आते। पर तब भी प्रभात से प्रदोष तक व्यस्तता ही व्यस्तता। हड्डी तोड़ मेहनत। तो भी वह गुरुकुल का उत्सव काल रहता। सब लोग उसके आने की प्रतीक्षा में दिन गिनते रहते।

गुरुकुल के सर्वाधिक प्रामाणिक ग्रन्थ गुरुनाथों के आदर्श जीवन ही हैं। प्राय: सभी सपरिवार रहते हैं। उनके परिवारों के सदस्य भी गुरुकुल के अन्तेवासी ही हैं। हर काम में वे भरसक हाथ बँटाते हैं। इसमें स्त्री-पुरुष-भेद नहीं। आयु का अन्तर भी विघ्न नहीं पहुँचाता। मकई की बालियाँ चुनने में पेरियोर का चार वर्षीय बालक भी शामिल होता है। गुरुपत्नियाँ शिष्यों को सन्तान-सदृश मानती हैं। उनमें अधिकांश तो विदुषियाँ हैं। शिष्यों के लिए एक-एक गुरुभवन निज भवन जैसा ही है।

हर समय गुरुकुल में करीब एक सौ छात्र ही होंगे। गुरुकुल में तो केवल उच्चस्तरीय अध्ययन का ही प्रावधान है। नाना प्रदेशों से आगत छात्र विभिन्न धर्मावलम्बी और विभिन्न भाषा-भाषी हैं। उनमें लड़कियाँ भी हैं। सभी भाई-बहनें। जो छात्र अपने-अपने घर में और प्रदेश में भिन्न भिन्न रीति-रिवाज़ों के अभ्यस्त थे वे गुरुकुल पहुँचने पर थोड़े ही समय में गुरुकुल की संस्कृति को आत्मसात कर लेते हैं। यह तो स्वेच्छा से ही होता है। किसी भी बात पर किसी को प्रेरित नहीं किया जाता।

निरन्तर आयोजित होते 'संगमों' में छात्रों के प्रदर्शनों का जो सूक्ष्म निरीक्षण किया जाता है, उसके अलावा कोई परीक्षा नहीं। महीने में एक दिन पूरा गुरुकुल आम सभागार में एकत्र होता है। हर विभाग से एक-एक छात्र को हर बार अपने विषय में किए गये एक नितान्त नूतन निरीक्षण को प्रस्तुत करना है। सदन में उभर कर आनेवाली शंकाओं का समाधान करना भी है। सम्बन्धित विभाग का कोई भी छात्र शंका-निवारण में मदद कर सकता है। यदि उनमें कोई समर्थ नहीं निकले तो सभा में उपस्थित कोई भी सदस्य यथा शक्ति सहायता कर सकता है। यदि इससे भी काम नहीं चलता तो गुरुनाथों में से कोई हस्तक्षेप करके सत्य की पहचान करा देते।

हर आम मिलन के अन्त में एक-एक विभाग के कला-कार्यक्रम मंचित होंगे। संगीत, नाटक या एकाभिनय जैसा कुछ भी हो सकता है। इसे देखने के लिए बाहर से विशिष्ट अतिथि और साधारण जन आएँगे। उनमें कोई भी खाली हाथ नहीं आएगा। कोई न कोई उपहार या मिठाई पकवान अवश्य लाएँगे।

आम सभागार में बीच-बीच में विशेष सम्मेलन भी आयोजित होते। ये ऐसे अवसर पर आयोजित होते हैं जब बाहर के विख्यात विद्वानों का आगमन होता है। उनके वक्तव्य और बाद के संवाद अविस्मरणीय अनुभव हैं। यदि आनेवाले विद्वान तमिल नहीं जानते हो तो सम्बन्धित विषयों के छात्रों को अनुवाद करना होगा। अनुवाद करने की ज़रूरत तब नहीं होगी जब अतिथि का वक्तव्य संस्कृत में हो।

बीमार पड़ने पर दवा और चिकित्सा की सुविधा गुरुकुल में ही उपलब्ध है। वैद्य शास्त्र का अध्यापन करनेवाले गुरुनाथ और शिष्य परवरिश करने पहुँच जाएँगे। बाहरवालों के लिए एक चिकित्सा केन्द्र गुरुकुल में प्राचीनकाल से ही चलता है। चिकित्सा नि:शुल्क है। वैद्यशास्त्र के विद्यार्थियों को प्रायोगिक परिचय दिलाने में भी यह काम आता है।

आस-पास के गाँवों में कोई भी विपदा आई तो सब प्रकार की सहायता पहुँचाने के लिए गुरुकुल पहुँच जाएगा। यदि बाढ या कोई संक्रामक रोग आ जाए तो फिर पढ़ाई नहीं होती। केवल संकटग्रस्तों की सेवा मात्र। गुरुकुल में कोई आवश्यकता पड़ी तो प्रदेश वासी भी दौड़े आएँगे। जलाशय का बाँध एक बार टूट गया। गुरुकुल के सभी जनों के मिल कर प्रयत्न करने पर भी बाँध की मरम्मत नहीं हो पायी। यदि बाहर के सैकड़ों व्यक्ति थोड़े ही समय में दौड़े आकर बाँध की मरम्मत करने में सहयोग नहीं देते तो वर्ष भर के लिए जमा किया गया सारा जल नष्ट हो जाता और साथ ही वह प्रलय प्रवाह बनकर पूरी खेती उजाड देता।

विविध गुरुकुलों में आपसी संवाद भी होता। इसके लिए प्रतिवर्ष दिवस निश्चित किए जाते हैं। विख्यात कवि एवं विद्वान निरीक्षकों के रूप में उपस्थित रहते हैं। एक-एक गुरुकुल अपनी-अपनी श्रेष्ठता सिद्ध करने के लिए भरसक प्रयत्न करता।

ऐसे ही एक संगम में काँची से आए विद्वान—शिष्यों के सामने यह प्रश्न उठाया गया था कि गीता और ब्रह्मसूत्र के शंकर भाष्यों से जन्मार्जित चातुर्वर्ण्य और जातिभेद कैसे सिद्ध होते हैं। प्रश्न पर देर तक विचार मंथन होता रहा। पर कोई अनुमान उभर कर नहीं पाया। न ही दोनों पक्षों के गुरुनाथों ने दखल दिया।

ब्यालू का समय भी बीत चुका तो नीलकंठ गुरु उठ खड़े हुए और हाथ जोड़ कर मुस्कुराए। ''चूँकि यह प्रमाणित हो चुका है कि यह विषय ही ऐसा है जिस पर जगत के अन्त तक चर्चा की जा सकती है इसलिए अब हम थोड़ा खाना खाएँ।''

जब मकई की बालियाँ पक जातीं और नीम के फल पक जाते हैं तब सामूहिक दावत में भाग लेने के लिए न जाने किस शून्यता से सहस्त्रों चिडियाँ मेहमान बनकर आतीं। मकई के दाने और नीम के मूँगे जैसे फलों को चुगते हुए उन चिडियों को बहुत देर तक देखते रहने पर भी मन नहीं भरेगा। नीम के कडुवे फल भी जब पक जाते हैं तो कैसी मिठास!

धान की बाली हो या मकई के दानों का गुच्छा हो, गुरुकुल में उन्हें पक्षी निर्बाध रूप में चुग सकते हैं। उन्हें भगा नहीं देते। उन्हीं पक्षियों को भाग देते हैं जो अंकुरित दाने चुगने आते हैं। चूहों, गिलहरियों और चिड़ियों के खाने के बाद जो फसल शेष रह जाती है उसे सुखा कर चक्की में पीस कर रख लिया जाता है। नीम

के दाने बटोर कर गुरुकल के कोल्हू में पेर कर तेल निकालते। खली खाद के रूप में इस्तेमाल की जाती। तेल दीप जलाने में और दवा बनाने में काम आता।

जिन दिनों चिड़ियाँ आ जाती हैं तब गुरुकुल में हर कहीं उनकी चहक ही चहक बुलन्द रहती है। इस बात का विस्मय होता कि इतने दिनों तक ये चिड़ियाँ आस्मान में कहाँ छिपी हुई थीं।

इस सोच की राह से थोड़ा आगे बढ़ने पर, न जाने कैसे मेरे विचार ''गौड़पाद कारिका'' के इस अंश पर पहुँच गया—''तस्मान्न जायते चित्तं चित्तदृश्यं न जायते, तस्य पश्यन्ति ये जातिं खेवै पश्यन्ति ते पदम्।''

जब मन और मन में दृश्यमान भाव-विचार यथार्थ में घटते नहीं हैं तब भी यह प्रतीत होता है कि दोनों का अस्तित्व है। यह वैसा ही है जैसे आकाश और उसमें चिडियों के आवागमन को देखना। तब तो आलंकारिक रूप में कह सकते हैं कि मन ही आकाश है और उसकी चिडियाँ हैं भाव और विचार।

तिरुज्ञानसम्बन्धमूर्ति नायनार ने अपनी शिवस्तुति परक कृति 'तेवारम्' की रचना पक्षी-गीत शैली में की है। माणिक्यवाचकर ने भी 'तिरुवाचकम्' में चिडिया की बोली को सर्वोत्कृष्ट गान माना है। तिरुनावुक्करशु नायनार ने 'तेवारम्' का गायन कोयल से कराया है।

परन्तु, तिरुज्ञानसम्बन्धमूर्ति नायनार अपने लिए गानेवाली चिड़ी का सम्बोधन 'पिंजरे की चिड़ी' करते हैं न? 'आकाश की चिड़ी' पुकारना ही अधिक उचित है न? पिंजरे की चिड़ी क्यों?''

बाद को यह विवेक भी उदित हुआ कि वैसा सम्बोधन भी उचित नहीं। उन पूर्व कवियों की विवक्षा शरीर के प्राण अर्थात शरीर रूपी पिंजरे की चिड़ी रही है। इसी आधार पर यह माना गया कि उस चिड़ी का कूजन ही प्राण-संगीत है।

याने, कविता जीवात्मा का स्वर है, होना चाहिए। जीवात्मा तो परमात्मा का प्रतिबिम्ब ठहरा। घड़े के जल में प्रतिबिम्बित आकाश के समान। शरीर के अन्दर निवास करता परमात्मा। इसके लिए भी गौडपाद की 'कारिका' ही निदर्शन है।

> ''आत्माह्याकाशवज्जीवैर्घटाकाशैरिवोदित:
> घटादिवच्च संघातैर्जातावेतन्निदर्शनं''

वहाँ भी पूर्ण नहीं होता पूर्व कवियों की चिड़ी सम्बन्धी परिकल्पना का चमत्कार। जीवात्मा रूपी चिड़ी चिदाकाश में सदा विद्यमान रहती है। पर वह तभी प्रत्यक्ष होती है जब ज्ञान पकता है। तब तक दिखाई नहीं देती। भाव में भी अभाव की स्थिति।

काम, क्रोध आदि की कटुता, तीखापन और खट्टापन उस चिड़ी को रुचते नहीं। वे सब यद्यपि फसलें ही हैं तो भी उन्हें चुगने के लिए चिड़ी तभी आएगी जब

इनके फल पक कर शहद की सी मिठास से भर जाते हैं। तभी वह चिड़ी आस्वादन करती हुई आनंदित और आत्मविभोर होकर गाने के लिए तैयार हो जाएगी। जब ऐसी एक चिड़ी विद्यमान है तब और किस से कविता का गायन कराएँ?

जीवात्मा रूपी उस चिड़ी को मधुर अनुभूति प्रदान करने का कार्य आत्मज्ञान की कदली, मधु, दूध और गुड़ के अलावा और कौन-सी वस्तु कर सकती है? उस मिठास और फल का आस्वादन कर सन्तृप्त हो चुकी चिड़ी की तोतली बोली में देवी सरस्वती प्रत्यक्ष हुए बिना कैसे रह सकती है? या यों कहें, उस स्थिति में वह नन्ही चिड़ी स्वयं वाणी-माता ही है न?

यह एक ऐसा बोधोदय सिद्ध हुआ जो आजीवन आलम्बन बना रह सके। इस तथ्य को मन में रखकर तिरुज्ञानसम्बन्धमूर्ति नायनार, माणिक्यवाचकर और तिरुनावुक्करशु नायनार की कृतियाँ फिर से पढ़ीं। यह बात शंकातीत रूप में निश्चित हो गयी कि भीतर की चिड़ी से गायन कराना ही 'कर्ता मैं हूँ' की अहंकार प्रेरित विमूढ़ता से बचने तथा ईश्वर के प्रति आस्था बनाए रखने के लिए सर्वोत्तम मार्ग है।

तमिल काव्य सिखानेवाले कण्णनाशान के साथ इस बात की चर्चा की तो उन्हें अकथनीय प्रसन्नता हुई। प्रतिक्रिया स्वरूप उन्होंने मेरा ऐसा प्रगाढ आश्लेषण किया जिसमें समस्त अनुग्रह समाया हुआ था।

उन्होंने निर्देश दिया कि आम सदन में विषय प्रस्तुत करूँ। उसकी तैयारी के रूप में उसे प्रबन्ध का रूप देने का भी निर्देश दिया। उसके लिए यत्न करते हुए यह बात निश्चित हो गयी कि 'मा निषाद' के गायक कवि के भीतर की चिड़ी की मनोहारिता और तमिल के गीतों के पीछे की नन्ही चिड़ी की चारुता दोनों एक ही है। परन्तु भाषा गत भिन्नताओं के कारण यह बात वांछित ढंग से लिपिबद्ध करने में महीने लग गये। जब कार्य समाप्त हुआ तब तमिल भाषा में आधी से अधिक संस्कृत! एक मिश्रित भाषा! बाद को ही पता चला कि मुझ में अन्तर्निहित नन्ही-सी चिड़ी की अपनी भाषा वही है।

वह प्रबन्ध गुरुनाथों और सहपाठियों को पसन्द आया। पेरियोर ने उसकी प्रतिलिपियाँ अन्य गुरुकुलों को भेज दीं और उस पर चर्चा करने के लिए एक बृहत् सम्मेलन का आयोजन किया। उसकी समाप्ति पर उन्होंने आशिष दी—"तुमने तिरुवावाटुतुरै गुरुकुल का यश बढ़ाया। तुम्हारा जन्म सफल हो!"

समृद्ध गुरु-कारुण्य के प्रहर्ष में वर्षों के बीत जाने का पता ही नहीं लगा। इस बीच पाँच-छः बार कुट्टन दाऊ के ताड़-पत्र आए। उन सब में यही अच्छी खबर थी कि कलरी प्रगति पर है। कठिनाइयाँ तो होती होंगी। पर उनकी खबर नहीं देते होंगे, यही बात होगी।

गाँव जाने का रास्ता निरापद नहीं। बाद के ताड़-पत्रों में कुट्टन दाऊ लिखा

करते थे कि खूब सोच समझ कर ही यात्रा करना। ताड़-पत्र लाते व्यापारी मूप्पन ने भी रास्ते में सेना का जो प्रयाण हो रहा है उसके सम्बन्ध में बताया। आराजकता के साथ-साथ लूट पाट भी बढ़ गयी है। जाना ही नहीं, लौट आना भी तो है। छुट्टी के दिनों गाँव जाने का कार्यक्रम यों हर वर्ष टलता ही गया।

इन छुट्टियों में तंचावूर के मन्दिरों को देखने का अवसर मिला। श्रीबृहदीकार मन्दिर का परिसर सर्वाधिक आह्लादकारी लगा। करीब पाँच सौ वर्ष पूर्व राजराज चोलन द्वारा बनवाए गये उस मन्दिर के समान दूसरा कोई मन्दिर और कहीं देखने को नहीं मिला। यह एक अनुत्तरित प्रश्न रह गया कि भारी भरकम पत्थर उतनी ऊँचाई पर कैसे पहुँचाए गये। यही नहीं, दस पन्द्रह कोस के घेरे में आस-पास कहीं भी पत्थर का एक टुकड़ा भी पाया नहीं जाता। ये भीमाकार एकल पत्थर इतनी दुर्गम दूरी तय करके कैसे लाए जा सके?

शिव का मन्दिर होने पर भी गोपुरों की निर्मिति में और उन पर खुदे गये शिल्पों में वैष्णव परम्परा का भी निखार है। दक्खिनी द्वार पर गौतम बुद्ध का सम्पूर्ण जीवन खुदा हुआ है। ईश्वर सम्बन्धी यह अभेद-भावना परमधन्य एकत्व भावना प्रदान करती है। जो दर्शन चोल संस्कृति की नींव का पत्थर है, उसका प्रकट स्वरूप। मन्दिर के परिसर में सम्पूर्ण नीरवता और शान्ति परिलसित हो रही है। पूर्णिमा की रात में उस विशाल प्रांगण में बैठे रहने पर चित्त-सुमन में परमात्मा के उँगुली-स्पर्श का अनुभव पा सकते हैं।

अध्ययन के अन्तिम दिनों में आयोजित होनेवाली 'लोक-आलोकन-यात्रा' गुरुकुल के अध्ययन का ही अंग है। जिनकी पढ़ाई समाप्त हो गयी है वे सब मिलकर ही यात्रा पर निकलते हैं। कुट्टन दाऊ ने निर्देश दिया कि यदि स्वास्थ्य ठीक है तो जाना है। यह संकेत भी दिया कि यदि यह अवसर खो गया तो शायद दुबारा नहीं मिल पाएगा। खर्चे के पैसे की कोई तंगी नहीं। मासिक छात्रवृत्ति का पर्याप्त अंश बचा हुआ था। एक अनुभव-सम्पन्न गुरुनाथ के साथ ही यात्रा है। इसलिए यात्रा सुरक्षित भी है।

सागर तट से होकर पुरी और बंगदेश को पार करके वहाँ से भीतर की ओर खिसक कर वाराणसी से होकर नेपाल पार करते हुए बदरीनाथ से होकर मानसरोवर तक पहुँचने में आठ महीने लगे। वापसी में जयपुर, उदयपुर और द्वारका से याने उत्तरखंड के एक छोर से दूसरे छोर तक लाँघते हुए कोंकण से होकर गोकर्णम तक पहुँचने में और नौ महीने लगे।

बैलगाड़ी, घोड़ा गाड़ी, घोड़ा या गधा कभी-कभी ही मिल पाते। अक्सर पैदल यात्रा। धर्म शालाओं या सरायों में रात की नींद। वेषभूषा, पैदल यात्रा, बैठना, लेटना आदि चिन्ता के विषय ही नहीं रहे। भोजन कहीं से किसी समय। कई दिनों

में निरा उपवास।

हज़ारों चेहरे देखे। गंगा की विशुद्धि, हिमालय की गरिमा और मानसरोवर की अलौकिक स्वच्छता अविस्मरणीय हैं। विकासों और आचारों का वैविध्य। जितनी मानसिक परिपक्वता छः वर्षों के अध्ययन से प्राप्त हुई उससे अधिक परिपक्वता उस यात्रा से मिली।

गोकर्ण से सीधे दक्षिण की तरफ यात्रा करके तिरुवूर पहुँचा। संघ के पाँच सदस्य बीच रास्ते में ही अपने-अपने गाँव की ओर गये थे। यद्यपि यात्रा की गति की सूचना कुट्टन दाऊ को पहले ही दी थी तो भी यह निश्चित नहीं था कि कब वापस पहुँचेंगे।

मुख्य पथ से कलरी जाने का मार्ग एक चौडी किन्तु गहरी पगडंडी है। पत्थर की ऊँची सीढ़ियाँ चढ़नी है। जब घर पहुँचा तो सूर्यास्त समीप था। जब ड्योढ़ी के किवाड़ से कई उठे हुए सिर दिखाई दिए तो हमें पहचान लेने में कुट्टन दाऊ को पल भर की भी देरी नहीं लगी। कितने दिनों से उसकी राह देखकर ही वे बैठे हुए थे।

कुट्टन दाऊ का आह्लाद आठों दिशाओं में गूँज उठा। ''अरी बहिन!, अप्पु आ गया... अप्पु आ गया।''

हे ईश्वर, उस दिन जैसा आनन्द अनुभूत हुआ वैसा आनन्द आयु भर में और कभी अनुभूत नहीं हुआ। उस दिन पहली भार समझ गया कि आनन्द से दम घुटने का मतलब क्या है।

कुट्टन दाऊ ने आगे लपक कर धूलि धूसरित हो और झोली लिए खड़े मेरे दोनों हाथ थाम कर मुझे नख-शिख देखा और पूरी दुनिया को दुबारा जताया—''अरे! अप्पु...अप्पु आ गया।''

कुट्टन दाऊ की चोटी के कुछ बाल पक गये हैं। किन्तु तन में कोई शिथिलता तो नहीं। भीतर से बहिनें और एच्चु आँगन में पहुँच गयीं।

थोड़ी देर के लिए कुट्टन दाऊ अतिथि—धर्म भी भूल गये। फिर मेरे साथ आए व्यक्तियों का स्वागत किया ''आइए, पधारिए।''

कुट्टन दाऊ और सीता दीदी के चरण छू कर वन्दना करके उठा तो मैंने देखा कि कुट्टन दाऊ अब भी घबराए हुए खड़े हैं। मानों उन्हें पता ही नहीं कि अतिथियों का स्वागत कैसे करना है। मैंने संघ के हर एक का परिचय कराया। पहले गुरुनाथों का, फिर सहपाठियों का। अतिथियों के जलपान, स्नान इत्यादि के लिए आवश्यक प्रबन्ध करने के बाद मैं सीता दीदी के पास फिर पहुँच गया। दीदी की नज़रें मुझ पर ही टिकी थीं।

''अनियनेष्शन!'' मुझे भली भाँति निहारने के लिए दीदी ने आंचल उठा कर आँखें पोंछीं और विस्फारित नेत्रों से मुझे देखा। ''बड़ा आदमी बन गया है!''

मेरे गले पर पड़ी माला छूकर वन्दना की और बोली : ''इसे गले में पहनना ही अच्छा है। कहीं खो नहीं जाएगी।''

एच्चु ने मेरे चरणों को छूकर प्रणाम किया तो भीतर एक भूस्खलन अनुभूत हुआ। उसे टोकता हुआ उसका कन्धा पकड़ा। सीधे चेहरे पर ताकता हुआ पूछा—''अरी! क्या तुझे पता है कि मैं कौन हूँ?''

उसे कोई सन्देह नहीं था। पल भर में प्रस्फुटित होनेवाले सुमन की भाँति वह हँस उठी और बोली : ''एच्चु का अप्पुमामा। और कौन?''

तस्मान्न जायते — ''इसलिए, चित्त भी नहीं होता। चित्त का दृश्य भी उत्पन्न नहीं होता। सोचने पर लगता है कि यह वैसा ही है जैसे हम आकाश में उड़नेवाले पक्षियों की दशा देखते हैं।

— मांडूक्य-उपनिषद की कारिका (आचार्य गौड़पाद—143)

आत्माह्याकाश ...: आत्मा आकाश के समान है। वह घड़ों के जल में प्रतिबिंबित दिखाई देते भिन्न भिन्न आकाशों के समान जीव रूपों में उदित रहती है। घड़ों के एक साथ रहने पर जैसे उन सब में आकाश एक साथ दिखाई देता है वैसे ही जीव रूपों में भी आत्मा दिखाई देती है। आत्मा की उत्पत्ति के सम्बन्ध में यही उदाहरण स्वीकार्य है।

—गौडपाद कारिका—70

तिरुवूर-10

गुरुकुल से जब देश-परिक्रमा के लिए निकला तभी जानता था कि वापसी में घर में ही ठहरना है। इसलिए जब देशाटन के लिए निकलने की तैयारी करके बिदा लेने के लिए नीलकंठ गुरु और अरिवुटयोर के समक्ष पहुँचा तब आँखें भीग गयीं। यद्यपि ऐसी बिदाइयाँ हर साल हुआ करती थीं तो भी उन्हें भी दु:ख हुआ।

नीलकंठ गुरु ने कृपापूर्वक मंगल कामना दी—"जब तक तन में प्राण रहें, सच्चे ज्ञान की अंगीठी में आग न बुझने पाए।" अरिवुटयोर ने यह कह कर हँसने की कोशिश की—"किसी भी शैत्य में परिहार के लिए 'सौन्दर्य लहरी' तो है ही, फिर दु:ख किस बात का?"

तिरुवूर में दो दिन ठहरकर जाने का अनुरोध करने पर भी संघ के शेष सदस्य सबेरे ही निकल पड़े। संघ के नेता गुरुनाथ ने मुस्कुराते हुए कुट्टन दाऊ को समझाया कि ऐसी यात्रा में एक रात से ज्यादा कहीं भी ठहरते नहीं।

वे तो बहुभाषा विद हैं और घुमक्कड प्रकृति के भी। आयु पचास वर्ष से अधिक हो चुकी है। तो भी जवानों की सी चुस्ती। जिन-जिन प्रदेशों से गुजरे उन प्रदेशों का उन्होंने विस्तार से विवरण दिया। वे तथा संघ के शेष सदस्य कन्याकुमारी से होते हुए ही तंचाऊर लौट जाएँगे।

नाश्ता करके और पाथेय लेकर निकल पड़े उस यात्रासंघ का अनुगमन चौराहे तक कुट्टन दाऊ, कलरी के गुरुजन तथा मैंने मिलकर किया। यात्रा संघ को पेरार के घाट तक पहुँचा देने के लिए कुट्टन दाऊ ने बैल गाड़ियों की व्यवस्था की थी।

शबरकोट्टम तक उनके साथ गया। नाव पर चढ़कर नहर की विस्तृति में बहुदूर तक जानेवाले उन्हें देखकर मैं इस किनारे पर जड़वत् खड़ा रहा। वर्षा ऋतु की के आरम्भ होने के कारण ही नहर का पानी गन्दला हो गया है। नहर का भी दशा-परिणाम-काल!

गाड़ी लौटकर कलरी के द्वार तक पहुँची तो दोपहर हो चुका था। कुट्टन दाऊ भोजन किए बिना इन्तजार कर रहे हैं। भोजन करते वक्त उन्होंने ज़रूरी कर्तव्यों की

ओर संकेत किया। चीरू दीदी और बच्चों से मिलने के लिए पिलाक्काट्टीरी तक अविलम्ब जाना होगा। तुम्हारे आगमन की खबर उसे किसी से मिल गयी तो वह कुछ सोचे बिना तुरन्त उधर से निकल पड़ेगी। ऐसा न होने दें। नारायणन पाँच बरस का हो गया है। एच्चु के लिए एक साथी रहेगा वह। तुक मिलाकर बुलाने के लिए उसका नाम रखा गया है अच्चु। दूसरी प्रसूति हुए अब अठाईस दिन पूरे नहीं हुए हैं। चीरू की इच्छा थी कि इस बार एक बच्ची का जन्म हो। पर वह इच्छा पूरी नहीं हो सकी। बिना विलम्ब जाकर राजा की वन्दना भी करनी है। दो बार मिले तो उन्होंने कुशल मंगल पूछा था। राजमहल भी जाना है। राजकुमार के नवजात शिशु जो राज्य के नए उत्तराधिकारी होनेवाले हैं उसका भी दर्शन करना है।

कुट्टन दाऊ ने निर्देश दिया—इन तीनों कार्यों से निपटने पर इक्कीस दिनों की पंचकर्म चिकित्सा करानी है—परदेश वास और देश-परिक्रमा से उत्पन्न कायक्लेश के परिहार के लिए। शेष सभी कार्य उसके बाद।

शिशु के नामकरण के मुहूर्त में चीरू दीदी के समीप रह सका। अम्मिणी दीदी की इच्छा जान कर सीता दीदी ने उन्हें भी चीरू दीदी के शिशु को देखने भेज दिया था। घर, परिसर और कलरी का नवीकरण किया गया है। गोपी भैया अब पुराने व्यक्ति नहीं रहे। वे लब्धप्रतिष्ठ और धनवान बन चुके हैं। फूफी भी सन्तुष्ट हैं। घर भर में बन्धु-बान्धव हैं।

आह्लाद चित्त चीरू दीदी ने मुझे देखा तो उनके आह्लाद का ठिकाना ही नहीं रहा। ऐसा लगा जैसे जिसे फिर से देखने की आशा ही नहीं रही उस व्यक्ति से मिल जाने का आह्लाद!

"अप्पूट्टा!" पूरा पुकारने के पहले ही गला रुंध गया। फिर क्या? आँसू और हँसी एक साथ फूटे। उन्होंने मेरे चेहरे और हाथों का स्पर्श करके देखा मानों उन्हें विकास नहीं आ रहा हो। "बोलीं : अप्पूट्टा! अच्छा हुआ कि ऐन मौके पर यहाँ आ पहुँचा"।

मेरी छाती पर हथेलियाँ रखकर उसने लम्बी साँस ली।

फिर सिर उठाकर कहा—"अब मेरे शिशु के लिए एक अच्छा नाम सुझा दे।"

"गोपी भैया से नहीं पूछा, क्या?"

"उन्होंने कहा कि जैसे सब की मर्जी। यहाँ तो कई लोग कई नाम सुझाते फिरते हैं। एटप्पाल की मालु का कहना है—"नारायणन का अनुज है न? 'अनन्तन' नाम रखें। घर में अनियन (अनुज) नाम से बुला सकेंगे।"

"ठीक है। उस नाम में कोई कसर नहीं।"

"परन्तु यदि कल लोग 'अन्तहीन' कह कर उसकी हँसी उड़ाएँ तो?"

"दीदी जी मैं तो बस मज़ाक कर रही थी" यह सुनकर समझ सका कि

बरामदे में उपस्थित स्त्रियों में मालु कौन है। ''सोलह वर्ष की आयु के हो जाने पर कोई भी उसे किसी मज़ाकिए नाम से नहीं पुकार नहीं सकेगा। उतना विशिष्ट है उसका जन्म।''

रुचिर स्वर, मुख और हँसी।

एटप्पाल् घरवाले बन्धुजन हैं। वह परिवार ज्योतिषियों और वैद्यों का रहा है। वहाँ की स्त्रियाँ भी ज्ञान में पीछे नहीं।

''तो वही नाम रखा जाए'' फूफी ने चीरू दीदी से संस्तुति की। ऐसा भी हो कि परदेश जाकर अध्ययन करके लौटे एष्रश्शन के सामने मालु की अवहेलना न हो जाए। उसने भी सीखे हैं चार अक्षर!''

मालु का चेहरा पहले खिल उठा, फिर आरक्त हो गया और अन्त में झुक गया।''

दावत बढिया रही। उसके समाप्त होते ही विदा लेने चीरू दीदी के पास पहुँचा। ''अभी निकल जाऊँ तो अँधेरा छाने के पहले ही वहाँ पहुँच पाऊँगा। कलरी में बहुत सारे काम पड़े

हुए हैं।''

''ऐसा नहीं हो सकता।'' चीरू दीदी का भाव बदल गया। ''मैं जी भर के देख भी नहीं पाई हूँ। कलरी के काम सात-आठ सालों से इन्तज़ार में पड़े हुए हैं न? और चार दिन भी वैसे ही पड़े रहने दें।''

यह उनकी पुरानी रीति है। हठ करने पर पकड़ ढीली करेंगी। अपना हठ छोड़ देंगी। हमारा कहना मानेंगी। पर इस बार वह तरकीब उतनी सफल नहीं निकली। गोपी भैया ने भी उनका साथ दिया। यह प्रस्ताव स्वीकार करना पड़ा कि वापसी यात्रा अगले दिन के लिए टाल दूँ।

फिरंगियों के आगमन के सम्बन्ध में गोपी भैया ने बहुत कुछ कहा। उन्होंने इस ओर इशारा किया कि फिरंगियों ने आकर जो हंगामा मचाया उसका असर वैसा ही बना हुआ है। उसने भविष्य वाणी भी दी कि अब वह कभी पूर्व स्थिति की ओर लौटनेवाली नहीं है। वे फिर भी आएँगे। और वह आगमन मार्के का रहेगा।

अध्ययन यात्रा जब गोकर्णम के आगे दक्खिन की ओर बढ़ी तभी फिरंगियों के बारे में सुना। धर्मस्थल की धर्मशाला में लोगों की चर्चा का मुख्य विषय वही था। जहाज से उतरे फिरंगियों की वेष-भूषा, भाषा आदि पर सब विस्मित थे। त्वचा का रंग ऐसा जैसे पाण्डुरोग से ग्रस्त हो। बाल और दाढी का रंग भी भूरा। ऊँचा कद। उन्होंने ऐसी मद्दों की जिनकी माँग बन्दरगाह के अन्य व्यापारियों ने अब तक नहीं की थी। सामूतिरी ने स्वीकृति नहीं दी। रूठ कर ही चले गये थे।

राजकुमार से भेंट की तो उनके चेहरे पर या वाणी में इससे सम्बन्धित

चिन्ताओं का बोझ प्रकट नहीं था। यह लोकोक्ति ही याद आयी कि राजा का मन और आकाश का छोर अन्य किसी ने नहीं देखा है। राजकुमार ने केवल तंचापूर एवं अन्य प्रदेशों की शासन प्रणालियों और कार्यकुशलताओं से सम्बन्धित प्रश्न ही किए। लगान, सीमा शुल्क आदि के दरों के सम्बन्ध में भी पूछा। यह भी पूछा कि किन-किन जगहों पर सेनाबल की क्या स्थिति है।

तंचावूर के गुरुकुल की विशेषताओं के सम्बन्ध में सुनने पर थोड़ी देर सोचते रहने के बाद फरमाया—''वैसा एक गुरुकुल यहाँ भी हो सकता है। यदि एष़श्शन लोग पहल करेंगे तो शेष सारी व्यवस्था हम कर लेंगे।''

कुट्टन दाऊ ने याद दिलाई—''संचालन का कार्य बहुत खर्चीला होगा। दैनिक खर्चे के लिए आवश्यक स्थायी पूँजी पहले ही आवंटित रखनी होगी। तमिलनाडु के पुराने शासकों ने ऐसा किया था। इसलिए वहाँ के गुरुकुल आज भी चालू हैं। उन गुरुकुलों को मन्दिरों की आय का एक हिस्सा भी मिलता है। यहाँ के मन्दिरों से ऐसा कुछ देने की स्वीकृति 'संकेत' वाले या मन्दिरों के न्यासी देंगे क्या?''

''तो क्या तुम्हारा यही मतलब है कि विद्या का पहरा देने की आर्थिक स्थिति इस राजशासन के पास नहीं?'' राजकुमार का स्वर कड़ा हो गया।

कुट्टन दाऊ को चुप पाकर राजकुमार मुस्कुराए। क्या हम यह नहीं सोच सकते कि वर्तमान कलरी का स्तर क्रमश: उच्चतर कैसे किया जा सकता है? नींव को भली-भाँति मज़बूत करके निर्माण कार्य प्रारम्भ करो। चिन्ता तो तभी करनी चाहिए जब ईंट और चूने की कमी पड़ जाए। है न?

राज़महल से निकल कर आष़वांचेरी हवेली की ओर गये। वहाँ के तम्प्राक्कल ने भी यही बताया कि यदि प्रदेश में अक्षर परिचय के विषय में अधिक जागरण उत्पन्न कर सकें तो अच्छा होगा। उन्हें प्रोत्साहित करते हुए कहा—''दोनों जवान तो हैं।''

समय गँवाए बिना पंचकर्म चिकित्सा आरम्भ हुई। सुबह की मालिश के उपरान्त दिन भर विश्राम अनिवार्य। खाली समय का सदुपयोग करने का उपाय सोचा। तंचावूर के प्रवास के दिनों में और उसके बाद की परिक्रमा के दौरान इस पर खूब सोचा था कि कलरी के पाठ्यक्रम में कौन-कौन से सुधार लाए जा सकते हैं। आवश्यक सुधार कर उसने सार रूप को कुट्टन दाऊ के अवलोकनार्थ ताड़-पत्र में लिख रखा।

पहला सुझाव था, तीस अक्षरवाले वट्टेषुत्तु की जगह संस्कृत भाषा में प्रचलित अक्षर माला—क्रम को लागू करने का। कई कालखंडों में कई लोगों ने इसके लिए प्रयास किए थे। लेकिन ये प्रयास सफल नहीं हुए। कारण यही था कि

ग्रन्थाक्षरों में कई कसरें रह गयी थीं।

मुझ में यह चिन्ता तो उस छुटपन में ही उत्पन्न हुई थी। जब मामाजी से जो कुछ मौखिक रूप से सुन कर सीखा था उसे उसी प्रकार फर्श पर और ताड़-पत्र पर लिखने में अक्षरों की अपर्याप्तता के कारण कठिनाई का अनुभव हुआ था। बड़ा होने पर कुछ और बातें भी इसके समर्थन में मिलीं। चिन्तन यहाँ तक आ गया कि पर्याप्त अक्षरमाला का अभाव ही प्रदेश में ज्ञान के सार्वत्रिक प्रचार के लिए मुख्य बाधा बनी हुई है।

यह निश्चित रूप से नहीं कहा जा सकता कि प्राचीन काल में प्रादेशिक भाषा में अद्वैत-ज्ञान का प्रचलन रहा या नहीं। जो भी हो, उसे समा लेने की क्षमता चालू भाषा में नहीं रही। सक्षम होना हो तो या तो प्रादेशिक भाषा को तब तक इन्तजार करना होगा जब तक वह तमिल की सी क्षमता अर्जित कर सके। नहीं तो प्रादेशिक भाषा और संस्कृत को मिला कर एक व्यावहारिक एवं सुयोग्य मिश्र भाषा का रूपायन होना चाहिए। उसके लेखन के लिए लिपि चाहिए और उस लिपि को पूरे मलयालम प्रदेश में प्रचलित होना भी चाहिए।

पहला उपाय तो प्राय: असम्भव ही लगता है। कारण यही कि प्रदेश में जो जो लेखन पाठशालाएँ हैं, सब क्षयोन्मुख हैं। यह रोक भी लगी हुई है कि उनमें वेद आदि का अध्यापन न हो। दूसरे उपाय का कार्यान्वयन सुगम बनाने के लिए सबसे अधिक आवश्यक है उपयुक्त अक्षरमाला। जब तक उसका अभाव रहेगा तब तक नित्य-व्यवहार में प्रयुक्त हो रहे संस्कृत शब्द भी तद्‌भवीकरण द्वारा विकृत एवं निरर्थक शब्दों में परिणत होते ही रहेंगे।

समस्या का समाधन तब हो सकेगा जब संस्कृत का अक्षर-क्रम स्वीकृत हो। नयी लिपि का रूपायन उस क्रम में करना होगा। वह लिपि लिखने में सुगम हो ही, साथ ही सुयोग्य और सुन्दर भी हो। यदि ऐसे प्रारूप बनाए जा सकें जो नाराच से लिखने में आसान हों और वर्तमान लिपि चिह्नों के समान रूपी तथा गोलाकार हों तो लिपि परिवर्तन की प्रक्रिया अनायास होगी।

दक्षिण खंड की भाषाओं में से इसके लिए उपयुक्त प्रारूप कल्पना में खींच रखे थे। इस विषय पर मनन-चिन्तन किये पूर्वगामियों के अपूर्ण प्रयासों के बचे खुचे परिणाम भी सहायक हुए।

उस दिन पहली बार अक्षरों के सारे नये प्रारूप संस्कृत के समान अक्षरों के नीचे ताड़-पत्र पर खींचे। उनका उपयोग करके देखा भी। तब तो यह भली भाँति समझ पाया कि इन अक्षरों में प्रादेशिक भाषा और संस्कृत भाषा दोनों को समान रूप से लिखने की क्षमता है।

ऱ, ष़, ळ, ऩ, ये अक्षर संस्कृत में नहीं हैं। प्रादेशिक भाषा के पदों का समावेश

करने के लिए इन अक्षरों को वट्टेषुत्तु से लेकर परिशिष्ट में जोड़ना पड़ा। लगा कि पहले तीन अक्षर बिना किसी खास अन्तर के उसी आकार में नयी लिपि में भी लिखे जा सकते हैं जैसे वट्टेष्तुत्तु में लिखे जाते हैं। 'नाना' शब्द के पहले 'न' कार के लिए यद्यपि संस्कृत में अलग लिपि है तो भी यह निर्णय लिया गया कि प्रादेशिक भाषा में दोनों के लिए एक लिपिचिह्न पर्याप्त है। अनादि 'न' कार के लिए वट्टेषुत्तु में जो लिपि चिह्न है वही आदि 'न' कार के लिए भी लिखा गया।

एक ही अक्षर दो बार लिखने पर द्वित्व के रूप में उच्चरित करने की रीति वट्टेषुत्तु में है। 'क क' लिखने पर उसका उच्चारण 'क्क' के रूप में किया जाता है। यह रीति 'ऱ्ऱ', ल्ल' इन अक्षरों के मामले में रहने दी गयी। वट्टेषुत्तु में 'ल' कार के लिए जिस चिह्न का उपयोग किया जाता है उसी से 'ळ' कार के योग भी रूपायित किए गये।

प्रादेशिक भाषा में वे सारे अक्षर प्रयुक्त होते हैं जो संस्कृत की अक्षरमाला में हैं। पर उनमें कई का सही उच्चारण करना बच्चे सीखते नहीं। सीखने पर भी जब लिखने लगेंगे तब उच्चारण के सूक्ष्म भेद नष्ट हो जाते हैं। वट्टेषुत्तु में तो अतिखर, मृदु और घोष स्वर लिखे नहीं जा सकते। तब तो संस्कृत में काव्य, शास्त्र आदि सीखना और सीखने पर भी सही ढंग से उच्चरित करना कठिन हो जाता है। तमिल माध्यम से उच्चशिक्षा की व्यवस्था कहीं है ही नहीं। तब तो उच्च ज्ञान न वहाँ है न यहाँ है। वह अप्राप्य ही रह जाता है।

नयी अक्षर माला तभी प्रचार में आएगी जब बच्चों को दो वर्ष की आयु से ही उनका सही उच्चारण करने के लिए अभ्यस्त करें। तब यह सवाल ही नहीं उठता कि बच्चे को आगे चलकर प्रादेशिक भाषा सीखनी है या संस्कृत। बच्चों का विद्यारम्भ 'हरि श्री' की लेखन-अभ्यास प्रणाली से ही होता है। इसी के साथ इक्कावन अक्षरों में एक-एक से आरम्भ होनेवाले पद्यों को रटाना है। उसके लिए आवश्यक कीर्तनों की रचना होनी चाहिए। तभी वर्ममाला का क्रम रूढ़ मूल हो पाएगा।

विद्यारम्भ कराने के बाद लगातार कुछ दिनों तक बच्चों से ज़मीन पर बिच्छे चावल पर अक्षर लिखवाकर उच्चरित कराते हैं। इस दौरान पूरे इक्यावन अक्षरों का उच्चारण अभ्यास कराना है। उच्चारण स्पष्ट रहे। फिर गुरुजी ज़मीन में रेत बिछा कर बच्चे की उँगुली पकड़ कर उच्चारण अभ्यास के साथ-साथ लेखन अभ्यास कराते हैं। यहाँ भी इक्यावन अक्षरों का अभ्यास कराएँ। उच्चारण स्पष्ट स्वर में कराएँ।

दूसरे चरण में उच्चारण अभ्यास और लेखन अभ्यास जारी रहे। साथ ही साथ वर्णों के साथ विभिन्न स्वर चिह्न लगाने का लेखन अभ्यास भी कराना चाहिए। कहीं वर्ण के ऊपर, कहीं नीचे, कहीं बाईं ओर कहीं दाईं ओर चिह्न लगाने हैं।

तीसरे चरण में बच्चा 'अ' से 'क्ष' तक के सारे अक्षर स्वयं लिखना सीखे।

व्यजंनों के द्वित्व रूप चौथे चरण में सीखें। 'क' कार आदि के साथ य, र, ल, व— ये अक्षर जोड़ने पर जो संयुक्त अक्षर बनते हैं तथा व्यंजनों के साथ रेफ जोड़ने पर जो अक्षर-रूप बनते हैं उनका अभ्यास थोड़ा कठिन अवश्य है। इसलिए इनका अभ्यास अगले चरण में कराना पर्याप्त है।

छठे चरण में नयी अक्षरमाला में प्रयुक्त ये विशेष चिह्न और उनके संयुक्त रूप सिखाएँ—ऱ्, न्ट, ष्र, ऱ। इसके बाद पाँव, आधा, पौन, कुड़व, प्रस्थ, तारीख और शून्य से नौ तक के अंकों के चिह्न भी सिखाएँ। तभी यह बताया जा सकता है कि बच्चा लेखन अभ्यास लगभग सीख चुका है। इन सारे अभ्यासों के लिए ज़्यादा से ज़्यादा एक वर्ष लगेगा।

लिपि और पाठ्यक्रम में सुधार लाने के सम्बन्ध में पर्याप्त विचार-मंथन करने के उपरान्त उन्हें व्यवस्थित रूप में ताड़-पत्र पर लिख रखा। ऐसे वन्दना-श्लोकों के प्रारूप रचे जो लेखन अभ्यास का प्रारम्भ करनेवाले बच्चों से रटाये जा सकें। पहले गणेश की वन्दना। इस बात पर विशेष ध्यान रखा कि उसमें अनेक संयुक्त अक्षरों का समावेश हो सके। यही लक्ष्य रखा गया कि उसमें कंठ, जीभ, दाँत, और ओंठ के पर्याप्त प्रयत्न के लिए गुंजाइश हो ताकि वे इनका सही-सही उच्चारण सीख लें। इसके बाद सरस्वती वन्दना, कृष्ण-वन्दना, गुरु-वन्दना और वेदव्यास-वन्दना। यही तो परम्परागत वन्दना-क्रम है। इनमें भी ऐसी चाल चलाई गयी जिससे बच्चे संयुक्त अक्षरों का उच्चारण स्वच्छ और स्फुट रूप में कर सके।

बच्चों को अक्षरों से परिचित करने मात्र से काम नहीं चलेगा। अक्षरों के प्रति उनमें प्रेम भी उत्पन्न हो। समझ गया कि इसके लिए भी उत्तम उपाय काव्य ही है। इसके लिए दो अष्टक भी रचे—गणाष्टक और मुकुन्दाष्टक। लक्ष्य यही रहा कि यदि बच्चे इन सब श्लोकों का शुद्ध उच्चारण और शुद्ध लेखन सीख गये तो फिर नये अक्षरों के सम्बन्ध में उन्हें कोई सन्देह नहीं रह जाएगा।

मातुलों और नीलकंठ गुरु का स्मरण करके एक ऐसे कीर्तन की रचना करने का निर्णय लिया जो अक्षर शुद्धि और आत्म विशुद्धि के लिए समान रूप से काम आए। परम ऐकार्य दायिनी भक्ति की प्रतिष्ठा भी उसके द्वारा सम्भव हो सके। पहले, चार पद्यों की रचना की जिन में आचार्य वन्दन भी समाविष्ट था। उनमें वेदान्त का सारांश समंजस रूप में सम्मिलित किया गया।

गायत्री मन्त्र में चौबीस अक्षर हैं। उनमें एक-एक अक्षर से आरम्भ करके चौबीस सहस्र पद्योंवाले रामायण की रचना जिस आदिकवि ने की उनका अनुगमन करने का निश्चय किया। विद्यारम्भ हरिः श्री ग ण प त ये न मः—इन्हीं अक्षरों के लेखन से होता है। 'हरि' से आरम्भ करके श्री ग ण प त ये न मः इनमें से एक-एक अक्षर से आरम्भ होनावाला एक-एक पद्य रचा। तदुपरान्त, 'अ' से 'क्ष' तक के

अक्षरों में से एक-एक से आरम्भ होनेवाले इक्यावन पद्य रचे। अन्त में फलश्रुति और प्रार्थना के दो पद्य भी रचे। कृति का नाम रखा गया 'हरिनामकीर्तनं'। आष्रवांचेरी का आदेश भी यही था : 'अक्षरज्ञान प्राप्त करने के उपरान्त हरिनाम का कीर्तन कर।' निश्चय किया कि कुट्टन दाऊ को दिखा कर संशोधन करा लूँगा।

ताड-पत्रों को करीने से रख कर दो पोटिलियों में बाँध कर कुट्टन दाऊ के चरणों पर रखा और वन्दना की। एक पोटली में कृतियाँ। दूसरी में लिपि और पाठ्यक्रम सुधारने के सुझाव।

कुट्टन दाऊ ने पहले बड़ी पोटली ही उठा कर खोली। माथा सिकुड गया। ''लिपि सुधार' तो ऐसा विषय है जिससे जूझकर कई हार मान चुके हैं न?''

''जी हाँ। किन्तु पूरे इक्यावन अक्षरों का प्रयोग करके देखा हूँ। उसका विस्तृत विवरण दूसरी पोटली में है। प्रयोगार्थ उस लिपि में कतिपय कीर्तन रचने का भी प्रयास किया है। पढ़ कर सुनाऊँगा। संशोधन करके अनुगृहीत करें।''

सारे पद्य सुनने के उपरान्त ही कुट्टन दाऊ ने फिर आँखें खोलीं। मेरी ओर दृष्टि डालकर वे धीरे से उठे। खुले हुए ग्रन्थ लिए, आगे खड़े मुझ को ऐसे निहारा जैसे मुझे जीवन में पहली बार निहार रहे हों।

भरी आँखें ऊपर ईश्वर की ओर उठा कर कुट्टन दाऊ ने दोनों हाथ मेरे सिर पर रखे और आशीर्वाद रूप ये पंक्तियाँ रटीं :

''दुरिताब्धि के बीच तड़पते लोगों का
मोक्ष-पोत बन जाए, हरि नारायणाय नम:''

नयी लिपि में जिस आदि रचना की प्रतिलिपि, प्रामाणिक रचना-काल की सूचना के साथ उपलब्ध हुई है वह ''तन्त्रदेवायनं भाषा' है। (ई-1521) केरल विश्वविद्यालय के पांडुलिपि ग्रन्थालय में संरक्षित यह ग्रन्थ (सी.1703) इस बात का प्रमाण है कि लिपि सुधार के क्षेत्र में आचार्य जी ने जो पयत्न किया वह दो तीन दशकों के अन्दर सफल हुआ।

तिरुवूर-11

वह छुट्टी का दिन था। ग्रन्थ समर्पण के लिए वह दिन चुन लेने के पीछे वह भी एक कारण था। कुट्टन दाऊ को थोड़ा अवकाश मिले, तभी तो वे कीर्तन तथा अन्य कृतियों की अशुद्धियाँ समझा पाएँगे और नयी लिपि तथा अन्य सुधारों का गुण-दोष विवेचन कर पाएँगे।

परन्तु, मैंने जैसी कल्पना की थी, घटनाएँ वैसे नहीं घटीं। अनुग्रह देने के बाद कुट्टन दाऊ मेरा आश्लेषण करते हुए थोड़ी देर खड़े रह कर "नारायणाय नमः" रटते रहे। फिर "परमाचार्य रूप! हरि नारायणाय नमः" जपते हुए कुट्टन दाऊ एकदम निकल पड़े। चलते हुए मुड़ कर देखा और हँसते हुए बोले : "देखें संसार भी इस कृति का आश्लेषण करता है कि नहीं।"

वे कलरी पहुँच गये। चूँकि अधिकांश छात्र कलरी में ठहरकर अध्ययन करनेवाले थे इसलिए वरिष्ठ गुरुजन कभी कभार ही कलरी छोड़ बाहर जाते थे। तान्नियूर कलरी के गुरुजनों में से वातरोग से पीडित एक वयोवृद्ध के अलावा बाकी सभी तिरुवूर चले आए थे। प्रायः सभी आस-पास ही रहते हैं। बारी-बारी से छात्रों के साथ रहनेवाले वे छुट्टी के दिनों में भी कलरी आ जाते हैं। तभी कलरी के संचालन से सम्बन्धित चर्चाएँ होती हैं।

उस दिन वहाँ जितने भी वरिष्ठ गुरुजन थे उन सबको साथ लेकर ही कुट्टन दाऊ घर लौट आए। काव्य के विशेषज्ञ पिषारटीजी, तर्क के नंपियातिरी जी, व्याकरण के एलयतुजी, वेदान्त के मूसत्जी, दर्शनों के कुमारनुण्णीजी, तमिल के चामियारजी और परदेशी भाषाओं के चार गुरुजन सब थे।

तैयारियाँ देख कर दीदियों ने यह जानने के लिए झाँक कर देखा कि क्या हो रहा है। उनको भी बाहर बुलाकर कुट्टन दाऊ ने कहा—"जो भी सुनना चाहे, आकर सुनें। सद्गति के लिए विशेष रूप से लाभदायक है।

वे भी आ गयीं। सबको ड्योढ़ी पर वृत्ताकार बिठा कर कुट्टन दाऊ भी साथ बैठ गये। उन्होंने मुझे निदेश दिया—"हमें हरिनामकीर्तन सुना दो।"

पूरा कीर्तन रट चुका तो मूस्सत् जी ने ही नीरवता का भंग किया—''पहला श्लोक सामवेदान्तर्गत छान्दोग्य-उपनिषद के महावाक्य ''तत्त्वमसि' का सरल सारांश। इसका उपदेश उद्दालक आरुणी ने अपने पुत्र कोतकेतु को दिया था। दूसरा श्लोक ऋग्वेद के अंश ऐत्तरेयोपनिषद के स्वरूप वाक्य 'प्रज्ञानम ब्रह्म' की अनुभव अभिव्यक्ति। तीसरा, अथर्ववेदान्तर्गत मांडूक्य उपनिषद के मनन वाक्य 'अयमात्मा बह्' का विस्तार। चौथा, यजुर्वेद में समाहित बृहदारण्यक उपनिषद के महावाक्य 'अहम् ब्राह्मास्मि' के मन्थन से निकला नवनीत। चारों वेदों का सारतत्व डिबिये में समाये रखा है। समर्थ हो तुम।''

''इस बात पर ध्यान दिया होगा कि प्रथम पद्य में ही मामाजी का स्मरण किया है जो ब्रह्मज्ञान प्रदान करने के लिए परमाचार्य बनकर आए और उसकारण वे स्वयं ईश्वर ही हैं।'' कुट्टन दाऊ ने हँसते हुए बताया।

''हाँ हाँ, वहाँ भी एकत्व भावना को ही प्रथम स्थान दिया है। गुरु और ईश्वर एकाकार हो गये हैं। यही नहीं मूसत् जी ने अपनी बात जारी रखी। ''सृष्टि के आरम्भ में मूल तत्त्व जो तीन भागों में बंट गया था उनमें परमाचार्य को सत्वगुण प्रधान ओंकार का ही निदर्शन बनाया है।''

कुट्टप्पाटी जी ने दखल दिया—''काव्यस्यात्मा ध्वनि!''

''हरि का अर्थ है तापत्रय का हरण करनेवाला।'' नंपियातिरी जी ने अपना निरीक्षण व्यक्त किया। 'कटपयादि' अक्षर संख्या सूत्र के अनुसार 'हरि' शब्द द्वारा सूचित अंक है 28. वेद शास्त्र पुराण आदि सबको गिनें तो कुल संख्या 28 है। 'हरि श्री गणपतये नमः' की संख्या 51 है। याने वाणी माता के अंग स्वरूप संस्कृत के 51 अक्षर हैं।''

''इसलिए सरस्वती वन्दना अलग से नहीं की होगी।'' पिषारटी जी ने निष्कर्ष निकाला।

''वह अलग से क्यों?'' नंपियातिरी जी ने पूछा—''स्वर और व्यंजन अक्षरों से यथाक्रम आरम्भ होनेवाले पद्यों की रचना करके ज्ञान की देवी की वर्णमयी मूर्ति की वन्दना तन्त्रशास्त्र विधि के अनुसार ही परोक्षरूप से की गयी है न?''

''चौथे श्लोक में नित्यानन्द तक पहुँचने के रास्ते पर प्रकाश डाला गया है।'' कुमारनुण्णीजी ने अपनी राय प्रकट की।'' अर्क, अनल आदि का प्रकाश ग्रहण करनेवाली आँख मन की सहायता से और इस कारण मन को शक्ति प्रदान करनेवाले आत्मचैतन्य पर आश्रित रह कर ही कार्य करती है। यदि प्राण नहीं रहे तो देखने की क्षमता भी नहीं। सारांश यह कि केवल तब तक ही किसी का अस्तित्व सम्भव है जब तक आत्मचैतन्य हो। उस चैतन्य पर, या 'ब्रह्म ही मैं हूँ'—इस ज्ञान पर, टिके रहना है। तब जो स्थिति उत्पन्न होती है वही नित्यानन्द है।''

तब सीता दीदी ने यह इच्छा प्रकट की कि कीर्तन एक बार और सुना दूँ। दूसरी बार गा चुकने पर पहले पहल पिषारटी जी की हँसी ही गूँज उठी। ''जरूर मार खाओगे। वैदिक श्रेष्ठ यह सुनकर यों ही चुप बैठे रहेंगे क्या? रजस्वला कन्या, भिखमंगा, दास तथा महायज्ञ करनेवाला ब्राह्मण सब समान हैं क्या? क्या यह ऐसा मोक्षमार्ग है जिसे ये सब सदा स्वीकार कर सकते हैं? क्या यह ऐसा सर्वातिशायी यज्ञ है जिसके लिए नाम, परिवार, छाछ, यजमान-पत्नी या जल की भी आवश्यकता नहीं! यही नहीं, इस सत्य की घोषणा की गयी है कि शिक्षा, सच्चा ज्ञान और परम ईश्वर-साक्षात्कार प्राप्त करने का अधिकार मानव जन्म पानेवाले सबको समान रूप से प्राप्त है। विरोध पैदा करने के लिए भला इससे अधिक क्या चाहिए?''

''कोई बात नहीं, कुट्टप्पाटी।'' कुट्टन दाऊ भी हँस पड़े। बचाव के लिए ढाल लेने आप भी तैयार रहें।''

''अब तो हम इसके काव्यगुण पर भी थोड़ा विचार करें।'' पिषारटी जी ने गम्भीरता पूर्वक कहा। ''घर में और ग्रन्थ में अलग-अलग रूपों में प्रयुक्त भाषा को एक बना लेने का प्रयत्न श्लाघनीय है ही। जब तक सभी जनों के लिए एक भाषा न हो तब तक अज्ञान का अन्धकार हटाने का प्रयत्न किस साधन से करें?'' परन्तु, पद्यों में प्रान्तीय भेदों को यथा सम्भव दूर रखना ही अच्छा है। है न? कहीं-कहीं प्रयोगों में और पदों में भी थोड़ी ग्राम्य-शैली यहाँ तक कि 'तान्नियूर शैली' भी आ गयी है। इस मात्रा में ग्राम्य—शैली आवश्यक है क्या? जब कीर्तन का प्रचार दक्खिन और उत्तर में होगा तब अर्थ में भिन्नता और शंका हो सकती हैं।''

कुट्टन दाऊ ने बताया—''यदि यह बता दें कि संशोधन कहाँ-कहाँ आवश्यक है तो अप्पु अभी अभी संशोधन कर लेगा।''

''पथ पर पड़े कंक ड और काँटे यथासम्भव चुन लेना अच्छा है। पर एक मतभेद भी है।'' नंपियातिरी जी ने अपना मतभेद प्रकट किया। ''जब कोई नयी राह बनाने निकलेगा तब पग—पग पर चोट खाये बिना नहीं रह सकता। चलते रहने से ही वह राह सुगम बनेगी न? एक बार सुगम हो जाने पर पीछे आनेवाले आराम से चल सकेंगे।''

''एक और रसीली बात है।'' पिषारटी जी ने विषयान्तर किया। अवतार पुरुषों के आचरणों का पूर्वापर वैरुद्धय जिस ढंग से कीर्तन में दिखाया गया है वह भी रसीली बात है। एक अवतार एक स्त्री के अंगों को काट कर उसे विरूप बना डालता है तो दूसरा अवतार एक दूसरी स्त्री का वैरूप्य दूर कर उसे सुन्दरी बना देता है। एक अवतार पत्नी के वियोग में बुरी तरह रोता है। दूसरा, सोलह हज़ार आठ तरुणियों को उसकी तलाश करने के लिए वन में छोड़ कर उनकी विवशता देख मज़ा लेता है। एक अवतार एक इन्द्र-पुत्र का सारथी बनकर उसकी रक्षा करता है तो दूसरा अवतार

एक दूसरी इन्द्र सन्तान को पेड़ की ओट से तीर मार कर मार डालता है। वाह! वाह! हरिनारायण! हँसने का पर्याप्त मसाला तो है!

"हाँ हाँ, हँसी में आरम्भ कर सकते हैं।" नंपियातिरी जी ने बताया। "आखिर करुणा में घुलना है। अवतार पुरुषों को मनुष्यों के रूप में देखने का उपदेश किसने दिया? उनको ही नहीं, विश्व के चराचरों में किसके तत्त्व को यथार्थ मान सकते हैं? आनन्द चिन्मय ही तो गोपिका रमण भी है। एक निर्गुण, दूसरा सगुण। आदि स्वरूप दोनों के परे है न? वही तो प्राप्य स्थान है न? सभी को उसी रूप में देखना ही भक्त का कर्तव्य है न? पेड़ न तो पल्लवित शिखर है, न पुष्पित डाली है और न ही सूखी शाखा है। आराधना चाहे किसी की भी करें, पर उन सबका अतिक्रमण करके वहाँ पहुँचना है न? कीर्तन में शंकर-नारायण की स्वरूप-कल्पना भी उसी ओर इंगित करती है न? अन्वय और व्यतिरेक की पहचान अत्यन्त आवश्यक है न? व्यतिरेक के माध्यम से सारा दृश्य—प्रपंच जिस बीज सत्ता की ओर सिमट जाए वही प्राप्य स्थान है न?"

"सो ठीक। उस प्राप्य स्थान के शान्त रस में ही काव्य समाप्त होता है।" पिषारटी जी ने बताया। जो करुणा आद्यन्त दिखाई देती है वह तभी पूर्णतया राह छोड़ देती है। वन्दना और आत्मसमर्पण में करुणा का स्थायी भाव शोक और शोक के संचारी भाव विरह-विलाप पर्याप्त मात्रा में विद्यमान हैं। पौराणिक कथाओं का स्मरण करनेवाले सन्दर्भों में अद्‌भुत और अनुपान स्वरूप थोड़ा हास्य भी मिलता है। चमत्कार प्रियता, पांडित्य प्रदर्शन या साज-सज्जा नहीं। प्रास या वर्णसाम्य को भी अनुपेक्षणीय नहीं माना गया है। ऐसी कोई सारगर्भित प्रौढ़ कृति मेरी जानकारी में नहीं हैं।"

"मेरा भी मत यही है कि यह कवि गागर में सागर भरने में समर्थ हैं।" कुमारनुण्णी ने प्रसन्नता प्रकट की। दो के रूप में देखते वक्त जो भय होता है उसे देख लें। ब्राह्म सूत्र की उद्घोषणा है—'द्रवितीयाद्वै भयं भवति'। उसकी ओर द्वार खोल रखने के बाद गौडपाद कारिकाकार का अनुगमन करते हुए 'द्वयाभास' का भी वर्णन करते हैं। फिर, भागवत् के सप्तम स्कन्ध में नारद धर्मपुत्र को जिस त्रिविधाद्वैत का उपदेश देते हैं उसका अनुशीलन करने का आह्वान करते हैं। ब्रह्म बोध के उदित होने पर सारे भेदभाव मिट जाते हैं। फिर जन्म-मरण, भीति-जाति या वेद नहीं। बीच की बाधा बनी माया की भी चर्चा है। यह भी बताया गया है कि माया रूपी अकात्थ जो ऊर्ध्वमूल और अधशाख है, वह अव्यय भी है। मायामोह से मुक्ति पाने का एकमात्र औषध हरिनाम कीर्तन ही है।"

"यह भी समझाया गया है कि सांख्य और राजयोग वस्तुतः एक ही बिन्दु पर पहुँचते हैं।" मूस्सत्जी ने बताया। "भागवत् में भक्ति के नवभावों का विवरण

प्रह्लाद ने यों दिया है—'श्रवणम, कीर्तनम, विष्णो:स्मरणम, पादसेवनम्, अर्चनम्, वन्दनम्, दास्यम्, सख्यम् और आत्म निवेदनम' इनमें से एक-एक भाव का अनुभव इस कीर्तन में होता है। शंकराचार्य ने 'भजगोविन्दम्' में 'द्रक्ष्यसि निज हृदयस्थं देवम्' कह कर जिस तत्त्व की ओर इशारा किया है उसी का अनुगमन आदि से अन्त तक किया गया है।''

''सभी इच्छुक छात्रों को यह सिखाया जा सकता है।'' एलयत् जी ने सुझाया। कलरी के गुरुजनों में वे ही आयु में सबसे बड़े हैं। उन्होंने यह भी इच्छा प्रकट की कि वे तीसरी बार भी कीर्तन सुनना चाहेंगे।

नयी लिपि से सम्बन्धित निर्देशों को क्रमबद्ध रूप में जिन ताड़-पत्रों पर लिखा था उनकी पोटली कुट्टन दाऊ ने खोली। इस निर्देश से सहमत हुए कि बोलचाल की भाषा ही लेखन में भी स्वीकार की जाए। उस पर दुबारा चिन्तन करने के लिए रुके बिना उन्होंने उन लाभों की गिनती उँगलियों के सहारे की जो इस सुझाव के कार्यान्वयन पर हो सकते हैं। यदि लिखने के अनुरूप बोलना और बोलने के अनुरूप लिखना सम्भव हो जाए तो शब्दों की शक्ति बढ़ेगी। गाथाओं, पद्यों और गीतों का प्रचार बढ़ेगा। संस्कृत का अध्ययन-अध्यापन सरल हो जाएगा। उस भाषा से प्रादेशिक भाषा में तथा प्रादेशिक भाषा से संस्कृत में आवगमन अनायास हो जाएगा। ज्ञान को दो स्तरों में रखने की वर्तमान दु:स्थिति समाप्त हो जाएगी। वर्तमान स्थिति में यह समझा जाता है कि आमजनों के लिए वही अध्ययन पर्याप्त है जिसमें अक्षर अपर्याप्त हैं। यह स्थिति बदल जाएगी। सारे भाषापरक उच्च-नीचत्व भी समाप्त हो जाएँगे।

''संक्षेप में कहें तो भाषा को एक कायाकल्प चिकित्सा का लाभ मिलेगा, देश को भी'' कुट्टन दाऊ ने अपनी बात समाप्त की।

परन्तु इसके अनन्तर कुट्टन दाऊ के माथे पर कुछ रेखाएँ उभर कर आईं। भौंहें थोड़ी सिकुड गयीं। ताड़-पत्रों पर लिखे निर्देश और एक बार पढ़े। फिर भी माथे की सिकुडनें बनी ही रहीं। आँचल में खुले पड़े ताड़-पत्रों पर कुट्टन दाऊ की लम्बी पतली उँगलियाँ फिरती रहीं, जैसे किसी अनबूझे तथ्य की खोजकर रही हो।

क्षमापूर्वक सवालों की प्रतीक्षा में खड़ा रहकर मैं उन सब विचारों की पुन: छानबीन करता रहा जिनकी पुनरावृत्ति अनेकों बार की थी। चिरपुरातन ज्ञान का जैसा सिलसिला तमिलनाडु में बना रहा, वैसा इस प्रदेश में नहीं रह पाया। इसलिए वह यहाँ प्रादेशिक भाषा में पुष्पित नहीं हुआ। वह जिस रूप में संस्कृत में पुन: अवतरित हुआ वही रूप यहाँ उपलब्ध हैं। उसका तो दुरुपयोग किया जाता है। उसको पुनर्जीवित कर, और संशोधित कर, जन-मन के लिए स्वीकार्य बनाकर उसे सार्वत्रिक करने में प्रादेशिक भाषा और उसकी लिपि बाधक हैं। इससे बचने का एक ही एक

उपाय है—दोनों भाषाओं का समंजस सम्मेलन कर एक नयी शैली को जन्म देना। जहाँ कोई जानकारी आवश्यक लगे उसे तमिल से ग्रहण किया जा सकता है। भाषा की विशेषता ही क्या है? अवबोध का निखार ही प्रमुख है न?

पहले ही विदित था कि कई प्रकार के विघ्न हो सकते हैं। कठिनाइयाँ हो सकती हैं। विघ्नों के सम्भावित रूपों का अनुमान भी मन में था। यह जानने में क्या कठिनाई है कि ज्ञान के प्रचार में क्या-क्या और कौन-कौन बाधक हो सकते हैं? यह भी समझ में आया कि सीखी हुई बातों के स्थान पर नयी बातें सीखने की उदासी से उत्पन्न विरोध को मिटाने की दवा आसानी से बनाई जा सकती है। जो लोग इस दुर्भाव से यह हठ करते हैं कि खाई पाटने ही नहीं देंगे, उनका सामना कैसे करें। ऐसे लोगों का सामना करने के उपदेश और निर्देश आवश्यक थे।

ताड़-पत्रों को क्रम से रख कर बाँध लेने के बाद उन्हें हाथ में ही रखते हुए कुट्टन दाऊ ने पूछा—''आगे की बातों के बारे में भी सोच-विचार किया है न?''

''कुछ लोग ऐसे होंगे जो नया कुछ सीखना पसन्द नहीं करते।'' बना बनाया उत्तर मैंने रट दिया। ''सम्भव है, जो 'वट्टेषुत्तु' के अभ्यस्त हैं उनमें कतिपय को यह अक्षरमाला अच्छी न लगे। संकेतों और राजमहलों में सुरक्षित पांडुलिपियाँ और दस्तावेज आदि वट्टेषत्तु में ही तो हैं। विपक्ष में यह प्रश्न उठ सकता है कि इन सबको नए सिरे से लिखना पड़ेगा न? यदि नए सिरे से न लिखा जाए तो आगे चलकर पढ़नेवाला कोई नहीं रहा तो गड़बड़ हो जाएगी न? किसी भी स्थिति में देश भर की जनता एक नयी लिपि जल्दी स्वीकार नहीं करेगी। हमारी कलरी में अध्ययन करके निकलनेवाले, उनकी सीखी नयी लिपि के नाम पर त्रिशंकु में फँस जाएँ, ऐसी स्थिति न होने पाए।

''हाँ। कुट्टन दाऊ उठे। मेरी गिनती में भी ये ही सब बातें दिखीं। जो भी हो, इन बातों को भी पहले हमारी कलरी के गुरुजनों के समक्ष रखें।''

कुछ भी टालने की आदत नहीं है कुट्टन दाऊ को। मुझे साथ लिए तुरन्त कलरी पहुँचे। गुरुनाथों को पुनः बुलवा कर बिठा लिया और विषय प्रस्तुत किया। उनमें एक-एक ने बारी-बारी से नयी लिपि और उसकी क्रम-व्यवस्था की छानबीन की। कुछ गुरुजनों के मन में जो सन्देह उठे उनके निवारण के लिए मुझे ही व्याख्याएँ और उदाहरण प्रस्तुत करने पड़े। सारी बातें ध्यान से सुनने के बाद एक-एक करके सबके चेहरों पर दृष्टि डाल कर कुट्टन दाऊ ने शुभ प्रतीक्षा के साथ कहा—''हर भले कार्य के कार्यान्वयन की कोई न कोई राह निकल आएगी, न?''

''कुट्टप्पाटी ने हँसते हुए कहा—यदि 'अभिमान' शब्द बिना अपमान के प्रादेशिक भाषा में लिख लेने के बाद दूसरे दिन मर भी जाऊँ तो भी कोई हर्ज नहीं।'' वट्टेषुत्तु में 'अपिमान' ही लिखा जा सकता है।

माथा खुजालाते हुए कुट्टन दाऊ ने आगे कहा—"खाना खाने पर ही तो भोजन का स्वाद जाना जा सकता है न? यहाँ के कुछ छात्रों को नयी लिपि भी सिखा कर इसका प्रयोग शुरू करें। यह काम अप्पु ही करे। साथ ही हम गुरुजन भी उसका अध्ययन कर इसके हानी-लाभ व गुण-दोष की जांच करें।

यह शंका उठी कि कलरियों में नयी लिपि सिखाने के लिए राजाओं की अनुमति कैसे प्राप्त कर करेंगे।" इसका समाधान भी पिषारटी जी ने खुली हँसी के साथ ढूँढ निकाला। उन्हें तो केवल कर से सम्बन्धित अधिकार ही प्राप्त है न? 'आकार' आदि का प्रकार तय करने का काम कलरियों का है न? सबसे अधिक प्रमुख बात यह है, यह देख लेना कि देश भर की कलरियाँ किस राह से चलती हैं? यदि यहाँ प्रयोग करके यह वर्णमाला अच्छी लगी तो इसे दूसरी कलरियों के सम्मुख भी रख जा सकेगा न? कुछ समर्थ छात्रों को दोनों लिपियाँ सिखाएँ। पहले यह निश्चित हो जाए कि उनमें कितने छात्र कौन-सी लिपि चुन लेते हैं। मुझे इस बात का कोई सन्देह नहीं कि जिन्होंने मछली का जन्म लिया है वे सब यह स्वच्छ जल देखते ही इसमें कूद पड़ेंगे।"

अगले दिन मुझे कलरी के गुरु का पदभार ग्रहण करके कार्य आरम्भ करना था। कुट्टन दाऊ ने पहले ही निर्णय लिया था कि इक्कीस दिन की चिकित्सा और उतने ही दिनों का पथ्याचरण, तथा राजा से भेंट के उपरान्त दूसरे दिन से ही मैं यह काम आरम्भ कर लूँ।

इस बार अकेले ही आतवनाटु गया। राजा को प्रणाम कर हाथ जोड़े हुए ही हरिनाम कीर्तन का पाठ करके सुनाया। उन्हें प्रसन्नता हुई। कीर्तन की एक प्रति नयी लिपि में लिखकर साथ ले गया था। उसे उनके समक्ष रखकर नमस्कार किया। उसे खोलकर देखने पर उनके चेहरे पर जो अद्भुद उदित हुआ, उसके निवारण के लिए नयी लिपि के बारे में बताया। प्रश्न उठे। यथाशक्ति उत्तर दिया।

"यदि इतने अच्छे चार काव्यों की रचना हो जाए तो देश भर में नयी लिपि का प्रचलन हो पाएगा।" उन्होंने कहा। "अधिक नहीं तो क्या हुआ? अक्षरक्रम में रचित यह एक काव्य ही पर्याप्त है। बर्तन कितने ही अच्छे क्यों न हो, वे तभी काम आएँगे जब परोस कर खाने के लिए पका हुआ कोई भोजन मिले। सही है न?"

शंकर-नारायण स्वरूप कल्पना – अर्धनारीकार रूप की कल्पना जिसमें आधा हिस्सा शिव का है और आधा हिस्सा पार्वती का। यह कल्पना शैव-वैष्णव वाली भेदबुद्धि को मिटा कर सही ज्ञान और भक्ति प्रदान करती है। ('हरिनाम कीर्तन' का चालीसवाँ पद्य- टंकुम कुरंगवुम...)

अन्वय, व्यतिरेक	– परमात्मतत्त्व से जगत की उत्पत्ति है अन्वय। उलटी प्रक्रिया द्वारा सारे विश्व का परमात्म तत्त्व में विलीन हो जाना है व्यतिरेक।
द्वितीयाद्वै भयं भवति	– जो एक है उसे दो के रूप में देखने पर भय उत्पन्न होता है।
त्रिविध अद्वैत	– (1) भावाद्वैत (2) क्रियाद्वैत (3) द्रव्याद्वैत। त्रिविधाद्वैत के अनुशीलन से 'सर्वम ब्रह्ममयं' वाले परम साक्षात्कार में पहुँच जाएँगे।
ऊर्ध्वमूल...	– ऊर्ध्वमूल अध:शाख अकात्थ को अव्यय बताया गया है। माया वह अविनाशी अकात्थ है जिसकी जडें ऊपर की ओर और शाखाएँ नीचे की ओर बढी हैं।
सांख्य	– कपिल मुनि दो परिकल्पनाओं के आधार पर जगत की व्याख्या करते हैं—शुद्ध चैतन्य स्वरूप पुरुष और सत्व रजस्तमोमय प्रकृति। इन को जानने पर परमसत्ता को प्राप्त कर सकते हैं। (44 वें पद्य में भक्ति को सांख्य से भी परे बताया गया है।)
राजयोग	– साधना का वह मार्ग जिस में श्वास-प्रश्वास के क्रमीकरण द्वारा और साथ ही मन के निरोध के द्वारा प्राणशक्ति का नियन्त्रण कर के उस के माध्यम से ज्ञानोदय और आत्मसाक्षात्कार पा सकते हैं। (49 वें पद्य में दिखाया गया है कि भक्ति किस प्रकार राजयोग से भी श्रेष्ठ है।)
द्रक्ष्यसि निज हृदयस्थम् देवम	– अपने हृदय में स्थित ईश्वर का दर्शन करना।

तिरुवूर-12

अगले दिन जब गुरुमातुलों की वन्दना करके कलरी में पदार्पण किया तब कुट्टन दाऊ साथ ही थे। उसी मुहूर्त में चरितार्थता और प्रसन्नता के साथ अनुमति देते हुए वे बोले—"इस बात का स्वयं पता कर लो कि नयी लिपि सीखने में किस आयुवर्ग के छात्र सक्षम होंगे।"

मैंने छोटे बच्चों का चयन नहीं किया, आयु में थोड़े बड़े ऐसे बच्चों का ही चयन किया जो काव्यानुशीलन में कुछ अभ्यस्त हो चुके थे। चूँकि वे पुरानी लिपि का पर्याप्त अभ्यास कर चुके थे इसलिए नयी लिपि वे स्पष्ट रूप में ग्रहण कर पाएँगे। वे तो पुरानी लिपि की अपर्याप्तताओं से पूर्ण रूपेण अवगत हैं। इसलिए वे नयी लिपि की उपयोगिता जल्दी पहचान पाएँगे।

पिषारटी जी का अनुमान सही निकला। केवल दस दिनों में वे नयी लिपि सीख गये तो वे ऐसे हर्षित हुए जैसे नयी वर्षा के जल में पहुँचकर मछलियाँ हर्षित होती हैं। उनको यह देखकर असीम आनन्द हुआ कि एक ओर काव्य का उच्चरित पाठ और लिखित पाठ एक समान हुआ तो दूसरी ओर किताबी भाषा और घरेलू भाषा समान बन गयी। जिसे एक रहना था वह इतने दिनों तक दो बना हुआ था। यह देखकर और सहकर उन्हें जो दु:ख होता रहा उसका निवारण अब हो सका।

गाकर सुनाते हुए, और नयी लिपि में लिखवाते और वाचन कराते हुए उन्हें हरिनामकीर्तन, वन्दनाएँ और अष्टक भी सिखा दिए। अन्य बच्चे भी उनसे स्वेच्छा से सुनकर, सीख कर, रटने लगे। जो गीत गाने को मिला उसे ज्यों गाया जाता है त्यों लिखने के लिए नयी लिपि सीखने की इच्छा उनमें उदित हुई। इस प्रकार उन्होंने स्वेच्छापूर्वक अपने साथियों से नयी लिपि सीख ली। कलरी के जो गुरुजन नयी लिपि से परिचित हुए उन्हें भी बड़ा उत्साह हुआ।

कुट्टन दाऊ सारी गतिविधियों का अवलोकन नित्यप्रति करते आ रहे थे। वे इस दृढ़ निर्णय पर पहुँच गये—"लगता है कि लिपि सुधार का कार्य कालोचित है। हाँ देख लें।"

अगला चरण अन्य कलरियों से सम्पर्क स्थापित करना है। ताड़-पत्र भेज देना ही पर्याप्त नहीं होगा, सीधे जाकर सम्पर्क करना है।

"हर कहीं?" कुट्टन दाऊ के भीतर के अभिभावक की भौंहें टेढ़ी हो गयीं।

"परदेश तो गया। परन्तु इस देश को पूरा देखा नहीं है। वह कार्य भी साथ-साथ सम्पन्न हो जाएगा।"

"तब और एक बार भी चिकित्सा की आवश्यकता पड़ेगी न?"

"पहली चिकित्सा का कुछ बुरा असरा नहीं पड़ा, इसलिए..."

इस उक्ति में निहित व्यंग्य का आस्वादन करते हुए मुस्कुराकर कुट्टन दाऊ ने निर्णय किया—"ठीक है, पर अकेले मत जाना। सहायता के लिए कुट्टप्पाटी को भी साथ ले जाना। राजा से भेंट कर, उनकी सहमति प्राप्त कर, उनका एक पत्र भी साथ रखें तो अच्छा होगा। उत्तर की परिक्रमा करके थोड़ा विश्राम करने के बाद ही दक्षिण की परिक्रमा के लिए निकल पड़ना।"

"एक-एक कलरी में कुछ दिन रुकना पड़ेगा।"

"ज़रूर। बाद को समय के बीतते-बीतते उनमें कई से पर्याप्त सम्पर्क नहीं रह पाएगा। जब जाना ही है, तब चिरकाल सम्बन्धों को दृढ़ करके ही आना। नये दौत्य को सफल बनाना भी है न? परन्तु जो निरे संशयात्मा हैं उनसे उठाई जाती पेचीदी समस्याओं का समाधान करने में समय मत गँवाना। उनके अहं को चोट पहुँचाने से क्या फायदा? यहाँ की चिन्ता मत करना। वह तो मैं सम्भाल लूँगा।

उत्तर की ओर की यात्रा सफल रही। चूँकि सरस कवि पिषारटी जी साथ थे इसलिए रास्ते और दिन आसानी से कट गये। राजा के पत्र का स्वागत कई कलरियों ने एक आदेश के रूप में किया। नयी वर्णमाला की प्रतिलिपि निकाल लेने में और प्रयोग के रूप में समानान्तर अभ्यास कराने में सभी कलरियाँ तैयार हो गयीं। तिरुकंटियूर कलरी तान्नियूर कलरी की ही अनुगामी थी। वहाँ यह वर्णमाला सिखाई जाने की सूचना इतर कलरियों के लिए भी पर्याप्त प्रेरणा बन गयी।

पिषारटी जी पद्यों का पाठ सुन्दर ढंग से करने में समर्थ थे। उन्होंने हर कहीं हरिनाम कीर्तन गाकर सुनाने में और इच्छुक व्यक्तियों को उसकी प्रतिलिपि निकाल कर देने में पहल की। एक-एक कलरी का दायित्व दो या तीन दिनों में पूरा किया। जाते जाते आत्मविश्वास बढ़ता गया। यह समझने पर अपार हर्ष हुआ कि देश में बिखरी पड़ी कलरियों में कितने ही महापंडित गुरुजनों की भूमिका निभा रहे हैं। उनके साथ जो सम्पर्क हुआ, धन्यता का अनुभव था। इसी निर्णय के साथ उनमें कइयों से बिदा लिया कि पुनः जाकर उनसे सम्पर्क बनाये रखना है।

उत्तर दिशा की ओर जाते—जाते पाया कि वहाँ वैदिक ब्राह्मणों का दम्भ कम है। व्यापार और सम्बन्धित उद्योग ही वहाँ प्रमुख हैं। उच्च जातिवालों की अपेक्षा

वहाँ निम्न कहलानेवाली जातियों के लोग और चौथे वेदवाले मुसलमान ही अध्ययन में अधिक रुचि लेते हैं। व्यापार से प्राप्त आय से उनमें कई का जीवन-स्तर काफी बेहतर हो गया है। पर कई कलरियाँ उनके बच्चों को प्रवेश नहीं दे देती थी। कारण तो उच्चजातिवालों की हठ धार्मिता है। 'न तो वे स्वयं खाते हैं और न दूसरों को खाने देते हैं'—यही स्थिति बनी हुई है। अधिकांश कलरियों की आर्थिक स्थिति बदतर है। विशेष कर उन कलरियों की जिन के पास परम्परागत सम्पत्ति नहीं है। कई इलाकों में अराजकता और बुरा हाल है। जब पूरा देश ही बिना नाथ की कलरी बना हुआ है तब कलरी सनाथ कैसे हो? इस दौरान भी कण्णनूर, पय्यन्नूर, कांञंगाड आदि इलाकों की कलरियाँ दीप स्तम्भों के समान उज्ज्वल ही बनी रहीं।

उत्तर की तरफ, उस ओर की यात्रा सागर तट से होकर तथा वापसी यात्रा पहाड़ी इलाकों से होकर की। दक्खिन की यात्रा में उलटा क्रम अपनाया। कारण यही कि दक्खिनी प्रदेश की अधिकांश कलरियाँ पहाड़ी इलाकों में स्थित हैं। कोशिश इस बात की ही रही कि अधिकाधिक कलरियों में यथाशीघ्र पहुँच जाएँ।

दक्खिनी इलाकों की कलरियों की आर्थिक स्थिति उत्तर की कलरियों की सी बिगडी हुई नहीं है। वहाँ अराजकता अपेक्षाकृत कम है और विद्या के प्रति राजाओं की रुचि ज्यादा है। सामान्य जनता को ज्ञान प्राप्ति से रोकने के लिए प्रशासनों को प्रेरित करने में वैदिक कामयाब नहीं हुए। चेंपकश्शेरी के राजा, सभी कलरियों का, विशेषकर अंपलप्पुषा और कुटमालूर की कलरियों का पर्याप्त संरक्षण करते हैं। जाकर भेंट की तो बहुत प्रसन्न होकर अगबानी की। देवनारायण सुब्राह्मण थे, इस पुण्य का फल चेंपकश्शेरी के विद्वान पा रहे हैं। वेणाट् के राजा रविवर्मा बड़ी हठधर्मिता के साथ तमिष़नाडु की परम्परागत ज्ञानसम्पदा को प्रश्रय देते हैं। पद्मनाभ स्वामी मन्दिर के योगम्वालों और पार्कावर्तियों के अधिकारों को वे अपने अधीन रखे हुए हैं। सुदूर दक्षिण में स्थित नेय्याट्टिनकरा तक की सारी कलरियों को उदार सहायता और संरक्षण प्राप्त है।

उत्तर दिशा की यात्रा इस शुभ समाचार की खुशी में ही आरम्भ हुई कि अम्मिणी दीदी का पाँव भारी हो गया है। पिषारटी जी ने बताया कि यह शुभ लक्षण है। इससे कुट्टन दाऊ की यह आशंका भी दूर हो सकी कि बड़े मामाजी की-सी अनपत्यता उनको भी बदी है।

दक्षिण की यात्रा से लौटने तक अम्मिणी दीदी प्रसूति के लिए पिलाक्काट्टीरी जा चुकी थी। चीरू दीदी सन्तानों के साथ घर आ चुकी थी। चीरू दीदी का मुख म्लान था। उसके कारण को तलाशने के पूर्व ही यह खबर मिली कि अम्मिणि दीदी ने एक बच्ची को जन्म दिया है। पहले कुट्टन दाऊ ने जाकर शिशु को देखा। फिर चीरू दीदी और सन्तानों के साथ मैं भी निकला।

जब पाया कि उस बार भी चीरू दीदी का मुख प्रसन्न नहीं है तब मैंने पूछा—''मुझसे रूठ गयी हो क्या?''

''अरे! यह भी क्या बात? अप्पूट्टन के प्रति मैं रूठ कर रहूँ कैसे?''

''तो फिर किस के प्रति है?''

अच्चु गाड़ीवान के आगे बैठ कर दुनिया देख रहा है। अनियन दीदी की गोद में लेटा, गाड़ी की डगमगाहट में भी चैन से सो रहा है।

''वशीकृत कर लिया होगा'' दीदी के मुँह से ये शब्द फूट पड़े तो मेरा सारा सन्देह दूर हो गया। गोपी भैया की बेलगान चाल-चलन के सम्बन्ध में पहले भी कुछ कानाफूसियाँ सुनी थीं। ''प्रभूत मात्रा में धन की प्राप्ति पर उन्हें यह होश ही नहीं रहा कि क्या करना है?'' पूरे इलाके में यह अद्भुत और चर्चा का विषय रहा कि मौज उड़ाने के लिए उसके पास इतना सारा धन कहाँ से आ गया है।

''दीदी, छोटी फुंसी को खुजला कर क्यों समुद्र बनाएँ?''

''फुंसी एक नहीं'' दीदी सिसकने लगी। ''सुना है कि वयनाट् में भी एक है।—''अब क्या किया जाए, कुछ भी समझ में नहीं आता।''

''कुट्टन दाऊ से बताया नहीं क्या?''

''सोचा कि बता दूँ। किन्तु मैं कैसे बताऊँगी यह बात?''

''सम्प्रति थोड़ा सब्र करना। यही बहाना करना कि कुछ पता नहीं चला है। 'शाखाचंक्रमण करनेवाले सारे बन्दर आखिर लौटकर अपनी सन्तानों के झुंड में ही पहुँचेंगे—यह लोकोक्ति सुनी है न?''

जानता हूँ कि ज्यादा सब्र करने की शक्ति दीदी में नहीं है। पर और क्या किया जाए? तभी उण्णीभैया का स्मरण आया। यदि वे जिन्दा रहते तो दोपहरी के समय ऐसा अन्धकर नहां छा जाता। यही नहीं, किसी भी अमावास्या में थोड़ा प्रकाश शेष रह जाता।

बैलगाड़ी के तख्ते पर बैठे अच्चु ने ठीक उसी समय मुड़ कर देखा।

चीरू दीदी का इरादा उसी दिन तिरुवूर लैटने का था। किन्तु मैंने उसे बदल लिया। दीदी को पिलाक्काट्टीरी में ठहराया।

मौका मिला तो मैंने कुट्टन दाऊ को खबर देने की कोशिश की। ब्यालू करने के बाद कुट्टन दाऊ टहल रहे थे। कोई भी आस-पास नहीं।

''जानता हूँ।'' कुट्टन दाऊ ने शुरू में ही बात समझ ली।

थोड़ी देर और टहलने के बाद कुट्टन दाऊ ने कहा—''इससे भी विकट मामले और भी हैं। यह अपेक्षाकृत छोटी बात है।''

फिर उन्होंने पूछा—''क्या तुम्हें, वह परिस्थिति याद है जिसमें रानी माँ का निधन हो गया था?'' धीमी आवाज़ में ही पूछा था। उत्तर की प्रतीक्षा किए बिना

धीमी आवाज़ में फिर बोले—"राजा के जासूस वर्षों से इस बात का पता लगाने की कोशिश में हैं कि वह जान लेवा विष कौन-सा था और कहाँ से मिला था। वह विषैला तीर लिए उन्होंने कई बार वयनाटु का भी चक्कर लगाए। राजा ने यह नहीं बताया कि उनकी जाँच-पड़ताल का क्या परिणाम निकला। किन्तु सुनाई देता है कि उन्हें और कुछ बातों का पता चल गया है। साथ ही गोपी भैया के गुप्त कारनामों का पता भी।

थोड़ा-सा रुक कर कुट्टन दाऊ ने मेरे चेहरे की ओर देखा। तब भी मुझे इस बात का पता नहीं चला कि वे क्या कहना चाहते हैं।

"तो फिर" कुट्टन दाऊ ने दोनों हाथ छाती पर रखकर कहा "खुल्लम खुल्ला ही सुनो। जासूसों का कथन है कि गोपी पहाड़ी इलाकों के लुटेरों के संघों को शस्त्रविद्या का प्रशिक्षण देकर लूटपाट का नेतृत्व कर रहा है। हमारी जानकारी में जो और बातों हैं उनके आधार पर इस खबर को सही मान सकते हैं। बार-बार वयनाटु जाने का उसका कार्यक्रम शुरू हुए वर्षों बीत चुके हैं। शुरू में एक मनोविनोद के रूप में जंगल देखने निकला था। फिर शिकार खेलने के बहाने जाने लगा। अब हर साल चार-पाँच बार जाया करता है। जितना धन उस कलरी से मिलता है उसका कई गुना वह फिजूलखर्च में उड़ा देता है। जहाँ तक हमें ज्ञात है, आय का और कोई स्रोत उसके पास नहीं है। उण्णी ने जब पिलाक्काट्टीरी की कलरी का जिम्मा उसे सौंप दिया तब भी उसकी रुचि उसमें नहीं थी। एक बार गया तो मनचाहे वक्त पर ही लौट आता था। उण्णी ने सैकड़ों बार डाँटा तो भी यही कार्यक्रम चलता था।

"कुछ समझा-बुझाने की कोशिश की, क्या?"

"नहीं। लगा कि ऐसा करना व्यर्थ होगा।" कुट्टन दाऊ ने लम्बी साँस छोड़ी। बहुत बिरले ही वे ऐसा करते थे।

"एक बार ही सही...।"

"क्या ज़रूरत ? यदि उसे हमारा कुछ भी ख्याल रहता तो, चीरू के वहाँ रहते, क्या, वह सारे प्रदेश में कई औरतों से सम्बन्ध जोड़ता फिरता? कुट्टन दाऊ रूखे स्वर में हँसे। वह इस बात का प्रमाण था कि उनमें ज़रा भी आशा नहीं रही।" पर चीरू तो बिल में छिपे साँप की केवल पूँछ ही देख पाती है। ईश्वर की कृपा ही मानिए कि वह ज्यादा देख नहीं पाती।"

इसी समय अटियाषत्तु के मूप्पिल नायर अनुचरों के साथ पालकी पर आँगन में आए और पालकी से उतरे। रात्रि भोजन जिन्हें नहीं मिल पाया हो उनका पता करने का रस्म नहीं हो चुका था। इसलिए ड्योढ़ी बन्द नहीं की गयी थी।

मूप्पिल नायर ने कड़े स्वर में पूछा—"तुम लोगों का इरादा क्या है?"

शान्त होकर कुट्टन दाऊ ने कहा—"बैठिएगा।"

''बैठना है क्या?'' अपने सारे अनुचरों को सुनाते हुए मूप्पिल नायर ने अट्टहास किया—''इस समय यहाँ घुस कर बैठे रहने के लिए क्या यह मेरी रखैल का घर है? स्वर को और कड़ा करके बोले—बैठने नहीं, एक बात उच्च स्वर में कहने के लिए ही मैं आया हूँ। एक ओर भाषा के अक्षरों को बदल कर नाना जातिवालों को सारे वेद सिखाने की कोशिश करते हो और दूसरी ओर ऐसे गीत लिख कर देश भर के लोगों से गायन कहा कर ब्राह्मणों का उपहास करते हो जिन में ब्राह्मणों को रजस्वला नारियों, भिखमंगों और लुटेरों के समकक्ष ठहराया गया है। तुम अपने को क्या समझते हो? वेद सिखाने के लिए तो तिरुनावाया में मठ स्थापित हैं। इसके लिए तुम्हारी सहायता आवश्यक नहीं है। यही स्थिति बनी रहे तो क्या वह दिन भी आएगा जब पष्ञ्ञानत्तु वाले राजमहलों की स्त्रियों के साथ सम्बन्ध जोड़ने के लिए भी तैयार हो जाएँगे? यह बात गाँठ बाँध लो। 'संकेत सभाओं' और तिरुनावाया 'योगम्वालों' ने तुम लोगों को सदा के लिए एक सबक सिखाने का ही निर्णय लिया है। नेटियिरिप्पु में भी शिकायत पेश की जा चुकी है। उसकी एक प्रतिलिपि ताड़-पत्र पर निकाल कर राजा के नाम भी भेज दी गयी है। यदि इन सब से भी काम नहीं निकले तो अगला कदम भी उठाएँगे। घडा, बर्तन सब तोड़कर, अपने आवास से तुम लोगों को निकाल देने का ही निर्णय हुआ है।

''समझ गया।'' कुट्टन दाऊ ने अपनी आदत के विपरीत स्वर कड़ा किया। ''आकाश न गिर जाए इसके लिए खम्भे खड़े करेंगे।''

''कम से कम यह कहानी याद रखना कि यह आकाश एक बार गिर चुका है।''

मूप्पिल नायर ने ओंठ सिकोडे। ''इस बार खम्भे खड़े करना कुछ कठिन लगेगा। यदि मामले की गम्भीरता समझ कर आचरण नहीं करोगे तो यह अन्तिम प्रयास रहेगा।''

मूप्पिल नायर आपे से बाहर हो द्वार के बाहर निकले।

अम्मिणी दीदी ने भूखे रहनेवालों की तलाशी ली और किवाड़ बन्द किया।

कुट्टन दाऊ ने मेरे चेहरे की ओर देखा। अगले दिन तड़के ही वेट्टत्तु जाकर राजा से भेंट की। राजा ने यही रास्ता निकाला कि नेटिइरुप्पु की असहमति के आने के पूर्व ही तम्प्राक्कल से कार्य की विवेचना करा कर विरोधियों का मुँह बन्द करना ही उचित है।

बिना विलम्ब आष्वांचेरी से जाँच-पड़ताल का ताड़-पत्र आया। शिकायत मिली है कि पष्ंञानत्तु कलरी ने ब्राह्मण समूह की अवहेलना की है। इस पर स्पष्टीकरण देने हेतु वैयक्ति क रूप से पेश होना है। शिकायत की है तिरुनावाया योगं वालों और वेद पाठशाला वालों ने। आरोप है कि जान बूझकर अपराध कर रहे

हैं और वह अपराध दुहराने के लिए अन्य कलरियों को प्रेरित भी कर रहे हैं। शिकायत पेश की है कि नेटिइरुप्पु के राजा के समक्ष भी। शिकायत की प्रतिलिपि पाने पर राजा ने उसे जाँच-पड़ताल और सिफारिश के लिए तम्प्राक्कल को भेज दिया है। पूछताछ के समय फरियादियों को भी उपस्थित रहना है।

खूब तैयारी करके ही आतवनाटु की ओर निकले। मेरे और कुट्टन दाऊ के अलावा पूंकुन्नम, पय्यन्नूर और परप्पनंगाड़ी की कलरियों के बुजुर्ग आचार्य, तिरुवूर कलरी के तीन बुजुर्ग, तिरुवूर के वेट्टत्तुनम्पी भी संघ में शामिल थे। पहले ही सलाह मशविरा करके बयान तैयार किया।

तिरुनावाया 'योग' के नेता और कुछ अन्य नम्पूतिरी ब्राह्मण आष़वांचेरी के बरामदे में जमे हुए थे। उनमें कई हमें ऐसे देख रहे थे जैसे हम ने कोई महापराध किया हो। हमारी ओर देखकर हाव-भाव दिखा रहे थे। आष़वांचेरी के मुख्य कारिन्दे ने जब हमारे बैठने के लिए वरामदे की दूसरी तरफ चटाई बिछा दी तब भी उसके मुँह से ही उपहास सूचक ध्वनि निकली थी। खबर सुनकर जो स्थानीय लोग आए थे वे मूकसाक्षी बनकर आँगन में खड़े रहे।

ठीक समय पर राजा पधारे। सबके सब उठे। शान्ति छा गयी। दोनों पक्षों को भेजे गये जाँच-पड़ताल सम्बन्धी ताड़-पत्र मुख्य कारिन्दे ने पढ़ सुनाए। दोनों पक्षों से जो लोग हाजिर हुए थे उनकी नामावली ताड़-पत्र पर लिख कर तम्प्राक्कल के समक्ष रख कर कारिन्दे ने प्रणाम किया।

''अब फरियाद सुनेंगे।'' तम्प्राक्कल् ने फरमाया।

तिरुनावाया योग के पदाधिकारी करुनिलत्तु भट्टतिरिप्पाट् ने खड़े होकर 'हरिनामकीर्तनम' का बीसवाँ पद्य उपहास भरे स्वर में ऐसे पढ़ा जैसे कोई रस्म अदा कर रहे हो।

'ऋतुवाय पेण्णिनुमिरप्पोनुं दाहकनुम्
पतितन्नुं अग्नियजनंचेय्त भूसुरनुम्।
हरिनाम कीर्तनमोरुनालुमोरुवक्कु-
मरुतात्ततल्ला हरिनारायणाय नमः॥'

(रजस्वला कन्या, भिखमंगा, दाहक, पतित, अग्निहोत्री ब्राह्मण इनमें किसी के लिए हरिनामकीर्तन निषिद्ध नहीं है।)

व्याख्या किये बिना आरोप एक-एक करके प्रस्तुत किए।

1. ब्राह्मणों का अति कठिन उपहास किया गया है।
2. याग-यज्ञों की भर्त्सना की गयी है।
3. स्मृतियों का तिरस्कार किया गया है।
4. इस लक्ष्य के साथ वेदभाषा की अक्षर माला प्रादेशिक भाषा में लागू की

जा रही है कि समस्त अनधिकारियों को ज्ञान दिला कर उसे कलंकित किया जाए।

5. ब्राह्मणों का उपहास करने के द्वारा उस राजाधिकार का निषेध किया गया है जो ब्राह्मण-दत्त है।
6. इस बात का प्रचार किया जा रहा है कि यज्ञाचार और तन्त्रविधियाँ अन्ध विकास हैं।

उन्होंने यह कह कर अपना वक्तव्य जल्दी समाप्त किया कि यदि इन सब पर प्रतिबन्ध न लगाया जाए तो देश का सर्वनाश होगा। तब भी भट्टतिरिप्पाट् के चेहरे पर निखार प्रकट नहीं हुआ। उन्होंने यह घोषणा भी की कि कुछ भी ठीक नहीं होने वाला है। इसी कारण मैं इसमें भाग लेने आया कि राजा की आज्ञा का उल्लंघन न हो। जानते हैं कि निर्णय हमारे लिए अनुकूल नहीं होगा।

''कोई स्पष्टीकरण हो तो पेश करें।'' राजा ने फरमाया।

कुट्टन दाऊ ने नमस्कार करके उठे और अपना स्पष्टीकरण यों पेश किया—

हरिनाम-कीर्तनम् का आरम्भ ही ब्रह्मज्ञानियों की वन्दना के साथ होता है। उन्हें देवों का सा सम्माननीय स्थान दिया गया है। ब्राह्मण—निन्दा मनसा, वाचा नहीं की गयी है।

कीर्तनम का उद्देश्य याग-यज्ञों का उपहास करना नहीं, अपितु इस भगवद्वाक्य का अनुसरण करना है—'यज्ञानां जपयज्ञोस्मि।' उक्त गीता-वाक्य द्वारा भगवान ने यही तो समझाया है कि जप से श्रेष्ठ कोई यज्ञ नहीं है। यह भी साफ-साफ बताया गया है कि-

''नाहं वैदैर्न तपसा न दानेन न चेज्यया। शक्य एवं विधो द्रष्टुं'' और

''भक्त्या त्वनन्यया शक्य अहमेवं विधोऽर्जुनः। ज्ञातुं द्रष्टुं च तत्त्वेन प्रवेष्टुं च परन्तप॥''

''अपौरुषेय श्रुतियों को काव्य का विषय बनाना गलत बात है क्या? कहा गया है न 'मोक्षकारण सामग्रयां भक्तिरेव गरीयसी'। भक्ति की प्रामाणिकता सिद्ध करनेवाली श्रुति सम्मत बातें और भी मिलती हैं, जैसे—

''पुरुषः स परः पार्थ भक्त्या लभ्यस्त्वनन्यया', ''भक्त्या माँ अभिजानाति'', ''न मे भक्त : प्रणश्यति'' जैसे गीता वाक्य भी हैं न?

नारद भक्ति सूत्र में भी बताया गया है कि जिसे भक्ति प्राप्त हुई है वह चाहे कोई भी हो—'सिद्धो भवति, अमृतो भवति, तृप्तो भवति।' आश्रितों के प्रति ईश्वर का वात्सल्य इतना बढ़ता है कि 'अपिचेत्स दुराचारों भजते मामनन्यभाक् साधुरेव समन्तव्य।'

स्वयं भगवान ने ही गीता में घोषणा की है—'समं सर्वेषु भूतेषु तिष्ठन्ति

परमेकारम्'

तथा 'विद्याविनयसम्पन्ने ब्राह्मणे गवि हस्तनि। शुनि चैव श्वपाके च पंडिता: समदर्शिन: ॥'

तब तो मनुष्य योनि में ऐसा कौन हो सकता है जो ज्ञान का अधिकारी नहीं है? ज्ञान ही तो ईश्वर है न? अज्ञान का आवरण हटाना पाप कैसे हो सकता है? भगवान का नाम शुद्ध रूप से उच्चरित करने की शिक्षा देना अपराध है क्या? अक्षरों की अपर्याप्तता के कारण हुए सरस्वती देवी के अंगभंग का निवारण करना पुण्य है न?

राजाधिकार तभी अन्वर्थ हुआ करता है जब वह ब्रह्मज्ञानियों द्वारा प्रदत्त किया जाता है। प्रार्थना यही है कि वैसा ही हो। कलरियों की ऐसी प्रार्थनाओं और ऐसे कार्यकलापों को सारे महाज्ञानी ब्राह्मण वात्सल्य भरी दृष्टि से देखते हैं। इसलिए सर्वभूतों में समावस्था में स्थित ईश्वर को साक्षी बनाकर मैं शपथ लेता हूँ कि किसी का उपहास, निन्दा या तिरस्कार करने का कोई प्रयत्न कलरियों में नहीं हो रहा है, चिरपुरातन काल से चले आनेवाले कार्यों को ज़ारी रखने की अनुमति प्रदान कर ब्रह्मज्ञानी और अधीशगण हमें अनुगृहीत करें।

फरियादियों ने एक साथ उठाकर चिल्लाया "सब कुछ बहाना है।" मुनयूर के मातुल इशारे से यत्न पूर्वक उन्हें शान्त करके अतिपरुष स्वर में कलरियों की भर्त्सना करने लगे। सभ्यता की सीमाओं का भी उल्लंघन करते हुए उन्होंने जो वक्तव्य दिया उसका रुख यही था कि जब यह तय है कि नीति प्राप्त होनेवाली नहीं है तब क्यों हिचकें?

राजा ने रोका नहीं। वे तो निर्विकार होकर सुनते ही रहे। मन भर डाँट सुनाने के बाद जब मुनयूर तिरुमेनी बैठ गये तब राजा ने पूछा—"और कोई बात?"

"जो भी हो, डॉट-डपट से मोक्ष प्राप्त नहीं हो सकता।" वयोवृद्ध एवं मामाजी के सतीर्थ्य पोयिलूर तिरुमेनी ने हँसते हुए कहा। "हुंकार के हट जाने पर ही तो ओंकार निकल सकता है।"

निन्दास्तुति द्वारा उनका अभिषेक करके मुनयूर सन्तृप्त हो गये।

पोयिलूर तिरुमेनी की हँसी कुछ अधिक खिली।

हैरान होकर कुट्टन दाऊ उठे, और आँख मूँदे, हाथ जोड़े खड़े रह कर गीता का यह अंश ज़ोर से रटने लगे—

"यामिमां पुष्पितां वाचं प्रवदन्त्यविपश्चितः।
वेदवादरताः पार्थ नान्यदस्तीति वादिनः॥
कामात्मानः स्वर्गपरा जन्मकर्मफलप्रदाम्।
क्रियाविशेषबहुलां भोगैश्वर्यगतिं प्रति॥

भोगैश्वर्य प्रसक्तानां तयापहमतचेतसार।

व्यवसायात्मिका बुद्धिः समाधौ न विधीयते।''

यह भारी वर्षा थम गयी तो मरीचिका का एक कण भी टपक न पड़ा। तम्प्राक्कल ने फरमाया—''निर्णय राजा को सूचित किया जाएगा।''

नाहं वैदैर्न तपसा	–	वेदों के सहारे, तप के सहारे, दान के सहारे या यज्ञ के सहारे मुझे इस प्रकार नहीं देख सकते।—गीता (11-53)
भक्त्या त्वनन्यया शक्य	–	अनन्य भक्ति के अलावा और किसी साधन से मुझे जानना, देखना या सही रूप में मुझे प्राप्त करना अशक्य है। -गीता (11-54)
अपौरुषेयम्	–	अनादि
मोक्षकारण सामग्रयाम्	–	मोक्षकारक सामग्रियों में परम प्रधान भक्ति ही है।
पुरुषः स परः ...	–	परमपुरुष भक्ति के अलावा और किसी साधन से लभ्य नहीं है।
भक्त्या मां अभिजानाति	–	भक्ति के द्वारा मुझे जाना जाता है।
न मे भक्त ...	–	मेरे भक्तों का नाश होता ही नहीं।
सिद्धो भवति ...	–	(जिन्हें भक्ति प्राप्त हुई है वे) सिद्ध, मरण रहित और तृप्त बन जाते हैं।
अपिचेत्स ...	–	चाहे दुर्वृत्त ही क्यों न हो, यदि मुझ में अनन्य भक्ति उपजे तो वह भला बन जाएगा।—गीता (9-30)
समं सर्वेषु ...	–	ईश्वर सभी भूतों में समान रूप से विद्यमान है।
विद्याविनयसम्पन्ने ...	–	विद्या-विनय-समन्वित व्यक्ति, ब्राह्मण, कुत्ते को खानेवाला, गाय, हाथी और कुत्ता इन सबको पंडित समान दृष्टि से देखता है। -गीता (5-18)
यामिमां ...	–	जो स्वर्ग पाने के इच्छुक हैं, जन्म-कर्म-फल की इच्छा रखते हैं, भोगैकार्य पाने की लालच में बहुविध क्रिया विशेषों का अनुष्ठान करते हैं, भोग और धन में आसक्त हैं, और उस आसक्ति द्वारा जिनका मन अपहृमत हो चुका है ऐसे कामात्मा वेदों के नाम पर तर्क वितर्क करते हुए मजा उठाते हैं और यह साबित करने के लिए कि उन के कथन से परे कुछ भी नहीं है, पुष्पित वृक्षों के समान वश्यवाची बने रहते हैं। पर उनकी बुद्धि कभी स्थिर नहीं हो पाती। —गीता-2 (42-44)

तिरुवूर-13

प्रसूति के बाद अम्मिणी दीदी तिरुवूर लौट आयी। कुछ दिन बीतने पर एक शाम को चीरू दीदी और सन्तानें घर आ पहुँचीं, जैसे नहर के किनारे हल्की लकड़ियाँ आ लगती हैं। भारी वर्षा में भीग कर आई थीं। गोपी भैया की गाड़ी से नहीं, एक और गाड़ी से आई थीं। उसकाली सन्ध्या में सन्ध्या दीप भी पहले ही बुझ चुका था। अतः वर्षा की बूँदों से दीदी के आँसू की बूँदें अलग नहीं दिख रही थीं। चेहरे पर दोनों अधिक मात्रा में थीं।

घर में कदम रखते ही चीरू दीदी सीता दीदी का कस कर आलिंगन करती हुई रो पड़ी। सीता दीदी ने उन्हें सांत्वना देने में नहीं, अपने आँचल से चीरू दीदी का भीगा सिर पोंछने में प्रवृत्त हुईं। तब अम्मिणी दीदी ने बच्चों का सिर पोंछा। पिलाक्काट्टीरी की खबरें कुट्टन दाऊ के मुँह से सीता दीदी ने पहले ही सुन ली होंगी। अम्मिणी दीदी को अपने घर के

हाल-चाल का पर्याप्त प्रत्यक्ष ज्ञान प्राप्त है।

रात्रि भोजन के बाद कुट्टन दाऊ ने क्षमापूर्वक जो कुशल-क्षेम पूछा, उससे साफ विदित हो गया कि चीरू दीदी और गोपी भैया के बीच झगड़ हुआ है और गोपी भैया से मार-पीट भी खा चुकी है। शरीर पर इधर-उधर चोटों के निशान हैं। यद्यपि दाँव पेंच का अभ्यास पायी हुई होने के कारण मार-पीट को रोकने में चीरू दीदी समर्थ है तो भी मौके की ताक में रहकर पीटने में गोपी भैया भी माहिर हैं। कलरी एक, पर दाँव-पेंच अलग।

कुट्टन दाऊ ने सबके सामने पूछा—"इस बारे में गोपी से भी कुछ पूछ लेना ही ठीक रहेगा है न?"

सीता दीदी ने पूछा—"उसकी क्या ज़रूरत? स्वयं नेक रास्ते पर न आएँगे क्या?" एक उपाय भी सुझाया। "कुछ दिनों के लिए चीरू यहीं रुके। बच्चों से मिलने के लिए गोपी यहाँ आ तो सकता है।"

"क्या यही ठीक है?" मैंने सन्देह किया। "चीरू दीदी ने कुछ अंड-संड

बका होगा। गुस्सा आने पर दीदी का मिज़ाज ऐसा ही है न?''

''अप्पूट्टा!'' किवाड़ की ओट से चीरू दीदी की आवाज़ आई। उसमें यह अनुरोध निहित था कि ज्यादा दु:खी न करें।

''देखें, वह आता है कि नहीं।'' सीता दीदी ने फिर हस्तक्षेप किया। ''यहाँ हो तो वह चाहे आये या न आ जाए मारपीट और लात तो सहनी न पड़ेगी, ''

हफ्तों के बीतने पर भी गोपी भैया की छाया भी नहीं दिखी। उत्तर दिशा की ओर दृष्टि डाले चीरू दीदी बैठी रही, व्यर्थ। दीदी की हँसी रुक गयी। सबकी नज़र बचाकर ही ड्योढ़ी की तरफ देखती। अच्चु जो अब कुछ-कुछ जानने लगा था, वह भी बार-बार ड्योढ़ी की तरफ व्यर्थ नज़र दौड़ाता। कुट्टन दाऊ ने उस पर अधिक ध्यान रखा और उसे कलरी में भर्ती करा कर सिखाना शुरू किया।

अम्मिणी दीदी को जन्मी बच्ची का नाम 'देवकी' रखा गया। देवू के अन्नप्राशन का समय आ गया। अन्नप्राशन तो मामा की गोदी में बिठाकर ही कराना है। देवू के लिए अब तो एक ही मामा हैं। सब ने सोचा, आएँगे अवश्य। पिछले दिन सुबह से अम्मिणी दीदी की दृष्टि ड्योढ़ी की तरफ ही बार-बार बनी रही। अम्मिणी दीदी ऐसी स्त्री है जो सारी बातें मन में समाये रखती है। एक आह भी बाहर नहीं निकलती तो भी अन्दर की गर्मी आँखों के किनारों पर कालिमा और थकावट बनकर प्रकट हो रही थी।

रस्म के पिछले दिन दोपहर के करीब फूफी आ पहुँची। सहायता के लिए कोई रिश्तेदार साथ नहीं आया था। बच्चों को गले से लगा कर बहुत रोयी। चीरू दीदी के सामने कुछ फुसफुसाती हुई फिर से रोयीं।

फूफी ने भी यही कहा कि गोपी भैया मुहूर्त पर आ जाएँगे। क्या उस हद तक बढ़ेगी उसकी धाँधली? ऐसा नहीं होगा।''

लेकिन हुआ वही।

घर में आडम्बरों या रस्मों की परम्परा नहीं रही है। तो भी अन्नप्राशन के रस्म में भाग लेने के लिए कीप्रेटत्तुवाले, उल्लाट्टिलवाले और अड़ोस-पड़ोस के कुछ लोग उपस्थित थे। उन सबके सामने गोपी भैया की अनुपस्थिति बुरी तरह अखर रही थी। चूँकि सारा पुरावृत्त किसी न किसी प्रकार से सब ने सुन रखा था इसलिए किसी ने कुछ नहीं पूछा ताकि घाव में नमक न छिड़के।

सारे कार्य लेश मात्र भी विलम्ब किए बिना निपटानेवाली अम्मिणी दीदी ने उस दिन बच्ची को नहलाने और कपड़ा पहनाने आदि का कार्य जान बूझ कर धीरे-धीरे ही किया। फिर थोड़ी देर तक सबने यह सोच कर प्रतीक्षा की कि गोपी भैया को रास्ता तय कर आ पहुँचने में देर हो रही होगी।

आखिर फूफी ने ही ज़ोर से यह निर्णय सुनाया : ''अब किसी की राह नहीं

देखनी है।''

तब भी यह सवाल शेष रह गया कि बच्ची को किस की गोदी में बिठा कर अन्नप्राशन कराया जाए।

फैसला सुनाया कुट्टन दाऊ ने ही—''अप्पु की गोदी में ही बिठाएँ।''

उस फैसले का मतलब कालान्तर में ही मैं समझ पाया। वह एक प्रकार से दायित्व सौंप देना भी था। बाद को मैं तीव्र पीडा के साथ अनुभव द्वारा समझ गया कि जीभ पर अक्षर पहुँचा देने की क्रिया से कितना अधिक कष्टपूर्ण है मुँह में अन्न पहुँचा देना। अक्षर की भूख सह न पाने के कारण कोई बच्चा बुजुर्गों की ओर दीनतापूर्वक ताकते हुए रोने को भी असमर्थ होकर थक कर गिर जाता नहीं!

एक बार कुट्टन दाऊ ने अपना सन्देश पहुँचाने के लिए पिषारटी जी को गोपी भैया के पास भेजा। उनकी तलाश में चलते-चलते पिषारटी जी के पाँवों की खाल घिस गयी। एक जगह पर पहुँचने पर पता चलेगा कि दूसरी जगह चले गये है। वहाँ पहुँचने पर पता चलेगा कि दूसरी जगह चले गये हैं। वहाँ पहुँचने पर पता चलेगा कि तीसरी जगह पर हैं। आखिर जब ढूँढ निकाला तो लोगों की भीड़ के कारण बात ठीक-ठीक नहीं बता सका। बात सुनकर गोपी भैया की प्रतिक्रिया अनमने भाव की रही। कहा—''जिन-जिन को जाना है वे सब जाएँगे ही। आनेवाले तो आएँगे। इस पर तब विचार करेंगे जब जैसे गयी वैसे लौट आयेगी।''

तब भी घर में यही धारणा बनी हुई थी कि समय के बीतते-बीतते सब कुछ ठीक हो जाएगा। कलरी का संचालन ठीक तरह से होता रहा। नयी अक्षरमाला और पाठ्यक्रम लागू हो गये। अधिकांश कलरियों से सूचना मिली कि संशोधित लिपि स्वीकृत की जा रही है। कुछ कलरियों से निमन्त्रण आया कि वहाँ फिर से पहुँचें। कुछ अन्य कलरियों के गुरुजन शंका निवारण के लिए तिरुवूर आने भी लगे। कुछ अनमोल नए सौहार्द स्थापित भी हुए।

एक दिन दोपहर के भोजन के लिए बैठा तो सीता दीदी ने मुझे सूचित किया—''बुजुर्गों का निर्णय है कि अनियन एष़श्शन का विवाह भी सम्पन्न करें।''

कुट्टन दाऊ बड़े सबेरे ही किसी यात्रा पर निकल पड़े हैं। पूर्व दिशा के सूर्योदय से भी अधिक प्रसन्न था उनका चेहरा। सोचा कि सदा की भाँति यन्त बताएँगे कि कहाँ जा रहे हैं। पर केवल वह बात नहीं बताई। ज़रा हँस कर, इतना कह कर सीढ़ी से उतर गये ''ब्यालू के वक्त तक लौट आऊँगा।''

कुछ दिनों से मैं देख रहा था कि सीता दीदी और कुट्टन दाऊ के बीच तथा दीदीयों के बीच कुछ फुसफुसाहट हो रही है। मैंने यही सोचा कि चीरू दीदी का मामला होगा।

मामाजी ने पहले सही मार्गदर्शन किया था कि पुरुषार्थ में किसी एक को भी

छोड़ दें तो जीवन यात्रा अधूरी ही रह जाएगी। किन्तु गार्हस्थ्य के सम्बन्ध में ज्यादा सोच विचार मैंने नहीं किया था।

'विवाह' की बात सुनते ही मालु का चेहरा ही बिजली की गति से कल्पना में उभर कर आया। देखिए वासना बन्ध की शक्ति और गति!''

चीरू दीदी की शिशु के नामकरण के दिन जब पहली बार उसके मुख का दर्शन मिला तभी लगा था कि यह सहयात्रा के लिए सुयोग्य है। बाद को भी यों ही बैठे रहते वक्त कई बार मालु का चेहरा मनोदर्पण में उभर कर आता और ओझल हो जाता। वह कभी-कभी काव्य नायिकाओं की प्रतिछाया—संकल्पना के साथ हिल मिल जाता। देवी सम्बन्धी अवधारणा के वक्त भी एक बार उसकी रूपरेखा उभर कर आई।

बिना किसी विशेष कारण के ऐसा एक मानसिक सम्बन्ध कैसे हुआ, इस बारे में सोचने पर विस्मय हुआ। यह भी लगा कि ऐसा होना नहीं चाहिए। उससे भी मुक्ति पाने का प्रयत्न बराबर करता रहा। स्पष्ट हो गया कि यह आसान कार्य नहीं है। उसी विषय की ओर मन हठपूर्वक खिंच जाता जैसे बलात नियोजित किया जा रहा हो। राग-द्वेष के विचित्र पारस्परिक सम्बन्ध पर सोच कर हँसा। आखिर यह सोच कर छोड़ दिया कि काल ही उसे सुलझाए।

उस मुखड़े में कोई अत्यपूर्व सौन्दर्य या आकर्षण नहीं। यह कहना कठिन है कि आकर्षकत्व का कारण क्या है। सुना है कि जीवों में जन्मजात मेल सम्भव है। मेल खानेवाले जोड़े और सहारे प्रकृति में हर जीव के लिए हैं। मनुष्य के लिए भी यह हो सकता है। यह सोच कर इस मेल के मामले को मनोमंडल में पीछे धकेल कर रखा कि व्यस्त कार्यक्रमों से निपट जाने पर यह भी देखा जाएगा।

सीता दीदी ने कहा -''एटप्पाल परिवार की मालु की जात की जानकारी लेने के लिए ही गये हैं। इस विचार से ही गये हैं कि यहाँ किसी और की असहमति नहीं होगी।''

यह जानने के लिए मैंने चारों ओर नज़र दौड़ाई कि यह विचार कैसे आया। अम्मिणी दीदी असाधारण चरितार्थता सूचक हँसी के साथ सीता दीदी के पीछे खड़ी है।

अम्मिणी दीदी के भी पीछे खड़ी रह कर चीरू दीदी ने कहा। ''मुझे मालूम है कि अप्पूट्टन को पसन्द आयेगी ही।''

इस प्रकार स्पष्ट हो गया कि विवाह की बात किस राह से होकर आई।

''यदि सम्पन्न हो जाए तो अच्छा ही होगा।''

अम्मिणी दीदी ने इच्छा प्रकट की। दोनों के तन और मन खूब मिलने-जुलनेवाले हैं। ईश्वर का अनुग्रह हो।''

कुट्टन दाऊ के आने में बहुत देर लग गयी। सभी रात का भोजन किए बिना इन्तज़ार में बैठे थे। खुली हँसी के साथ ही घर में पदार्पण किया और बोले—''सौभाग्य!''

जल्दी नहा धोकर ब्यालू के लिए बैठते हुए कुट्टन दाऊ ने अपने आप कहा—''यहाँ कुछ लोगों का उत्साह देखकर मुझे लगा था कि ऐसा कौन सा विशेष जन्म बन्ध है जो इनको जोड़े हुए हैं। सचमुच ईश्वर ने उसे परस्पर मिलाने के लिए ही इन्हें इस पार और उस पार सृजित किया है!''

इसके बाद मेरी ओर देखा। मेरी राय पूछने के लिए नहीं, मुझे अनुगृहीत करने के लिए—''सन्तान-परम्परा द्वारा गुरुत्व की व्याप्ति हो जाए।''

विवाह की तैयारियों के बीच कुट्टन दाऊ एक और झंझट में भी उलझ गये। कार्य-विचारों में राजकुमार (उण्णित्तंपुरान) कुट्टन दाऊ की भी राय लेने लगे। यह तब से आरम्भ हुआ जब फिरंगियों के आगमन से सम्बन्धित गोपी भैया की भविष्यवाणी ठीक निकली। इस आगमन में फिरंगियों ने सामूतिरी के साथ सुलह करके एक व्यापार शाला निर्मित कराने की अनुमति प्राप्त की। फिर, अरबवासियों से झगड़ कर अरबवासियों के उन जहाजों को आग लगा दी जो बन्दरगाह पर थे। उन जहाजों के कर्मियों की हत्या की। स्थानीय जन भड़क उठे, फिरंगियों की व्यापार शाला को जला डाला। जो भी फिरंगी तट पर थे, सबको मार डाला।

इसके बाद कोच्ची राज्य ने फिरंगियों का स्वागत किया। उनके साथ व्यपार सम्बन्धी सुलह की। सामूतिरी ने विरोध किया। नेटियिरुप्पु की ओर से यह जानने की तलाशी शुरू हुई कि कौन किस पक्ष में है। ऐसी स्थिति उत्पन्न हुई कि खूब सोच विचार कर ही कोई कदम उठाया जा सकता था।

नीति निर्धारण के लिए वेट्टत्तु राजा ने एक विशेष मन्त्रणा-समिति का गठन किया जिसमें कुट्टन दाऊ भी शामिल थे। कलरी की व्यस्तताएँ राजाज्ञा में आडे नहीं आ सकती थीं। कुट्टन दाऊ को राजमहल में प्रतिदिन जाना पड़ता था।

नयी दिनचर्या पर जब मैंने अद्भुत प्रकट किया तो मुझसे बस इतना ही कहा—''यह काम हमारे लायक नहीं है। किन्तु करें क्या?''

फिरंगियों का सामना करने के लिए सम्पूर्ण सहयोग माँगते हुए सामूतिरी ने वेट्टत्तुनाट को सन्देश भेजा। समिति में बहुमत का विचार था कि सहायता नहीं देनी है। नेटियिरुप्पु ने खतरा मोल लिया। इसमें दूसरों ने क्या बिगड़ा? नेटियिरुप्पु ने जो जो छल प्रपंच किया उसके लिए ईश्वर द्वारा दिया गया दंड ही फिरंगियों के रूप में अवतरित हुआ होगा। कर्मफल भुगत लें। कुछ सदस्यों ने यहाँ तक बता दिया कि मौका आने पर फिरंगियों की सहायता करनी है।

जो कुछ बीत गया वह सब असहनीय ही ठहरा। पर यह मत भी प्रकट किया

गया कि अब सामूतिरी की भरसक सहायता करनी ही है। सम्भव है, कल स्वयं फिरंगी या कोई अन्य विदेशी वेट्टत्तुनाटु के विरुद्ध चन्द्रहास लेकर आ धमके! तब इस राजशासन को भी दूसरों की सहायता की आवश्यकता आ पड़ेगी न? पूर्व वैरी पड़ोसी ही जंगली नीतिवाले परायों से भले हैं न?''

समिति का अन्तिम निर्णय यही था कि व्यापार के लिए आने वालों को कभी हमला करने नहीं देना है। इसलिए हमलावरों के विरुद्ध लड़ने में राजाओं को परस्पर सहायता करनी चाहिए। पर इसके लिए पहले यह वादा करना अवश्यक होगा कि यहाँ कोई राज्य आगे कभी किसी पड़ोसी राज्य पर कब्जा करने या हमला करने की कोशिश नहीं करेगा। यह भी तय करना है कि पड़ोसियों से सलाह मशविरा किये बिना कोई भी राज्य बाहरवालों के साथ किसी भी व्यापारिक करारनामों पर दस्तखत नहीं करेगा। विदेशी यह भी समझ सकें कि निर्यात करके बेचने के लिए यहाँ के पहाड़ी उत्पाद खरीदने कोई भी यहाँ के किसी भी राज्य में आ जाए तो एक ही दाम देना पड़ेगा। ऐसी एक धारणा बनाया जाना ही हर राज्य के लिए हर समय लाभकारी होगा। इसके कार्यान्वयन के लिए प्रयत्न हो।

कुट्टन दाऊ अत्यधिक उत्साह के साथ राजमहल से लौट आए। छोटे-छोटे राज्यों के ऐक्य की संकल्पना कार्यान्वित हो सके तो सभी राज्य एक साथ स्वतन्त्र और सुरक्षित हो जाएँगे। पर यह कैसे सम्भव हो सकेगा? पहले से ही कोलत्तिरी और अब से पेरुम्पटप्पु फिरंगियों के साथ मिल गये हैं न? जो फिरंगी उनका दाएँ हाथ बन गये हैं उन्हें छोड़ने वे कैसे तैयार होंगे? मामाकम् का अधीशत्व पाने के लिए लड़ी गयी लम्बी लड़ाई तथा राजाओं का छल से मारा जाना वल्लुवक्कोनातिरी कैसे भूल पाएँगे? परस्पर मेल जोल के साथ एक छत्रछाया में रहने के लिए यदि वल्लुवनाट अभी तैयार नहीं हुए तो भी कोई चिन्ता की बात नहीं। क्यों कि वे आज तक किसी पड़ोसी राज्य पर हमला करने नहीं निकले हैं। यद्यपि उस राज्य के पहाड़ी उत्पाद ही बन्दरगाहों में पहुँचनेवाले मालों में अधिक है तो भी विदेशियों के साथ वेल्लाट्टीरी का कोई सीधा लेन-देन नहीं है।

जो भी हो, वेट्टत्तुराजा ने ऐक्य-सन्देश का ताड़-पत्र सभी राजाओं को भेज दिया। वेल्लाट्टिरी का पत्रोत्तर ही पहले मिला। लिखा था—''बात अच्छी है, शीघ्र ही किया जाए।'' कोलत्तिरी का जवाब था—'यदि बाकी सभी सहमत हैं तो मैं भी तैयार हूँ।' पेरुम्पटप्पु गये दूत के लौट आने में ही सब से अधिक विलम्ब हुआ। कहते हैं जवाब तैयार करने के लिए ज़्यादा विचार-विमर्श हुआ। तब शायद यह आशंका रही कि यह किसी का कुतन्त्र तो नहीं। जो भी हो, उन्होंने भी सूचित किया कि सार्वजनिक हित को ही प्राथमिकता दी जाएगी। अडचन डाली केवल नेटियिरुप्पु ने। वहाँ से यही सूचित किया गया कि सम्प्रति सभी शेष मिलकर कोच्ची के विरुद्ध

रुख अपनाएँ। पारस्परिक ऐक्य की बात उसके बाद सोची जाए। पहले से बने रहे वैर में एक और जुड जाए तब कैसे हो सकती है आम भलाई की धारणा?

पर तम्पुरान (राजा) ने समिति की अगली बैठक का सामना यों किया जैसे उन्हें पहले से ही इस बात का पता था कि मामला ऐसा ही रूप धारण करेगा। उन्होंने खुल्लम-खुल्ला बता दिया कि नेटियिरुप्पु को भी सही रास्ते पर लाना ही होगा। यदि नेटियिरुप्पु के राज्यशासनों के संगम के रूपायन में अनुकूल रुख नहीं अपनाए तो नेटियिरुप्पु की सहायता कोई नहीं करें। देखें नेटियिरुप्पु का शौर्य।

राजमहल का रहस्य कितनी जल्दी बाज़ार का गाना बन जाता है! समिति की बैठक के विसर्जन की आधी घडी के बाद नहाने के लिए मैं जब तिरुकंटियूर मन्दिर के तालाब में उतर पड़ा तब उल्टी तरफ की घाट से घोर उपहास भरा एक सवाल सुनाई पड़ा—"मुनयूर को क्या लगता है? वेट्टत्तुकाव की देवी अब की बार किस उद्देश्य से सजधज कर निकल पड़ी है? कहावत यही है 'औरतों में बुद्धि देर से उगती है'—है न? या यह भी है कि वह बुद्धि अति बुद्धि है?"

उत्तर भी उपहास भरा ही था। "ऐसा भी कहा जाता है कि औरत किसी बात पर तुल जाए तो उसे स्वयं ब्रह्मा भी रोक नहीं पाएँगे। किन्तु और भी कहावतें हैं न जो बिलकुल खोखले नहीं हैं? कुबड़ा यदि मस्त हो जाए तो वह क्या गोपुर पर सींग मारेगा? नहाने पर कौआ हंस बन सकेगा क्या? मुर्गा यदि बांग नहीं देगा तो पौ नहीं फटेगी, क्या?..."

स्वच्छ जल के ऊपरी सतह से फिसलते हुए जो प्रश्नोत्तर और उपहासपूर्ण हँसी तालाब के इस घाट तक स्फुट रूप में आ पहुँची उनमें किस बात की प्रतिध्वनि थी? इस बात के सम्बन्ध में और कुछ लोगों की पूर्वधारणा की ही कि ऐक्य के सम्बन्ध में वेट्टत्तुनाट् ने जो प्रस्ताव रखा है उस पर नेटियिरुप्पु की कैसी सोच होनी चाहिए? जब ये लोग अपनी मनमानी करने में माहिर हैं तब कोई भला कार्य कैसे सम्पन्न हो पाए?

जो कुछ सुना था, कुट्टन दाऊ को कह सुनाया।

"जो कुछ हो सके, करने की कोशिश करूँगा।"

कुट्टन दाऊ ने हाथ ऊपर उठाए। "जो भी हो, आखिर उनका अभीष्ट ही हो पाएगा। गुणभेदों की अभिव्यक्ति को कैसे रोका जा सकेगा?" हँसते हुए आगे बोले—"रजोगुण का मुकुट और सत्वगुण का चोगा पहन कर मंचासीन होने का जो प्रयास तमोगुण करता है वह भी उनके प्रहसन का एक अंक ही है!"

तिरुवूर-14

मालु का चरित्र बिलकुल स्वच्छ, साफ़ और सत्वगुण प्रधान था। ज्ञान में भी किसी भी की टक्कर में खड़े होने की दक्षता उसमें थी। सर्वोपरि बचपन से ही परम सत्ता के लिए समर्पित जीवन था उसका।

कोई उपालम्भ या विषाद उसे छू तक नहीं गया था। उच्च स्वर में हँसती या बातें करती नहीं थी। किसी भी चीज़ के लिए उसकी उतावली नहीं होती थी। जो कुछ भी चाहिए सब कुछ अपने पास है यही उसका रुख था। अधमींचे नेत्रों से ही वह किसी पर दृष्टिपात करती थी। बातों में और हँसी में बचपने की चन्द लड़ियाँ अभी अविच्छिन्न रूप से शेष थीं।

एकबारगी यह पहचाना नहीं जा सकता था कि उसकी स्मरणशक्ति एकदम तेज़ और कल्पना शक्ति समृद्ध थी। किसी को भी एकदम ऐसा नहीं लगेगा कि वह विस्मयों से गुज़र कर जीवन के सार तत्त्व को भरसक समझकर, अपने सीमित संसार में उसका कुशलतापूर्वक प्रयोग करके प्रायः विजयी हुई व्यक्ति है।

एक साथ जीने में असंगतियाँ कुछ भी नहीं हुईं—यही नहीं संगतियाँ बहुत पनपीं भी। एक अर्थ में मुझे प्राप्त गुरुओं में एक थी मालु। मालु से ऐसा ज्ञान मुझे मिला जो और किसी से भी मिलना असम्भव था। एक विशेषता यह भी है कि वह ऐसी गुरु थी जो सदैव अपने को शिष्य मान लेती थी।

'कलरी' के एक अनध्ययन दिवस में विवाह हुआ था। ठाट-बाट के बिना आयोजित उस विवाह के सम्पन्न होते ही कुट्टन दाऊ और दीदियाँ लौट गये। बुजुर्गों ने पहले ही परस्पर परामर्श करके निर्णय लिया था कि मालु कुछ दिन के लिए तिरुवूर में ही रहे। साथ ले चलने के लिए नारियों की प्रतिनिधि के रूप में एच्चु ही ठहरी थी। अपने लिए प्राप्त इस बड़ी पदवी ने उसे बहुत अधिक सम्प्रीत कर लिया था।

अगले दिन आमक्काव् में स्नान और प्रार्थना के बाद तिरुवूर की ओर रवाना होने का निर्णय था। यात्रा के लिए गाड़ी तैयार करके ही कुट्टन दाऊ विदा हुए थे।

पोन्नानी तक बैलगाड़ी। उसके बाद नाव में नदी पार कर आलिंगल-आलत्तियूर-पुतियङ्डाटि से होकर, फिर और किसी गाड़ी में अथवा नाव से ही तिरुवूर नदी से होकर मुनम्पम्—कुट्टुवाय के रास्ते से घर पहुँचना सुविधाजनक है। नदी से होकर यात्रा करें तो समय कुछ अधिक लगेगा किन्तु शारीरिक-क्लेश कम रहेगा।

मालु के घर का मातुल वैद्य और ज्योतिशास्त्रविद् हैं। मालु उनके प्राणों की प्यारी है। मालु अपने परिवार की इकलौती लड़की है। मालु जब डेढ़ साल की थी उसकी माँ परलोक सिधार गयी थी। विदुषी मौसी के कोई सन्तान नहीं थी। उन्होंने ही मालु का पालन-पोषण किया था और उसे आद्यक्षर सिखाया था। अनपत्य दुःख का आसरा उन्होंने ईश्वर विकास में ढूँढ़ा था। अपने करों में पलने के लिए, उन्हें मालु मिली मानों ईश्वर ने ही उसे उन्हें दिया हो।

तान्नियूर और तिरुवूर की जैसी समतल भूप्रकृति और रतीली मिट्टी, आमक्काव् और पिलाक्काटीरि के परिसर में नहीं थी। टीले की कतारें, तराइयाँ तथा उतार-चढ़ाववाले कंकरीले रास्ते ही उधर थे। वहाँ के निवासियों के चरित्र में भी तदनुसार अन्तर द्रष्टव्य हैं। जीविका के लिए शारीरिक श्रम की ज़्यादा ज़रूरत के परिवेश में रहने के कारण ही शायद होगा बाहर से ये रूखे सूखे दिखाई देते। किन्तु अन्दर से वे कानन-दरिये के समान स्वच्छ, निर्मल और परदर्शी थे।

उधर के चारागाहों की गायों में भी यह अन्तर प्रकट है। जंगल और टीलों—टेकरियों में घूमने फिरने के दौरान कोई राही मिले तो उसके भाव से ऐसा लगेगा कि अगले ही पल वह आ धमकेगी और सींग से मारकर गिरा देगी। उतनी रूखी खुरदरी दृष्टि है उसकी। अक्सर कूद-फाँदकर निकट आ जाती भी। सामने आकर सिर झुकाती तो वह सींग से मारने के लिए नहीं। सामीप्य का स्नेह चखकर मनुष्य के प्रति अपना प्यार प्रकट करने के लिए ही।

पिता जी के घरवालों और गाँववालों का स्वभाव भी आम तौर भी ऐसा ही है। मुझे भी यह शंका होती है कि मुझ में भी थोड़ी बहुत ऐसी चित्तवृत्ति तो विद्यमान है कि नहीं। तंचावूर जाने के पहले कलरी में प्रशिक्षण के लिए भेजकर उस प्रदर्शन का निरीक्षण करके कुट्टन दाऊ ने कहा था—"अन्दर से नहीं रही, तो चेहरे पर इतनी गम्भीरता की आवश्यकता तो नहीं।"

मालु ने हँसते हुए कहा कि मुख की घन गम्भीरता और गले की रुद्राक्ष माला ही पहले पहल उसके मन में अंकित हुई थी। मुख की घनगम्भीरता पर उसने विशेष ध्यान इसलिए नहीं दिया कि वह भाव तो अपने मातुल का चिरस्थाई भाव रहा था। किन्तु रुद्राक्ष तो इस उम्र वालों के गले में दिखाई नहीं देता। उसे शंका हुई कि क्या वे संन्यास के लिए निकल रहे हैं। ईश्वर प्रदत्त जीवन और कर्मों की उपेक्षा करके आसान रास्तों से उस ओर वापस जाने की तैयारी करना निस्वार्थ बुद्धि वालों के लिए

उचित है क्या?—ऐसा पूछने को उसका मन लगा था।

'जो भी हो, उस रुद्राक्ष माला ने एक सहायता की।''—मालु सोचकर हँस पड़ी। इन दिनों के दौरान मन में कोई चाह न उत्पन्न हो जाए। इसके लिए यह एक न्याय रहा। मोह तुरंग यदि उछल कर कूद पड़े तो बस रुद्राक्षमाला की याद रूपी लगाम को पकड़ कर ज़रा खींच लेना। वहीं वह रुक जाएगा।

विवाह के अगले दिन आमक्काव् में हाथ जोड़कर प्रदक्षिण करते वक्त ही उसने अपने मन की बात को यों प्रकट किया था। एक ओर फैले हुए खेतों तथा उसकी सीमा बाँधते लम्बे-लम्बे टीलों पर भोर की प्रफुल्लता। दूसरी ओर नारियल और सुपाड़ी के पेड़ों पर जहाँ तक दृष्टि पड़े वहाँ यत्र-तत्र विलसती देवी की वेषभूषा आदि। देवी की शोभा यात्रा के लिए मानों पृथ्वी सार्वात्मना तैयार हो गयी हों। आसमान को छूनेवाले छितवन के बड़े-बड़े वृक्ष फूलों से लदे हैं। मन्दिर के आँगन में उनके पत्तों के विवर से धूप की सहस्र उँगलियाँ ज़मीन पर अक्षर लिखना सीख रही हैं।

मैंने पूछा : ''क्या, संन्यास की कल्पना के बिना कर्मयोग का अभ्यास हो सकता है?''

''कर्मों की उपेक्षा करें तो जीवन की गति ही रुक जाएगी—यह तथ्य भी जाननेवाले व्यक्ति हैं आप, यह भी समझ गयी।''

चाहे दो कलरियों में अभ्यस्त हुए हो तो भी दोनों की शिक्षा की दिशा एक ही ठहरी। इसलिए लक्ष्य और मार्ग सम्बन्धी भिन्नता की कोई गुंजाइश पहले से ही नहीं रही। इन्द्रिय निकृष्ट नहीं हैं, श्रेष्ठ हैं—यही बाल पाठ है। क्योंकि माया-प्रपंच की भाँति वे भी इकार कृत हैं। राग द्वेष उनके विविध पहलू हैं। इसलिए राग द्वेष भी ऐकार्य भाव हैं। यही अन्तर है कि वे अनित्य हैं। उनके आधार पर ही ज्ञान इकट्ठा करना है। आश्रमों से होकर सम्पन्न होनेवाली लम्बी यात्रा में स्वास्थ्य रक्षा के लिए आहार-विहार आदि की खोज की आवश्यकता है।

सब कुछ स्वयं में तथा सब कुछ में स्वयं को प्रकट होना है तो अपने-अपने इन्द्रियों और राग-द्वेषों में भी ईश को देखना ही पड़ता है। वे भी ईश में समाहित हैं—यह तथ्य जानना आवश्यक है। किन्तु अविनाशी ईश उनमें बसता नहीं है यह भी जान ले तो ज़्यादा ठीक है। अन्यान्य विधि विहित राग द्वेषों के समान वह काम भी ईश्वरीय है जो धर्म विरुद्ध नहीं है। चाहे राग हो या द्वेष, उसे ही सर्वोत्कृष्ट मानकर सब कुछ भूलकर उसमें रमण न करे तो रास्ता साफ़ और सीधा हो जाएगा।

इन्द्रिय रूपी उपकरणों से पृथकत्व प्राप्त होने पर इन्द्रियों पर जीव का नियन्त्रण अधिक आसान हो जाता है। शरीर रूपी मन्दिर के परिपालन का श्रम कम हो जाता है। मन्दिर में विधि विधान के अनुकूल रस्मे, नैवेद्य, शोभायात्रा आदि बन्द

करना ठीक नहीं। ठाट-बाट के साथ त्यौहार भी मनाया जा सकता है। श्रीमन्दिर की मूर्ति को न भूल जाए तो सब कुछ मंगल। ईश को भूल जाओ तो नित्य पूजा कर्म कितने ही धूम-धाम से चले तो भी मन्दिर मृत हो जाता है।

शरीर रूपी मन्दिर प्रपंच रूपी महामन्दिर से जब तादात्म्य प्राप्त कर लेता है तब जीवात्मा विश्वात्मा से अभिन्न हो जाता है। महासंघात और उसकी विभूतियों का समंजस संयोग वही है। उसके लिए इन्द्रियों को, उनसे भी श्रेष्ठ बुद्धि के काबू में करना है। केवल मनुष्य से ही यह सम्भव हो सकता है। साथ ही साथ, बुद्धि को उससे भी श्रेष्ठ तथा परम तत्त्व जीव के वश में करना है। वह भी मनुष्य से ही सम्भव है। ये सारी उपाधियाँ क्रम भंग के बिना जब श्रुति निबद्ध हो जाती हैं तब जो अनकार सुख प्राप्त हो जाता है वही मानव जन्म का परमानन्द है।

इस ज्ञान की विशेषता है कि परोसते रहने पर भी हाथ के बर्तन में वह बढ़ता ही रहता है। महान गुरुजन ऐसे ही ईशत्व को प्राप्त कर जाते हैं। दूसरों के द्वारा बढ़ाये बरतनों में निर्लोभ परोस देने पर उनमें श्रेष्ठ ज्ञान स्वयमेव पूर्वाधिक भर जाता है।

मंगल सूत्र बन्धन के वक्त से ही मालु के होंठों पर एक मन्त्र मौन होकर ठुमक रहा था। देखते-देखते वह बढ़कर चमकने लगा। दोनों के लिए समान रूप से प्रयोजनकारी होने के कारण रटना शनैः शनै सस्वर हो गया :

''राग द्वेष वियुक्तैस्तु विषयानिन्द्रियै श्वरन, आत्मवश्यै विधेयात्मा प्रसाद-मधिगच्छति।''।

इन्द्रियों को उनके लिए निर्धारित जन्म वासनाओं के अनुसार कार्य करने की अनुमति देकर आत्मस्थित ईश की ओर उन्मुख रहने पर कोई भी अनुभव प्रकृति का अनुसरण करनेवाला बन जाता है। आनन्दकारी भी बन जाता है। शनैः-शनैः उस आनन्द की गुणवत्ता बढ़कर ऊर्जादायक प्रसाद में पहुँच जाती है। वह ईश्वरीय अनुभूति ही है। उसके उपरान्त आनेवाले प्रभात विश्व की ही पुनर्जनियाँ हैं।

जैसे नदी समुद्र में पहुँच जाती है वैसे ही तिरूर में दीदियों के दल में मालु पहुँच गयी थी। नदी के पहुँचने पर समुद्र की गहराइयों में जो नवता आयी वह तब प्रकट हुआ जब एक दिन ब्यालू के वक्त की कुटुम्ब सभा में सीता दीदी ने एक नया निर्देश रखा—''मालु ने तो कुछ सीखा है। कलरी में वह कुछ सहायता तो कर सकती है न?'' कुट्टन दाऊ ने कहा—मुझे भी ऐसा लगा था। शंका हुई कि कुछ तकलीफ हुई तो।''

फिलहाल कलरी में बच्चों को पढ़ाने के लिए स्त्रियाँ रखी नहीं जाती थी। कलरी के ग्रन्थ में पहले ऐसी परम्परा के होने की सूचना तो मिलती है किन्तु वह बहुत पहले की बात है। उसके बाद न जाने क्यों वह परम्परा नहीं के बराबर चली। योग्य व्यक्तियों का अभाव रहा होगा। केवल पुरुष ही मनुष्य हैं, ऐसी गलत वेद-

व्याख्या की जड़ पकड़ लेने का परिणाम भी यह रहा होगा।

'सुस्त बैठे रहना ही ज़्यादा तकलीफ की बात रहेगी, ऐसा भी सोच सकते हैं न?''—सीता दीदी ने विनोद में पूछा।

'तो विचार करेंगे।'

''सहारा बनकर दीदी भी साथ आएगी तो।'' उस दिन उस आम सभा में पहले पहल मालु का स्वर सुनाई पड़ा।

सीता दीदी नकारात्मक कुछ नहीं बोली।

कुट्टन दाऊ ने छोटे बच्चों की जिम्मेदाऊरी उन्हें दे दी। वह मेल-मिलाप उनको और बच्चों को एक ही तरह आह्लाद दायक रहा। दूसरी दीदियाँ भी बारी-बारी से उनकी सहायता के लिए आयीं। माँ के निधन पर गायन और नर्तन जो बन्द हो चुके थे, अब वे फिर से शुरू हो गये।

''अभी तो कलरी बड़ा परिवार बन गया है!'' पिषारटि आशान ज़ोर से हँसने लगे।

मातुल की आँखों की शक्ति जब से क्षीण हो गयी तब से विनष्ट हुए उत्साह का पुनर्जन्म हुआ तो कलरी के लिए वह बड़ा अनुग्रह सिद्ध हो गया। शिष्यों के मुखड़ों पर भी नयी चमक दिखाई पड़ी। फिर क्या, तंचावूर गुरुकुल के जैसे ही दिन शीघ्र गति से व्यतीत होते गये। ईश्वरार्पण स्वरूप तन और मन के लिए आवश्यक काम मिल गये तो आनन्दलब्धि के लिए भला और क्या चाहिए?''

कतिपय भक्ति रसपूर्ण लघुकाव्यों की रचना की। किन्तु एक सुदीर्घ काव्य की रचना की चाह शेष रह गयी। नयी लिपि के प्रचार प्रसार के लिए तो उस लिपि में पढ़ने और लिखने के लिए आवश्यक कृतियाँ होनी चाहिए। नहीं तो नयी वर्णमाला, उस भोजनालय के ताँबे के बर्तन की भाँति पड़ी रहेगी जहाँ भोजन देना कब के बन्द हो गया हो। अभिजात वर्ग के बुजुर्गों ने जो कहा वह परम सत्य ही जो ठहरा।

संस्कृत में ज्ञान और अर्थ विस्तार की जितनी सँभावनाएँ हैं उन सबको लोकभाषा में भी समाहित करने का प्रयत्न करें तो नया रास्ता खुल जाएगा। किन्तु यह अन्यान्य व्यस्तताओं के बीच निभाने लायक कार्य नहीं है, ऐसा बोध तभी हुआ जब कतिपय नयी बातें तथा बाधाएँ उभर कर आयीं। अपनी उत्कट अभिलाषा को स्थगित करने पर दिल अधिकाधिक दुखने लगा।

गर्भ के आलस्य के बीच भी मालु ने सान्त्वना दी—''समय नहीं हुआ होगा।''

मालु की मौसी ने पहले ही सूचित किया था कि प्रसव उनके घर में हो जाए। उस अनुरोध को स्वीकार करने के दो न्याय भी थे। एक तो परम्परा की बात, दूसरी

कलरी में दिक्कत पैदा करना मालु नहीं चाहती थी। मौसी को निराश बनाना कोई भी नहीं चाहता था, यह सचाई तो इन दोनों के अन्दर छिपी थी।

तिरुकंटियूर के भगवान से सुबह-शाम अपनी शेष रही आयु को भी अधिकाधिक सार्थक बना देने की ही उन्होंने अंजलीबद्ध प्रार्थना की थी। थोड़ा-बहुत पूरा हुआ, अब थोड़ा ही शेष रह गया है, उसकी भी पूर्ति का आशिश ही भगवान से माँगा।

नयी लिपि के प्रचार में होनेवाली व्यावहारिक कठिनाइयों के बारे में विचार करने के लिए हर इलाके की कलरी के जिम्मेवार उन इलाकों में एकत्रित हो जाए तथा यदि आवश्यक हो तो सभी त्रिशिवपेरूर में मिल जाए—यह निर्णय लिया गया था। पूंकुन्नम् में जो पहला सम्मेलन चला उसमें यह निर्णय उभर कर आया था। उस सम्मेलन में लगभग तीस कलरीयों ने भागीदारी की।

पूंकुन्नम कलरी के बुजुर्ग आशान ने पहले ही सूचित किया था कि अक्षर सुधार को राजशासन के स्तर पर सीधे अंगीकार दिलाने के प्रयास की आवश्यकता नहीं। मातुल के मित्र और सहपाठी आशान के अनुभव ज्ञान में चोकर रंच मात्र भी नहीं रही। बस राजशासन की ओर से नयी लिपि भी सिखाने की अनुमति प्राप्त करनी चाहिए। देश में यदि नयी लिपि चालू हो गयी तो राजशासन को उसे स्वयमेव स्वीकार करना ही पड़ेगा। देश में यदि चालू नहीं हो सकी तो राजशासन की ओर से स्वीकृति मिलने पर भी कोई प्रयोजन नहीं रहा। दायीं ओर बाँधनेवाली चोटी को बाईं ओर बाँधने की आज्ञा निकाली जाए तो कभी कभार जनता उसे मानेगी किन्तु कोई भी शासन जनता की भाषा या लिपि में जबरदस्त बदलाव ला नहीं सकेगा।

वेट्टम इलाके की कलरीयों में नयी लिपि भी सिखाने की अनुमति राजा ने पहले ही दे दी। पेरुंपटप्पु का मनोभाव भी अनुकूल है- इसकी सूचना दूसरे सम्मेलन में पूंकुन्नम् आशान ने दी थी। उन्होंने यह भी कहा कि इस सम्बन्धी राजाज्ञा की घोषणा अविलम्ब हो जाएगी। वेल्लाट्टिरि अपनी अनुमति की उद्घोषणा कर चुके थे। कोल्लम और वेणाट् की कलरियों के गुरुजनों ने यह आशा व्यक्त की थी कि वहाँ इसका विरोध नहीं होगा। अनुकूल मनोभाव केवल नेटियिरुप्पु ने प्रकट नहीं किया था। गहरी खोज करने पर ही उसका वास्तविक कारण प्रकट हो सका था। लोकभाषा और लिपि दोनों शैली एक हो जाए तो अपने लिए यह खतरनाक सिद्ध हो जाएगा, इस डर के मारे दरबारी वैदिकों ने सामूतिरी राजा से कहकर ऐसा कार्य किया था।

कलरियों के विरुद्ध दी गयी शिकायतों पर राज्यों की आज्ञा अनुकूल नहीं हुई तो ऐसी परिस्थिति में मुनयूर भवनवाले और साथियों ने प्रातिनिध्य के बहाने सामूतिरी राजा के दर्शन कर दुबारा आपत्ति व्यक्त की। कलरियों में नयी लिपि सिखाने की अनुमति देंगे तो सारी व्यवस्था डंवाडोल हो जाएगी। पुराने ज़माने में

बौद्ध-जैन धर्मों का प्रभाव दावाग्नि के रूप में फैल जाने का कारण वस्तुतः भाषा में लाया गया परिष्कार ही था। आचार सम्बन्धी पदों को त्यागने के कारण बौद्धों ने जाति सम्बन्धी आचारों को पूर्णतया तहस नहस कर दिया था। उसके बदले सार्वजनिक भाषा तथा बिना वर्ण भेद का व्यवहार वे स्थापित कर सके। ईश्वर निषेध रूपी विपत्ति के दूर किए जाने पर अभी-अभी तो हम सीधी साँस ले सके न? संस्कृत ग्रन्थों को लिख लेने में सक्षम लिपि लोकभाषा में चालू करने की ओर अब कुछ व्यक्तियों की दुर्बुद्धि प्रवृत्त है।

यदि उसमें वे सफल हुए तो वेदादि अस्तव्यस्त हो जाएँगे तथा कोई किसी भी प्रकार उसके लिखा पढ़ी कर सकते हैं। वर्ण भेद जड़ से उखड़ जाएगा। सबके सब समान हैं ऐसा दुर्भाव फिर से सिर उठायेगा। देश और देश की प्रकृति के लिए उससे बढ़कर विपत्ति क्या हो सकती है? परम अधिकारी को परम अधिकारी तथा गुलाम को गुलाम ही रहना है न? इसके विरुद्ध ऐरा गैरा सब एक समान हो—ऐसे मनोभाव के प्रचार की अनुमति कभी भी नहीं देनी है। वेद सिखाने के लिए जब मठ हैं तब क्यों कर कलरी उसके लिए श्रम करें? निम्न जातिवालों के बीच ब्राह्मणों से ईर्ष्या रखनेवाले व्यक्ति हर ज़माने में हुए हैं। वेदों को कलंकित करने हेतु उन्हें बेलगाम छोड़ देना ठीक नहीं। यह भी समझा देना है कि आदेश का पालन होता है कि नहीं इसकी देख-रेख के लिए यहाँ आदमी तो हैं।

अपने पक्ष के समर्थन में नेटियिरुप्पु ने कलरियों को ये सारी बातें नहीं बता दी थीं। बस यही बताया गया था कि इससे राजमहल के खाते, प्रमाण पत्र सब डाँवाडोल हो जाएँगे। लोक भाषा में तो खाता लिखने की सुविधा अब पर्याप्त मात्रा में उपलब्ध है। फिर तो ऐसा एक झमेला क्यों मोल लें?

---

* राग द्वेष...: (गीता 2, 64) राग द्वेष के अधीनस्थ न होनेवाले इन्द्रिय जब लौकिकता में विहार करते हैं तब भी मन और बुद्धि को परमात्मा के अधीन करनेवाले प्रसाद को प्राप्त करते हैं।

तिरुवूर –15

एक दिन सन्ध्या समय स्नान और ईश्वर की वन्दना करके घर पहुँचा तो पाया कि गोपी भैया ड्योढ़ी पर खड़े हैं। चीरू दीदी देहली पर हँस मुख खड़ी है। उन्हें देखने की प्रसन्नता मेरे चेहरे पर प्रकट हुई। गोपी भैया भी ज़रा हँस लिए।

किन्तु जब मैं अन्दर घुसा, बाहरी दालान में सीता दीदी से बातें करने के बाद मेरी ओर मुड़े कुट्टन दाऊ बिलकुल प्रसन्न नहीं थे। मेरी प्रसन्नता के बारे में पुनर्चिन्तन करने को प्रेरित करनेवाली दृष्टि ही उन्होंने मेरे ऊपर डाली थी।

उस सन्ध्या को ही चेरयन मरय्क्कार भी आया। गीले कपड़े बदलकर मैं कुट्टन दाऊ के ठीक पीछे ड्योढी पहुँचा। कुट्टन दाऊ को देखकर मरय्क्कार अपने आसन से सादर उठकर खड़े हो गये, जहाँ गोपी भैया ने उन्हें बिठाया था। चार कदम हटकर गोपी भैया अपनी सहज मज़ाकी हँसी के साथ पहले की भाँति बैठे हैं। गोपी भैया के साथ आये दो दास हथेली से मुँह छिपाए गोपी भैया की आज्ञा शिरोधार्थ करके लौट जाते हैं।

पहली बार गोपी भैया शिबिका पर कलरी आ रहे हैं। शिबिका के दंड आँगन के आम के पेड़ की ओट में रखकर शिबिका वाहक उसके इर्द-गिर्द खड़े हैं। रेशम के चंदोवों और जरी की झालरों से युक्त विशेष प्रकार की शिबिका। चेरयन मरय्क्कार का वाहन ड्योढी के आगे पहरा दे रहा है।

'फिरंगियों का सामना करने के लिए कुन्नलक्कोन को वेट्टत्तुनाट् साथ नहीं देगा—ऐसी एक शंका कोष़िक्कोड से मिली।' कुट्टन दाऊ का न्योता स्वीकार करके कुरसी पर बैठने के बावजूद भी मरय्क्कार से बैठा नहीं जा सकता था। ''पातार से आया यह समाचार क्या, सही निकलेगा? पुराने अनुभवों के आधार पर ऐसा ही मानना चाहिए न?''

''यह तो बेहतर हो गया।'' कुट्टन दाऊ हँस लिया। 'पहले पहल इसकी खोज करनी चाहिए कि ऐसा झूठा अफवाह किसने फैलाया है?''

मरय्क्कार के चेहरे पर तसल्ली की चमक उदित हुई। सिर पर बाँधे सफेद

कपड़े की पगड़ी के लिए तभी वह चेहरा योग्य दिखाई दिया।

कुट्टन दाऊ गम्भीर हो गये। "मेरी जानकारी में मामला उल्टा है। सभी राजाओं को एकजुट होकर फिरंगियों का सामना करना है। तभी जीत होगी। यही वेट्टत्तु राजा का अभिमत है।"

मरय्क्कार का चेहरा और प्रफुल्लित हो उठा। "रब्बे! तेरी दुआ!"

"जो भी व्यक्ति नेटियिरिप्पु पर प्रभाव डाल सकते हैं उन्हें अब यही करना चाहिए कि वे इस प्रकार के ऐक्य में शामिल होने की प्रेरणा सामूतिरि को दे दें।"

"उन्हें तो उसमें प्रसन्नता ही होगी न?"

"यों तो होना चाहिए। किन्तु लक्षणों से ऐसा नहीं लगता।"

"क्या, कोच्चि और कोलत्तिरि सहमत हुए हैं?"

"उनमें प्रमुख तो सामूतिरि ही हैं न? राजकाज के सम्बन्ध में ज़्यादा विवरण देने से कुट्टन दाऊ भी विमुख हुए। आपका निर्णय ही निर्णायक है न?"

"कोई शर्त तो है, क्या?"

"आगे सारे राजा लोग आपसी वैर छोड़कर परस्पर आदर सम्मान तथा सहयोग के साथ रहेंगे ऐसा दृढ़ विकास दिलाना है, बस। किसी भी बन्दरगाह से खरीदने पर भी पहाड़ी उत्पादों के लिए बराबर का दाम और शुल्क विदेशियों से वसूल करना है—ऐसी शर्त भी होनी चाहिए।

"वही सही बात है न?"

"मरय्क्कार साब! क्या, सही बातें ही सदैव संसार की गति का नियन्त्रण करती है?'—कुट्टन दाऊ वैमनस्य के साथ पूछ बैठे। "कोष़िक्कोडवालों की मनोगति को पहचान कर वेट्टत्त् को सूचना दे दें।"

"क्यों नहीं?"—मरय्क्कार तसल्ली की हँसी के साथ उठ खड़े हुए। गोरे बेटे की पढ़ाई कैसे चलती है?"

"सन्देह क्यों? वह बड़ा समर्थ निकलेगा।"

"आप भी आ गये हैं न?" गोपी भैया की ओर देख मुस्कुराते हुए मरय्क्कार विदा हुए।

कुट्टन दाऊ ने ड्योढी तक मरय्क्कार का अनुगमन किया। ड्योढी के चौखट पर खड़े होकर भी उन्होंने कुछ समय तक मरय्क्कार से बातें कीं। अन्यान्य राजाओं के जवाबों के बारे में बातें चल रही हैं—मैंने ऐसा सोचा। कोष़िक्कोड के बुजुर्ग इस बात से अवगत रहें तभी तो सामूतिरी पर वे युक्ति युक्त ढंग से प्रभाव डाल सकेंगे। किन्तु ड्योढी में बैठे बातें करने से हिचकने का कारण मेरी समझ में नहीं आ रहा था।

लौट कर आये कुट्टन दाऊ ड्योढी की ओर की सीढ़ियों तक पहुँचने ही वाले

थे कि गोपी भैया ने हँसते हुए पूछा—"तब बातें तो ऐसी हैं न?"

सीढ़ी पर खड़े होकर कुट्टन दाऊ ने पूछा—"कैसे?" एक हाथ छत पर टंगे वलय में और दूसरा हाथ दायें खम्भे पर रखकर अनिष्ट को दबाकर रूखे स्वर में ही पूछा था।

बिना किसी हिचक के गोपी भैया हँसते रहे। "जलते घर से चार शहतीर उठा लेने की कोशिश अब भी आप करते नहीं हैं।"

कुट्टन दाऊ के चेहरे में क्रोध का भाव प्रकट हुआ—"उठाते शहतीर में होगी आग, आग नहीं अंगारा यों सोचना ही ठीक है, न?"

"मौके पर पकड़ लें तो हाथ, बिना जले रहेंगे। इन राजाओं की सेवा करते-करते आगे भी..."

"अच्छे कार्य के लिए प्रयत्न करनेवालों की, वे कोई भी क्यों न हो—सहायता करनी ही चाहिए न? गोपी?"

"हाँ ठीक है। किन्तु इस बीच अपना कार्य भूल जाना उचित नहीं है यही मेरा मत है।"

"मेरा मत ऐसा नहीं है। पहले दूसरों का कार्य देखना। पीढ़ियों से पिलाक्काटीरी में यही परम्परा चल रही थी।"

"उसका परिणाम भी स्मरण में है न?"

"परिणामों के बारे में कहें तो" कुट्टन दाऊ बोले। "ऐसी बातें भी हैं जो भली नहीं हैं, उन्हें रहने दे। गोपी, समझ गया हूँ कि राजमहल की गतिविधियाँ जानने के लिए ही आये हो। वह तो लगभग हो चुका है न।"

"मैं बच्चों को ले जाने आया हूँ।" शायद यह जानकर कि ड्योढ़ी के द्वार के उस पार वे सब होंगे कुट्टन दाऊ की दृष्टि पहले उस ओर तथा बाद में मुड़कर मेरी ओर पड़ी।

किन्तु किसी की भी प्रतिक्रिया की प्रतीक्षा किये बिना ही कुट्टन दाऊ बोले—"सब ठीक हैं किन्तु अच्चु को मैंने कलरी में प्रविष्ट कराया। उसे यहाँ ठहरने देंगे तो उसकी पढ़ाई बिना रुकावट के ज़ारी रहेगी।

"आवश्यक शारीरिक अभ्यास के बाद ही लेखन अभ्यास पर्याप्त रहेगा न?"

"मन को सीधा करने की विद्या पहले सीख ले"—कुट्टन दाऊ का स्वर कठोर हो गया।

"ले जाओ तो सही"—सीता दीदी दरवाज़े की ओट से बाहर आयी—"किन्तु उसे रोने नहीं देना।"

गोपी भैया ने हँसते हुए दीदी की बातों को निस्सार बनाने की चेष्टा की—"दीदी की दिल्लगी!"

''यह दिल्लगी नहीं'' कुट्टन दाऊ बीच में बोल उठे। ''आगे कभी तुम्हारे हाथ का प्रहार उसके तन पर पड़ा तो शेष तब जान लेना।''

भरी हुई आँखों से चीरू दीदी ने मेरी ओर देखा ''हे ईश्वर! परिस्थितियाँ विकट होती जा रही हैं''—इस मतलब की उसकी दृष्टि में हज़ारों जीभें छिपी थीं।

''जो बीत गयी सो बात गयी''—सभी व्यक्तियों से मैंने कहा।

''महीनों से ड्योढी में बाट जोहकर रही दीदी के गले में मोच आ गयी है।''

''उसमें अचरज की बात क्या है? सीता दीदी नरम हो गयी। 'उसका और कोई नहीं है, राह देखने के लिए।''

चीरू दीदी के प्रति वात्सल्य के कारण अपनी वाणी की कर्कशता बढ़ गयी तो नहीं? ऐसी शंका कुट्टन दाऊ को हुई। उनका स्वर सौम्य हो गया। ''गोपी, तू तो यहाँ पराया नहीं ठहरा। भलाई हो, यही सब की चाह है। अपनी इच्छा से काम कर लेना। ... फिर क्या लोकगति! वह अपने ढंग से आ ही जाएगी। लेकिन सोच लो कि किसी भी कार्य में अपना मार्ग भला रहा तो गिर पड़ने की स्थिति नहीं आएगी। यदि गिर पड़े तो भी वह कीचड़ में नहीं होगा।''

गोपी भैया भी पूर्व स्थिति में आ गया। 'क्रोध आने पर मैं स्वयं अपने ऊपर नियन्त्रण नहीं कर पाता। प्रयास तो करूँगा। अप्पू के विवाह में भी सम्मिलित नहीं हो सका।... फिर तो पथ से भ्रष्ट होने की बात। यों कुल मिलाकर न देख लेना ही बेहत्तर रहेगा। कुट्टन दाऊ! आप चले एक रास्ते से। मैंने ऐसा एक रास्ता चुना। मेरे रास्ते में आयी विपत्ति से ज़्यादा और कुछ आने को है क्या? कल ही यदि मृत्यु हो गयी तो भी चार दिन की ज़िन्दगी सुख से जी सका... ऐसा...।''

''मेरा जन्म विदुर जन्म होगा 'शायद यही कारण है कि मुझे कुछ उल्टा लग रहा है।' कुट्टन दाऊ असहायता के भाव में हँस उठे। धृतराष्ट्र होता तो... !''

'मेरी दृष्टि में'—गोपी भैया खुल्लम-खुल्ला बोल उठे। ''इन राजाओं और फिरंगियों के बीच कोई अन्तर नहीं है। सबके सब स्वेच्छा से काम करनवाले और विद्रोही हैं। सबका मेल-मिलाप करना नहीं, सबको आपस में मार-पीट करवाकर खत्म करना ही चाहिए। आपसी मारकाट में ही इनके कुलों का नाश हो जाएगा। इस महाव्याधि का और कोई उपचार नहीं है।''

महल का करिन्दा दो सैनिकों के अंगरक्षकत्व में ड्योढ़ी की ओर चला आया तो यह बहस भी खत्म हो गयी। यद्यपि साठ साल की उम्र के ही हुए हैं तो भी कारिन्दे का मिज़ाज एक बूढ़े बुजुर्ग जैसा है। लम्बी लम्बी सफेद भौंहों की छाया में टिकी दृष्टि अत्यन्त सूक्ष्म एवं पैनी थी। पूरी तरह से चतुर व चालाक व्यक्ति।

घर और कलरी के कुशल क्षेम की पूछताछ के अनन्तर कारिन्दे ने सूचना दी ''फिरंगी लोग फिर भी आये हुए हैं। वे कोलत्तिरी के पास हैं। कोषिक्कोड

की ओर भी वे जाएँगे, ऐसी खबर है। कारिन्दे ने अपने दौत्य को व्यक्त किया—"नेटियिरिप्पु को भेजने के लिए एक नये ताड़-पत्र का मसौदा तैयार करने की आज्ञा को सूचित करने के लिए ही मैं आया हूँ। कल बैठक बुलानी है—यह निर्णय भी बताना है।"

ताड़-पत्र की विषयवस्तु कैसी हो इस की सूचना भी कारिन्दे ने दी। व्यापार में सम्प्रति आये घटाव पर ध्यान न देकर, फिरंगियों को सुविधाएँ नहीं देने की बात की सूचना नेटियिरिप्पु को देनी है।

दक्षिण और उत्तर में राज करनेवाले शासक अपनी-अपनी त्रुटियों को समझ लें तथा उनके लौट आते वक्त तक उनकी रक्षा करे इस बात की भी सूचना देनी है। यह भी कि पहले जो ताड़-पत्र भेजा गया था, उसके निर्देशों का गम्भीरतापूर्व पालन भी होना चाहिए।

'विशेष रूप से यह भी कहने की आज्ञा हुई है कि पद प्रयोग में आवश्यक सुधार मनोयोग पूर्वक कर लें। यों कारिन्दे ने हँसते हुए अपना विषय प्रस्तुतीकरण सम्पन्न किया।

ड्योढ़ी में बैठते वक्त या हँसते हुए उधर से निकलते वक्त कारितंदे ने गोपी भैया की ओर न विशेष गौर किया और न कुछ पूछा भी।

सीढ़ियों तक जाकर कारिन्दे को विदा करके लौट आये कुट्टन दाऊ ताड़-पत्र और लिखने का नाराच लेकर एकदम बैठ गये। किसी से कुछ भी न बोले।

तड़के मैंने आँखें खोली तो सामने कुट्टन दाऊ। उनका चेहरा स्पष्ट बता रहा था कि वे बिलकुल सोये नहीं हैं। क्या कुट्टन दाऊ मेरे जाग उठने की प्रतीक्षा में खड़े थे? इस प्रकार सुबह-सुबह मुझे बुलाने के लिए उनका आगमन बचपन में ही हुआ करता था।

"राजा ने यह भी बताने के लिए कारिन्दे से कह दिया था कि गोपी अपनी सीमा का उल्लंघन कर रहा है।"—कुट्टन दाऊ ने सायास कह दिया ज्यों मृत्यु की सूचना दे रहे हो।

यह निश्चित करने का मैंने प्रयास किया कि मैं दुस्वप्न तो देख नहीं रहा हूँ।

कुट्टन दाऊ बोले—"उससे पूछताछ करने में अभी देरी नहीं करनी चाहिए। उसकी रक्षा के लिए भी यह आवश्यक है न?" होश आने पर 'हाँ' ही कह सका।

नेटियिरिप्पु को भेजने के लिए तैयार किये गये ताड़-पत्र के मसौदे की ओर यों ही आँखें गड़ाकर कुट्टन दाऊ गोपी भैया की प्रतीक्षा में ड्योढी में बैठे रहे।

स्नान और नाश्ते के बाद गोपी भैया आये तो अत्यन्त सौम्य भाव में उन्हें पास बुलाया। गोपी भैया पास आने लगे तो, आहिस्ते-आहिस्ते उठ खड़े हुए।

"गोपी! क्या, हम वेट्टत्तु राजा का अहित कर सकते हैं?"

''इन राजा लोगों के हिताहितों की ओर दृष्टि डालने का अवकाश भला किस के पास है?'' गोपी भैया ने सदा की भाँति हँसी में आसरा पाने का प्रयास किया।

बिना किसी घुमाव-फिराव के अगला प्रश्न पूछा—''राजा के सेनानायकों में किसी की दल-बदली के लिए क्या तुम ने कोशिश की?'' फेंके गये गेंद को लौटा कर फेंकते हुए गोपी भैया ने प्रति प्रश्न किया—''ऐसा किसने कहा?''

''किसने कहा यह तो मुख्य बात नहीं।''

''वेट्टत्तु के किसी सेनानायक ने यदि अपने को ही बेचकर धन कमाया तो उसमें मेरा क्या कसूर है?''

''क्या उस सौदे का दलाल तुम ही थे?''

''ऐसा देखें तो इस पृथ्वी पर कौन-सा सौदा कौन कर सकता है?''

कुट्टन दाऊ का सिर नीचे की ओर झुका।

सीता दीदी ड्योढी की ओर आयी। अन्य दीदियाँ पीछे दरवाज़े के उस पार खड़ी रहीं। सीता दीदी के चेहरे पर सचाई की पहचान के प्रमाण प्रकट थे। कुट्टन दाऊ पहले ही बातें बता चुके होंगे।

''ठीक है''—कुट्टन दाऊ ने शान्त भाव से सिर ऊपर की ओर उठाया। 'किन्तु सिर ऊपर न दिखाना ही तुम्हारे लिए भला है। 'तुम सीमा लाँघ रहे हो' ऐसा राजा ने मुझे कहला भेजा है तो उसका मतलब...''

''इस गोपी को कोई भी राजा यों ही निगल नहीं पाएगा।'' गोपी भैया भड़क उठे। अपनी रक्षा की बात मैं जानता हूँ।''

''जो कहना है सो मैंने कह दिया बस।''

''जो करना है वह मैं कर लूँगा।''

उसी क्षण गोपी भैया घर छोड़ निकल गये।

चीरू दीदी और सन्तानों से बिदाई लिए बिना वे चले गये थे।

उनके चले जाने का वह दृश्य अपलक देखनेवाली चीरू दीदी और सन्तानों के चेहरे को अपने दिल से मिटा देने का व्यर्थ प्रयास अब भी ज़ारी है।

तिरुवूर-16

चारों ओर व्याप्त अन्धकार दिन-ब-दिन सघन होता जा रहा था।

कोलत्तिरी राजा की सहायता से उधर के समुद्री व्यापार का ठेका अपनी अधीनता में लेनेवाले फिरंगियों ने मुसलमानों के जहाज़ों को हड़प कर सारे मज़दूरों को मार डाला। अब दक्षिण की ओर उनके जंगी जहाज़ों का हमला होनेवाला है—ऐसी श्रुति फैली है।

कलरी के बच्चों के मुखड़ो पर भय घर कर गया। उनकी नींद नष्ट हो गयी। बड़ों की आशंका देखकर उत्पन्न आत्मनाशक मानसिक व्यथा। वैसे तो सब कहीं सभी समय खतरा घात लगाकर बैठा हुआ है। तिसपर और एक नया खतरा भी आनेवाला है ऐसी स्थिति में आधी रात के वक्त भी किसी को नींद नहीं आती। कोई भी कहीं भी उच्च स्वर में बातें नहीं करते। कोष़िक्कोड पहुँचे फिरंगियों ने समझौते की माँग नहीं की, बिना किसी शर्त के उनकी आज्ञा को मानने की माँग प्रस्तुत की। राजा के सम्मुख द्विभाषी भी परेशान हो गये। फिरंगियों का हुकुम था कि कोष़िक्कोड से तमाम सारे मुसलमानों को भगा देना।

अपने मन की बात का कार्यान्वयन नहीं हुआ तो फिरंगियों ने राजमहल के द्वारों-दरवाज़ों को तहस-नहस कर दिया। खजाना लूटा। चिर पुरातन दस्तावेज़ों को भस्मीभूत कर डाला। कार्यालय में आग लगा दी। इन से भी तृप्त न होकर कोषिक्कोड शहर में भी आग लगा दी। बन्दरगाहों में पड़े रहे चावल भरे जहाज़ों को आग लगाकर डुबो दिया। उन ज़हाजों के कर्मचारियों को, नाक-कान काटकर तथा आँखें फोड़कर अत्यन्त विकृत और विपन्न रूप में सामूतिरि के सामने पेश किया। और कहा—''देख ले, हमें न मानेंगे तो तेरा भी यही हाल होगा।''

कोषिक्कोड बन्दरगाह के सारे के सारे आयात-निर्यात बन्द हो गये।

फिरंगियों की फौज में एक हज़ार से कम सैनिक ही थे। फिर भी सामूतिरि के सैनिक उन्हें न हरा पाए और न सफलतापूर्वक उनका प्रतिरोध ही कर पाए। तब तक सर्वशक्ति मान माने गये कुन्नलक्कोनातिरी लोक के समक्ष अत्यन्त दुर्बल सिद्ध हुए।

मुसलमानों को बड़ा भारी नुकसान पहुँचा था। उसे किसी भी तरह पाटने का वचन देकर ही उन्हें पातार लौट आने को सामूतिरि ने प्रेरित किया था। इस अधिक विधेयत्व ने वैदिक ब्राह्मणों को पूर्वाधिक क्रुद्ध बना दिया। ''फिरंगियों का शासन इससे बेहतर होगा''—यहाँ तक उनमें किसी-किसी ने खुल्लम-खुल्ला बता दिया।

फिरंगी लोग, इस घमंड के साथ कोची पहुँचे कि उन्होंने कोष़िक्कोड को एक सबक सिखा दिया है। वहाँ उनको राजकीय स्वागत-सत्कार मिला। कैसे नहीं मिलेगा? पेरुंपटप्प् के सम्मुख फिरंगी तो अद्‌भुत पराक्रमी जो ठहरे हैं। कुलशत्रु को कुचलकर ही तो वे आ रहे हैं। इतने काल तक कोशिश करने पर भी यह कार्य असम्भव रहा था। फिरंगियों ने, अपने द्वारा निर्धारित दाम पर हमेशा के लिए पहाड़ी उपजों को बेचने के सहमतिपत्र में राजा के हस्ताक्षर भी करा लिए।

अकस्मात् हुए असहनीय अपमान को दूर करने की तैयारियाँ सामूतिरि ने शुरू कीं। नेटियिरिप्प् का ताड़-पत्र कोची पहुँचा। 'कहीं से घुसेड़ कर हमला करने आये फिरंगियों के प्रति उनका प्यार है अथवा कोष़िक्कोड के प्रति, इस बात पर सोच समझकर अन्तिम निर्णय लेकर पता चलाएँ'—यही उनकी उग्र आज्ञा थी।

उसके साथ और एक आदेश यह भी था। कोचि से तमाम सारे फिरंगियों को तुरन्त भगा देना।

उन ताड़-पत्रों को पेरुंपटप्प् राजवंश ने तृणवत् मूल्य भी नहीं दिया। नेटियिरिप्प् के

सैन्य—सन्नाह का पता तो चला है। जो कुछ भी चाहे वे करे। तब देखा जाएगा। यों सोच राजा मौन रहे।

'ऐसा है तो इस अपमान का बदला लेकर ही और कुछ होगा—ऐसा नेटियिरिप्प् ने भी सोचा।

दोनों पक्षों के व्यक्तियों और पार्कावर्तियों ने जन, धन, आयुध आदि जुटाकर धावा बोलने के लिए कमर कस लिए तो देश में खेती, व्यापार आदि की देख भाल के लिए न व्यक्ति रहे और न ही समय। दोनों का क्षय होने पर अकाल पड़ गया। अकाल के साथ महाव्याधियाँ भी सब कहीं फैल गयीं।

समझौता करना श्रमसाध्य सिद्ध हुआ तो भी उसका प्रयास ज़ारी रखने की ही वेट्टत्त राजा ने ठान ली। कार्य विचार की सभा बरखास्त नहीं की गयी। किन्तु जल्दी ही निपटा देने की सब से कठिन समस्या जो सामने आयी वह थी—वेट्टत्तु से आयी सहायता की प्रार्थना पर निर्णय लेने की। पेरुंपटप्पू से वेट्टत्तुनाट का निकट का सम्बन्ध था। दत्तक स्वीकृति तथा अन्यान्य मामलों के कारण यह सम्बन्ध पीढ़ियों से चल रहा है। उनके विरुद्ध उनके उन्मूलनार्थ चलनेवाले हमले में हिस्सा लेने का अनुरोध ही नेटियिरिप्पु कर रहा है।

कार्य विचार दो दिन-रात चलता रहा। यह साबित हो चुका है कि समुद्र लाँघकर आये आक्रमणकारियों में मानवीयता लेश मात्र भी नहीं है। कल वे किस दिशा की ओर मुड़कर कैसा ही निष्ठुर कार्य कर डालेंगे इसका कोई निश्चय किया जा नहीं सकता। पुनर्चिन्तन किये बिना तथा किसी से परामर्श किये बिना पेरुंपटप्पु का जल्दबाज़ी में ऐसा निर्णय लेना गलत हो गया कि शत्रु का शत्रु मित्र है।

किन्तु, ऐसी एक गलती उस राजवंश की हो गयी तो उसका समाधान क्या, उनसे हमला करना है? उनके विरुद्ध धावा बोलने से क्या प्रयोजन होगा? परिणाम तो उल्टा ही निकलेगा। इस हमले में वेटत्तुनाट् का, नेटियिरिप्प् का पक्ष लेना कहाँ तक ठीक रहेगा? यदि साथ नहीं दिया तो कल वेट्टत्तुनाट् के विरुद्ध धावा बोलने के लिए नेटियिरिप्पु के लिए यही पर्याप्त है।

ऐसी स्थिति में नेटियिरिप्प् के लिए आवश्यक सहायता तो करनी है। सन्दर्भ का विवरण देकर तथा वही विवेक है ऐसा कहकर पहले ही पेरुंपटप्प् के लिए एक ताड़-पत्र भेजना है। फिर भी पेरुंपड़प्प् को सद्बुद्धि न लगी तो तब उत्तरी सेना की सहायता के लिए कुछ सैनिकों को भेज दिया जाएगा। किन्तु यह बात पक्की करनी है कि उनमें से कोई भी फिरंगियों के सिवाय और किसी से नहीं लड़ेंगे। इस बात की सूचना भी पेरुंपटप्पु को पहले ही देनी है।

पेरुंपटप्पु ने यद्यपि अनुचित काम ही किया है तो भी वेट्टत्तुनाटु को उस राजवंश से शत्रुता रखना सम्भव नहीं। वेट्टत्तुनाट् के किसी भी सैनिक को कोची जाने पर उस देश की सेना के विरुद्ध हथियार नहीं उठाना चाहिए। इस विषय में सेना के व्यवहार में आनाकानी न हो जाए—इस की देख-रेख के लिए उससेना का नायकत्व स्वयं वे ही करेंगे, यह दृढ़ निश्चय भी राजा ने सुनाया।

धीरे-धीरे प्रतिवर्ष राजकाज में आद्यन्त डूबकर कुट्टन दाऊ राजमहल की सभी विचार सभाओं के हिस्सेदार बने। जाग उठते ही राजमहल जाते। कतिपय रातों में वापस आ ही नहीं पाते थे। सीता दीदी ने एक बार सूचित किया—'पहले भी कोई राजमहल का निवासी बन...'

'जानता हूँ'—कुट्टन दाऊ बोले—"किन्तु कुल के बुजुर्गों को वेल्लाट्टिरि ने वेट्टत्तु राजा की सहायता करने की ही आज्ञा दी थी। राजा तो भलाई ही चाहते हैं।"

उस बार उत्तरी सेना वेट्टत्तुनाट् की ओर से दक्षिण की ओर अत्यन्त शिष्टता के साथ ही गयी थी। कहीं भी उन्होंने कोई उत्पात नहीं मचाया। सुना कि फिरंगियों ने कोषिक्कोड में जो आतंक मचाया, उसके अनन्तर अपनी सेना को और अनुशासन में लाने की ओर सामूतिरी ने विशेष ध्यान दिया था। जो कुछ सुना वह सत्य साबित भी हुआ।

कोची में केवल अपने आवास केन्द्र किले के संरक्षण का ही श्रम फिरंगियों ने

किया था। अन्यथा, कोची की सेना की कोई विशेष सहायता उन्होंने नहीं की। वेट्टत्तु राजा तथा सेना ने उस किले के प्रतिरोध में विशेष ध्यान दिया। किला अधीन में आया तो कोई भी फिरंगी कोची में शेष नहीं रहेगा।

अति भीषण रण था वह। फिरंगी किले के बाहर नहीं आये। चारों ओर खड़ी की गयी कोची-सेना को आगे करके ही किले की रक्षा के लिए उन्होंने लड़ाई लड़ी थी। सैनिकों को बन्दी बनाने का ही कार्य उन्होंने किया, किसी को भी मारने का प्रयास नहीं किया।

किले का संरक्षण करनेवाली कोची-सेना को थोड़ी देर बाद वेट्टत्त-सेना के सहानुभूतिपूर्ण मनोभाव का पता चला। उनमें शत्रुता का भाव क्षीण हो गया। अब ऐसी स्थिति आयी कि रण के लिए फिरंगी बाहर नहीं आये तो अब रण नहीं होनेवाला है। फिरंगी भी भीतर ही भीतर बन्द रहे। उस मौके पर सामूतिरि की थल सेना और नौ-सेना दोनों ने कोची पर हमला किया। हफ्तों तक ज़ारी रहे हमले में कोची-सेना को पीछे हटना पड़ा। कोची राजा ने इलंकुन्नपुषा मन्दिर की चहार दीवारी के भीतर शरण ली। परन्तु इस बीच पेरुंपटप्पु की युवा पीढ़ी के तीन राजकुमारों को सामूतिरी के सेनानायकों ने विविध प्रकार के षड्यन्त्रों में फंसाकर छल में मार डाला।

इस सिलसिले में वेट्टत्तु राजा और सामूतिरि के सेनानायकों के बीच मनमुटाव हुआ। अपनी भी सहायता के बल पर ही राज परिवार के सदस्यों की छल में हत्या हुई है—यों कोचि के तथा दूसरे लोग सोच लेंगे—इस बात पर राजा बहुत खिन्न हुए। इसकी जानकारी उन्होंने सबों को दे दी। कोई परिणाम नहीं निकला। लड़ाई थम गयी किन्तु अपयश शेष रह गया।

कोची को अपने अधीन करने की घोषणा करके तथा उधर बहुत बड़ी सेना का विन्यास करके नेटियिरिप्प् के सैनिक विजय का नगाड़ा बजाकर लौट गये। शेष ओणम के त्यौहार के बाद होगा—यों डींग भी मारे।

फिरंगियों के आवास-किले को कब्जे में न करने पर उत्तरी सेना ने वेट्टत्तुनाट पर खुले तौर पर दोषारोप लगाया। यदि प्रयास करते तो किले को कब्जे में किया जा सकता था—यह तो सच ही है। किन्तु किले का पहरा देनेवाले कोचि-सैनिकों को तहस-नहस किये बगैर वह सम्भव नहीं हो सकता था। किले के सन्नाह और हथियार आदि का उपयोग बाहर की सेना कर न सके। ऐसा प्रतिरोध करने पर ही समुद्री मार्ग से और थल से आगे बढ़ी उत्तरी सेना विजय हासिल कर सकी—कृतज्ञतापूर्वक इस किस्से की याद करने को उत्तरी सेना तैयार भी नहीं हुई।

वेट्टत्तुनाट् को नुकसान ही हाथ आये। दक्षिण दिशा की ओर गयी सेना की एक चौथाई मर मिटी। कोची से शत्रुता कायम हुई। केवल सहयोग देने के नाम के

वास्ते ही वेट्टत्तुनाट् ने रण में भाग लिया था। यह दोषारोप ही उन्हें मिला, वहाँ जो निर्णायक भूमिका उन्होंने निभायी उस पर कोई सन्तोष नेटियिरिप्प् से नहीं मिला।

कोची से वापस आये राजा ने सभा बुलाकर असंदिग्ध रूप से घोषणा की—''जो भी प्रलोभन, प्रेरणा या आदेश कुछ भी किसी भी मात्रा में आए तो भी भविष्य में स्वरक्षा के सिवाय और किसी से लड़ना हम नहीं चाहते हैं।''

दक्षिण दिशा की ओर गयी उत्तरी सेना में आधी संख्या से कम सैनिक ही लौट आ सके। नाम मात्र के लिए ही सही, वेट्टत्तुनाट् भी इस लड़ाई में शामिल था, उधर से होकर लौटते वक्त वेट्टत्तुनाट् में भी उन्होंने कोई धांधली नहीं मचायी। विजयी होकर लौट रहे हैं न? किसी से प्रतिशोध लेने की बात भी नहीं थी।

हमले के बाद ही प्रसव के लिए मालु को आमक्काव् ले चलना है—यह निर्णय पहले ही ले लिया गया था। दिन गिन-गिनकर प्रतीक्षा की। मौका मिलने पर आमक्काव् की ओर रवाना हुए। अम्मिणि दीदी और बच्चा साथ आयी। पिलाक्काटीरी भी जाने की इच्छा थी दीदी के मन में। माँ कैसी है? कलरी कैसे चलती है? इन के बारे में कुछ दिनों से उन्हें कोई पता ही नहीं था।

मौसी को देख लेने की उमंग में मालु यात्रा का क्लेश भूल गयी। अपनी जन्मदात्री से भी अधिक प्यारी थी मालु के लिए मौसी। मौसी के लिए तो कई गुना बढ़कर। गर्भवती होने की सूचना पाते ही सारी शारीरिक पीड़ाओं और वातरोग की परेशानियों की परवाह किये बगैर वे उसे देखने आयीं थीं। फिर तीसरे महीने और एक बार वे आयीं। उन दिनों एक दिन दोपहर को मालु को सिर-चक्कर ने परेशान किया। वह भोजन कर रही थी। पास बैठी चीरू दीदी के शरीर की ओर झुक गयी। मुख पर जल छिड़का दिया। व्यजन चलाया तो होश आ गया। फिर भी थोड़ी देर के लिए सब घबरा गये। उसी दिन आदमी भेजकर तिरुपरंगोट्टु मूस्सत् को बुला लाया। उन्होंने कहा कि शारीरिक कमज़ोरी के अलावा उसे और कोई बीमारी तो नहीं। थकावट के लिए औषधि लिख दी। तब से वह निर्देशानुसार औषधि का सेवन करने लगी।

''बेटी को कुछ परेशानी हुई है क्या?''—ऐसा पूछते हुए दूसरे दिन घबराहट के साथ मालु की मौसी आ पहुँची। यह पूछने पर कि कैसे जान गयी?—तो बोली कि मन में यों ही ऐसा भान हुआ कि बच्ची को कोई परेशानी आई है। एक सविशेष आत्म सम्बन्ध ही था वह।

सिर का चक्कर उसके बाद नहीं आया। आमक्काव् में यदि स्वास्थ्य बिगड़ जाता तो मालु का मातुल ही चतुर चिकित्सक है। 'वैद्यमठम्' भी दूर नहीं। कोई आशंका नहीं लगी। किन्तु मालु के बिना, उधर से सीढ़ियाँ उतरने लगा तो बेचैनी का अनुभव हुआ जैसे भीतर का कोई प्रवाह अकस्मात् रुक गया हो।

यह तो सहज वासना बन्ध का परिणाम है—यों सोचकर आकास्त हुआ। मालु और उसके गर्भस्थ शिशु को ईश्वर के हाथों सौंप दिया। सबके कर्ता और धर्ता स्वयं मैं हूँ ऐसे अहंकार युक्त मूर्खता के आवेष्टन से अपने को बचाने का प्रयास किया।

बुआ की और पिलाक्काट्टीरी कलरी की दीन हीन स्थिति का निदान और समाधान दोनों ईश्वर की इच्छा है, यों सोचकर आकास्त हुआ। गोपी भैया की अनुपस्थिति में घर और कलरी दोनों ही अनाथ। नाम मात्र के लिए कुछ बच्चे हैं तथा एक बूढा गुरु भी। बस, कुलदेवता को दिया जलाने के कार्य में कोई रुकावट नहीं आयी है।

'इधर है, उधर है—ऐसा सुनाई देने के अलावा ...'—यों गोपी भैया के बारे में कहने लगी तो बुआ का कंठ रुंध गया।

इतना ही उनसे कह पाया कि 'अब कुछ परेशानी लगी तो उधर आ जाना'। 'कलरी में सन्ध्या दीप जलाने का काम मातृकुल के किसी को सौंप देना।'

कितना ही प्रतिरोध करें तो भी कभी भी नहीं दब जाने का हठ लेकर ममत्व सम्बन्ध जिस प्रकार मन को भारी बना सकता है इसका पूरा पता चला वापसी यात्रा के दौरान तथा तिरुवूर में वापस पहुँच जाने पर। कर्म विमुखता से बचने के लिए कलरी के कामों में ज़्यादा डूबा रहा। मानसिक स्वास्थ्य की पुनः प्राप्ति के लिए ध्यान मनन भी शुरू किया। उनसे भी आवश्यक छुटकारा नहीं मिला। तभी तो ध्यान देवी सरस्वती की ओर मोड़ने का निर्णय लिया।

अन्यान्य प्राणियों में सहज रूप से जिस मात्रा में ईश्वरीय ज्ञान और उससे उत्पन्न निःसंगता दिखाई देती है उस मात्रा में मनुष्य में वह प्रकट नहीं है—इस विरोधाभास की उलझन को सुलझाने के लिए एकमात्र शरण सरस्वती की आराधना ही है। ऐसा लगा कि 'देवीमाहात्म्य' में मन लगाने से समाधान मिल जाएगा। प्रकृति देवी का अनुग्रह तिल भर भी प्राप्त हुआ तो मन म्लान नहीं होगा।

'देवी माहात्म्य' का बार-बार पारायण करते हुए, उसे भाषा में लिख लेने की इच्छा उत्पन्न हो गयी। सात्मीकरण के लिए सबसे अच्छा मार्ग वही है—ऐसा विचार आया। किन्तु मूल कृति के अठारह अध्यायों में केवल तेरह ही कलरी के ग्रन्थालय में उपलब्ध है। गुरुकुल के संग्रह में खोजने पर भी शेष भाग देखने को नहीं मिला।

कोई बात नहीं, जितना मिला, उनको भाषा में लिपिबद्ध करने का निर्णय लिया। वह तो पर्याप्त है। तेरहवें अध्याय के अन्त में प्रपंच की मूल प्रकृति को निकट से पहचानने पर प्राप्त होनेवाला प्रसाद (अनुग्रह) मिल ही जाता है।

वह प्रसाद जब दुर्लभ हो जाता है तभी मानव अन्यमनस्क बनकर स्वयं कृत अनर्थों में पड़ जाता है। चींटी, दीमक, शहद की मक्खी आदि भी उस प्रसाद को कलंक पहुँचाये बिना महा ज्ञानियों की तरह निस्संग और कर्मोन्मुख होकर अपना

जन्म पूरा कर लेते हैं। मानव करता क्या है? वह लोभी होकर भूमि और समुद्र दोनों पर हमला करता है। स्वयं मर जाए तो भी दूसरों को मारने का हठ पकड़ता है। वह न स्वयं जीता है और न ही जीने देता है। पराये के हाथ में जो कुछ है सब वह अपना लेना चाहता है। क्यों? इसका कोई निश्चय नहीं। दान में नहीं मिला तो हत्या करके ही सही उसे हथिया लेगा।

परमशक्ति को जानने का नहीं, उससे बढ़कर शक्ति शाली बनने का ही मनुष्य का मोह है। जिसके बारे में कुछ जानकारी ही नहीं, भला, वह बन जाने तथा उससे बढ़कर शक्ति प्राप्त करने का प्रयास कौन कैसे कर सकता है? किसी भी चीज़ को जानने तथा सब कुछ बन जाने का सही रास्ता अपनी ही आँखों के सामने साफ प्रकट है, किन्तु वह उसे देख नहीं पाता। चारों ओर घटित होनेवाली सभी विपत्तियों का कारण अज्ञान ही है—इस तथ्य से एक बार फिर अवगत हो गया। अभी जो महानरक घटने को हैं उनका हेतु भी और कुछ नहीं होगा। सही ज्ञान प्राप्त नहीं करने पर अशान्ति का समाधान नहीं होगा। एक बत्ती जलाने के लिए कठिन श्रम करते वक्त, अन्धकार का दस गुना और गाढ़ा हो जाने की स्थिति! यह कैसी परीक्षा! अधिकाधिक उजियाले की अत्यन्त आवश्यकता पड़ रही है। इसलिए देश में हमला के चलते वक्त ही, कलरी के काम के बाद, भक्ति मार्ग को ताड़-पत्र में लिपिबद्ध करना ही करणीय है, ऐसा सोच लिया।

पहले तीन अध्याय केका छन्द में पूरा किया। फिर काकली में शुरू किया। छह अध्याय हुए तो कुट्टन दाऊ को दिखाया। कुट्टन दाऊ को शंका हुई कि वन्दना श्लोकों में जीवित व्यक्तियों से सम्बन्धित परामर्श क्यों हो? तान्नियूर कलरी के गुरुवरों में अपने अलावा और भी कई जीवित हैं। उनको छोड़ दें तो उनको खिन्नता होगी न?

कुट्टन दाऊ और नीलकंठ गुरु ये दोनों ही उस काल के जिन्दा व्यक्तित्व थे जिनकी वन्दना उन पंक्तियों में की गयी थी। देव स्तुति के बाद मातुल की वन्दना की गयी है। कुट्टन दाऊ ने कहा कि वही पर्याप्त है। उस एक नाम में सबके सब समाहित हैं। भूदेवों में वेदवेदांगों का भली-भाँति ज्ञान रखनेवालों की भी यथाविधि वन्दना की गयी है। खूब हो गया है।

'ठीक है'—झुककर बोला।

सन्ध्या के उपरान्त की वेला थी। कुट्टन दाऊ 'भाषा देवीमाहात्म्यम्' का एक-एक अध्याय ज़ोर से पढ़ने लगे। अभूतपूर्व आलापन सुनकर दीदियाँ आयीं, साथ बच्चे भी।

रसमग्न और तल्लीन होकर जो पारायण चला, वह चौथे अध्याय की पहली पंक्तियों तक आया तो उसके प्रारम्भिक द्विपंक्तीय छन्द को कुट्टन दाऊ ने भिन्न-

भिन्न राग-रागिनियों में कई बार गाया—

"अंचु निरमुल्ल कोंचुं मोष़ियाले
नेंचं तेलिञ्ञु नी चोल्लीडु शेषवुं
एंकिलो केलिप्पन्..."

आलापन समाप्त करके, कुट्टन दाऊ खूब हँस लिए। और बोले—'हाँ, चाहिए, पाँच कोस की दूरी पर आमक्काव् में भी यह गायन सुनाई देना चाहिए!"

तिरुवूर-17

जैसा सोचा था, उससे पहले ही पिलाक्काट्टीरि कलरी को बन्द करना पड़ा। भरी आँखों से ही इसकी सूचना बुआ ने कुट्टन दाऊ को दी थी। कलरी को बन्द करने का मुख्य कारण था लड़ने के लिए गये शालागुरुओं में किसी का भी वापस न आ जाना। सब की मृत्यु हो चुकी थी। मौखिक शिक्षा देने के लिए कोई न रह गया तो बच्चे क्यों कलरी में रहें? यह भी निश्चित नहीं था कि गोपी भैया कहाँ है। कलरी के दैनंदिन कार्यों की देख-रेख का दायित्व पेरिङ्ङोट्टु के मातृकुल वालों को सौंप दिया गया। घर की देख-रेख भी वे ही करते हैं। यह कहते हुए बुआ की छाती फटी कि समय के बीतते कलरी में दिया जलाने के लिए भी कोई नहीं रह न जाएगा, क्या?

'ऐसा नहीं होगा'—कुट्टन दाऊ ने आकासन दिया। "अब यहीं ठहरो। इधर के बच्चों के लिए वह सहायक और आनन्दकारी रहेगा। काल ठीक नहीं है, इसलिए वहाँ अकेले न रुकना ही ठीक है। कलरी का दायित्व उठा लेने के लिए वहाँ और भी छः सात मातृकुल हैं न? देशाटन के उपरान्त गोपी के लौट आने तक वे ही सँभालेंगे।"

जलालुद्दीन साहिब के मुँह से यह जानकर केवल दो ही दिन हुए थे कि गोपी भैया समुद्र पार कर कहीं जा चुके हैं। किसी फिरंगी नाविक का सहायक बनकर वे गये हैं। दो जलयान उस फिरंगी जहाज़ का अनुगमन कर रहे हैं। जहाज़ और पोतों में पहाड़ी माल चढ़ा दिये गये हैं। कोची पातार में बच गये मध्य श्रेणी के मुसलमान व्यापारियों में कोई-कोई उस यात्रा के दृक्साक्षी हैं। यह यात्रा संग्राम के शुरू होने के पहले हुई थी। कान-कान घूम-फिर कर इस समाचार के जलालुद्दीन साहिब तक पहुँचने में विलम्ब हुआ।

फिरंगियों को मुसलमान दलाल माल नहीं देते थे। किसके लिए माल है यह बताये बगैर गोपी भैया ने उनसे फिरंगियों के लिए माल खरीद लिया। इसमें सन्देह की कोई बात नहीं कि सारे माल फिरंगियों के देश में ही ले चले हैं।

मुनाफे का व्यापार होगा। फिरंगी लोग जिन्दा छोड़ देंगे तभी न वे इस मुनाफे को भोग सकेंगे? लूटमार करने के लिए सातों समुद्रों को लाँघनेवाले इन लोगों को पास मिलनेवाली चीज़ को निगलने में क्या दिक्कत पड़ी है? शिकार खुद ही यदि मुँह में घुस आया तो कितनी बड़ी सुविधा होगी!

साहिब का व्यापार बन्द पड़ा है। पोत समुद्र में उतरते नहीं बनते। कीमती मालों से भरे बड़े-बड़े बेड़ों को फिरंगियों ने तहस-नहस कर दिया। उनके कर्मचारियों को भी हाथ पैर काटकर और बाँध कर मछलियों के लिए चुग कर खाने योग्य बनाकर अर्धप्राण करके समुद्र में फेंक डाला। शेष बच गये कतिपय जलपोतों को उत्तरी ओर लंगर डालकर रखे हुए हैं जहाँ फिरंगियों की पहुँच नहीं होती। सामानों से गोदाम भर गये हैं। निर्यात के लिए कोई चारा नहीं रह गया। समुद्री मार्ग से कपास, लोहे आदि का आयात भी नहीं हो पाता। इसलिए जुलाहों की गलियों में और कारखानों के काम एकदम ठप हो गये। मछली पकड़ने कोई समुद्र नहीं जाता। महीनों से मडैये खाली पड़े हुए हैं। वह व्यापार भी बन्द हो गया। पूर्व दिशा की ओर का निर्यात भी बन्द हो गया। इसलिए गाड़ीवाले और सिपाहीगण सब मक्खी मार कर घरों पर बैठे हुए हैं। उधर कुछ ले चलने से कुछ नहीं बनता। उधर की खरीदी चीज़ों को जहाज़ में चढ़ाकर ले आने पर ही गाड़ियों का राह खर्च मिलेगा।

हमेशा ही ठहाका मारकर हँसनेवाला साहिब इस बार हँसते नहीं बने। कोची और कण्णनूर में साहिब के साझेदार रहते थे। कोची में एक साला रहता था। कण्णनूर में बीबी के रिश्तेदार भी थे। संग्राम के दौरान साला गुम हो गया। कण्णनूर के लोग पहले ही थल मार्ग से कोष़िक्कोड आये। यह परम शक्ति मान ईश की ही कृपा रही कि ऐन मौके पर ऐसी बुद्धि सूझी। व्यापार चला गया तो भी उनके प्राण बच सके।

विभिन्न राजवंशों को ऐक्य में लाने का जो प्रयास वेट्टत्तुनाट की ओर से हो रहा है वह सफल नहीं बनेगा—इसका संकेत भी साहिब ने दे दिया। फिरंगियों की तत्काल मदद की माँग करते हुए पेरुंपटप्पु का ताड़-पत्र तो गया है न? नहीं तो अगले किश्त की उपज की ताक में फिरंगियों के जहाज़ अब तक पूरब की ओर रवाना हो गये होते।

साहिब की बातों में यही बात व्यंजित रही कि वेट्टत्तुनाट की रक्षा के लिए नेटियिरिप्पु की मदद करना ही उचित है। नेटियिरिप्पु हार गया तो उसका मतलब हमेशा के लिए फिरंगियों की जीत होगी यही न? इन दुष्ट-निर्दय फिरंगियों की अधीनता से बेहतर है न और किसी की भी अधीनता?

व्यापार की हालत के अत्यन्त दयनीय होने के बावजूद भी अपनी बड़ी बड़ी आँखों में प्रेम की चमक बिखेरकर ही साहिब विदा ले गये थे। ''निचला भाग दिखाई दिया तो भी अभी सेर भर पानी साहिब के कुएँ में शेष है। उसमें लेश मात्र

भी बू या खारापन नहीं। जब तक वह वहाँ रहेगा तब तक इधर किसी का होंठ सूख न जाए।''

इसी सन्दर्भ में तृक्कंटियूर 'संकेतम्' के शासन का नियन्त्रण वन्नेरी के राजा की अधीनता से फिसल गया था। संकेतम् के छह परिवारों में सचिव को मिलाकर तीन लोगों का समर्थन तब तक वन्नेरी को था। उनमें एक परिवार अकस्मात् दूसरे दल में जा मिला। चार और दो का अनुपात तीन-तीन हो गया। कोई भी निर्णय लिया नहीं जा सकता था। सभी कार्यों पर राजाओं का दखल आवश्यक हो गया। किन-किन मामलों पर देशी राजा की हुकूमत चले अथवा किन पर सामूतिरि की चले, ऐसी बातों पर पुरानी परम्पराओं को लाँघने का प्रयास नेटियिरिप्पु का कारिन्दा तथा मुनयूर परिवारवाले विविध प्रकार से करने लगे।

नेटियिरिप्पु ने एक भीषण संग्राम में जीत हासिल की, ऐसी स्थिति में संकेतम् में अब और भी दल बदलियाँ होंगी—ऐसी श्रुति उभर कर आयी। यदि 'संकेतम्' नेटियिरिप्पु की पूर्ण अधीनता में आ जाएगा तो संकेतम् की सीमा में रहनेवालों की सुख सुविधाएँ और बढ़ जाएँगी—इस बात का प्रचार भी होने लगा।

''पूरा डूब गया तो अब ठंड क्यों?'' विभिन्न राजवंशों के ऐक्य के विषय पर पेरुंपटप्पु से आये ताड़-पत्र ने यही प्रतिप्रश्न किया था।'' ''मार पीट कर भगाया, मार भी डाला, तिस पर अपमानित भी करने की उत्तरवालों की इच्छा में भी वेट्टत्तुनाटु का हिस्सा है क्या? हाय!'' संग्राम में नेटियिरिप्पु की मदद देने की बात भूली नहीं जा सकती—यही सारांश रहा।

नेटियिरिप्प् से जो पत्र आया उसका व्यंग्य ठीक उल्टा था। बन्धुजनों की सहायता करने के लिए ही दुबारा वेट्टत्तुनाट ने ऐसा किया था ऐसा विकास दिलाया। सैन्य को लेकर कोची तक जाकर, कोची का सामना न करके हिचक कर खड़े होने के बारे में उपहास की सूचना भी। फिरंगियों का ही नहीं किसी का भी सामना करने में अकेले होने पर भी नेटियिरिप्प् को थोड़ी भी परेशानी नहीं—ऐसा घमंड भी।

घटनाओं की परिस्थितियाँ ऐसी रहीं तो एक दिन ब्यालू के उपरान्त टहलते वक्त कुट्टन दाऊ ने मुझे पास बुलाया। कुट्टन दाऊ के पद चाप में ऐसी परवशता थी जो पहले कभी दिखाई नहीं देती थी। बारिश का मौसम होने के कारण, आँगन में न टहलकर ड्योढी में ही टहलना होता था।

भारी वर्षा के शोरगुल के कारण उनकी आवाज़ ठीक से सुनाई नहीं दे रही थी। वे धीमे स्वर में ही बोल रहे हैं। मैंने कान तेज़ किया।

''अब मान लो कि और एक अमावस्या आनेवाली है''—कुट्टन दाऊ ने फुसफुसाया। 'अन्धकार बढ़ जाएगा तो कलरी का क्या होगा? बच्चों को कैसे बचा लेंगे?'

बच्चों से मतलब कलरी के बच्चों तथा घर की स्त्रियों और छोटे बच्चों से है।

कुट्टन दाऊ ने स्पष्ट कह दिया—"फिरंगी लोग पुनः आ जाए या न आ जाए। पेरुंपटप्प् से नेटियिरिप्प् की लड़ाई फिर भी होगी। उसके लिए वेट्टत्त राजा की सहायता नहीं मिलेगी—यह भी तय हो चुका है। ऐसा होने पर मुसलमानों का सौजन्य वेट्टत्तनाट् के लिए नष्ट हो जाएगा। फिरंगियों की सहायता भी नहीं मिलेगी। इस देश में बन्दरगाह भी नहीं है। फिरंगी लोग सहायता करेंगे तो भी उन पर भरोसा रखने के लिए राजा तैयार नहीं। अव्यवस्था का लाभ उठाकर 'संकेतम्' वाले कलरी को परेशान करेंगे। उनके अष्ट भुजा जलजीव के जैसे हाथ अब भी लम्बे होते जा रहे हैं। अब फिर से संग्राम छिड़ेगा तो कलरी को अनिश्चित काल के लिए बन्द करना पड़ेगा- सोच विचार करने पर मुझे ऐसा ही लगता है—क्या यह सही है न?"

मेरे अन्तरंग में राख भरे झाग से ढककर जलसमाधि में पड़े मातुल बोल उठे "हाँ"।

"पहले ही ग्रन्थों को आष्रवांचेरी के महल में ले जाना होगा। वहाँ अगले सूर्योदय होने तक वे सुरक्षित रहेंगे।"

पहले भी इस प्रकार के दो अवसरों पर तत्कालीन राजाओं के द्वारा ग्रन्थों को सुरक्षित रखने की कथा कलरी के ग्रन्थों में है।

मौन सहमति मिली।

"उसकी व्यवस्था यों कर लेंगे किन्तु बहिनों और बच्चों की रक्षा कैसे करें—यह निश्चित नहीं।" आवाज़ बाहर न पहुँच जाय, इस पर कुट्टन दाऊ सजग रहे। यह सुनिश्चित करने कि दरवाज़े पर कोई नहीं है, वे फिर बोले—"पिलाक्काट्टिरी में शरण नहीं लेंगे। वल्लुवक्कोन के अधीनस्थ प्रदेश में ले जाकर उन्हें बसा लें क्या?"

ले जाने का निर्णय ले लें तो भी उधर कब और कैसे पहुँचेंगे, इसका कोई पता नहीं। बहुत पहले उधर से आना हुआ था। इसके अलावा उधर के बारे में कोई पता नहीं। मातुल से इतना तो सुना है कि कुछ दिन पहले तक तिरुविल्वामला में बन्धुजन रहते थे। एराल्प्पाट् ने जब उस प्रदेश को कब्जे में कर लिया, तब 'संकेतम्' वालों ने उधर के चिरपुरातन लेखन-शालाओं को बन्द करा दिया। मूल परिवार की परम्परा के कुछ का विनाश हो गया तथा कुछ उधर से दूसरे स्थानों की ओर चले भी गये।

एराल्प्पाट् के आश्रय में रहनेवाली एक कमज़ोर शाखा अभी शेष है। राजमहल के कार्यालय में ताड़-पत्र की नकल बनाने का काम वे करते हैं। उनके निकट बच्चों को भेजा नहीं जा सकता। क्यों कि सम्प्रति उस परिवार के प्रति नेटियिरिप्पु की जो सहानुभूति है वह नष्ट हो जाएगी। आश्रित वृत्ति भी चली गयी तो गरीबी ही उनके

हाथ आयेगी।

अङ्ङाटिप्पुरम् में पिता जी की मातृ परम्परा का कोई है—इसका कोई पता नहीं। यदि है तो भी उनसे इन बच्चों का संरक्षण सम्भव होगा कि नहीं इसका पता चलने के बाद ही उन्हें उधर भेजने के बारे में सोचा जा सकता है। वह प्रदेश वेल्लाट्टिरि के अधीन में है। कल्लुवाय् नदी तथा पेरार् (नदी) के बीच की ज़मीन पर, परप्पनङ्ङाट् और वेट्टत्तुनाट् के अलावा बाद में सामूतिरि के द्वारा कब्जे में किये गये प्रदेशों को छोड़कर शेष प्रदेश ही वल्लुवनाट् में है। उसमें भी आधा भाग खेत ही है। समुद्र के पार भेजने को उत्पाद पैदा नहीं होते। यदि पैदा हो जाए तो भी खेती के खर्च के लायक दाम नहीं मिल जाता। जहाज में चढ़ाने के लिए नदी में बन्दरगाह भी नहीं। शेष भूमि पहाड़ी प्रदेश है। निर्यात के लायक माल उधर ही हैं। उनके लिए भी उचित दाम मिलता नहीं। अन्य प्रदेशों के व्यापारियों के माध्यम से ही वे माल जहाज़ तक पहुँच पाते हैं।

वेल्लाट्टिरि के आसरे हैं मलयरय (एक पिछड़ी जाति विशेष के लोग)। सामूतिरि रण के लिए तैयार होते तो राज्य पहाड़ की ओर प्रस्थान करता। पहाड़ी तराइयों के दुर्गम काननों में नेटियिरिप्प् की सेना बुरी तरह हार जाती है। वल्लुवनाट् पर नेटियिरिप्प् के द्वारा संचालित सारे युद्ध सन्नाह ऐसे ही समाप्त हो जाते हैं।

बच्चों के विपत्तिकाल में उन्हें आश्रय देने लायक कोई व्यक्ति पितृ परम्परा में क्या अभी जीवित है इसकी खोज करने का भी निर्णय लिया गया। इन विपत्तियों के बारे में दीदियों को अवगत न कराने की कुट्टन दाऊ के अनुरोध को मानते हुए तिरुमांधांकुन्नु में पूजा-आराधना करने के बहाने अङ्ङडिप्पुरम की ओर निकला।

पिताजी के कुटुम्ब का मूलस्थान माने जानेवाले स्थान पर घास पात से भरा हुआ टूटा-फूटा अखाडा दिखाई दिया। इर्द-गिर्द के बूढ़े बुजुर्गों से यह ज्ञात हुआ कि कुछ काल पहले तक मूल कुल की परम्परा के अंकुर के तौर पर तीन परिवार उस प्रदेश में वास करते थे। तीनों ही परिवारों के पुरुष आत्मघाती सेनानी बनकर मर मिटे। अन्तिम सेनानी को निर्मूल हुए पचास साल से कम ही हुए हैं।

अन्तिम मातृ परम्परा में मनौतियों के फलस्वरूप एक लड़की का जन्म हुआ था। किन्तु उस इकलौती का कोई नाथ या रक्षक नहीं मिला। धीरे-धीरे वह पगली सी बन गयी। अन्त में तिरुमांधांकुन्नु में भजन आदि में लीन रहकर उसका जन्म भी खत्म हुआ।

उस यात्रा में वेल्लाट्टिरि राज्य के मुखिया का दर्शन मिला, यही उस यात्रा की एकमात्र विशेष बात थी। गतिविधियों से अवगत कराया तो उन्होंने कहा—'जहाँ अन्धकार अधिक है वहाँ ही उजाले की आवश्यकता है न? तेल सूख जाने तक उधर ही रहने का प्रयत्न करना। कोई भी चारा नहीं रहा तो इधर आ जाना। यदि आएँगे तो

जितना हो सके उतना हम कर लेंगे।'

उन्होंने यह भी अवगत कराया कि पिता जी के परिवार की भूमि का संरक्षण अभी वे कर रहे हैं जिससे कि वह अन्याधीन न हो जाए।

आत्मघाती सैनिक की विधवा को देने के लिए कनक सिन्दूर की एक डिबिया मेरे हाथों सौंप दी है। आत्मघाती सेनानी की कभी मृत्यु नहीं होती। इसलिए आत्मघातियों की माताओं और पत्नियों को माथे पर मृत्युपर्यन्त वीरकुंकुम लगाना चाहिए।

अकेले स्त्रियों और बच्चों को उस राज्य की ओर भेजना ठीक नहीं होगा—ऐसा निर्णय लेने को ज़्यादा सोच विचार नहीं करना पड़ा। वे वहाँ पुरुषों के संरक्षण के बिना कैसे रहेंगे? सब एक साथ जाए वह भी असम्भव। ऐसा करना तो वेट्टत् राजा को विपत्ति के समय छोड़ देने के समान है।

असहाय अवस्था की पराकाष्ठा में कुट्टन दाऊ ज़ोर से हंस पड़े। 'अथवा यदि आसमान टूट पड़े तो इधर गिर जाए'। स्वयं अपने को आकास्त करने के लिए पूछ बैठे—''उस हद तक सोचने पर इस भूमि में किसको कहाँ रक्षा मिलेगी?''

वेल्लाट्टिरी ने हस्तशिल्प की जो डिबिया भेंट में दी थी, उसे सीता दीदी को दूँ या न दूँ यह सोचकर हैरानी में रहा तो दीदी ने उसे हाथ बढ़ाकर ले लिया और कुतूहलपूर्वक उसे उल्टा-पुल्टा करके देखा।

आत्मघाती सेनानियों की सुमंगलियों को उपहार स्वरूप देनेवाला कनककुंकुम ही उसमें है। यह जानकर पहले उसका मुख विवर्ण हो गया तो भी अगले ही क्षण उसने केसर कुसुम के रक्तिम रंग को अपना लिया। उस डिबिया को हाथ में लेकर दीदी कुछ समय के लिए वहाँ चिन्तालीन खड़ी रही। माथा और नाक पसीने से तर हो गया। साँस की गति तेज़ हो गयी। मूँदी हुई पलकों के बीच दृष्टि अनिमेष हिल उठी। उमड़ कर आये आंदरिक क्षोभ को दबाने में दीदी ने विजय प्राप्त की।

फिर डिबिया खोलने का प्रयास किया। काठ को उकेर कर बनाया गया था उसका ढक्कन। उसे घुमाने की उन्होंने भरसक कोशिश की। इतना दबाकर बन्द कर रखा था कि घूम नहीं रहा था।

अन्तिम श्रम में डिबिया खुल गयी। लेकिन दीदी के सोचने के पहले ही एकदम वह खुली थी। ढक्कन और उसेक साथ डिबिया हाथ से फिसलकर नीचे गिर पड़ी। वह गोल डिबिया ज़मीन पर जिस रास्ते से होकर ढुलक गयी, वह कनक धूलि से भरा सिन्दूर बिछा पथ बन गया। खम्भे की पीठ से टक्कर खाकर वह डिबिया औंधी पड़ी तो बचाखुचा सिन्दूर भी बिखेर गया। दीदी का दम घुट गया। हाँफे के रूप में साँस लौट आयी। उसका भी दमन दीदी ने किया। झुककर खाली डिबिया और ढक्कन को उठा लिया और चुटकी भर साफ कनक सिन्दूर डिबिया में

भर कर थोड़ी देर उस ओर दृष्टि गडाए खड़ी रही। फिर डिबिया बन्द करके कनक सिन्दूर लगी उंगलियों को अपने पहनावे में दबा-दबाकर पोंछते हुए कुछ भी बोले बिना भीतर चली गयी।

उसी दिन आधी रात को राजा के दूत ने दरवाज़े पर खटखटाया और यह समाचार सुनाया कि फिरंगी लोग बदला लेने कोची पहुँचे हैं। फिरंगियों की ज़हाज़ी सेना, जैसे समुद्र से उभर कर आयी हो, वैप्पिन्करा द्वीप को घेर चुकी है। पहले से ही चारों ओर छिपकर रहे फिरंगी जहाज़ उस सेना से मिलकर तान्ता बाँध कर खड़े हैं। द्वीप में बन्दी बनाये गये कोची के सैन्य को मुक्त करने की वे कोशिश कर रहे हैं। लक्षणों से विदित होता है कि उत्तरी लोगों को उनका सामना करके खड़े रहना मुश्किल होगा। नेटियिरिप्प् मदद की प्रार्थना करते हुए अभी ताड़-पत्र भेजेंगे। उसके उत्तर के बारे में सोच विचार करने के लिए राजमहल जाना पड़ेगा।

दूसरे दिन सुबह ही उत्तर दिशा से ताड़-पत्र आया। उसमें समस्त सैन्य सन्नाहों को कोची की ओर भेजने की आज्ञा थी। यह चेतावनी भी कि उसमें कोई रिआयत न हो।

राजा ने जवाब दिया कि वे किसी की भी खातिर लड़ने को तैयार नहीं। फिरंगी ही नहीं दूसरे किसी ने भी वेट्टत्त् की मिट्टी में हमले के लिए पैर रखे तो प्राणों की बलि देकर भी उनको भगाएँगे। वह ठहरी अलग बात। जो लड़ना चाहते हैं वे लड़ सकते हैं। आत्मरक्षा के अलावा और किसी भी कारण से वेट्टत्तुनाट् आगे लड़ेगा नहीं।

फिरंगियों की सहायता से पेरुंपटप्प् ने सख्ती से सामना किया। चन्द दिनों के भीतर ही कोषिक्कोड की सेना हार मान गयी। नेटियिरिप्प् की सेना के आधे से अधिक सैनिकों की मृत्यु हुई। जो बच गये उन्हें कोची से हार मान कर चला जाना पड़ा। कोषिक्कोड के सारे जहाज़ों को फिरंगियों ने कब्जे में कर लिया।

कोची राजा को विजयघोष के साथ पुराने राजमहल में वापस लाकर फिरंगी सेना उत्तर दिशा की ओर चली। फिरंगियों को हमेशा के लिए दूर भगाकर इस चुनौती का अन्त कर देने का निर्णय लेकर नोटियिरिप्प् महायुद्ध के लिए तैयार हुआ। युद्ध का सामना करने की तैयारियाँ फिरंगियों ने भी की। पूरे राज्य में यह आशंका और डर फैल गया कि न जाने वे लोग किस जगह पर कब प्रकट होंगे तथा कहाँ-कहाँ कैसे-कैसे धावा मारेंगे। आम वीथियों में दिन के वक्त भी लोगों का आना—जाना कम हो गया।

मालु को प्रसव वेदना शुरू हो गयी है—यह सूचना उस दिन मिली जब लगातार बारिश हो रही थी। सारा आसमान बादलों से घिरा पड़ा है। फिर भी नदी में अभी जल ज़्यादा भरा नहीं है। उस ओर जाने में कोई कठिनाई नहीं होगी। लेकिन,

लौटते समय नदी में जल प्रवाह किस मात्रा में रहेगा इसका पता लगाया नहीं जा सकता। प्रलय आया तो उस पार के लोग इस पार आ नहीं पाएँगे। फिर भी साथ आने को अम्मिणि दीदी और चीरू दीदी तैयार हो गयीं। बरसात के मौसम के कारण गाड़ियाँ आती जाती नहीं हैं। पाँच कोस पैदल चलना है। 'फिर भी चलेंगी'—यों वे बोलीं।

कुट्टन दाऊ ने हस्तक्षेप किया—"दूसरे लोगों की यात्रा बाद में हों अन्धेरा, बारिश तथा पैदल यात्रा ऐसी स्थिति में अप्पू के लिए पुरुषों का संरक्षण ही आवश्यक है। जो भी हो मैं इधर से कहीं बाहर जा नहीं पाऊँगा अतः यदि पिष्षारटि आशान चलेंगे तो..."

पूछने के पहले ही खुशी के साथ आशान निकल पड़े। सन्ध्या के पहले ही अँधेरा छा गया। दिया और मशाल यदा कदा गीले हो गये। ताड़-पत्र का छात्ता और हाथ का मशाल हवा के लगने से आँख मिचौनी खेलते रहे। कीचड़ से भरे रास्ते को पार कर बारिश में तर बतर होकर उधर पहुँचा तो आधी रात बीत गयी।

पूरे दिन-रात के बीतने पर भी प्रसूति नहीं हुई—इस दुखदः समाचार ने हमारा स्वागत किया था। हवा के झोंकों के लगने से न बुझ जाए इसलिए बड़ा दीपक दरवाज़े के उस पार रखा हुआ है। अन्धकार में किसी का भी मुख दिखाई नहीं देता। अन्दर स्त्रियों की फुसफुसाहट के बीच कभी कभार मालु की थकी-माँदी कराह।

"बड़ा विलम्ब लगता है। किन्तु जच्चा-बच्चा दोनों ..." मातुल के स्वर में घबराहट थी। "पहला प्रसव है न? ऐसा हो सकता है। आवश्यक कार्य करने के लिए अन्दर धाय है। धीरज धरना ही करना पड़ेगा।" फिर स्वर बदलकर बोले... "उधर कोई नहीं है क्या, एष़ुश्शन को बदलने के लिए कपड़े दे देना" ज़्यादा किसी से कुछ पूछना नहीं था। किसी के पास कहने को भी कुछ नहीं रहा था।

भानजों में से किसी ने धोती और अंगोछे लाकर पास रख दिये। गीले कपड़े नहीं बदले।

मालु को देखने की इच्छा हुई। लेकिन भीतर घुस नहीं सकता। प्रसूति कक्ष में पुरुष प्रवेश नहीं करते। 'धीरज धर' स्वयं डाँटा। यह सोचकर आकास्त होने की कोशिश की कि ईश्वर की जैसी इच्छा हो वैसा ही सब कुछ होगा। दो घड़ी उसी प्रकार बैठा रहा। उदय के पहले बच्चे का रोदन सुनाई पड़ा।

ऊँघते हुए बैठे रहे लोग जाग उठे और हँस लिए।

'लड़की हुई है'—का शुभ समाचार अन्दर से सुनाते वक्त मातुल घड़ी देखकर जन्म-समय सुनिश्चित कर रहे थे। ऐसी रात। नक्षत्र दिखाई नहीं दे रहे थे। इस बीच भीतर से सुनाई पड़ा—'मालूम नहीं क्यों, जच्चा कुछ बोलती नहीं है।'

प्रसूति की थकावट होगी—ऐसा ही सोचा।

तिरुवूर–18

कहते हैं प्रसूति की थकावट शिशु के रोदन तक ही रहती है। आँखें क्यों नहीं खोलती—यों पूछकर हिलाडुलाकर पुकारने पर भी कोई नतीजा नहीं निकला, तभी तो दाई ने ड्योढी में सूचना दी थी।

शिशु के अविराम रोदन के बिना और कोई आवाज़ भीतर से सुनाई नहीं पड़ती। गले के नीचे से कोत वस्त्र ओढ़कर मालु प्रसूति–पर्यंक पर लेटी है जैसे सकुशल सो रही हो।

अन्दर घुसकर मातुल ने तीन बार नाम लेकर पुकारा। न कोई स्वर, न कोई स्पन्दन। झुककर कलाई पकड़कर नाड़ी देख ली। नाक के तले हाथ रखकर देखा। निकास की परीक्षा की। घबराहट के मारे पलकें ऊपर उठाकर पुतलियों में दृष्टि डाली।

ऊपर उठने में असमर्थ होकर मातुल ने अपनी छाती पीटी—'हाय! मेरी आमक्काविल् अम्मे! देवी!'

'कौन जाने ऐसा हो जाएगा?' अनुभवी दाई का स्वर रुक गया। 'ऐसा विरले ही देखा है।'

धड़कते दिल से मैंने मालु के कपोल पर हाथ रखा। उँगलियों पर मृत्यु की ठंड अनुभूत हुई। ठंड शरवेग से व्याप्त होकर उर में भर गयी।

कइयों ने बारी–बारी से छूकर, पकड़कर तथा पुकार कर खतरे का पुष्टीकरण किया।

विलाप और क्रन्दन उभर कर आये। उसके साथ उच्च स्वर में शिशु का रोदन भी। दाई शिशु को नहलाकर लायी है। शिशु को करों में ग्रहण करते हुए कर और देह कंपित हो उठे।

अस्तप्रज्ञ होकर मैं खड़ा रहा। दाई ने शिशु को वापस ले लिया। मैं पीछे की ओर मुड़ा।

चौखट पार करते ही पिषारटि आशान ने बाहु को कस कर पकड़ते हुए पूछा—

'अरे! क्या हुआ?'

मेरा मुख भाव देखकर कुट्टप्पाटि का कास रुक गया।

'अन्धेनैव नीयमाना यथान्धाः' की तरह वे मुझे ड्योढी की ओर लाए।

वर्षा की बूँदों से गीले पड़े बरामदे में आत्मबोध और समय बोध खोकर बैठे रहते वक्त अहाते के दक्षिण-पश्चिमी कोने में खड़े आम के पेड़ पर कुल्हाड़ी के प्रहार पड़े।

यथार्थ की ओर जाग उठा तो एक-एक प्रहार अधिकाधिक गहराई पर पड़ने लगा।

पिषारटि आशान की पकड़ से बिछुडकर भारी वर्षा में मैं तालाब में उतरकर बदन धोकर आया।

पुत्र भी मैं ही हूँ—इस विचार से मालु का शवशरीर चिता में रख दिया। उसी संकल्पना के साथ चिता को आग दी।

बारिश के थम जाने पर भी तप्त जलकण गिर रहे थे। अंत्य जल डालकर

स्नान किया। पिषारटि आशान किसी विध बोले—'यह सोचकर धीरज धरें कि बस इतना ही बदा है।'

सही है, और कोई चारा तो नहीं है। किन्तु उसके लिए शक्ति कहाँ?

यह निश्चित था कि उस परिसर में खड़ा रहूँगा तो अवश्य गिर पड़ूँगा।

किसी न किसी प्रकार लड़खड़ाते हुए चलकर मालु के मातुल को प्रणाम किया और मुख की ओर दृष्टि डाले बिना फुसफुसाया—"दीदियों को साथ लेकर आऊँगा।"

कुछ भी बोलने में अशक्त उनके मौन को ही आदेश मानकर गीले वस्त्र पहने ही मैं सीढ़ियाँ उतर गया।

तंग मेडों को पारकर जब एक साथ चलने लगे तो कुट्टप्पाटि सांत्वना के वचन बोलने लगा। राख से ढँके आसमान से गिरती बारिश भी साथी रही।

रो-रोकर मन भटकने लगा। प्रकृति में विलीन हुए प्राणों की खोज का तीर्थाटन व्यर्थ ही है—यह तो मैं जानता ही था। लेकिन, मन को काबू में करने का या डाँटने का श्रम नहीं किया। शक्ति नहीं रही। वह तो हो ही नहीं सकेगा—यह तो निश्चित बात है। अन्तहीन-सा अनुभूत हुआ वह रास्ता किसी विधि तय करके तिरुवूर पहुँच गया।

हाव-भाव और ड्योढ़ी पर कदम रखने की परवशता देखते ही कुट्टन दाऊ का मुख काला पड़ गया। आँखें घूम गयीं।

"प्रसूति हुई—लड़की है"—इतना किसी न किसी प्रकार बोल दिया। फिर कुछ भी बोलने को जीभ न उठी। कुट्टप्पाटि ने कहा—'जच्चा चल बसी।'

अँगारों को उगलने के जैसे उस वार्ता को आत्मसात करके कुट्टन दाऊ ने उसे आत्मबल से ही पल भर में छिपाकर मुझे सांत्वना देने के श्रम में लगे। मुझे छाती से लगा लिया और उर भेदकर 'नारायण' नाम उस भाँति रटे जिस भाँति जब पहले माता और मातुल के चल बसने पर रटे थे।

कुट्टन दाऊ से प्रज्ज्वलित करके मिले नारायण नाम जप को होंठों पर धरकर, गीले वस्त्र बदल कर, कलेवा कर लेने का बहाना करके आकर पलंग पर गिर पड़ा। कुट्टन दाऊ और दीदियाँ साथ आयीं। चारों ओर खड़े और बैठे रहकर वे नारायण नाम का जप करते रहे। बाहर जो भारी वर्षा हो रही थी वह भी उर की दावाग्नि को बुझाने में समर्थ नहीं रही। कैसे रहे... ? कई प्रयास करने पर भी उसमें से एक बूँद भी अन्दर नहीं जा पा रही थी। जितना प्रयास करता रहा पीड़ा उतनी ही बढ़ती जा रही थी।

निद्रा विहीन लेटता रहा। चित उठा तो सामने खड़े हैं कुट्टन दाऊ। सांत्वना का कोई भी शब्द तब नहीं बोले। बस, इतना बोले—'राजमहल की ओर जाना है।'

उस दृष्टि ने अत्यन्त करुणापूर्वक किन्तु निःशंक भाव से उपदेश दिया—"बिछुडों के अनुगमन का समय जब तक न आए तब तक कर्म हमारी राह देख रहा है। उठो, जागो।"

जागरण की ओर का वह अतिव्यस्ततापूर्ण भाव परिवर्तन निर्मूल नहीं है—यह व्यक्त करके ही वे कमरे से बाहर निकले थे। संक्षेप में बोले: "और एक बड़ी विपत्ति आँधी के समान चीखते-चिल्लाते हुए आ रही है। एरालप्पाट के नेतृत्व में साठ सहस्र पैदल सेना थल मार्ग से दक्षिण की ओर निकल चुकी है। जिस पथ से वे गुज़र रही हैं वहाँ क्या-क्या गडबडियाँ करेंगी, किस-किसको नष्ट भ्रष्ट करेंगी—इनका कोई पता नहीं। अत्यन्त भीषण समुद्री सेना भी रवाना हो गयी है। वे थल पहुँचकर समुद्र के जिन तटों पर डेरा डालेंगी वहाँ भी कुछ भी घट जाने की सम्भावना है। कुछ भी भस्मीभूत हो सकता है, कहीं भी।

रोने के लिए भी समय नहीं—ऐसा कहना पड़ने का परम दुःख अपनी आत्मा को श्लथ करने के पूर्व ही कुट्टन दाऊ बाहर निकले।

"मरे बिना, शेष बच गये बन्धुजनों को बचाना है।"

होनी अनहोनी सबको सर्वेकार पर पीड़ा सहित अर्पित करके उठ खड़ा हुआ।

ग्रन्थों का वर्गीकरण करके उन्हें क्रमानुसार तहखाने में रख दिया। ऊपर कपूर का चूर्ण छिटक दिया। रेशमी कपड़े से उन्हें ढक कर रखने में दीदियों और बड़े बच्चों की सहायता मिली। तहखाने का किवाड़ बन्द कर दिया। ऊपर से सफेद कपड़े और कम्बल बिछाकर ओट किया।

कलरी और घर के सारे किवाड़ों को बन्द करके अरगले लगाये। यदि हमला

हो जाए तो कहाँ कैसे खड़ा होना है इसकी सीख दीदियों और बच्चों को दी।

सभी जगहों की भाँति उस परिसर में भी राजा के सैनिक लोग हैं। चारों ओर से अहातों और वीथियों में उनके अलावा और किसी की आहट ज़रा भी नहीं। दोपहर हो गया तो हमले का शोरगुल मच गया। घर के अन्दर की ओर दृष्टि गडाये ड्योढी में बैठे पहरा देता रहा।

सन्ध्या के पहले कुट्टन दाऊ ने आकर अधिक सूचनाएँ दीं—'उत्तरी सेना के वेट्टत्तुनाट् से गुजरने की सारी वीथियों में कड़ा पहरा रख दिया गया है। इसलिए कहीं भी कोई अत्याचार नहीं।

रात की एकान्त पहरेदारी के दौरान अनाथा बनी अपनी बच्ची के बारे में सोच व्याकुल हो गया। कुट्टन दाऊ का कहना था कि आमक्काव् की ओर से सेना नहीं जा रही है। पोन्नानी-मणप्पुरम्-चेन्दमंगलम् से होकर समुद्री तट से उसका प्रयाण है। किन्तु आमक्काव् नेटियिरिप्पु के अधीन में है। लगान की वसूली छीना-झपटी तक पहुँच गयी है। घर के भीतर घुसकर अनाज लेकर चल रहे हैं।

न जाने बच्ची की बालपीड़ा कब तक है? भाग्य हीन जन्म! जिसे माता का दूध पीना नहीं बदा है। वहाँ तक जाकर वहाँ की स्थिति देखने का भी वक्त नहीं रहा।

दिन-रात के भेदभाव के बिना सेना का प्रयाण एक सप्ताह तक चला। रोज़ सुबह कुट्टन दाऊ राजमहल जाते। नदी से होकर नाव में यात्रा है। नदी की ओर से सैनिकों का प्रयाण नहीं। फिर भी कुट्टन दाऊ के लिए वेट्टत्त् के सैनिकों का संरक्षण है। अन्धकार के छा जाने के पहले सारी परिस्थितियों की जानकारी लेकर लौट आते। निद्रा विहीन होकर बारी-बारी से पहरा देने में सहायता करते।

सेना के प्रस्थान के बाद अवकाश मिला तो आमक्काव् गया। बच्ची को कोई विशेष परेशानी तो नहीं है। सेना-प्रयाण के दिनों बकरी का दूध पानी मिलाकर पतला करके उबालकर फिर ठंडा करके कपड़े की बत्ती में भरकर चुबलाने दिया। सेना प्रयाण के बाद तो चारों ओर की दुग्धपान करानेवाली माताओं की सहायता मिली। मन्दिर में वन्दना करके लौटते वक्त वे उस मातृहीन बच्ची को दूध पिलाकर ही जातीं।

''ईश्वर की एक-एक परीक्षा''—मौसी की आँखें भर गयीं। अगले ही पल यों बोलकर आँखें पोंछ लीं कि ''इसे भी पालने में मुझे क्या दिक्कत है?''

वेट्टत्तुनाट् की सीमा के भीतर सेना ने कोई अत्याचार नहीं किया। रात्रिवास के दौरान भी निर्धारित स्थानों की सीमा के बाहर चलने का कोई चारा नहीं रहा। वेट्टत्तवालों का पहरा उतना सख्त था।

फिरंगियों का सामना करते वक्त उत्तरी सेना को काफ़ी परेशानी हुई। संख्या में कम होने के बावजूद भी शारीरिक बल और हस्तबल से बढ़कर उपाय नैपुण्य ने ही

रण में जय-पराजय का निर्णय लिया था।

दक्षिण-पश्चिमी बरसात का आरम्भ होने पर भी हमला खत्म नहीं हुआ। बारिश तीव्र गति को पकड़ गयी। नदी-नाले, झील सब जल से भर गये। नेटियिरिप्प् सेना न आगे बढ़ सकी और न पीछे हट भी सकी। तिस पर हैजा भी फैल गया। उसके कारण भी कई सैनिकों की एकसाथ मृत्यु हो गयी। उत्तरी सेना में बच गये सैनिकों के लिए लौट जाने के सिवा और कोई उपाय नहीं रहा।

पश्चिम की नदी में इतना पानी इसके पूर्व कभी भी उमड़ आने की याद किसी को नहीं रही। बीच के रास्ते कीचड़ से भर गये। सड़ी गन्ध सर्वत्र व्याप्त हो गयी।

एक सन्ध्या समय चौराहे पर, लोट जाने वाला कोई सैनिक झुलस कर गिर पड़ा तथा कै और दस्त के कारण उसकी मृत्यु हो गयी। तदनन्तर हैजे की बीमारी दावाग्नि के समान देश भर में फैल गयी।

मृतकों के घरों से निकलती दारुण चीख-चिल्लाहट के बीच की वेला में मृत्यु का क्रूर मौन घर कर गया। फिर क्या, मृतकों के घरों से चीखें बाहर नहीं निकलने लगीं। चिल्लाने के लिए भी कोई शेष रहे तब न?

कलरी पहले ही बन्द किया गया था। इर्द-गिर्द के घरों के बच्चों और गर्भवती स्त्रियों को कलरी की शालाओं में लाकर ठहराया गया। दीदियों ने उनकी सुखसुविधाओं को देख लिया। कलरी के भंडार खाली होने लगे। आज का कार्य हो जाए, कल कुछ बन जाएगा—ऐसा निर्णय लिया गया।

आचार्यगण दुरन्त निवारण के प्रयत्नों में लगे रहे। मलिन जल कभी भी न पी लें-घर-घर में जाकर यह बताने के लिए एक संघ निकला। और एक संघ रोगियों को दवा और नारियल का पानी बाँटने के काम में लगा। मैं उस संघ में था। अन्न और वस्त्र बटोरकर बाँटने का काम तीसरे संघ पर सौंपा गया था। और एक संघ, मृतकों को जनवास रहित प्रदेशों में ले जाकर दफनाने के कामों में लगा रहा। दिन-रात अविराम चले ऐसे श्रमसाध्य कार्यों के बीच ग्रन्थों को आष्वांचेरी में ले चलने का काम नहीं बन पाया।

कोची में रण समाप्त हो गया तो फिर रण में भाग लेने का आदेश देते हुए वेट्टत्तुनाट् की ओर सामूतिरि की आज्ञा नहीं आई। जो भी हो, वेट्टत्तुनाट् के खिलाफ फिलहाल उत्तर से कोई आक्रमण नहीं होगा। कोची में हुए हमले के कारण नेटियिरिप्प् थक गया है—ऐसा सोचकर राज्य के लोग आकास्त हो गये। किन्तु, ऐसा नहीं हुआ। आक्रमण आया, उत्तर से नहीं दक्षिण से।

हार खाकर लौट रही नेटियिरिप्प् सेना रास्ते पर दिखाई पड़नेवाले सभी निरपराधियों को लूट कर और हत्या कर, राज्य भर को तहस-नहस करके आगे बढ़ रही थी। नाम मात्र के लिए एक कारण भी रहा। फिरंगियों के विरुद्ध जो हमला चला

उसमें वेट्टत्तुनाट् ने सहयोग नहीं दिया था।

इन अत्याचारों के बीच, किसी किसी को कुछ निगूढ़ उद्देश्यों को सिद्ध कर देना है—इस ओर मूप्पिल् नायर के अकस्मात् आगमन तथा जलालुद्दीन साहिब के दूसरे सन्दर्शन ने चेतावनी दी। मूप्पिल नायर रक्षकों के साथ शिबिका में चढ़कर शान के साथ ही इस बार भी आये थे। रक्षकों और अनुचरों को सुनाते हुए कलरी में सबके सम्मुख उन्होंने यह घोषणा की "मैं आप लोगों को देखने नहीं आया हूँ। मेरे मातुल को मृत्यु दंड यहीं पर दिया गया था। इस मार्ग से जाते हुए उस आत्मा की खोज में आया हूँ।"

"तुम लोग चले जाओ। मैं ज़रा यहाँ घूम कर देख लूँ।"—अनुचरों को ड्योढी के बाहर भेजकर धीमे स्वर में सौम्य भाव से वे कुट्टन दाऊ से बोले। "एष़श्शन लोगों पर विपत्ति आ रही है। उसकी गन्ध मुझे मिल गयी है। इसकी सूचना देने के लिए मैं यहाँ आया हूँ। वही मैं कर सकता हूँ। ऊपर से कौन-सी गति-विधियाँ होनेवाली हैं इसका ठीक से पता नहीं। वह तो मेरे नियन्त्रण में नहीं है।" स्वर और भी धीमा हो गया। झूठी मुस्कान होंठों पर प्रकट हुई। "अब हम दूसरों को दिखाने के लिए हमेशा की भाँति थोड़ा झगड़ा करेंगे।" सहसा हँसी मिट गयी। स्वर बदल गया। आवाज़ ऊँची हुई। "पष़ञ्ञानम् के रामन एष़श्श! मैंने जो बातें कहीं उसमें सचाई नहीं रही तो मैं अटियाष़त्त् अम्मा का जनमा नहीं, समझे?"

उत्तर की प्रतीक्षा किये बिना मूप्पिल् नायर, कोपाक्रान्त की भाँतियन्त, ज़ोर से पैर रखकर गुर्राते, डकारते हुए बाहर की ओर चले गये।

थोड़ी देर सोच-विचार करने के बाद, "यह सूचना राजा को दे दूँगा"—मुझसे यों कहकर कुट्टन दाऊ राजमहल की ओर रवाना हुए।

कुट्टन दाऊ के उस समय का रुख देखकर कुछ गड़बड़ी महसूस कर सीता दीदी ने कुट्टन दाऊ के चले जाने के तुरन्त मेरे पास आयी और मुख ऊपर की ओर करके त्योरियाँ चढ़ायीं। मूप्पिल नायर के द्वारा बतायी गयी सूचना से अवगत होने पर सीता दीदी का भाव भी बदल गया। किन्तु जल्दी ही दीदी ने उसका दमन किया। मूप्पिल नायर का अट्टहास सुनकर दरवाज़े तक आयी दूसरी दीदियाँ और बुआ कुछ भी पता न चलने पर स्तब्ध खड़ी रहीं।

उनसे मैं बोला—"वह अब भी मानता है कि इस अहाते का मालिक वही है, बस!"

'यह ठहरी भली बात!' बुआ ने नाक पर अँगुली रखी—'वह पागल है क्या?'

उसे नरम करने के लिए सीता दीदी ने भी सहायता की। "जो भी हो वह बला तो टल गयी न? चलने दे।"

तब तक दोनों माताएँ और उनके वस्त्रांचल को पकड़ कर खड़े बच्चे बुआ के साथ भीतर की ओर चली गयीं।

यह सुनिश्चित करके कि वे सुन नहीं पाएँगे, सीता दीदी ने अनुरोध किया—'अप्पू, अब ग्रन्थों को बाँध कर रखना शुरू करेंगे। भाई की राह अभी नहीं देखनी है।'

उस कार्य को निभाने चलने लगा तो जलालुद्दीन साहिब आ गये। पिछली बार जब आये थे उससे ज़्यादा थकावट उनके चेहरे पर दिखाई दी। इतनी व्यस्तता भी पहले नहीं होती थी।

'इधर नहीं है क्या?' यों अधीर होकर कुट्टन दाऊ के बारे में पूछताछ करके मूप्पन ने ड्योढी पर कदम रखे। यह जानने पर कि वे उधर उपस्थित नहीं है, वे बेहद परेशान हो गये।

"कुट्टन दाऊ के आने में विलम्ब होगा। तब तक आराम करके उनकी प्रतीक्षा कीजिएगा"—कुछ ठोस बात कहने के लिए होगा ऐसा सोचकर मैंने कहा। "यदि आप व्यस्त हैं तो क्या यह पर्याप्त होगा कि आपकी बातों की सूचना मैं उनको दे दूँ।"

होंठों पर मौन प्रार्थना के स्पन्दन के साथ साहिब ने रेशमी उत्तरीय के छोर को ऊपर उठाकर निस्कार के दाग से युक्त उस बड़े माथे के स्वेद को पोंछ लिया।—'अब विलम्ब नहीं होना है।'

इसका मतलब तब मैंने यही समझ लिया कि अतिव्यस्ततावश उनके पास प्रतीक्षा करने का अवकाश नहीं है। ऐसा हो तो कुट्टन दाऊ से उन्हें जो बातें कहनी है उसे कह सुनाएँगे—मैंने सोचा। कुछ कहने को उद्यत हुए साहिब ने चारों ओर और दरवाज़े के ऊपर देखकर चुप्पी साथ ली। जो कुछ कहना है उसे कहे या न कहें यों मन में उलट-पुलट कर कुछ निर्णय में न आने की स्थिति में परेशान होते हुए उनको मैंने पाया। उस समस्या को उन्होंने ही स्वयं सुलझा लिया। 'यदि वे राजमहल की ओर गये हैं, और नाव से गये हैं तो रास्ते में ही उनको पकड़ लूँगा'- यों कहकर साहिब उठ खड़े हुए।

चीरू दीदी साहिब के लिए उनकी मनपसन्द की नमक, हरी मिर्च आदि मिलाकर बनायी छाछ लायी तो तब तक गलियारे में साहिब की बैलगाड़ी की घंटियों का नाद दूर सुनाई पड़ा। दीदी चकित रह गयी कि—'वे प्यास बुझाये बिना क्यों चले गये?"

जिस रास्ते से साहिब गये उस रास्ते की ओर मुझसे ज़्यादा समय देखती रही सीता दीदी दृष्टि मुड़ाकर थोड़ी देर तक चिन्तामग्न खड़ी रही। फिर, ग्रन्थों को क्रमबद्ध करके बाँध कर रख लेने ग्रन्थागार की ओर मेरे साथ आ गयी। गलियारे से

होकर चलते वक्त फुसफुसाया—"अभी ग्रन्थों की प्रतिलिपियों को बाँध कर रखेंगे। शेष कार्य भैया के आने के बाद उनसे परामर्श करके करेंगे।"

ब्यालु के वक्त के बाद ही कुट्टन दाऊ लौटकर आ पहुँचे। ड्योढ़ी में उनकी बाट जोह कर बैठा रहा मैं पौरी की ओर गया। उसी गाड़ी में साहिब भी थे। लेकिन साहिब गाड़ी से उतरे बिना ही विदा लेकर चले गये।

'बच्चों का ब्यालू हो चुका क्या?'—कुट्टन दाऊ ने पूछा।

'वे सब कब के सो चुके।'

सदा से कहीं ज़्यादा तेज़ी कुट्टन दाऊ की चाल-ढाल में दिखाई दी। मुख में अपूर्व शान्ति भी।

अम्मिणि दीदी ने मुझसे पूछा—'सबके सब में ऐसा अस्वाभाविक व्यवहार क्यों?'

"कोई विपत्ति आ रही है। उचित अवसर पर कुट्टन दाऊ बता देंगे।"

"अभी यह स्थान छोड़ कर चला जाना है। जल्दी ही।"—कुट्टन दाऊ ने सूचना दी। "सेना आ रही है। दक्षिण से वापस आनेवाली नेटियिरिप्प् सेना के पास 'कलरी' पर आक्रमण करने का आदेश गया है। इस बार सहायता के लिए साहिब भी नहीं होंगे। राजमहल में शरण लेने की आज्ञा राजा ने दी है।"

बाँध कर रखे गये ग्रन्थों को देखकर कुट्टन दाऊ आकास्त हो गये—"हाँ, उतना तो हो पाया है।'

'क्या, मूल ग्रन्थों को भी ले जाना है?'—मैंने पूछा।

सीता दीदी ने सूचना दी—"यदि कुछ गड़बड़ हो ही गयी तो सर्वनाश से बचाने के लिए दोनों का दो स्थानों पर रहना ही भला है न?"

'ठीक है।' कुट्टन दाऊ उससे सहमत हो गये। "लुटमार के लिए आनेवाले अक्षर वैरी भला हाथ आये ग्रन्थों के बारे में क्या जाने? काच को कांचन समझ कर प्रतिलिपियों से ही वे वानर तृप्त हो जाएँगे तो उतना भला।"

केवल मुझसे कुट्टन दाऊ ने कहा—"राज्य के सात संकेतों में पाँचों लूट मार के लिए तैयार होकर बैठे हुए हैं। अपने-अपने सामान बटोर कर चले जाने की सूचना साहिबों और मरय्क्कारों को मिल चुकी है। मंगलम् राजा, मुनयूरिल्लम् और उस प्रकार अन्य प्रदेशों के नेटियिरिप्प् दलवालों ने वेट्टत्तनाट् में अपने लिए नापसन्द लोगों और संस्थानों की सूची एराल्प्पाट के सेनानायकों को सौंप दी है। तिरुकंटियूर कलरी का नाम उस सूची में संलग्न है। पष़ञ्जनत्त् घराना भी।"

फिर, कुट्टन दाऊ ने मेरे कन्धे पर हाथ रखा। मेरी आँखों में दृष्टि गड़ाकर बोले : "ग्रन्थों का संरक्षण होना है। बच्चों की सुरक्षा करनी चाहिए। हमारी सबसे मूल्यवान सम्पत्ति तुम्हारी जान है। यदि वह शेष रही तो बाकी सब कुछ बन जाएगा।

इसलिए बाकी सारी चीज़ों का नाश हो जाए तो भी उसका नाश होने से बचा लेना है। कुछ भी घट जाए तो भी हमेशा बचकर रहना। तुम्हारे हाथ में कोई आयुध न रहे। तुम कुछ भी प्रत्युत्तर मत दो।''

उत्तर की प्रतीक्षा किये बिना कुट्टन दाऊ मेरे कन्धे की पकड़ छोड़कर छत पर चढ़ गये और कमर पर वीर-दुपट्टा कसकर बाँध लिया। गुरुजनों और बाप-दादों की वन्दना करके उन्होंने हाथ में खड्ग और ढाल ले लिए।

तिरुवूर-19

अविलम्ब हमें ले चलने के लिए राजमहल से बैलगाड़ियाँ आ पहुँचीं।

कलरी का पहरा देनेवाले उन गाड़ियों में आये थे। नदी के कूलों तथा गोदामों का पहरा देनेवाले लोग भी उनके साथ दूसरी गाड़ियों में तथा पैदल आ पहुँचे।

सेना की तैयारी देख देश हिल उठा। दीये और मशालें लेकर आबाल वृद्ध जन कलरी की ओर दौड़कर आये। उनको और कलरी में बच गये शरणार्थियों को तिरुकंटियूर मन्दिर की चहारदीवरियों के भीतर पहुँचा दिया। सबके संरक्षण का कुल भार तिरुवूर के वेट्टत्तुनाय्क्कन को सौंप दिया। शेष बचे पड़ोसियों से भी उधर शरण लेने का कुट्टन दाऊ ने निदेश दिया। उसकी सूचना बन्धुजनों को देने की भी व्यवस्था की।

''तब तो हमें भी वही पर्याप्त है न?'' बुआ ने पूछा।

'नहीं'—कुट्टन दाऊ कर्कश भाव से हँस लिये। मुनयूर भवन वालों को ईश से भी बढ़कर सशक्त काल आ गया है न?''

ग्रन्थ प्रतिलिपियों की गठरियों और दैनंदिन आवश्यकताओं की वस्तूओं के अलावा और कुछ भी घर से नहीं लिया। कलरी के दीये नहीं बुझाये। कुचले के वृक्ष के तले के चबूतरे के कुलदेवता से विदाई भी न ली। सोपान द्वार बन्द नहीं किया। विपत्ति के बीतने पर लौट आने का ही इरादा था।

बच्चों को हाथ पकड़कर दो गाड़ियों में चढ़ाया और जल्दी ही रवाना हुआ। गाड़ियों के बैलों के गले और सींगों में बाँधी घंटियों को हटाया जा चुका था। चक्रों से आवाज़ न

निकले—इसके लिए धुरियों पर तेल लगाया गया था। दिये जलाकर लटकाए बिना ही गाड़ियाँ चल रही थीं। ग्रन्थों की गठरियों से भरी एक गाड़ी सब से आगे चल रही थी।

उजियाले से अँधियारे की ओर चलनेवाली गाड़ी में बैठकर कलरी और अहाते को पीछा करते हुए जाने का दृश्य देख विवशता बढ़ गयी। इस कलरी के दीये

भी तेल की समाप्ति पर बुझ जाएँगे न? बहुत बड़ी आशाओं के साथ दस-बारह साल कठोर परिश्रम करके बनाये गये संस्थान से बिदाई ले रहे हैं। कलरी अदृश्य होने लगा तो बाहर-भीतर अन्धकार भर गया।

लम्बी यात्रा के दौरान बच्चों सहित किसी ने भी कोई आवाज़ नहीं उठायी। केवल बैलों की खुर चाप और आयास जनित निकास ही रात की निस्तब्धता को भंग कर रहे थे।

राजमहल में सायुध सेना की बाढ़ ही दिखाई पड़ी। जहाँ दृष्टि जाए वहाँ सब आयुधधारी। चारों ओर जहाँ तक दिखाई पड़े सब कहीं मशालें जल रही हैं। उजियाले और अँधियारे में रक्षा सैनिक पंक्तिबद्ध खड़े हैं। उनमें एक ने ही हमें रहने की जगह दिखाई दी थी। किले के भीतर के उस दुमंजिले महल में भी कड़ा पहरा था।

राजमहल के अतिथि गृहों में एक था वह महल। व्यस्तताओं के होने पर भी सुविधाओं की पर्याप्तता के बारे में पूछताछ करने कारिन्दे आये। यही दिक्कत है कि स्नान के लिए मन्दिर के तालाब में जाना है। पानी भर कर नहाने के लिए कुआँ तो है ही। यद्यपि रसोईघर है तो भी भोजन पकाने की आवश्यकता नहीं। भोजनालय से खाना भेज दिया जाएगा।

कारिन्दे के साथ निकले कुट्टन दाऊ उन्हें विदा देकर घूम फिर कर उस परिसर को देखकर लौट आये और चैन का बहाना किया—'थोड़ी देर सोएँगे।'

थोड़े बड़े हुए एच्चु और अम्मु सहित चारों बच्चे गाड़ी की यात्रा के अन्त होने के पहले ही सो चुके थे। नींद से जागने के पहले ही उन्हें गाड़ी से नीचे उतार कर वास स्थान पहुँचाया था। बच्चे तुरन्त फिर से निद्रा में लीन हुए। किन्तु कुट्टन दाऊ या बड़ों में से कोई भी लेटनेवाले नहीं हुए। वे सब बाहर की ओर ध्यान लगाकर रात भर बैठे रहे।

सुबह तक हमले का कोई शोरगुल सुनाई नहीं पड़ा। सुबह होने पर भी कुछ भी नहीं हुआ। सूर्योदय की चार घड़ी बाद पहला अशुभ समाचार आया। लौटती सेना राज्य में यत्र-तत्र-सर्वत्र लूट और मारकाट कर रही है। आक्रमणकारियों का सामना वेट्टत्तुनाट् के सैनिकों ने किया किन्तु कोई प्रयोजन नहीं हुआ। कतार से अलग होकर वे आ रहे हैं। लम्बे अरसे तक भूखे रहे जंगली जानवरों की भाँति समाने दिखाई पड़नेवाले सबको चीर फाड़ लेते हैं, किसी से भी हमला कर लेते हैं। आगजनी और गालियाँ देना ये दोनों ही उनके मनुष्य होने के प्रमाण हैं। ये दोनों जानवरों की रीति नहीं है।

नेटियिरिप्प् के दस सहस्र सैनिकों ने वेट्टत्त् राजमहल को घेर लिया है—यही दूसरा कर्णभेदी समाचार था। यह निश्चित नहीं कि वे धावा बोलने का उपक्रम कर

रहे हैं अथवा अन्न और जल न देकर उन्हें हार मानने को विवश करने का प्रयास कर रहे हैं। चारों ओर घेरा डाल दिया गया है। डेरा डालने की तैयारी ही लगती है। उनके नित्यकृत्य के लिए आवश्यक वस्तुएँ लूटकर जुटा देने के लिए पाँच सहस्र की और एक सेना भी साथ है।

राजमहल के भंडार में उतनी वस्तुएँ भरी नहीं हैं। एक पखवाड़े से ज़्यादा काम चलाना मुश्किल है। किन्तु उपरोध करनेवालों के लिए भी उससे भी ज़्यादा काल के लिए अन्न नहीं मिलेगा। दस कोस की परिधि में लूटमार करने से सेर भर अनाज ही मिलेगा। राजमहल की रक्षा करनेवाले वेट्टत्तु सैनिकों के पास शत्रु वलय को भेदने में सक्षम संख्याबल नहीं। जो हो नहीं सकेगा उसके लिए न जाना ही तो उचित है। राज्य में सब कहीं व्याप्त सेनानायकों से सम्बन्ध स्थापित करना भी असम्भव हो गया।

''धीरज धरें तो...'' वृत्तान्त बटोर कर आये कुट्टन दाऊ संग्राम के परिणाम की भविष्यवाणी देने को उद्यत हुए। किन्तु उसे अर्धोक्ति में रोक दिया। शेष कहने का समय नहीं आया—ऐसा सोचकर ही होगा, वे जन्म सिद्ध शुभाचिन्ता में लगे। ''यह तो अग्नि परीक्षा ही है। भगवान हमें क्यों इस प्रकार भट्ठी में जला रहे हैं यह तो हम नहीं जानते। हाँ, और किसी महत्त्वपूर्ण कार्य के लिए उपयोगी किसी आयुध के निर्माण के लिए होगा।''

शरण केन्द्र के ऊपर के एक कमरे के झरोखों से देखें तो तीनों दिशाएँ दिखाई देती हैं। चारों ओर नारियल के पेड़ों के बागान हैं। किले के प्राचीरों से एक सौ कदम से ज़्यादा दूरी पर प्रतिरोध सेना की कतार है। उसके भी पीछे उनके खाना पकाने और खाने का स्थान है। कूड़ा-करकट इकट्ठा कर इधर-उधर जलाये गये चूल्हों से धुआँ उड़ रहा है।

बीच-बीच में छोटे पैमाने पर मुठभेड़ चल रहे हैं। प्रतिरोधी सेना का कोई दल आगे बढ़ने का प्रयास करता है। वेट्टत्तु सेना उसका प्रतिरोध करने आगे बढ़ती है। दोनों दलवाले पास आ गये तो फिर भाले और शर दोनों ओर से प्रचण्ड गति से प्रयाण करते हैं। दोनों दलों को क्षति पहुँच जाती है। अत्याचारी पीछे हट जाते हैं। इस ओरवाले भी कतार की ओर लौट जाते हैं।

इस प्रकार के एक संघर्ष के बीच तीर में चुभकर एक ताड़-पत्र रुकावट को पारकर इस पार आकर गिर पड़ा था। रेशमी फीते की झालर देख उसे सन्देश पहचान कर नाय्क्कर ने उस ताड़-पत्र को कारिन्दे के कर में दे दिया। उसमें राजा का यही अन्तिम आदेश था कि यदि हार मन कर अधीनता स्वीकार नहीं करेंगे तो राजमहल को धराशायी कर देंगे।

राजा ने उसे सीधे ले जाकर कुट्टन दाऊ के हाथ में दिया—''अभी अभी

मिला है...यहाँ से हट नहीं जाएँगे तो नारियल और आम के पेड़ों के लिए खाद बन जाएँगे'' ऐसा उत्तर लिख देंगे। तीर में चुभोकर नहीं वह ताड़-पत्र भाले में बाँध कर ही उधर फेंक देंगे।

कार्य विचार सभा के विसर्जन के उपरान्त कुट्टन दाऊ अभी-अभी पहुँचे थे। कुट्टन दाऊ ने जैसा कहा था वैसे ही ताड़-पत्र तैयार करके दिया।

सुबह और शाम को सभा बैठती है और चर्चाएँ चलती हैं। उसके बाद कुट्टन दाऊ आकर देवु का बचपना दोस्त बन जाते हैं। कलरि में जब जाया करते थे तब देवु के साथ इतनी देर तक खेलने का अवकाश ही नहीं मिलता था।

चोटी, रेशमी कौपीन और पूर्णमासी के मुख वाली देवु ने कुट्टन दाऊ की गोदी में बैठकर मन भर कहानियाँ सुन लीं। अच्चु और एच्चु हमेशा ही साथ रहती हैं। किसी न किसी झरोखे पर वे दोनों होंगी। अनुज उनकी पूँछ में टांगकर चलता। कुट्टन दाऊ का यही आदेश रहा था कि उनके अलावा कोई भी बाहर न निकल जाए। दीदियाँ और बुआ सब मिलकर सदैव एक ही कमरे में बैठतीं। बातचीत बहुत ही कम। भोजन परोसते वक्त ही उनके चलने—फिरने की शक्ति प्रकट हो जाती।

स्मृतियों से मुठभेड़ करने के अलावा मेरे लिए तो और कोई काम करने को नहीं रहा। जल्दी विजय हासिल करने की मुठभेड़ नहीं। बिना समाधान की खिन्नताएँ तथा तत्काल समाधान पाने में असमर्थ खिन्नताएँ स्पर्धा करते हुए उभर कर आ रही हैं। कोई निश्चय नहीं कि राह-राह में भटक कर अत्याचार करनेवाली लौटती सेना एडप्पाल् घराने में भी घुस गयी कि नहीं। रक्षा करने के लिए न रही माँ और न ही बाप, ऐसा एक जन्म! माँ अब कभी लौट नहीं आयेगी। पिता के होने पर भी नहीं होने की सी स्थिति। पष़्ञ्ञानत्त् घरानेवालों से कतिपय राजाओं का जो विद्वेष रहा वह वहाँ तक नहीं जाएगा—ऐसा सोचकर आकासन पाया। सुना कि हैजे की बीमारी वहाँ भी फैल गयी है। इसका भी पता नहीं कि बीमारी के कारण किसी की मृत्यु हुई कि नहीं।

चारों ओर से आनेवाले आक्रोशों के सामने इस प्रकार की आधियों को घुटना टेकना पड़ा। सबसे बड़ी आशंका यह हुई कि आयु बल के कारण शेष बच गये लोगों को रक्षा मिलेगी क्या? कटोरे के कोने का धान का दाना किस दिशा में जा गिरेगा? इस आशंका में आग से घिरकर काँटे पर बैठते वक्त राजा की चालाकी का परिणाम अगले दिन से प्रकट होने लगा। वेट्टत्तुकाव् में वन्दना करने के बहाने आयी वल्लत्तोल घराने की दादी माँ के हाथ में फूलों के अलावा उस घराने के सदस्य सेनानायक के द्वारा भेजा गया सन्देश भी था। नेटियिरिप्प् की पराजित होकर लौटती सेना अब भी प्रयाण कर रही है। वेट्टंपरियापुरम् को लक्ष्य करके ही मूप्पनेरी भी आगे बढ़ रही है। इसलिए राज्य भर में बिखरी पड़ी वेट्टत्त् सेना को मान रक्षार्थ

राजमहल में बुलवाने की कृपा हो।—यही सन्देश था।

राजा की ओर से उसका उत्तर भी कुट्टन दाऊ ने ही ताड़-पत्र में तैयार किया।—प्रजा के कुशल की उपेक्षा कर तथा लुटेरों को मनमाने ढंग से लूट-मार करने देकर वेट्टत्त् सेना कहीं से भी, चाहे किसी और की रक्षा के लिए ही क्यों न हो, वापस न जाए। देशवासियों के लिए और कोई आश्रय नहीं है। वर्तमान स्थिति में यहाँ हम ही पर्याप्त हैं। हो सके, तो दो बातें तुरन्त कर लें। पोन्नानी बन्दरगाह से तिरुनावा तक पेरार की यात्री नावों को डुबो दें। पश्चिमी नदी से होकर नेटियिरिप्प् की समुद्री सेना आये तो उसका प्रतिरोध करना।

छतरी की छाया में छिपकर आयी अन्तर्जनम के आगे चलकर अगले दिन जो ब्राह्मण मन्दिर में वन्दना करने आये थे वे किष्पुप्पाट् के कुरुप थे। उन्होंने ही तिरुकंटियूर कलरी को तहस-नहस करने की सूचना दी थी। कूट्टुवा और मुनम्प् के मछुआरों की सहायता से पेरार में तिरुनावा तक के घाटों की सारी नावों को नीचे छेद डालकर पिछली रात को डुबो दिया। पोन्नानी से लौटती सेना की सहायता के लिए पश्चिमी नदी से बड़ी नावों पर आयी सेना को मंगलंपुरत्तूर करिप्पारा के पणिक्कन लोगों और पटवीट्टिल् नाय्क्कन लोगों ने मिलकर रोक लिया।

स्वत: उथली नदी से होनेवाले आवागमन को, शत्रुओं की नावों को ही डुबोकर रोक लिया। रुकावट को हटाने के लिए मरय्क्कान लोगों का समर्थन नेटियिरिप्प् को मिला भी नहीं था। फिरंगियों का सामना करने को तो वे तैयार हैं किन्तु वेट्टत्तुनाट् को लूटने में उनकी मदद करने के लिए वे तैयार नहीं—यह राय उन्होंने प्रकट की।

अगले दिन से लौटती सेना का आगमन खत्म हो गया। चौथे दिन सुबह को प्रतिरोध डालनेवालों के पीछे वेट्टत्तु सेना का और एक घेरा प्रत्यक्ष हुआ। नेटियिरिप्प् सेना को पेयजल पहुँचाने के लिए उनके लूट-मार दल असमर्थ हो गये। वेट्टत्तुकिले के पहरेदारों का शोरगुल शुरू हो गया। वेट्टत्तु के सेनानायकों के दल ने राजा के सम्मुख आकर प्रणाम करते हुए उपरोध करनेवालों को अन्दर और बाहर दोनों ओर से हमला करके धराशायी करने की अनुमति माँगी। किन्तु राजा ने ऐसा नहीं करने की आज्ञा दी। वेट्टत्तुनाट् को जो नुकसान हुआ उसकी क्षतिपूर्ति दिलाना ही नेटियिरिप्प् को हमारी ओर से दंड है। यदि ऐसा होता है तो जब तक शत्रुदल कोत पताका फहराएँगे तब तक उनकी सेना इस प्रकार यहाँ फँस कर पड़ी रहे।

दो दिन और बीत गये तो भी उपरोध करनेवालों की ओर से हार स्वीकार करने का कोई निवेदन नहीं आया। उनमें कई भूख और प्यास के मरे तथा बीमारी के कारण धराशायी हो रहे थे। राजा ने सोचा कि उनके सेनानायक उत्तर से आनेवाले आदेश की प्रतीक्षा में होंगे—'हार मानने में नेटियिरिप्प् को बड़ा भारी कष्ट होगा। वे

जानते ही होंगे कि हम क्षतिपूर्ति की माँग करेंगे। उसे देने में दिक्कत का अनुभव होगा। कोष खाली है। इस बात के प्रकट हो जाने की भी व्याकुलता नेटियिरिप्पु को होगी।'

आठवें दिन सुबह एराल्प्पाट् का ताड़-पत्र आया।—''समझौता—संवाद के लिए तैयार हैं। अनर्थ ख़त्म करेंगे। साक्षात्कार हो सकता है।'

'तीनों हो सकते हैं'—राजा ने पत्रोत्तर दिया।

एराल्प्पाट् स्वर्ण शिविर में अनुचरों सहित पधारे। राजा ने सम्मानपूर्वक उनका स्वागत सत्कार किया और मातुल के सामने लाये। एराल्प्पाट् ने राजा के द्वारा दिये गये स्वागत सत्कार के लिए कृतज्ञता ज्ञापित की। उन्होंने बताया कि राजमहल का उपरोध जो किया गया वह अपनी सेना की गलती के कारण ही हो गया है। यही नहीं विभिन्न राजशासनों में ऐक्य स्थापित करने के बारे में वेट्टत्तुनाट् का विचार ही सही जंचता है—यहाँ तक उन्होंने कहा। आगे इस ओर प्रयास करेंगे—ऐसा संकेत भी दिया। इस बात पर विशद रूप से विचार-विमर्श करने के लिए, आगे की कार्रवाइयों के बारे में निर्णय लेने के लिए उन्होंने राजा को अपने शिविर में पधारने का आमन्त्रण भी दे दिया।

'कोई बात नहीं, आगे ऐसी गलतियों से बचने का प्रयास करें तथा जो नुकसान हुआ उसकी क्षतिपूर्ति करें, बस यही तो चाहिए'—राजा बोले। उपरोध हटाया जाएगा तो ज़्यादा चर्चा होगी—यों भी कहा। ''ठीक है''—एराल्प्पाट् ने भी सहमति दी।

ब्यालू के लिए सभा जब विसर्जित हुई तब भारी थकावट के बावजूद भी प्रसन्न होकर ही कुट्टन दाऊ आये थे।—'ओह! किसी न किसी प्रकार नाव घाट पर पहुँच गयी है।''

भोजनालय से आनेवाले भोजन की मात्रा और गुणवत्ता में दिन-ब-दिन कटौती होती जा रही थी। कोई चीज़ स्वादिष्ट नहीं। खाने को उतना नहीं मिल जाता था जितने से भूख मिट जाए। कुछ भी परवाह किये बिना कुट्टन दाऊ ने खाना खाया। फिर, अपने मन के महान स्वप्न का उन्होंने यों पर्दाफाश किया—''हमला समाप्त हुआ तो राज्य भर के सारे कलरियों को जोड़कर तिरुवावाटुतुरै गुरुकुल के समान एक उच्च संस्थान की स्थापना करनी है। मनुष्य होकर जन्म लेनेवाले सबों को एक ही समान आलोक पाकर जीवन बेड़ा पार कराने का पथ प्रशस्त करनेवाले ज्ञान का एक दीपस्तम्भ। यह निश्चित होने पर कि छोटे-छोटे राज्यों के बीच आगे आपसी लड़ाई-झगड़े न होंगे तो यह कार्य बन जाएगा।''

कुट्टन दाऊ ने सूचना दी कि विभिन्न राजशासनों के बीच ऐक्य स्थापित करने के लिए केवल एक ही सोपान चढ़ना शेष है। अन्तिम समझौता—संवाद होना

अभी शेष है। सभा का यही उपदेश है कि किसी भी क्षण किसी भी रूप में भयंकर छल के होने की गुंजाइश के रहने के कारण, अभी चर्चा या किसी भी कार्य के लिए एराल्प्पाट् के शिविर में न जाएँ। क्या, उपरोध को हटाकर स्वयं एराल्प्पाट यहाँ, राजमहल में आ नहीं सकते? वही ठीक है ऐसा कहते हुए कुट्टन दाऊ ने यह भी बताया—'बिना किसी निपटान का झमेला तो नहीं है यह। उसके लिए भी कोई रास्ता खुलेगा।'

धोये हाथ पोंछने के लिए भी समय नहीं गँवाते हुए कुट्टन दाऊ सभा में लौट गये। उस दिन आधी रात के बीतने पर भी मन्त्रि सभा भवन में दीपक जलते रहे। नेटियिरिप्प् से होनेवाले संवाद के बारे में तथा उनके साथ भविष्य के व्यवहारों की रूपरेखा के बारे में ही सुदीर्घ चर्चा चली होगी। चारों ओर वलयित होकर खड़ी नेटियिरिप्प् सेना को दो दलों में बाँटकर दो जगहों पर खड़ी होने के लक्षण देखकर, दीर्घनिकास लेकर मैंने आँखें मूँद लीं।

रात के बीतते वक्त अनतिदूर स्थान पर अकस्मात् आग दिखाई दी। दो दिन कड़ी धूप थी। इमारतों के छप्पर सब सूखे हुए पड़े थे। किंचित् रूप में प्रकट हुई आग साहसा सब कहीं फैल गयी।

कुट्टन दाऊ अभी लौट नहीं आये हैं। दीदियाँ और बच्चे भीतर के एक कमरे में सुबहकालीन निद्रा में है।

आग की फूट-विस्फोट और फुफकार के साथ घबराहट की चीख चिल्लाहट भी गूँज उठी। ऊपर के झरोखे के पास झुककर बैठा रहा मैं चौंक कर उठा खड़ा हुआ।

रात को दिन बनाकर आग आसमान तक ऊपर उठी।

यह जानकर कि सभा भवन ही जल रहा है, मेरे मन में भी आग फैल गयी। बाहर निकल कर दौड़ पड़ा। किन्तु आगे जाना कठिन हो गया। घबरा कर भाग जानेवाले, आग बुझाने के लिए दौड़ धूप करनेवाले तथा तलवार निकालकर खड़े पहरा देनेवाले सैनिकों के कारण आगे बढ़ना दूभर हो गया।

किसी न किसी रास्ते से हट कर और राह बनाकर उस ओर पहुँचने के मेरे प्रयास के बीच राजमहल का पहरा देनेवाली सेना आगे बुझाने के श्रम में कतार से बिखेर गयी। मौका पाकर नेटियिरिप्प् सेना के राजमहल के अन्दर घुस जाने की बात मैं जान न पाया।

किसी न किसी भाँति उधर पहुँच गया तो देखा कि सभा भवन पूरा भभक कर जल रहा है। आग बुझाने का श्रम ज़ारी था, तो भी कुछ प्रयोजन नहीं। भवन के सोलह अँगुली-चौड़ी दीवार भी तप्त तांबे के रंग की हो गयी। हृदय भाग में अंगारों का पहाड़वाले उस अग्निकुंड के दूर तक भी भीषण ताप के मारे पहुँचा नहीं पाता।

उसके चारों ओर घबराते हुए दौड़ने वालों की बातों और उनके विलापों से मालूम हो गया कि कुट्टन दाऊ, राजा तथा सभासदस्य सबके सब भवन के अन्दर ही हैं।

अग्नि सागर के मंझधार में पड़े व्यक्ति को कैसे बचा पाऊँ। सिर पर हाथ रखकर रो उठा—"भगवान! कोई रास्ता दिखा दे!"

कौन-सा रास्ता? किससे कहूँ? क्या करूं?

एक कदम भी आगे रखना दूभर। पीछे भी हटा नहीं जाता।

पिता, गुरु, भाई तथा नाथ स्वरूप व्यक्ति आग में जल कर मर रहा है। उस आग में कूदकर मरना भी दूर। उस ओर आश्रयहीन दीदियाँ और बच्चे तो हैं।

जीते जी जल रहे हैं अथवा चीर-काटकर आग में फेंके गये हैं? कड़े पहरे का भवन है। यों ही आग लग नहीं सकती। दीये से या मशालों से यदि आग लग ही गयी तो उसे बुझाने के लिए दिन-रात आदमी हैं। बाहरी दीवार के दो प्रवेश द्वारों और अन्दर की दीवार के दरवाज़े पर हमेशा ही पहरा है। गुप्तचरों तक से रहस्य चर्चाएँ चलाने की जगह होने के कारण अतीव विश्वस्त व्यक्तियों को ही उधर पहरे के लिए रख दिया करते थे।

"रामानुजन एष़शर!" रोते कलपते और हाँफते हुए वेट्टत्त नाय्क्कनों में से किसी ने मेरे कन्धे पर हाथ रखा और बोला—"सब कुछ हो गया खत्म। अब यहाँ मत ठहरना। विपत्ति होगी।"

नाय्क्कर के टूटे-फूटे शब्दों में और कुछ भी सुनने को मिला—वेट्टत्त की छावनी में ही लड़ाई चल रही है। एक किंवदन्ती फैली है कि दरवाज़ों को बाहर से बन्द कर वेट्टत्त् के सेनानायकों में किसी ने मन्त्रि सभा भवन में आग जला दी है। वेट्टत्त् के दूसरे सेनानायकों ने उसे काट कर गिरा दिया। उसे निरपराधी घोषित करते हुए तथा हठपूर्वक यह कहते हुए कि आग लगाने वाला दूसरा कोई है। नेतृत्व करनेवालों या नियन्त्रण करनेवालों के अभाव में अस्तव्यस्त संघर्ष चल रहा है। कौन किससे लड़ रहा है—इसका भी किसी को कोई पता नहीं। नेटियिरिप्प् सेना अपनी इच्छानुसार लूटपाट और आगजनी करती है।

'मार-काट के थम जाने पर ही आँगन पार किया जा सकता है।'—नाय्क्कर ने रास्ता रोककर अपने शिविर की ओर मुझे खींचकर घुसा दिया।

अग्नि सागर की ओर अनिमेष देखते हुए तथा दीदियों के पास पहुँचने की उतावली में खड़े होते वक्त अष्ट दिशाओं में यह आक्रोश गूँज उठा कि 'राजा जलकर मर गये हैं'। रानियों के अन्तपुर से आर्तनाद सुनाई दिया। 'राजमहल को जलाने जा रहे हैं'—की चिल्लाहट गूँज उठी।

अग्नि सागर में तूफान के खत्म होने पर सदा से अधिक लालिमा भरे मुख के साथ सूर्य उदित हुआ। कारिन्दे ने राजमहल की छत पर खड़े होकर श्वेत पताका फहराया।

एरालप्पाट् की सुवर्ण पालकी भी राजमहल के आँगन में आ पहुँची। इस बार एराल्प्पाट् नीचे नहीं उतरे। पालकी में बैठे-बैठे ही उन्होंने आज्ञा दी। कारिन्दे ने सिर झुकाकर सुन लिया। ''वेट्टत्तुनाट् को नाम मात्र का अधिकार देकर सामूतिरि राजा का समस्त अधिकार एरालप्पाट् ने ले लिया है। वेट्टत्त सेना का नियन्त्रण नेटियिरिप्प् के सेनानायकों ने अपने ऊपर ले लिया है।''

स्वर्ण पालकी के, राजमहल की सीढ़ियाँ उतरने के पहले कार्यालय के सामने के ध्वजदंड पर वेट्टत्तुनाट् के झंडे के ऊपर नेटियिरिप्प् का झंडा फहरा उठा। सारी पूँजी की चाबी नेटियिरिप्प् के हाथ में दे दिया गया। आगे वेट्टत्तनाट् का शासन कोषिक्कोड सम्भालेगा—यह सुनिश्चित हो गया। इधर के कारिन्दों को राजमहल के पहरेदारों के नियन्त्रण का दायित्व मात्र मिलेगा।

नाय्क्कर की सहायता के बल पर अतिथिगृह में प्राणों के साथ वापस पहुँच सका।

सिर पीट-पीट कर चिल्लानेवाले सम्बन्धियों के बीच रोये बिना खड़ी रही सीता दीदी से रोते हुए एक ही बात कहनी थी—'बच्चों को लेकर जल्दी जगह छोड़ना।'

संकेत के लोग तथा उनके आज्ञावाहक सामूतिरि के कारिन्दे ही अब इधर आ जाएँगे। वे तो पष्ञ्ञानत्त् परिवार का उन्मूलन ही चाहते हैं। कम से कम बच्चों की रक्षा करनी चाहिए। अभी निकल कर चलें तो सन्ध्या के पहले कीष्षेटम् या उळ्ळाट् पहुँच पाएँगे। उधर से बड़े सबेरे अड्ङाटिप्पुरम् की ओर रवाना होंगे। शेष काल वहीं व्यतीत करने का नियोग होगा।

किसी भाँति इतना कुछ बोल दिया। किन्तु सीता दीदी कुछ हिली नहीं। बाहु पकड़कर मैंने दीदी को उच्च स्वर में पुकारा।

उठाने के पहले ही दीदी मेरे तन से चिपककर नीचे गिर पड़ी।

तिरुवूर-20

थोड़ी देर बाद ही दीदी को फिर से होश मिला। इस बीच मुझे कुछ अलग सूझा। अन्दर बन्द रहने से ज़्यादा खतरनाक होगा बाहर निकलना। लौटती सेना का प्रवाह रुका नहीं है। निरायुध अकेले व्यक्ति के साथ स्त्रियों को देख लिया तो वे लोग जंगली कुत्तों के समान मिलकर चीर फाड़ करेंगे। यह जगह ऊषर है तो भी भूखे प्यासे होकर भटकनेवाले वन्यजीवों से भरे भीषण जंगल से कहीं सुरक्षा इस मरघट में ही है।

यह भी निश्चित नहीं कि वह रक्षा भी कितनी देर के लिए। ज़्यादा देर तक नहीं, यह तो सुनिश्चित है। नेटियिरिप्प् के कुतन्त्रवाले पहले से ही छल तय करके रखे हुए हैं। अब इसके लिए कोई बाधा भी नहीं रही। राजा अर्धप्रज्ञ हैं तथा ओमना छोटा लड़का है। ऐसी स्थिति में, युव राजा के प्राणों के चले जाने की स्थिति में वेट्टत्तनाट् का कोई नाथ नहीं रहा। कोई किसी से कुछ भी कर सकता है। नेटियिरिप्प् का अगला प्रयास राजमहल में बच गयी राशि को ले जाने और सेना को अपने नियन्त्रण में रखने का ही होगा। नेटियिरिप्प् नम्पी जो आदेश देंगे उसी का पालन होगा। वध किये गये राजा के प्रति आस्था रखनेवाले सभी को जाँच-पड़ताल के लिए बरखास्त किया गया।

'वेट्टत्तुनाट् ने अधीनता मान ली है'—यों चिल्लाते हुए लौटती सेना के नये दल शोरगुल मचाते हुए राजमहल के भीतर घुस जाने लगे। पैदल चलकर भूख और प्यास के मारे विवश होकर आनेवाले और भी कई दल इस वृत्तान्त के सुनने पर इस ओर प्रवहित होंगे। थोड़े ही समय में भंडार और बखार खाली हो जाएँगे।

दीदियों और बच्चों को कहाँ ले जाकर बचाऊँ? उनको ले जाने का कोई ठौर निश्चित हो गया तो भी उनको लेकर कैसे जाएँ? ले जाने के लिए ग्रन्थ भी हैं। छिपकर, दौड़कर या वेष बदल कर बचना भी मुश्किल है। कोई भी उपाय न सूझा।

'परेशान मत होना'—होश में आते ही सीता दीदी कुहनी टेककर उठी।

दीदी ने कमरे के चारों ओर आँखें दैड़ायीं। जाने और अनजाने ही माताओं के

पीछे लगे रहकर रोनेवाले बच्चों को एक-एक करके पकड़कर मेरे सामने कर दिया। देवु को मैंने छाती में ले लिया। और तीन बच्चों को पास खड़ा किया।

कोरी ज़मीन पर लेटकर रोने कलपनेवाली दूसरी दीदियों और बुआ को सीता दीदी ने हिला डुलाकर पुकारा। सबने ध्यान दिया तो सख्त बता दिया—"बच्चों को बचाना है, उठ जाएँ।"

उन तीनों को उस बात की पहचान देने के लिए पीछे हटे बिना दीदी ने "बच्चों को बचाना है"—का मन्त्र बारम्बार रटा। उसका फल मिला। अम्मिणी दीदी आँखें पोंछकरकेश बाँधकर आयी और मेरे हाथ से देवु को ले लिया। उसके पीछे चीरू दीदी भी आकर अनियन को पकड़ कर अपने पास खड़ा किया। उठ खड़े होने में असमर्थ होने पर भी बुआ भी सायास उठ गयी।

सीती दीदी का भी यही मत था कि संग्राम के थम जाने के बाद ही बच्चों को लेकर बाहर निकलने के बारे में सोचना है। मौका मिले तो सीधे अड्डाटिप्पुरम् की ओर जाएँगे। ग्रन्थों की प्रतिलिपियों को छोड़ देंगे।

किन्तु कब मिलेगा मौका?

अगवाड़े के दरवाज़े का एक हिस्सा खोलकर मैंने आँगन की ओर देखा। परिचित मुख एक भी नहीं। पुराने पहरेदारों की जगह नये आये है। उनके बीच से महल के चारों ओर लौटती-सेना चल रही है। इधर-उधर सैनिकों के दल बैठते हैं। नायक के स्थान पर कहीं भी कोई नहीं रहा।

दरवाज़ा खोलकर बाहर पैर रखने लगा तो ऊपर से सीता दीदी ने दबे स्वर में पुकारा—'अप्पू'!

दरवाज़ा बन्द करके सीढ़ियाँ चढ़कर ऊपर गया मुझे दीदी उस कमरे के पूर्वी झरोखे की ओर चुपचाप ले गयी। लौटती-सेना का एक बड़ा दल राजमहल का मुख्य गोपुर पार करके आ रहा है। उनके आगे मुनयूर तिरुमेनी और परिजन, तिरुवूर के नेटियिरिप्प् नम्पी तथा अटियाष्रम के मूम्मिल नायर हैं। उनको रास्ता दिखाते हुए लौटती-सेना का एक नाय्क्कन भी।

राजमहल की ड्योढी से उतरकर लौटती-सेना का और एक नाय्क्कन उनसे प्रश्न पूछते हैं, पहचान कर उनका स्वागत करते हैं तथा अन्दर की ओर ले आते हैं।

वे इस प्रकार आगे बढ़ रहे थे मानों वे अपने लक्ष्यस्थान की ओर का रास्ता भली-भाँति पहचानते हैं। शोरगुल ठीक हमारी ओर ही बढ़ रहे हैं। उनके साथ की एक हज़ार पैदल सेना ने उनके यहाँ पहुँचने के पहले आगे बढ़कर हमारे वासस्थान को घेर लिया।

दरवाज़ों को बन्द करें तो वे लातें मार कर और तोड़-फोड कर अन्दर की ओर घुस आएँगे। सामना करने से कोई प्रयोजन नहीं होगा। उतनी बड़ी संख्या में

विपक्ष में सैनिक और हथियार हैं। सामना न करने का मातुल का अन्तिम आदेश भी है। सह लेना ही करणीय है। उत्पीडन सहकर भी बन्धुओं की रक्षा करनी है।

परस्पर की दूरी को कम करके, बच्चों को अपने-अपने वलयों में करके खड़ी रहनेवाली दीदियों को छोड़कर मैं दरवाज़ा खोलने नीचे की ओर उतरा। मेरे द्वारा सख्त रूप से मना करने के बावजूद भी मेरे साथ वे सब सीढ़ियाँ उतर कर आयीं।

रास्ता रोककर भी मैंने उन्हें लौटाने की कोशिश की।

"अब क्यों जीना है?" देवु को छाती से लगाकर अम्मिणी दीदी ने मुझे हटाने की कोशिश की। मारने दें, सबको! हिंस्रजीवों को तृप्ति मिले। 'किसी भी खतरे में हो'-सीता दीदी भी आगे बढ़ी। 'अब सबके सब एक साथ ही...'।

दरवाज़ा खोलकर बाहर निकलते हमें देखने पर, चारों ओर से नेताओं के परिहास की हँसी तथा अनुचरों का शोरगुल गूँज उठे।

आयुध धारी नेटियिरिप्प् नम्पी नेतृ स्थान पर है। पद मुद्राएँ धारण किये हुए उन्होंने दूसरों को इशारे से शान्त करके किसी अनुचर के हाथ से माँगी टोकरी को हमारे सामने बरामदे पर औंधा रखा।

तिरुकंटियूर कलरी के कुचले के वृक्ष के तले बैठी कुलदेवी ज़मीन की धूलियों में लुढ़क गयी। मतलब, लेखन कलरी को तोड़-फोड़ कर उनका यह आगमन है।

फिर भी हँसी और शोरगुल!

हाथ उठाकर सहचरों को नियत्रण में रखकर नम्पी ने अपने परिहास को अतिविनय के बहाने प्रस्तुत किया।

उत्तरीय को लपेटकर कांख में रखकर, हाथों से मुँह बन्द कर झुककर नाट्कीय ढंग से उपचार के स्वर में पुकारा : "कुरुनात परम्परा और कुलदेवता छोकरी को नमन कर दायें पैर रखकर धीरे-धीरे इस ओर उतर कर आ जा पष्रञ्ञानम् का अनुजन एष्ररशर!"

परिहास के रूप में नम्पी ने जो कहा, उसका मैंने अक्षरशः पालन किया। गुरु और मातुल की परम्परा का मन ही मन स्मरण किया। मन को भरसक नियन्त्रण में रखा।

'ईश्वर की इच्छा जो भी हो होने दो'—निश्चय किया। बिना लड़खड़ाये अत्यधिक ध्यानपूर्वक आगे बढ़ा। भविष्य में हम कभी भी अलग नहीं होंगे—इस हठ के साथ ठीक पीछे बच्चों के हाथ पकड़कर और छाती में बिठाकर बन्धुजन भी आये।

'कूत्तु' (नाच) देखने के लिए आये लोगों के समान सब घेर कर खड़े हो गये।

"बाप और साले की पुश्तैनी बातों की याद कर कोई भी अत्याचार के लिए

तैयार नहीं होना''। नम्पी ने कर्कश स्वर में चेतावनी दी। ''यदि अत्याचार करने तैयार हो जाए तो कोई भी जिन्दा नहीं रहेगा।''

'निरायुघ व्यक्ति किसके लिए तैयार होगा'? मैंने विनयपूर्वक पूछा। 'मेरे साथ कुछ भी करे, कोई चिन्ता नहीं। स्त्रियों और बच्चों को किसी शरण केन्द्र में पहुँचाना है, बस।'

'उतना ही है न?'—नम्पी ने परिहास किया। 'उसके लिए क्या दिक्कत? अभी हो जाएगा। मेरे चार प्रश्नों का उत्तर देना, बस।'

दृष्टि संकेत से नम्पी के द्वारा किये गये आदेश के अनुसार उनके कतिपय अनुचरों ने मेरे हाथों को पकड़कर पीछे की ओर बाँध दिया। पैरों पर बेड़ी लगा दी।

कुट्टन दाऊ के आदेश का पालन करते हुए उस बन्धन को स्वीकार कर लिया।

मुझे बन्धन में डालने से रोकने को चीरू दीदी और बुआ उद्यत हुईं। मन को कड़ा करके सीता दीदी ने उन्हें उस उद्यम से विरत किया।

एच्चु के कन्धों पर हाथ रखकर उस दृश्य का निरीक्षण करनेवाले अच्चु की आँखों की अग्नि ने मेरे उर को ज्वलित किया। रानी माँ की मृत्यु के दिन उण्णि भैया के मुख पर भी यही कोत अग्नि जल रही थी। मैंने मुख भाव से उसे आकास्त करने की कोशिश तो की किन्तु उसकी दृष्टि की तीक्ष्णता किंचित् भी कम नहीं हुई।

नम्पी के हाथ में तिरुवूर के नेटियिरिप्प–कारिन्दे ने एक ताड़–पत्र दिया। नम्पी ने उसे ससम्मान मुनयूरत्तिरुमेनी को दे दिया। उसकी ओर अलसतापूर्वक देखकर तिरुमेनी ने ''हाँ, हो सकेगा'' यों मुद्रा दिखाई।

ताड़–पत्र को लेकर उसे भली–भाँति पढ़कर और गुनकर नम्पी ने मुझसे उच्च स्वर में पूछा—

''निषिद्ध जानते हुए भी तुम ने शूद्र को वेद सिखाया न?''

''केवल वेदान्त ही सिखाया''—विनय छोड़े बिना मैंने कहा।

''शूद्र होकर भी तुमने वेदों का अध्ययन किया न?''

''हाँ।''

''देखी न गधे की धृष्टता!'' मुनयूरत्तिरुमेनी ने मुँह मोड़ लिया।

नम्पी ने ताड़–पत्र पर दृष्टि गड़ाकर और अधिक कर्कश स्वर में पूछाः ''तुम परदेश जाकर अभिचार क्रियाएँ सीखकर यहाँ आकर ऊँचे पदों पर विराजमान ब्राह्मणों का उपहास करते हुए गाना गाकर घूमे फिरे और वेद और स्मृतियों का धिक्कार किया था न?''

''नहीं।''

नम्पी ने ताड़–पत्र का चौथा प्रश्न अति भीषण स्वर में पूछा ''कलरी की ओर

से तुम ने और तुम्हारे परिवार ने सामूतिरी के विरुद्ध विद्रोह का प्रचार किया न?''

'नहीं'।

'हाँ' नम्पी ने स्वयं निर्णय लिया। वे बोले ''इसके लिए साक्षी तो हैं।''

आरोप लगाया कि उण्णि भैया, कुट्टन दाऊ तथा मैंने मिलकर दिन-रात प्रयत्न करके ही युव राजा पर प्रभाव डालकर उन्हें नेटियिरिप्प् राजपरिवार के विरुद्ध किया है। पष्नञ्ञानम् वाले फिरंगियों का शासन चाहनेवाले हैं। हमारे ही निर्देश पर गोपी भैया पेरुंपटप्प् का आपात्कालीन सन्देश लेकर फिरंगियों के देश गया है। इन सभी के बारे में विस्तार से पूछ भी लिया। ''आम जनता के सम्मुख तुम्हें कुछ बताने को है क्या?''

नेटियिरिप्प् की लौटती सेना, मुनयूर भवन के लोग और परिचर ये ही तो चारों ओर के आम जन हैं।

'नहीं' विनय को छोड़े बिना मैंने बताया।

मार काट के लिए नम्पी को हाथ आये नये अधिकार से मुझे कोई भय नहीं—पता नहीं ऐसा नम्पी को लगा कि नहीं। नम्पी और अधिक क्रुद्ध हो उठे।

नेटियिरिप्प् के तिरुवूर अधिष्ठान का दूसरा कारिन्दा नम्पी की दाहीनी ओर खड़ा था। मुनयूर से मौन अनुमति लेकर, आगे वे जो कुछ बोल रहे हैं उनको लिख लेने का संकेत कारिन्दे को देकर, शान दिखाकर तथा यह सुनिश्चित करके कि उनकी बातें सबक सब सुन सकते हैं, उन्होंने घोषणा की—''अनियनेष्नशन तथा अप्पू नाम से पुकारे जानेवाले पष्नञ्ञानत्त् लक्ष्मी के पुत्र कृष्णन को 'संकेत' मर्यादा का उल्लंघन करने तथा राज्यद्रोह के लिए शिर छेद करके मार डालने का दंड देते हैं। उपर्युक्त कृष्णन के स्थावर-जंगम सम्पत्तियों का 'संकेत' के नाम जब्त किया जा रहा है।''

मेरे पीछे उभर उठे आर्तनाद की परवाह किये बगैर सीता दीदी ने विनम्रता के साथ नम्पी से पूछा—''कुन्नलकोन् के विरुद्ध सेना का नेतृत्व करनेवालों को भी जो दंड विधान नहीं है ऐसा दंड एक बेचारे कलरि गुरु को क्यों? क्या, आपने कुन्नलकोनातिरि का निर्णय ही सुनाया है?''

जलसांप को भी फण आया क्या? ऐसे भाव से नम्पी ने सीता दीदी की ओर देखा। ''सेनानायकों ने राजाज्ञा का ही पालन किया था। इस द्रोही ने क्या किया है? इसने सामूतिरि राजा का धिक्कार किया है तथा राजा को गलत रास्ते की ओर अग्रसर किया है। कोई सन्देह नहीं यह दंड विधान मुझे अन्न और नमक देनेवाले राजा की ओर से ही है।''

''क्या उनके बदले हममें से कोई उस दंड को भोग लें तो वह पर्याप्त होगा क्या?'

"नहीं, नेटियिरिप्प् राज शासन निरपराधियों को दंड देता नहीं है।" कमर की तलवार को म्यान से निकालते हुए अनुचरों को आज्ञा दी—"यों क्यों खड़े हो? जाकर कारिन्दे को बुला लाओ।"

म्यान से निकाली गयी तलवार की तीखी धार धूप के लगने से चमचमा उठी।

मेरे पीछे बन्धुजनों की साँस पूरी तरह निश्चल हो गयी।

अब तो कारिन्दे के पहुँचने की ही देरी है। नम्पी बुलाएँ तो कारिन्दा आ ही जाएगा। आने पर क्या? नम्पी क्या कहेंगे उसके हाँ में हाँ मिलाएँगे।

कोई बचाव नहीं।

मेरे बाद, घनिष्ठ बन्धुजनों को आपत्धर्म के लिए ही क्यों न हो, होनेवाले खतरों से छुटकारा दिलाने के उपाय के बारे में मैंने शान्त मन से फिर एक बार सोच विचार किया। नहीं, कुछ भी नहीं।

आयु समाप्त हो गयी—यह तय हो गया।

एक दीर्घ निकास लिया।

दीदियों, बच्चों और बुआ को अन्तिम बार देख लिया।

आँखें मूँद लीं।

उन सबको भगवान के हाथों सौंप दिया।

ज्ञान और प्यार देनेवाले सबको मन ही मन धन्यवाद दिया।

जाने-अनजाने किये गये अपराधों के लिए उनसे दुःखी हुए लोगों तथा ईश्वर से माफी माँग ली।

मृत्यु पीड़ा सहने को सन्नद्ध हो गया।

मन को अविनाशी ईश पर दृढ़ करने का यत्न किया। यह है, यह कुछ नहीं है, उसके सिवा और कुछ नहीं है, यों चित्त को एकाग्र किया। स्वत्वरूप मैं, नित्यतारूपी ईश। उसका जन्म नहीं मृत्यु भी नहीं।

प्रसाद, अनुग्रह नाशहीन प्रसाद...

'छिः'—मृत्यु की भूमिका में अवतीर्ण श्मशान मूकता में अटियाष़त्त् मूप्पिल नायर हँस पड़े ज्यों बुलबुला फूटता हो। सबका ध्यान उस ओर गया तो वे पूछ बैठे—"क्या यही दंड इस द्रोही के लिए पर्याप्त है? इससे बड़ा कोई दंड ही इसे मिलना चाहिए न?"

कारिन्दे की प्रतीक्षा में खड़े नम्पी ने मूप्पिल नायर से बात पूछ ली।

बड़े अधिकारी को तृप्त करने लायक सम्मान का भाव दिखाकर मूप्पिल नायर मुँह पर हाथ रखते हुए बोले—"जी हाँ ठीक है, मृत्यदंड ही सब से बड़ा दंड है। शंका है कि वह भी इसके लिए पर्याप्त है कि नहीं। बड़े चतुर इस एष़श्शर की बुद्धि

को ही कृमिदोष लगा है न? देखा न, उसका हृष्ट-पुष्ट शरीर? इसको एक मोटे तगड़े बैल की शक्ति है न? नेटियिरिप्प् और इस देश के लिए इस हृष्ट पुष्ट शरीर के परिश्रम का फल मिले। हड्डी-तोड़ मेहनत इससे दिन-रात करा सकते हैं। मृत्यु दंड यद्यपि अत्यन्त कठिन है तो भी एक पल में उसकी पीड़ा खत्म हो जाएगी। इसलिए आजीवन दंड देना ही इस परम द्रोही के लिए उचित होगा।''

नम्पी ने पूछा—ऐसा कौन-सा दंड है?

''हाँ, ठीक है, मेरी अल्प बुद्धि वहाँ तक नहीं गयी।''

—अपने कथन की मूर्खता के लिए माफी माँगने के तौर पर मूप्पिल नायर ने नम्पी का नमन किया। किन्तु तुरन्त ही एक निधि—प्राप्ति के आनन्द के साथ अपनी अँगुली को काट कर हिलाते हुए उच्च स्वर में कहा—''है, इस सड़े गले जीव के लिए एक काम है।''

नम्पी को ज़्यादा पूछने का समय न देकर मूप्पिल नायर अंगविक्षेप और नाटकीयता के साथ बोले : ''बिना बैल के कोल्हू की पेराई!' वेट्टम् पल्लिप्पुरम् के 'पतिनेट्टराक्काव्' के लिए आवश्यक तेल पेरने के लिए अब तो कोई नहीं है। बिना बैल के ही कोल्हू पेरना है। क्या, शिव के वाहन अथवा यम के वाहन से वह काम चलाया नहीं जाएगा? आलत्तियूर संकेत के अधीन में शबरकोट्टम् में स्थित कोल्हूवाले और उसके परिवार के हैजे की बीमारी में मर मिटने के बाद उनकावों में दीप जलाने के तेल के लिए 'संकेत' के लोग बहुत क्लेश उठा रहे हैं न? उस कोल्हू पेराई के लिए इस हृष्ट पुष्ट बैल को हम उन्हें सौंप सकते हैं न? कोल्हू की पेराई करते-करते गोलाकार चलते-चलते मर जाना ही इसके लिए उचित सुख मृत्यु है न?''

यद्यपि नम्पी की ओर मुड़कर यह पूछा गया था तो भी मुनयूर तिरुमेनी का ध्यान आकृष्ट करना ही उनका लक्ष्य था।

'शबाश! शबाश!' मुनयूर को यह सुझाव बहुत अच्छा लगा। 'हाँ, उस कलरि से यह बैल ऊब नहीं जाएगा!'

नम्पी ने तिरुमेनी को झुककर प्रणाम करते हुए अपने दंड विधान में अवसरोचित संशोधन किया—''मृत्युदंड के बदले मृत्युपर्यन्त आलत्तियूर संकेत के अधीन का कोल्हू ठेलने का दंड दिया जाता है।''

ताड़-पत्रवाले कारिन्दे ने दंड का संशोधन लिख लिया।

कारिन्दा आया। नम्पी ने जाँच-पड़ताल की पृष्ठभूमि तथा उसके विधान की रीति और दंड नीर्णय का संक्षिप्त विवरण दिया।

कारिन्दे ने किसी के मुख की ओर देखे बिना ही उसे सही माना।

आलत्तियूर संकेत के अधीन में शबरकोट्टम् की नदी के किनारे के कोल्हूखाने की ओर हमें भेजने का निर्णय लिया गया। मन्दिर के गुलामों के रूप

हत्या की जाएगी और परिवार आश्रयविहीन हो जाएगा। 'संकेत' ने स्वीकार किया तो आगे आनेवाली पीढ़ियों को, बिना बैल के कोल्हू ठेलने से मिलनेवाली मज़दूरी से जीवन यापन करना पड़ेगा। 'पतिनेट्टराक्कावों' में प्रतिदिन व विशेष अवसरों के लिए आवश्यक तेल देने के काम में रुकावट नहीं पड़नी चाहिए। यदि रुकावट हुई तो कुटुम्ब के मुखिया को 'कैमुक्क्'। की सत्य परीक्षा से गुज़रना पड़ेगा। उस परीक्षा में यदि यह प्रकट होगा कि अनवधानता या उदासीनता के कारण तेल देने में रुकावट हुई है, तो जाँच-पड़ताल के बिना मृत्युदंड दिया जाएगा

विधि निर्णय के ताड़-पत्र पर नम्पी, कारिन्दे तथा नेटियिरिप्प् नेटुनाय्क्कन ने अपनी-अपनी छाप लगा दी।

उससे भी मुनयूर तिरुमेनी तृप्त नहीं हुए। तिरुमेनी ने नम्पी को कलरि के ताड़-पत्रों की याद दिलायी। नम्पी के द्वारा भेजे गये अनुचर अतिथि गृह में प्रविष्ट होकर ग्रन्थ की प्रतिलिपियों की गठरियाँ खोज निकालकर बाहर लाये। एक भी ग्रन्थ को किसी ने भी खोलकर नहीं देखा। नम्पी की आज्ञा के अनुसार दासों ने ग्रन्थों को जलाया। लगातार बाहर लिये गये ढेर सारे ग्रन्थ आँगन के होम कुंड में एक के ऊपर एक गिरकर जलकर राख हो गये।

उस ओर मन्त्रि सभा के चिता-हृदय में तब भी आग जल रही थी। दोनों से ऊपर उठे धुआँ की स्वर्गप्राप्ति सांझ के आसमान की छत तक समानांतर रही।

चरमर-चरमर रोने कलपनेवाली टूटी-फूटी बैलगाड़ी में ठूँस कर हमें शबरकोट्टम ले गये थे। गाड़ी में चढ़ाने के बाद भी हमारी हथकड़ियाँ और बेड़ियाँ नहीं हटायीं। 'अपराधी' लोग हाथ से छूट न जाए इसलिए उस गाड़ी के आगे और पीछे घोड़े पर तलवार पकड़े सैनिक सवार थे।

कैमुक्क्– एक सत्य—परीक्षा (एक दंड विधान)। मन्दिर के आँगन में रखे कड़ाहे में उबलते तेल में हाथ डुबो देना है। यदि हाथ जल नहीं जाता तो यह साबित होता है कि परीक्षा लिये जानेवाले के पक्ष में सत्य है।

भाग : तीन

शबरकोट्टम्-1

दो या ज़्यादा से ज़्यादा तीन व्यक्तियों को बैठने की जगह ही उस गाड़ी में है। श्रान्त-श्लथ चार स्त्रियाँ और उनके बीच, गोदी तथा कन्धे पर थके-मांदे चार बच्चे ठूँस कर बैठे हैं। ज़रा हिलने की भी जगह नहीं। गाड़ी के ऊपर कोई आवरण नहीं। नीचे चादर भी बिछी नहीं है। ज़ोर से हिलती-डुलती है। जोड़ों पर पीड़ा होने पर भी ज़रा भी हिलकर बैठने की भी गुंजाइश नहीं। हथकड़ियों और बेड़ियों की बाधा अलग से। बच्चों को भूख और प्यास लगती है।

लूटमार और आगजनी के निशान तथा कतार से बिखर कर आती लौटती-सेना के दल के अलावा और कुछ दिख नहीं पड़ा।

'अरे! गीड़ीवान!' कोस भर दूरी तय करने पर सीता दीदी ने निवेदन किया—'बच्चों को पीने के लिए थोड़ा-सा पानी...'। गाड़ी रुकी। परिचारकों ने बात पूछी।

'चुप रह! उनके नेता ने गाड़ी के भीतर की ओर सिर मोड़कर कर्कश स्वर में डाँटा—'तीर्थ प्रसाद सब वहाँ पहुँचकर।'

कमर पर पड़े प्रहार की भाँति मिली डाँट के साथ गाड़ीवान का चाबुक अकड़ गया। कमर पर मार खाकर वे बैल भी चौंक पड़े।

गाड़ी चरमर चरमर सरकती गयी। गद्गद् कंठ से 'नमः शिवाय' के जप के बीच बुआ ने रोते हुए शाप दिया ''यह महापाप करानेवाले नमक रखी हाँडी के समान मिट जाए।''

रास्ते भर देवु लगातार रोती रही। अम्मिणी दीदी उसके कमर पर निरन्तर थपथपाती रही। अनियन थक कर मेरे तन पर चिपक कर लेट गया। एच्चु और अच्चु की आँखें विवशता में भी चमकती रहीं। चीरू दीदी भी मौन होकर रोती रही। सीता दीदी ने पूछा : ''हाथ-पाँव में बड़ा दर्द हो रहा है न भैया?''

यह पूछताछ तो समाकासन के लिए रही। 'नहीं तो।'

छिपाने का वृथा यत्न।

सबके सब भविष्य के बारे में चिन्तित बैठे थे। किन्तु किसी ने भी कुछ भी नहीं कहा। इस पीड़ाजनक यात्रा के अन्त के लिए आकुल मन को शान्त करने के लिए 'नारायण' नाम जप ही शरण रहा। सबका मिला-जुला जाप।

कुल मिलाकर सोचने पर आकास्त होने का रास्ता भी प्रकट हुआ। प्राण तो बच गये। अब प्रथमतः बन्धुजनों के संरक्षण का कार्य करना है। वह तो आसान नहीं रहेगा। संकेत, प्रभुजन तथा नाय्क्कन लोग जब चाहे दल बदल सकते हैं। हवा की दिशा की ओर झुक जाने का इतिहास ही उनमें अधिकांश लोगों का है। प्रतियोगिता इसमें है कि विधेयत्व में इनमें कौन आगे है। पहले का स्नेहभाव जिनका अभी मिटा नहीं है उनको भी शत्रुता को मुखमुद्रा बनाना पड़ेगा। ईश्वर के अलावा और किसी की सहायता की प्रतीक्षा नहीं रही।

डेढ़ कोस दूरी तय करने के लिए काफी समय लगा। सूरज मुख में लालिमा भर कर डूबने जा रहा था। मुख्य वीथी से पूर्व की ओर मुड़ने पर कंकड़ की वीथी में कई बड़े—बड़े गड्ढ़े। कहीं पकड़ कर रहने के लिए कुछ नहीं रहा तो शरीर हिलता-डुलता रहा। स्वयं की पीड़ा की परवाह किये बिना सीता दीदी और चीरू दीदी ने दोनों ओर से मुझे थाम लिया। वे विवश हो गयीं। दबी रही शरीर की सन्धियाँ अकड़ गयीं। ऊबड़ खाबड़ रास्ते से होकर चलनेवाली गाड़ी के संघर्षों से रीढ़ की हड्डी को बचाने के श्रम को हाथ-पाँव के सांकलों ने रोका।

तना भेद कर पैदल रास्ते के दोनों छोरों पर पैर रखे खड़े वट वृक्ष के तले से होकर गाड़ी तिरुपरङ्ङोट् शिव मन्दिर की चहारदीवारी के निकट पहुँची तो आरती हो चुकी थी। ऐसा ऐतिह्य है कि मार्कंडेय जब यमकिंकरों से रक्षा पाने के लिए दौड़ कर पहुँचे तब अपने तने को दो भागों में भेदकर इस वट वृक्ष ने उन्हें आसान रास्ता तैयार कर दिया था। मेरे बचपन में माँ जब मुझे मन्दिर लायी थी, तब उन्होंने यह ऐतिह्य कह सुनाया था। शरणार्थी के रूप में दौड़े आकर महादेव को सख्ती के साथ आश्लेषण किये बच्चे को यम ने महादेव के साथ रस्से में बाँध लिया। महादेव ने अपना तीसरा नेत्र खोलकर यम को जला दिया। मूर्ख चिरंजीवी नहीं चाहिए, अल्पायु होने पर भी बुद्धिमान सन्तान चाहिए, ऐसी संकल्पना करनेवाली माँ जीत गयी। सोलह साल की आयु की पूर्ति के दिन मृत्युपाश लेकर आये यमदूतों को भक्ति के ज़रिए हरा दिया पुत्र ने।

पूरब के आसमान का मुख सहसा काला हो गया। देश भर में लौटती—सेना के अत्याचार और लूटमार के चलने के कारण होगा, मन्दिर में आराधना के लिए बहुत ही कम लोग आये थे।

उधर अकस्मात् पहुँच गयी गाड़ी देख कतिपय लोगों ने बात जानने का प्रयत्न किया। लेकिन परिचारकों ने उन्हें भगा दिया।

नाय्क्कनों ने किसी को गाड़ी से उतरने नहीं दिया। उनके नेता तिरुवूर नम्पी का ताड़-पत्र लेकर संकेत के कार्यदर्शी की खोज में गये। जिन लोगों को निकट आने की अनुमति न मिली वे कुछ दूरी पर वलय बनाकर खड़े रहे।

करुत्तेटम्, पोयिलिश्शेरि, पेय्याप्पंतल, मेल्प्पाटम्, एष्नूर, किटाप्पट्टा ये छह ब्राह्मण परिवारवाले ही उन दिनों आलत्तियूर संकेत के जन थे। संकेत का मुख्यालय है तिरुपरङ्ङोट् मन्दिर। संकेत के मुखिया पेय्याप्पंतल् तिरुमेनी। संकेत जन सब उस दिन तक वेट्टत्त् राजा के पक्ष में है। नेटियिरिप्प् के अनुयायी वैदिक कितनी कोशिशों के बाद भी उनमें किसी को भी दल-बदल नहीं कर पाये।

करुत्तेटम् कार्यदर्शी है। वे नम्पी का ताड़-पत्र लेकर जानेवाले नाय्क्कन् की ओर नहर के किनारे से चले आये। साथ पोयिलिश्शेरि तिरुमेनी भी हैं! दोनों ही बुजुर्ग और ईश्वर भक्त हैं। उनसे नाय्क्कन ने शासकीय गर्व के साथ बातें कीं। उनकी बातें सुनकर कुरत्तेटत्तु तिरुमेनी ने पोटिलिश्शेरि के चेहरे की ओर देखकर चुप्पी साथ ली।

उन दोनों से बुआ ने हाथ जोड़कर कहा—''बच्चे भूख और प्यास के मारे विवश हो गये हैं। इस गाड़ी से नीचे उतरने की अनुमति देने की कृपा करें।''
''उसमें विलम्ब मत करना''—तिरुमेनी ने नाय्क्कन को निर्देश दिया। हाथ-पाँव काठ की तरह कड़े हो चुके थे। नाय्क्कन की अनुमति मिलने पर भी गाड़ी से उतरने में उन्हें काफी परेशानी हुई। उतरकर खड़े होने के लिए भी बड़ा आयास करना पड़ा।

तिरुमेनी ने मुझसे पूछा—'अरे! यह क्या कहानी!'

वह सब कह सुनाने का समय नहीं है—इस सूचना के साथ नेटियिरिप्प् नाय्क्कन ने जल्दबाज़ी की। 'दंड देने के लिए संकेत तैयार है'—इस सूचना का ताड़-पत्र देने पर हम चले जाएँगे।

उसकी परवाह किए बिना तिरुमेनी ने उच्चस्वर में कहा : 'पहले बच्चों को अन्न और जल दे देना। बाकी सब बाद में।'

उन्होंने मन्दिर के कर्मचारियों को बुला लिया। 'जल मिलने में दिक्कत नहीं है। तीर्थ जल खूब है'—उन लोगों ने बताया। अन्न के रूप में दोपहर की पूजा के बाद बचा हुआ ठंडा नैवेद्य ही है जिसमें नमक तक नहीं है।'

उन्होंने आदेश दिया—'जितना कुछ है जल्दी लाओ'' कोल्हू पेराई के पारिश्रमिक पर ही उन्हें भोजन देने की आज्ञा है'—नाय्क्कन ने तिरुमेनी को याद दिलायी। 'पेराई के लिए तिल मिले तब न' नीरसता के साथ तिरुमेनी हँस लिए—'पेराई करनेवाले के प्राण बचे तब न?'

फिर भी नाय्क्कन की शंका शेष रह गयी। 'आज्ञा का पालन न करे तो...'

उसी हँसी के साथ तिरुमेनी ने उसके लिए भी उपाय बताया।

'पेराई का पारिश्रमिक अग्रिम' यों लिख कर रख लेना।'

नाय्क्कन शान्त हो गये।

तिरुमेनी ने नाय्क्कन से फिर पूछा : 'हथकड़ियाँ निकालने पर ही जल पिया जा सकेगा न?' नाय्क्कन ने हठ पकड़ लिया कि हथकड़ियाँ हटायी नहीं जाएँगी।

'संकेत द्वारा अपने ऊपर बन्दी का उत्तरदायित्व लिये जाने के बाद ही उन्हें बन्धन मुक्त करने का आदेश ऊपर से हुआ है।'

कर्मचारियों द्वारा तीर्थ के गडुवे में लाये उस जीव जल को होंठों को स्पर्श किये बिना मुँह में उंडेल दिया। सेर भर जल पी लिया।

पोयिलिश्शेरि तिरुमेनी ने मुझसे फिर पूछा 'इतना बड़ा दंड पाने के लिए कौन-सी गलती एष़्रश्शन ने की है?' हाथ उठाने में असमर्थ होने के कारण ऊपर की ओर दृष्टि करके मैंने अपनी अज्ञता की सूचना दी।

''हाँ, अब आगे क्या?''

उसका उत्तर भी मेरे पास नहीं था। ''ईश्वर जैसा चाहे वैसा हो।''

तिरुमेनियों के लिए यह बिना पूर्व सूचना की दुविधा हो गयी। यदि बन्दी के रूप में लाए उन्हें ले लिया तो उसका मतलब है सामूतिरि के माने जानेवाले निर्णय का अनुमोदन करना। यह निश्चित नहीं कि इस निर्णय के लिए सामूतिरि का अनुमोदन प्राप्त है कि नहीं। यद्यपि ताड़-पत्र में वेट्टत्त के कारिन्दे की मुद्रा है तो भी यह निश्चित नहीं कि वेट्टत्त् राजमहल का मन उस मुद्रा के पीछे है या नहीं। वेट्टत्तुनाट की ही नहीं वेट्टत्त् राजमहल तक का शासन सामूतरी द्वारा अपने अधीन कर लेने की बात केवल सुनी—सुनाई है। वह तो कोई स्थाई व्यवस्था है कि नहीं, इसका भी कोई निश्चय नहीं। तब कैसे?

संक्षेप में, यदि इस ताड़-पत्र के अनुसार व्यवहार किया जाए तो वह पूरे संकेत के दल-बदल के समान है। केवल कार्यदर्शी के द्वारा इस पर कोई निर्णय लिया नहीं जा सकेगा। संकेत की बैठक के बाद ही इस पर कुछ निर्णय लिया पाएगा। संकेत के दूसरे जन तो एक और आधे कोस दूर पर हैं। उन सबको सूचना देकर उन्हें बुलाकर विचार-विमर्श करना है। इस असमय में पोय्यापंतल् की ओर आदमी भेजना मुश्किल है। उनके स्वास्थ्य और उम्र का भी ध्यान रखना है। लेकिन, इन्हें बन्धन मुक्त करने के लिए और भोजन देने के लिए ये सारे कार्य पूरे करने हैं। बन्धन में पड़ी स्थिति में रहनेवाला व्यक्ति दिनचर्या के कार्य भी निभा नहीं सकता। उनके साथ विवश स्त्रियाँ और बच्चे भी हैं।

नेटियिरिप्प् के तिरुमेनी झालरों वाली घोड़ागाड़ी में अंगरक्षकों के साथ पहुँच गये। मुनयूर आदि के मन की बातें अमल में लाने में यदि कुछ गड़बड़ी है तो उसके निवारण के लिए ही वे आये हैं। आने के रास्ते से नेटियिरिप्प् नम्पी को भी साथ

लाये हैं।

'कार्यवाही में विलम्ब क्यों'? नीचे उतरते ही तिरुवूर नम्पी ने साधिकार पूछा।

करुत्तेटत् तिरुमेनी ने अपनी असहायता प्रकट की।

नम्पी एकदम क्रुद्ध हो उठे। 'मुझे बस यही जानना है कि संकेत कुन्नलकोन् की आज्ञा मानते हैं या नहीं?'

तिरुमेनी ने तब भी विनम्रता नहीं छोड़ी। 'ज़रूर मानूँगा। किन्तु बैठक में ही निर्णय लेना चाहिए।''

''जल्दी बैठक बुलानी है।''

'अभी सन्ध्या बीत गयी है। दिक्कत है।'

'कौन-सी दिक्कत? संकेत जनों को गाड़ी भिजवाकर बुला लाएँगे।'

''क्या आप जानते नहीं कि अधिकांश लोग वृद्ध है।''

'ऐसा हो तो बन्दी तब तक यहीं ऐसा ही बैठा रहेगा।'

तिरुमेनियों की दुविधा के निवारण के लिए नम्पी से मैंने पूछा : 'यदि किसी भूल चूक के बिना दंड भोग लेने का वचन दूँ तो क्या वह पर्याप्त है?'

नम्पी ने परिहास में कहा—'ऐसा हो तो, स्वयं काटकर मरने का वादा करनेवाले सभी मृत्युदंडवालों को बन्धन से मुक्त करना पड़ेगा न?'

उस समय, मन्दिर के सामने असाधारण ढंग से गाड़ियों और लोगों की भीड़ देखकर अधिक संख्या में पड़ोसी वहाँ आने लगे। वे सब नाय्क्कनों द्वारा निर्धारित दूरी के उस पार ही खड़े थे। सभी मुखों पर अप्रसन्नता छायी हुई थी।

'परेशान मत होइए'—मैंने तिरुमेनियों से कहा—'कार्य के निर्णय तक बन्धन में ही पड़ा रहूँगा।'

उसे अनसुना-सा करके पोयिलिश्शेरि तिरुमेनी ने नम्पी से पूछा : ''जब तक संकेत का निर्णय हो जाए तब तक किसी उत्तरदायी व्यक्ति के बलबूत्ते पर एष़श्शन को बन्धन मुक्त किया जा सकेगा क्या?

'किस के बलबूत्ते?'—नम्पी ने पूछा।

'मान लें कि मेरे'।

आलत्तियूर के नेटियिरिप्प् नम्पी ने मैत्री भाव से तिरुमेनी से पूछाः 'क्या देखकर आप इस साहस के लिए तैयार होते हैं?'

''अनावश्यक दुस्थिति को दूर करने के लिए ही''।

''यदि अपराधी बचकर देश से कहीं भाग जाए तो।''

''ऐसा नहीं होगा।''—तिरुमेनी कोत श्मश्रुओं के बीच के सफेद दाँत बाहर दिखाकर हँस लिए। 'यदि ऐसा होगा तो उसके बदले मुझे कोल्हू में बाँध लें।'

“अच्छा हुआ।” तिरुवूर नम्पी ने परिहास किया—“रूखे-सूखे इस तन से थोड़े से तिल की पेराई भी हो सकेगी क्या?” तिरुमेनी भी नम्पी के साथ हँसे बिना नहीं रहे।

“उसमें क्या पड़ा है? और भी एषश्शन लोग हैं न जिन्हें पकड़ कर सांकल में बाँधकर ला तो सकते हैं।”

“पोयिलिश्शेरी अकेले नहीं, मैं भी वचन दे दूँ तो क्या, पर्याप्त होगा?”

स्थानीय नम्पी ने बीच में टोका—‘तिरुमेनी लोग आपस में क्यों ऐसे... क्या, यह सुनिश्चित है न कुन्नलक्कोन् के देश में किसी भी ब्राह्मण को कोल्हू में बाँधा नहीं जाएगा। राजद्रोह के दंड का कार्यान्वयन ही अब होना चाहिए।

‘हठ छोड़ दीजिए।’ करुत्तेटत्त् तिरुमेनी ने तिरुवूर नम्पी से कर्कश स्वर में कहा। ‘आगे का कार्य कल तय करेंगे। राजा के निर्णय के विरुद्ध नहीं होगा संकेत का रुख यही मेरा विकास है। तब तक इस एषश्शन को बन्धनस्थ रखने की कोई बात नहीं। सब इनको भली-भाँति जानते है। वचन देने पर उसका पालन करेंगे यह तो सुनिश्चित है। इसलिए संकेत के कार्यदर्शी की हैसियत से मैं कहता हूँ ‘एष़श्शन के सांकलों को तोड़ो। स्त्रियों और बच्चों को रात की नींद लेने दो।’

नम्पी ने स्वर कर्कश किया। यह नहीं होगा। संकेत जब तक उसे अपने अधीन न ले लेंगे तब तक उनका दायित्व मुझ पर है। उत्तरदायित्व को भूलकर मैं कुछ कर नहीं पाऊँगा। अभी बताना कि आप दायित्व लेंगे या नहीं।’

‘क्या, सांकलों में बँधकर ही कोल्हू—पेराई करनी है?’—तिरुमेनी ने अप्रिय हास के साथ पूछा।

स्थानीय नम्पी ने दूसरे नम्पी से पूछा : सांकलों को तोड़ने पर उनकी निगरानी का दायित्व नेटियिरिप्प् के सिपाहियों को सौंपने को तिरुमेनियों से कहना पर्याप्त होगा न?’

‘पहरा और हमला हमारा पेशा नहीं है।’ सामान्यतः शान्तशील तिरुमेनी ने क्रुद्ध होकर कहा।

“संकेत को जो कुछ करना है वह तो हम जानते ही हैं।”

तिरुवूर नम्पी ने पूछा—“क्या, इसका मतलब है कि कुन्नलकोन् के दंड विधान का कार्यान्वयन करने का आपका मन नहीं है?”

“अपने सामर्थ्य के अनुसार ही कुछ किया जा सकता है।”

“ठीक है, उसे लिखकर देंगे तो हम लौट जाएँगे।”

‘ठीक है, ताड़-पत्र दे देना’—तिरुमेनी ने हाथ बढ़ाया।

स्थानीय नम्पी ने करुत्तेटत्त् तिरुमेनी के हाथों में ताड़-पत्र और नाराच दे दिये।

तिरुवूर नम्पी लिखने के वाक्य बताने लगे—‘पष़ञ्ञानत्त् रामन का छोटा भाई

अप्पु नाम से पुकारे जानेवाले लक्ष्मी के पुत्र कृष्णन से सम्बन्धित सामूतिरि का निर्णय इस संकेत के लिए स्वीकार्य नहीं। बन्दी को ले लेने को हम तैयार नहीं।'

करुत्तेटत्तु नम्पी ने नाराच पकड़े हाथ उठाकर नम्पी को रोककर कहा—''उतनी सहायता तो नहीं चाहिए। थोड़ा-सा लिखना-पढ़ना हमें भी आता है। तुम नम्पी लोग राजा की इच्छा

के विरुद्ध संकेत का विरोध करने और उन्हें फटकारने लगे—ऐसा हम लिख कर देंगे। वह सच है न?''

''वह नहीं हो सकता''—नम्पी का स्वर बदल गया।

बिना किसी पूर्व सूचना के मेघ गर्जन सुनाई दिया। घनीभूत आसमान के दीर्घनिकास की तरह हल्की हवा बही। बड़ी-बड़ी बूँदों से शुरू हुई वर्षा मूसलाधार वर्षा बन गयी। तेज़ आँधी आयी। मशालें बुझ गयीं। दर्शक गण पेड़ों के नीचे और गोपुर में छिप गये। हाथ-पाँव के बन्धन में खड़े मेरे लिए उस ओले की वृष्टि ने नवजीवन प्रदान किया। मुझसे अलग हुए बिना, दीदियाँ और बच्चे मेरे साथ खड़े होकर भीग गये।

आश्रितों द्वारा कहीं से लाकर ऊपर उठाये छातों के नीचे नम्पियों का विचार—विमर्श चला। उसके बाद तिरुवूर नम्पी म्यान से तलवार निकालकर भीषण ढंग से उसे ऊपर उठा कर आगे की ओर आये।—''तो अभी मार काट का दंड दिया जाएगा।''

बारिश के शोरगुल के ऊपर करुत्तेटत्त् तिरुमेनी का आदेश सुनाई पड़ा—''अरे! इस संकेत भूमि में, महा मन्दिर के परिसर में नर हत्या होगी क्या? नीचे रख दो तलवार।'' स्थानीय नम्पी ने दूसरे नम्पी के हाथ को पकड़ लिया। दोनों ने परस्पर कुछ फुसफुसाया। उसके बाद तिरुवूर नम्पी ने करुत्तेटत्त् तिरुमेनी की ओर विनम्रता का नाट्य करते हुए विकृत हँसी हँस ली।—''जैसे आपकी आज्ञा।'' उसके बाद अपने अनुचरों की जानकारी के लिए उन्होंने आज्ञा दी—''समय व्यर्थ न गँवाकर इन्हें गाड़ी में चढ़ा देना।''

वर्षा के पानी में पूरी तरह भीग गये उन जीवित-मृतकों को पानी में तर-बतर गाड़ी में फिर से घुसेड़ देने लगे तो भारी वर्षा की परवाह किये बिना करुत्तेटत्त् तिरुमेनी गाड़ी के सामने आकर रास्ता रोक कर खड़े हो गये। ''सामूतिरि के निर्णय के अनुसार ये लोग इस संकेत के दास हैं। हमारी अनुमति के बिना इन्हें हम कहीं भी ले जाने नहीं देंगे।''

तिरुमेनियों में से किसी को पकड़ कर हटा देना तो दूर की बात, उन्हें नम्पी या नाय्क्कन छू तक नहीं सकते थे। सुबह तक यों खड़ा होना पड़े तो भी हटने को तैयार नहीं—यों तिरुमेनी भी अटल रहे।

बारिश के थम जाने के बाद दूर घने अन्धकार में किसी मशाल के प्रकाश के उदय होने पर भी रुकावट की वह स्थिति बनी रही। उस दीपशिखा की शोभा, उसका वेग और चंचल ताल से ही पता चला कि वह अतिशीघ्र गति से दौड़कर आनेवाले किसी के हाथ का प्रकाश है। सब की आँखें उस ओर लग गयीं।

उसने मन्दिर के सामने पहुँचकर करुत्तेटत्त् तिरुमेनी को झुक कर प्रणाम करते हुए एक ताड पत्र सौंप दिया। उसके हाथ के उजियाले में ही वह पत्र पढ़कर तिरुमेनी आश्वस्त होकर गाड़ी के सामने से हटकर तिरुवूर नम्पी के पास गये—'लो, पढ़ना आता है तो पढ़ लें।''

ताड़-पत्र में आँख दौड़ानेवाले नम्पी रुष्ट हो गये। दूसरी बार पढ़ा तो उसका रोष और बढ़ गया। क्रोध के मारे तलवार म्यान में रखकर दाँत पीसते हुए ताड़-पत्र आलत्तियूर नम्पी की ओर बढ़ाया। दूसरे के भी वाचन के बाद वापस मिले ताड़-पत्र को अपनी गोदी में रखकर तिरुवूर नम्पी कदम बढ़ाकर चले—'मेरा दायित्व समाप्त हो गया।'।

'नहीं' करुत्तेटत्त् तिरुमेनी ने कहा—''एषश्शन के हाथ-पाँव में बाँधी जंजीरों के ताले खोलकर ही यहाँ से जा सकेंगे।''

उसे न सुनने का बहाना करते हुए नम्पी अपनी सवारी के समीप चले।

''पुकार भला तो अन्न मिलेगा''—तिरुमेनी ने ज़ोर से और दृढ़ता से कहा—''हाँ, जल्दी चाहिए।''

दूसरा कोई उपाय नहीं रहा तो नम्पी पीछे की ओर मुड़े। बन्धन तोड़ने के लिए अनुचरों को नियुक्त किया। उन लोगों ने चाबी लाकर जंजीरों को खोल दिया।

धमकी के स्वर में नम्पी ने कहा—''सारे वृत्तान्त यथायोग्य हम कोषिक्कोट् पहुँचाएँगे।''

शबरकोट्टम्-2

'आलत्तियूर संकेत के नाम पर पष्ञ्ञानत् लक्ष्मी के पुत्र कृष्णन का दायित्व संकेत अपने ऊपर ले रहा है'—संकेत के मुखिया पेय्याप्पंतल तिरुमेनी की सूचना ही उस ताड़-पत्र में थी।

वेट्टम राजपरिवार का एक विश्वस्त सेवक ही पत्र लेकर तिरुपरंङ्ङोट्ट की ओर दौड़े-दौड़े आया था। जंजीरों की जकड़ से विमुक्त हुए अपने हाथों को उनके सामने ही पहले पहल जोड़ा था। उनका मुख मेरे लिए परिचित नहीं था। उनके कहने पर ही इसका पता खुल गया था कि वह कौन है तथा स्थिति-गतियाँ क्या-क्या हैं।

राजमहल की महाविपत्ति की भीषण दुखावस्था के बीच भी रानी पार्वती ने आष्वांचेरी राजा को सारी बातों की सूचना देते हुए ताड़-पत्र भिजवा देने का हौसला दिखाया था। राजा के सम्मुख जल्दी ही जल्दी उपस्थित हो जाने का विशेष आग्रह भी अपने दूत से प्रकट किया था।

शिरच्छेदन से कठिन होना है दंड का अनुभव, इस उद्देश्य से संकेत का कोल्हू ठेलने, बैल की जगह नियुक्त किये गये बन्दी को ले लेने से किसी कारणवश संकेतवाले हिचकेंगे तो उसके भविष्य परिणाम को मनोचक्षुओं से देखे तम्प्राक्कल् ने संकेत के मुखिया पेय्याप्पंतल तिरुमेनी को उसी दूत के हाथों यह आपातकालीन सन्देश भेज दिया था। कार्य की गम्भीरता को पहचानकर तिरुमेनी ने समय गँवाये बिना दूत को अपने असाधारण ताड़-पत्र के साथ तिरुपरंङ्ङोट् की ओर भी दौड़ाया था।

विजयी के भाव से लौटने लगे तिरुवूर नम्पी को उकसाते हुए पोयिलिश्शेरी तिरुमेनी बोले : "कोष़िक्कोट् में सूचना पहुँचाने के पहले सारे वृत्तान्त तिरुवूर के मुनयूर और साथियों को भी दे दें। भूलना मत।"

वेदाध्ययन किये घमंडी शूद्र के जीवन का अन्त कोल्हू ठेलकर दीन हीन स्थिति में हो जाए—केवल यही मुनयूर का लक्ष्य नहीं था। अपने और अपने साथियों की श्रेष्ठता और प्रभुता को न माननेवाले आलत्तियूर संकेत को अधीन लाना भी

उनका उद्‌देश्य था।

'यह बैल उस कलरी में ऊबेगा नहीं !'—इस कथन में ही उनके मन की बात खुल गयी है। लेकिन, अनधिकृत अधिकार धृष्टता का झंडा सब कहीं फहरा कर चलने का मोह अपने झोले में ही रख लेने की याद मुनयूर आदि को दिलाने का कार्य ही पोयिलिश्शेरि तिरुमेनी ने किया था।

ताड़-पत्र लेकर आया देवदूत कृतकृत्य होकर विदाई लेने लगा तो चीरू दीदी और बुआ की आँखों से अश्रु बहने लगे। तब तक मानों उन्होंने अश्रु को जंजीरों में बाँध रखा था। उनको रोते देख छोटे बच्चों ने भी उनका साथ दिये। अधिकार मुद्रावाले तो चले गये हैं। तब तक दूर खड़े रहे देशवासी आकासन देने हमारे समीप आये।

पिषारटि आशान के बन्धु जन हमें मन्दिर के निकट के पिषारम् (मकान) ले गये। बदलने के लिए गीले कपड़ों की जगह दूसरे कपड़े दिये। आकासन के साथ-साथ कञ्ञी (चावल का दलिया) और सब्जी दे दी। बाहर के मकान में सोने की सुविधाएँ भी दे दीं।

नम्पी लोग चले गये। किन्तु उनके नाय्क्कन लोग और वह दुरित-गाड़ी लौट नहीं गयी। गाड़ी मन्दिर के सामने ही पड़ी रही। नाय्क्कन लोग मेरा पहरा देते मेरे चारों ओर चलते-फिरते रहे। उनको भी 'षिषारम्' से अन्नदान दिया गया।

बाहर के मकान की खुली ड्योढी में मैं लेटा था। चारों ओर बाग बगीचे जिसमें तुलसी, मन्दार, रक्त पुष्पी, कनेर आदि पुष्पित हैं। भारी वर्षा हो जाने के कारण प्रकृति ऐसी स्वच्छ रही मानों सद्यस्नाता हो। अति भीषण थकावट शरीर में। फिर भी नींद नहीं आयी। कुट्टन दाऊ छाती के भीतर जलती आग में तड़प रहे थे। आँखों के सम्मुख भविष्य रूपी नरक-संकल्पना दाढ़ निपोर कर अपना बड़ा-सा मुँह खोलकर गले को छुए बिना निगलने को तैयार खड़ी रही। ऐसा अनाथत्व अनुभूत हुआ जिसका कोई छोर दिखाई नहीं देता।

तन और मन दोनों में दर्द। ऐसे विषाद जिसमें कलुषताएँ फेन उफना रही हैं। दुःख-विषाद बाँध तोड़ बाहर प्रवाहित न होने के कारण भीतर ही खचाखच भरा है। नष्ट बोध घनीभूत होकर आवृत है। अग्नि का ताप पल-पल बढ़ रहा है। बेहद परेशानी की स्थिति।

उठकर बिना किसी लक्ष्य के चलने लगा। बाहर के नहर के कूल की ओर से चलने पर लगा कि नहर में उतरकर डुबकी लगाऊँ तो नरकाग्नि बुझ जाएगी। ऊपर से तप्त और नीचे से शीतल उस जल में अनगिनत बार सिर डुबो लिया। पोंछे बिना ऊपर चढ़ा। किन्तु अदम्य व्यथा की आग पूर्वाधिक जलती ही रही। वन्दना के लिए परस्पर जुड़ी हथिलियाँ तप्त हो गयीं। जीभ सूख गयी।

रास्ते में बैठा। घुटनों पर मुख दबाया।

बुजुर्गों ने कभी भी दर्द या पीड़ा देने का कार्य नहीं किया था। छाया और ठंढक बनकर हमेशा साथ रहने का ही उनका यत्न रहा था। अम्मा के देहान्त होने पर मातुल और कुट्टन दाऊ ने बारी-बारी से छाती से लगाकर सहलाकर शान्त किया। उण्णि भैया के वियोग के बारे में सोचकर दु:खी होने का अवसर सीता दीदी तक ने नहीं दिया। मातुल के त्रासद अन्त के आघात से बचाने का प्रयत्न कुट्टन दाऊ ने किया। अब तो दोनों मातुल नहीं रह गये हैं रक्षा करने के लिए। आवश्यक प्रतिरोध शक्ति स्वयं अर्जित करने में भी असमर्थ रहा। उस कमी को दूर करना ही है।

स्वयं को गलने दिया। दु:खों को बाँध खोलकर बहने दिया। आसमान में कहीं छिपे रहकर असमय में हुए मेघ गर्जन के साथ अकस्मात् कुट्टन दाऊ की सहानुभूति पूर्ण हँसी फूट पड़ी—"अप्पू! दैवमेव बलं!"

कोई कहीं नहीं गया है—ऐसा उजियाला लगा। तब तो उर में भी बत्ती चमक उठी।

मातुल और कुट्टन दाऊ दोनों रामनाम के रूप में रूपान्तरित होकर होंठों पर अवतरित हुए। होंठों पर राम नाम लेकर चहारदीवारी के बाहर प्रदक्षिणा करने लगा। तन की सन्धियों में दर्द अनुभूत होने पर भी चलता ही रहा। नाम जाप साँस में भी भर गया। तब तो हाँफने लगा। फिर आँसू से मिलकर उच्च स्वर में होने लगा।

द्वार सब बन्द हो चुके हैं। चहारदीवारी के भीतर कोई भी नहीं है। 'बिदाई की वेदना को भुलाया नहीं जा सकता'—यों फुसफुसाते हुए वट वृक्षों से नीचे गिरे सूखे पत्तों के बिछौने पर तप्त जल टपक रहा है। हल्की हवा को ताल बनाकर वट वृक्ष के पत्ते अविराम नाम जाप कर रहे हैं।

जाप करते-करते झड़ जाना, आगे के जापों को पल्लव रूप में अंकुरित करने का खाद बनकर घुलने को है। हर एक ताल में बिछुडनों का दर्द अनिवार्य। झड़ जाने तक जाप करना।

चहारदीवारी के भीतर शिव की कई मूर्तियाँ हैं। 'कारणत्तिल-शिव' (कारणभूत शिव) की वन्दना ही प्रथमत: करनी चाहिए—यह बता देनेवाली माता जी ही थी। इस शिव ने ही मार्कंडेय की भक्ति को सफल बना दिया था। प्रपंच के मूलकारण तुटि ताल रूपी शिव। निर्गुण ब्रह्म से प्रकृति का बन जाना तथा उस प्रकृति के द्वारा परम सत्ता को जीव बीज रूप में अपने में समा लेना जिस तुटि ताल के स्पन्दन से हुआ हो वही है यह। इससे ही सृष्टि बनती है। लय भी इससे ही। पूर्वजों का हृद् स्पन्दन इसमें विलयित है। इस रास्ते से, उधर तक पहुँचने तक चलते रहना ही है।

'अब एक कदम भी असम्भव है'—यों संधियाँ जब हठ पकड़ने लगीं तब तक चलता रहा। फिर भगवान के सम्मुख साष्टांग प्रणाम करते पड़ा रहा। सारे ताल-

भंग मन से झड़ जाए। वे ढिंढोरा बजा रहे हैं। उनके शोरगुल में आदि डमरू का आधारभूत ताल दब गया है। उसे लौटा लाना है। जो अपने नियन्त्रण में नहीं है उनसे जुड़ी आधियों का अन्त करना है। समचित्तता मिलनी चाहिए। कई कर्तव्य प्रतीक्षा करते खड़े हैं।

सबके सब सदा समय साथ रहे—ऐसी कोई बात प्रपंच में नहीं है। मातुल और कुट्टन दाऊ दोनों ईश के अंश हैं। वे मेरे नहीं बल्कि मैं उनका हूँ। उनके लिए दु:खी होना नहीं चाहिए।

परम सत्ता से प्रत्यक्ष स्पन्दनों का रूपायित होकर और संयुक्त होकर आकार को प्राप्त करना, तथा अनादि सत्ता में उनका लौट कर विलीन हो जाना, दोनों शिव के डमरू के ताल के अनुसार ही होते हैं। ताल में ताल-मेल हुआ तो जनम, ताल टूट

गया तो मरण। दोनों ही सांसारिक हैं, सगुण हैं। गुणातीत सत्ता ही नित्य है। यथार्थ में वे वही हैं।

वासनाएँ और कर्म डमरू-ताल-निबद्ध हैं। प्रतिध्वनियाँ यथार्थ होती हुई भी मूल ध्वनि की ऊर्मियाँ मात्र हैं। उनमें किसी को भी गलती से आधार भूत स्वर नहीं समझना चाहिए। अपशब्दों को सहन करने की शक्ति प्राप्त करने हेतु स्थायी स्वर की स्वच्छता को बनाये रखना है।

किसी का पदचाप सुनकर सिर उठाया तो दो नाय्क्कन लोग अनतिदूर टहल रहे हैं। उनके हाथ में भाले हैं। केवल एक ही तेज़ धार वाला आयुध। भूत वर्तमान और भविष्य इन तीन धारवाला कालशूल नहीं है वह। सदा और सदैव का कालबोध अधिकार का नहीं है। 'अब'—की एक ही एक धार मात्र। दोषारोपण की मुद्रा में इशारा करती अँगुली की सहोदराएँ उसी समय इशारा करनेवाले की छाती की ओर मुड़कर जिस प्रकार खड़ी होती हैं उसी प्रकार भूत और भविष्य अपने विरुद्ध मुड़कर तेज़ धार लेकर खड़े हैं—इस बात से नाय्क्कन् लोग या उनके नेता तम्पुरान लोग अवगत नहीं है।

कालातिवर्ती नीति के सामने स्वयं अपने को समर्पित कर ज़मीन पर माथा टेका। रास्ते के खुरदरे पत्थर आँसुओं से गीले हो गये। 'नम: शिवाय' मन्त्र जापकर लेटा रहा। पता नहीं कब तक पड़ा रहा।

अनुग्रह के किसी क्षण में दु:खों की हाँडियों में काल के शूल की नोक के लगने से छिद्र पड़ गये। उन छिद्रों से बचपन से ही मिले प्यार-दुलार के नष्ट बोध से रिस आया कडुआ रस ही टपक पड़ा था। उसने थोड़ा-सा आकासन दिया। किन्तु तब भी इष्टानुभवों के सदा के लिए विनष्ट होने की व्यथा ही कम हो गयी थी। दु:ख-दर्दों का जलन तब भी दूर नहीं हुआ था। उसे जड़ से उखाड़ देना ही है।

द्वन्द्व भाव को समूल आत्मबोध में स्वाहा कर देना है। कर्मफल को त्याग सके

तो मुक्ति मिल सकी। नहीं तो, वर्तमान काल अमृत या विष का रूप धारण करके रंगमंच में राज कर भविष्य को तमस्कृत करेगा। अन्दर की ओर देखकर जन्म दौत्य को समझ लेना, उसे जकड़कर पकड़ना, आँखों के सामने की होनी-अनहोनी बातों को, चाहे वे प्रत्यक्ष रूप में कितना ही मधुर या कडुआ क्यों न हो, एक ही समान मान लेना।

कलुषताओं के दागों को धो डालना। मोह से वलयित अज्ञानी लोग या जन्म से ही परद्रोह वासना से युक्त लोग ही परुषता दिखानेवाले होते हैं। उन्हें भला-बुरा कहने से कोई प्रयोजन नहीं। यद्यपि सिर-फिरे हैं तथापि वे भी ईशांश ही हैं।

किन्तु अपने अन्ध मोहों की सन्तान स्वरूप एक सौ एक इष्टानिष्टों और उनके सहायकों से लड़ना ही चाहिए—किसी भी सन्देह के बिना, किसी भी विकल्प के बिना, केवल पार्थसारथी के कृपा वचनों की ओर कान देना।

रात के सघन होने पर चारों ओर का संसार मौन में लीन हो गया। फिर भी अनुग्रह मिलने में विलम्ब हुआ। शरण-प्रार्थना के बीच क्लान्त होकर सो गया। पुजारी के द्वारा द्वार खोलने की आवाज़ सुनकर मैं जाग उठा। उन्होंने पूछा—''अब स्नान करके आ जाना''।

बाहर के तालाब में उतर कर फिर डुबकी ली। तालाब के जल में तब ऊपर के सिरे से निस्संगता की ठंढक और नीचे निगूढ़ वात्सल्य की ऊष्मा थी। वट वृक्ष के चबूतरे पर बैठकर सुबह तक जाप करता रहा।

मेरी खोज करके आयी चीरू दीदी शंका और अश्रु के साथ धीमे स्वर में कहने लगी—'भैया! तुम तो परदेश से भी अभ्यास प्राप्त कर चुके हो।'—दृष्टि के मिलान से बचाने के लिए मुख झुका लिया। 'बच्चों के बारे में सोचकर आशंकित मत होना। हम किसी भाँति उनकी देखभाल करेंगी।'

चीरू दीदी के पीछे अम्मिणी दीदी, बुआ और सीता दीदी हैं। 'अपना सहोदर कहीं भी जाकर बिना दुःख के जीवन बिताए'—आपस में विचार विमर्श करके उनका यही निवेदन है। जान गया कि यह आशय और निर्देश चीरू दीदी का है। यदि सब की इच्छा यह है तो मैं उसका विरोध नहीं करती। मैं भी आपका साथ दूँगी—इसी अलस विचार की झलक सीता दीदी के मुख पर थी। सफलता की सम्भावना नहीं है—ऐसे पूर्वाग्रह की छाया भी है।

'कौन जाने इधर रहने पर आगे क्या-क्या होंगे?' गद्गद् कंठ से अम्मिणी दीदी ने पूछा। वे आगे कुछ बोल नहीं पायी। 'हमारे कारण...'।

'कारण ईश्वर है'—उन्हें आकास्त करने का प्रयास मैंने किया। 'कठिनाइयों को देख भयचकित होकर दौड़ने लगेंगे तो रक्षा क्या है? कौन है इन निरीह बच्चों का रक्षक? उस पर उन्हें चीर फाड़ने के लिए ऐसा एक न्याय भी हुआ तो। आदेश का

उल्लंघन हुआ तो तम्प्राक्कल भी दुविधा में पड़ जाएँगे। कहीं जा नहीं पाऊँगा। ज़्यादा बरसने पर किसी भी भारी वर्षा को थम जाना ही पड़ेगा न?'

'शेष बचा एक मात्र व्यक्ति'—चीरू दीदी बिलख उठी। उसे कोल्हू ठेलकर नरक- यातना भोगते देख हम लोग कैसे जीएँगी।'

परमेकार के अनुग्रह के रूप में मिले प्रसादांश हँसी से दीदी को आकास्त करने का प्रयास किया—'वह तो अच्छी बात हुई। इसे कोल्हू ठेलते हुए क्या तुम सब देखती रहोगी? जिसमें सामर्थ्य है उनको इसकी सहायता तो करनी चाहिए।'

उसका कोई गुणात्मक प्रभाव चीरू दीदी पर नहीं पड़ा। दीदी फूट-फूट कर रोने को उद्यत हुई।

'वही तो बस'—सीता दीदी ने हस्तक्षेप किया। 'हमारा आर्तनाद सुनकर मज़ा उठाने के लिए तैयार बैठे हैं दंड देनेवाले लोग। उन्हें आनन्दित करने के लिए हम रोयें क्या?... वे कभी न जीत जाए।'

दस बजने के पहले संकेत की बैठक हुई। तम्प्राक्कल् की इच्छा के अनुसार संकेत ने आज्ञा मान ली। हमें कोल्हूखाने में रहने देने की भी अनुमति संकेत ने दी। पेय्याप्पंतल् तिरुमेनी ने तद्विषयक सूचना हमें दी थी। उस सुविख्यात वैयाकरण को पहली बार देख रहा था। एक सहस्त्र पूर्ण चन्द्रों के दर्शन करनेवाले उनकी आँखों में अपूर्व चमक थी।

वे बोले—'पष़ञ्ञानम् के मुखिया को अच्छी तरह जानते हैं। 'कुट्टिराम को बस एक ही बार देखा है।—इस महापाप में हमारी कोई भागीदारी नहीं। किन्तु काल की परिस्थिति को देखें तो उत्तर से जो आज्ञा आती है उसका अनुसरण किए बिना रह नहीं पाते। एष़श्शन किसी भाँति सब कुछ सहकर दिन काट लें। कोल्हू पेराई की मजूरी से ही जीविका चलानी है। कोई भी उसकी सहायता न करें—यही शर्त है। शंका तो नहीं फिर भी एष़श्शन तो युवा हैं इसलिए कह रहे हैं। हमें दुविधा में मत डालें।'

शबरकोट्टम् के कोल्हू घर के बारे में सोचकर तिरुपरङ्ङोड् पिषारम् के लोगों ने नाक पर उँगली रखी। बच्चों के साथ वहाँ कैसे रहेंगे? घर कहने के लिए वहाँ कुछ नहीं। मरघट के झोंपड़े के समान एक कुटिया। पिछले ग्रीष्म में छप्पर छानने का काम भी नहीं हुआ। पहले जो यहाँ वास करते थे हैजे से उनकी मृत्यु हो जाने के बाद वहाँ ठहरनेवाले कोई भी नहीं रहे। एक साथ हुई उनकी अपमृत्यु के बाद वह परिसर साफ़-सुथरा किया हुआ भी नहीं होगा। चारों ओर सरकंडों का जंगल है। जंगल भर में बूढ़े काले नागों का वास है। अहाते का दस्तावेज़ किसी के नाम पर नहीं बना है। गुलामों को दस्तावेज़ मिलेगा भी नहीं। यदि मिला तो भी कोई आमदनी नहीं मिलेगी। नदी के किनारे छत्रताल—वृक्ष खड़े हैं। चूल्हा जलाने की लकड़ी तक

नहीं। आँगन ही नहीं पैदल रास्ते पर भी गोखरू के काँटे भरे हैं। पैर रखना भी दुभर।

'तब, मैंने जो कुछ सुना वह सही है न?—यों पूछते हुए पिष़ारटि आशान इस हलचल के बीच प्रवेश कर गये। हाल देखकर दु:ख के मारे वे भी थोड़ी देर आँखें मूँद कर खड़े रहे। फिर आँखें खोलकर एक दीर्घ निकास लिया। उसके बाद बनावटी हँसी के साथ से उन्होंने चारों ओर देखा।

उन्होंने कहानी शुरू की—''तिरुकंटियूर की कलरि के समीप के वासस्थान से दूर दो रात परिसर वासियों के साथ तिरुकंटियूर मन्दिर में ठहरे। उसके बाद ऐसा सोचकर कि कोई गड़बड़ी नहीं होगी, वे कलरि के पास के घर लौट आये। अगले दिन सेना आ पहुँची। अन्यान्य वस्तुओं को तहस-नहस करने के साथ-साथ उन्होंने कलरि को भी नष्ट-भ्रष्ट किया। जानबूझ कर उसकी तैयारी के साथ आकर ही उन्होंने कलरि को चूर-चूर कर डाला था। मुनयूर तिरुमेनी और नम्पी उस जंगली सेना के सारे कुकृत्यों को चाव के साथ देखकर खड़े थे। छप्परों को पूरी तरह जलाकर दीवारों को तोड़फोड़ कर ही अत्याचारी लौटे थे। कुचले के वृक्ष के तले की मूर्ति को भी उन्होंने जड़ से उखाड़ दिया। उसके बाद ही जाँच-पड़ताल करने, मृत्युदंड देने का निर्णय लेने, उसमें अदल-बदल करने आदि की कथा रात को ही जान गया था। प्राण बच गये—यह ईश्वर की कृपा ही है। शत्रुओं ने ऐसे राजद्रोह का अपराध ही लगाया था जिस पर तम्प्राक्कल् भी कुछ हस्तक्षेप नहीं कर पा सके।' 'जो भी हो'—आशान की हँसी प्रफुल्लित हो उठी। 'तुंचन के अहाते में पुराना प्रेत—उत्पीडन लौटकर आया है। सुना है कि रात को

रोने—कलपने की आवाज़ सुनाई पड़ती है। कोई उसके पास जाते नहीं है। एक तरह से वह अच्छा ही हुआ। स्वयं नष्ट हो जाने तक तहखाने के ग्रन्थ नष्ट नहीं होंगे।'

'अपने ही बन्धु जनों को छल में जला देने के लिए वेट्टत्त् नाट्क्कनों के बीच से शत्रुदल को कितनी आसानी से आदमी मिले हैं'—यों पिष़ारटि आशान ने आश्चर्य प्रकट किया। सुवर्ण देख सेनानायकों में किसी-किसी की आँखों पीली पड़ गयीं। ज़्यादा क्या कहें, कारिन्दे तक 'वैसा हो तो वैसे ही'—सोच सिर नवा कर खड़े हुए थे। बढ़ती उम्र को ध्यान में रखकर थोड़ा आराम करने को तम्पुरान ने ही कारिन्दे को सभा से बाहर भेज दिया था। क्या, कारिन्दा भी इस षड्यन्त्र का भागीदार था? निश्चित रूप से कुछ कहा नहीं जा सकता। एक बात तो निश्चित है। उचित अवसर पर कोत पताका फहराने के लिए ऐसा एक व्यक्ति यदि न आ जाता तो वेट्टत्त् का राजपरिवार समूल राख बन जाता। राजपरिवार की कली ही कम से कम जले बिना बची रही ऐसा सोचकर हो या स्वयं अपनी रक्षा की चिन्ता करके हो, जो भी हो, उचित अवसर पर कारिन्दे ने इतना जो किया उससे कम से कम इतना तो

बचा है।—सचाई के खुलने के लिए कई दिन लगेंगे। तब भी पूरी सचाई खुल जाए इसका कोई निश्चय नहीं। ढक कर रखने के लिए सुवर्ण पात्र तब भी मिल जाएगा।

तिरुपरंङ्ङोट् की दादी जब कोल्हूघर की दीन हीन दशा का गिन-गिन कर विवरण देने लगी तो पिषारटि आशान हँसकर बोले : ''हाय! ऐसा कुछ भी नहीं है। किसकी कमी है वहाँ? ऊपर आसमान है न? नीचे भूमि नहीं है क्या? पीने के लिए भारतपुषा (नदी) का जल तो है ही न? सबके साक्षी स्वरूप भगवान धर्मशास्ता है न? सहवास के लिए नाग, सियार और ताल वृक्ष वृन्द तथा पड़ोसी के रूप में हम भी हैं न, बिना ऊबे रहने के लिए।

एच्चु सिर झुकाकर खड़ा है। मुख म्लान है। अनियन् पिष़ारम् के बच्चों के साथ खेलने के लिए न जाकर टोढी पर हाथ रखे अकेले खड़ा है। बड़ों के मुखों पर बारी-बारी से देखकर भौंहें टेढ़ी करके नखूनों को काट कर अच्चु भी।

सहसा पिष़ारटि आशान पूछ बैठे : ''एष़श्शन को कोल्हू ठेलना आता है क्या?''

गुरुकुल में निबौरियाँ पेर कर ही तेल निकाला जाता है। तिल की पेराई कैसी है। यह मालूम नहीं। दोनों लगभग एक ही समान होंगे न? अभ्यास करने पर चल जाएगा। बैल की जगह कोल्हू का डंडा ठेलना कठिन है। वह उतना आसान नहीं होगा। नहीं तो यह धारणा नहीं होती कि यह दंड मृत्युदंड से भी कठिन है।

'थोड़ा बहुत'—यही तो कहा जा सकता है।

'तिल, नारियल, सब... ?'

'प्रयास करेंगे।'

समूचे रास्ते में पिषारटि आशान 'हरिनामकीर्तनम्' का उच्च स्वर में गायन किया। अच्चु ने साथ गाया। मुझे तभी मालूम हुआ कि अच्चु को अच्छी तरह गाना आता है। यह भी कि उसे 'हरिनामकीर्तनम्' हृदिस्थ है। रास्ते के एक मोड़ पर कीर्तन का आलाप बन्द कर पिषारटी आशान ने पूछा—'फिर?'

'भविष्य के बारे में क्या कहूँ?'

हाथ फैलाया।

पिषारटि आशान हँस लिये। 'साँस लेना भी अपरोध होगा, न?'

मैंने प्रतिप्रश्न किया—'आशान! आपको... ?'

''मुझे क्या दिक्कत? मेरे पास भरपूर है मन्दिर-सेवा की कविता।

शबरकोट्टम् के धर्मशास्ता मन्दिर के पूजारियों के अनुचर हैं पिषारटि आशान के घर के लोग। अनुज ही अब वह काम निभा रहा है। उसे उच्चशिक्षा के लिए भेजने का वक्त हो गया है।

'तब तो'—मैंने पूछा—''उसी प्रकार है न पेराई कविता' अथवा कविता-पेराई

भी ?

'पुजारी के सेवक के पारिश्रमिक से जीविका तो चल सकती है। पेराई का पारिश्रमिक जीविका के लिए पर्याप्त नहीं होगा।

दस प्रस्थ तिल की पेराई का पारिश्रमिक एक कुड़व धान है। वह भी संकेत में जाकर हिसाब सब लिखवाकर ले आना है। कई बार जाने पर ही वह मिलेगा। कठिन परिश्रम करके कोल्हू ठेलकर किसी के लिए नारियल या तिल की पेराई करें तो उसके लिए भी पुराने काल में निर्धारित किंचित् सा पारिश्रमिक ही मिलेगा। वर्षा के दिनों में किसी भी प्रकार की पेराई नहीं चलेगी।

'संक्षेप में, कोल्हू ठेलनेवाला और उसका परिवार हैजे से मर मिटा तो वस्तुतः उन्हें मोक्ष मिल गया-ऐसा ही समझे'—पिषारटि आशान बोले।

आशान के व्यंग्य बोध को मैंने भी आसरा बनाया और पूछा—'मोक्षप्राप्ति क्या कोई बुरी चीज़ है?'

'उस प्रश्न में कविता नहीं।' आशान ऊब गये।

'कोल्हू पेराई के पारिश्रमिक के न होने पर भी जल पीने की तो अनुमति है न? वह पर्याप्त है न?'

आशान प्रसन्नता के साथ बोले—''मैंने वह नहीं सोचा। पेरार का जल पीने से मना न किया जाने की स्थिति में प्यास के मारे मरना तो नहीं पड़ेगा।''

खेत के मेड़ से चलते और गलियारों को पार करके ही कोल्हूघर पहुँचा जा सकता है। खेत और गलियारों के निकट के अहाते अक्सर वीरान हैं। उधर पहुँचा तो पाया सरकंडे के विशाल वन के बीचों बीच टूटी-फूटी एक झोंपड़ी। मरुआ का मध्य भाग टूट चुका है। उस ओर फटे पुराने छप्पर के नीचे अनाथ होकर पड़ा कोल्हू। जहाँ सरकंडे के पौधे नहीं हैं वहाँ गोखरू के काँटे भरे पड़े हैं। पूर्वी सीमा पर सरकंडों की बालियों के श्वेत तल के ऊपर लम्बे हरे डंठलों पर नुकीली उँगलियोंवाले बहुत बड़े पत्तों के साथ तालवृक्ष। उसके भी पार नदी। उत्तरी ओर पिषारटि आशान का मकान। दक्षिणी ओर पेय्याप्पंतल की हवेली और पेय्याप्पंतल मन्दिर। पश्चिमी ओर ऊबड़-खाबड़ रास्ता।

बादलों से शून्य अकिन महीने के नभ में सूर्य प्रज्वलित हो रहा है।

'पिशारम् चलेंगे'—कहकर अपने मकान की ओर आमन्त्रित करनेवाले आशान से सीता दीदी ने कृतज्ञतापूर्वक पूछा—''कल भी तो इधर ही रहना है न?''

शबरकोट्टम्–3

पेड़–पौधों से भरे अहातों और नदी के बीच, कभी के लगे किसी एकाकी के पदचिह्न के समान थोड़ी–सी समतल भूमि। चारों ओर की सीमाओं में एक आदमी के कद तक लम्बे वाल्मीकि। उसके बीचों बीच एक जर्जर मडैया। बन्द करने के लिए दरवाज़ा तक नहीं। कंटीले पौधों भरे जंगल को काटने के लिए या नल आदि को काटकर साफ करने के लिए कोई हथियार हाथ में नहीं। पहले पहल बच्चों के खाने पीने का उपाय खोजना है। चूल्हा और आग नहीं। चावल और पानी नहीं। आज्ञा के अनुसार तो उन्हें लाने का उपाय भी नहीं।

हक्का–बक्का सा खड़ा रहा तो पड़ोसी लोग एक–एक करके आये। खेती करके तथा मन्दिर और नम्पूतिरी घरों का काम करके जीनेवाले घर ही तीनों ओर हैं। दरिद्र जन हैं। इसलिए दु:ख दर्द से परिचित हैं। वे जल्दी ही स्थितिगतियाँ समझ गये। मूल घर परिवार आदि का परिचय कह–सुनकर समय गँवाये बिना वे अपने–अपने घरों में जाकर वहाँ से नारियल के पेड़ के पत्ते, बाँबू, चावल, लकड़ी और आवश्यक हथियार ढोकर लाये।

उस पिछड़े प्रदेश में खेती ही जीविका का एकमात्र मार्ग है। खेतों में फसलों का बुरा हाल है। बीजों का दुगुना फसल मिला तो भाग्य पुण्य समझ लें। वर्षा की कृपा होने पर ही वह भी सम्भव होता है। नदी कुपित हुई तो सब कुछ जड़ से उखड़ कर या सडकर नष्ट हो जाएँगे। ऐसे साल काम ही हैं जब नदी का प्रकोप नहीं होता हो। दूसरी बारी का फसल भी दुर्लभ। आमदनी का दूसरा मार्ग मवेशी हैं। परन्तु जोतने के काम आनेवाले पशुओं का हाल भी बेहाल है। सबके सब चिपके पेट और नुकीले थूथन चलते फिरते हैं।

और एक काम है नाव खेने का। उसके लिए भी ज़्यादा गुंजाइश नहीं। पोन्नानी से आनेवाली तथा उस ओर जानेवाली नावों के आने जाने का एक घाट है। तिरुनावा से दक्षिणी ओर मुड़नेवाली पेरार यहाँ पहुँच कर पश्चिमी ओर अपनी गति बदलती है। बहुत बड़ा जल प्रवाह तो उधर नहीं है। फिर भी उस घाट में कम ही

नाव आ पहुँचती हैं। पोन्नानी बन्दरगाह के निकट ही स्थित होने के कारण जल्दी ही जल्दी उधर पहुँच जाने की चाह ही नाव खेनेवालों की होती है।

माल-घाट का स्वामित्व कुट्टिच्चेरि खानदान वालों पर है। शास्ता मन्दिर के मालिक भी वे ही हैं। पिष्नारम् के लोग मन्दिर के सेवक हैं। पिष्नारम् की स्थिति भी अच्छी नहीं है। अपने छोटे भाई के अलावा माँ की देखभाल भी आशान को करनी है। अहाते में कुछ नारियल और सुपाड़ी के फल उपजते हैं। उससे जीविका चलानी होती है। मन्दिर के सेवाकार्य से प्राप्त राशि से खान-पान तो चल जाएगा।

अपने ज्ञान की श्रेष्ठता के कारण ही पिष्नारटि आशान ऐसी स्थिति में भी विनोदी स्वभाव के रह सकते हैं।

अपने इलाके में बच जाते धान, नारियल, सुपाड़ी आदि को चौथे वेदवाले (मुसलमान) समय-समय पर आकर खरीद लेते हैं और पोन्नानी में ले जाकर बेच डालते हैं। उधर से वे नमक, मिर्च, कपड़े आदि खरीद कर ले आते हैं और इधर बाँट देते हैं।

किसी को भी याद नहीं कि इस इलाके को अधीन में करने के लिए कभी कोई लड़ाई हुई हो। बाहर से लोग आकर अत्याचार नहीं करते तो इलाका शान्त रहता है। हमले तो होते हैं। लूटमार भी होते रहते हैं। सैनिक और लुटेरे नाव में ही आते हैं। तिरुनावा के हमले के दौरान बारह सालों तक इन दोनों के कारण कोई बचाव नहीं होता था।

टूटे-फूटे छोरवाली कुदाली और पूरे के पूरे जंग खाये मूसलों के अलावा फटे पुराने दीमक खायी चटाइयाँ, टूटे-फूटे मिट्टी के बर्तन और लकड़ी के जले हुए टुकड़े ही उस कुटिया में थे। कुदाली के ऊपर सियारिन की प्रसूति के निशान हैं। मिट्टी की दीवारें साल भर की बारिश की चोट खायी हुई हैं। मिट्टी को रौंदकर बनायी दीवारें। किन्तु वे आगामी और भी कई वर्षा ऋतुओं में भी जीवित रहने की क्षमता रखनेवाली हैं।

किसी की भी अनुमति या आज्ञा की प्रतीक्षा किये बिना लोगों ने कुटिया का छप्पर नीचे उतार कर उस पर छाये पुराने पत्तों को नीचे उतारे और ऐसी कांडियों को चुनकर अलग रखे जिन्हें दीमक ने नहीं खाया था। नारियल के पेड़ों से पत्ते काटने का समय था। अत: छाने के पत्ते का कुछ अभाव नहीं था। जिन लोगों को छप्पर छानना आता था, उन्होंने छप्पर छान लिया। फावड़े और चाकू लेकर आनेवाले लोगों ने आँगन के घास—फूस काट डाले। खूब पले-बढ़े और फैले सरकंडों को काटकर कच्चे रूप में ही आग जलायी। नारियल के हरे पत्तों को उस आग में तपाकर छप्पर के पत्तों को बाँधने योग्य बनाया।

खुले आसमान के नीचे अति कठोर जलती धूप में ही काम चल रहा था।

सन्ध्या समय बारिश के आने की सम्भावना की पूर्व सूचना देते हुए हवा स्तब्ध खड़ी रही। कामों में लगे रहकर पसीने बह निकले तो शेष सब कुछ भूल गये। ज़मीन पोतने के लिए नदी से जल लाया गया। मिट्टी रौंद कर तथा छाने के पत्ते को उठा उठा कर दीदियाँ भी श्रम में लगी रहीं। मनुष्य की बुराई से मन उचटे पड़े व्यक्तियों को सहजीवों में भलाई देखने को मिला तो ऐसा अनुभव हुआ जैसे अपना जीवन ही लौट कर मिला हो।

सब की प्यास और थकावट मिटाने के लिए पिषारटि आशान की माँ केले के फल और छाछ लायी। एच्चु और छोटे बच्चों को छाया की ओर ले गयी। पेय्याप्पं तल मन्दिर की सीमा में धूप नहीं पड़ती थी। मन्दिर का अहाता पूरा का पूरा मौलसिरी के पेड़ों की छाया में है। मौलसिरी के पत्ते इतने सघन थे कि भारी वर्षा में भी एक बूँद पानी नीचे गिरता नहीं था। कहा जाता है कि 'पेय्याप्पं तल' (न बरसने-वाला पंडाल) नाम ही इसलिए ही मिला है। देवी के गर्भगृह के ऊपर कोई छप्पर नहीं लगा है।

फाँसी के तख्ते से लगे कोल्हू के हाल को परखने के लिए अच्चु साथ आया। तांबे से बाँधे कोल्हू का डंडा ठीक ठाक है। काठ के क्रोड से बनी थापी की भी अभी कोई क्षति नहीं पहुँची है। कोल्हू के गड्ढे में जो मैल और धूल लगे हुए थे उसे खरोंचकर बाहर किया। थोड़ा-सा बल-क्षय कोल्हू के बेलन को हुआ है। धूप से रक्षा करनेवाला छप्पर टूट-फूट गया तो गरम होकर बेलन फट गया। दरार से पानी रिस कर काठ जीर्ण हो गया। थापी से बेलन तक तेल का नल बन्द भी हो गया है।

सरकंडे के डंठल तोड़कर पत्ते निकालकर उस नल के भीतर घुसेड़ कर साफ करते वक्त सामूतिरि का कारिन्दा पालकी से उतरकर निरीक्षण के लिए आया। नाय्क्कनों में कोई वहाँ जाकर सूचना देकर उन्हें साथ लाया है। सोने की अँगूठियाँ, जरी, भारी पेट, रेशमी छाता, अंगरक्षक सहित सारे चिह्न हैं तो भी उम्र की अधिकता के साथ उस प्रदेश की मिट्टी की मृदुलता भी उनमें दिखाई देती है। तेक्कत्त् नामक खानदान के मुखिया हैं। पीढ़ियों से नेटियिरिप्प् के विश्वस्त। पोन्नानी से वाकयूर जाते वक्त सामूतिरि को नदी पार करा देने की सारी तैयारियों का दायित्व उस खानदान पर निहित है। राजा के दर्शनों के लिए वसूल किए जानेवालेकर लेने के अधिकार के साथ सिपाहियों के ऊपर भी इनका अधिकार है।

कामों में लगे रहे पड़ोसी काम खत्म करके विनम्रता के साथ खड़े हो गये। पहले से ही कारिन्दा बड़ा प्रतापी हैं। वेट्टत्तु राजमहल का सामूतिरि के अधीन हो जाने की कथा देश में सब कोई जान चुके थे। अब तो कारिन्दे के परमाधिकार पर प्रश्न उठानेवाला कोई नहीं। यों तो उनके आदेशों को मनक्कल के तिरुमेनी लोग भी मानते थे। अधिकार के स्वर में कारिन्दे ने पूछा—''इस दल में कौन हौ पष्रञ्जानम् के

अनियनेष़्शशन?''

आगे बढ़ा और प्रणाम किया।

नख-शिख मुझे देखकर कारिन्दा फिर बोले : ''सच्ची बात पहले ही बता दूँगा। अपनी स्थिति भूलना मत। किसी को भी शिकायत का मौका न देना। तिरुमेनी ने जिन बातों को न करने की आज्ञा दी है उन्हें मत करना। इस प्रदेश के लोगों के लिए उदर ही महत्त्वपूर्ण है, अक्षर नहीं। और एक बार भी ज़ंजीरों में बाँधना पड़े तो उसके लिए भी हम नहीं हिचकेंगे। समझे?''

'जी हाँ।'

इसकी भी पूछताछ की कि साथ की स्त्रियाँ कौन-कौन हैं?

'दो बहनें, बुआ, जीजी भी

'कोल्हू ठेलकर इतने लोगों को कैसे पालोगे?' बिना उत्तर का प्रश्न।

'क्या कोल्हू पेराई तुम्हें आता है?'

कोल्हू पेरने का दंड देते समय यह प्रश्न किसी ने नहीं उठाया था। मालूम न होने पर भी करना ही पड़ेगा यही तो मतलब है। व्यावहारिक तौर पर सोचना ही उचित है।

'कोल्हू का बेलन-रस्सा नहीं है।'

'भेज दिया जाएगा।'

प्रदेशवासियों से एक घोषणा भी कारिन्दे ने दे दी—'आवश्यकता से अधिक लौकिकता और सहायता इनको मत दें। सबको सदैव इस की याद होनी चाहिए कि तिरुमेनी का सख्त दंड भोगनेवाला व्यक्ति है यह।'

यद्यपि किसी ने भी उसके विरुद्ध आवाज़ नहीं उठायी फिर भी लोगों का रूख यही रहा कि कारिन्दे ने ये बातें और किसी से ही कही हैं। उनके चले जाने पर लोग अपने-अपने कामों में पुनः जुट गये। दोपहर के पहले ही घर बन गया। गोबर से ज़मीन की पुताई की। उत्तर की ओर बनाये सायबान में चूल्हा और आग की व्यवस्था की गयी। तत्काल के लिए एक प्रवेश द्वार नारियल के पत्ते और बाँस की तीलियों से बनाया गया।

केले के नाल के छाल पर केले का पत्ता रखकर उस पर गरम 'कञ्ञी' परोस कर सबने गोलाकार बैठकर भूख मिटायी।

उसके बाद फावड़े, चाकू सब घर की आवश्यकता के लिए वहाँ छोड़कर ही पड़ोसी लोग लौटे थे। उनके विदा लेने के पहले ही उनमें से एक की सहायता से पिषारटी आशान ने अपने घर से लिखने के लिए एक सन्दूक, कुछ नाराच तथा ढेर सारे ताड़-पत्र पहुँचाये। सन्दूक में संस्कृत भाषा में विरचित अध्यात्मरामायणं सहित कतिपय नये ग्रन्थ रखे हुए थे।

बड़े ही भले पड़ोसियों को विदा लेने सीढ़ियों तक गया और लौट आकर नये आवास और कोल्हू घर को देखा तो मैं विस्मित हो उठा। सुबह आते वक्त का दृश्य और परिवेश अब बिलकुल बदल चुके थे।

नदी तट के तालवृक्षों से कुछ पत्ते काटकर गोखरू के पौधों के ऊपर सूखने के लिए बिछा दिया। पत्ते मुरझा जाएँगे तथा धूप लगे बिना पड़े रहें तो उतनी जगह के गोखरू मिट भी जाएँगे। नदी का पानी स्वच्छ होने पर पत्तों को उसमें डुबोकर रखेंगे। पीने के लिए कञ्जी न मिले तो भी लिखने के पत्ते का अभाव नहीं होगा।

कहीं न कहीं से खींच कर लानेवाले कूड़े कर्कट को भँवरों में घुमा डुबोकर विशाल नदी फेन और झाग भरकर बह रही है। कितना भी गन्दला होने पर भी तिरुवूर-पोन्नानी नदी को इसका एक शतांश प्रतिशत रौद्र भी नहीं है। कावेरी, गंगा या ब्रह्मपुत्र को इतना अशान्त कभी नहीं देखा है। किन्तु वृष्टि के बीत जाने पर कुछ ही दिनों में नदी का पानी अश्रु के समान स्वच्छ हो जाता। 'मामाकम्' के दिनों तिरुनावाया में यही स्वच्छता देखने को मिली थी। पीने का पानी तब तक कोष़िप्पुरम् के कुएँ से भरना पड़ेगा। बीच के रास्ते के उस ओर है वह घर।

पूर्व दिशा का नभ काला पड़ने लगा। हल्की हवा के बहने के साथ तालवृक्ष भी हिलने डुलने लगे। तालवृक्ष के नीचे से दक्षिण पश्चिमी दिशा की ओर देखें तो दूर पेरार बन्दरगाह का खुला भाग दिखाई पड़ेगा। उत्तरपूर्वी दिशा में जहाँ तक दृष्टि जाती वहाँ तक बड़े पहाड़ों की कतार दिख पड़ती है। पीछे हल्के मेघों के पर्दे के गिरे रहने के कारण ही वे उतने चमकीले दिखते हैं। नदी के उस किनारे की हरीतिमा में कालिमा छा गयी है। न जाने नभ किससे रूठ कर बैठा है!

प्रकृति के इस कोप तापादि के अलावा किसी के प्रभाव पर न रहनेवाला यह प्रदेश अत्यन्त विशाल शान्तता से मन को आकासन प्रदान कर देनेवाला है। ईश्वर चिन्तन के लिए सुयोग्य स्थान है यह। यों सोच के खड़े रहते मेरे पास अच्चु दौड़े दौड़े आया। कहा कि चेरयन मरय्क्कार मिलने आये हैं।

मरय्क्कार आँगन में खड़े हैं। साथ एक अपरिचित व्यक्ति भी हैं। बिठाने के लिए घर के अगवाड़े के फर्श पर बिछी चटाई ही है। उसमें बैठने के लिए आमन्त्रित किया।

मरय्क्कार के चेहरे पर विषाद भरा हुआ है। "ऐसा घटित होने पर सारे भलमानसों को दुःख ही है। काल के बीतने पर सचाई सचाई होकर... ?"

'घरवाले और बच्चे कुशल से हैं न?'

'यह है वावुण्णि। तेल का व्यापारी है। बीच-बीच में इस रास्ते से आयेगा। कोई ज़रूरत हो तो इससे बता सकते हैं।'

वावुण्णि हँस लिया। एक बार देखा है। किन्तु कहाँ? तिरुकंटियूर मन्दिर में है

क्या? हाँ वहाँ तेल पहुँचानेवाला वावुण्णि है। चतुर्थ वेदवालों के लिए छुआछूत नहीं है।

मरय्क्कार ने नीवी से एक छोटी-सी थैली लेकर ज़मीन पर रख दिया—'अब इसे इधर रहने दें।'

हृदय को छूकर कहा—'बड़े मन को प्रणाम। किन्तु इसे स्वीकार करने की स्थिति में नहीं। दंड विधान यही है कि कोल्हू पेराई के पारिश्रमिक से ही आजीविका चलाएँ। उसके पालन के शर्त में ही तम्प्राक्कल् ने मेरा दायित्व अपने ऊपर ले लिया है।'

'हे खुदा!' मरय्क्कार का मुख म्लान हो गया। 'एक कुडव धान से इतने लोगों का पेट कैसे भरेगा?'

मरय्क्कार ने धन की वह थैली थोड़ी देर तक अपने हाथ में ही रखा। फिर एक दीर्घ निकास के साथ उसे अपनी नीवी में रख लिया। 'बच्चों को सिखाने के लिए भी कोई नहीं रहा।'

'जो सीखना चाहते हैं वे उसका रास्ता स्वयं खोज निकालेंगे'—मैंने आकासन दिया। उसके बाद एक और बात भी कहीं—'तिरुवूर के तहखाने में कुछ ग्रन्थ हैं। किसी को भी पता दिये बिना उधर से उन ग्रन्थों को लाया जा सकेगा क्या?'

'उसमें क्या?' मरय्क्कार को ज़्यादा सोचना न पड़ा—''हाँ, काम अवश्य चलेगा।'

'कैसे'?

सहायता करने के लिए ऐसा एक रास्ता हाथ आया तो मरय्क्कार को थोड़ा-सा आकासन मिला। 'मुनयूर के कारिन्दे से मिलकर कोई तीसरा आदमी उस अहाते की ज़मीन खोदकर कंक ड लेने का सौदा तय करेगा। यदि जलकर राख नहीं बना है तो उधर के सारे दस्तावेज़ ज़रूर इधर पहुँच जाएँगे।

मरय्क्कार सीढ़ियाँ उतर कर चले गये तो बुआ प्रवेश द्वार की ओर आ गयी। मुझे मालूम हो गया कि यह वार्तालाप भीतर ये सब सुन रही थीं। 'अप्पू! क्या मैं पिलाक्काट्टीरी तक चलूँ?—बुआ ने पूछा। ''उसकी कोई सूचना मिले तो...''

विपत्ति में, मदद के लिए गोपी भैया को खोजने की यह यात्रा होगी। 'जाना और खोजना तो ठीक है। लेकिन कैसे जाकर आयेगी? देश भर में अराजकता है। रास्ते में अच्चु की मदद पर्याप्त नहीं होगी। साथ चलने की अनुमति दंड विधान में नहीं। कोल्हू घर को छोड़ कहीं न जाना है न?

'पता चलने पर गोपी भैया आ जाएँगे। जिन्दा हैं तो आये बगैर नहीं रहेंगे। 'तत्काल सोच-विचार करने की बात यह नहीं है' यों संकेत किया। 'थोड़ी और प्रतीक्षा करेंगे।'

वर्षा के मेघ सघन हो गये। पेराई के लिए कोई तिल लेकर नहीं आया। कौन लाएगा। कब आयेगा? कहाँ से आयेगा कोई निश्चय नहीं।

तिल आये, तभी पेराई हो सकती है। पेराई करने पर ही पारिश्रमिक मिलेगा। कल की बात छोड़ दें। आज के ब्यालू के लिए कोई उपाय नहीं रहा।

धन राशि बचाकर सुरक्षित रखने रीति पहले से ही कलरि में नहीं थी। जो थोड़ी-सी राशि थी, घर छोड़ निकलते वक्त ली भी नहीं। यदि ली होता तो भी वेट्टत्तुनाट् में वह खो जाती।

जो काम जानता हूँ उसे करने की अनुमति नहीं। जिसकी अनुमति है उसे कराके पारिश्रमिक देने को कोई नहीं। एक नया काम सीखकर करने का विचार करें तो वह हो नहीं सकता। आसरा देने के लिए कोई नहीं।

बच्चे भूख के मारे थक गये हैं। गोदी में रखकर खाना खिलाये होंठ सब सूखकर फट गये हैं फिर भी वे रोते नहीं। कुछ माँगते भी नहीं। भूख के मारे मर जाए तो भी कोई आवाज़ नहीं निकालेंगे अच्चु और एच्चु। रो सकते तो देवु और अनियन। रोने की भी शक्ति उनमें शेष नहीं रही। उन्हें जन्म देनेवाले पेट बच्चों की विवशता देखकर मथ रहे हैं। किन्तु वे भी कोई दीन स्वर निकालती नहीं।

"यह कैसी कठिन परीक्षा!"

गुरुजनों व बुजुर्गों का ध्यान कर आँखें मूँद लीं।

कई बातें सीख लीं। किन्तु इस प्रकार की एक विपत्ति के समाधान की सीख किसी ने भी नहीं दी।

मूँदी पलकों के अन्दर जलन बढ़ती गयी।

गला रुँध गया। कास रुक गया।

'लगता है कि किसी गम्भीर चिन्ता में लीन हैं'—एक बड़े टोकरे के ऊपर एक छोटी टोकरी रखकर दोनों को ढोकर, बोझ को एक हाथ से सँभलकर, बायें हाथ में खाली ताँबे के घड़े लेकर एक स्थूलकाय व्यक्ति सामने खड़ा है। करीब बीस साल की उम्र। हट्टा-कट्टा तन। बच्चों का-सा मुख। सिर पर बड़े बोझ के होते हुए भी खुलकर हँसते हुए बोला—"इसे नीचे उतारने की सहायता...'

बड़े टोकरे में सूखा नारियल। दूसरे में चावल, कद्दू, गुड़, बड़ा दीया..."

सिर के बोझ से मुक्त हुआ तो उस हँसी की चमक और बढ़ी। "सरकंडे फूलने लगे तो ऐसा ही है बड़ा उत्पात मचा देता है। उसकी धूल आँखों में पड़ने पर आँखें दु:ख जाती हैं। कई बार आँखें धोना पड़ता है।...हाँ, मैंने अपना परिचय नहीं दिया। मैं रावुण्णि। पेय्याप्पंतल हवेली के भंडार की देख रेख मैं ही करता हूँ... तिरुमेनी ने ये चीज़ें इधर देने को कहा। पेराई के लिए सूखा नारियल। आज बारिश है तो कल ही सही।...अग्रिम पारिश्रमिक है चावल, गुड़, दीया आदि...यह भी पूछने

के लिए कहा कि क्या और कुछ चाहिए।''

अश्रु जल भरी आँखों को उत्तरीय के आंचल से पोंछने लगा तो रावुण्णी ने रोका—''कितना ही पोंछ लें, वे मिट नहीं जाएँगे। पराग की किरकिरी को मसल लें तो किरकिराहट बढ़ जाएगी। सही ढंग से धो देने पर ही आकासन मिलेगा।...उत्पात का यह काल बीत गया तो सारी मुसीबतें दूर, फिर क्या, परम सुख ही है यहाँ।''

रावुण्णी ही गडुए में जल लेकर आया। निर्मल मनवाले उससे जल अपनी हथेली पर लेकर मैंने मुख धोया, कई कौर पी भी लिए।

शबरकोट्टम्-4

बादल वृथा ही गरजे। एक बूँद भी नहीं गिरी। काले बादल बिखेर गये। आसमान विवर्ण हो गया। हल्की ठंडी हवा कहीं से बह आयी। तालवृक्ष के पत्तों ने उसके गालों पर लालच के साथ सहस्रों उँगलियाँ फेर लीं। अपनी कोत शिखा के खुलने तक झुक कर खेलते हुए सरकंडे के वन ने भी उसका स्वागत किया। किन्तु जमकर खड़े हो जाने में असमर्थ होकर उन्होंने भी मंच छोड़ दिया। पत्ते भी हिलनेवाले नहीं हुए तो एक निश्चलता सब कहीं छा गयी।

धोकर रखे कोल्हू का भीतरी भाग तब भी सूखा नहीं था। सरकंडे के डंठल में कपड़ा बाँधकर तेल के नल को फिर एक बार पोंछ लिया। सुबह ही काम शुरू किया जा सकेगा। स्नान के लिए नदी की ओर निकलते तो हाथ में चाकू ले लिया। तालवृक्ष के नीचे का घाट घास फूसों से ढका हुआ पड़ा है। दिन-रात बच्चे वहाँ कई कार्यों के लिए जाया करते हैं। काट-छाँट कर साफ सुथरा करके रखेंगे। सन्ध्या हो गयी तो सरीसृप रेंग कर आ जाते। दीये और रोशनी भीतर की आवश्यकता के लिए भी पर्याप्त नहीं।

घास-फूस और सरकंडे हट गये तो पाया कि घाट के दोनों ओर के झाड़ों में फँसकर ढेर सारे जलाऊ लकड़ी के टुकड़े पड़े हैं। उनमें से कुछ को ऊपर उठाकर सूखने के लिए रख दिया। घाट के जल में तेज़ प्रवाह है। गहराई भी ज़्यादा है। पैर रखने की जगहों पर कीचड़ भी। ध्यान नहीं दिया तो फिसल कर प्रवाह में फँस जाएगा। भाग्य की बात है कि बच्चों को तैरना आता है। छोटों का बहुत ख्याल रखना होता है। वह तो करना पड़ेगा ही।

गन्दला होने पर भी जल में कीचड़ या दुर्गन्ध नहीं है। मन भर डुबकियाँ लीं। हर बार डूबकर उतरते वक्त लगा कि यही महातीर्थ है। गीले कपड़े पहनकर ही मन्दिर की ओर चला। बीच के रास्ते से निकलकर 'कुट्टिच्चेरिप्पटि' से दस कदम आगे बढ़े तो वट वृक्ष का चबूतरा। वही धर्मशास्ता का प्रवेश द्वार है। दर्शन पश्चिमी ओर। चारों ओर जटाजूट के रूप में कानन। पीछे नदी। जाँघ की मोटाई की लताएँ

जिन पर पसार गयी हैं उन महावृक्षों में बसेरा डालती चिड़ियाँ। मुख की कालिमा से भरी पूर्व दिशा और लालिमा भरी पश्चिमी दिशा के बीच वट वृक्ष के तले खड़े हुए तो गुरुकुल के प्रभातों के अन्तरिक्ष की स्मृति आई। लगा कि यही वह है।

द्वार खुला है। आरती में विलम्ब नहीं होगा। किन्तु आरती के लिए कोई नहीं। मन्दिर के पीछे के स्नान घाट से जल के आन्दोलित होने, कइयों के एकसाथ बातें करने तथा हँसने की आवाज़ आती है। स्नान कर आये दो व्यक्ति द्वार के सामने एक पल के लिए खड़े होकर हाथ जोड़ने का भाव भर कर अपने वार्तालाप को जारी रखते हुए पश्चिमी ओर गये।

शास्ता का मतलब है गुरुनाथ। धर्म बौद्ध धर्म ही है। उसे शरण बनाये हैं गुरु शास्ता ने। वे ही होंगे शबर मुनि। याने पहले यह भी एक गुरुकुल रहा था। अनेक शिष्यों और गुरुजनों का अविरत वासस्थान—शबरकोट्टम्। अनगिनत बोधिसत्व इस कानन में टूटी-फूटी, आड़ी-झुकी स्थिति में पड़े हुए हैं। टूट गये या तोड़े गये? कानन में स्थापित हैं अथवा कानन में फेंके गये हैं? मुनिवर यहाँ समाधिस्थ हुए या आग में जलकर अथवा पानी में गिर कर दम घुट कर मर गये? कोई पता नहीं। जानने का कोई उपाय नहीं। शायद यही रही हागी इस प्रदेश की लेखन-शाला। उससे सटकर दक्षिण-पश्चिमी प्रदेश का नाम पुतुप्पल्लि है। गुरु के सान्निध्य का स्मरण करके हाथ जोड़कर प्रणाम किया।

साष्टांग प्रणाम करते लेटते हुए, आरती के लिए द्वार के बन्द होने की आवाज़ सुनी तो निर्णय लिया कि तब तो द्वार के खुलने तक प्रणाम करके पड़ा रहूँ।

प्रणाम करते हुए पास खड़े लोगों ने आपस में फुसफुसाया।

''यह नया आदमी है कौन?''

''यही है संकेत के कोल्हू खाने का बर्तमान कोल्हू ठेलनेवाला।''

''विषूचिका में मरनेवाले का यह कौन पड़ता है?''

''उसका कोई नहीं। यह एक एष़्श्शन है, तिरुवूर का एष़्श्शन। वेदों को पढ़ाने के अपराध में सामूतिरिप्पाट् का दंड मिला है।''

''कौन! तिरुवूर का एष़्श्शन?''

''तान्नियूर कलरि के आशान रामनेष़्श्शन का नाम सुना है न?''

''हाँ।''

''उस रामन एष़्श्शन का भानजा—तिरुवूर के तुंचन के अहाते में कलरि स्थापित करनेवाले कुट्टिरामन् एष़्श्शन का नाम भी सुना होगा न?''

''क्यों नहीं?'

''उस रामनेष़्श्शन का अनुज एष़्श्शन है यह।''

''कुछ काल तक परदेश में थे पढ़ाई के लिए। इसलिए पहचानने में दिक्कत

हुई है।''

''शिक्षित आदमी के कोल्हू ठेलने पर ही तेल रिसकर आयेगा क्या?''

गर्भगृह का द्वार खुला। दीप की प्रभा जाज्वल्यमान हो उठी।

फूल, चन्दन, पकवान का टुकड़ा आदि प्रसाद के रूप में देकर पुजारी हँस लिए। ''जान गया कि आप आ गये हैं। किन्तु उधर तक आ नहीं पाया... पहचान नहीं गये न? पोयिलिश्शेरी हूँ...।''

वन्दना करके लौटते वक्त वे फिर कहने लगे—''आवास सब ठीक हो गया न? ... अब आशंका की बात नहीं...धर्मशास्ता आपकी रक्षा करेंगे।

अन्धेरा छा चुका था। नये वासस्थान के अगवाड़े पर केवड़ी के पत्ते की चटाई पर बैठकर नाम जप किया। बच्चों सहित सब ने मिलकर 'हरिनामकीर्तनम्' का गायन किया। उसके बीच जलालु साहिब तथा दो अनुचर वहाँ आये।

साहिब ने बिना भूमिका बाँधे धीमे स्वर में कहा—''यह काम नहीं चाहिए।...परदेश जाएँगे तो एष्र्शन बिना किसी दु:ख के जी सकेंगे। फिर क्यों? आज पूर्व की ओर माल का निर्यात है। पल्लिप्पुरम् में वे लोग आपकी प्रतीक्षा करेंगे। उस पार एक खाली गाड़ी भी तैयार है।...रात को पोन्नानी बन्दरगाह से एक छप्परवाली नाव आ जाएगी। उसमें चढ़ेंगे तो पश्चिमी हवा के कारण चार घड़ियों में पल्लिप्पुरम् पहुँत जाएँगे। सुबह के पहले ही घाटी पार कर सकेंगे। किसी को पता ही नहीं चलेगा।''

भाग कर अप्रत्यक्ष हो जाने से होनेवाले दुष्परिणाम के बारे में साहिब को भी विस्तार से कह सुनाना पड़ा। बात खुल जाने पर साहिब की स्थिति भी खतरे में पड़ जाएगी। तम्प्राक्कल के आदेश के बारे में भी कहा। उनकी मदद के लिए साहिब जो राशि लाये थे उसे भी अस्वीकार करना पड़ा। उसने साहिब को और अधिक खिन्न बनाया। उनकी खिन्नता को दूर करने के लिए भी काफी कष्ट सहना पड़ा। हँसी-मज़ाक के मसाले लेकर पिषारटी आशान आ गये तो वह आयास थोड़ा-सा कम हो गया।

'व्यापारी लोग ऐसे हैं'—आशान साहिब से बोले—'माँगनेवाले को देते नहीं। देने पर भी न लेनेवालों के पीछे धन की थैली लेकर चलेंगे।'

'आएँगे क्या?'—साहिब ने आशान से पूछा—''वहाँ एक लेखन-कलरि खोलेंगे। सारी व्यवस्था करा देंगे।''

'तभी तो मुझे भी कोल्हू ठेलने की नौबत आ पड़ेगी?'आशान हँस पड़े। 'अब मैं किसी को कोई अक्षर सिखाने को नहीं। केले के रेशे में फूल पिरोकर, नाम जपते हुए शास्ता के मन्दिर के किसी कोने में शेष आयु बिताने की ही इच्छा है।'

साहिब के अनुचरों ने गठरी भर कपड़े बरामदे में उतार दिये। साहिब ने पहले

ही कहा—"दाम देकर खरीदे हुए नहीं हैं। जुलाहों की गली से मिले कपड़े हैं।"

'सही होगा।' पिषारटि आशान ने मज़ाक किया। 'उस गली में कपड़े रास्ते में डाले हुए हैं, कोई भी उठा ले सकता है!'

'झूठ नहीं'—साहिब ने स्पष्टीकरण दिया। तान्नियूर के शिष्यों के हैं।

साहिब को बिदा करके, ब्यालू की कञ्जी पीकर आँगन में दस कदम टहलने के बाद जाकर लेट गया तो जल्दी ही सो गया। नींद खूब बकाया पड़ी है, शायद इसलिए। अगले दिन से जो कठिन काम शुरू करना है, तन को उस लायक करने के लिए मन ने पहले ही तैयारी ली होगी।

नदी के उस पार के सूर्योदय में एक नव युग सृजन का गाम्भीर्य भरा था। मन्दिर के बरामदे में बैठकर पिषारटि आशान फूलों को पिरोकर माला बना रहे हैं। छोटा भाई फूल साफ करके दे रहा है तथा केले के रेशे को जाँघ में दबाकर आवश्यकता के अनुसार बटाई कर रहे हैं। दोनों की उँगलियों की दुरुत-गति विस्मयकारी है।

फूलों के अम्बार से आँखें मोड़े बिना आशान हँस लिए—'काव्य की आत्मा ध्वनि है तो माला की आत्मा रेशा है—यही सूत्र है।"

'मयि सर्वमिदं प्रोतं'...अनुज ने जोड़ा। छोटी दूकान भी कुछ कम नहीं—यह जान पड़ा।

'किन्तु भगवान और कोई माला स्वयं बनाता नहीं है।'—आशान ने अनुज को याद दिलायी।—'जल्दी करो। आलसी पहाड़ ढोयेगा।'

'ऐसा है तो'—अनुज ने कहा—'चौदहों भुवनों का सब से बड़ा आलसी है चिरंजीवि हनुमान जिसने बड़े पहाड़ को ढोया! छाता लेने को भूलकर घर से निकल कर भारी वर्षा से बचने के लिए गोवर्धन पहाड़ को ही ऊपर उठाने वाला भगवान दूसरा बड़ा आलसी!'

'ठीक है, सुस्त रहूँगा तो मैं भी...' उनसे बिदाई ली। 'आज ही पेराई शुरू करनी है।'

कोल्हू के गड्ढे का गीलापन मिट चुका था। तेल का नल भी सूख चुका था। डंठल का रस्सा बाँध डंठल को पकड़ कर दोनों दिशाओं की ओर घुमा-फिराकर उसके निशाने की परीक्षा की। आवाज़ सुनकर दीदियाँ और बच्चे बाहर आये। फिर क्या, सबका मिला-जुला श्रम शुरू हुआ। सूखे नारियल को काटकर टुकड़े-टुकड़े करने का काम किया चीरू दीदी ने। टुकड़ों को कठौते में भर कर कोल्हू तक पहुँचाने का काम ले लिया अम्मिणि दीदी और सीता दीदी ने।

नल से रिस आते तेल की प्रतीक्षा में ताँबे के घड़े लेकर छोटे बच्चे प्रतीक्षा में खड़े रहे। डंठल के रस्से को कस कर कड़ा करने तथा उसमें बोझ लगाने तथा पेराई

में मदद देकर अच्चु भी साथ रहा।

प्रदक्षिणा की उल्टी दिशा में ही कोल्हू ठेला जाता है। आदमी के द्वारा ठेले जानेवाले कोल्हू होने के कारण सोचा कि प्रदक्षिणा की दिशा से ठेलें। कोल्हू ही मूर्ति है। ठेलने का काम प्रदक्षिणा। अनुग्रह की प्राप्ति तक ...।

पिछले दिन छप्पर छानने के लिए आनेवाले व्यक्ति तथा उनके घरों की स्त्रियाँ दृश्य देखने आये। ठेलते-ठेलते पेराई शुरू करते ही कोल्हू का रोदन शुरू हुआ। डंठल के बोझ के माप, खली के दबाव-कसाव तथा पेराई की गति के अनुसार कराह का दबाव तालात्मक होता जा रहा था।

दस-बीस बार के घुमाव के बाद नल से नारियल का तेल रिसने लगा। गरम नारियल-तेल की महक सब कहीं फैल गयी। कोल्हू के गड्ढ़े के नारियल के टुकड़ों को हिलाने का काम अच्चु को सिखाया। कोल्हू को ठेलने के काम में वह स्वयं लग गया। लम्बे कद के अभी न होने के कारण डंठल पकड़ने के लिए उसे हाथ-पैर ऊपर उठाना पड़ता था। यदि उसे नीचे करके बाँध दें तो वह मेरे काम के लायक नहीं रहेगा। गड्ढे के नारियल पिसते गये तो परिश्रम भी बढ़ता गया। कोल्हू का प्रतिरोध ज़ोर पकड़ने लगा। आवाज़ बदल गयी। एक प्रकार की घुरघुराहट सुनाई पड़ी।

गुरुकुल के कोल्हू में पचास प्रस्थ की पेराई होती थी। दो शक्तिशाली बैल कोल्हू ठेलते थे। नकेल (मुहार) को हाथ से पकड़कर आगे चलने का काम कोई भी कर सकता था। हाँकने या गति को नियन्त्रित करने की कोई बात नहीं। आगे की ओर नहीं, गोलाकार चलना है। यह बात बैलों को मालूम है। पीसने की चीज़ को हिला देना ही सब से श्रमसाध्य कार्य है। सचेत रहना है कि थापी के बीच हाथ फंस न जाए। डंठल के घूमने के साथ आदमी को भी आगे बढ़ना चाहिए। बोझ के लिए पत्थर टांगा नहीं जाता था, कोई आदमी बैठा करता था। बोझ को घटाने और बढ़ाने के लिए उस आदमी को सरक कर बैठना काफी होता था। पहले कोल्हू के समीप बैठना है। उसके बाद सरक कर डंठल के छोर पर बैलों के पास पहुँचना। फिर भी पूरी तरह से तेल रिस कर नहीं आया तो ही अधिक भारी पत्थर टांग दिया जाता या किसी और भारी आदमी को बिठा देता।

कोल्हू के स्वर से ही पिसाई के कसाव और पेराई की शक्ति की पहचान होती थी। पहले एक प्रकार का दबाव-कसाव होता है। फिर कराह। उसके बाद घुरघुराहट। ज़्यादा और दब-कस जाने पर 'छाती फोड़ जाना', उसके भी बाद सिसक कर रो पड़ना। अन्त में सिसकियों के साथ कटा-कटा सा नाम जप। 'राम राम' का वह जाप अत्यधिक आयास से हो गया तो खली में फिर तेल शेष नहीं रहा। बैलों को सब से अधिक बोझा तभी उठाना पड़ता है। कोल्हू की मज़बूती और तेल की स्वच्छता की

पहचान भी तभी होती है। अन्तिम जाप ही सबसे श्रमकर होता है।

यद्यपि पेराई के सभी कार्यकलापों में सहायक के रूप में रहने का अवसर मिला है फिर भी डंठल ठेलने का अभ्यास तो नहीं था। वह कितना भारी भरकम कार्य है वह अभी ज्ञात हो गया। बैलों की दुःख-दुविधाओं का माप पहचान पाया। एक बार के घुमाव के बाद 'भीतर' के बैल को क्यों बन्धन मुक्त किया जाता है उसका भी ठीक पता चला। उस बैल को ही सर्वाधिक बोझा उठाना पड़ता है। अतीव शक्तिशाली बैल भी थोड़ी ही देर में थक जाते हैं।

सूखे नारियल ने अत्यधिक शक्ति के साथ प्रतिरोध किया। पहले दो-तीन घुमाव हो गये तो प्रतिरोध अकड़ने लगा। डंठल की टोंटी को पकड़कर अत्यधिक ज़ोर लगाकर ठेलने पर भी वह आगे बढ़नेवाला नहीं हुआ। मानो नारियल ने न पिसने-घिसने की शपथ ली है। पूरी शक्ति लगाकर दस-पन्द्रह घुमाव पूरे किए। बिलकुल थक गया। पसीना धारासार बहने लगा। छाती नगाड़ा बजाने लगी। दम घुट गया।

कितनी भी कठिनाई हो तो भी डंठल की चाल को रोकना नहीं चाहिए। एक बार रुक गया तो फिर उसे चलाने के लिए दुगुनी शक्ति लगानी पड़ेगी। हाथ की शक्ति को अपर्याप्त जानकर वक्षस्थल भी लगाकर डंठल को ठेला। शरीर के पूरे भार लगाने पर भी डंठल हिलनेवाला न हुआ। वह उल्टा ठेलनेवाला प्रतिद्वन्द्वी-सा हो गया। आयास देखकर असम्भव जानते हुए भी दीदियाँ भी ठेलने में लगीं।

दंड के भार को पहचना लिया। किन्तु पहले तो यह गुलामी—काम किसी व्यक्ति और उसके परिवार द्वारा किया तो जाता था न? अभ्यास करने पर काम तो चलेगा ही—यों निश्चय किया। जिस मात्रा में पसीना बहता है उतनी मात्रा में तेल मिले बगैर नहीं रहेगा। ईश्वर को रक्षक बना ले। और किसी की चिन्ता न करे। धकेल दो, 'राम राम' जाप के साथ ठेलो। चलेगा। चलना चाहिए।

कैसे चला? कुछ पता नहीं। थक जाने पर और अधिक क्लेशकारी काम की माँग कोल्हू के बदलते स्वर में प्रतिफलित हुई। उसके अनुसार जाप का स्वर भी अनजाने ही बदलता जा रहा था।

यह स्पष्ट समझ में आया कि कुडव भर पारिश्रमिक पाने की पेराई पूरी करने के लिए कुड़व भर चावल खाने से प्राप्त शक्ति पर्याप्त नहीं। अन्त में ऐसी स्थिति आयी कि हाथी के पकड़ने पर भी एक कदम आगे नहीं बढ़ेगा। हार मान ली। डंठल से पकड़ छोड़ दी तो थकामांदा गिर पड़ा। दीदियों के घबरा जाने के पहले ही मैं किसी भाँति उठ खड़ा हुआ।

कोल्हू का अन्तिम रोदन सुनकर दौड़कर आये रावुण्णी ने डंठल को पकड़कर ठेल कर देख लिया और एकदम चकित रह गया। "अरे बाप रे! क्या, इतना कस

लेने की क्या ज़रूरत? खली तो गायों को खाने देनी है। उसमें किंचित् तेल की मात्रा रहनी तो है न?''

पूरी शक्ति लगाकर थापी को बाहर निकाला और खली को हटाया।

कोल्हू को पुनः भर दिया। रावुण्णी हँस पड़ा। 'अच्छी तरह जानते हैं यह काम न? सोचा था कि आप परेशानी में पड़ जाएँगे। कहाँ से सीखा यह?'

पेराई के कड़ी हो जाने पर डंठल प्रतिरोध करके जो समस्या खड़ी करती है, उसे सुलझाने का एक उपाय रावुण्णी ने सुझाया। पके हुए बाँस का डंडा लेकर उसे डंठल में बाँध देना। प्रदक्षिणा के मार्ग का विस्तार बढ़ेगा किन्तु ठेलने का श्रम कम पड़ जाएगा। पूर्वजों ने ऐसा किया था।

दोपहर की कञ्जी पीने की अन्तरिम वेला को छोड़ सूर्यास्त तक पेराई की। सूखे नारियल खत्म हुए।

रावुण्णी ने भीतर से एक बर्तन माँगकर थोड़ा नारियल तेल माप कर उसमें उंडेल दिया—''यह भी है पेराई की व्यवस्था में''।

तेल—भरे ताँबे के घड़े और टोकरे में खली लेकर चलने के पहले रावुण्णी ने अपनी नीवी से पत्ते की एक पोटली ले ली और दीदियों के सामने रख दी—''साग-सब्जियों के बीज हैं। अब बोयें तो ग्रीष्म के अन्त तक फल मिलेंगे। किन्तु सींचना तो पड़ेगा।''

शरीर के दर्द को मिटाने के लिए स्वयं ही निर्णीत उबटन और काढ़े का प्रतिदिन प्रयोग करने लगा। अत्यधिक भारी काम के दिनों में दीदियाँ हरी-भरी औषधि-पत्तियों से भरी कपड़े की थैली को गरम करके शरीर की मालिश कर देतीं। सभी दर्दों को ईश्वर पर अर्पित किया। सोचा कि जब तक तन गिर जाए तब तक...।

अगले दिन सुबह रावुण्णी फिर आया। पेराई के लिए सूखे नारियल और साथ एक बछड़ी भी लाया। 'खूब दूध देनेवाले किस्म की है। माँ ने इसे दे दिया है। सीधी-सादी प्रकृति की। लात-मार कुछ भी नहीं। भात का पसाव (माँड) देना काफ़ी है। खली की कोई कमी तो नहीं। उस ओसारे को थोड़ा आगे की ओर करने से वह वहीं रहेगी। वह तो मैं बनवा दूँगा। अगले फाल्गुन में जोड़े के साथ मिला देंगे। वह भी मैं करवा दूँगा। तेक्कत्त् घराने में बहुत सारे बलिष्ठ बैल हैं।

बछडी की शोभा देखकर बुआ बड़ी प्रसन्न हो गयी—कोई दाग, निशान, कुछ भी नहीं, बहुत ही श्रीयुक्त।

'यह सब देखे बिना इधर बछडी को भला कौन लाएगा?'

'लेकिन'—सीता दीदी हिचक रही थी।'

'किसी भी प्रकार का दान ग्रहण करने की अनुमति दंडविधान में नहीं।'

'कहना भूल गया। यह तो दान नहीं मक्कप्पाती। है।'

उत्तर की प्रतीक्षा किये बिना आँगन में उतरा रावुण्णी दो कदम आगे रखकर लौट आया। 'यही नहीं, और एक बात भी भूल गया। कुट्टिच्चेरि तिरुमेनी ने आपको देखने की इच्छा प्रकट की है। पता नहीं किसलिए...।

उषा—पूजा से मध्याह्न तक मन्दिर में नाम जप है। तब देख पाना मुश्किल है। सन्ध्या के पहले वे पुनः मन्दिर जाएँगे। तब भी देख नहीं पाएँगे। अब चलें तो देख पाएँगे।

सादगी के साथ जीनेवाले एक सात्विक व्यक्ति को ही उस ड्योढ़ी में देखने को मिला। परिचय देने की कोशिश की तो उन्होंने रोका—''परेशान न होना। समझ गया। अनियनेष़श्शन् है न? सारी बातें पेय्याप्पंतल ने बता दी हैं... जीना थोड़ा कठिन होगा। खेती करना आता है क्या?'

'देख लूँगा। परन्तु...'

'वैसे, खेती के बारे में कोई भी ऐसा ही बता पायेगा।' भोली भाली हँसी—

'कुछ मिला तो मिला बस...'

यदि प्रयत्न करोगे तो सौ प्रस्थ ज़मीन दे दूँगा। बीज और धान की पौध सब जब चाहो इधर से ले जा सकोगे।'

'पेराई के पारिश्रमिक से ही जीना है—यही तम्प्राक्कल् का...'

'हाँ, ठीक है। दस सूखे नारियल और चालीस प्रस्थ तिल तो यहाँ भी होंगे पेराई के लिए। यह खेत उसका पारिश्रमिक मान लें तो ठीक ही रहेगा न?'

'दास जन भूमि का दस्तावेज़ ले नहीं सकते।'

'वह भी न हो सकेगा तो दासों के लिए दो चीज़ें और हैं—एष़्श्शन् जैसे एक व्यक्ति से कहने लायक नहीं है वह। किन्तु कहे बिना रह भी नहीं पाता। मन्दिर के आँगन का झाड़-बुहार कर सकते है। नैवेद्य के लिए कच्चा चावल (धान) कूट कर दे सकते हैं। पहले के लिए एक बर्तन भात मिलेगा। दूसरे के लिए कूटने का पारिश्रमिक भी। उसके एवज में चावल ले सकते हैं।'

दोनों काम दीदियों के हैं। कोल्हूखाने में दिख पड़े बड़ी ओखली और मूसल मात्र उस घर की आवश्यकता के लिए धान कूटने के लिए तो नहीं रहे थे।

''मुख्य पुजारी ही कुछ दिनों से मन्दिर में झाड़ू बुहार करते हैं। और कोई आदमी तो नहीं। उन्होंने उसके लिए समय और स्वतन्त्रता दी है। ज़बरदस्ती तो नहीं। सोच कर निर्णय लें।

मन्दिर के अधीन के दासों के लिए निर्धारित अन्य पेशों का पता पड़ोसियों से चला, तो दीदियों और बुआ ने मिलकर, मुझसे बताये बिना ही निर्णय लिया था कि वे दोनों काम वे करेंगी। उसके लिए नये झाड़ू तैयार किये। मूसलों के टूटे छल्लों को भी बदल लिए।

उस घराने से लौट आया तो पाया कि सब मिलकर ओखली साफ कर रही हैं। उसे आँगन की उत्तरी ओर ढोकर रखने की सहायता करनेवाले रावुण्णी से बुआ वात्सल्य के साथ पूछ रही हैं—"घर में कौन-कौन हैं?"

'रहता तो उस घराने में ही। ऐसा नहीं लगता कि अपना घर नहीं है। घर के दूर होने के कारण भी नहीं। घर में कोई नहीं है। सब चल बसे।' रावुण्णी की हँसी में कोई म्लानता नहीं आयी। वह कहता गया—'इस बार फैली विषूचिका में नहीं पिछली बार की बीमारी में।'

"रावुण्णी! किस कक्षा तक तूने शिक्षा पायी?"

"सिद्ध रूप तक कुट्टिश्शेरी के छोटे भाई ने सिखाया। फिर बोले कि अब देखकर बाकी सीख लो। लोग कहते हैं कि वह पागल है। किन्तु मैंने उनमें ऐसा कुछ नहीं देखा। किसी भी चीज़ में कोई रुचि नहीं। वह तो पहले से ही ऐसा है।"

"कुछ खाने के बाद चलना"—बुआ का मन पिघल उठा।

'उसके लिए मेरे पेट में जगह कहाँ? उदय से अस्त तक अम्मा जी का काम है मुझे खिलाना। मुझे नहीं देखा तो शोरगुल मचाती। बाद में आऊँगा। कोई ज़रूरत पड़े तो ज़ोर से पुकारें तो वहाँ तक सुनाई देगा।'

अगले दिन जाग उठा तो मांसपेशियाँ काले लोहे जैसी बनी हुई हैं। उंगलियों की गाँठें सीधी नहीं होतीं। कमर और कन्धे को हिला तक नहीं पाता। छाती पर निकास वायु के लगने पर असहनीय पीड़ा होती। ऐसा लगा कि कमर और घुटने और किसी के हैं। अपने इशारों पर वे काम नहीं कर पाते। नारियल तेल गरम करके कमर और वक्षस्थल पर लगाया। सीता दीदी ने हरा पत्ता कूटकर लगा दिया। थोड़ी देर बाद स्नान और जप करके कोल्हू के पास पहुँचा। अब हिचके तो फिर कभी काम ज़ारी कर नहीं पाऊँगा। शरीर की चेतावनी को माने बिना काम करूँ तो, जानता हूँ कि लेट जाने को विवश हो जाऊँगा। हड्डी तोड़ मेहनत करने पर अध भूखा रहता है। विवश होकर लेट जाऊँ तो पुरी तरह भूखा रहना पड़ेगा। कोल्हू के खुरदरे डंठल पर छाती लगा दी। ठेलने की मदद करनेवाली दीदियों ने यह देख न पाने के कारण मुख फेर लिया।

उन दिनों में तिरुकंटियूर कलरी के गुरुजन एक-एक करके आये और यहाँ का क्लेश देख छाती पर हाथ धरकर नाम जप करके खड़े हो गये। उत्तर के पय्यन्नूर दक्षिण के अय्यन्तोल् तथा पूर्व के मंगलांकुन्नत्त् के कलरियों में से पहुँच गये वे लोग अपने प्रादेशिक समाचार सुनाने लगे। वेट्टत्तुनाट् में दल-बदली खूब चल रही है। वेट्टत्त् के कतिपय सेनानायक लोग ही विमुख होकर खड़े हैं। काल के बीत जाने पर वे भी अपना विचार बदलेंगे। जीना तो है न? यही नहीं, राजमहल से प्रतिरोध के कोई लक्षण आने पर ही दूसरे लोगों को अपना रुख बदलने में प्रचोदन मिलेगा।

कारिन्दा तो विनम्र विधेयक बने हुए हैं। रानियों की ओर से भी विरोध का स्वर नहीं उठता। राजमहल में ही वेट्टत्त् की राजपत्नी का वास है। पुराने आचारों के अनुसार उन्हें तेयित्तंपुराटी ने आवास छोड़ जाने की अनुमति नहीं दी। अपने शिशु को शिक्षा देने के लिए उधर ही ठहरने के लिए उन्होंने कहा।

विदा लेते वक्त नंपियातिरि आशान आकासन के वचन बोले—'इसे कुछ दिनों की परेशानी ही मान लें। अनीतियों के लिए मोहरें चलानेवाले सलाहकारों का प्रभाव सामूतिरि पर हमेशा ही रहेगा—ऐसी बात तो नहीं है।

'परन्तु अन्यायी लोगों को प्रभूत मात्रा में प्राप्त होनेवाले पुरस्कारों को देखने पर बड़े नीतिनिष्ठ व्यक्तियों को भी ऐसा लगेगा कि नीति और सचाई भली नहीं है।'—पिषारटि आशान ने व्यंग्योक्ति की।

---

* मक्कप्पाती : मालिकों के द्वारा गाय पालने के लिए किसी दूसरे को सौंपने की व्यवस्था जिसके अन्तर्गत जन्म देनेवाले बछडों में से पच्चास प्रतिशत मालिक को देना है

शबरकोट्टम्-5

संकेत से तिल पहुँचने में बहुत दिन लगे। काम और पारिश्रमिक में विलम्ब करके भूख से उन्हें परेशान करना ही उनका उद्देश्य था। आलत्तियूर देश के कार्यपालक नेटियिरिप्प् नम्पी के आश्रितों में एक है आलत्तियूर संकेत का लेखाकार। तिल मापकर भेजने का काम उसका है।

दीदियों में से कोई जाकर मन्दिर में झाड़ू-बुहार करती और प्रसाद और भात ले आती। पेय्याप्पं तल से आये अग्रिम पारिश्रमिक ने भूखों रहने से उन्हें बचा लिया। 'बिना काम करके पारिश्रमिक लेकर खाने' की दुविधा से उन्हें मुक्त करने के लिए ही होगा हर दिन वे अपनी हवेली के भंडार से सूखे नारियल या तिल थोड़ा-थोड़ा करके भिजवाते भी रहे।

'रोज़ का अभ्यासी हाथी को भी उठा सकता है' वाली लोकोक्ति को सार्थक करते हुए, अभ्यास वश परिश्रम का भार भी सहनीय मालूम पड़ा। शारीरिक थकावट के रहने पर भी बच्चों को शिक्षा देने के काम में कोई रुकावट नहीं डाली। ब्यालू का चावल चाहे कम हो तो भी दिया जलाने के लिए भरपूर तेल है। समय की ही कमी है। हाथ आये अवसरों पर संस्कृत के अध्यात्मरामायण ग्रन्थ का पुनः पारायण किया। यह और वाल्मीकि रामायण दोनों सारांश में एक ही हैं तो भी स्पष्ट ज्ञात हो गया कि किसी भी रोग की सिद्धौषधि रूप भक्ति की प्रमुखता इसमें ही है। आदिकवि की महान रचना यदि पारावार हैं तो यह घर के आँगन का सरोवर है। श्रीराम अवतार पुरुष है। आदि कवि की प्राथमिक संकल्पना भी यही है। दोनों में कोई अन्तर्विरोध नहीं। समस्त जीव-जन्तुओं को विभिन्न रूपों के अवतार रूप में कल्पना करके देखें तो वह दृश्य अत्यन्त आश्चर्यजनक होगा। वेदान्त सर्वस्व उस दृश्य में अन्तर्लीन है। आत्मसमर्पण अयत्न ललित हो जाता है।

ईश विभूति स्वरूप अवतारों की क्रीड़ाभूमि के रूप में विद्यमान विश्व के रूपाकारों के वर्गीकरण का मुख्य आधार एक ही वस्तु है। एक ही बात है। इस बात से अभिज्ञ हो कि वह अवतार है। इस अभिज्ञता और अनभिज्ञता के घटने—बढ़ने के

आधार पर रूपाकारों के बीच हज़ारों प्रकार के भेद-विभेद हो जाते हैं। उतने ही प्रकार के मनोविकार, वासनाएँ तथा करतूतें होती हैं—जड़ों की बोधशून्यता से लेकर रावण की विद्वेष भक्ति तथा शबरी का समर्पण—भाव तक।

कोल्हू ठेलते वक्त , गोशाला के निर्माण में सहयोग देते हुए रावुण्णी के साथ रहते वक्त , साग सब्जियों की क्यारियाँ तैयार करते वक्त, बछडी को खिलाने के लिए नदी के किनारे से घास काटते वक्त , याने सभी समय मन में यह अद्‌भुत दर्शन अपना अधीशत्व स्थापित करते हुए विद्यामान रहा।

ऐसा लगा कि इसे भाषा में लिपिबद्ध करना है ताकि पंडित और पामर दोनों समान रूप से गा-गाकर इस की अनुभूति प्राप्त कर सके। सत्य के सार को समस्त लोकवासियों के सम्मुख उपलब्ध करा सका तो जीवन-धर्म प्राप्त कर सका। अब उसके लिए वाणीमाता की कलरि ही एकमात्र आश्रय है।

सीखना और सिखाना दोनों वासनानुसारी काम हैं। उसके लिए आवश्यक परिस्थितियाँ नष्ट हो चुकी हैं। आगामी दिनों में उसकी पुनः प्राप्ति की कोई सम्भावना भी नहीं है यह भी सुनिश्चित था। तभी अन्दर बैठा कोई बोल उठा— ''लो, एक रास्ता।'' शंका की कोई बात नहीं, वे गुरु और पूर्वज ही थे। इस रास्ते से चलें तो अध्यापन, ईश्वर स्तुति, नामजप, लोकहितकारी काम सब एक साथ हो सकते हैं। देवी सरस्वती की कलरि को कोई शासक या मान्त्रिक विनष्ट नहीं कर पाएगा। नयी लिपि, पाठ्यक्रम, भक्ति काव्य, सब दृढ़तापूर्वक कर से कर मिलाकर आ जाएँ। देवी का अनुग्रह मिले तो अच्छा।

अध्यापन कार्य पर रोक लगा है। किन्तु गायन पर नहीं। पेराई के पारिश्रमिक से ही जीविका चलानी है, यह शर्त भी ठीक ठाक। कारण कि इनकामों से कोई आमदनी मिलनेवाली नहीं है। सीता दीदी से अभिमत पूछा। कुट्टन दाऊ नहीं रहे। अब और किससे पूछूँ?

सन्ध्या समय। दीदी आमक्कव् से लौट आयी। कोई पूर्व निर्णय लिये बिना ही दीदी आमक्काव् गयी थी। किसी अन्तः प्रेरणा से ही मानो अच्चू को भी साथ लिया। आत्मघाती वीर की विधवा होने की बात या बाहर न निकलने की बात, उस समय न सूझी। प्रातः काल निकल पड़ी और अन्धकार छा जाने के पहले लौट आयी।

शिशु कुशल है—इसकी प्रसन्नता के साथ आयी है। किन्तु मातुल बीमारी के कारण शय्यावलम्बी हैं। वात रोग (गठिया) है। देश पर राज करनेवाले तम्पुरान अनियनेप्रश्शन को कैसा भी दंड दे दें तो भी एष्र्श्शन को जन्मी शिशु के पिता के प्रति उनके और उनके परिवारवालों के मन में कोई बुरा भाव नहीं है—इस बात को समझने और शिशु के पिता को समझाने का अनुरोध मातुल ने किया है।

केवल एम्रश्शन को ही कोल्हू घर से बाहर जाने की मनाही है न? दूसरों को तो नहीं। बच्चों को लेकर माताएँ आमक्काव् जाने में क्यों हिचकती हैं—मालु की मौसी ने खेद के साथ यही पूछा था। नदी पार डेढ़ कोस की दूरी ही है न? पिता जी को देखकर पलने का योग न रहा तो क्या, पिता के बन्धुजनों को देखना भी मना है? यहाँ तक उन्होंने पूछा। नाय्क्कनों के भालों की नोक पिलाक्काट्टीरी तक न पहुँच जाय, इसके लिए जानबूझकर ही ऐसा किया गया है—दीदी को खुल्लमखुल्ला यों कहना पड़ा। दंड में परिवर्तन करने का ढंग, तम्प्राक्कल् का हस्तक्षेप आदि का विशद विवरण देकर ही दीदी ने उनके मनमुटाव को शान्त कर दिया था। कभी-कभार वहाँ आ जाने का वचन भी दिया।

पिलाक्काट्टीरी के समाचार दीदी ने आमक्काव् से ही जान लिया। कोई खास बात तो नहीं थी। गोपी भैया की खोज में अपरिचित व्यक्ति कभी-कभी आया करते हैं। इसके अलावा गोपी भैया के बारे में किसी को कोई पता नहीं। इस साल भी घर का छप्पर छाया गया है। कलरि और घर में मातृकुल के लोग दीप जलाते रहते हैं, इसमें भी कोई रुकावट नहीं

आयी है।

'किसी भी प्रकार की शंका के बिना प्रारम्भ कर देना'—रामायण काव्य की रचना के बारे में दीदी ने नि:शंक कहा।

पिस-पिस कर तेल जब पृथक हो जाता है तब हर एक तिल का दाना राम नाम का जाप करता है। एक मुट्ठी तिल में एक सहस्र दाने। उनका संयुक्त नाम जाप जान गया तो इसका निर्णय ले पाया कि कहाँ से शुरू करना है।

कोल्हू में सूखा नारियल जब 'मरामरम्' का जाप करता है तब तिल शुरू से ही 'राम राम' ही स्पष्टतया रटता है। जब तक अन्तिम बूँद तेल भी पृथक हो जाता तब तक वह आलाप अविराम चलता रहता है। कड़ी गर्मी में फूल-फलकर सूख कर और फटकर दाना बन जाना, वस्तुत: यों जाप करके मोक्ष पाने के लिए ही! पेराई करनेवाला कोई भी हो, जाप जन्मदौत्य है।

मन ही मन 'हरि:श्री' रटकर, कोल्हू के गड्ढे के तिल के कराह के लिए कान खोल देकर, उस कराह के लिए कोल्हू—ठेल के पद ताल में पद क्रम दिया तो 'श्री राम राम राम'—ही! पहला रामालाप ईश का ध्यान करके, उसके बाद का परमाचार्य मातुल की संकल्पना करके तथा तीसरा कुट्टन दाऊ की स्मृति में। तीनों मिलकर समवेतत: एक होकर रूपायित हुआ।

पीड़ाओं की गहराइयों से ऊपर उठने के लिए हाथ आयी दो पंक्तियाँ मन में जड़ जमाकर अंकुरित हुईं। फैलकर गले में पल्लवित हुईं। होंठों में स्वयम् वे प्रस्फुटित होकर उच्च स्वर में प्रकट हुईं।

उस दिन की पेराई की समाप्ति तक इसका आवर्तन करके गाया। अन्दर ही अन्दर आकासन का यह रोदन पनपता गया तो आँखें भर आयीं। चन्द्र, भद्र, समस्त प्रकृति का अभिराम, अनीति का संहारकर्ता, श्रीभगवतीनाथ सबके सब एक रूप धर कर राघवात्मा रूपी रमणीय मूर्ति बन गये। परमसत्ता रूपी ईश्वर हृदय में प्रस्फुटित हुआ। उसका नमन किया। लगातार नारायण मन्त्र रटता रहा। पितरों का स्मरण किया। तब तो सब कुछ हो गया।

प्रहर्ष हो गया। पुष्ट नहीं बनी मांसपेशियों से युक्त अपने हाथों को उठाकर कोल्हू के डंठल को कसकर पकड़कर उसे धकेल कर सहायता करनेवाला अच्चू यह स्तोत्रालापन सुनकर मुखड़ा ऊपर उठाकर अद्‌भुत स्तब्ध खड़ा रहा। एक प्रदक्षिणा पूरी की। फिर मेरे साथ अपने आप यह मोक्ष मन्त्र रटा। हमारा मिला जुला 'दासालाप' कोल्हू की सिसकियों के साथ श्रुतिलीन हो गया।

पहले सीता दीदी बाहर आयी। पीछे दूसरे जन भी आ गये। आँगन में आकर सबने पाठ सुन लिया। गा-गाकर साथ चलने के लिए एच्चु सब से आगे आया। ताल मिल गया तो दूसरे लोग भी साथ जुड़ गये। वह एक प्रदक्षिणा-शोभायात्रा ही बन गयी। तब तो नदी के प्रवाह का मर्मर भी उसकी श्रुति में लीन हो गया। दोपहर की धूप ताप विहीन हो गयी। तालवृक्षों ने भी अपने हाथी के कान हिला-डुलाकर ताल दे दिया। बलिष्ठ बैलों के लिए भी भारी लगनेवाला कोल्हू का भारी डंठल फूल समान बन गया।

तेल की पेराई करने के बाद नदी में स्नान करके इसी जाप के साथ घर में प्रवेश कर गया। सीता दीदी ने ड्योढ़ी की ज़मीन की फिर से पुताई करके केतकी की चटाई में कोत वस्त्र बिछाकर बड़ा दीया जलाकर रख दिया था। रोज़ सन्ध्या समय के नाम जप के लिए यह तैयारी की जाती है। सन्ध्या दीपक का नमन करके जाप के लिए बैठा करता। पद चाप सुनते ही रोज़ की भाँति सबके सब आ पहुँचे।

हृदय से नित्य का जाप नहीं निकला।

एक नया कीर्तन निकला—

"श्रीराम राम राम श्रीरामचन्द्र जय
श्रीराम राम राम श्रीरामभद्र जय
श्रीराम राम राम सीताभिराम जय
श्रीराम राम राम लोकाभिराम जय
श्रीराम राम राम रावणांतक राम
श्रीराम राम राम मम ह्मदि रमतां राम राम
श्रीराघवात्मा राम श्रीराम रमापते
श्रीराम रमणीय विग्रह नमोस्तुते

नारायणाय नमो नारायणाय नमो

नारायणाय नमो नारायणाय नमः''—

यह मन्त्र सर्व दुःख हारी बन गया। रटते-रटते उत्साह बढ़ता गया। तिल के दाने की मात्रा में ही सही ज्ञान प्राप्त हुआ है। समस्त भूत (जीव) जिस प्रपंच रूपी कोल्हू में पेर रहा है, उसमें जीवन के अन्त तक चलता अखंड जाप केवल तिल के दानों के होंठ में ही है न?

सीता दीदी ताड़-पत्र और नाराच लायी। ताड़-पत्र में लिखी गयी पंक्तियों को तीन बार ज़ोर से पढ़ लिया। दीये के सामने के कोत बिछावन में ताड़-पत्र और नाराच रख कर नमस्कार करके लेट गया। चाँदनी की हल्की सी रोशनी बरामदे की ओर छन कर आयी। सारे संसार के निःशब्द होने के बाद ही उधर से उठा था। निर्वृति में मूँदी रही आँखें खोलीं तो दस साल से अधिक काल तक बाँध लगाकर रोक दिया गया दुःख भगवान के नैवेद्य रूप मोतियों के रूप में झर-झर बरस पड़ा। लम्बी अमावास्या के बाद उस भीषण वर्षा के बीच भी मुख में रोशनी दिखाई पड़ी। गीली बरौनियाँ फिर भी मूँद गयीं। कभी भी न रुँधने वाला कंठ रुंध गया—

''भैया के प्रयत्न की सफलता के लिए सर्वेकार, देवी और इहलोक को छोड़ गये सब सहायक बन जाए।''

मकरपोंकल् के पहले ही ग्रीष्म काल की पेराई शुरू हुई। भीड़ शुरू हुई। पतिनेट्टराक्काव् में 'वेला' (धार्मिक समारोह) है। हर एक काव् में तालप्पोलि और बलिदान है। धर्मशास्ता मन्दिर में नन्तुनिगीत और 'कलमेष्तुत्तु है। वैरंकोट् 'तीयाट्टु' (अग्नि नृत्य) है। वेट्ट्त्तकाव् में 'भगवतियाट्टं' (भगवति नृत्य) है। सभी जगह चारों ओर की दीपमालाएँ होती हैं विशेष कर त्यौहार के दिनों में। कई घड़े तेल चाहिए। ऐसा वक्त ही नहीं रहा जब पेराई न हो। उदय से अस्त तक पेराई करके भी शेष रहा तो दीया जला के रखकर पेराई ज़ारी करता रहा। पेराई आधी रात तक चली। सहनशक्ति के परे श्रम भार बढ़ा। डर गया कि शैय्यावलम्बी न हो जाऊँ। पढ़ना-लिखना बन्द हो गया। बच्चों को कुछ सिखाने के लिए भी वक्त नहीं मिला। कोल्हू के इर्द-गिर्द के कामों में सहयोग देकर थके-मांदे होने के कारण रात होते ही उन्हें नींद आ जाती। फिर दीदियाँ ही कोल्हू के पास सहायक बनकर खड़ी रहती हैं। किन्तु अकस्मात् पक्षाघात के कारण बुआ शय्यावलम्बी हुई तो दीदियों में एक को घर के भीतर दीदी के पास रहना पड़ा। एक को रसोई घर में भी रहना है। रात की वेला में कोल्हू के गड्ढे को हिलाने के लिए बारी-बारी से कोई आ जाती।

सन्ध्या समय के नाम जप के बाद ही बच्चों को कुछ सिखाने बैठता। उस धुँधलके में मन्दिर के उत्तरपूर्वी जंगली कोने में पेय्याप्पंतल को कुछ दिनों से किसी की छाया का हिलना-डुलना दिखाई देता था। रोज़ एक ही समय पर लतानिकुंजों के

भीतर कौन क्या करता है इसका पता तो नहीं चला। रावुण्णी से संशय पूछा। "वह मैं ही था"—यही उसका जवाब था। "सुनकर सीखने के लिए बैठता हूँ।" पिछली रात को अच्चु को जो पाठ कह सुनाकर सिखाया था, उसे प्रमाण स्वरूप रावुण्णी ने रटकर सुनाया।

"उस वाल्मीकि के बीच नहीं यहाँ आ जाना।"—मैंने कहा।

अगले दिन दक्षिणा लेकर आकर प्रणाम करके शिष्य बना रावुण्णी भी बिना कहे ही मेरी सहायता में लगा। इसलिए कोल्हू की ग्रीष्मकालीन पेराई का काम बिना किसी की शिकायत के पूरा कर पाया। कोल्हू के पास काम करते रहते वक्त भी रावुण्णी को काव्य सुनने की चाह होती है। सारे स्तोत्रों को हृदिस्थ किये पिता के अनुग्रह के कारण होगा एक-दो बार सुनते ही, उसके मन में जम जाता। मन के निरीह होने के कारण उसमें जो कुछ बो देते हैं सबके सब अंकुरित हो जाते हैं।

रावुण्णी को किसी भी काम के लिए बच्चों का जैसा उत्साह है। 'बैलों के खेल' का तूर्य, नगाड़ा बज उठते तो वह कहीं स्थिर खड़ा नहीं रह पाता। रावुण्णी अच्चु को कुछ समझा रहा था। मैंने सुना—"'तिरा' भगवती है। संसार में कई प्रकार के भूत होते हैं—मञ्ञप्पूतं (पीला भूत), परप्पूतं, करिंपूतं (कालाभूत), वैक्कोलप्पूतं (फूस भूत), चेटिप्पूतं (वनस्पति भूत), मरप्पूतं (काठ-भूत), मीनपूतं (मछलीभूत), मुतलप्पूतं (मगरमच्छभूत), पक्षिप्पूतं, मुक्रंचात्तन्, पेरुंटय्क्कन्, काला (बैल), कुतिरा (घोड़ा)—सभी प्रकार के जीवजन्तु। सभी मिलकर बाजों के ताल में खेलते हैं। क्या ही मज़ा! व्रत रखकर ही ये सब करना है। सख्त अभ्यास भी चाहिए। बड़े भारी काठ से भगवती की 'तिरा' बनती है। देखा है न उसका मोटापन। साधारण व्यक्ति से वह उठाया नहीं जायेगा। उसे धारण करके ही नाचना है।..."

प्रपंच की समस्त सृष्टियों की आकृतियाँ बनाकर प्रकृति रूपी भगवती का ध्यान करके पद विन्यास के साथ करनेवाला अनुष्ठान। सभी भूतों का समंजस सम्मेलन। कोई भी उसमें सम्मिलित हो सकता है। आनन्दित हो सकता है। फिर भगवान की संकल्पना करके 'मुटि' (मुकुट) उतारकर स्वयं अपने में लौट सकता है। रावुण्णी ने पहले से ही यह सब कुछ जान रखा था।

हर हफ्ते पेराई का पारिश्रमिक माप कर माँग लेने के लिए चीरू दीदी और अच्चू ही तिरुपरंङ्ङोट् जाया करते थे। "मैं और अच्चू—हम दोनों जाएँगे"—रावुण्णी बोला। "मुझे वहाँ मन्दिर में' पूजा-अर्चना करने जाना है। पाँच साल की आयु में माँ ने भगवान की वन्दना करने का काम मुझे सौंपा था। अम्मा को हैजे की बीमारी आयी तो माँ ने कहा था—"तू अब एक पल भी मेरे पास न रहना। जल्दी हवेली चले जा। तृप्पङ्ङोट् भगवान की वन्दना में कभी रुकावट मत डाल।"

तीस प्रस्थ वर्षा का संक्रमफल लेकर 'विषु' का त्यौहार आया—मकर संक्रांति।

भारी वर्षा होने लगी तो सब कहीं अभाव और मुश्किलें सिर उठाने लगीं। एक घर में ही नहीं, सारे घरों में, हवेलियों में भी मुश्किलें आ गयीं। चावल नहीं, आग नहीं, कपड़ा नहीं, जो कपड़े हैं धोने पर सूखते भी नहीं।

पहाड़ों से बहकर आनेवाला प्रचंड जलप्रवाह तो थम चुका था, किन्तु नदी से नावों, नौकाओं की आवाजाही शुरू नहीं हुई। फिसलन के कारण नारियल के पेड़ों पर चढ़कर नारियल तोड़ डालने का साहस कोई नहीं करता था. साहस करके नारियल तोड़ लिए तो भी खरीदनेवाले नहीं। उसे पोन्नानी तक ले जाने का कोई उपाय नहीं रहा।

किसी भी घर के कोठार में एक दाना आनाज भी नहीं रह गया। किसी की भी नीवी में सिक्के भी नहीं। जो कुछ धान के दाने रहे, खेतों में बीज बोये गये। आसमान की कृपा रही तो श्रावण में फसल की लुनाई कर सकेंगे। नहीं तो वह भी खत्म। लगान वसूल करनेवाले श्रावण में ही आ पहुँचेंगे। कुशल क्षेम पूछना उनका दायित्व नहीं।

भगवान ही है एक मात्र सहारा।

पेराई के तिल और सूखे नारियल का आगमन रुक गया। कोल्हू सोने लगा। पारिश्रमिक लेने संकेत की ओर जाना नहीं। पेराई करने पर ही तो पारिश्रमिक मिलेगा। नैवेद्य का चावल पूरा का पूरा खा ले तो भी बच्चों की एक जून की भूख भी नहीं मिट जाती।

राहों में लोगों का आना-जाना भी बन्द हो गया। नदी में पानी भर गया तो सब कहीं म्लानता छा गयी। तालवृक्ष की निचली ज़मीन जल में डूब गयी। सीमा तक जल वितान ऊपर उठा तो रावुण्णी ने डंठल काटकर मिट्टी में गाड़कर उसके डूबने में कितना समय लगता उसकी गिनती लगाकर भविष्यवाणी की—"ओह! क्या कहूँ। यह ऐसा ही रहा तो सुबह के पहले प्रलय आ जाएगा।"

चारों ओर के अहातों की तुलना में कोल्हू की जगह दो बित्ते नीचे पड़ती है। पहले पानी उधर ही चढ़ता है। यही कारण है कि उधर फलवृक्ष पलते नहीं। यदि पौधे लगायें तो भी पानी के जमकर रहने के कारण जड़ें सड़ कर मिट जातीं। सरकंडे और गोखरू ही उसकी परवाह किये बगैर पलते हैं। गहराई में पत्थर की नींव में रखे जाने के कारण कोल्हू भी उखड़े बिना खड़ा रहेगा। घर के विनाश की सम्भावना है।

मूसलधार वर्षा चली तो सबके सब हवेली के बाहर की कोठरी में चले गये। बुआ जो पैदल चलने में अशक्त थी, उन्हें रावुण्णी कन्धे पर लिटाकर ले चला। छठी इन्द्रिय से विपत्ति की पूर्व सूचना पाकर रम्भाते हुए गले की रस्सी को काट डालने के श्रम में लगी बछड़ी को भी हवेली की गोशाला में बाँध दिया। नदी के किनारे स्थित होने पर भी शबरकोट्टम् का सब से ऊँचा प्रदेश है हवेली का अहाता। वह प्रदेश भी

जल में डूब तो सकता है तो भी अब तक उसके डूबने का कोई इतिहास नहीं रहा। धर्मशास्ता के 'आराट्' (मूर्ति का स्नान कराना) की समाप्ति पर पहाड़ी जल-प्रवाह यों ही थम जाया करता है। उससे ज़्यादा जल-मान ऊपर उठता नहीं।

हवेली के बाहर की कोठरी में जाति-धर्म के भेद-भाव के बिना सब इकट्ठे हुए थे। एक बड़े बर्तन में कञ्जी बनाकर केले के पत्तल में परोसकर पीकर बारह दिन वहीं ठहरे। केले की धड़ को काटकर बांबू की टीलियों में घुसेड़ देकर नाव बनाकर कभी-कभार लोग इधर-इधर कहीं आया जाया करते थे। ढूँढ़ते-टटोलते और तैर कर रोज़ रावुण्णी और अच्चू जाकर घर का हाल देखकर आ जाते और कहते—"अभी गिरा नहीं।"

जल उतरने तक खेतों की फसलें सड़ चुकी थीं। स्मृति भ्रंश-सी इधर-उधर कतिपय पीली बालियाँ मात्र शेष रह गयीं। तब भी रावुण्णी हँस कर बोला—"ठीक है। पहाड़ी जल की दलदल में खूब लहलहा उठेंगे।

कोल्हूखाने का पूरा परिसर दलदल से भरा पड़ा है। हरे पत्तों की सड़ी रूक्ष गन्ध निकल रही है। उसने हैजे की बीमारी के दिनों की याद जगायी। गाय को, चरने के लिए घास का टूक तक नहीं रहा। कहीं हरियाली नहीं। आम के तथा कटहल के पेड़ों की पत्तियाँ खाकर ही वह एकाध महीने जीती रही।

मनुष्य तो वह भी कर नहीं सकेगा। सभी चेहरों पर निःसहायता। नदी में नौकों का आवागमन तो बन्द हो चुका है। हाथ में कुछ सिक्के हैं तो भी खरीदने के लिए कोई चीज़ नहीं। दो महीने के बाद ही फसलों को काटा जा सकेगा। केले के पौधे का नाल मूल आदि तथा पत्ते, चकौंड आदि खाकर कितने दिन जी सकेंगे? उसे पकाने के लिए भी लकड़ी के टुकड़े कहाँ?

इस प्रकार की एक विपत्ति आयु भर भोगने को नहीं हुई है। बीमार होकर पड़ी बुआ तथा भूखे-प्यासे बच्चों को खाने के लिए कुछ देने के कोई उपाय नहीं। जठराग्नि की रोशनी नहीं है। केवल कठोर गर्मी ही है। दोपहर की रोशनी को भी वह निगल जाती है। मृत्यु के अन्धेरे ने प्राणों को घेर लिया है। उस उपरोध वलय का विस्तार देखते-देखते घटता जा रहता है।

एक दिन चीरू दीदी अच्चू का हाथ पकड़कर उसे खींच कर मेरे सामने लायी। उसके चेहरे पर अपूर्व अपरोध बोध दिखाई पड़ा। अहाते में बच गये गड्ढ़ों से मछली पकड़ कर कोषिप्पुरम् (घराने) के लड़के के साथ मिलकर पिषारम् के अहाते में आग जलाकर भून कर खा लिया है—यही उसका अपरराध है। विवशता को सह पाये बिना, रोते हुए ही दीदी ने यह शिकायत की थी।

उसकी आँखों को भरते उस दिन पहले पहल मैंने देखा। भूख के मारे गड्ढे में धँस गयी आँखों के साथ अनियन उस ओर खड़ा है।

दीदी की पकड़ से छुड़ाकर अच्चू से पूछा—'मछली कुछ बचा है क्या?''

दंड के भय के साथ खड़े रहे उसने सिर हिलाया—'हाँ'। देखा। कोष़िप्पुरम् के लड़के ने सिर पीछे की ओर खींच लिया। उस लड़के को भी बुलाकर दोनों से कहा : ''उसे इधर ले आओ।''

शंका के साथ ही सही दोनों उसे लाये। नदी से बाहर आकर गड्ढे में फँसी पड़ी मछलियाँ हैं। कोष़िप्पुरम् के अनुभवी लड़के ने उसे अच्छी तरह साफ करके भूनकर रखा है। आधे से अधिक हिस्सा दोनों के पेट में पहुँच चुका है, बिना नमक के ही।

'भूख असहीय हो जाती तो कुछ भी खाया जा सकता है।'—मैंने कहा।

विकास न आया तो दीदी ने मेरी ओर घूर लिया। अच्चू का भाव भी सन्देह भरा था।

एक चम्मच भर कञ्जी के पक जाने के लिए न जाने कितने धान के बीजों को मरना पड़ता है।

जो तड़पते नहीं हैं उनके प्राण नहीं हैं—यह गलत धारणा है।

चीरू दीदी द्वारा बच्चों को अपने अहाते से हाथों हाथ पकड़कर ले जाने का दृश्य पिषारटि आशान ने देख लिया था। बात भी वे समझ पाये। लड़ाई के परिणाम को देख लेने आशान आ गये तो मेरी मौन अनुमति से वहाँ चल रही मछली दावत ही उन्हें देखने को मिली।

बचे हुए जल के गड्ढों की मछलियाँ भी आगामी दिनों में बच्चों का खाना बन गयीं। उसके बाद ताल वृक्षों के नीचे के बिलों में वास करने वालों को पकड़ा। कोषिप्पुरम् का लड़का इस विद्या में माहिर था। उससे अच्चू ने जल्दी ही विद्या सीख ली। जाल और टोकरी लेकर निकलनेवाले उनको कभी भी खाली हाथ लौटना नहीं पड़ता था। मन्दिर के नैवेद्य का चावल, मछलियाँ, तथा कुट्टाई की मीठी ताड़ी ने ही कर्किटकम् महीने के अकाल में बच्चों को जिला रखा था।

चूना लगाये घड़ों में ताड़वृक्ष के ऊपर से मदिरा लेनेवाला कुट्टाई चारों ओर के अहातों में रोज़ आते जाते रहनेवाला है। पिषारत्त से परुत्तिक्काट् की ओर जाने के लिए कुट्टाई का आसान रास्ता कोल्हू खाने से होकर जाना है। गर्मियों में मिलने वाली ताड़ी से ज़्यादा मात्रा में ताडी वर्षा काल में मिल जाती है। वर्षाकाल में ताड़ी को गरम करने के लिए ईंधन की लकडी नहीं मिलती। इसलिए कर्कटम् का महीना कुट्टाई के लिए ताड़ी के महादान का समय होता है।

सब कुछ जाननेवाला कुट्टाई ड्योढ़ी के कांसे के गडुवे के पानी को नीचे गिराकर उसमें ताड़ी भरकर रख देता। 'कृमि के लिए अच्छा है'—यह प्रोत्साहन वचन केवल प्रारम्भिक दिनों में रहा।

अच्चू और सम उम्रवालों ने मिलकर और भी कई विभव ढूँढ निकाले। नदी कूल की जड़ें व मूलियाँ, नदी से बह आनेवाले नारियल, उत्तरी खेत के तालाबों में सुलभ रूप से मिलनेवाले कुमुद नाल, नदी में गोता लगाने पर प्राप्त होनेवाले घोंघे, ब्राह्मणों के मरघटों के अमरूद आदि।

शबरकोट्टम्-6

एक शाम को कुट्टिच्चेरी छोटे तिरुमेनी कोल्हूखाने की ओर आये। अस्त-व्यस्त होकर बढ़े बाल और दाढ़ी, मैली घोती पहने एक कंकाल मात्र। आँख और होंठों में हल्की-सी मुस्कान।

उनके स्वगत करने के लिए उठने को उद्यत हुए मुझे उन्होंने अपने सूखे टहनी जैसे हाथ उठाकर रोक लिया—''नहीं, नहीं, क्यों वृथा, बैठने और उठने के बीच सिर के स्तर पर अन्तर ज़्यादा से ज़्यादा तीन पग। आदर प्रकट करना चाहते हैं तो बैठे रहना ही विनम्रता की दृष्टि से बेहतर है। 'रावुण्णी ने कहा कि आप गुरुवर हैं।' 'ऐसा है क्या? देश भर में वह इस अपराध की घोषणा करके फिरता है। उसने आकर कहा कि वह पढ़ना चाहता है। इस परिसर से और किसी ने भी ऐसी एक माँग ले आकर उसके पूर्व या पश्चात् मुझे परेशान नहीं किया है। मालूम पड़ा कि बड़ा समर्थ है। तब तो मैंने जो मूर्खताएँ पहले सीख कर रखी थीं, उन्हें उसके सिर पर भी लाद दिया। बस

उतना ही...। किन्तु एक बात है, उससे कोई भी बात केवल एक ही बार कहनी काफ़ी है।'

''बैठिए।''

''तब तो फिर उठना पड़ेगा न?''

''ज़रूर।''

यह सुनकर आये पिषारटि आशान ने याद दिलाया—''केवल उठना ही नहीं चाहिए, कोल्हू के चारों ओर डंठल ठेलकर प्रदक्षिणा भी करनी है। सामूतिरि ने बैठने के लिए यहाँ ठहराया नहीं है। कोल्हू ठेलने के लिए ठहराया है।''

''उसमें आश्चर्य की बात क्या है? देश को ही कोल्हू में पेर कर सार को रिस कर युद्ध की मशालें जलाना ही उनका विनोद है न? महामूर्ख! आज नहीं तो कल वे भी एक बड़े कोल्हू में फँस जाएँगे। वही तो! यहाँ आकर आपको देखने का मन हुआ। वह तो हो गया। अब तो मैं जाता हूँ।''

पिषारटि आशान ने पूछा—"भला कहाँ जा रहे हैं?"

"कोई निश्चय नहीं।"...वे ऐसे चल पड़े जैसे निःसंग भूख ही शरीर धारण कर चल रहे हो। "इस बारे में मुझसे अधिक होश मेरे पैरों को ही है।"

अनासक्ति योग को ग्रहण किये हुए इनसे लेकर, निरक्षर होते हुए भी कर्मोन्मुख रहनेवाले आम जन तक, इस प्रदेश में, वेदान्त बोध से अवगत हैं। इससे अनभिज्ञ कोई भी नहीं रहा कि नदी, थल और आसमान ईश्वर की ही क्रीड़ा स्थली है। एक ज़माने में यह प्रदेश ज्ञान के स्रोत स्थानों में एक रहा होगा। भगवान की कृपा से ही इस पुण्य स्थली में अभय और आश्रय मिला है। हाथ आये अवसर को गंवाये बिना रामावतार कथा को गीत बनाना है।

यही कहा जाय कि, गुरु और पूर्वजों ने अपूर्व शक्ति प्राप्त की। बिलकुल थका-माँदा होकर ही रोज़ सोने लगता। किन्तु पेराई की थकावट कितनी ही हो, अगले दिन तड़के ही उठकर स्नान करके कम से कम दो पंक्तियाँ प्रतिदिन लिख लेता। वह ज़बरदस्त दिनचर्या-सी हो गयी। कोई सन्देह नहीं, ईश्वर की कृपा ही उस समय आये नवोन्मेष का निदान रहा। अगले दिन जो लिखने को है वह कोल्हू के चारों ओर चलते-चलते ही मन में गुन लेता और उसे श्रम को हल्का करने की बोली बनाता। रटते-रटते उनमें नयी भंगिमा आ जाती।

राजा के सलाहकारों ने दंड के कारण के रूप में द्विजदोष का ही आरोप लगाया था। इसलिए काव्यारम्भ में गणेश, सरस्वती, कृष्णावतार, व्यास, वाल्मीकि, महेकार, देवगण, मुनि नारद आदि की क्रमानुसार वन्दना करके ईश (परमात्मा) स्वरूप वेद और वेदज्ञोत्तमों की वन्दनी की। अपने को ज्ञानियों का दास उद्घोषित किया। वेद वेदांगवेदान्तादि सारी विधाएँ यथा समय मन में उजागर हो उठे—इसके लिए प्रार्थना की। शूद्र जाति में जन्मा व्यक्ति वेदसम्मित रामायण का आख्यान बोधहीनों की जानकारी के लिए करता है, यह किसी को भी धिक्कारना नहीं है—यह बात स्पष्ट कर दी। किन्तु इस बीच इसकी व्यंजना अनुपेक्षणीय रूप से आ गयी कि परम्परागत वर्णभेद ईश्वर की इच्छा नहीं है। यह तो सत्य ही है इसलिए उसे रहने दें—यों तसल्ली ली।

अपनी जन्मवासना को पहचान कर उसके अनुसार आत्मार्पण की रीति को ग्रहण कर परम पुरुषार्थ प्राप्ति के लिए प्रयत्नशील होने का अवसर जब हर एक को प्राप्त होता है तभी पृथ्वी में सबको जीवन सफलता, क्षेम और शान्ति मिलेगी। ऐसे अवसर के निर्माण के लिए भरसक परिश्रम करने का ही निश्चय किया।

अपने अग्रज, सत्वगुण सम्पन्न ज्ञानियों में अग्रणी तथा गुरुवर कुट्टन दाउ अपने शिष्यगण समेत सदा मेरे मन में रहे—यों प्रार्थना की। केवल भौतिक शरीर ही मिट गया है न? यथार्थ में जो कुछ है वह तो कभी भी मिट जाता नहीं है।

फिर, सब कुछ एक है ऐसे बोध की प्राप्ति के लिए मनुष्य रूप धारण करके आये परमाचार्य रूप मातुल का स्मरण किया।

आदिकवि की प्रकृति पुरुष संकल्पना को कोई क्षति पहुँचाये बिना ही अवतार भावना को प्रतिष्ठित करने का उद्यम किया। स्तुतियों में नाम जप के लिए वेदांगपाठों को समाविष्ट किया। जिस ताल लय में प्रकृति परमपुरुष से सम्बद्ध रहती है उसी ताल लय में विश्व का समस्त जीव आपस में मिलजुलकर रहें तभी विश्व शान्ति प्राप्त होगी। इसलिए भक्ति शुद्ध हृदयवाले लोगों तथा उससे रहित लोगों के चरित्रों को आमने सामने रखकर उदाहरण स्वरूप प्रस्तुत किया। अधिकार, कर्तव्य, सम्बन्ध आदि के आदर्श रूपों को भर सक स्वच्छता के साथ चित्रित करने का निर्णय किया।

लक्ष्य दिन के प्रकाश के समान स्वच्छ रहा। प्रकृति को जबरदस्ती अपने अधीन करने का उद्यम, चाहे वह विद्वेष भक्ति से प्रेरित क्यों न हो, अति भीषण विपत्तियों का कारण बनेगा, इस पाठ को पहला स्थान मिलना चाहिए। कोई भी व्यक्ति किसी भी प्रकार की जीवन वृत्ति में लगे रहे तो भी ईश्वरार्पण निर्वृति के साथ कर पायेगा। उसके लिए वेद, जाति या पेशा बाधक नहीं रहेगा। यह भी स्पष्ट रहे कि उसके लिए किसी भी प्रकार के अनुष्ठान या तैयारी की कोई ज़रूरत नहीं। सीधी राह के अलावा ईश्वर की ओर और कोई रास्ता नहीं। वहाँ पहुँचने के लिए किसी का हाथ पकड़ने की ज़रूरत नहीं। प्राण सहज ही ईश्वर की खोज करते हैं। दुर्मोहों की गठरी खोलकर उसे मुक्त करने की ही बात है। इससे कोई मतलब नहीं कि कितना रास्ता तय किया, मतलब बस इतना कि क्या उस ओर निकल पड़ा है? एक बार ही सही परमी तत्त्व का स्मरण किया क्या?

उतना हो गया तो पुण्य ही। सबको यह साध्य होना चाहिए।

भक्ति मार्ग से बहुदूर तक जानेवाले, चाहे वे किसी भी स्तर के क्यों न हो, उनका नित्य नमस्कार करना चाहिए। किन्तु, हम ईश्वर के अपने कारिन्दे हैं ऐसा भाव रखनेवालों के वाद पर विकास कोई भी न करे। कारण यही है कि उस पद तक पहुँचनेवाले कभी ऐसा नहीं कहते। ऐसा स्वाँग भी न भरते। वे जानते हैं कि भक्तों के बीच ऊँच-नीच का भेदभाव नहीं। वे यह भी समझते हैं कि भौतिक, आध्यात्मिक—यों दो चीज़ें नहीं हैं। सबके सब ईशमय। कहीं भी किसी को भी ईश्वर मान नमन कर सकते हैं। वासनाएँ भी ईश्वरीय हैं। इसलिए वासनाओं से जोते गये रथ पर आगे बढ़ सकते हैं। लगाम परमसत्ता के हाथ में ही होना चाहिए—बस इतना ही।

यह सुविदित होना चाहिए कि स्वाध्याय तपोदान यज्ञादि मात्र से कोई भी किसी भी दिन वहाँ पहुँच नहीं पायेगा। सबको यह भी समझना चाहिए कि जाति, नाम आदि के भेद से कोई प्रयोजन नहीं है। भक्ति से ही यह सम्भव है। गाएँ, बार-बार गायें। ईश्वर का अवदान—यही जन का मनोभाव होना चाहिए।

उपनिषद् तथा गीता काव्य के सार को मिलाकर एक-एक स्तुति की रचना पूरी की तो कृतकृत्यता की अनुभूति मिली। यह सुनिश्चित हो गया है इसी के लिए जनम हुआ है। गाऊँ, फिर फिर गाऊँ, ईशावास्य सूक्तामृत, परपरापरगीत, आत्यन्तिकाश्रयं—इसके लिए पूर्वाधिक उत्साह मिला।

मूल कृति से जब अनजाने ही विचलित होने लगा तो आशंका लगी ही। जब तक इस बात का ठीक पता चला कि ये परिवर्तन काव्य के लक्ष्य की गुणवत्ता को बढ़ाने में ही सक्षम होंगे तब तक यह कायम रही। परामर्श करने पर पिषारटि आशान ने कहा—"जो प्रवहित हो आते हैं उन्हें आने देना। स्रोत और लक्ष्य में कोई खराबी न हो जाए। इस प्रदेश के ही ताल, लय और धुन हैं। काव्य शरीर का रूपाकार भी उसके अनुसार ही सही है।"

श्रीराम—परशुराम संवाद और खर दूषणादि के युद्ध के प्रसंग मूल से भी अधिक दीर्घ हो गये। जहाँ-जहाँ उचित प्रतीत हुए वहाँ वहाँ वेद व्यास की शैली को नमूना बनाया। अलंकार जोड़ दिया। सुमित्रोपदेश में आदि कवि के "रामं दशरथं विद्धि"—श्लोक का भी समावेश किया। मूल के "आत्मपरात्मनो'—वाले पद में क्रम में विचलन की शंका अनुभूत हुई तो जीवात्मा स्वरूप लक्ष्मण को आगे किया और सीता देवी को 'जीवात्मापरमात्मा की मध्यस्थ' बनाया। अहिल्या की कहानी में भी मूल से किंचित् अन्तर लाया। उस कहानी के सम्बन्ध में गुह श्रीराम से जो विनोदपूर्ण वार्तालाप करता है उसे भक्ति रस में बाधक जानकर छोड़ दिया। युद्धकांड में मूल की अपेक्षा विशेष रूप से महर्षि वाल्मीकि का आश्रम लिया।

वेदशास्त्रादि से प्राप्त समस्त ज्ञान शुक बोली में गीतानुभव बन गया। विरह, संकट, वैधव्य, मृत्यु जैसे मानव जीवन के तमाम सारे अनिवार्य दुःखों की शान्ति भक्ति से मिल सकती है तथा उससे ही मिलती है—इसे व्यक्त किया। ऐसा ज्ञात हुआ कि चारों ओर के अन्धकार को दूर करने के लिए यह पर्याप्त होगा। इस सीधे रास्ते को जानने और उस पर चलने वालों को सारे अभीष्टों की सिद्धि होगी—ऐसी फलश्रुति बनायी।

रचना में आदि से अन्त तक पिषारटि आशान सहायक रहे। पेराई के अति कठिन श्रम के ग्रीष्मों को अपनी हास्य-व्यंग्य और विनोद की उक्तियों से आशान ने सहनीय बनाया—निकट से बह जानेवाली निर्झरिणी की निर्ममता के साथ।

और कुछ भी स्मृति और ध्यान में नहीं रहा। शरीर का क्लेश ही नहीं, घर की विपन्नताओं से भी अनभिज्ञ रहा। खाने के लिए कुछ नहीं, पहनने के लिए भी नहीं, कितनी यातनाएँ दीदियों को सहना पड़ा यह केवल भगवान जाने। फिर भी किसी की भी सूचना न देने की सजगता उन्होंने दिखाई। 'नहीं' के दो अक्षर भीतर से कभी भी सुनाई नहीं दिये। इस सहन यज्ञ में सीता दीदी ने अचंचल यजमान की भूमिका

निभायी। लिखने की प्रेरणा दी। आवश्यक ताड़-पत्र को पानी में सड़ाकर और धूप में सुखा कर, काट कर देने का काम सीता दीदी ने ही किया था। पत्ते काटने तथा उन्हें बाँध कर नदी में डुबोने तथा वहाँ से खींचकर तट पर रखने के काम में अच्चू की सहायता ली।

सर्व वेदान्तसार संग्रह ही भक्ति है। अभाव ग्रस्तता से जब जब पीड़ित हो गया तब तब बारबार यह निश्चित हो गया कि अकलंक भक्ति ही किसी भी विपत्ति का उपचार है। भीतर की समस्त पीड़ा को भक्ति के रूप में परिणत करके आत्मा को पुनीत करने के लिए इन अभाव ग्रस्त महीनों की घोर गर्मी में ही रामकथा रसायन तैयार हुआ था। छह कांडों को समाप्त करने के लिए सात सालों का पीड़न काल पर्याप्त रहा।

नदी का जल फिर एक बार उतरा और स्वच्छ हो गया। स्वयंभू के रूप में पुलिन उभर कर आये। कार्तिक महीने की हवा के द्वारा स्वच्छ जल को बाहर करके प्रकट हुए उन पुलिनों की स्वच्छता, स्वच्छ नभ, निर्मल जल में उस नभ का प्रतिबिम्ब सब ने एक प्रसन्न परिवेश तैयार किया। दिन में शान्त और सन्ध्यावेला में करुणा से नदी भर गयी। तटों पर प्रलय मचा।

काव्य का पारायण सुनकर पिषारटि आशान हँसकर बोले—''इसमें भी अगली जाँच-पड़ताल के लिए कुछ रखा है न? यही शंका होती है। द्विजों के माहात्म्य का वर्णन तो ठीक है किन्तु उसमें भी सही ज्ञान रखनेवाले तथा सही ज्ञान न रखनेवाले तथा उत्तम और अधम के रूप में भेद करके उन्हें देखना है—वाले कथन में केवल व्यंजना नहीं, अभिधा है। 'सु'ब्राह्मण, 'कु'ब्राह्मण! मात्र यज्ञोपवीत धारण करने से नहीं, ब्रह्म ज्ञानी होने पर ही वह ब्राह्मण कहलाने योग्य बनेगा। तब 'अज्ञानियों में अगुआ मैं' का प्रयोग व्यंग्योक्ति ही है न? अपने को कवि शूद्र कहते हैं। अपने को वेदों का अधिकारी न जानकर भी 'वेद वेदांग—वेदान्तादि विधाएँ सीख लेने की घोषणा करते हैं। 'जो कुछ सीखा है वे सब मन में देदीप्यमान होकर अनुग्रह प्रदान करे'—की प्रार्थना भी करता है। इसका मतलब यही है कि ज्ञान का ठेका ईश्वर ने किसी को सौंप नहीं दिया है। वैदिकों की आँखों में भला इससे बड़ा अपराध क्या हो सकता है? यही नहीं, 'अत्यन्त रहस्यपूर्ण तत्व जो है उसे खोलकर बता देता हूँ' 'अध्यात्म प्रदीपकारी कार्य से सभी आम जन को भोजन'! 'उसके ठेकेदार व्यापारी कृपया क्षमा करें'! जैसे कथन! इस काव्य का परायण सुनें तो इस जन्म में ही संसार के उस पार पहुँच पाएँगे-ऐसा निर्देश भी है। 'शूद्रमक्षर संयुक्त' (अक्षर ज्ञानी शूद्र) को कोल्हू पेराई कर मरना है!'—यही तो है न राजपुरोहितों की वर्तमान नियमावली?

आशान ने विवरण देना खत्म किया तो सीता दीदी चकित हो गयी।—''ऐसा क्या लिखा जा सके, जिस पर कोई आपत्ति न उठाए।''

'जो कुछ भी लिखें'—आशान ने तिरुवूर नम्पी के स्वर में स्वर मिलाकर कहा—"हम दंड देंगे। अप्रिय लोगों के द्वारा किये गये कार्य अपराध ही जो ठहरे!'

"किन्तु कुछ भी नहीं लिखा तो..." दीदी ने शंका प्रकट की।

"न लिखे तो भी कुछ बचाव नहीं। तब भी दंड ही मिलेगा। इस जन्म को व्यर्थ गँवाना नहीं है तो नेटियिरिप्प् के अवदानों की प्रशंसा करते हुए अष्टक, शतक आदि रचकर ले जाना चाहिए। सिक्कों की थाली मिलेगी। किन्तु जाना है यज्ञोपतीत धारण करके! किसी से एक धागा तत्काल के लिए कर्ज लेकर चलूँ—ऐसा एक विचार है मेरा! क्या करूँ? मन्दिर के सेवा कार्यों के बाद बाहर जाने का वक्त नहीं।"

'उसकी क्या ज़रूरत...यदि लौट न आ सके तो?' सीता दीदी ने शंका प्रकट की।

'राजा—महाराजाओं की वन्दना न करे तो कोई बचाव नहीं।' पिषारटि आशान हँसते हुए बोले—"अनियनाशान ने जो काव्य लिखा है इसमें वन्दनाक्रम में कहीं किसी राजा—महाराजा का स्मरण किया है क्या? नहीं। नीचे ऊपर और उससे भी ऊपर कितने सहस्र राजा हैं इस प्रदेश में। किसी एक का भी एक शब्द से ही सही सम्मान किया क्या? मौके के अनुसार पैर बदलकर समय-समय पर शासन करनेवालों के सेवक के रूप में विराजित रहनेवाले चोर लुटेरे तो दस हज़ार की संख्या में होंगे न? उनमें किसी एक की प्रशंसा करनी चाहिए थी न? यदि ऐसा किया होता तो, दूसरे लोग जब मार-पीट करेंगे तब कम से कम वह रोकने के लिए आ जाता न?" मैंने हाथ जोड़े। 'एकमात्र शक्ति ईश्वर ही' यह मेरे मन में आया था।

अंजलीबद्ध होकर तथा माथा टेककर आशान ने अनुग्रह दिया। "उतना ही होना है, वही मेरा भी मत है। ईश्वर का अनुग्रह मिले।... साहसी का कौन कुछ बिगाड़ सकता है? अब बैल के बदले कोल्हू ठेलने के लिए रखा न? ज़्यादा से ज़्यादा कोल्हू में डालकर पेरने का भी दंड दिया जाएगा। तब भी तिल के दाने के समान जप के साथ दब जाना है न?"

काव्य को ले जाकर एक बार फिर सूक्ष्मता के साथ उसका पारायण करने की अपनी इच्छा उन्होंने प्रकट की। काव्य विषयक इतना ज्ञान रखनेवाले एक को सहायक के रूप में मिलना भी तो ईश्वर की कृपा ही है। नमक और खारे का स्वाद लेनेवाली जीभ है न? त्रुटियाँ—गलतियाँ आ सकती हैं। ताड़-पत्र में लिखित बातें लोक तक पहुँच गयीं तो बात हाथ से निकल गयी। उसके बाद स्खलितों को सुधारा नहीं जा सकेगा। न जाने कितने-कितने मनों में वे बातें गलत धारणाओं को जन्म देंगी।

उतनी काल सीमा में केवल एक ही साल नदी के प्रवाह ने कूलों का

अतिक्रमण न किया था। दूसरे साल से बाढ़ के दिनों पिषारम् में ही ठहरे थे। दण्डित व्यक्ति की सहायता पेय्याप्पंतल कर रहे हैं। इस प्रकार का आरोप वैदिकों के पार्कावर्तियों ने किसी बैठक में जो लगाया था, इस कारण ऐसा हुआ था। कुट्टिच्चेरी के छोटे तिरुमेनी से यह सूचना प्राप्त हुई थी। वेदोच्चारण न करनेवाले यदि वेद संरक्षण के लिए प्रयास न करे तथा उसके लिए प्रयास करने वालों का साथ न दे तो उसमें अद्‌भुत की बात क्या! उन्होंने खुलकर निन्दा व्यक्त की। उनका नुकीला प्रश्न यही था कि यज्ञोपवीतधारी लोगों को ही वेदद्रोह के लिए दंडित लोगों की सहायता करते हुए दिखाई देते हैं न?

इसी समय, वैदिक प्रमुखों और उनके अनुयायिनों ने किसी भी हवेली को राजमहल बनाने की अनुमति सामूतिरि को दे दी थी। निचली जाति का कहकर जिनका उपहास वे ही करते थे उस सामूतिरी को अधिकार के बल पर ऊँचा स्थान! इस औदार्य के प्रतिफल रूप में किसी से भी किसी भी प्रकार का अत्याचार करने का परम अधिकार उन्होंने भी अपने हाथों ले लिया था।

वैदिक यहाँ तक सूचित करने लगे कि नम्पूतिरियों के बीच होनेवाले वाद-विवाद, आचार सम्बन्धी शंकाओं का समाधान अपनी-अपनी जगहों पर ही किया जाए। आष्वांचेरि तम्प्राक्कल् के आत्मीयाचार्य के पद को क्षति पहुँचाने के लिए ही ऐसा किया गया था। 'अज्ञात गर्तों को सविता का पद पाने की लालसा!'

कोची को मध्यस्थ बनाकर लड़ने की योजना को बदलकर फिरंगियों ने कोषिक्कोड से आमने-सामने लड़ा तो नेटियिरिप्पु को और किसी के बारे में सोचने का विकल्प ही नहीं रहा। लड़ाई की आवश्यकता के लिए देश में उपलब्ध सभी चीज़ें इकट्‌ठी की गयीं। एक-एक साल के बीतते आषाढ़ के अकाल का काठिन्य बढ़ता गया। पूछनेवाला कोई नहीं रहा तो लगान वसूल करनेवाले मनमानी करने लगे। लगान वसूली लूट-सी हो गयी। 'राजा को पाँच अपनों को एक हज़ार' की रीति रूढ़ि ही बन गयी।

रामायण की फलश्रुति का पारायण सुनने के कुछ दिन बाद बुआ की मृत्यु हुई। लम्बे अरसे तक शैय्यावलम्बी रहने के बावजूद भी उन्हें कोई स्मृति भ्रंश नहीं हुआ था। अन्त तक उनका यही विकास था कि गोपी भैया वापस आएँगे। वे आकर सामने खड़े हैं—इस प्रकार अंड-बंड बकने की थोड़ी देर बाद ही उन्होंने अन्तिम साँस ली। तब तक माता जी अम्मिणी दीदी के साथ थी। माता जी भी चल बसी तो भी दीदी रोयी नहीं।

दाह संस्कार के बाद सन्ध्या वेला में सीता दीदी बिलख उठी—''गोपी का कोई पता मिलने के बाद यदि...''

'एच्चु के लिए कोई मिले यह देखना भी वे चाहती थीं। बुआ जी के उस मोह की मैंने भी जुगाली ली।'

'रावुण्णी पर्याप्त है न? यों कई बार पूछा' दीदी ने बताया।

''पर्याप्त है तो सही।''

''क्यों पर्याप्त नहीं?''

राय पूछने पर पिषारटि आशान ने भी कहा कि ठीक ही है। आशान ने रावुण्णी से पूछा।

'सब मिलकर यही निर्णय लेते हैं तो वह भी एक अनुग्रह है'—रावुण्णी हँस लिया। अम्मा जी से कहना है उनको तो खुशी ही होगी।'

रावुण्णी हवेली का प्रथम कारिन्दा बन चुका था। प्रसन्नता पहले की भाँति ही। फिर भी बचपना भीतर चला गया। उसकी जगह अपनापन और दायित्वबोध घर कर गये। घर की साफ-सफाई की। रावुण्णी गृहस्थ बनने की तैयारियों में लगा।

उस रस्म के पिछले दिन वेट्टत्त् की राजपत्नी अतिथि बनकर आयी। अनियन की उम्र के पुत्र को मन्दिर में प्रार्थना के लिए लायी थी। ''कारिन्दे पर पूरा भरोसा रख सकते हैं''—राजपत्नी ने कहा। सबको खासकर अच्चू को राजमहल आने को निमन्त्रित किया। अच्चू को विशेष रूप से निमन्त्रित करने का कारण बताते हुए कहा कि घर में बच्चों के लिए कोई साथी नहीं है। बच्चों से यही मतलब रहा कि अपना पुत्र तथा वेट्टत्त् राज्य के उत्तराधिकारी ओमनयुण्णी से।

तिरुवूर के तहखाने की वस्तुएँ उधर के हमले की समाप्ति के कुछ दिन बाद ही राजमहल की ओर लायी गयी थीं। सब कुछ सुरक्षित हैं। चेरयन मरय्क्कार ने पहले ''सब कुछ नष्ट हो चुका है'' कहा था तब जो नष्ट बोध हुआ था वह सालों बाद अब दूर हो गया। राजपत्नी ने भी उसी विद्या का प्रयोग किया था जो मरय्क्कार ने सूचित किया था। ज़मीन ही नहीं अहाते की सारी चीज़ों को भी खोदकर लेने का अधिकार मुनयूर हवेली से किसी चौथे वेदवाले के द्वारा खरीदा गया। रात की आड़ में सर्वस्व नाव में चढ़ाकर राजमहल की ओर भेजा गया। मरय्क्कार के लोग हवेली के कारिन्दे से मिलने गये तो उसके पहले ही तह्खाने सब चल बसे थे।

पहले रानी माँ ने सीता दीदी के ब्याह में उपहार के रूप में सोने की जो माला दे दी थी वह भी तहखाने में थी। उसे भी हाथ में लेकर पार्वति कोट्टिलम्मा आयी थी। इस प्रकार मंगलसूत्र बाँधने का वक्त आया तो एच्चु के गले में वह आभूषण प्रत्यक्ष हो गया।

एच्चु के ब्याह के दूसरे दिन ही अच्चू, कोट्टिलम्मा के निमन्त्रण के बहाने वेट्टत्त् महल जाकर लौट आया। लौट आकर उसने बस इतना ही कहा कि

''कारिन्दे ने सबका कुशल क्षेम पूछा।'' तभी मुझे लगा कि उसके मन में जो कुछ है उसे मैं आगे भी जान नहीं पाऊँगा। उनमें कतिपय बातों की पूरी और सही जानकारी शायद उसे भी नहीं है, इस शंका ने मुझे थोड़ा परेशान भी किया।

वेदवेदांग वेदान्तादि...

(वेदवेदांग वेदान्तादि विधाएँ सब मन में देदीव्यमान हो रक्षा करें''—इष्टदेवता वन्दनं-बालकांड)

अग्रजन...

''अग्रजन मम सतां विदूषामग्रेसरन् मल गुरुनाथन अनेकांतेवासियों सहित उर में रहें आचार्य राम भी'—इष्टदेवतावन्दनं—बालकांड।

शूद्रनक्षर संयुक्तन्...

''शूद्रमक्षरं संयुक्तं दूरतः परिवर्द्धयेत्'

(अक्षर पढ़े हुए शूद्रों को बहुत दूर हटाकर रखे वाले प्रमाण वाक्य की हास्यानुकृति)

शबरकोट्टम्–7

चार–पाँच बाढ़ों के हो जाने, अकाल के इतने कष्टों को सहने तथा कई जन्म–मरणों के होने के बावजूद भी उस परिसर के अधिकांश लोगों की निःसंग हँसी में ज़्यादा बदलाव दिखाई नहीं दिया। ऐसा देश जहाँ आयुधों का अभ्यास चलता ही नहीं। कलरी का अभ्यास केवल बुनियादी शारीरिक शिक्षा के लिए। उनके लिए आयुध माने काम करने के औजार मात्र। उसका उपयोग करते वक्त भी एक प्रकार की उदासी। काटे जाते पेड़ों और खोदी जाती भूमि के प्रति मर्मस्पर्शी क्षमायाचना।

पिषारम् के बाद ऊबड़ खाबड़ गलियारे तथा उसके उस पार आर्य ब्राह्मणों का मरघट है। उसके समीप उत्तरी ओर अनन्तराम पट्टर का मठ है। उसके बाद रावुण्णी का घर। वहाँ एच्चु का वास शुरू हुआ तो चार दिन सीता दीदी उसकी मदद के लिए वहाँ रही। उनका वास एक तरह से ठीक–ठाक हो गया तो दीदी वापस आयी।

एच्चु मेरे पैर छूकर नमन करके जब सीढ़ियाँ उतरी तब जनक के दुःख और सुख का अनुभव मिला। ज़्यादातर आकासन ही लगा। अब तो उसका जीवन कुशल। आसमान, भूमि, वायु, अग्नि और जल की ठीक पहचान रखनेवाला है रावुण्णी। मिट्टी में उसके पैर जमे हैं। कोई लालच नहीं, अत्याचारों के प्रति रुख भी नहीं। न घुलनेवाली एक ही किरकिरी उसके अन्दर थी, वह रहा अनाथत्व का दुःख। माँ के रूप में अम्मात्तोला मिल गयी तो उसका समाधान हुआ था। शेष कुछ बचा रहा तो अब वह भी खत्म हो गया।

अच्चू ने धीरे–धीरे कह सुनाया कि कारिन्दे ने उसे राजमहल का लेखा–कार्य सम्भालने के लिए वहाँ जाकर रहने का न्योता दिया है। उसने ठीक ही यह अन्दाज़ा लगा लिया था कि कोई उससे सहमत नहीं होंगे। प्रार्थना के स्वर में ही उसने विषय को प्रस्तुत किया था। अपनी जीविका के लिए कुछ मिलने वाला काम है। मुसीबत की बात एक ही है कि वहाँ जाकर ठहरना पड़ेगा।

कोल्हूखाने में पेराई के भारी काम में सहायता देने के लिए कोई नहीं रह जाएगा—चीरू दीदी की असहमति इस बात को लेकर थी। उससे बिछुड़कर रहने

का वैमनस्य उसके पीछे छिपा था।

यह विचार मुझे परेशान कर रहा था कि जो कोई भी राजमहल गया है, वह प्राणों के साथ लौट नहीं आया है। सीता दीदी के मन की आधि भी उसे लेकर है—यह उनके चेहरे से व्यक्त था। सामूतिरि से प्रतिशोध लेने का गूढ़ उद्यम ही रानी, राजपत्नी तथा कारिन्दा मिलकर कर रहे हैं—इसका एहसास पहले ही हुआ था।

"क्या अब भी, राजसेवा चाहिए?"—दीदी की त्योरियाँ चढ़ीं।

अच्चु ने जाने का हठ पकड़ा। कोल्हूखाने में भोगता दारिद्रय उसके पक्ष में मौन किन्तु सशक्त न्याय जो ठहरा। महीने में आधे से अधिक दिन बुजुर्गों द्वारा अधभूखे या अनशन में रहने की स्थिति से वह भली भाँति परिचित है।

फिर भी मैंने पूछा : "क्या सोचकर तुम जा रहे हो?"

उसने बिना किसी घबराहट के कहा—"इधर की दरिद्रता को मिटाने के लिए मुझसे जितना कुछ हो सके..."

जवानी की कोई सनक उस पर चढ़ी होगी—यही तो मैंने सोचा था। उसका दायित्वबोध इतना बढ़ गया है, इसकी पहचान ने मुझे आश्चर्यचकित कर दिया। यह निर्णय लिया कि उससे कुछ भी छिपाना नहीं है।

"राजमहल के काम काजों में जुड़कर वहाँ गये हमारे लोग कभी वापस नहीं आ पाये हैं। इसका भी पता नहीं कि मुझे आगे भी क्या-क्या दंड मिलेंगे। कम से कम तुझे ज़िन्दा रहना चाहिए।"

और किसी काम के लिए न जाकर, इधर कोल्हूखाने में ही वह रहेगा तो मेरे बाद कुटुम्ब के अगले मुखिये के रूप में 'पतिनेट्टराक्काव्' के तेल-पेराई करके दरिद्रता भोगकर ही उसे पूरी आयु गुज़ारनी पड़ेगी—यह यथार्थ तो एक ओर है ही। वास्तव में सवाल यह उठता है कि आनेवाली विपत्ति अधिक अवांछनीय है अथवा आयी हुई दरिद्रता।

उसने कहा—"गुरु जनों और पूर्वजों का अनुग्रह है तो कोई विपत्ति नहीं आयेगी।"

सीता दीदी ने कहा—"हम सबको भी यही तो कहना है।"

चीरू दीदी ने पूछा: 'तब तो भैया की सहायता के लिए यहाँ कौन है?"

सहसा, अप्रत्याशित रूप से अम्मिणी दीदी ने हस्तक्षेप किया—"मेरी राय है कि अच्चु को जाने दें। वह अपने संसार, पद और मूल्य को खुद खोज ले। अनियनेष्ष्शन को काम में सहायता देने के लिए हम सब हैं न? इस कथन में आत्मघाती वीर की ऊर्जा की धड़कन तड़प उठी। उस ओर जाकर लड़कर बर्छी के लगने से उण्णि भैया मरे थे। किसी भी प्रकार की गलती न करनेवाले कुट्टन दाऊ को छल में जलाकर मार डाला था। अपने लिए प्रियंकर किसी भी चीज़ की उपेक्षा

करके प्रतिशोध लेने को अम्मिणी दीदी उद्यत होती है तो उसमें आश्चर्य क्या!

मैंने अच्चू से कहा—''किन्तु अब नहीं हो जाए आहुतियों की आवृत्ति। ठीक है, तू एक शर्त पर जा सकता है।''

हाथ जोड़कर वह शेष की प्रतीक्षा में खड़ा रहा। ''कभी हथियार न छूना।''

उसके चेहरे पर निराशा छा गयी। जल्दी कोई जवाब नहीं निकला। थोड़ी देर सिर झुकाकर खड़ा रहने के बाद उसने दृढ़ निश्चय के साथ सिर उठाया और कहा—''नहीं छुऊँगा।''

यों कहने के बाद उस दिन उसके होंठों पर जो हल्की-सी हँसी चमकी, उसका सार समझने में मुझे डेढ़ दशक के अधिक साल लगे। उसने केवल हथियार न छू लेने की ही प्रतिज्ञा की थी न? उसने छुआ नहीं उसके बदले हज़ारों लोगों से सभी हथियार उठवाये।

परिवार को मिले दंड के अनुसार दास बने अच्चु को राजमहल के कार्य के लिए जाने के लिए संकेत की अनुमति प्राप्त करनी थी। उसने ही 'संकेत भवन' में जाकर उसके लिए आवेदन पत्र दे दिया। पेय्याप्पंतल तिरुमेनी ने आलत्तियूर के नेटियिरिप्प् नम्पी की अनुमति प्राप्त की। वेट्टम् के कार्यकर्ताओं के नेटियिरिप्प् के प्रति विश्वस्तता रखने के कारण इसमें कोई दिक्कत नहीं हुई। अनुमति प्राप्ति के दूसरे दिन ही वह वेट्टम् गया। हफ्ते में एक दिन आ जाता। उसकी देख-रेख के शूरू होने पर घर का अभाव मिट जाने लगा।

दासता से मुक्त हो गया तो उसका एक प्रयोजन था यात्रा की स्वतन्त्रता। अवकाश के दिनों में वह पिलाक्काट्टीरी तथा आमक्काव् आ-जा सका। पुत्री का समाचार भी ले आता। एक नन्ही शिशु के रूप में ही वह अभी मेरी संकल्पना में रहती थी। कोल्हू ठेलकर चलते वक्त कोल्हू के रोदन के साथ उसकी चिल्लाहट भी सुनाई देती। उसे भी राम नाम जप में श्रुतिबद्ध करने के अलावा और कोई चारा नहीं रहा था।

नेटियिरिप्प् के कारिन्दे तेक्कत्त् के बुजुर्ग से एक बार मैंने पुत्री को देखने जाने की अनुमति की प्रार्थना की। सूर्यास्त के पहले ही वापस आने का वचन भी दिया।

'उसके लिए आदेश नहीं'—यही उनका जवाब था।—बैठनेवाले सब अपनी-अपनी जगह बैठे रहें। एष्ष्शन को अपनी बेटी को देखना है। ठीक है, देखना तो है। किन्तु मुझे तो मेरे गले के ऊपर सिर चाहिए न? एष्ष्शन को दिखाने वे लोग बच्ची को इधर क्यों नहीं ले आते?'

एटप्पाल् के मुखिया ने रोगशय्या पर पड़े ही निर्णय लिया कि बच्ची कभी भी अपने पिता के कोल्हू ठेलने का दृश्य न देख ले। बच्ची को उधर भेजने से रोकने का वास्तविक कारण उनका यह डर था कि कहीं कुटुम्बद्रोही लोग उसे छला लेंगे।

'रामायणं शुकगीति' को पूरा का पूरा पढ़ने के बाद पिषारटी आशान ने पूछा—'कृति में उसके लेखक के नाम, वंश आदि का कहीं कोई उल्लेख तो नहीं। कवि ने अपने आपको एक उपकरण मात्र समझा होगा न? तब तो काव्यकर्ता ने अपने को शूद्र क्यों कहा?

उन चरणों को छूकर वन्दना करना ब्रह्मपादजों के लिए ही आसान है न?

"राजा की भी वन्दना क्यों नहीं की?"

"सोचा कि सामूतिरि राजा को उनके प्रति जो अप्रिय है उसे बढ़ाने का यह कारण न बन जाए।"

"एक कृति भी ऐसी नहीं रची जाती जिसमें किसी भी राजा-महाराजा का स्मरण नहीं किया जाता, ऐसे में..."

"सबसे बड़े राजा का नमन करने पर सभी को स्मरण करने का फल मिलता है न?"

"मिलता है।" पिषारटि आशान बोले—"किन्तु उस राजा को न ही अहंकार है और न ही वर्छी पकड़े सैनिक। यह काव्य अभी बाहर न आए यही मेरा मत है। यह सूचित किया था न 'भारत' और 'भागवत' की भी रचना करनी है? उसके लिए कम से कम जीवन की वर्तमान स्वर्गीय सुविधाएँ आगे भी मिलनी हैं न?"

सीता दीदी ने भी उस कथन का समर्थन किया। समय आने पर उसका लोकार्पण किया जाएगा। तब तक हाथ में ही रहे। उसकी एक प्रतिलिपि कर देने की अपनी सहमति भी पिषारटि आशान ने प्रकट की। फिर काल की परिस्थिति के अनुसार देख लिया जाएगा। रचना तो पूर्ण हुई, यही सबसे बड़ी बात है।

विशद पुनः चिन्तन में यह स्पष्ट हो गया कि पिषारटि आशान का मत सही ही है। महर्षि वाल्मीकि कृत रामायण राम को मुख्यतया एक आदर्श राजा के रूप में चित्रित करती है। उस राजा की आदर्शात्मकता का मुख्य मुद्दा जन्म से अर्जित ब्राह्मण्य को किसी विवेचन बिना संरक्षित करना है—इसी की स्थापना अधिकार स्थानों में विराजमान वैदिकों ने किया है न?

उन्होंने रामायण के अन्त में यह कथा भी जोड़ी दी है कि शम्बूक नामक शूद्र जब वर्णभेद भूलकर तपस्या करने लगा तो राम ने जाकर उसका शिरच्छेदन किया। ऐसी स्थिति में, शुकगीति में वसिष्ठ से यह सत्य खुल्लमखुल्ला कहलवाना कि पौरोहित्य का व्यवसाय ही निंद्य है, वे लोग कैसे सह लेंगे?

अमृत तुल्य ईश्वर प्रेम को अर्थ शून्य आचारानुष्ठानों के रूप में बदल कर प्रस्तुत करने से ही कायम रहनेवाला पौरोहित्य ही सभी विश्वासों की विशुद्धि को नष्ट करनेवाला है—यों महामहर्षि के मुँह से ही कहलवाना है क्या?

व्यास भारत कतिपय राजाओं के आपसी लड़ाई-झगड़े की तथा उसमें चतुराई

के साथ हस्तक्षेप करके यादव श्रीकृष्ण द्वारा अपना कार्य सिद्ध कर लेने की कथा है—यही उनका मत है। उन्होंने देश भर में यह विकास भी फैला रखा है कि यदि यह ग्रन्थ घर में रखा तो गृह कलह ही फल है।

मनुस्मृति और तन्त्रमन्त्रों को धूमधाम से चालू करने की ही उनकी चाह है। विभिन्न तहों पर रहनेवाली जातिव्यवस्था को प्रचलित देखना ही वे चाहते हैं। जिस मात्रा में उनका ज्ञान निषिद्ध किया जाता है उस मात्रा में उनका अधीशत्व कम होता रहता है तथा दासता का भाव बढ़ता जाता है। एक-एक जाति के लिए दायीं ओर मुड़कर नमन करने के लिए एक ऊँची जाति तथा बायीं ओर मुड़कर मन चाहे ढंग से लात मारने के लिए एक निम्न जाति भी है। सब से ऊपरवालों को किसी का नमन करने की ज़रूरत नहीं। ईश्वर को भी वे लात मार सकते हैं। सब से नीचेवालों के लिए लात मारने के लिए कोई नहीं रहा। उनको ऊपरवाले सभी की लात खानी पड़ती है। जन्म सिद्ध अधिकार की भाँति इनको ज़ारी रहना चाहिए। राजमहल में अन्तरंग साथी को रखकर भी सहमति को सुदृढ़ कर लेते और इस प्रकार परमाधिकार को अपने कब्जे में रखते।

किसी भी प्रकार के उत्तरदायित्व को ग्रहण किये बिना, सारे ऐहिक भोगों को, जिनकी चाह कोई भी ब्रह्मज्ञानी साधारणतया नहीं करेंगे, अपने लिए रख लेते तथा देश में प्रचलित अनीतियों का अपयश राजाओं के ऊपर लाद देते।

उजियाले की प्राप्ति के लिए कृष्णकथा रसायन को भी गाढ़ा कर लेने की ठान ली। जो कुछ करने को है उन्हें कर डालने के बाद ही बर्रे के नीड को हिला दें। भारत काव्य को बहुत अधिक संक्षिप्त करना पड़ेगा। भगवान व्यास का स्मरण करके कृपा के लिए प्रार्थना की। गीतोपदेश सार को रामायण में जोड़ सका, भारत में भी अन्यत्र उसे जोड़ना है।

व्यास के मानस को सही ढंग से पढ़कर सरल शैली में उसे प्रस्तुत कर सका तो भाग्य ही है। जिनको मनुष्य जन्म मिला है उन्हें मोक्षप्राप्ति का मार्ग कौन-सा है, किस प्रकार उसे प्राप्त किया जा सकता है, इसके बारे में ही वेदव्यास ने महाभारत में व्याख्यान दिया है। शरीर ही मन्दिर है—गीता-दर्शन यही है। गीता का श्रीगणेश ही 'धर्मक्षेत्र' से होता है, अर्थात् पांचों पांडव एक व्यक्ति—एक शरीर अथवा मन्दिर। धर्मपुत्र, पार्थ और भीम धर्मार्थ और काम। नकुल-सहदेव प्रापंचिक शरीर। देवताओं से गर्भ धारण करनेवाली कुन्ती प्रकृति ही है। पांचाली पांडवों का मन। भगवान पांडवों की आत्मा। अन्ध मोहों की सन्तति स्वरूप दुर्वासनाएँ ही एक सौ कौरव हैं। सर्वस्व को अपने अधीन करने की लालसा से मोहान्ध बने वे पुरुषार्थों को जलाकर राख करने के लिए लाक्षागृह बनाते हैं। मन को अपमानित करने का श्रम करते हैं। झूठी द्यूतक्रीड़ा करते हैं। महा प्रतिभावान व्यक्ति, दार्शनिक तथा गुरुजन तक उनके

अधीन हो जाते हैं। उनके उन्मूलन के लिए महायुद्ध अनिवार्य हो जाता है। उसमें अधर्म का भी प्रयोग करना पड़ता। परमात्मा को ही सारथी के रूप में स्वीकार करें तो युद्ध जीत पाएँगे। तब धर्मक्षेत्र रूपी शरीर का सर्वनाश होने पर भी, महा प्रस्थान लक्ष्य तक पहुँच जाएगा।

अन्तिम महायुद्ध के आसन्न होने पर दुविधाएँ जनम लेती हैं। किसी भी पार्थ को अपनी ही आत्मा से पूछताछ कर शंकाओं का समाधान करना पड़ता है। अतीव सुन्दर यह संकल्पना सचमुच ललित भी है।

उलझन भरे प्रापंचिक पथों से पुरुषार्थ—तीर्थयात्रा के लिए निकलनेवाले किसी भी को भारत महाकाव्य से अधिक उपयोगी कुछ और कहीं भी नहीं मिलेगा। सहस्रनामादि को वेदव्यास ने उसमें सम्मिलित किया है। इसलिए श्रीमय अवतार रूप की खोज करनी है।

वेट्टत्त् राजमहल से अच्चू महाभारत मूल कृति लाया। एक बार और उसे पढ़ लिया। रामावतार के रूप में उर में बसे भगवान को दूसरे रूप में संकल्पना में समा लेने में कोई विलम्ब नहीं आया। खुली नदी में, खेत में, स्वच्छ आसमान में, जागृति में, नींद में सदैव करुणामय कृष्ण ही!

काव्य रचना की पद्धति ईश्वर प्रदत्त-सी तैयार हो गयी। मोक्षमार्गों में सब से कठिन ज्ञानमार्ग ही है—भगवान ने ही गीता में बताया है। ज्ञान के बिना कर्म मार्ग असम्भव है। अज्ञानी का कर्म आत्मबोध के साथ कैसे बन सकता है? गुण कर्म विभागों में किसी भी वर्ग का व्यक्ति भक्ति मार्ग को ही आसानी से स्वीकार कर सकता है। 'भारत' पंचमवेद ही कहा जाता है। अन्यान्य जगहों में जो कुछ है सब उसमें है, उसमें जो नहीं है वह कहीं भी नहीं है।

भगवान व्यास ने धर्म को ही विषय बनाया है। धर्म को सूक्ष्म रूप से जानना तथा जानने पर भी उसे जकड़ कर पकड़ना साधारण लोगों के लिए दुष्कर है। अधर्म धर्म का वेष पहनकर आता है तो उसे पहचानना भी कठिन है। इसलिए धर्म शब्द को भगवान की अर्थ संकल्पना के साथ शुकगीति में प्रस्तुत किया जा रहा है। कहीं कुछ भी बिगड़ेगा नहीं।

पौरुष, बल तथा सम्पत्ति के प्रति अत्यधिक आदर भाव तथा ईश्वर की शक्ति पर अविकास ही संसार के अधिकांश लोगों में दिखाई देता है। दैवमेव बलम् ''ईश्वर ही एकमात्र बल है''—यही परम सत्य है। इसलिए भक्ति से फूट निकलने पर ही धर्मबोध फलीभूत होगा। परम-पुरुष श्रीनारायण का स्मरण सभी पर्वों के प्रारम्भ में करना है। उसी के स्मरण में काव्य की इति भी करनी है। क्रोध, लोभ, मोह, मद, मात्सर्य आदि से आविष्ट मनुष्य को पुरुषार्थों की प्राप्ति के लिए और

कोई उपाय नहीं है।

'यही सही है'—लगा कि उर में बसे भगवान का ही यह कृपा-वचन है। यह कृपा-वचन तथा ऋषीकेश की प्रत्यक्ष संकल्पना ने उन्माद की-सी दशा की ओर मुझे पहुँचा दिया। परमानन्द का नशा। रचना ईश्वर-वाणी की प्रतिलिपि के रूप में उपलब्ध हो गयी। कई धर्मोपदेशों को छोड़ देने, अनुपेक्षणीय अंशों को संग्रहीत करने तथा विदुरोपदेश को सुदीर्घ रूप में प्रस्तुत करने की स्वतन्त्रता ऐसे ही मिली थी। बाल का खाल निकालकर धर्म चिन्तन करने के बदले आसान कार्य उर में बसे ईश्वर से पूछना ही आसान कार्य है। मूलकृति के सहस्रों उपाख्यानों के प्रति जो रुख अपनाया वह ईश्वर की कृपा से सम्प्राप्त मानसिक धैर्य का ही परिणाम है। अधिकांश को छोड़ दिया। बहुत ही कम अंशों को स्वीकार किया। उनमें से कइयों को अत्यन्त संक्षिप्त किया। कतिपय की सूचना मात्र दी। किस को कैसे करना है—इसका निर्णय पार्थसारथी ने लिया—यही कहा जा सकता है।

जो कल्पनाएँ मूल में नहीं थीं वे मिल गयीं तो शंका अवश्य हुई कि उनका प्रयोग करना ठीक है कि नहीं। क्या वेदव्यास का मन क्षमा करेगा? धर्म में मन को स्थिर करने का उपदेश देनेवाले मूल कवि के हृदय में वस्तुतः पराशक्ति में मन को स्थिर करने की बात ही रही थी। ऐसी स्थिति में उसे स्पष्ट करने लायक मौलिक उद्‌भावनाओं को जोड़ दें तो परमकारुणिक ऋषिवर्य हृदय से माफी दे देंगे—यों सोच आकास्त हुआ।

उसी विश्वास के साथ कथन श्रेणी में भी एक कदम आगे बढ़ा। सूत ने संसार भर को जो कथा सुनायी उस कथा को दुहराने का कार्य शुक भी करे—यही सोचा। परमात्मा से जीवात्मा को प्राप्त हुए इतिहास को अपनी ही आत्मा की शुकबोली में सुनना ही उचित है। उर में बसे मणिवर्ण का स्वच्छ प्रतिपादन उस शुक के सरस्वती-प्रसाद से ही हो सकता है।

कलरी में बिताया काल व्यर्थ न हुआ—यह बात इस इतिहास की रचना वेला में प्रकट हुई। द्वन्द्व युद्ध वर्णनों में सैनिकों के कार्यकलापों और दाँवपेंचों के चित्रण में वह सहायक सिद्ध हुआ। 'कभी भी हथियार न उठाएँ'—मातुल का यह आदेश सुनकर उर में यही शंका उठी थी—"तब तो आयुधाभ्यास के लिए वृथा क्यों आयु गँवायी?" यह विचार ही गुरुनिन्दा हो गया—यों सोच दुःखी भी हुआ था। युद्ध के दॉव-पेंच जाने बिना द्वन्द्वयुद्ध की संकल्पना कैसे करें? वह भी अभ्यासियों में लोकोत्तर भीम, दुर्योधन, जरासंध आदि के युद्ध का। कभी की सीखी विद्या का प्रयोजन कब मिलेगा—यह भगवान ही जाने। पहले की लंका के समान अब कुरुक्षेत्र को देखने के लिए 'मामाकम्' की दुःखद स्मृतियाँ सहायक बनीं।

ईश्वर के अनुग्रह की छाया और शीतलता में तत्कालीन जीवन व्यतीत हो रहा था। सब कुछ ईशमय। कोल्हू के डंठल में भगवान के दर्शन करने में कोई दिक्कत नहीं। भरी हुई नदी से बह आनेवले काठों में, मन्दिर के गर्भगृह में, देवू में, अनियन में, सबमें भगवान ही भगवान। ताड़-पत्र और नाराच हाथ में लेना ही काफ़ी है। लेखन भगवान की ओर से।

मनुष्यावस्था की अनिवार्य अस्तव्यस्तताओं के कारण काव्य में जो त्रुटियाँ आयीं वे सब मेरी हैं। नदी प्रवाह की भाँति बहकर आयी पंक्तियाँ परमकारुणिक भगवान की। ज्ञानमार्गियों के लिए भगवान व्यास द्वारा विरचित महा ग्रन्थ को भक्ति मार्गियों के लिए रूपान्तरित करने तथा भाषा निबद्ध करने का उपकरण मैं बना तो वह परमसत्ता के नियोग के कारण ही है।

संक्षिप्त करने का बहुत प्रयत्न करने पर भी भारत रामायण से दीर्घ बन गया। परन्तु तीन सालों में उसकी रचना पूर्ण हुई। तीन साल कैसे बीते इसका पता ही न चला।

कौन सही कार्य कर रहा है, गलती कौन-सी हैं—दिन-रात इसकी छानबीन कर कहीं भी न पहुँच पानेवाले लौकिक महाराजाओं की दुविधाओं के बारे में महर्षि व्यास की गहन एवं अर्थपूर्ण हँसी के एवज में रखने लायक कुछ भी शुकगीति में नहीं। मानव मन रूपी महा समुद्र की गहराइयों में गोता लगाकर उन्होंने जो अनर्घ रत्न, मोती और सोपियाँ ढूँढ निकाली हैं वे भी इसमें नहीं। अनन्त वैविध्यपूर्ण भाव रूपी स्वरों से उनकी महा प्रतिभा ने जिस अनकार संगीत के लय की सृष्टि की है वह भी इसमें नहीं। केवल है हरि भक्ति का प्रवाह ही। इस अकिंचन से इतना ही तो सम्भव है न? ईश्वरार्पण के लिए तृषित किसी ने इससे चुल्लू भर पी लिया तो अपने को कृतकृत्य समझ कर चैन पाऊँगा।

परमार्थ में यह व्यास-भारत नहीं है। और एक कृति है यह। केवल कथा और कथाकृतियों को ऋण में लिया है। मूल कृति सही धर्मबोध की खोज यात्रा है। हरिशरण को परम धर्म, पहले ही निश्चित करके निकल पड़ी परम पुरुषार्थ तीर्थयात्रा ही यह कृति है।

सत्य और साधुता को छान-बीन कर बाहर निकालने का कौशलोपाय व्यास भारत के रूप में हमारे सम्मुख उपस्थित रहते हुए भी संसार में अत्याचार बढ़ रहे हैं न? अन्याय करनेवाले भी उसी कृति से उद्धरण देकर अपनी करतूतों का समर्थन करते हैं—ऐसा विरोधाभास ही हो गया है न?

धर्माधर्म के दुर्गम वन से शरीर रूपी मन्दिर के प्राणों के तीर्थाटन के लिए युक्ति युक्त एक तात्कालिक रास्ता खोद निकालने मात्र से काम नहीं चलेगा। पुराने

ज़माने में वह पर्याप्त रहा होगा. कलि के प्रविष्ट होने से सारे गृह लाक्षागृह बन गये हैं न? सभी जगहों के द्यूत झूठे द्यूत बने हैं न? 'कृष्णा का वस्त्राक्षेप आह्लादकारी जन्माधिकार है, परमाधिकार सभाओं की भी मौन अनुमति यही है न? भलाई को पैर रखने के लिए सुई भर जगह तक की अनुमति नहीं! भगवान भी दूत के लिए जाए तो भी बाँधकर रखना नहीं, जलाकर मारना ही आचार बना है! 'नेशे बलस्येति चरेदधर्मम्'—के मार्कंडेय धर्म की याद कौन करता है? बल के अधीश बने लोग उस घमंड में अधर्म करता है। उसके शिकार बननेवाले और कोई चारा न रहने पर अधर्म करके भी जीने को विवश हो जाते हैं। परिणाम क्या है? संसार अधर्ममय हो जाता है। त्रिकालज्ञ ईश्वर की यह अधर्म प्रलय सृष्टि, इसे प्रकट करने के लिए ही होती है कि भक्ति ही आत्यंतिक रक्षामार्ग है।

नारायण नाम रट कर भारत की रचना की पूर्ति एक आषाढ़ मास में ही की।

कुट्टिच्चेरी छोटे तिरुमेनी यदा-कदा आया करते हैं। पिषारटि आशान का व्यंग्य-विनोद उन्हें बेहद पसन्द है। उन दिनों एक बार पिषारटि आशान ने उन्हें समझाया—''ब्राह्मण होते हुए भी समय पर स्नान और सन्ध्यावन्दना करते नहीं। शुद्धि और अशुद्धि नहीं। कहाँ लेटना, किसके साथ लेटना इसकी चिन्ता नहीं।'—दोषों को आशान ने उँगलियों में गिन लिए।

कभी-कभार ही चन्द शब्द बोलनेवाले तिरुमेनी हँस लिए। इससे ज़्यादा बदचलन दुराचारवाले हैं न वट वृक्ष की शाखाओं की चमगादडें? क्या वे ब्राह्मण नहीं हैं?

शरारत को ज़ारी रखते हुए आशान बोले :

'कविता पिषारटि के वश में है। तिरुमेनी आशान के विनोद में हिस्सा लेते हुए बोले—ऐसा सोचने पर भी कोई गलती नहीं। त्रयोगुण विषयक जगत में वे चमगादडें निर्गुण हैं न? उनके पास तो राजदंड नहीं, युद्ध सन्नाह नहीं, घर बार नहीं। किसी की दास्यता भी नहीं। तपस्या मात्र। वह भी शीर्षासन! अहा! यह कैसा निर्वेद?''

''मेरा गुणदोष चिन्तन वहाँ तक नहीं गया है।''

'प्रकृति गुण तीन हैं न? सत्व, रज और तम। किसी भी बाजे पर कोई भी उँगली दब जाए तो तीन चीज़ें घटती हैं—दमन, उठान तथा ऐंठन। दमन तम है सम या समानता की ओर उठान सत्व। ऐंठन रज। तीनों के मिलने पर गूँज। सारी गूँजों में किसी एक का अधीशत्व रहेगा। किन्तु न गूँजनेवाला नाद ही परम सुख है। शान्त, सुन्दर, मोक्ष। इसलिए अथवा गूँजता है तो सम स्वर ही उत्तम है। गूँजने का आभास ही बाजे या संसार को न लगे तो बहुत बढ़िया।

विदा लेते वक्त उन्होंने अनुरोध किया—'''रामायण शुक गीत' ज़रा देखने

की इच्छा है। रावुण्णी ने कहा कि वह पूरी हो चुकी है।''

अभी उसकी प्रतिलिपि हो रही है तथा ताड़-पत्र के तैयार होते ही हर एक कांड उन्हें सौंप देने का वादा पिषारटि आशान ने किया।

पौरोहित्यं निद्यं ...

अध्यात्मरामायणं किलिप्पाट्टु—श्रीरामाभिषेकारम्भ अयोध्याकांड

मट्टेड्डुमुळ्ळतोक्के...

यदिहास्ति तदन्यत्र यन्नेहास्ति न तत् क्वचित्

यतोधर्मस्ततो जयः

दैवमेव बलं...

दैवमेव बलं मन्ये, पौरुषं हि निरर्थकम्।

धर्मे मतिर भवतु वः

नेशे बलस्येति चरेदधर्मम्...

'बलस्य ईशे इति अधर्मं न चरेत्'—(बल के बल पर अधर्म नहीं करना है।)

शबरकोट्टम्-8

पिताजी के घर के दूर के रिश्ते के मातृकुल का एक युवक अकस्मात् एक दिन गोपी भैया का सन्देश लेकर आया। चीरू भाभी और बच्चों से मिलना है—यही माँग है। दुनिया भर घूमकर अवश और विवश होकर गोपी भैया आये हैं। कोई भी सहायता के लिए नहीं। दायें पैर की शक्ति क्षीण हो गयी है। पेट में दर्द है तथा सिर का चक्कर अलग से।

स्नान, जप और शास्त्रों के नमन के बाद जब मैं लौट आया, तब वह युवक वहीं ड्योढ़ी में बैठा है। भीतर के जनों से सारी कथाएँ कह सुना के बैठा है। छुट्टी का दिन होने के कारण अच्चू घर पर है। सब मेरी राह देखकर चुप्पी साधे बैठे हैं।

आगत ने सारी बातें फिर से सुनायीं। गीले वस्त्र पहनकर भीतर की ओर झाँक कर दरवाज़े पर खड़े मुझसे सीता दीदी ने कहा—"वह जाना चाहती है। देखने की इच्छा अम्मिणी की भी है।"

"ठीक है, परन्तु क्या अभी अनियन और देवू को ले चलना है क्या? उनकी पढ़ाई में बाधा पड़ेगी न?"

जाकर जल्दी ही वापस आ जाएगी इसकी भी व्यंजना उस कथन में थी।

"ठीक है, दोनों बच्चे इधर ही रहें। अभी धूप निकल चुकी है दूर तक चलना है न?"—सीता दीदी बोली।

बरामदे से भीतर के कमरे की ओर के दरवाज़े के अंधियारे कोने में अम्मिणी दीदी और चीरू दीद खड़ी हैं। अम्मिणी दीदी ने फुसफुसाया—"कितने दिन हुए उनको देखे? इसका पता चलने पर कि वे पहुँच गये हैं जाये बिना रहने का मन नहीं मानता।"

"चलो" मैंने कहा।

अनियन को पिता के बारे में कोई याद नहीं। सहज ही वह अल्प भाषी है। किसी के इर्द-गिर्द जीना है। बुआ के चले जाने के बाद सीता दीदी ही उसका आसरा है। दीदियों का प्रस्थान वह बिना किसी भेदभाव से देखता रहा।

मैंने सोचा था कि अच्चु दीदियों के साथ जाएगा। दीदियों के चले जाने के बाद भी अच्चु ड्योढ़ी में उसी प्रकार खड़ा रहा। कुछ भी नहीं बोला।

''अनुमति दीजिए कि मैं नहीं जाऊँ।'' मुख की ओर देखे बिना उसने निवेदन किया।

''माँ लिए सहायक के रूप में ...''।

''सहायता के लिए व्यक्ति तो है ही।''

''पिताजी...''

उसकी उदासीनता के अनौचित्य के प्रति मेरी अतृप्ति की सूचना पाकर वह व्याकुल हो उठा। मुख स्वतः झुक गया। परन्तु तब भी वह एक शब्द भी न बोला।

दीदियों को विदा देने के लिए भी अच्चु नहीं गया। बरामदे से नीचे उतरा भी नहीं। आँख भर उपालम्भ से खड़ी चीरू दीदी से उसने मुख मोड़ लिया। उन सबके सीढ़ियाँ उतरने के बाद भी वह यों ही खड़ा रहा।

उसके मुख पर एक साथ क्रोध और दुःख ने प्रलय मचाया। वह ज्वार उतर गया तो एक असहायता प्रकट हुई। कुछ खोया सा अनुभव।

मैंने कहा—''मन में कोई लाँछन नहीं होना चाहिए। विशेषकर स्वजनों के प्रति।''

सुनकर भी उसने अनसुना सा बहाना किया। मैंने धीरज धरकर प्रतीक्षा की।

''जाकर देखना है!''—उसके अन्दर की ज्वालामुखी भभक उठी। ''किसे? बड़ी विपत्ति में ज़रा मुड़कर देखा तक नहीं!... सबके बीतने पर आये हैं...।''

मैंने पूछा—''उसमें क्या है? नदी में बाढ़ का आना तथा उसका सूखकर ऊषर होना हमारे प्रति प्रेम की कमी के कारण है क्या? हमारी पसन्द के अनुसार सबको काम करना है—ऐसा सोचना विवेक है क्या? सब में भलाई ही देखनी है। वह तुम्हारा बाप है। कल तुम भी बाप बनोगे। पिरोयी गयी कड़ी के टूट जाने पर ही, हम समझ पाएँगे कि कोई एक कड़ी माला नहीं बन सकती। दशरथ ने वन जाने का आदेश दिया तो श्रीराम ने कभी हुंकार नहीं भरा था—यह तुम जानते हो न? तुम जाकर ''लक्ष्मण सांत्वनं'' एक बार फिर पढ़कर आओ।''

''मामाजी! मुझे क्षमा करें।''

अच्चु मुख छिपाकर रो उठा—''कैसे देख लूँ मैं...''

''देखना है'' मैंने हठ पकड़ा। ''देखने की तेरी इच्छा भी है।''

अश्रु बहाते हुए वह कुछ देर तक वहीं खड़ा रहा। अपने से ही लड़कर अन्त में जीत हासिल की।

आँखें पोंछ लीं। क्षण भर में अन्दर घुसकर कपड़ा बदला। सीता दीदी और मेरे पैरों को छूकर प्रणाम करके सीढ़ियाँ उतर गया। पहले निकले लोगों के साथ पहुँचने

के लिए लम्बे-लम्बे कदम रखकर चला।

उसकी चाल को देख खड़ी रही सीता दीदी की आँखें आर्द्र हो चमक उठीं। सूखी भूमि को वर्षा से भीगा देख चरितार्थता के साथ अनियन का सिर सहला कर उसके हाथ पकड़कर दीदी भीतर चली गयी। देवु मेरे पास आकर यों ही सट कर रही। कहीं बर्फ गल गयी है—उसकी छठी इन्द्रिय भी यह बात जान गयी।

सूर्यास्त के बाद अधिक विलम्ब बिना अच्चु लौट आया। अगले दिन वेट्टम् जाना है। पिताजी के बारे में उसने बस इतना ही कहा—''बिलकुल परेशान हैं।'' उसने यह न दुहराया कि वे निर्धन और निरालम्ब हैं। गोपी की जाँच पड़ताल उनके स्वास्थ्य के सुधर जाने के बाद ही कर लेने के उसके आवेदन को नेटियिरिप्प् तम्पी ने उदारतापूर्वक मान लिया है—यह बात भी उसने न कही। उसके बाद पिताजी के खर्च और दवाइयों की राशि वह हर महीने पहुँचा देता रहा। चीरू दीदी गोपी की शुश्रुषा के लिए वहीं ठहरी। सहायता के लिए अम्मिणी दीदी को भी वहाँ ठहराया।

दो बच्चे और सीता दीदी ही कोल्हूखाने में मेरे सहायक रह गये। गायों को पहले ही एच्चु के वासस्थान पहुँचाया था। उस अहाते में घास-पात खूब हैं। पहाड़ी जल चढ़कर आता भी नहीं। देख-रेख के लिए खेतिहर भी हैं। एच्चु ने शिशु को जन्म दिया तो उसे बुआ का नाम रखा। यों नाणि नाम से एक नयी नारायणी आयी।

देश में राजाओं की ओर से लगान वसूली पूर्वाधिक सख्ती से होने लगी तो पतिनेट्टराक्काव् के त्यौहारों की छवि बासी होने लगी। तिल की पेराई कम हो गयी। लिखने और बच्चों को सिखाने के लिए गर्मी में भी अवकाश मिला। देवू की रुचि काव्यों में थी। अनियन को वैद्यक (आयुर्विज्ञान) में। बुआ की शुश्रुषा के दौरान उसमें रूपायित रुचि ही उसका कारण रहा होगा।

गोपी भैया की तबियत बुरी तरह और स्थायी ढंग से बिगड़ी हुई थी कि चीरू दीदी पिलाक्काट्टीरी से वापस आ नहीं सकी। घर में दिन-रात भारी कामकाज रहा था और चीज़ों अभाव भी। तो भी गोपी भैया के पुनः समागम से चीरू दीदी अत्यधिक सन्तुष्ट थी। बेचारी! थौड़े दिन के लिए वह हो गया। सोचा था कि आगे कभी भी वह नहीं होनेवाला है।

गोपी भैया थोड़े से चंगे हुए तो अम्मिणि दीदी वापस आयी। उनके कहने से ही यह विशद कहानी मालूम हुई थीं। फिरंगियों के साथ गोपी भैया का जाना, एक अनन्त यात्रा का प्रारम्भ था। रास्ते में दस्युओं के चंगुल में फँस गया। माल, धन तथा जहाज़ अन्याधीन हो गये। आक्रमणकारियों का बन्दी बना। उनके जहाज़ में कोड़े का प्रहार सहकर तथा डंठल ठेल कर सालों तक नरक यातना भोगी। किसी एक राजा की सेना ने उन दस्युओं को कब्जे में किया तो डंठल ठेलने के काम से मुक्ति मिली। किन्तु बिना एक कौड़ी के कहाँ कैसे जी सकता? नित्य का कार्य किसी न किसी

प्रकार निभा लेने से क्या पड़ता? इधर आ जाना तो है न? जहाज़ का किराया देने के लिए हाथ में कुछ नहीं रहा तो जहाज़ का मज़दूर बनकर ही यात्रा कर सकता था। कई कोशिश करने पर भी देश में वापस आ न पाने के कारण घूमता-फिरता रहा। शरीर की शक्ति नष्ट हो गयी। अकाल में बुढ़ापा आ गया। जिस पर विविध प्रकार की चोटें और बीमारियाँ भी। आदमी ही बदल गया। लेटते हुए देखने पर दुख लगेगा। हमेशा आँसू बहाते रहते।

स्थितिगतियों को गिन-गिन कर आँखें भर कर अम्मिणी दीदी स्वयं के आकासन के लिए दीर्घनिकास के साथ रटने लगी—'तान्तान् निरन्तरं' (स्वयं जो करते हैं...)। काव्यों की प्रतिलिपि लेने में सीता दीदी की सहायता करने में लगे रहकर ही दीदी दु:खों को भूलने का रास्ता खोज लिया करती थी।

'भारत' का लेखन कार्य भी पूरा हुआ तो पिषारटि आशान ने पूछा—"केतकी में फूल लगा तो उसे कलश से ढक कर रखा जा सकता है, क्या? बातों के बिगड़ जाने के पूर्व कृतियों को आष्वांचेरी में दिखाना ही बुद्धि है न?"

आशान ही शुकगीतों की प्रतिलिपियाँ साथ लेकर तम्प्राक्कल् के दर्शनार्थ गये। लौट आकर दो खास समाचार सुनाये। पहले, ब्रह्मांडपुराण को भाषा निबद्ध करने का निर्देश तम्प्राक्कल् दे रहे हैं। जल्दी शुरू करने की उनकी इच्छा है। दूसरा, सामूतिरिप्पाट् ने फिरंगियों से मैत्री स्थापित करके एक समझौते में मुद्रा लगायी है। कोच्ची के दाम पर वे पहाड़ी माल बेचेंगे। शिविर बनाने की अनुमति देंगे। युद्ध में हुए नष्टों की प्रतिपूर्ति में फिरंगियों से राजा को कोष़िक्कोड् के बन्दरगाह की चुंगी का अंश भी दे देंगे। उसके बदले में कोच्चि और कोलत्तिरि के बीच की लड़ाइयों में फिरंगी सामूतिरि की मदद करेंगे।

'नया सम्बन्ध!' आशान हँस पड़े—'न जाने, यह कितने दिनों के लिए होगा!'

'ब्रह्मांड पुराण' का मूल अच्चु से कहकर वेट्टत्त् से लाया गया। यह ऐसी भारी कृति है जिसमें भक्ति की कोई प्रमुखता नहीं। उसमें काम करने की रुचि नहीं लगी। तम्प्राक्कल् ने ऐसी एक कृति का काम क्यों सौंप दिया?—सोचने पर भी बात तब तक समझ में नहीं आयी जब तक वैदिक मुख्यों का अगला झगड़ा छिड़ गया।

शुक गीति को एक बार पढ़कर कुट्टिश्शेरि छोटे तिरुमेनी मूल कृति के साथ उसका तारतम्य करने के लिए उसे ले गये थे। बहुत दिनों के बाद दोनों कृतियों को लौटा देने के लिए वे जब आये तब उन्होंने पहले पहल कृति के बारे में कुछ नहीं कहा था। यही कहा कि "तुम्हें एक मूर्खता हो गयी है।—पिछली 'शास्ता प्रीति' के दौरान हवेली में आये किसी-किसी से इस कृति के बारे में कहने का मौका मिला

था। एक ने इस पर ज़्यादा दिलचस्पी दिखाई तो उसके हाथों पढ़ने के लिए कृति दे दी। क्या कहना! घमंडी होकर चलनेवाले अधीशों के किसी पार्कावर्ती के हाथों ही कृति पहुँच गयी है, इसका कोई पता नहीं था। ज़्यादा कहूँ क्या? ग्रन्थ को लौटा लेने में कष्ट उठाना पड़ा। मामला गड़बड़ हो गया है।''

भीतर से सीता दीदी ने जिज्ञासा प्रकट की—''मतलब?''

''क्रिया मार्ग सहित चिरापुरातन रहस्यमय सारे तन्त्र मन्त्रोपदशों को आलत्तियूर के कोल्हू ठेलनेवाले ने देशी भाषा में कर दिया है—यही उच्च अभिजात वर्गों का उपरालम्भ है। शूद्र ने यह सिद्धान्त स्थापित कर लिया है कि किसी भी महापापी को मोक्ष प्राप्ति के लिए यज्ञ यागादि की ज़रूरत नहीं, राम नाम जप ही पर्याप्त है। ब्राह्मणों को 'सु' और 'कु' वर्गों में इसने बाँट दिया है। 'सु' ब्राह्मण ही दान-सम्मान आदि का पात्र हो सकता—यही उस शूद्र का निष्कर्ष है। 'सु' बनने की योग्यताओं का भी विस्तृत विवरण वह देता है। मोक्ष के लिए वर्ण भेद कोई बाधक तत्व नहीं। ब्राह्मण होकर जन्म लेने मात्र से उसका ब्राह्मण होना सम्भव नहीं है। 'ब्राह्मणोंहं, नरेन्द्रोहं, कुलीनोहं, आद्योहं' आदि की डींग माँगकर चलते वक्त मृत होने पर जीव जन्तु उसे खाकर पाखाना करके जाएगा। भला, इनका निर्णय लेनेवाला यह कौन? क्या, यह महर्षि परशुराम हैं अथवा आदिशंकर? यही उनका सवाल है। एष्र्श्शन ने जो कठोर कर्म किया है उसकी जाँच पड़ताल अविलम्ब होनेवाली है।'

अपने ही समुदाय के अभिजातों के द्वारा प्रचारित महापाप सम्बन्धी उपालम्भ को रसीले ढंग से प्रस्तुत करके तिरुमेनी हँस पड़े—'प्रलयाग्नि आ रही है! छिप जाने के लिए कोई बिल खोजकर रखा है, क्या?

दरवाज़े के पास खड़ी सीता दीदी के अन्दर से एक अर्थपूर्ण दीर्घ निकास उभर कर आया। दूसरे लोग आकासग के लिए दीर्घ निकास छोड़ते हैं तो सीता दीदी रोष को रोकने के लिए ही ऐसा करती है।

''ठीक है''—कहते हुए तिरुमेनी उठ खड़े हुए।—''रसपूर्ण निकली है रचना! मूल से भी बढ़िया बनी है।''

वे सीढ़ियाँ उतर कर चले गये तो सीता दीदी ड्योढ़ी पर आयी। ''अब सोच समझकर सम्भल के रहने के बिना और कोई चारा नहीं है।...तलवार का मोर्चा अब फिर से आ जाएगा तो भैया, तुम किसी को बचाने के लिए यहाँ खड़े नहीं रहो। बच्चे बड़े हुए हैं। थोड़े विलम्ब से आयी अम्मिणी दीदी की मौन सहमति के लिए ज़रा रुककर सीता दीदी ने अपनी बातें ज़ारी की ''शुकगीतों की प्रतिलिपियाँ लेकर तुरन्त उन्हें वेल्लाट्टिरी, पेरुंपटप्प् तथा अन्य राजाओं के पास पहुँचा देना है। किसी को भी जानकारी दिये बिना प्रतिलिपियाँ लेने का कार्य हम करेंगी। 'भारत' की जो प्रतिलिपि पिषारटि आशान ले रहे हैं उसे कुटमालूर कलरि में पहुँचाकर उससे और प्रतिलिपियाँ

बना लेंगी।

फिर क्या, अश्रान्त परिश्रम ही चला. रात की नीरवता में बन्द किवाड़ों के पीछे रहकर दीदियों ने ग्रन्थों की नकल की। सीता दीदी धीमी आवाज़ में पढ़कर जिन पंक्तियों की नकल कर रही थी, दीदी ने उसे ध्यान से सुनकर प्रतिलिपि की। कभी-कभी यह प्रक्रिया सुबह तक चली। अन्दर का दीया (कभी न बुझनेवाला दीया) अखंड ज्योति बन गया। सुबह को वही दीया ड्योढ़ी में रख दिया जाता। प्रतिलिपियों को वेल्लाट्टिरी, पेरुंपटप्प् तथा वेट्टत्त में पिषारटि आशान ने ही पहुँचा दिया।

पूंकुन्नम् तथा पय्यन्नूर की कलरियों के लिए भिजवाने की प्रतिलिपियों का काम धूमधाम से जब चल रहा था, तब एक दिन शबरकोट्टम् के कारिन्दे ने आदमी भेजकर बुलवाया और पूछा—"कोल्हू पेराई करके जीविका चलाने की ही शर्त थी न? काव्य रचने की अनुमति माँगी, क्या?"

"नाम जपादि न करने की शर्त तो नहीं थी।"

"कुन्नलक्कोट की प्रजा काव्योपहारों का समर्पण नेटियिरिप्प् के शत्रुओं को क्यों करें?"

"ऐसा सोचा नहीं। बस, इतना ही सोचा था कि सभी जगहों के लोग पढ़ लें।"

"सभी प्रश्नों के उत्तर भी तैयार करके रखे हैं न?"

"नहीं। सबके लिए उत्तर..." निर्व्याज रूप से कहा था। परन्तु कारिन्दे को यह धृष्टता लगा। "इस प्रकार चले तो अविलम्ब कुछ होगा। हाथ में शुकगीत की जितनी प्रतिलिपियाँ हैं उन्हें यहाँ सौंप देना। उन्हें जब्त करके उत्तरी ओर भेजने का आदेश मिला है।"

समय-समय पर अनियन ने रामायण की प्रतिलिपियाँ कारिन्दे के पास भिजवायीं।

"बस, इतना ही? नहीं, नहीं, सुना है कि और भी कई हैं।"—यों कहकर कारिन्दे के द्वारा भौंहें सिकोड़ने की कहानी जब सीता दीदी जान गयी, उस रात को, दीदी ने कोल्हूखाने के घर के बीच के खुले कमरे की फर्श को पानी से सींचकर नारियल की खोपड़ी से मिट्टी खोद कर घुटने तक की गहराई और चार बित्ते चौड़ाई का गड्ढा बनाया और शुकगीतों के मूल ग्रन्थों को नये कपड़े में लपेटकर गाड़ दिया। फिर मिट्टी और गोबर से पोतकर घास की चटाई बिछाकर उसके ऊपर सो गयी।

यह सावधानी व्यर्थ नहीं हुई। नंपियों की आज्ञानुसार ढिंढोरा पीटकर यह घोषणा की गयी कि 'अध्यात्मरामायणं किलिप्पाट्ट' (शुकगीत) का एक भी ताड़-पत्र देश में किसी भी के हाथ में दिखाई न दे। सैनिक घर की तलाशी लेने आये।

ब्रह्मांडपुराण मूल को एक निधि की भाँति उठाकर आये अनुचर से मुखिया ने कहा—"नहीं, यह तो नहीं।"

जिद्दी सैनिक बर्छी लेकर आये और चावल की पेटी तोड़ डाली। कपड़े की पेटी तोड़कर उसके भीतर की सारी चीज़ें बाहर डाल दीं। खारे आम से भरे मर्तबान के भीतर भी हाथ डालकर टटोले। गोशाले में भी खोजा। मरुए पर भी टटोला। पुराने पत्रों और सूखे पत्तों से भरे कोल्हू का गड्ढ़ा भी खोद कर देखा। सुबह से शुरू हुई तलाशी दोपहर तक जारी रही। चूल्हा जला न पाने और स्त्रियों को अन्दर काम करने न देने के कारण बच्चों को भूखों रहना पड़ा। अन्त में, उनके चले जाने के बाद खाना पकाकर परोसा तो धूप ढल चुकी थी। दो कौर कञ्जी पीने के पहले ही पालकी के गुंजार के साथ और एक शोरगुल भी आँगन में आ गया।

मुनयूर और परिवार।

सीता दीदी दरवाज़े की ओर गयी। 'सैनिकों की तलाशी के बाद ही कञ्जी बनाने का अवसर मिला था। भैया कञ्जी पी रहे हैं।"

"कञ्जी! क्या ही आश्चर्य! सुना था कि पीते तो ताड़ी ही हैं।"—मुनयूर ने एक विकृत हँसी हँसी। परमानन्द के साथ जीते हैं—यही तो प्रसिद्ध है।"

मालिक की प्रीति के लिए अनुचर भी उसका रस लेने का बहाना करके ज़ोर से हँस लिए। "यह भी सब कहीं प्रसिद्ध है कि नदी में एक मछली भी शेष नहीं रही है तथा सबको पकड़कर एम्र्शनों ने भून कर खाया है।" एक कारिन्दे ने मुँह पर हाथ रखकर कह दिया।

साथ आये एक नम्पूतिरि तो एक कदम और आगे बढ़े और बोले—"नशा और हिंसा दोनों साथ-साथ चले तभी तो अद्वैत पूरा होगा।"

पड़ोसी दर्शक बनकर चारों ओर खड़े हुए। उनके बीच से रास्ता निकालकर कुट्टिच्चेरि छोटे तिरुमेनी और पिषारटि आशान आ पहुँचे।

"पुर्वी पिषारम के पिषारटि का कार्य कोल्हू खाने में है अथवा शास्ता के मन्दिर में?"—मुनयूर ने व्यंग्य किया।

"यह तय होने तक कि किससे ज़्यादा पुण्य मिलेगा, दोनों जगहों में कार्य करने का सोचा"—आशान हँसते हुए हाथ जोड़े।

'शूद्रसेवा में!' मुनयूर कुट्टिच्चेरि तिरुमेनी की ओर मुड़े। 'कुटटीरिनम्पुरि पिषारटि से प्रतिस्पर्धा में है—यों सुनाई दे रहा है, क्या यह सच है?" 'सच है या नहीं, मदमात्सर्य का विचार करने पर ही तो हम जैसे बुद्धिहीनों को मोक्ष प्राप्त होगा।'—कुट्टिच्चेरि तिरुमेनी हँसकर बोले।

आतिथ्य का पालन करते हुए हाथ जोड़कर उनके पास गये मुझे मुनयूर तिरुमेनी ने नख-शिख देखा।—"मछली सहित खाना शरीर पोषक ही है!"

अकस्मात् जीभ की नोक में यही आया—"मछली चखना सबके लिए भला ही है न?"

"थोड़ा नशा भी साथ हो तो बढ़िया, न?"

मदिरा न पीनेवाले किसी-किसी को भी उन्माद है—ये शब्द होंठ में आ गये किन्तु ईश्वर की कृपा से दब गये। पूछा—"इस रास्ते से क्यों?"

"जो कुछ सुना, उसकी सचाई को देख लेने का सोचा। सुना कि शुक को कोल्हू में पेर कर वेदगीत निकाल रहे हैं!

कुट्टिच्चेरि तिरुमेनी पूछा बैठे—"पेरने पर कौन शुक गायेगा?

"अरे! मुनियूर जी! खिलाने पर ही शुक गाएँगे न?

'समझ गया'—मुनयूर तिरुमेनी गम्भीर हो गये। "ठेलनेवाले के साथ कई साथी भी हैं—यह ख्याति जो है वह वृथा नहीं। हाँ उस कोल्हू में प्रतिदिन कितनी पेराई होती है?" बोल

पड़ा—"चार और छह की पेराई हुआ करती है।"

जानबूझकर द्व्यार्थ का प्रयोग नहीं हुआ था।

मुख पर थप्पड़ खाने के जैसे मुनयूर के होंठ ऐंठ गये। हुंकार करते हुए वे पालकी पर चढ़े।

शबरकोट्टम् के कारिन्दे ने मुझे फिर नहीं बुलवाया। ग्रन्थ को उत्तर की ओर भेजा कि नहीं, परिणाम क्या निकला, इसके बारे में कुछ भी मालूम नहीं हुआ। इतना पता तो चला कि पेरुंपटप्पु, वेल्लाट्टिरी तथा अन्यान्य राज्यों के राजाओं ने कलरियों के माध्यम से रामायणं शुकगीत की प्रतिलिपि लेने और उसका प्रचार करने का आदेश ज़ारी किया है। यह भी सुना कि नयी लिपि और अक्षर पाठ्यक्रम का प्रचलन अधिकांश जगहों पर हो गया है।

शास्ता प्रीति : धर्मशास्ता की मनौतियों में एक। वेदालाप और ब्राह्मणों के लिए प्रीतिभोज उसमें मुख्य हैं।

चार और छह (द्व्यार्थ) : चार प्रस्थ तिल और छह प्रस्थ सूखे नारियल। चार वेद और छह शास्त्र।

शबरकोट्टम्-9

सारे अवतारों के आधार स्वरूप आपने शुकगीतों के सृजन में अनुग्रह बनकर परम शान्ति का अपूर्व स्वाद कृपापूर्वक प्रदान किया। अमृत समान उसको चखकर तथा थोड़ा और प्राप्त करने के लिए आकुल होकर तथा समस्त संसार को आप के क्रीड़ा मंच के रूप में अनुभूत कर रहा था कि फिर एक बार असहिष्णुताओं का आगमन हो गया। उसकी सम्भावना से अवगत होने के कारण सब कुछ भोगने को मन से तैयार भी हो गया था।

सुना कि वैदिक उपदेशक ही सामूतिरि को फिरंगियों से पुनः मैत्री स्थापित करने की प्रेरणा देनेवालों में प्रमुख थे। कभी न मिटनेवाली व्याधि को अलंकार के रूप में स्वीकार करने का धर्मोपदेश! व्यापार में वृद्धि होगी, भंडार पुनः भर जाएगा, सेना का खर्च कम हो जाएगा—वैदिकों के बीच ज्योतिषियों का वेष पहने कोई-कोई भी इस दवाब के हिस्सेदार रहे! चौथे वेदवालों को दबाने के लिए देवी के द्वारा भेजी गयी कोत सेना ही फिरंगी है तथा बिना बुलाये आये विपत्तिकालीन बन्धु रूपी उन्हें कुन्नलक्कोन किसी भी कारण वश अप्रसन्न न करें, तथा यदि ऐसा करेंगे तो देवी का कोप होगा—ज्योतिष में ये बातें प्रकट हुईं।

इस दुरुपदेश के परिणाम स्वरूप तथा उससे शासन में ज़्यादा अधीशत्व प्राप्त वैदिकों ने, जाति भेद के बिना, वेदशास्त्रों का प्रचार करनेवालों में शेष रहे व्यक्तियों को जड़ से उखाड लेने की ठान ली और उसकी कोशिश में प्रवृत्त हुए। छावनी में ही युद्ध! यह नहीं हो सकता। समूल भगा देना है—यों दृढ़ निश्चय कर लिया। मनुस्मृति का प्रचलन ज़रूर करना चाहिए—यही उनका निर्णय था। चातुर्वण्य का मतलब जन्म से अर्जित जातिभेद ही होना चाहिए। इस विषय में इस बीच जो क्षति पहुँची उसका प्रत्युपाय होना चाहिए। सामुतिरिप्पाट् सहित राजाओं की जाँच पड़ताल कर उन्हें दंडित करने का अधिकार वैदिकों में निक्षिप्त होना चाहिए।

''यह सही नहीं है''—कहकर उन्हें सुधारने के प्रयास किये शुद्ध तिरुमेनियों की ओर ही उन लोगों के अधिकार की बर्छी की नोक को बढ़ते देख सबको नये

प्रवाह की गति और शक्ति का पता चला। कतिपय राजमहलों का स्वत्वाधिकार हटाकर मन्दिर की सम्पत्तियों को सीधे सामूतिरि के कारिन्दे के अधीन कर लिया गया। कतिपय प्रमुख मन्दिरों को उसके परम्परागत स्वामियों से छीनकर अपने अधीन किया। तराइयों के कतिपय महलों का अधिकार कम किया गया। उनको कार्यविचारों के लिए निमन्त्रित नहीं किया गया। अपने आदेशों को न माननेवाले परिवारवालों के विशेष अधिकारों को खत्म कर दिया गया। एकाधिक महलों की ड्योढ़ियों को सामूतिरि के कारिन्दों के द्वारा नष्ट-भ्रष्ट कराया गया। न माननेवाले संकेतों के अधिकारों में हस्तक्षेप करके उनके अधीनस्थ मन्दिरों की सम्पत्तियों को नेटियिरिप्प् नंपियों के अधीन करा लिया गया।

इन सबको गिन-गिन कर कह सुनाया था अटियाश्रत्तु मूप्पिल नायर ने। प्रतिरोधी शक्ति की उपलब्धियों के तौर पर ही यह सूची गिनायी गयी थी। मन्दिर में वन्दना करने के बहाने वे 'मंडल काल' में शबरकोट्टम् आये थे। विशेष तौर पर 'चतुश्शति', 'निरमाला' और 'दीपार्पण' कराये गये।

पहले सुना था कि तड़के ही वन्दना करके वे लौट गये हैं। किन्तु वे तिरुवूर वापस नहीं गये थे। तेक्कत्त घराने में विश्राम कर रहे थे। तेक्कत्वालों ने मुखिया के आगमन को धूम-धाम से मनाया। आरती की वन्दना करके मूप्पिल नायर मन्दिर से कोल्हू खाने की ओर सपरिवार आये तो उनके पीछे विनम्रता के साथ तेक्कत्त् के बुजुर्ग मातुल भी आये थे। पालकी से नीचे उतरकर नाटकीय ढंग से चारों ओर दृष्टि डालकर मूप्पिल नायर हँस लिए और बोले—''पेराई की कलरि बढ़िया बनी है।''

बैठने को कहा तो वह हँसी फिर गूँज उठी—''कहाँ बैठूँ? उस कोल्हू पर?—ओह! वही है न ''चार और छह की पेराई'' से ख्याति प्राप्त विशेष कोल्हू ?'' एक बात बताना चाहूँगा। तुम्हें आमोद-प्रमोद के लिए यहाँ भेजा नहीं गया है। मछली खाकर, ताड़ी पीकर नाच-गान कर संलाप करने के लिए नहीं। देशद्रोह का दंड भोगने के लिए है। इर्द-गिर्द के तिरुमेनियों को वश में करके उसे सुखवास में बदल नहीं पाओगे। कोल्हू ठेलने का काम स्त्रियों और बच्चों को सौंपकर शुकगीत, विनोद गीत आदि लिखकर रेशमी कपड़े में लपेटकर शत्रु शासनों को भिजवा देने की कथा का पता कुन्नलक्कोन तक पहुँच गयी है। उबलते तेल में तुम्हारे दोनों हाथ डुबोये जाएँगे। उसका निर्णय लिया जा चुका है।

बीच में धीमी आवाज़ में मैं बोला—''आयु को बढ़ा दिया, धन्यवाद।''

उस सुनकर भी अनसुना-सा बहाना करके ज़ोर ज़ोर से भर्त्सना करने लगे—''नहीं। नहीं। उबलते तेल में हाथ डुबाने के इस दंड को कोई भी टाल नहीं सकता। इसे कोई 'पैर डुबोना' भी नहीं कर पायेगा। परामर्श समिति की सर्वसम्मति से लिया गया निर्णय है। ऐसी आशा न रखें कि फिलहाल राजा से झगड़नेवाले तिरुमेनी लोग

आपकी मदद करेंगे। एक-एक करके उनको भी सबक सिखाएँगे। वह तो शुरू हो चुका है।

तभी उन्होंने क्रान्ति प्रेमी तिरुमेनियों पर चालू की गयी कार्रवाइयों की सूची पेश की। उसके बाद सख्ती से यह घोषणा की—''ऐसा न सोचें कि कार्रवाई उबलते तेल में हाथ डुबोने मात्र से खत्म होगी वह एक आरम्भ मात्र है। गले पर सिर नहीं होगा।''

भर्त्सना के रूप में जानकारी देने का काम वहाँ भी समाप्त नहीं हुआ। जाने को उद्यत होकर चार कदम आगे रखकर फिर पीछे मुड़ आये—''इतना सब सुनने पर भी कोई घबराहट नहीं है क्या? सोचते होंगे कि तम्प्राक्कल् बचा लेंगे। यह तो सच है कि कोई पुराण रचने का काम जो सौंप दिया गया है उसके पूर्ण होने तक रक्षा करने का तम्प्राक्कल् ने राजपरिवार से अनुरोध किया है। नहीं तो कब के काम तमाम हो जाता। याद रखो कि यह छूट कल्पान्त काल तक नहीं मिलेगी!''

रास्ते में प्रतीक्षा में खड़ी पालकी पर चढ़ते हुए यों आक्रोश किया—''ओह! सब कुछ भोगने पर भी कुछ भी न समझने वाला वर्ग!''

वेट्टत्त् राजमहल के आँगन में खेले गये जीवन रक्षा नाटक के उपरान्त उन्हें कभी भी नहीं देखा है। उधर जाकर कृतज्ञता प्रकट करना या कृतज्ञता सूचक दूत भेजना असम्भव है, इस बात से वे भी भली-भाँति अवगत हैं। दस-बारह सालों में उनके तन पर उम्र के निशान तो पड़े हैं तो भी सहज स्वभाव में कोई परिवर्तन नहीं आया है। विपत्ति की सूचना देने के लिए ही वे पहुँचे हैं। उसका निर्वाह भी पुरानी शैली में किया। परिवर्तनशील देश काल के बीच से दौड़ते हुए भी अपने प्रिय गुरुवर के भानजों के प्रति आत्मीय स्नेहवात्सल्य को सहेज कर रखनेवाले उस महानुभाव का मैंने मन ही मन प्रणाम किया।

ईश्वर का जो निर्णय है वही घटेगा। फिर भी पूर्व सूचना के समान उपाय चिन्तन की शक्ति भी ईश्वर का वरदान है। अकेले में बैठकर सोचने से कहीं प्रयोजनकारी है समान मनोवृत्ति वालों से परामर्श करना—यह विवेक भी ईश्वर की कृपा से सूझा। आँगन से सब लोग चले गये तो सीता दीदी ने स्वयं उसका प्रारम्भ कर लिया।—''संकेत की जानकारी के बिना ऐसा निर्णय आयेगा क्या?''

''अपराध देश द्रोह है तो जाँच पड़ताल और दंड निर्णय संकेत के अधीन नहीं।''

हाथ में रखे दीये को नीचे रखकर दीदी कहने लगी मानों ईश्वर से कह रही हो।

''क्या, इसका कोई अन्त नहीं?''

''उसका श्रम ही उनका है।''

दीये को फिर से उठाकर दीदी बोली—"बच्चे बड़े बने हैं। भैया के न रहने पर भी वे जी लेंगे। 'इस देश को छोड़कर कहीं जाना'। इसकी सूचना ही अटियाश्रम् के मूप्पन ने दी है न?"

"तब भी कठिनाई होगी। भविष्य में कोल्हू ठेलकर भूखों रहने को आगामी पीढ़ी भी विवश हो जाएगी—यह दंड है। वह तो नहीं होना है।"

"तम्प्राक्कल् के सोचने पर भी?"...

'इस बार किसी से भी सम्भव नहीं यह न?...'

कोई भी विकल्प नहीं दिखा। दीदी के हाथ के दीये का तेल हिलडुलकर छलक उठी और उसकी जलती बत्ती से चार-पाँच अग्नि स्फुलिंग उतरकर नीचे पहुँचने के पहले जलकर तितर-बितर हो गये।

पालकी की आवाज़ और आँगन का शोरगुल सुनकर पिषारटि आशान आ पहुँचे तो कार्य-विचार सहसा रुक गया।

मूप्पिल नायर के द्वैध वेष का कोई पता आशान को नहीं। उनको इतना पता है कि वे तान्नियूर कलरि में मामाजी के शिष्य रहे हैं। फटकार देने के लिए ही वे इधर तक आये हैं—इतना ही आशान ने सोचा।

सहोदर के स्थान पर प्रतिष्ठित उनसे सचाई को अब क्यों छिपा लूँ? सीता दीदी के मुख की ओर देखा तो वहाँ भी यही भाव झलकता था। मूप्पिल नायर के व्यवहार में पहले से ही प्रवृत्त अन्तर्धाराएँ आशान को समझा दीं।

"अरे चतुर!" यों कह हँस लेने के बाद चिन्ता में लीन हुए आशान ने सिर खपाकर जो समाधान निकाला वह था अधिकारियों के साथ मेल-मिलाप कर लेना। उन्हें बस एक ही चीज़ चाहिए—स्वयं उसे अस्वीकृत करना। सिर को गले के ऊपर रहना है तो लेखन को अपने आप काट लेना चाहिए। तभी तो शुकगीतों को ही नहीं हरिनाम कीर्तन तथा देवीमाहात्म्य आदि के प्रचार को रोक पाएँगे। लिखनेवाला ही यदि स्वीकार करे कि उन्होंने जो लिखा वह गलत हुआ तो लेखन का प्रयोजन ही क्या है?

"ईश्वर के नियोग को निभा लिया तो उसे गलत क्यों स्वीकार करूँ?"

"कोई सन्देह नहीं। ये लोग जो कुछ भी करें, हरिनाम कीर्तन आदि काव्य सबको अतिजीवित करेंगे।" आशान की हँसी थम गयी, "दुर्भूतों के दमन के लिए यों ही कहना.."

"असत्य कथन हो नहीं सकेगा।" 'नहीं'। सीता दीदी ने दीये की बत्ती थोड़ी सी नीचे की—"मैं जाकर तम्प्राक्कल् से मिल लूँगी।"

मूप्पिल नायर के द्वारा मचाया गया हंगामा सुनकर बच्चे को कमर में लेकर एच्चु और उसके साथ रावुण्णी आये। मूप्पिल नायर का वास्तविक उद्देश्य वे भी

जान नहीं पाये। उनसे कुछ कहा भी नहीं। चारों ओर के लोग भी वृत्तान्त जानने आये। ऊँचे अधिकारी डाँटने के लिए आये, बस इतना ही कहकर दीदी ने बात सम्भाल ली। दूसरे दिन अन्यान्य भवनों से पूछताछ हुई। पेय्याप्पंतल तिरुमेनी ने पूछा—"क्या हुआ? आसमान टूट कर गिर पड़ा क्या?" 'शुकगीत जो लिखा, उसका दंड आयेगा। तिरुवूर के नेटियिरिप्पु कारिन्दा यह बताने आया था।"

"तब तो नाम जाप के लिए भी दंड मिलेगा न? उसे रहने दे। जो कोई भी कुछ भी कहे उसे शान्त होकर क्यों न कहते? स्त्रियाँ और बच्चे जहाँ सो रहे हैं वहाँ असमय में ऐसे अट्टहास क्यों करें?

"वे ऐसे व्यक्ति हैं पहले से ही। किन्तु बड़े भोले भाले हैं।"

"गीत लिखने का दंड क्यों? आलत्तियूर के कारिन्दे से मिलने पर पूछ लूँगा—कुछ समझा—बुझाने के लिए आना है तो उसे आना चाहिए। इस व्यक्ति को यहाँ क्या पड़ा है?" कुट्टिच्चेरि तिरुमेनी ने बुलवाकर निर्देश दिया—जल्दी आतवनाट्टु को सूचना दे दें। यही एक उपाय है।"

आँगन की रेत में बाँस के काँटे से चित्र खींचते रहे छोटे ने टिप्पणी की—निराई के बारे में सुना है। इन महा मूर्खों को तो कटाई में ही रुचि है—यह अभी मालूम पड़ा। अक्षरवैरियों की खेती-बारी अतिविशिष्ट ही है!"

सीता दीदी आतवनाट्टु की ओर रवाना होने लगी तो उसके पहले अच्चु वेट्टत्त् से आ पहुँचा। कल आँगन में जो हंगामा मचा था उसके बारे में उसने भी सुना था। किन्तु वह मूप्पिल नायर को भली भाँति पहचानता है। मेरे या दीदी से कहने से उसे यह पहचान नहीं मिली थी।

"मौसी जी, आप अभी न जाएँ, पूछ-ताछ मैं करा लूँगा।"

दूसरे दिन वहाँ से निकले उसके लौट आने में दो दिन लगे। राजपत्नी ने तम्प्राक्कल् से जो सूक्ष्म जानकारी पायी उसे उसने कह सुनाया। बात तो ठीक है। कोष़िक्कोट् की परामर्श समिति ने ऐसा एक निर्णय ले लिया है। तम्प्राक्कल् ने हस्तक्षेप करके उसे रोक दिया है। किन्तु वह रोक कहाँ तक रहेगी उसके बारे में बताया नहीं जा सकता। सुनने में आया है कि वैदिकों के नेताओं ने शुकगीतकार के सिर को काटने का अतिगूढ़ निर्णय ले रखा है।

कोष़िक्कोट् जाकर तिरुमेनी के पैरों पड़कर समस्त अपराधों को क्षमा कर देने की प्रार्थना करें तो भी कोई प्रयोजन नहीं होगा—अच्चु ने दाँत पीसते हुए अपना मत यों प्रकट किया। पष़ञ्ञानत्त् घरानेवालों में जिसने वेदों को वश में किया है उसे देश में रखना नहीं है—यही उपदेशक वैदिकों का हठ है। सामूतिटिप्पाट् भी उनके वचनों का विरोध नहीं कर पाएँगे। वैदिकों ने यह अन्तिम निर्णय ले रखा है कि पष़ञ्ञनम् के ही नहीं किसी भी घर का कोई भी शूद्र आगे वेदों का अध्ययन करने की हिम्मत

न करे।

उनका यही न्याय है कि किसी एक को यदि कठोर दंड दे दिया जाए तो फिर कुछ काल के लिए ही सही शूद्रों का यह अतिमोह सिर नहीं उठायेगा। उनका सारोपदेश यहाँ तक चला है कि तम्प्राक्कल् ही नहीं कोई भी हस्तक्षेप करे तो भी धर्मनिर्वहण में कुन्नलक्कोन को कोई त्रुटि न आ जाए।

रोष के साथ मुट्ठी बाँधकर अच्चु दाँत पीस कर बोला—"यही धर्मनिर्वहण है क्या?"

"कुछ भी आ जाए तो भी मन चंचल न हो जाये"—अच्चु को उपदेश देना पड़ा। "हमें क्रुद्ध बनाएँगे तो हमारे उर की अग्नि से ही कोई हमें जला सकेगा! यह हठ किया नहीं जा सकता कि सरस्वती सेवा के लिए सदैव पाटम्बर और कनक कंक ण ही मिले। कभी-कभी यह भी मिल सकता है न? दोनों को एक ही प्रकार मानना चाहिए।

वयस्क हो जाने पर उसकी आँखों की श्वेताग्नि राख से आवृत होकर लगभग छिप चुकी थी। बचपन की आड़ के बिना प्रकट उसकी तीक्ष्णता, म्यान में पड़ी तलवार की तेज़ धार के समान अप्रत्यक्ष हो गयी। मेरा समझा-बुझाना विनम्रता से सुन तो लिया, लेकिन उसका मुख भाव यह स्पष्ट बता रहा था कि वह उसे उसी भाँति स्वीकारने वाला नहीं। सहमति स्वरूप गुनगुनाया तक नहीं।

दीदी ने ज़ोर से कहा—"अच्चू! क्या, मामाजी का कथन सुना न?"

वह फुसफुसाया "हाँ मौसी जी, हाँ, सुना।"

मैंने कहा—"तू इसमें हस्तक्षेप न कर। यह एक आज्ञा है। यह खतरा मेरे साथ खत्म हो जाए। मुझे कुछ भी हो जाए तो भी सामूतिरी का कालुष्य परिवार के लोगों के प्रति न रह जाए।"

उसका सिर झुक गया—"हाँ, ठीक है।"

दो दिनों के भीतर तेक्कत्त् के मुखिया के द्वारा नम्पी का आदेश पहुँचाया गया। तिरुवूर नम्पी के आदेशानुसार जाँच-पड़ताल करनेवाले तेक्कत्त घराने में पहुँच रहे है। 'पष़ञ्ञानत्त् लक्ष्मी का पुत्र, अप्पू, अनियनेष़्श्शन आदि नामों से पुकारे जानेवाला दास कृष्ण के नाम पर आये वृत्तान्तों व फरियादों के आधार पर उससे उस सम्बन्ध में पूछताछ करने वे आ रहे हैं। अगले दिन सुबह ही तेक्कत्त् घराने की ड्योढ़ी में पहुँचना है। उसमें कुछ हेरफेर न हो जाय।'

अगले दिन सुबह शास्ता की वन्दना करके, गुरुजनों व पूर्वजों का ध्यान करके, कुछ भी सहने के लिए कटिबद्ध होकर निकल पड़ा। कई सालों के बाद शबरकोट्टम् के वृत्त से बाहर दस कदम रखने का अवसर आया है। पुतुप्पल्ली प्रदेश को अभी तक देखा तक नहीं था। इतना जानता था कि वहाँ जो नयी पाठशाला

थी वह नष्ट भ्रष्ट हो चुकी है।

पूछ-ताछ करके तेक्कत्त् घराने पहुँच गया। ड्योढ़ी के पहरेदारों से बात कही। प्रतीक्षा में खड़ा रहा। अनुमति और अनुचर के मिलने पर अन्दर घुसा। ड्योढ़ी पर लकड़ी की कुर्सी पर बैठे रहे कारिन्दे ने बैठते ही बैठते किस ओर मुड़ना है इसका इशारा तर्जनी से किया।

धान्यागार के नीचे के कमरों में एक में तीन सिपाही हैं। वे तीनों और उनकी सुख सुविधाओं की देख-रेख के लिए खड़ा तेक्कत्त् घराने का व्यक्ति नाश्ते के बाद के विस्तृत पान खाने में लगे हैं। सबके सब सुख-सुविधापूर्ण आतिथ्य ग्रहण के नशे में हैं। उनमें से किसी के द्वारा आलापे गये शृंगार श्लोक की पूर्ति तक किसी ने मेरी ओर ध्यान नहीं दिया। उस श्लोक के निरंकुश आस्वादन तथा उसके अश्लील आशय की जुगाली करते देरी से आयी हँसी के बाद उनका मुखिया पगड़ी धारण कर आया और छाती पर हाथ रखते हुए पूछा—"पष्ञ्ञानम् के राम का अनुज दास अप्पू उर्फ कृष्ण है न?"

"जी हाँ"।

"नेटियिरिप्प् राजपरिवार के सर्वनाश के लिए आभिचार क्रिया में लगा हुआ है—यह जो सुना क्या यह सही है?"

"नहीं।"

तेक्कत्त् घरानेवाले ने धीमे स्वर में डर के साथ गवाही दी—"सजग रहिएगा। देखने के जैसे बेचारे तो नहीं है यह। बड़े कमाल के आदमी हैं। भूत प्रेत पिशाच आदि उसके अधीन हैं। रात के वक्त उस कोल्हू को खुद घूमते तथा उससे धाराप्रवाह तेल को बहते कई लोगों ने देखा है।"

बारह सालों से जिस इलाके में रहते हैं उधर की राय है यह! पूरे विश्वास के साथ उस युवक ने यों बताया था। वहाँ भी वह रुका नहीं—"मालूम है क्या उसके हाथ का शुक कौन है? यक्षी! वह सचमुच एक स्तनवाली! वह शूरपराक्रमी जब वश में है तब ग्रन्थ ही नहीं कोई भी चीज़ कहीं भी पहुँचाने में क्या कठिनाई है? कोई भी अदला-बदली करने में क्या दिक्कत? ब्रह्मरक्षस तथा गन्धर्व आदि भी उसके काबू में हैं।"

भयचकित सैनिकों ने गम्भीरता छोड़े बिना पूछा—"कोल्हू खाने में भी कुचले का चबूतरा है, क्या? उस चबूतरे में मीठे पत्तों से युक्त कुचले का पेड़ है क्या?

"नहीं।"

"उबलते तेल में डुबोने पर भी उसका हाथ जलेगा नहीं!"—तेक्कत्त के व्यक्ति ने कहा।

सैनिकों ने आपस में देखते हुए तत्काल के लिए विदा दी—"अब चले जाओ, कल भी सुबह आ जाना।"

मन्त्र सिद्धियों के बारे में जो सुना था, उसके यथार्थ को खोज लना तथा आँखों के सम्मुख से ओझल हुए बिना अन्तिम जाँच पड़ताल के लिए उसे किसी न किसी प्रकार कोष्रिक्कोट् ले चलना ही उनका लक्ष्य था—इसका पता दूसरे दिन सुबह तक नहीं चला था।

शबरकोट्टम्-10

दूसरे दिन सबेरे तेक्कत्त् घराने में नहीं, आतवनाट् की ओर जाना पड़ा था। ब्यालू के पहले तम्प्राक्कल् का ताड़-पत्र मिला। तुरन्त आश्वांचेरी घराने पहुँचना। वहाँ कुछ दिन ठहरने की तैयारी में आना। ब्रह्माण्ड पुराण का अनुवाद पूरा नहीं हुआ तो भी कोई बात नहीं। जहाँ तक हो गया है उसे लाना।

तम्प्राक्कल् काफ़ी वृद्ध हो चुके हैं। थकावट भी है। कई दिनों से उनके दर्शन न कर पाया। स्वेच्छा से शबरकोट्टम् से बाहर जाने की अनुमति नहीं रही तो अब ऐसा एक अवसर जो मिला उसे भाग्य ही समझा। पेय्याप्पंतल तिरुमेनी को सूचनी दी। निकल पड़ा। हवेली में क्यों कर ठहरना है—यह समझ में नहीं आया। ज़रूर कोई कार्य होगा।

सीता दीदी ने भी कहा—''सब कुछ भलाई के लिए ही होगा।''

''तेक्कत्त् घराने में सैनिक लोग राह देखते रहेंगे''—ऐसी शंका प्रकट करने पर सीता दीदी ने सूचित किया—उनसे बचाने का प्रयास ही तम्प्राक्कल् करते होंगे...सीधे नदी मार्ग से जाना। सैनिकों के थल मार्ग से नहीं।''

पुराण का भाषान्तरण लगभग पूरा हो चुका था। निन्यानब्बे अध्यायों में सात ही शेष रह गये थे। उसके मूल और अनुवाद लिख लेने के लिए आवश्यक ताड़-पत्र साथ लिए।

अनुवाद में मौलिक उद्भावनाओं का प्रयोग करने की सीमाएँ रहीं। सोचा कि एक-एक अध्याय को अलग-अलग रूप में संग्रहीत करने का ही तम्प्राक्कल् का उद्देश्य रहा होगा। वैदिकों को ज़्यादा लांछन न लगे इस उद्देश्य से मूल की 'भद्रदीप प्रतिष्ठा-विधि' छोड़ दी। ''उस अनुष्ठान को प्रद्युम्न को सुनाया—इतना कहकर इति की। पाँच अध्यायों में व्याप्त अध्यात्म ज्ञानोपदेश को भी, इसी विचार से —''जनक को ज्ञानोपदेश दिया''—यों संक्षिप्त कर लिया।

भाषा में करने पर, कार्तवीर्य की जलक्रीड़ा का वर्णन श्लील न रहेगा—ऐसा निर्णय लेने में स्वातंत्र्य दिखाया। दत्तात्रेय द्वारा कार्तवीर्यार्जुन को दिया जानेवाला

ज्ञानोपदेश, चन्द्रगुप्त का जमदग्नि आश्रम वर्णन जैसी कतिपय जगहों पर मौलिक उद्भावनाओं का प्रयोग हुआ। वह तो जान बूझकर नहीं। असुरक्षा के उसकाल में भी हाथ आये काव्योन्मेष के कारण ही यह सम्भव हो सका था।

तम्प्राक्कल् तथा तिरुकंटियूर भगवान की वन्दना कर रचना की इति करने का ही उद्देश्य था। आष्वांचेरी की आज्ञा ही तो इस प्रयास की प्रेरणा रही थी। तिरुकंटियूर मन्दिर में गये कई साल बीत चुके थे। एक सविशेष आकर्षण उस मन्दिर के प्रति है! उस मन्दिर के गर्भगृह और परिसर के बारे में अक्सर सोचा करता था! अनूदित कृति में परशुराम का गुरु भी है परमेकार।

रास्ते में तिरुपरङ्ङोट् मन्दिर में गया, वन्दना की। दुःख के मारे दौड़े-दौड़े आये मार्कंडेय को सीधा रास्ता खोल कर देने के लिए अपने तन के तने को दो टुकड़ों में बाँटकर रास्ता बनाने के बाद पूर्व स्थिति को प्राप्त किये बिना खड़े रहे वट वृक्ष के परम कारुण्यमयी किवाड़ से दीवार के भीतर की ओर सिर नवाया। उस रास्ते को पार करते हुए ही पहले एक अवसर पर हथकड़ी-बेड़ियों के बन्धन से मुक्त करनेवाले महादेव के प्रति कृतज्ञता ज्ञापित की! 'कर्मकांड के समाप्त होते ही इस नारकीय जीवन रूपी शृंखला-बन्धन से मुक्त होने में सहारा बनकर रहे'—यों प्रार्थना की।

उधर से निकलकर उत्तर दिशा की ओर चलते हुए नावामुकुन्द की वन्दना की। 'मामाकम्' के बाद जीवित लाश बनकर लौटने के बाद पहली बार। बारह साल के रण में सैनिक बनकर तथा हर बारहवें साल में चलनेवाले मामाकम् में आत्मघाती बनकर कई सहस्र व्यक्तियों के द्वारा बहाये खून के दाग या निशान वहाँ कहीं भी नहीं है। नदी के जल के समान वे सब काल के समुद्र में बहकर विलीन हो गये। थल, बालू, वायु, जल सब स्वच्छ और शान्त। पीपल अपने हज़ारों होंठों से जप कर रहा था "समस्त पाप मिट जाए।"

तिरुनावाय के वेल्लाट्टिरी कोयिलाल् की आँखों की शक्ति बढ़ती उम्र के कारण क्षीण हो चली थी। पहचान गये तो अत्यधिक प्रसन्नता हुई। घर के सभी लोगों का कुशल पूछ लिया। यह भी पूछा कि यात्रा किस ओर है। तम्प्राक्कल् के द्वारा बुलाये जाने के कारण उनके दर्शनार्थ जाने की बात कही।

यह सुनते ही उन्होंने निर्देश दिया—शिव के लिए एक विशेष 'धारा' पूजा करनी है। कृष्णन की आयु की इति देखना चाहनेवालों ने उपवास शुरू किया है न?

उन्होंने कहा कि वेद पाठशाला के अध्यापक गण और साथी उपवास में हैं। भोले-भाले अनजान अध्येताओं को भी उपवास में रखा है। वेद के ऊपर पड़े शूद्र आभिचार के दूर होने तक यह उपवास चलेगा।

भोजन परोसकर उसके सामने पंक्ति बद्ध होकर बैठने के उपरान्त ज़ोर ज़ोर से

शिकायतों की पुकार लगाकर, भूख हड़ताल की घोषणा करके, हाथ झटका कर शाप देते हुए खड़े होने की चर्या में दिन बीतते रहेंगे तो राजा और राज्य अवनति की ओर गिर पड़ेंगे—यही आम विकास है।

इस अपूर्व संग्राम-रीति में बच्चों को शामिल किया नहीं जाता। इन लोगों ने कार्यसिद्धि को आसान करने के लिए बच्चों को भी इसका हिस्सेदार बनाया। नोच-खरोंच कर शिशु को रुलाकर कार्य सिद्ध करनेवाली निर्दय माता का दाँव ही है यह। बलशाप पैर पकड़ने पर भी मिट नहीं जाएगा—इस बात से उनके अलावा बाकी सारे लोग अवगत हैं।

शिकायत का समाधान न हुआ तो मृत्युपर्यन्त उपवास—यही इस संग्राम की रीति है। छोटे बच्चे भूख के मारे मर जाए तो नेटियिरिप्प् ही नहीं दुनिया का ही सर्वनाश हो जाएगा।

"विपत्ति है।"—कोयिलाल् ने उपदेश दिया—"सैनिकों की दृष्टि में पड़े बिना आऴ्वांचेरी चहारदीवरी के अन्दर पहुँच जाना, यही बचाव का मार्ग है। कहीं भी ठहरना मत।"

रास्ते में कोई रुकावट नहीं आयी। दोपहर को आतवनाट् पहुँच गया। भोजन करके, प्रति दिन के विश्राम के लिए गये बिना ड्योढ़ी में ही बैठे हैं तम्प्राक्कल्। सीढ़ियाँ पार करके आते देख कर धूप की तीक्ष्णता कम करने के लिए हाथ की ओट करके गौर से देखकर निश्चित किया। क्या वे मेरी राह देख रहे थे?

रेशमी कपड़े में बाँध कर रखे पूरे हुए अनूदित काव्यांश को उनके चरणों पर रखकर नमस्कार किया—"थोड़ा और शेष रह गया है।" वे उठे और बोले—"वह तो बाद में करेंगे। चलकर आये हैं न? अब भोजन कर लेना।"

दृष्टिपात से ही निर्देश मिला तो कारिन्दा मुझे बाहर की कोठी की ओर ले चले। स्नानागार के बाहर भी खड़े रहे। भोजन के वक्त साथ बैठे। इस बीच उन्होंने जो बातें की उसका सार है—वैदिकों की शिकायत है कि रामायण को पऴ्ञ्ञानम् के शूद्र ने मलिन किया। वेद कलंकित हो गया। यही नहीं शुकगीत और विनोदगीत के रूप में वह शत्रु राजाओं के हाथों नेटियिरिप्प् की हँसी उड़ाने का साधन बक चुका है। अभिजात वर्ग का हठ है कि पऴ्ञ्ञानम् के विषवृक्ष को जड़ से उखाड़ कर फेंक दें।

हाँ, हाँ करके सारी बातें सुनते हुए, 'जो भी हो सब समान' ऐसी भावना की शीतलता ही उर में उद्भूत हो रही थी। आऴ्वांचेरी हवेली का सविशेष प्रशान्त परिवेश ही इसका कारण रहा है। भगवान की कृपा की महिमा। अगले ही पल तलवार की चोट खाकर गिर पड़ने की स्थिति में भी आसरा और शीतलता देनेवाला अद्भुत स्पर्श!

आऴ्वांचेरी हवेली से किसी को भी, चाहे किसी ने किसी भी प्रकार का

अपराध किया हो—तम्प्राक्कल् की अनुमति के बिना पकड़ कर ले जाने का अधिकार किसी भी राजा को नहीं है। किये हुए अपराध को बताकर उसकी सहमति प्राप्त करके ही अपराधी को कब्जे में किया जा सकता है। देश में और किसी भी जगह से किसी को भी किसी भी समय पकड़ा जा सकता है। दासों को पकड़ते वक्त उनके मालिकों को सूचित करना चाहिए बस यही। मन्दिर के अधीन के दास को बन्दी बनाकर ले जाते वक्त संकेत को सूचना देनी है। घटना के बाद भी सूचना देना काफी है।

दो भीषण अपराध लगाकर बचाव के सारे छेदों को पाटकर दुधारी तलवार लेकर शिरच्छेदन के लिए ही वैदिकों के नेतागण उद्यत खड़े हैं। ग्रन्थों को शत्रु राजा को सौंप देना देशद्रोह का महापराध है। वह अपराध सख्त नहीं रहा तो, शुकगीत के द्वारा वेदादि को मलिन करने का दूसरा अपराध भी। इनमें पहला तम्प्राक्कल् की अधिकार सीमा में आनेवाला नहीं। दूसरे पर ही तम्प्राक्कल् अपना अभिमत व्यक्त कर पाएँगे। उसमें कुछ बिगड़ गया तो पहले को पकड़ कर सख्ती बरतेंगे। परन्तु तब भी, आऴ्वांचेरी चहारदीवारी से उसे बन्दी बनाकर ले जाते हैं तो तम्प्राक्कल् के सम्मुख न्यायान्याय जताकर उनसे अनुमति प्राप्त करनी चाहिए।

नेटियिरिप्प् की परामर्श समिति ने ही देशद्रोह का आरोप लगाने का निर्णय लिया था। परामर्श समिति परमाधिकार केन्द्र है। तम्प्राक्कल् उस अपराध को अनुचित कहकर हठ पकड़ते तो परिणाम होगा दोनों शक्ति केन्द्रों के बीच शक्ति परीक्षा। तम्प्राक्कल् के प्रति सामूतिरि का अप्रिय बढ़ जाएगा। वैसे तो, चिर-पुरातन सर्वादरणीयता पर कई बार चुनौतियाँ झेलने की स्थिति तम्प्राक्कल् को हुई है। उनके विरोधियों के हथियारों की धार को और तेज़ नहीं करना है।

भोले-भाले निरीह बच्चों को ही वैदिक लोग उपवास पर लगा लेते हैं। दो-तीन दिनों से यह स्थिति चल रही है—यही वेल्लट्टिरि कोयिलाल् ने कहा है। तर्क-वितर्क बढ़ता जायेगा तो उनके पेट की आग भी उतनी प्रज्ज्वलित हो उठेगी। उनमें कइयों के प्राणों के चले जाने की भी आशंका है। चाहे किसी भी महान कार्य के लिए या स्वर्ग प्राप्ति के लिए ही हो, यह हो नहीं सकेगा।

धूप के ढल जाने पर तम्प्राक्कल् फिर से ड्योढ़ी पर आये तो उनके सम्मुख पहुँच गया।

'कृष्ण! यह चंचलता क्यों?''

''मुझ पर जो विपत्ति घटी है इस कारण आपको कोई क्लेश न आ जाए—मेरी यह इच्छा आपको सुनानी थी।''

''केवल हमारे लिए कोई क्लेश नहीं।''

''बच्चों को उपवास कराते हैं न?''

"महापाप।"

"आपके लिए चैन, वेद पाठशाला में उपवास करते बच्चों को भोजन, कोल्हूखाने के बच्चों को दासता से मुक्ति सब मिल जाएँगी तो कोई भी दंड स्वीकार करना ही विवेक है न?...इस चहारदीवारी के अन्दर कितने काल ऐसे ... अन्त में आपकी कृपा से कोल्हूखाने में सप्राण वापस आ सके तो भी वे हठी लोग छल में ही सही काट कर मेरा काम तमाम किये बगैर नहीं रहेंगे।...इस देश में जान से जीने नहीं देंगे। फिर क्यों वृथा... ?"

भारी चिन्तन के बाद तम्प्राक्कल् का जवाब आया—"देख लेंगे।"

अगले दिन भी नेटियिरिप्प् के सैनिक लोग नहीं आये। स्नान और वन्दना के बाद बाहर की कोठी की शीतलता में बैठ कर थोड़ा अनुवाद कार्य किया। तम्प्राक्कल् ने बुलवाया नहीं। उनके दर्शन के लिए गया भी नहीं।

रात को कारिन्दा ने सूचना दी—"कल आएँगे। थोड़ी देर पहले ताड़-पत्र पहुँच गया है।"

अगले दिन सुबह दस बजे नेटुनाय्क्कन के नेतृत्व में आलत्तियूर नम्पी तथा मुखियों के साथ कोष़िक्कोट् से एक छोटी सेना ही आ पहुँची। अटियाष़त्तु मूप्पिल नायर और तिरुवूर नम्पी नहीं आये। मुनयूर और उनके अनुचर पीछे आ पहुँचे।

सिर नवाकर प्रणाम करते हुए नेटुनाय्क्कन ने कोष़िक्कोट् के कारिन्दे का ताड़-पत्र आष़्वांचेरी के कारिन्दे को सौंप दिया। तम्प्राक्कल् की जानकारी के लिए कारिन्दे ने उसे ज़ोर से पढ़ा—"तिरुपरङ्ङोट् संकेत का दास पष़न्ञानम् की लक्ष्मी का पुत्र अप्पु तथा अनियनेष़श्शन् नाम से पुकारे जानेवाले कृष्णन को पूर्व दंड विधान की शर्तों का उल्लंघन करने और कुल शत्रु-शक्तियों का समर्थन करने के अपराध पर अविलम्ब मृत्यु दंड देने का निर्णय लिया गया है।"

वेद को मलिन किया—ऐसा आरोप ताड़-पत्र में नहीं। वेद पाठशालावालों की शिकायत भी नहीं। वहाँ उपवास-संग्राम के चलने की सूचना नहीं। यही बहाना है कि किसी भी प्रकार के दवाब में नहीं आये हैं।

तम्प्राक्कल बोले—"कृष्णन बाहर की कोठी में है। हमारे निर्देश पर ब्रह्मांड पुराण को भाषा में रूपांतरित करने के कार्य में लगे हुए हैं। हाँ, बताओ कि कृष्णन ने किन किन शर्तों का उल्लंघन किया है तथा किस शत्रु को कौन-सी मदद दी है?"

थके-मांदे होने पर भी तम्प्राक्कल् का स्वच्छ स्वर बाहर की कोठी पर स्पष्ट सुनाई पड़ा।

उस शीतल-वर्षा के थम जाने पर फिर सन्नाटे का पुनरवतार हुआ।

'तम्प्राक्कल् को भली भाँति समझा देना'—इस सूचना के साथ नेटुनाय्क्कन ने नेटियिरिप्प् कारिन्दे को देखा। वह कैसे हो सकेगा—इस असमंजस में पड़ा कारिन्दा

पुन: ताड़-पत्र पढ़ने लगा तो तम्प्राक्कल ने हाथ उठाकर पूछा—बस, इतना ही जानना है कि पूर्व दंडविधान की किस शर्त का उल्लंघन कृष्णन ने किया है?''

''केवल कोल्हू ठेलना ही—यही तो'—कारिन्दा बोले।

''उतना ही तो किया है न?''

''इतिहास और पुराणों को शुकगीत में करना...''

''वे गीत तो ईश्वर नामालाप ही हैं न? नाम जाप न करने की शर्त तो नहीं थी। है न?''

''नहीं, वह तो नहीं।''

''तो, इस शर्त का उल्लंघन नहीं हुआ है।''

''शत्रु राजाओं को उपहार भिजवा दिये हैं।'' ठोस भूमि पर पौर रखने के आत्मविकास के साथ कारिन्दे ने कहा।

''वह सही है क्या? कौन-सा उपहार''—तम्प्राक्कल् ने पूछा।

''अध्यात्मरा...'' यों नाय्क्कन शुरू करने लगा तो मुनयूर तिरुमेनी ने रोक कर कहा—''वेदों का उपहास।''

तम्प्राक्कल् मुस्कुरा लिए। ''हे नम्पूरी! वेदों का उपहास कैसे उपहार हो सकता है? वह तो परिहास ही होगा न?''

मुनयूर का स्वर विनयाभिनय से नम्र हो गया। बोला—''आश्रितवत्सल आप सदैव उसकी रक्षा करते रहेंगे—इस बल पर ही इस परम द्रोही ने ऐसी धृष्टता...''

तम्प्राक्कल् ने दृढ़ स्वर में पूछा—''क्या तुम्हारा मतलब है कि वात्सल्य की पात्रता का निर्णय लेने में मुझे गलती हुई है?

''वह तो नहीं।'—मुनयूर की जीभ भी धँस गयी।

''परामर्श समिति ने उसे अपराधी मान लिया है।'' नेटुनाय्क्कन ने सूचित किया।

''ऐसा है क्या? परन्तु मुझे इस बात पर भरोसा नहीं।''

नेटुनाय्क्कन् ने फिर भी कहा—''राजा की विशेष दिलचस्पी भी है।''

''ताड़-पत्र में वह नहीं देखा।'' नेटुनाय्क्कन परेशान हो गया।

''किसी न किसी प्रकार कार्य साध लेने के लिए नेटुनाय्क्कन ने कहा—''आप अनुमति देंगे तो आपके सम्मुख ही जाँच—पड़ताल करके अपराध से अवगत करा देंगे।''

''हाँ, ठीक है।''

तम्प्राक्कल् ने मुझे बुलवाया।

'घमंडी आ गया है पकड़ में'—ऐसा भाव मुयूर तिरुमेनी के चेहरे पर प्रकट हुआ।

आवाज़ को सख्त करके जाँच पड़ताल की शैली में नेटुनाय्क्कन ने पूछा—''तिरुपरङ्ङोट् संकेत का दास पष़ञ्ञानम् की लक्ष्मी का पुत्र अनियनेष़श्शन उर्फ कृष्णन, है न?''

''जी हाँ।''

''कतिपय सख्त शर्तों पर ही तुम्हारे मृत्युदंड में कटौती की गयी थी न?''

''मृत्यु से भी बड़ा मानकर ही बिना बैल के कोल्हू ठेलने का काम दिया गया था। मृत्युदंड में कोई कटौती तो नहीं की गयी थी।''

''उस दंड विधान की शर्तों का उल्लंघन किया, न?''

''नहीं।''

''केवल कोल्हू ठेलना है—इस शर्त का पालन नहीं किया गया।''

''जीविका के लिए और कोई काम नहीं किया है।''

''रामायण को भाषा निबद्ध किया न?''

''जी, हाँ किन्तु उस काम के लिए किसी से कौड़ी तक मजूरी नहीं ली है।''

''उसमें वेद-सार को समेट लिया है न?''

''जी हाँ।''

''वेदों को हाथ से छूने का अधिकार भी शूद्र को नहीं है। इसे जानते हुए ही।''

''वेदों में नहीं कहा गया है कि जन्मबद्ध जातित्व सही है।''

''यह जानते हुए कि वेल्लाट्टिरि और पेरुंपटप्प् कुन्नलकोन के शत्रु हैं फिर भी तुमने उन्हें काव्यों को उपहार स्वरूप समर्पित किया था न?''

''जी हाँ।'' मात्र उनको ही नहीं, जहाँ-जहाँ पहुँचाया जा सके वहाँ-वहाँ पहुँचा दिया है। सभी जगहों के लोगों को गुण मिल जाए—यही सोचा था।''

''जानते नहीं हो कि देशद्रोह का दंड शिरच्छेदन है।''

''इस सिर के छेदन से यदि देशद्रोह मिट जाए तो...''

नाय्क्कन का स्वर कठोर हो गया।

''सीमा के परे बातें मत करना।''

''सही ही है। किन्तु सबके सब यह बात ध्यान में रखे तो बेहतर है।'' यों कह तम्प्राक्कल् उठ खड़े हुए—''खूब हो चुकी है बहस। खैर, समाधान का निर्देश मैं दे दूँ क्या?''

नेटुनाय्क्कन उलझन में पड़ गया। अब तक किसी का यह कहने का इतिहास नहीं रहा कि तम्प्राक्कल् का निर्णय अस्वीकार्य होगा। यदि वह अविवेक करे तो भी खाली हाथ कोष़िक्कोट् की ओर लौट जाना पड़ेगा। यदि निर्णय लेने का अधिकार तम्प्राक्कल् को दे दे तो क्या पता कि परिणाम क्या होगा? और कोई चारा न देखकर

नाय्क्कन ने हाथ जोड़ कर कहा—"स्वीकार है।"

तम्प्राक्कल् ने कहा—"यही एक विकल्प मेरे सामने है। राजशासन की इच्छा है तो कृष्णन एक पखवाड़े के भीतर इस देश को छोड़ कर चला जाए। राजा जब कृपा करके अनुमति देगा तभी वह लौट कर इस मिट्टी में पैर रख पाएगा।"

शिरच्छेदन के लिए आये हुए लोगों को निराशा हुई। किन्तु उसके विरोध में कुछ कहने के लिए उनकी जीभ नहीं उठी।

तम्प्राक्कल् ने अपनी बात ज़ारी की—"और एक बात भी है। कृष्ण ही तो अपराधी हैं। इसलिए कृष्ण का देश छोड़ चले जाने पर कृष्ण के बन्धुजनों को दासता से मुक्त किया जा सकता है।"

तब भी मुनयूर तिरुमेनी ने चालाकी से कहा—"आपको बुरा न लगे तो एक शंका है। परम दयालु आप के आदेश का भी उल्लंघन यह चालाक व्यक्ति करे तो?"

उसका भी कोई फायदा नहीं हुआ। तम्प्राक्कल् ने बिना किसी भेदभाव से पूछा—"यदि ऐसा होगा तो सिर काटने की तलवार तब भी नम्पूतिरि के हाथ में है तो उसका प्रयोग कर सकते हैं न? उससे भी तृप्ति नहीं आयी तो कृष्णन के बन्धुजनों के सिर भी कटवा सकेंगे। जान के साथ गाड़ देने की कला भी वश में है न? प्रतिविधि इतनी ही पर्याप्त है न?" मुनयूर का चेहरा लाल लाल हो गया। किन्तु मुँह बन्द हो गया।

तम्प्राक्कल् ने नेटुनाय्क्कन को आदेश दिया—"यह निर्देश राजा तक पहुँचा देना। मुद्रा लगाये आज्ञा पत्र के आने तक कृष्णन इधर रहेगा। शेष बातें तभी देखेंगे।" अपने सहायक का हाथ थामकर तम्प्राक्कल् हवेली की ओर गये।

दबी आवाज़ में चले आपसी विचार-विमर्श के खत्म होने तक उस आँगन में खड़े रहने के बाद नाय्क्कन और उनकी सेना, छेदवाले बर्तन के गन्दे जल की भाँतियन्त, मंच छोड़ चले गये।

तलवार की धार से तात्कालिक रक्षा तो मिल गयी। किन्तु उस आकासन के साथ-साथ बिछुड़न की पीड़ा ने भी जन्म लिया। देश, घर, भाषा सब छोड़कर जाना है। ऐसी यात्रा जिसमें यह निश्चित नहीं कि कभी लौट कर आ सकने की सम्भावना है कि नहीं।

दीदी को सूचना देने के लिए एक व्यक्ति को आऌवांचेरी के कारिन्दे की सहायता से खोज लिया और उसे शबरकोट्टम की ओर भेजा दिया।

चार दिन तक अहर्निश प्रयास करके पुराण के अन्तिम छहों अध्यायों को पूरा किया। उसे समर्पित करने के लिए तम्प्राक्कल् के सम्मुख गया। तब तक नेटियिरिप्प् के निर्णय का ताड़-पत्र वहाँ नहीं पहुँचा था।

तम्प्राक्कल् ने कहा—"अधिक विलम्ब नहीं होगा।"

प्रणाम करके पीछे मुड़ते वक्त फिर से पूछा—"क्या, कोई निश्चय है कि कहाँ जा रहे हो?"

"परदेश के गुरुजी से मिलने की इच्छा है। शेष सब..."

"परदेश जाने पर हे कृष्णन! तुम दुःख बिना जी सकोगे। भला हो!" उन्होंने आशीर्वाद दिया। कृपापूर्वक फिर बोल उठे—"भलाई ही होगी। क्योंकि उजियाला अँधियारे और उजियाले में जी सकता है। अँधियारे में बैठने के हठ का दुःख अँधियारे को ही होगा न? एक ही दुःख है। मांस चक्षुओं से कृष्णन को आगे देख नहीं पाऊँगा। कोई बात नहीं, देखना ही सब कुछ तो नहीं है।"

सारपूर्ण कार्य और कोई दृश्य है, इस चिन्तन के अमृत को चख कर विदा लेकर चार कदम आगे चलकर पीछे मुड़कर देखा तो तब भी तम्प्राक्कल् चिन्तालीन होकर वहीं उसी भाँति खड़े हैं। उनके यों खड़े होने के दृश्य को देखकर लगा कि बाहरी चक्षुओं के दर्शन में भी बहुत कुछ है। धीमी गति से चलकर ड्योढ़ी से उनके चले जाने तक आँखें भर उन्हें देख लिया और प्रणाम करके खड़ा रहा।

यथासमय नेटियिरिप्प् नाय्क्कन जो मुद्रित ताड़-पत्र लाया उसमें परिवार को दास्यता के दायित्वों से छुटकारा दिया गया था। किन्तु यों रेखांकित किया था कि 'पषञ्ञानम् के लक्ष्मी-पुत्र रामन का अनुज, अप्पू पुकारा जानेवाले कृष्णन को 'देश निकाला' देने का तथा वह कृष्णन यदि कुन्नलक्कोन् की मिट्टी में पैर रखेगा तो तत्काल उसका शिरच्छेदन मात्र ही नहीं किया जाएगा बल्कि उसके बन्धु बाँधवों की जायदादों को जब्त कर लिया जाएगा तथा राज शासन की ओर से उसे दिये जानेवाले पारिश्रमिकों और अन्य आजीविकोपायों को भी रोक लिया जाएगा।'

शबरकोट्टम्-11

उस मुद्रित ताड़-पत्र में बच्चों को भविष्य में किसी भाँति उत्पीडित न करने का निर्णय तो नहीं था। देश में किसी को भी, कोई कारण बताकर या न बताकर उत्पीड़ित करने से अधिकारियों को रोकने वाला कोई ताड़-पत्र नहीं निकला था। राजाज्ञा का प्रतिरोध कैसे हो सकेगा? पहले की आज्ञा राजशासन के उस वक्त की मानसिक इच्छा रही। बाद में आनेवाली आज्ञाएँ समय—समय पर की उनकी इच्छा के अनुसार।

बच्चे कलरी के एष़्शन (गुरुजन) तो नहीं। उन्होंने वेद सीखा भी नहीं है। यही एकमात्र आकासन है। उनके प्रति वैदिकों के मन में कोई विरोध नहीं होगा। एक आत्मघाती योद्धा के उत्तराधिकारी की वजह से ही पुरोहित लोग राजा के मन में बच्चों के प्रति वैमनस्य पैदा कर पाएँगे। उसमें भी कोई सार पूर्ण संगति नहीं रही है। अच्चु ने कसम खायी है कि वह आयुध उठायेगा नहीं। परिवार में अनियन ही एक मात्र पुरुष है। कदम आदि रखने की सीख के अलावा आयोधन कला उसे सिखायी नहीं गयी है। उसमें उसकी दिलचस्पी भी नहीं। जो भी हो, वैदिक लोग स्त्रियों से अभी डरने नहीं लगे हैं।

आष़्वांचेरी हवेली की सीढ़ियाँ उतरते हुए निश्चय किया कि यह एक मृत्यु ही है। इस प्रयाण में प्राणों के साथ शरीर भी चल रहा है—यही अन्तर है। इस स्थान को पुनः देख नहीं पाऊँगा—यह तो निश्चित है। तन और जान का वियोग एक साथ।

'हमेशा के लिए'—के विचार ने उर को दुखाया। अध्ययन करने गया तो यह विचार नहीं था। उसके होने से ही यह विछोह मरण समान लगता है। यह भी है कि यह मरण थोड़ा-थोड़ा करके हैं। स्वयं उसे काम में लाना भी है। इस सीढ़ी से उतरते वक्त से वह शुरू होता है। इस जन्म में अब कभी यहाँ पैर रख नहीं पाने के परम दुःखों के उभार पर चढ़कर भी पग रखने हैं।

जिन-जिन जगहों को पहले देखा था, उन्हें फिर एक बार देख लेने की इच्छा जगी। सोचा कि सभी से विदा लेकर चलने पर विदाई की आकुलता कम हो

जाएगी। कट जाते अंग, अनकटे होकर हिलते-डुलते अंगों की तरह दर्द नहीं देंगे।

आश्र्वांचेरी का कारिन्दा सीढ़ियों तक मेरे साथ आये। किसी को भेजकर दीदी को यह सूचना देने के लिए कि 'मैं दो दिन बाद ही वापस आऊँगा'—कहने के लिए पीछे की ओर मुड़ा तो पाया कि 'तम्प्राक्कल्' ड्योढ़ी पर ही खड़े हैं। उस दर्शन को मन में जमाकर आँखें मूँद कर और एक बार प्रणाम करके तिरुवूर के रास्ते की ओर मुड़े।

पैर आगे बढ़े पुरानी 'कलरी' की जगह की ओर। गरमागरम रेत पर पैर रखकर उधर पहुँच गया तो दोपहर का वक्त हो गया। चारों ओर सुनसान। ध्वस्त पड़ी 'कलरी' की चारों ओर जंगली पौधे। उनके बीच बिखरे पड़े झड़े पत्तों के बीच से एक बुजुर्ग सरीसृप ने राजकीय प्रताप के साथ सिर उठाकर असमय में आये अस्वीकार्य अतिथि की ओर अपनी सूक्ष्म दृष्टि डाली। फिर बेमन अपना फण नीचा कर अप्रत्यक्ष हो गया।

पुश्तैनी चीज़ों में शेष रह गये बड़े बड़े वृक्षों से विदा लेकर नदी और नदी तट को एक बार और निहारकर आगे बढ़ा। तिरुकंटियूर मन्दिर का द्वार बन्द था। वट वृक्ष के पत्ते भी दोपहर की तन्द्रा में लीन। निर्झरिणी में जल अचंचल। मुख और पैर धोकर पत्थर की सीढ़ियाँ चढ़कर गोपुर के द्वार पर आ खड़ा हुआ और कर जोड़ प्रणाम किया। द्वार के खुलने पर जो दृश्य दिख पड़ता है वह मन में जमा है। उससे तृप्त हुआ।

वन्नेरि भवन का मुखिया रोगशय्या पर बेहोशी की स्थिति में पड़े हुए हैं। इस दुनिया की शिकायतों और बेचैनियों से कोसों दूर। इहलोक की यात्रा को पूरी करने के प्रयास में अभी साँस ले रहे हैं। झरोखे से उन्हें चुपचाप देख लिया। मन ही मन विदा लिया।

''कीष़ेटत्तु भवन' में अभी कोई बसता नहीं। पड़ोसियों से मालूम हो गया कि उन्होंने अपना आवास और कहीं बदल दिया है। 'उल्लाटिल् भवन' से खाना खाया। थोड़ा लेटकर आराम करके लौटने की उनकी बात को सस्नेह टाल दिया। 'नेटियिरिप्पु' की मिट्टी में अब एक पखवाड़े तक ही ठहर पाऊँगा। तब तक कई काम निपटाने को हैं।

कड़ी धूप में ही तान्नियूर के लिए चल पड़ा। सारे के सारे रास्ते निस्तेज। कलरी के अहाते में मंगलम् तिरुमेनी ने खलिहान का निर्माण किया है। पहले जहाँ ड्योढ़ी थी

उसकी जगह अब प्राचीनता के प्रतिनिधि के तौर पर खड़ा है उदुम्बर का पेड़। वह तो लहलहा रहा है।

खलिहान में केवल लेखाकार है। 'कौन है', क्या बात है' जैसे मामूली प्रश्न

पूछते हुए वे आये। बताया कि एक राही हूँ तथा पीने के लिए थोड़ा पानी चाहिए। कुएँ की जगत पर बाल्टी और रस्सी है, पानी लेकर पी लेने की अनुमति भी मिली। कोई शक नहीं लगा। भली-भाँति परिचित जगह होने के कारण कुएँ की ओर चल पड़ा।

हैरान होकर पीछे आये कारिन्दे ने दूसरा रास्ता दिखाते हुए बताया—''वहाँ एक कुआँ था। किन्तु उसे ढँक लिया गया है। एक अपमृत्यु हुई थी उसमें। लो, नया कुआँ इधर है।'' भला, यह मैं कैसे कह सकता कि मुझे उस पुराने कुएँ के तीर्थ जल की प्यास लगी है। कहने से कोई फायदा भी नहीं। नये कुएँ का पानी थोड़ा पी लिया। फिर हाथ जोड़ कर विदा लिया। प्यास फिर भी शेष।

मन्दिर भी अनाथ पड़ा हुआ है। प्रदक्षिणा के मार्ग में न शीतलता है और न छाया भी। स्वच्छता भी नहीं। रोज़ पूजा होने का भी कोई आसार नहीं। वट वृक्ष के चबूतरे पर बैठा। वृक्ष पर सटे रहकर थकावट दूर की। नहर में डूबकर स्नान किया। पूरप्पूषा जाना है कि नहीं—यह सन्देह हुआ। यदि जाऊँ तो वेट्टत्त् पहुँचने में बड़ा विलम्ब हो जाएगा। चाँदनी भी तो नहीं।

समुद्र के किनारे के रास्ते से चलूँ तो जल्दी 'वेट्टत्त्' पहुँच जाऊँगा। तेज़ कदम बढ़ाते चला। सांझ के वक्त पीछे से आयी कोई गाड़ी सम्मुख आकर रुक गयी। उससे उतर कर आया युवक परिचित सा लगा। वह हँसी भी परिचित। ''मैं कुञ्ञालु। जलालुद्दीन मूप्पन का बेटा।...एष़्श्शन! आप किस ओर जा रहे हैं इस सांझ के वक्त ?'' वह ठहरा मेरा भी शिष्य।

मैंने जब कहा कि मैं वेट्टत्त् जा रहा हूँ तो उसने मुझे गाड़ी में चढ़ा दिया।

जलालुद्दीन मूप्पन फिलहाल लौकिक कार्यों से विलग-से हो गये हैं। व्यापार सब बेटे चलाते हैं। फिरंगियों के साथ सामूतिरि ने जो नया सन्धिपत्र बनाया है उसके बाद पातार में व्यापार घाटे पर चलता है। पूरब की ओर का आयात पहले की भाँति नहीं तो भी कभी-कभार चलता रहता है। उसके लिए फिरंगियों की अनुमति की ज़रूरत है। बन्दरगाह पर अधिकार जमाने की ही फिरंगियों की दृष्टि है। वे जो चीज़ें बाहर से ले आते हैं उन्हें तमिलनाडु की ओर से ले आने में उनका कोई एतराज नहीं। किसी से वैर मोल लेना नहीं है—यही मुखिया का विचार है।

ज्ञात हुआ कि दंडविधान का आखिरी किस्सा भी कुञ्ञालु को मालूम है। अत: विस्तार से कुछ कहना नहीं पड़ा।

कुञ्ञालु की सहायता का वादा यहाँ तक हुआ कि वह बोला—''परदेश की यात्रा का समय बता देंगे तो गाड़ी की व्यवस्था की जाएगी।''

कोई भी राह देखकर बैठा नहीं है। विलम्ब से जाने पर कहीं भी प्रवेश में कोई बाधा नहीं आने को है। कभी भी पहुँच जाय, ठीक है। पैदल चलने का ही इरादा था।

पैदल जाने पर किसी भी रास्ते से चला जा सकता है। सभी स्थान देखा भी जा सकता है।

"सीधे जा नहीं रहा हूँ। रास्ते में कई जगहों पर ठहरना है।"

"तब तो, तुरै में पहुँचने पर हम मिलेंगे"।

"पता नहीं वहाँ कब तक पहुँचूँगा।"

"पहुँच तो जाएँगे ही, न?"

"पहुँच तो जाऊँगा।" कहने के बाद ध्यान में आया कि, वहाँ पहुँचने के बाद ही यह निर्णय लिया जाएगा कि वहाँ ठहरना है या और कहीं जाना है।

'जलालुद्दीन साब को हमारा स्नेहादर बता देना' यों कहकर विदा लेकर वेट्टम् राजमहल के द्वार पर गाड़ी से उतरा तो ऊपर के झरोखे से राजपत्नी की अद्‌भुत आवाज़ गूँज उठी—"हाय! अनियनेष्ष्शन! पल भर में वे नीचे की ओर उतर आयी और बोली—"इस रास्ते से होकर ही जाएँगे—ऐसा भरोसा रहा।"

"बच्चों को देखने का मौका आगे कभी..."।

बासी हुआ चेहरा सहसा चमक उठा।—"ऐसा नहीं होगा। आसमान सदा सर्वदा काला तो नहीं रहेगा न?"

राज महल के अन्दर आदमी भेजकर बेटे को बुलवाया। चौदह साल के उस लड़के के साथ पन्द्रह साल का लड़का भी आया। एक तो ठहरा उण्णित्तंपुरान का पुनर्जन्म दूसरा रहा बड़े तम्पुरान का।

झुके हुए सिरों पर हाथ रखकर आशीष दिया। "आयुष्मान भवः"।

वह जगह जहाँ कुट्टन दाऊ और तम्पुरान जलकर राख बन गये वहाँ अब रक्त पुष्पी का जंगल है। जमकर सूखे रक्त की कालिमा का रंग मिला है रक्त पुष्पी की मंजरियों को। पत्तों के अन्धकार की निगूढ़ताओं में अदृश्य जीवन्तता की निशानियाँ।

सुबह ही लौटना था। इसलिए ब्यालु के पहले ही कारिन्दे से मिला। बुढ़ापे की विवशता के बावजूद भी कृतकृत्य होकर बैठे हैं वे। अगले साल कुमार का मुकुट धारण किया जाना है। उसकी तैयारियाँ पूरी हो रही हैं। मुकुटधारण समारोह के लिए सामूतिरि की सहमति भी प्राप्त हो गयी है। "तब तक रहना है"—यों कहकर दीर्घनिकास लिया। फिर बोले : "विलम्ब से ही सही एक बात तो कहनी है। वेटट्तु राजा की सेवा करने के लिए वेल्लाट्टिरि के द्वारा भेजे गये पष़ञ्ञानत्तु परिवार को जिन विपत्तियों से गुज़रना पड़ा, उस दौरान उनका संरक्षण करने का अवसर हम राज सेवकों को नहीं मिला। उपेक्षा के कारण तो नहीं। आपको पता है न? ... राजपरिवार के प्रति आपके मन में कोई सन्ताप न लगे।

"सब भगवान की इच्छा।"

उस आत्मीयता का समादार करते हुए सिर नवाया।—"इतनी प्रीति के साथ

आपने दिल खोला तो यह सोचकर कि फिर आगे कभी आपस में मिलने का सुयोग न मिल जाय इसलिए मैं यह सूचना देता हूँ कि आपसी हमलों के कारण देश में हुए नुकसान के दुहराने की सँभावना दिख पड़ती है।'' शान्त होकर वे रटने लगे— ''आयातमायातमपेक्षणीयं। गतंगतं सर्वमुपेक्षणीयम्।''

राजपत्नी के चेहरे पर सौहार्दपूर्ण प्रसन्नता खिल रही थी। किन्तु उर की चिनगारियों की निशानियाँ स्पष्ट झलक रही थीं।

ओमनयुण्णी (राजकुमार) के मुकुटधारण के बारे में कह सुनाने पर वेट्टत्तुनाटु के भविष्य के बारे में उनके भाव प्रकट हो रहे थे। अब का सामूतिरि राजा वही है जो विपत्ति के दिनों वेट्टत्तनाटु के शासनाधिकारी थे। वेट्टत्तु राजा केवल नाम के वास्ते राजा रहेंगे इसी विश्वास में वे बैठे हैं। वेट्टत्तु राज्य कुछ कर पाने की स्थिति में भी नहीं।

राजपत्नी बोलीं—''यमकिंकर हमेशा ही अपने ही इशारे पर नाचेंगे—ऐसे सोचने वालों के लिए भी यमधर्म अपने भंडार में थोड़ी-सी रस्सी तैयार करके रखते होंगे।''

—उनके कथन में तीखापन भरा था।

बड़े सबेरे ही उठकर 'वेट्टत्त काव्'' में प्रणाम करके 'शबरकोट्टम्' की ओर रवाना हुआ। दीदियों और बच्चों से सदा के लिए विदा लेने को मन अभी कड़ा नहीं हो रहा था। घर के निकट होते-होते उर की बेचैनी बढ़ती गयी।

बरामदे में आँखें मूँदकर बैठी हुई सीता दीदी रामायण रट रही है। वन की ओर जाने वाला श्रीराम माँ को आकास्त कर रहा है। एच्चु, बच्चे और अच्चु सुनकर बैठ हुए हैं। बड़ों के मन की आग ने बच्चों के चेहरों को भी झुलसा दिया है।

''मामाजी के आतवनाट्डु चले जाने के बाद मौसी रोज़ दोनों बार यही प्रसंग रटती रहती है।''—मन की बैचैनी को छिपाते हुए अच्चु बोला। मन को सुदृढ़ करके, ग्रन्थ को बन्द कर कस कर पकड़ कर सिर को ऊँचा उठाये बिना सीता दीदी बोली—''भैया, अब किसी के बारे में सोचकर परेशान मत होना।''

सारी व्यथाओं को भीतर ही भीतर दबाये सबके सब खड़े हैं। श्रमपूर्वक नाव खेकर सब थकी माँदी स्थिति में हैं। अब प्रस्थान के समय तक बिना लड़खड़ाये खड़ा होना है।

बहाना किया कि खास तौर पर कुछ हुआ ही नहीं। ''काल सही नहीं रहा तो फिर क्या होगा? जो सब कुछ छोड़ जा सकते हैं उन्हें वेल्लाट्टिरि शरण देंगे। उसके लिए आवश्यक व्यवस्थाएँ कर रखी हैं। कोल्हू और कोल्हूघर छोड़ दें तो?''

''उसकी क्या ज़रूरत? हमलों से बचाव कहाँ? इस संसार में ऐसी जगह कौन-सी है जहाँ तक कभी न मिटनेवाले प्रतिशोधों का प्रवेश नहीं है?—सीता दीदी

ने पूछा—"कम से कम, यहाँ तो अच्छे पड़ोसी तो हैं ही। आज की परिस्थिति में चीरू गोपी को छोड़कर कहीं भी जा नहीं सकती। एच्चु और बच्चे तथा अच्चू भी कहीं जा नहीं पाएँगे। कुल मिलाकर सोचें तो ऐसा सोचना ही उचित है कि यहीं रहें। पहचानी हुई विपत्ति ही अनचीन्ही विपत्ति से भली है।...इतना तो करना है न मन्दिरों के लिए आवश्यक तेल पेरकर दें। कोल्हू घर में ठहरने की अनुमति 'संकेत' की ओर से मिल जाएगी तो पास के किसी व्यक्ति की सहायता लेकर सारा कार्य निपटा लेंगे। सरस्वती का वास यहीं पर है—इसका प्रत्यक्ष प्रमाण मिला है न? सन्ध्या दीप जलाने के कार्यक्रम में कोई बाधा न आ पाए।"

अच्चू ने पूछा: "मामा जी आप कहीं भी रहें तो भी हम उधर आकर देख सकेंगे न? या उस पर भी रोक लगाई है पुरोहितों के ताड़-पत्र में।"

"नहीं, किन्तु कोई ढूँढ़कर न आ जाए।...स्वयंकृतानर्थे को सिर पर नहीं चढ़ाना है।" सहसा उभर कर आयी सिसकियों को दबाये रखने की कोशिश करनेवाली एच्चु को सीता दीदी ने कन्धे से सटाकर सहला दिया।

दीदी बोली—रावुण्णी का यही विचार है कि पेय्याप्पंतल मन्दिर के आँगन में झाड़ू लगाने का और कोल्हू चलाने का काम ज़ारी रखेंगे तो यहाँ ठहरने में कोई बाधा नहीं होगी। दोनों कार्य निपटाने की सहमति रावुण्णी को जतायी है। भैया को कभी किसी दिन लौट आने के लिए एक जगह तो होनी ही चाहिए..."

"लौटकर आने की बात...।"

"न हो सका तो सही। किन्तु मैं और बच्चे बिना इस आशा के जी हो नहीं पाएँगे कि यह होगा ही। ...सात आठ साल बिना देखे रहे न? कितने ही साल बिना देखे काट सकती हैं। किन्तु यह सोच नहीं सकती कि हम आगे देख नहीं पाएँगे।"

सबकी ओर से दीदी ने बातें बता दीं। जो बातें कहनी हैं उन्हें कहना तो है ही। तब भी दुख—भँवर में लड़खड़ाये बिना खड़ा रहना भी है। यदि दीदी लड़खड़ा कर गिर पड़ेगी तो दीदी के बल पर खड़े होनेवाले सब लड़खड़ा जाएँगे।

दीदी को बचाना ही है। अनियन को वैद्यक की पढ़ाई के लिए तिरुपरङ्ङोट्टु मूस्स के पास भेजने का निर्णय पहले ही लिया गया था। विषय बदलने के लिए उसकी ओर मुड़ा। जितने साल उधर रहने को मूस्स का आदेश है तब तक उनके साथ वहीं रहे। उसे अपने पास सटाये रखकर आशीष दिया—"आवश्यक ज्ञान प्राप्त करना। पीड़ा सहनेवालों का आश्रय बन जाना।"

जो काम सौंपे गये हैं उन्हें खुद ही कर लेने की सीता दीदी की बात पर पेय्याप्पंतल तिरुमेनी ने सहमति जता दी। संकेत का कोल्हू चलाने के लिए अब और किसी की ज़रूरत नहीं पड़ती, इस बात को लेकर अपनी प्रसन्नता को उन्होंने छिपाया नहीं। परिवार के नाम भूमि का पट्टा देने का निर्णय भी बता दिया। कुट्टिच्चेरि के

लोग भी आकास्त हो गये कि मन्दिर के आँगन में झाड़ू लगाने के लिए कोई तो मिल गयी है।

बचे हुए दिनों में अनाथ होकर रहने को विवश हुई दीदी और बच्चों के रहन-सहन की व्यवस्थाएँ कीं। आखिरी रात को इस पर सोच विचार करने के लिए सब ड्योढ़ी पर एकत्रित हो गये। सोच-विचार करने के लिए बहुत सारी बातें रहीं।

किन्तु कोई भी कुछ नहीं बोला। आधी रात। मुर्गे ने बाँग दी।

विदाई तो असहनीय है। सीता दीदी ने दीपक में भरपूर तेल डाल दिया। दीदी के होंठों का नाम जपन धीरे-धीरे सबके होंठों पर व्याप्त हो गया। कही—अनकही सारी बातें उसमें समाहित थीं।

तड़के ही उठा। स्नान के उपरान्त शास्ता की वन्दना कर विदा लिया। रामायण का पाठ किया। सारी स्तुतियों का पारायण पूरा किया।

उतना ज़ोरदार पारायण इसके पहले कभी नहीं हुआ था।

सारे बन्धुजनों में उसने थोड़ा-सा आकासन पैदा किया। फिर भी भोजन परोसते वक्त दीदी थोड़ी-सी हड़बड़ा गयी। पूछा—

"पाथेय के रूप में क्या दूँ?"

"कुछ नहीं चाहिए।"

दलिया छलक उठी।

दोपहर के बाद ही पश्चिमी हवा आयेगी। तिरुत्ताला तक नौका में जाना है। साँझ के पहले वहाँ पहुँच पाऊँगा। फिर तो पिलाक्काट्टीरि थोड़ी-सी दूरी पर है। पैदल चलना है।

समय पर सीता दीदी ने अपने लिए रखे केले के पत्ते सहित सबके लिए चावल परोसा। किसी ने भी किसी को हिम्मत बँधाने का साहस नहीं किया। किसी के चेहरे की ओर दृष्टि डाले बिना सबने खान खाया। देवू भी स्वयं समझ गयी थी कि यदि वह बिना खाये रहेगी तो सबके सब दुःखी हो जाएँगे।

हर एक कौर भारी लगा। तेली वावुण्णी नौका लेकर आया।

पुराने प्रस्थान का ठीक उल्टा प्रस्थान। तैयारियों की कोई आवश्यकता नहीं। असहनीय पीड़ा की सचाई से किसी को अवगत कराने तथा किसी को हिम्मत बन्धाने की कोशिश किसी ने नहीं की।

विशाल नदी के प्रवाह में हवा के झोंकों के साथ दूर जाती नौका को निहार कर नदी के किनारे दीदी और बच्चे कतार में निश्चल खड़े रहे।

केवल ताड़ वृक्ष अपने पत्तों के करों को हिला-हिलाकर दुःख बाहर प्रकट कर रहे थे, मानों कह रहे हों "बिछुड़ न जाएँ।"

अदृश्यता में घुल जाने तक वह चित्र देखकर बैठता रहा। हटाने की करोड़

कोशिश करने पर भी वह मन में जम गया, स्थायी रूप में।
उसे निहारकर अब भी मेरा जी भर नहीं गया है।

'आयातमायातं अपेक्षणीयं गतं गतं सर्वं उपेक्षणीयम्'—
जो कुछ भी मिल जाता है सब अपेक्षणीय है तथा जो कुछ भी खो जाता है सब उपेक्षणीय है—यों सोचें तो हम आकास्त हो सकते हैं।

भाग : चार

महाप्रस्थान–1

एटप्पाल् घर जाने का रास्ता आमक्काव् के सामने से होकर जाता है। उस रास्ते से चलनेवाले सभी देवी को प्रणाम करके ही जाते हैं।

मन्दिर के अहाते के मौलसिरी के पेड़ चाँदनी की मोह–स्मृति में हत प्रज्ञ होके खड़े हैं। ब्यालु–पूजा के बाद विजन पड़ा आँगन श्रान्त हो, सोया पड़ा है। पूरे परिसर में मुरझाए केसर के फूल, हल्दी से बना प्रसाद और जली बाती की मिश्रित गन्ध डेरा डाले हुए हैं।

जब मन्दिर की बन्द किवाड़ के सामने हाथ जोडे खड़ा था तब ऐसा विभ्रम हुआ कि मालु समीप खड़ी है। मिटाने पर भी वह भ्रम मिटा नहीं। जब यह धारणा पक्की कर ली कि वह है नहीं, तब उस अभाव की शून्यता जलती–फैलती महाव्याधि का महा गर्त बन गयी।

स्वयं को यह समझा कर कि यह निरा विभ्रम है, गलती सुधारने की कोशिश की। जो देह त्याग कर, प्रकृति की सजीवता में विलीन हो चुकी है वह कैसे साथ उपस्थित हो सकेगी? विगत काल में गके अनुभवों से छूटे बीज अवचेतन में पड़े व्यर्थ के अंकुर बन के उग रहे हैं; फैल कर जंगल समान बन जाने के लिए।

मौलसिरी के पेड़ के तले के चबूतरे पर बैठ गया। तब तक ध्यान लीन रहना है जब तक मालु का मुख मंडल चारों ओर के खेत की निसंगता में उसकी सीमा पर स्थित चट्टानों की अचंचल सहन क्षमता के गाम्भीर्य में, और उन्मुक्त गगन की अनन्तता के द्वारा विश्व की विस्तृति में विलीन होकर देवी–प्रसाद के साथ एकाकार न हो जाए। हाथ–पाँव मारते हुए पानी की सतह पर खड़े रहने की सी उस स्थिति में न जाने कब तक स्थित रहा। चाँद के डूब जाने का, अन्धकार के छाये रहने का तथा दिन के निकल आने का पता ही नहीं चला।

कौन है? लटकन–दीपक लिए किसी ने मुझे जगा दिया। "कोई भी हो, किवाड़ खुला है। अब प्रणाम कर सकते हो।"

शायद वह पूजारी का सहायक होगा, जवाब की प्रतीक्षा किए बिना ही वह

अपनी राह चला गया।

उठकर नहाया और फिर प्रणाम किया। पूर्व दिशा के सूर्योदय की थोड़ी-सी रोशनी अन्दर भी प्राप्त कर पाया।

गठरी कन्धे पर लादे एटप्पाल् घर की तरफ निकला।

"अभी आए हैं?" मन्दिर के तालाब में नहा कर मन्दिर में प्रणाम करने आए किसी ने मुझे पहचान कर गीले कपड़े पहने हुए ही मुझसे पूछा—"क्या पता नहीं चला कि बन्धुगृह के मातुल जी का देहान्त हो गया?"

मेरी मुख मुद्रा से यह पता लगा कर कि मुझे पता नहीं चला है उस व्यक्ति ने विस्तार से कहा—"कल दोपहर के बाद ही उनका देहान्त हो गया। बीमार पड़े हुए थे। लेकिन किसी ने नहीं सोचा कि इतनी जल्दी गुज़र जाएँगे। सूर्यास्त के पहले ही अन्त्येष्टि भी हो गयी। वे पुण्यात्मा भी अपनी राह चले गये!

अन्दर घुस जाने पर पाया कि घर सन्तानों और भाँजे-भतीजों से भरा हुआ है। मरणोपरान्त जो क्रिया कर्म करने हैं उनके विशद अंशों पर चर्चा हो रही है। आम धारणा यही है कि पिंजरा छोड़ चले प्राण की बिदाई पूरी करने के लिए ये सब कार्य क्रमानुसार

होने हैं!

जब चाची को पता चला कि मैं पाँव-मुख धोकर बरामदे पर चढ़ आया हूँ तब उन्होंने मुझे अन्दर बुलवा लिया। उनके चारों ओर जो स्त्रियाँ उन्हें घेरे हुई बैठी थीं सब उठ कर पीछे हट गयीं।

बेटी से चाची ने कहा—"पहचान नहीं पायी? पिताजी हैं। प्रणाम करो।

समय पीछे की ओर मुड़ गया। लगा कि मालु ही लघु आकार में सामने खड़ी है। खुले नेत्रों में घबराहट, अविकास और सन्तोष एक के बाद एक करके प्रकट होकर छिप गये। आदर का भाव स्थायी बना रहा।

चरण स्पर्श करके वन्दना करती पुत्री को थाम कर उठाया और सिर पर हाथ रखा तो भीतर भूस्खलन अनुभूत हुआ। पल भर के लिए सारा नियन्त्रण खो गया।

'बैठो' चाची रक्षा के लिए प्रस्तुत हुईं। "लगता है कि शोक वार्ता जानकर उधर से नहीं निकले होंगे। खबर देने के लिए यहाँ से जिसे भेजा उसके वहाँ पहुँचने के पहले ही तुम निकले होंगे, तभी तो अब तक यहाँ पहुँच पाए।

मैंने बताया कि यह अनुमान ठीक है। सारी कथाएँ संक्षेप में बता दीं।

सारी बातें सुन लेने पर उनके चेहरे पर तसल्ली ही प्रकट हुई। "देवी ने रक्षा की।"

"शीघ्र ही सीमा पार करनी है। ठहरने के लिए वक्त नहीं है।"

"एक दिन?"

''जिद करेंगी तो कठिनाई होगी।''

''तू यदि ऐसे ही घबराए खड़ी रहेगी तो?'' चाची ने बच्ची से पूछा—''पिताजी को जलपान कराया क्या?''

''जल्दी कर।''

घास की चटाई बिछाकर उसने तख्ता रख दिया। अन्दर जाकर कच्चे नारियल का पानी, चिउड़ा और केले लायी। उसकी ओर से यह पहला भोजन। अन्दर यह सोच कर दु:ख हुआ कि क्या यह भोजन अन्तिम भी निकलेगा? अपने को डाँटा कि निरे सांसारिक हो रहे हो। चाची से पूछा—''बिना किसी परेशानी के ही मातुलजी... ?''

''बड़े ज्ञानी थे न? चारों महावाक्यों का स्फुट उच्चारण करके ही चल बसे। एषश्शन के बारे में पूछा था, सुबह।''

पुत्री का स्वर ऐसे उठा जैसे आधी रात का सूर्योदय हो गया हो।'' पिताजी। आप ने कुछ नहीं खाया?''

पिताजी!

उसकी परोसी हुई सारी चीज़ें खा लीं। बाद को जो कुछ भी लायी वह भी खाया।

यह देखते ही दु:ख की स्थिति में भी चाची के चेहरे पर मुस्कुराहट अंकुरित हुई। ''वह तो अब 'शुकगीत रामायणम' कंठस्थ करने की कोशिश में है। कोई सारभूत सन्देह हो तो पूछ लेती है।'' विदुषी सहज विनम्रता से यह भी जोड़ा—''मैं कहाँ इतना सब जानती हूँ?''

हाथ धोकर आया और घास की चटाई पर बैठ गया। पुत्री को समीप बिठा लिया। ''कौन-सा सन्देह पूछना चाहती थी?'' उसे परेशान देख चाची ने बताया—''द्विपदियों के वाचन की रीति समझने में ही उसे विशेष कठिनाई है।''

अम्मिणी दीदी ने ग्रन्थ के हर कांड की प्रतिलिपि निकाल कर अच्चु के द्वारा आमक्काव् में भी पहुँचा दिया था। पुत्री से उसे लिवा लिया। प्रणाम करके खोला और आलापन की रीतियाँ पुत्री को सुना दीं। उससे वाचन करा कर अभ्यस्त करा दिया। इतने दिनों के अन्दर पुत्री के लिए बस इतना ही कर पाया!

जब ताड़-पत्रों को करीने से रखकर बाँधने लगा तभी चाची ने आग्रह प्रकट किया—''कुछ और आलापन भी सुन पाती...''।

बिना ढूँढ़े खोलने पर वही पृष्ठ सामने आया जिस पर श्रीराम का वन गमन प्रसंग वर्णित था। श्रीराम माताजी को सांत्वना दे रहे थे। उस उचित प्रसंग का वाचन उस समय मेरे लिए भी आवश्यक था। उसमें लीन हो गया। लक्ष्मण को सांत्वना देनेवाला अंश भी पढ़ा। और एक-एक कांड से एक-एक स्तुति भी। धीरे-धीरे ड्योढ़ी पर खड़े पुरुष और घर के भीतर खड़ी स्त्रियाँ वाचन सुनने के लिए बरामदे में

एकत्र हो गये। ग्रन्थ का प्रणाम करके ताड़-पत्रों को करीने से रख लिया और अक्षरातीत के ध्यान में थोड़ी देर आँखें मूँदे रहा।

अनल्प शान्ति का अहसास हुआ। आँखें खोली तो देखा कि न जाने किस भाव के आँसू बहाती हुई बच्ची पाँवों पर दंड नमस्कार करती पड़ी हुई है।

उसके गाल और आँखें पोंछ दीं और कहा—''माँ-बाप तेरे साथ रह नहीं पाए। किन्तु दुःखी होकर जन्म नहीं गँवाना। ऐकार्यवती, सुमंगली और दीर्घायु बनी रहने के लिए ईश्वर अनुगृहीत करें।''

ग्रन्थ को छिपाए रखने की आवश्यकता चाची को समझा दी। वहाँ से निकल कर पगडंडी के समाप्त होने पर आड की ओर मुड़ते हुए पीछे मुड़ कर देखने से अपने को बचाया। पर जिस चित्र को साथ होना था उसका अंकन मन में पहले ही हो चुका था। चाची के शरीर पर पीठ टिकाए और ड्योढ़ी के चौखट पर बगल टिकाए थकी खड़ी पुत्री का चित्र। जैसे सपने से चौंक उठी हो। इस असमंजस में रहा कि जो दिख रहा है वही स्वप्न है या जो देख चुका है वही स्वप्न है। साँस अन्दर सिमट कर थम गयी है। दबाए गये होंठों की ऋजु रेखा में दुःख का बल खाता कम्पन।

उसका मुख्य आसरा चाची है। वह बूढ़ी हो गयी है। अब तो इसे ईश्वर के हाथों में ही सौंपना है।

धूप तेज़ गरम है। पर, पिलाक्काट्टीरी तक की दूरी बहुत ज़्यादा नहीं है। पथ पर छायादार वृक्ष हैं और मुफ्त में छाछ बाँटनेवाली कुटियाँ हैं।

बिना क्लेश के ही वहाँ पहुँच गया।

चीरू दीदी ने जब देखा कि जिस व्यक्ति को 'संकेत' के कोल्हूघर से बाहर निकलने की अनुमति कुन्नलक्कोन ने नहीं दी है वह अकस्मात् ही सामने आ खड़ा है तब उन्हें एक साथ घबराहट और प्रसन्नता का अनुभव हुआ। ''यह कैसा आगमन, अप्पूट्टा! दोपहर की इस धूप में? वहाँ कोई खास... ?''

गोपी भैया उठने में बिलकुल असमर्थ हो, थका-माँदा शय्या पर पड़े हैं। जैसे डंठल टूट गया हो। जाकर खाट पर बैठ गया। लोगों को पहचान पाते हैं।

खाट पर टेके हाथ को गोपी भैया ने काँपते हाथ से पकड लिया। बहुत कुछ कहना चाहते हैं। पर बोलने की शक्ति नहीं। ज्यों-ज्यों बोलने की कोशिश करते हैं त्यों-त्यों विवशता और हाँफना बढ जाते हैं।

''बच्चों के सामने अब रेत पर लिखते रहते हैं। अकलंक हँसती हुई चीरू दीदी काँसे के एक बड़े थाल में रेत लाईं। थाल पर थपकी देकर रेत को ठीक तरह से बिछा लिया। गोपी भैया का हाथ थाम कर उस पर रख दिया। किन्तु सूखी उंगलियों से लिखे गये अक्षरों का आकार इतना अस्पष्ट रहा कि पढ़े नहीं जा सके।

वह हाथ अपने हाथों में थाम कर मैंने सारा हालचाल सुनाया।

गड्ढ़ों में धँसी आँखों में रोष भभक उठा। हाँफने की गति तीव्र हो गयी।

रसोई से आई अम्मिणी दीदी ने भी मेरी बताई सारी बातें सुनीं। यह जानकारी कि मैं ऐसी यात्रा पर निकला हूँ जिसकी वापसी असम्भव है, दीदी ने इस प्रकार हृदय में समेट ली जैसे सागर गन्दले नाले को अपने में समेट लेता है। विषाद को प्रकट किए बिना ही दीदी

ने पूछा—"आगे भोजन करने से तो रोक नहीं लगाई है न उन असुरों ने? आओ, कुछ खा लो।"

भोजन करते हुए मैंने बताया—"कोई ज़रूरत पड़े तो अच्चु या रावुण्णी को बताना। अनियन को तिरुनावाय मूस्स के यहाँ वैद्यक सीखने भेज दिया है। देवू की आगे की शिक्षा का दायित्व पिषारटी जी को सौंप दिया है।

भीतर के कमरे से गोपी भैया का विकृत स्वर सुनाई पड़ा तो चीरू दीदी उनके पास चली गयी। तब मैंने अम्मीणी दीदी से पूछा—"लगता है कि चिकित्सा का कुछ असर नहीं पड़ रहा है।"

"दिन ब दिन हालत बदतर होती जा रही है।" "लक्षण से लगता है कि अब ज़्यादा दिनों तक टिकेंगे नहीं। ईश्वर जैसा चाहें वैसा हो। कालान्तर में आप दोनों सीता दीदी के पास ही चली जाएँ।"

"ऐसा ही करेंगी।"

"साँस-साँस पर यही पुकार है।" चीरू दीदी प्रसन्नतापूर्वक वापस आईं। "मैंने बताया न? नन्हे बच्चों की सी आदत हो गयी है। यों ही बुलाते हैं। आँखों से मैं ओझल हो गयी तो तभी पुकारने लगेंगे मुझे। चाहते हैं कि मैं पास ही रहूँ, बहुत दिनों तक आँखों से दूर रहे न? उसका बदला चुका रहे होंगे।

तभी मुझे यह डर लगा कि गोपी भैया के मरण का दुःख दीदी के लिए दुस्सह होगा। पहले ही उनको उसके लिए तैयार कर रखूँ, इस उद्देश्य से मैंने सूचित किया—"गोपी भैया बिलकुल विवश हो चुके हैं।

"अब तो कितना सुधर गये हैं।" दीदी की प्रसन्नता अधिक निखर उठी। हाल ही में चार दिनों तक एकदम चुप पड़े हुए थे।"

दीदी को अशुभ का सामना करने के लिए तैयार करने की कोशिश तभी छोड़ दी। जो थोड़ा-सा सन्तोष है उसे यों ही क्यों मिटाऊँ? कई बार यह देख चुका हूँ कि जब कोई अनिवार्य महा संकट आ पड़ेगा तब वह भी बिना विलम्ब दीदी की आँखों से बह निकलेगा जैसे अकिान महीने की वर्षा से उत्पन्न बाढ़।

जब मैंने बताया कि मुझे अभी जाना है तब भी चीरू दीदी बिगड़ गयी। "अभी जाना है? अच्छी बात! किसी ने कोई मुहूर्त लिख नहीं दिया है न?"

"दीदी, तम्प्राक्कल को वचन दे चुका हूँ कि तिथि में बदलाव नहीं आएगा।"

"रोकना मत।" अम्मिणी दीदी ने कडे स्वर में दखल दिया।" आखिर कभी भी जाना ही तो है। जितनी जल्दी हो सके घाटी पार कर जाए। अब क्यों बेकार...।"

गोपी भैया के निकट फिर पहुँचा। आँखें मूँदे पड़े हुए हैं। कठिन कफ कोप पर जीत पाने के लिए आयास कर रही अशान्त निद्रा की ध्वनियुक्त कास-गति। देखता-सुनता थोड़ी देर तक खड़ा रहा। मन से ही बिदा ली, कुछ बोला नहीं।

गठरी फिर से कन्धे पर लाद ली। चीरू दीदी की उस समय की मुख मुद्रा मन में एक तैल चित्र के समान अंकित है। उस बच्चे की सी दुःखपूर्ण हालत जिसे अचानक मिला अपूर्व भाग्य कोई छीन कर ले जा रहा हो। ऐसी दयनीय स्थिति जैसे ऐसा छल किया जा रहा हो जिससे बचने का कोई उपाय नहीं। ऐसी असह्यता जैसे छाती चीरी जा रही हो। इस बात का मूक शोक कि ऐसा इसलिए हो रहा है कि मुझ पर किसी की कृपा नहीं है। भरी आँखें। विस्फारित नासा रन्ध्र। सिर को थोड़ा झुकाकर और होंठों को तुकीला बनाकर शिकायत करने का सा हावभाव जो किसी खास व्यक्ति के प्रति नहीं। उंगलियाँ तान रही है जैसे कुछ गिन रही हो।

तेज़ कदम बढ़ाकर चला। शरीर पसीने से तर हो गया। आशा की कि उस पसीने से दीदी का वह चित्र मिट जाएगा। पर ऐसा नहीं हुआ। वह चित्र हृदय से चिपक कर ऐसा रोता कलपता रहा जैसे कोई बच्चा जिसे छोड़ देने के लिए जंगल ले जाया गया हो, कितना भी उठाकर फेंक देने की कोशिश करें, छाती से चिपका ही रहता है। चलने पर पाँव बढ़ते नहीं थे। पाँव बिलकुल थक गये। कोई चारा न रहा तो सड़क के किनारे छायादार वृक्ष के तले बैठ गया।

बहुत पहले मामाजी ने जो उपाय बता दिया था उसे लाठी के समान टेकने की कोशिश की। सच्चे दिल से पूछा—इस व्यथा का क्या कारण है? पता चला कि दुःख का यथार्थ कारण यही है कि किसी बात से सम्बन्धित सही ज्ञान नहीं हो पा रहा है।

किस बात से सम्बन्धित ज्ञान अभी अधूरा रह गया है? सब प्रकार से स्वतन्त्र। किसी का गुलाम नहीं। किसी राजा की प्रजा नहीं। अब तो दायित्व केवल ईश्वर के प्रति ही चाहिए। यद्यपि चारों ओर की प्रकृति और अपना शरीर यथार्थ है तो भी सब परम सत्य की छायाएँ मात्र। उन सब में अदृश्य रूप में भरा हुआ है ईश। वासनाएँ और संकट उसकी लीला के उपोत्पाद है। छाया देखने से उत्पन्न दुःख से मुक्ति का एक मात्र उपाय ध्यान ही हैं।

चूँकि ईश सर्वत्र विद्यामान है इसलिए वह कहीं भी प्रत्यक्ष नहीं है। चूँकि सभी नाम उसी के पर्याय हैं इसलिए उसका कोई खास नाम नहीं है। चाहे बैठें, लेटें, या चलें, चाहे रोएँ या हँसें, चाहे जिए या मरें सभी सदा समान रूप से उसी में स्थित है,

वही है। चाहे किसी भी नाम से पुकारें, पुकारते हैं उसे ही। कोई कितनी भी दूरी पर स्थित हो, सचमुच दूर नहीं है। कोई कहीं जाता भी नहीं। पर नकार शरीर की जन्मजात प्रवृत्ति के कारण उल्टा सोचा गया इसलिए अनुग्रह छूट गया है। हरे, पाँव फिसलकर जहाँ लड़खड़ा रहा हूँ वहाँ से उठ खड़ा करने की कृपा करें। सहारा दें।

थोड़ी तसल्ली मिलने पर उठा। हो सके तो शाम के पहले कुन्नलक्कोन की मिट्टी से हट जाना है। सम्भव है उस मिट्टी के कण अन्य राज्यों में भी हों। अपने अधीनस्थ प्रदेश की थोड़ी मिट्टी ताँबे के बर्तन में साथ लिए बिना सामूतिरी बाहरी राज्यों में नहीं जाया करते। अन्य प्रशासकों की भूमि पर पाँव धरते समय पहले वह मिट्टी बिछा कर फिर वहाँ पालकी रखवाते हैं। मिट्टी के ऐसे कण कहीं पड़े हुए हों तो वहाँ भी मेरा पाँव धरना मना है? यही गनीमत है कि हर जगह की मिट्टी एक समान है। जब पहचानी ही नहीं जाए तो वर्जन कैसा?

मनुष्य की कितनी ही बेवकूफियाँ हैं। पुरोहित वेषधारियों द्वारा कहीं गयी कहानियों पर भरोसा करके कितने ही महान चक्रवर्ती भटक कर घराशयी नहीं हुए! इसके बावजूद उनके वंशज आज भी ऐसी बेवकूफियों से बच नहीं पाते जो प्रत्यक्षत: आत्मनाशक हैं!

अथवा उसमें आश्चर्य ही क्या? मैंने भी पिछले निमिषों में भी यह अनुभव किया है कि रागद्वेषों से बचना कितना कठिन है जो मदारी के समान हमें नचाते हैं।

अब यात्रा ऐसे भूप्रदेशों से होने लगी जो पूर्व परिचित नहीं थे। ठान लिया कि कहीं से भी गुजरूँ सब समान ही है। गुरुकुल से निकल कर जो विश्व-दर्शन-यात्रा की थी उस समय की मानसिकता लौटा लेने की कोशिश करने पर उन चित्रों ने रास्ता रोका जो पीछे छोड़ी हुई दीवारों पर अंकित थे।

गुरुकुल से निकल कर जो यात्रा की थी वह मिली-जुली एक जैत्र-यात्रा थी। करणीय जो कर्म थे उनके लिए तैयारी। यह तो एक-एकान्तिक शेष यात्रा है। यह निश्चित नहीं कि ईश्वर-साक्षात्कार के लिए अब क्या शेष रह गया है। पहुँचने के लिए कोई जगह नहीं। दोनों ओर ऐसे सिक्के लोट रहे हैं जिनकी एक तरफ परम आनन्द और दूसरी तरफ परम दु:ख उल्लिखित हैं।

पुरानी यात्राओं की स्मृतियाँ लौटा लीं। आहार-विहार की प्राप्ति आसान थीं। आराधनालयों में और उनमें पाए जानेवाले सज्जनों का सामीप्य भी रहा था। ज्ञानियों के वासस्थानों का अन्वेषण करना। जाकर उनसे मिलना। अभय और सत्संग की प्राप्ति, एक साथ!

सामूतिरी की मिट्टी पर का अन्तिम दिन। सूर्यास्त के पहले जब यात्रियों से पूछा तो एक श्रीराम मन्दिर का पता चला। लिपि और पाठ्यक्रम को सुधारने के सिलसिले में की गयी यात्रा के दौरान उस प्रदेश की एक कलरी में गया था।

श्रीरामचन्द्र की वन्दना करके उस कलरी के गुरुजी के घर में वह रात काटी। रामायणं वहाँ भी पहुँच चुका था। प्रतिलिपि निकाली जा रही थी। उनका और उनके परिवार वालों का अनुरोध मान कर थोड़ा अंश पढ़कर सुनाया।

तमिलनाडु के गाँवों से होकर आगे चलता रहा। हर कहीं मन्दिर। थोड़ा भी ज्ञान रखनेवाले किसी से भेंट होने पर गाँववालों को बड़ा आनन्द आता। दो चार पद गा कर सुनाएँ तो उन्हें मोक्ष प्राप्ति की सी अनुभूति होती। उसका अर्थ थोड़े विस्तार से समझा दें तो वह व्यक्ति बड़ा ज्ञानी माना जाता। भिक्षा में भरपेट स्वादिष्ट भोजन। ग्रहण करने की इच्छा हो तो दक्षिणा के रूप में हथेली भर सिक्के भी मिलते।

यात्रा में कुछ नहीं ले गया था, शायद इसलिए होगा, किसी बात का अभाव महसूस नहीं हुआ। ढोने के लिए केवल ताड़-पत्र, नाराच और दो तीन कपड़े मात्र। इससे यह फायदा रहा कि कोई भारी बोझ ढोना नहीं पड़ा। भीतरी प्रदेशों में अज्ञात रहे कई वेदान्तियों से भेंट हुई। उनसे बहुत कुछ सीखने को मिला।

सबसे बड़ी कठिनाई मन की गाँठों का बल प्रयोग था। जिस प्रकार शिकार को फँसाने के लिए बुने जाते जाल में स्वयं मकडी ही फँस जाती है उसी प्रकार जब अपने बन्धन का एक सूत सुलझा लेता हूँ तो दूसरा एक सूत स्वयं उत्पन्न होकर मुझ पर उलझ जाता है। झटका कर उतार देने की कोशिश करता हूँ तो वह सारे शरीर को जकड़ लेता है।

दु:ख के प्रबल प्रवाह को शान्त करने के लिए समय समय पर जो बाँध बनाए सब अल्पायु रह गये। अपने को डाँटा—" धीरे-धीरे। हठ नहीं चाहिए। दीवार तो चित्र खींचने के लिए ही है। इस दीवार पर बहुत से चित्र खींचे जा चुके हैं तब तक जब तक उस पर छेद नहीं पड़े। अब तो यही इच्छा है कि सारे चित्र एक साथ उस पर बने रहें और एक साथ ही मिट जाएँ। ओह! कठिन ही है!

पर यह सम्भव है, सम्भव बना लेना है। एक-एक चित्र एक-एक दीवार पर अलग बना रहे। ऐसी भावना हो कि दीवार मुख्य नहीं है। यह भी धारणा हो कि कोई भी दीवार यथार्थ में है ही नहीं। यह बात निश्चित रूप से समझ में आ जाए कि कोई भी दुनिया तब तक उसमें रहने वालों के लिए कारागृह बनी रहेगी जब तक दीवारें रास्ते में अवरोध नहीं बनी रहेंगी। तभी दीवार मनोहर चित्र-कम्बल रूपी अलंकार बन जाएगी। और उनसे परदे लगा रखने पर भी भीतर अन्धकार नहीं रहेगा।

मोहान्धकार में फँसने से बचे रहने का सब से उत्तम उपाय तम्प्राक्कल् का उपदेश ही है—'हरिनाम कीर्तन जप लेना।'

जब तक शरीर न गिर जाए तब तक हरिनाम कीर्तन जपते रहूँगा।

महाप्रस्थान-2

बिना पूर्व सूचना के जब गुरुकुल जाकर आचार्यवर पेरियोर से मिले तो मुझे पहचानने के लिए उन्हें दूसरी बार देखना पड़ा। तमिलनाडु की विस्तृति से होकर चलते समय स्नान और शुचित्व को छोड़कर शरीर की कोई चिन्ता नहीं रह गयी थी। कालान्तर में जो परिवर्तन आ गये उनके अलावा इस कारण भी पहचानने में कठिनाई हुई होगी कि यात्रा के दौरान दाढ़ी के बाल बढ़े हुए थे। आचार्यवर के शरीर पर भी आ गये हैं परिवर्तन। सफेद बालों के बढ़ने से पूरा चेहरा शुभ्रवर्ण का हो गहया है। शरीर पतला हो गया है।

जब सन्देह दूर हुआ तब उनके चेहरे पर प्रसन्नता पर्दा हटा कर खिल गयी। तुरन्त उनके चेहरे पर एक सवालिया निशान प्रकट हुआ जो इसी का परिणाम है कि वे गुरुनाथ शिष्य के भीतर के दुःख को बिना बताए ही भाँप गये। यह भी सच है कि मिटाने की बहुत कोशिश करने पर भी जो दैन्य शेष रह गया वह प्रियंकर और पवित्र गुरु-सान्निध्य की कारुण्य प्रेरणा से निरंकुश बाहर निकला। बोझ के वजन की अधिकता तभी प्रकट होगी न जब टेकान के निकट पहुँचेंगे? देश निकाले तक का कथासार सुनने पर आचार्यवर का सिर धीरे से झुक गया। कुछ घनी समय-मात्राओं के बाद वह मुख ऊपर की ओर उठा वात्सल्य-भाव के साथ। अनुताप की मुस्कुराहट वैसे ही खिल गयी जैसे धवलिमा से मक्खन अपने आप उभर कर आता है। अभय-मुद्रा के साथ बोले—"शान्ति"!

गुरुकुल ऐसा उपवन बना हुआ है जो किसी भी गरमी में मुरझाता नहीं। ऐसा भ्रम भी हुआ कि बीच में इतने वर्ष क्या थोड़ा समय भी बीता नहीं है। शालाएँ, वृक्ष, खेत सब चिर पुरातन विद्याओं के समान चिरंजीव! चिडियाँ पुरानी चहचहाहट नहीं भूली हैं।

पुराने गुरुनाथों में लगभग आधे तो अब भी विद्यमान हैं। केवल तीन गुरुनाथ ही सेवा निवृत्ति के पहले ही चल बसे। दो गुरुनाथ बीमार पड़ने पर और एक अरिवुटयोर के लुटेरों के हाथों इहलोक छोड़ गये। उस दुरन्त को हुए अभी एक साल

भी नहीं बीता है।

गुरुकुल के बच्चों को सिखाने के लिए नियुक्त हुए मुझे रहने के लिए वही पुराना मकान मिला जिसमें पहले मैं रहता था। वह खाली पड़ा हुआ था। लगा कि उसके आँगन में खड़े नीम के पेड़ मुझे पहचान गये। उस हवा रहित शाम के वक्त भी जब सभी निद्रालीन थे, उनकी शाखाओं ने भीतरी सिहरन के साथ हिलकर मेरे लिए धीरे से पंखा झलाया।

यह भ्रम हुआ कि अभी अभी निरभ्र नभ की हँसी के साथ अरिवुटयोर घुस आएँगे। उनकी प्रकृति ही ऐसी रही कि वे संगी-साथियों में दुःख अंकुरित होने या अंकुरित होने पर भी बढ़ने नहीं देंगे। उमंग का अजस्र स्रोत। गुरु से अधिक अन्तरंग मित्र और भ्राता।

इस जानकारी से टकरा जाने पर कि अब कभी उन्हें देख नहीं पाऊँगा, वह भ्रम तीव्र वेदना में परिणत हो गया। उससे मुक्ति पाने के लिए भी उनके रटे पाठों का ही आश्रय लिया।

गुरुकुल के प्रारम्भिक दिनों के समान यह भी विश्राम की बेला बन गयी। धूप के ढलने तक गुरुकुल के शालीन विस्तार में टहलता रहा। सिंचाई का तालाब भरा हुआ था। नीम के पेड़ों पर चिडियों का मेला। पर्यावरण स्वच्छ बना हुआ है। खेत में हरियाली। शालाओं से गुरुओं की वाणी गूँज उठती है। ग्रन्थालय में छात्र ऐसे एकत्र बैठे हैं जैसे मन्दिरों के कबूतर। पेड़ों के तले उनके छोटे-छोटे दल। हर कहीं प्रशान्त प्रसन्नता।

वेदान्त का विषय ही अध्यापन के लिए मिला। रोज़ के खर्च के अलावा सोलह सिक्कों का दैनिक वेतन भी मिलता है। शाम के वक्त पुराने गुरुनाथों से मिल कर उन्हें प्रणाम किया। कार्यक्रमों के सम्बन्ध में जानकारी पा ली। पाठ्यक्रम, दैनिक कार्यक्रम आदि में कोई अन्तर नहीं दिखा। कर्मयोग का अभ्यास और व्यायाम एक साथ करने के लिए खेत में शारीरिक श्रम। फिर, सीखना, सिखाना, इन्हीं के सम्बन्ध में ही सोचना है।

छात्रों की संख्या में कमी आ गयी है। यद्यपि विजयनगर साम्राज्य की स्थापना के साथ अराजकता मिट गयी तो भी नए शासक गुरुकुल की तुलना में वैदिक मठों में ही अधिक रुचि लेते हैं। वहाँ से जो अध्ययन करके निकलते हैं उन्हीं को शासकीय नियुक्तियों में प्राथमिकता मिलती है। गुरुकुल में राष्ट्र मीमांसा नामक एक नया विषय भी सिखाया जाने लगा है। यदि पहले छात्रों की रुचि वेदान्त में अधिक थी तो अब उनकी रुचि इस नए विषय में है।

'तायार' (माता जी) के देहान्त का पता भी तभी चला। पेरियोर ने वह बात नहीं बताई थी। विस्मृति के कारण नहीं हो सकता। कैसे भूल जाते? दुखद वार्ता तो

ठहरी। सोचा होगा कि शिष्य की गठरी में जितने दुःख भरे हुए हैं उनके साथ यह भी क्यों घुसेड़ दें!

उनकी प्रकृति वैसी ही थी जैसी कुट्टन दाऊ के जीवन काल में अम्मिणी दीदी की थी। छात्र उम्र में कितने बड़े भी हों, तायार उन्हें 'बच्चा' ही पुकारती थीं। किसी काम के लिए घर पहुँचनेवाले छात्रों को कम से कम जलपान करा के ही छोड़ती। मुहल्ले के और घर के जनों का कुशल-मंगल पूछतीं। साड़ी का आंचल नीवी में ठूँस कर खेत में काम करने आतीं। एक ही नज़र में वे किसी भी शिष्य की मनोदशा भाँप लेतीं। उनकी एक मन्द मुस्कुराहट किसी को भी सांत्वना देने के लिए पर्याप्त थी।

सबकी 'तायार' (माताजी) की मृत्यु वस्तुतः अपूरणीय क्षति रही।

करीब एक दशक हुआ, ग्रन्थों का नित्य पारायण वांछित ढंग से नहीं हो पाता। शुकगीतों को ताड़-पत्रों पर उल्लिखित करते हुए उन्हें रट कर मन में रूढ मूल करने का कार्य भी रुक गया। गुरुकुल की प्रशान्त रात्रियों की एकान्तता में आँगन के नीम के पेड़ के तले बैठे कतिपय ग्रन्थ पाठों की जुगाली की। पाया कि ईश्वर की कृपा से सीखे हुए सारे पाठ स्मृति में अभी जीवित हैं।

चाँद डूब गया। नीचे की ओर नज़र गाडने के लिए अनेक नक्षत्र-नेत्र खिले। यह जानकर रेत पर ही लेट गया कि रात अभी थोड़ी ही शेष है। पर नींद नहीं आयी। चारों ओर अन्धकार की जो दीवारें उभर आईं उन पर स्मृति-चित्र निखर आए। रात की चिडियों ने जो जागरण गीत गाया, उसने उनका साथ दिया। चित्रों को मिटा कर हरिनाम लिखने का प्रयत्न करते-करते प्रभात तक का समय बिताया।

इस बात का बोध हो गया कि अध्यात्म विद्या की साधना करना ही एकमात्र मुक्ति मार्ग है। निश्चय कर लिया कि शालाओं के कामों से निपटने पर जो भी समय बच जाता उसे उसी में लगा दूँगा। जो ज्ञान प्राप्त कर पाया है उसे आत्मसात करना है। हृदय में स्थित जो ईश है उसे सर्वव्यापी के रूप में निरन्तर अनुभव करना है। विश्व विभूतियों का सहवर्ती रहते हुए उन्हें ईश्वर के परिणामी मुखों के रूप में देख कर उनसे मेल जोल रखना है। हृदय सदा सर्वांन्तर्यामी में ही स्थित रहे।

उस स्थिति में चराचरों के बुनियादी स्पन्दों के साथ अपनी आत्मा की श्रुति लीन हो सके तभी यह सुनिश्चित हो सकेगा कि ब्रह्मविद्या का सुकृत प्राप्त हुआ है। संसार रूपी सागर में हाथ-पाँव मारे बिना खड़ा रहने में वह अभ्यास सहायक हो।

इसके लिए प्रयत्न करते हुए भी स्वजनों का हालचाल जानने की कोशिश भी करता रहा। दायित्व-निर्वहण के मार्ग से आगे बढते हुए भी संग-बुद्धि की चपेट से अपने को बचाए रखने का प्रयत्न किया। आत्म-शिक्षण में यह भी सहायक हुआ।

कुंञालु मूप्पन के आदमी सीता दीदी की खबरें लाए। उन्हीं के माध्यम से

जवाब भी भेजे जा सके। गुरुकुल से प्राप्त वेतन की रकम सीता दीदी को देने के लिए मूप्पन के हाथों भेज दिया करता था। दीदी ने यह कह कर वह रकम मूप्पन के पास ही रहने दी कि सम्प्रति कोई ज़रूरत नहीं है। मूप्पन ने बताया कि उस रकम को भी अपने व्यापार में लगा देंगे। व्यापार से प्राप्त लाभ का आनुपातिक अंश भी उस रकम से जुटता जाएगा। मैंने बताया कि जैसी इच्छा होकरें। यह भी बताया कि सीता दीदी की इच्छा के अनुसार ही रकम किसी को दे देना।

प्रदेश छोड़े एक साल के बीतने के पहले ही सीता दीदी का पहला ताड़-पत्र मिला। गोपी भैया नहीं रहे। तब भी चीरू दीदी पिलाक्काटीरी में ही रुकी रहीं। इसलिए अम्मिणी दीदी भी वहीं रूकी रहीं। चीरू दीदी की मनोदशा बिगड गयी है। यह भ्रम कि गोपी भैया का स्वास्थ्य कुछ-कुछ सुधर जाने पर वे उठकर बाहर गये हैं और अभी अभी लौट आएँगे। अच्चु ने जाकर बहुत जिद किया तो भी दीदी नहीं आयीं। बीच में गोपी भैया का स्वास्थ्य थोड़ा सुधर गया था। मुश्किल से कुछ-कुछ बोलने भी लगे थे। उन दिनों अच्चु गोपी भैया के पास ही रहा। फिर माताजी को ले आने के प्रयत्न में भी वह थोड़े दिन वहीं ठहरा।

कमियाँ और विवशताएँ पहले की सी बनी हुई हैं। परन्तु कोई महा व्याधियों से पीडित नहीं। आम तौर पर प्रदेश की स्थिति बदतर है। नाय्क्कनों की घमंड में कोई कमी नहीं। तो भी चूँकि राजाओं के साथ अच्चु विवेक पूर्वक पेश आता है इसलिए भालाधारियों का ज़्यादा उपद्रव नहीं। अच्चु तो कारिन्दों का सहायक भी है। नाय्क्कन लोग उसे किंचित् सन्देह की दृष्टि से देखते हैं।

हर संकट की स्थिति में करुणामय पेरियोर आलम्ब और आश्रय बने रहे। उन्होंने समझा दिया कि जीवन में ऐसी कोई विवशता नहीं जिसे सम्यक् प्रयत्न से टाला नहीं जा सकता. केवल श्रम की कमी हो सकती है।

चूँकि अध्यापन वासनानुकूल पेशा था इसलिए वह संकटों से थोड़ा बचे रहने का साधन बन गया। पर दो वर्षों के बीत जाने पर भी वियोग का काँटा पैना होता ही जा रहा था।

उस दौरान, एक दिन का कार्य नए प्रवेशार्थियों का साक्षात्कार करना था। जिन गुरुनाथों को अवकाश है वे पहले के समान पेरियोर का साथ देते हैं। साक्षात्कार ऐसा जिससे अभ्यर्थियों को कोई पीड़ा न हो। इसे आरम्भ हुए करीब एक पखवाड़ा बीत चुका है। अभी छः सात छात्रों के आगमन की प्रतीक्षा है।

पूर्व निश्चय के अनुसार और अन्यथा आनेवाले अधिकांश छात्रों के पास गुरुनाथों, कलरियों या मठों के ताड़-पत्र होंगे। बहुत कम छात्र ही खाली हाथ आएँगे।

उस दिन ऐसा एक युवक ही पहले प्रवेश पाने आया था जिसके पास ऐसी

कोई चीज़ नहीं थी। आयु करीब बीस साल की। सुंदर—सुडौल। अन्यून पौरुष। तमिष्रकम की भाषा में प्रवीण। चेहरे पर बेपरवाही का भाव। पर उसके पीछे अमर्ष की दबी हुई अग्नि का धुआँ।

प्रणाम करके सामने बैठ गया। जैसे सब प्रकार की समस्या का सामना करने के लिए तैयार होकर आये हो, पेरियोर से कहा—मेरा नाम सूर्यनारायणन। मलयालम देश से आ रहा हूँ। मेरे पास किसी का साक्ष्य-पत्र नहीं।

साक्षात्कार का प्रारम्भ पेरियोर ने ही किया। ''कौन थे सूर्यनारायणन के गुरु?''

''पिताजी।''

''तो क्या उनकी अनुमति पाए बिना ही इधर आ गये?''

''चाहे तो 'हाँ' कह सकते हैं। पिछले वर्ष पिताजी का देहान्त हो गया। दुःखी होकर चले गये। वैदिकों का दुरुपदेश मान कर अधिकारियों ने हमारी लेखन-कलरि तहस नहस कर डाली।

पेरियोर की दृष्टि धीरे से मेरी ओर मुड़ी। मौन मुद्रित कृपाकटाक्ष यही कह रहा था-''लो, एक तुल्य-दुःखी। उस दृष्टिपात का लक्ष्य सूर्यनारायणन की मानसिक पक्वता का पता लगाने का बागडोर मुझे हस्तान्तरित करना भी था।

मेरे प्रश्नों के जो उत्तर सूर्यनारायणन ने दिए वे तीव्र वेदना में धुले हुए थे। मंगलांकुन्नत्तु कलरी का संचालन करते रहे चोष्रियत्तु परिवार के गुरुनाथ का इकलौता पुत्र है सूर्यनारायण। तर्क तक के पाठ पिताजी से सीखे। जब से उस प्रदेश का शासन एरालपाट के हाथों में आ गया तब से उनकी कलरी की शनि-दशा आरम्भ हुई। आखिर, सूरी के पिताजी के जमाने में उस कलरि को बिना किसी जाँच-पड़ताल या विधि निर्णय के, आक्रमण का शिकार होना पड़ा। पिताजी के तन-मन को चोट लगी। जब अकाल में उनकी मृत्यु हो गयी तब उनके दोनों प्रकार के घाव भर नहीं पाए थे। उसके एक साल पूरा होने के पहले ही माताजी ने उनका अनुगमन किया।

किन्तु मैं, गाँव छोड़ कर इस कारण नहीं आया हूँ कि मैं अनाथ हूँ। सीखने के लिए आया हूँ। ईश्वर के सम्बन्ध में जानना है। भले आदमियों को क्यों दुःख भोगना पड़ता है? इस सन्देह के निवारण के लिए ऐसे उत्तर पाने है जो केवल ईश्वर से प्राप्त हो सकते हैं। पिताजी कहा करते थे कि ऐसी कोई विद्या नहीं जिसका ज्ञान तिरुवावाटुतुरै गुरुकुल पहुचने पर प्राप्त नहीं किया जा सकता।

''रुचि कौन-सा विषय सीखने में है?'' पेरियोर ने पूछा।

''यदि दैव नीति नाम की कोई वस्तु है तो उसका शास्त्र।''

एक अर्थगर्भ मुस्कान के साथ पेरियोर ने निर्णय किया—''वेदान्त ठीक रहेगा।''

बाद की तलाशों से पता चला कि सूर्यनारायणन ने छोटी आयु में ही कितना बुनियादी ज्ञान प्राप्त किया है और संस्कृत भाषा का कितना परिचय पा लिया है।

"यहाँ की कार्यशैली का पता है क्या?" पेरियोर ने पूछा।

"जी हाँ।" सूर्यनारायणन ने साफ जवाब दिया। "पर, एक निवेदन है। जब मेरा मन भरे तब मुझे जाने देना।"

"यदि तुम्हारा मन भरा नहीं, तो भी अध्ययन अवधि की पूर्ति पर बिदा करने की स्वतन्त्रता हमें भी हो।" पेरियोर ने हँसते हुए कहा। उस हँसी की लहर के थमने के पूर्व मेरी ओर इशारा करके पूछा—'इन्हें पहचानते हो?"

"नहीं तो।" सूर्यनारायणन ने कहा।

"तिरुवूर की लेखन कलरी..."

शेष सुनने में अधीर सूर्यनारायणन में रोषाग्नि फिर भडक उठी। "वह कलरी भी पुरोहितों के उपदेश पर ध्वस्त की गयी न? इस पर भी जब सन्तोष नहीं मिला तभी वहाँ के रामनेष़श्शन को मार डाला गया और अनियन एष़श्शन को... ।"

कही बात को अधूरी छोड़ कर शीघ्र सिर मोड़ कर सूर्यनारायणन ने मेरी ओर देखा। कोप-तापों के बीच भी सहज बोध से मुझे जब पहचान गया तब उस पहचान के स्पष्टीकरण के लिए घूर कर देखा।

हरिनाम कीर्तन, नया पाठ्यक्रम और नयी लिपि लिए जब पिषारटी जी के साथ मंगलांकुन्नु पहुँच कर चोष़ियत्तु घर में अतिथि बनकर रहा था तब सूर्यनारायणन केवल पाँच-छः वर्ष का ही था। पर, उस समय के दर्शन की स्मृति सूक्ष्म बुद्धि में बनी हुई है। काल के बीत जाने से और इस दौरान आए रूपान्तर के कारण पहले पहचान नही पाया। बस।

सूर्यनारायणन का भाव पूर्णतः बदल गया। दोनों हाथ ऊपर उठकर प्रणाम किया—"क्षमा करें। मैं पहचान नहीं पाया। सुना भी नहीं था कि आप यहाँ हैं।"

"तब तो"—पेरियोर उसी तरह मुस्कुराए जैसे मुझे अरिवुटयोर के साथ मिला देते समय मुस्कुराए थे। "तुम्हारे साथ ही ठहरे सूर्यनारायणन।"

"पिताजी मुझे 'सूरी' पुकारते थे।"

उस दिन से सूरी ने मेरी शुश्रुषा करना अपना व्रत बना लिया। मैंने जब बताया—"कोई चिन्ता मत करना। अपना काम मैं स्वयं सम्भाल लूँगा तो उसने आदरपूर्वक गीता को उद्धृत किया—"तत् विद्धि प्रणिपातेन परिप्रश्नेन सेवया।"

नितान्त थे सूरी के संशय। चूँकि उनमें ज़्यादातर ऐसे थे जो उसकी आयु में मैंने अपने से पूछे थे इसलिए उत्तर देना कठिन नहीं था। सूरी की सारी रुचि शक्ति - संचयन में थी।

"इस पृथ्वी के समस्त दुष्टों का विनाश करने की शक्ति पाने के लिए क्या

करना चाहिए?"

"मान लो कि उसके लिए पर्याप्त शक्ति अर्जित हो गयी और उनका समूल विनाश कर डाला।" मैं हँस पड़ा। "तब?"

"तब तो फिर अनीति नहीं रहेगी न?"

"यदि ऐसा होता तो ईश्वर के इतने अधिक अवतारों के बाद भी इतनी दुष्टता अब भी क्यों शेष है?"

"तो क्या कोई भी कितनी ही बार उखाड़ लें तो भी दुष्टता सदा स्वयं अंकुरित होती रहेगी?"

"इसमें क्या सन्देह? मनुष्यों में प्रकृत्या जो गुण भेद आते हैं और उनके कारण उत्पन्न होनेवाले वासना भेद और कर्म गुण-दोष सदा बने रहेंगे न?"

"तो क्या इसका मतलब यही है कि जो भी अनीति दिखाई दे रही है उसके विरुद्ध कुछ नहीं करना है और कुछ भी किया नहीं जा सकता?"

"नहीं, करना है, किया जा सकता है। उसके लिए आवश्यक क्षमता प्रकृति-सिद्ध है। कारण यही कि ईश्वर साक्षात्कार का जन्म-लक्ष्य तभी सफल हो सकेगा जब मानव वंश बना रहे? मानव-वंश तभी बना रह सकेगा जब पृथ्वी तल पर भलाई विकास पाती रहे? इसलिए भलाई को विकास पाते देखने की तीव्र इच्छा ईश्वर-प्रेरित है। वह तो मानव जाति में सदा बनी रहेगी भी। जिन में यह विद्यमान है वे सुधार के उपकरण हैं। उन्होंने जो नियोग अपने सिर पर थाम लिया उसी के परिणाम स्वरूप दुनिया इतनी ही सही, सहनीय बन गयी है। सभी सन्देहों के निवारण के लिए उपयुक्त अध्यापन से लेकर महाभारत के अर्जुन—धर्म तक इसे कर्मक्षेत्र में अमल में लाया जा सकता है। ऐसी जन्म वासनावाले व्यक्तियों की भलाई के पहरेदार रहकर अपनी जान छोड़ने में भी कठिनाई नहीं होगी। पर ऐसे व्यक्ति ही इसके लिए निकल पड़े जो जिनमें भलाई के प्रति स्वाभाविक वासना बन्ध हो, और किसी प्रेरणा से नहीं।"

"इस बात का निर्णय कैसे कर सकते हैं कि ऐसी वासना किस व्यक्ति में किस मात्रा में है?"

"स्वयं शान्त हो जाना। फिर सूक्ष्म आत्म निरीक्षण करना। दुनिया को सुधारने के लिए निकलता मैं क्या सुधर चुका हूँ? तब पता चलेगा कि भीतर की तड़पन का कारण ज्ञान ही अपर्याप्तता, पारुष्य या कालुष्य है। तभी जान सकेंगे कि विश्वमंगल का कार्य राग-द्वेषों के स्पर्श से बच कर ही करना है? घृणा, विद्वेष आदि माया के दोष हैं न? उन्हें लाँघने पर जो समचित्तता हाथ लगेगी वह बाद को गुणातीत की ओर बढ़ने की सीढी भी बन सकती है।"

"बिना शत्रुत्व-भाव के कैसे लड़ सकेंगे? यदि सारी लड़ाइयाँ माया ही हैं तो

फिर क्यों बेकार... ?''

क्या यही सही धारणा है कि माया होने के कारण विश्व उपेक्षणीय है? यही आभास माया है न जो आँखों को गोचर होता है। माया शब्द का ऐसा कोई अर्थ नहीं है न जो कुछ दृश्यमान है वह सब मिथ्या है? ये जो कुछ दिखाई देते हैं वे यद्यपि नश्वर हैं तो भी अवास्तविक हैं क्या? नहीं। जो भी दृश्य हैं सबके सब सत्य हैं। कारण यही कि दृश्य वस्तु, नेत्र तथा दर्शन ईश्वरीय हैं। इन्द्रियाँ शरीर और मन श्रेष्ठ हैं। चूँकि ये प्रकृति के गुणों के अधीन हैं इसलिए सुख और दु:ख स्वाभाविक हैं। दायित्वों से भाग जाना जीवन के ओज के लिए विनाशकारी है। अन्तर्मन के आह्वान के अनुरूप लड़ना ही होगा। पर, वह कार्य माया-विमुक्त होकर ही करना है। क्यों कि यद्यपि सारे प्रत्यक्ष यथार्थ ईश्वर की विभूतियाँ ही हैं तो भी वे केवल सापेक्ष सत्य हैं।''

''आत्यन्तिक सत्य?''

''ईश, एक। उससे एकाकार होना मुक्ति।''

''ऐसा हो तो ईश्वर से एकाकार होने का सरल मार्ग संन्यास ही है न?''

''निवृत्ति की अपेक्षा प्रवृत्ति ही वांछनीय है। गीता का सारांश भी यही है।''

''यदि कर्म के साथ सम्बन्ध जुड़ जाए तो बन्धन आ पड़ेंगे न? संकल्पना को साफ करने के लिए... ?''

''यह बात सुनिश्चित करने का कोई भी सम्बन्ध बन्धन न बन जाए? यदि वह क्षमता नहीं आ गयी है तो सम्बन्ध के अभाव में भी कामना के कारण बन्धन आ जाएगा न?''

''शुद्ध संकल्प तक पहुँचने का सरल मार्ग भी बता दीजिएगा।''

केवल भक्ति। बस। माया, मोह और अहंकार के वाल्मीकों को तोड़ डाल कर भीतर के ईश का साक्षात्कार कर यदि हृदय से उसका तादात्म्य प्राप्त कर सकें तो परमानन्द मिल जाएगा न? ऐसे एक व्यक्ति को कोई कैसे निस्संग कर्मों से विमुख कर पाएगा और संकट के गर्त में डुबोए रख सकेगा?''

मौका पाने पर सूरी हर दिन नया नया सन्देह उठाता। साथ ही देवी की पूजा भी किया करता, पूजा करने की विधियाँ सूरी ने घर में ही सीख ली थीं। गुरुकुल के वासस्थान में भी देवी को प्रतिष्ठापित किया। पूजा की। मेरी अनुमति लेकर ही वैसा किया। सारी पूजाविधियों का पूर्णत: पालन किया।

इस प्रकार कुछ महीनों के बीतने पर, एक दिन दैनिक पूजा की तैयारी करते हुए मुझसे पूछा—''एक छोटा-सा सन्देह है—अनुग्रह पाने के लिए की जानेवाली प्रार्थना और पूजा पूजक के मन में सदा यह धारणा उत्पन्न करेगी कि मेरा अस्तित्व पूजित शक्ति के अस्तित्व से अलग है तथा मैं पराया हूँ। है न?''

‘‘सगुण आराधना तभी तक आवश्यक है जब तक यह विवेक न आ जाए। अभिन्नता के संकल्प के साथ उसे जारी रख भी सकते हैं ताकि प्राप्त हुआ विवेक नष्ट न होने पाए, ध्यान में प्रविष्ट होने के सरल मार्ग के रूप में।

इस दौरान सूरी से गीता के श्लोक रटाता रहा और उनका अनुभव-सार बता देता रहा। धीरे-धीरे सूरी के कोप-ताप ठंडे होते गये। जब सूरी की आँखों में प्रतिशोध और शौर्य के बदले शान्त और करुणा भाव अंकुरित हुए तब हम दोनों चरितार्थ हुए। तभी सूरी ने ठान ली कि यही मेरा मार्ग है। दोनों का पारस्परिक सम्बन्ध तब दृढ़तर हुआ जब ऐसी स्थिति आ गयी कि दोनों अपने-अपने मनोगत बिना बताये ही समझ गये। दुर्लभ पुत्र लाभ!!

महाप्रस्थान-3

कई सालों तक नहर के पानी की तरह अन्दर और बाहर से अनुस्यूत प्रवहित होते रहने के कारण वेदनाओं की अधिकांश खुरंडें घुल कर हट गयीं। अन्तर्मन मुलायम हो पाया। गुरुकुल रूपी मरूद्यान में कालुष्य से इतर फसलों की ही खेती होती है न? कोई नयी खरोंच नहीं पड़ी। बीता कल दु:खों का पर्याय न रहा। आनेवाला कल आशंकाओं का पर्याय भी नहीं रहेगा।

अक्षर से जुडे रह कर क्षर में रहते हुए ही अक्षरातीत को हृदय में देखने का श्रम आगे बढ़ता रहा। प्रकृति के सौंदर्य के दर्शनों के द्वारा उससे आगे नन्हे पाँव रखने के परिश्रम के गुणात्मक परिणाम के रूप में अनासक्ति अनायास ही मिल गयी। धीरे-धीरे ऐसी स्थिति भी आ गयी कि परिणामी और नकार विश्व का अंग रहते हुए ही परमात्मा के दीप का प्रकाश हृदय में अनबुझा बनाए रख सका।

सिखाने के लिए शिष्यों के सम्मुख पहुँचने पर इन्द्रियाँ जाग्रत हो उठतीं। वह तो केवल जन्मप्रकृति की वासना-शक्ति के कारण। पर यह हठ नहीं रहा कि सबको पढ़ना ही होगा, सबको सब कुछ पढ़ा कर ही छोड़ेंगे आदि। जो ज्ञान है वह ऐसा खुला जलाशय बन गया जिससे कोई भी बर्तन में भर सके। प्यासों के द्वारा उसमें उत्पन्न की जानेवाली लहरें उसी समय थम जाएँगी जब वे तृप्त होकर हट जाएँगे। पर ज्ञान बाँटते समय प्राप्त होने वाला हर्ष अमृत तुल्य ही रहा। मामाजी इस अनुभव के बारे में कहते थे—''स्तन्यपान कराती माताओं का आनन्द।''

शिष्यों के साथ खेतों और जंगलों में हँसते खेलते मेहनत करना निर्वृतिदायक रहा। इससे उन्हें और मुझे समान रूप से ज्ञात हो गया कि फल की इच्छा के हट जाने पर कर्म कितने आनन्द दायक हैं! पेरियोर ने ''शान्ति' का जो आशीर्वाद दिया था वह फलीभूत हो रहा था।

जब सूरी के अध्ययन काल की समाप्ति निकट आ रही थी तब उसमें अकारण बेचैनी नज़र आई। मैं समझा गया कि ध्यान करने बैठते समय भी सूरी में बेचैनी अंकुरित होती है और उसे पार करने के लिए उसे अधिक परिश्रम करना पड़ता है।

कई बार मुझसे कुछ पूछने का उपक्रम किया और उसे टालता गया। गुरुकुल के प्रवास की समाप्ति पर जब सतीर्थ्य लोकालोकन यात्रा की तैयारी उत्साह से करते रहे तब सूरी अत्यधिक दुःखी और चिन्ताग्रस्त होता रहा। उसकी प्रकृति ही बदल गयी।

"क्या हुआ?" मैंने पूछा। "यात्रा की तैयारी करनी है न?"

"आप से विलग होने में"—थोड़ी देर तक शब्द ढूँढ़ते रहने के पश्चात ही मुख नीचा करके जवाब दिया था। स्वर विवश था।

"मन से विलग नहीं होते। फिर दुःख क्यों?"

सूरी का सिर फिर झुक गया। उस प्रश्न के उत्तर के रूप में केवल एक तप्त निकास ही निकला—"हे, ईश्वर!"

सूरी की अर्पण-भावना की गहराई मेरे अन्तर्मन की निचली सतह का मन्थन करने में पर्याप्त थी। थोड़ी देर बाद मैंने पूछा—"हर एक के कर्म-धर्म उनकी वासना के अनुसार भिन्न-भिन्न हैं न? स्वधर्म के प्रति विमुख रहना ठीक है क्या?... अध्ययन की समाप्ति पर गुरु नाथ से विलग होना ही है न? स्वकर्म करने के लिए उठो, तैयार हो जाओ—यही विचार होना चाहिए।"

"आपकी सेवा-शुश्रुषा करते हुए साथ रहने की अनुमति देकर अनुगृहीत करें। मेरी यह निश्चित धारणा है कि वही स्वधर्म है।"

"विश्व को प्रकाश देने का अवसर गँवा कर?"

"जब यह बोध्य हो जाय कि उसके लिए पर्याप्त ज्ञान मिल गया है तब बिदा होने की आज्ञा दे दें।"

उन दिनों मेरे अन्दर यह विचार अन्यथा उत्पन्न हो जुका था कि आदतों के बन्धनों में कसे रहने से बचने के लिए यही अच्छा है एक ही स्थान पर टिके न रहना है। वह पाठ ठीक तरह से याद कराया दातुन करने के लिए लाये गये नीम की डाली के टुकड़े ने। हर दिन की तरह एक दिन सुबह डाली का टुकड़ा चबा-चबा कर मुलायम बना रहा था तो उसके रस में रुचिभेद लगा। मृदुता और आराम भी कम!

जब मैं चबाया हुआ टुकड़ा बाहर निकाल कर उसे ध्यान से देख रहा था तब सूरी ने क्षमा याचना के स्वर में जताया—जो टुकडे जमा कर रखे थे वे खत्म हो गये। यह टुकड़ा उस पेड़ की टहनी का है जो दक्षिणी ओर खड़ा है। यदि यह ठीक नहीं है तो..."

साधारणतया, उत्तरी ओर खड़े पेड़ की टहनी के टुकडे ही काट कर रखे जाते थे। बड़ा ठोस पेड़। उसकी शाखाएँ दो आदमियों की ऊँचाई पर। टहनी तोड़ने के लिए अंकुसी चाहिए। नहीं तो, आरोहण-छल्ला बाँध कर पेड़ पर चढ़ना होगा। दखिनी आँगन के नन्हें पेड़ की शाखाएँ ज़मीन को छू रही हैं। अन्तर यही है कि पर्याप्त धूप के अभाव में वह फीका खड़ा है। जल्दी लेना था इसलिए उसी से तोड़

लिया।

यह भी बोधोदय हुआ कि जो भेद भाव नए-नए प्राप्त हुए हैं, वे ये ही नहीं हैं। दरी, चटाई, वह तखता जिस पर भोजन करते वक्त बैठा करता हूँ, निद्रा का स्थान, वह घाट जिस पर नहाने के लिए उतरता हूँ, दैनिक कृत्यों का ताल-लय आदि नित्य जीवन में अनजाने ही आकर घिर जानेवाले विचित्र रुचि भेद जिसका निर्माण सुख असुख के तहत मनुष्य कर लेता है। इच्छा द्वेष समुत्थेन द्वन्द्व मोहेन...।

दीर्घ-यात्रा करने पर यह बँधन खुल जाएगा।

यात्रा यदि बच्चों के साथ हो तो सूरी का दु:ख भी मिट जाएगा।

''गड़बड़ी नीम की टहनी की नहीं।'' सूरी से कहा। ''अनिकेत होना ही है। थोड़ा देशाटन मेरे लिए भी आवश्यक है।''

सूरी का क्लैब्य मिट गया। वह प्रसन्न हो गया। पर वह यात्रा क्लेश पूर्ण थी। ज्यों-ज्यों उत्तर दिशा की ओर बढ़ते त्यों-त्यों आक्रमणकारियों की सैनिक कूचों की झंझट बढ़ती गयी। कहीं आठ-दस अपरिचित व्यक्तियों का देखते तो सभी राजाओं के सेना-व्यूह यही समझ बैठते कि ये शत्रु हैं। दुबारा कुछ सोचे या तलाशे बिना निर्णय ले लेते हैं। यह भी देखे बिना आगे बढ़कर आक्रमण कर बैठते हैं कि सामने खड़े व्यक्तियों के पास शस्त्र हैं या नहीं।

विजयनगर और उत्तर के सुल्तानों के बीच घमासन युद्ध। उत्तर के सुल्तानों और उनके असभ्य सैनिकों का स्वभाव, चिर परिचित मलयाली बुजुर्गों का सा नहीं है। वे क्रूरता के प्रतिरूप हैं। आपस में मार-काट और छुरी भोंक हत्या करके सुलतान लोग गद्दी पर बैठते हैं और सत्ता धारण किए रहते हैं। राज मुकुट पाने के लिए अनुज अग्रजों को तथा सन्तानें पिताओं को कारागृह में बन्द रखती हैं। कभी गला काटते भी हैं सबको कनक-सिंहासन ही चाहिए। उसे पाने के लिए तथा पाने पर भी अनीति ही नीति। यद्यपि ललकारें अस्तिकता के नाम पर की जाती हैं तो भी ईश्वर का तनिक भी भय नहीं।

विपक्ष के राजाओं ने भी यह भ्रम उत्पन्न किया है कि वेद के नाम पर ही कलह हो रहे हैं। ये भी क्रूरता में कम नहीं हैं। विजय नगर को उन फिरंगियों का समर्थन प्राप्त है जिन्होने अपना डेरा कोच्ची से हटा कर कोंकण में जमाया है। फिरंगियों के जहाजों में लाकर भेंट किए जानेवाले श्रेष्ठ नसलों के घोड़े विजय देवरायर की सेना के भिड़न्तों में निर्णायक भूमिका निभा रहे हैं। फिरंगियों के सैनिकों को जगह-जगह देखा। समझ में आया कि वे भी क्रूरता में पीछे नहीं हैं।

आयु को किसी न किसी प्रकार बचाए रख कर दुरित-भूमियों को पार करते हुए भी मौका पाकर सूरी ने अपने इंगित समय-समय पर प्रकट किए। उनमें प्रमुख यही था कि देश के अन्धकार को मिटाने के लिए कुछ न कुछ करना है। किसी न

किसी प्रकार वहाँ प्रकाश की पुन:प्रतिष्ठा करनी है। राजाओं से बदला लेने नहीं, विपदि धर्म के तौर पर।

एक बार स्पष्ट रूप से कहने लगा—"एक वेदान्त विद्यापीठ की स्थापना करें तो..." इस विचार से कि क्या यह जल्दबाजी तो नहीं होगी? अर्धोक्ति में रुक गया।

यह बात उस समय की है जब बिहार राज्य के एक यात्री-निवास में इस वैपरीत्य पर हमारा संघ चर्चा कर रहा था कि बौद्ध दर्शन के मुख्य केन्द्र में भी गल घोंटू संघर्ष चल रहा है। वह तो आकासन का एक दिन था जब कि दीर्घ काल तक खून बहाते रहे युद्ध के बाद वहाँ के राजा ने विजय नगर के साथ सुलह कर ली थी।

"राज्य में कहाँ ऐसी एक संस्था स्थापित करना चाहते हो?"

सहसा आया सूरी का जवाब—"राज्य में कहीं सम्भव नहीं।"

"तो क्या राज्य का अन्धकार मिटाने के लिए जंगल में परिश्रम करना पर्याप्त होगा?"

सूरी का मुख प्रकाशमान हो गया। "लगता है कि वही पर्याप्त होगा। शोकनाशिनी के किनारे एक जंगल है, उसके लायक...। जब माता जी भी अचानक विलग हो गयी तब मैंने संकट मुक्ति के लिए तप करने की एक जगह ढूँढ़ी तो उस महावन का पता चला था।"

"वहाँ कितने दिन बिताए?"

"लगभग तीन महीने। तब तक उस स्थान में मन रम गया। अत्यन्त मनोहर कानन भूमि। वहाँ यह सुनिश्चित भी हो पाया कि जब तक ज्ञान की कमी की पूर्ति नहीं हो पाएगी तब तक चाहे किसी का ध्यान कैसे भी करें, शक्ति का मार्ग विदित नहीं हो पाएगा।

वह स्थान किस राजशासन के अधीन है?

"पेरुम्पटप्पु के अधीन।"

"मुझे सांसारिकता की ओर लौटा ले जाने का विचार है क्या?"—

मैं हँस पड़ा।

"यदि अप्रिय हो तो..." सूरी ने हाथ जोड़े। "क्षमा।"

"विचार करेंगे"—बात समाप्त की। कई बार सोचने पर भी कुछ निश्चित नहीं कर पाया।

नेटियिरुप्पु के अधीनस्थ प्रदेश में पाँव रखने पर ही रोक लगाई गयी है न? राजपरिवार के अधीनस्थ प्रदेश की सीमा तक पहुँचना अपराध नहीं। विद्या के प्रति रुचि रखनेवाला है पेरुम्पटप्पु राजपरिवार। यद्यपि राजकाज के दॉव-पेच और नीतियों में बारबार उन्हें भूल-चूक होती है तो भी अक्षर-द्वेष का अन्धकार उनके सिर पर

नहीं है। पेरुंपटप्प के राजाओं में कई तो कलाकार रहे हैं।

बाद के दिनों में, राह चलते समय, सूरी ने आशा भरी दृष्टि से बार-बार मुझे देखा। कोई निर्णय नहीं लिया है—यों हँसते हुए जताया। अन्त तक आत्मशोधन की सीढ़ियाँ चढ़ नहीं पाया था। यह निश्चित हो पाना था कि नए उद्यम की प्रेरणा सांसारिक मोह नहीं है। उसे व्यावहारिक सिद्ध करना भी आवश्यक था।

दूसरे पहलू पर भी सोच-विचार करना था। क्या, यही अच्छा न होगा कि जो आयु शेष रह गयी है उसे गुरुकुल में वेदान्त का अध्यापन करता हुआ बिताऊँ? वहाँ उसका अध्ययन करनेवाले कई प्रदेशों में पहुँच कर वहाँ ज्ञान का दीप जलाएँगे ही। पेरियोर से बिदा लेने में दुःख है। बिदा करने में पेरियोर को भी सन्तोष नहीं हो सकता।

पर, ऐसी स्थिति में जब वृद्धावस्था आएगी और शरीर रोगग्रस्त हो जाएगा तब गुरुकुल के लिए बोझ बन जाऊँ तो? यदि पहले ही वानप्रस्थ ग्रहण करूँ तो समस्या उतनी हल हो जाएगी न? पूर्व के महाशयों ने यह जो निर्णय किया था कि एक कालखंड के बाद वन ही आश्रय हो, खूब सोच समझ कर ही तो किया होगा।

निर्णय किया कि पेरियोर के समक्ष मामले के दोनों पहलुओं को पेश करके उनकी राय पूछ लूँगा। सूरी से कहा—निर्णय लेने के पहले, जो ईश्वर गुरुकुल में प्रत्यक्ष रूप में विराजमान हैं उनसे पूछना है।''

गोकर्णम से दक्खिन की ओर की यात्रा सामूतिरी की मिट्टी का स्पर्श किए बिना पहाड़ी इलाके से होकर की। आँखें और कान यद्यपि खूब खुले रखे तो भी कहीं से बन्धु-बाँधवों की कोई खबर नहीं मिली।

प्रदेश की लेखन-कलरियों की शोचनीय स्थिति तथा बारह वर्षों की अवधि के अन्दर शुकगीत शैली के काव्यों को, विशेष कर रामायण को जो प्रचार मिला, इन्हें देखते हुए ऐसा लगा कि सूरी की इच्छा के अनुसार कार्य करना ही अच्छा होगा। गानशैली की काव्य रचनाएँ बहुतायत में रची जा रही हैं। जो कलरियाँ ध्वस्त होने से बची हुई हैं उन सबने नया पाठ्यक्रम अपनाया है। सारा लेखन कार्य नयी लिपि में ही हो रहा है। जमीन ठोस बन चुकी है। यदि प्रदेशवासियों की उच्चशिक्षा का मार्ग भी खोल रखें तो गुरु मातुलों द्वारा सौंपा गया काम पूरा हो जाएगा। तलवार और आग से डर कर निष्क्रिय रहना अक्षन्तव्य होगा भी।

नेटियिरुप्पु के अलावा बाकी सभी राजशासनों ने अध्ययन संघ का ससन्तोष स्वागत किया। गुरुकुल को देने के लिए उपहार भेंट किए। आग्रह किया कि जल्दी बिदा न लें। जब बताया गया कि जल्दी निकल जाना है तब फिर आने का निमन्त्रण दिया। चेंपकश्शेरी के राजा ने संघ की अगवानी अपनी विद्वत-सभा में की। आग्रह किया कि अवकाश मिले तो कम से कम कुछ दिनों के लिए वहाँ रहें।

वेणाटु में वीरोदय मार्तंड वर्मा तम्पुरान को राज्य का बागडोर सँभाले कुछ ही दिन हुए थे। उनका मुख्य ध्यान सेना सम्बन्धी मामलों में था। तो भी, सभी वेदों और विद्याओं का सम्मान करनेवाले वे, यात्रा-संघ का स्वागत करने और कुशल मंगल पूछने के लिए समय निकाल सके। इन्होंने ही तो नागरकोविल के जैन मन्दिर को जायदादें भेंट की थीं और समुद्रतट के तृतीय वेद वाले मछुआरों को अधिक-करों से मुक्त किया था। पटरानी बन विराजनेवाली विदुषी चोल राजकुमारी भी संघ से मिलने आयीं, संवादों में शामिल हुईं और उपहार भेंट किए। वेणाटु में भी शुकगीत शैली के काव्यों को प्रचार मिल चुका था।

डेढ़ वर्ष के बाद जब वापस पहुँचा तब गुरुकुल में पेरियोर नहीं थे। छः सात मास पूर्व एक दिवस अध्यापन के बाद, तालाब का पानी खेत की तरफ मोड़ देने के काम में छात्रों के साथ शाम तक लगे और फिर आमशाला के 'संगम' में उपस्थित रहते समय धीरे-धीरे लेट गये और परमेकार का नाम जपते हुए वे समाधिस्थ हो गये।

किसी को विश्वास नहीं आया।

अचानक यह खबर पाने पर चारों ओर आँखें दौड़ाईं तो भ्रम हुआ कि नीम के हर एक पेड़ के तले एक-एक पेरियोर मुस्कुराते खड़े हैं जैसे कह रहे हों—'लो, मैं इधर, उधर और सब कहीं।'

अन्तिम क्षणों में उनके निकट रहने का सौभाग्य नहीं मिला। पिंजरा बदलने की बात यथासमय जान भी नहीं पाया।

स्वयं डाँटा—"दुःखी मत बनो।" मृत्यु तो किसी के द्वारा रोकी नहीं जा सकती है न? यही समझना है कि एक और बाती महा प्रकाश के घोंसले में घुस गयी। प्रातः स्मरणीयों की श्रेणी में शामिल कर उनका नमन करें।

इसके साथ सारे गुरुनाथ मिलकर ईश ही बन गये। तय किया कि विश्वहित को लक्ष्य करके, वासना-बल द्वारा निर्दिष्ट मार्ग से आगे बढ़ना है। केवल उसी मार्ग से इन सबके वासस्थान पर पहुँच सकते हैं न?

गुरुकुल के कार्यकलाप जारी हैं, जैसे विशेष कुछ घटित ही नहीं हुआ हो। मुख्य स्थान पर एक और सर्वमान्य व्यक्ति हैं—मणिकण्णनर जो पंडित एवं पक्वमति हैं।

जाने की अनुमति माँगी तो उन्होंने पूछा—"क्या, समय आ गया है वानप्रस्थ का?"

"मन कहता है कि समय आ गया है।"

"विधान यही है कि रोकना मना है न?" उन्होंने आशीर्वाद दिया—"वहाँ पहुँचने तक यात्रा का पथ प्रदीप्त रहे।"

अन्य परिचित गुरुकुलों में जाकर बिदा ली। एक बार फिर बृहदीकार मन्दिर देख सका। रात भर मन्दिर के आँगन में नटराज नृत्य की कल्पना की निर्वृति में आमग्न रहा।

मलयालम प्रदेश के समीप वन में जिस आश्रम की स्थापना करने का विचार था उसमें शामिल होने की स्वीकृति तिरुवावाटुतुरै और अन्य गुरुकुलों के कतिपय गुरुजनों ने दी। तभी यह विचार उभर कर आया कि उस स्थान को वेदान्तियों के समूह का एक डेरा क्यों न बनाएँ।

यदि ऐसा एक केन्द्र बन जाए तो वेदान्त सम्बन्धी सन्देहों के निवारण के लिए कोई भी वहाँ आ सकेगा। किन्तु गुरुजनों को तभी निमन्त्रित कर सकेंगे जब यह निश्चित हो सके कि वहाँ कितनी सुविधाएँ जुटाई जा सकती हैं। जो सपरिवार आते हैं उनके गुजारे के लिए पर्याप्त साधन और सुविधाएँ उपलब्ध हों।

कल्पना यथार्थ बन पाए तो वह आश्रम तमिष्रकम और मलयालम प्रदेश के मध्य उच्चशिक्षा का पुल बनकर विकास पा सकेगा। दोनों तरफ के विद्वानों का पारस्परिक सम्पर्क सुगम बन जाएगा। दोनों तरफ़ से शिष्य अध्ययनार्थ आ सकेंगे। चूँकि यह वन के अन्दर होगा इसलिए आक्रमणकारी सैनिकों की कूचें तंग नहीं करेंगी। दल बदलियाँ और झगड़े भी ज़्यादा सताएँगे नहीं।

सीमा तक पहुँचने पर पहले पहल दीदियों का हाल चाल ही तलाश कर जान लेना होगा। मूप्पन के पास जो राशि है उसे लेने के लिए जब सूरी को कोष़िक्कोट भेजा जाएगा तब उससे कहकर उनसे सम्बन्धित जानकारी की भी तलाश कराऊँगा। यदि दीदियों या बच्चों को पैसे की ज़रूरत हो तो वह दिला भी दूँगा। जो राशि बच जाएगी उसका उपयोग आश्रम के निर्माण में कर पाऊँगा।

और एक मास बीतने पर मूप्पनों की गाड़ी मिली। पूर्वी मार्ग की तरफ का व्यापार मन्द है। यात्रा अधिक दुष्कर भी है। इसलिए कभी साल में एकाध बार ही गाड़ी आया करती है। जो गाड़ी आ गयी उसमें आए लोग घर की खबरें लाए। तभी जान गया कि चीरू दीदी लापता हो गयी है।

एक दिन जब अच्चु साथ नहीं था, चीरू दीदी गायब हो गयीं। घर के भीतर तालाब के किनारे और कुएँ में देखा। कहीं पता न चला तो अम्मिणी दीदी ने पड़ोसियों को सूचना देकर लोगों को जुटा लिया। इलाके भर में तलाशने पर भी कहीं पता न लगा। पता नहीं मन का सन्तुलन खोकर गोपी भैया की तलाश में निकल पड़ी है कि नहीं। अच्चु ने जाकर भरसक तलाशी ली। कोई परिणाम नहीं निकला। पता नहीं, कहाँ हैं। यह भी निश्चित नहीं कि जीवित हैं कि नहीं। चीरू दीदी की तलाश में निकल पड़ा अनियन यह ताड़-पत्र लिखते समय तक वापस नहीं आ पहुँचा है।

सीता दीदी ने अपनी बीमारी के बारे में हिचकते हुए ही सही संक्षेप में इसलिए लिखा था कि यह स्पष्ट जो जाए कि स्वयं तालाशी लेने वे क्यों नहीं निकल पायी। जोड़ों में दर्द और सूजन है। अनियन ने गुरनाथ से जो दवाएँ लिखवा ली है उनका सेवन कर रही हैं।

क्षितिज से क्षितिज तक फैले पड़े मैदान से धीरे-धीरे आगे बढ़ रही गाड़ी में बैठकर सवार करते वक्त उर में सम्मिश्र विचार भरे थे। गुरुकुल की हरियाली और उसके बीच से दृश्यमान चूना पोती मिट्टी की दीवारों ने एक और अविस्मरणीय चित्र अंकित कर दिया। इस दु:ख की आह कि आगे कभी इस तरफ नहीं आ पाऊँगा और यह प्रत्याशा कि बन्धुजनों से सम्बन्धित कोई न कोई जानकारी बिना विलम्ब मिल जाएगी, दोनों एक साथ अंकुरित हुईं।

लड़खड़ाते मन को आलम्ब देने के लिए नाम जपन की शरण ली।

अरिवुटयोर का स्मरण किया जिन्होंने सारी बातों को प्रसाद भरी हँसी में बदल लेने में विजय पाई थी। इस पृथ्वी पर अनेकों ऐसे अरिवुटयोर जीवित रहे जो इसी भावना की हँसी से जिए और मरे कि 'मैं रूपी एक व्यक्ति हूँ ही नहीं।' उनकी फैलाई रोशनी में ही दुनियावाले कुछ देख पाते हैं। उनमें कुछ तो विनम्रतापूर्वक बातियों के समान, हवा में बुझ गये। अधिकांश ऐसे थे जिन्होंने उस समय भी अपना आलोक-मन्दहास जारी रखा जब मूढ़ लोग मार-मार कर उन्हें बुझा रहे थे। बहुत कम ऐसे निकले जिन्हें अन्त तक जलते रहने का सौभाग्य प्राप्त हुआ। उन सबके द्वारा प्रदत्त मौन-सन्देश एक ही है—कैसे भी बुझें, बुझते समय तक, अचंचल होकर प्रज्ज्वलित ही बने रहें। आद्यन्त, ईश्वरीय स्नेह का आलोक फैलाने का साधन बने रहें।

"एक बार मैं एक महापाप करने लगा था। "सूरी ने कोई पूर्व सूचना दिए बिना ही बताया—"उसे बताने में इतने दिनों तक हिचकता भी रहा।" सिर उठाए बिना आगे कहा—"शोकनाशिनी में जीवन समाप्त करने पर उतारू हो गया था।"

जलते मन के साथ घर से निकलने पर पहले मन्दिर का भजन ही आजमाया। परन्तु कहीं शान्ति प्राप्त नहीं हुई। बाद को मन्दिरों के गर्भगृहों में निश्चल रहनेवाली मूर्तियों के प्रति घृणा का भाव अनुभूत होने लगा।

एक बड़े मन्दिर के आँगन के वट वृक्ष के तले बने चबूतरे पर जब हताश बैठा था तब एक वयोवृद्ध ने सुझाया—"जाकर तपस्या करो।" पूछा—आसुर शक्तियों द्वारा प्रताडित ध्रुव, प्रह्लाद जैसे सभी बालकों ने यही तो किया था न?

सुना था कि तपस्या करने के लिए वन आवश्यक है। इसकी तलाश में लग गया कि उपयुक्त वन कहाँ है। किसी ने कहा—नहर के किनारे से होकर आगे बढ़ने पर वन दिखाई देगा। इस प्रकार उस वन में पहुँचा। नहर के किनारे एक चट्टान

दिखाई दी। उस पर बैठ कर महावाक्यों को रटता हुआ, तप आरम्भ किया। प्यास लगने पर नहर का पानी बर्तन में भर कर पी लेता। भूख लगने पर कन्द-मूल-फल खा लेता।

कई दिन बीत गये। थकावट के मारे, खड़ा नहीं हो पाता था। शक्ति पाने के लिए किए गये तप से मिला, बल-क्षय! जब यह निश्चित हो गया कि किसी भी कार्य की क्षमता आर्जित नहीं कर पाऊँगा तब तय किया कि अधिक विवश होने के पूर्व ही जीवन समाप्त कर डालूँ।

एक बलिष्ठ बेल से एक बड़ा पत्थर गले में बाँध रखा और चट्टान के ऊपर से नहर की ओर ढुलकने ही वाला था कि तभी एकाएक पिताजी की छवि मन में उभरी और कड़ा निषेध प्रकट किया। यह मूक आदेश रहा कि ऐसा कभी न करना।

पत्थर खोल कर हटा दिया। प्रभातों की दिशा में चरण बढ़ाए।

"कोई बात नहीं। गिरने से तो बच गया न?"—सूरी को सांत्वना दी। "गर्त के कगार तक पहुँच जाने के कारण गर्त की गहराई का ठीक ठीक पता लग भी पाया जिसमें पड़ने से कितना बड़ा नुकसान हो सकता था।'

गुरुकुल से वापस की उस यात्रा का अन्त मार्ग के अवरोधों के कारण, बड़े विलम्ब के पश्चात् शोकनाशिनी के तट पर स्थित इस वन में हुआ।

मन ने बताया—आखिरी पड़ाव पर पहुँच चुके हो।

सुख-असुख-बोध की ईंटों से...

इच्छाद्वेषसमुत्थेन द्वन्द्वमोहेन भारत।

सर्वभूतानि सम्मोहं सर्गे यान्ति परन्तप॥'—गीता (7-27)

सारे चराचर इष्ट-अनिष्टों से उत्पन्न द्वैत बोध के कारण उत्पत्ति के समय से ही मोहित हो जाते हैं।

अनिकेत—'अनिकेत: स्थिरमति: भक्तिमान्मे मे प्रियो नर:।' गीता (12-19)

ऐसा भक्त मेरे लिए प्रिय है जो कहीं के वातावरण में फँस कर उस में स्थायी रूप से फँसा नहीं रह जाता, और जिसकी बुद्धि मुझमें स्थिर हो गयी है।

महाप्रस्थान–4

आयासपूर्ण गाड़ी यात्रा के तुरन्त बाद दर्रे से थोड़ी दूर पैदल तय करने से हुई थकावट शोकनाशिनी में एक बार डुबकी लगाने पर मिट गयी। इस शिलाखंड पर बैठे पहाड़ी फल खाकर उपवास को समाप्त करते हुए सोचा—सीता दीदी से मिलकर खबरें पाने और देने के लिए सूरी को भेजना है। यह ठीक-ठीक पता नहीं कि मूप्पन लोगों के पास कितनी राशि जमा हुई है। गुरुकुल के निर्माण के लिए राशि प्राप्त करने के वास्ते ताड़-पत्र लेकर सूरी कोषिक्कोट के गोदाम में प्रवेश कर सकेगा।

जब इतना निकट पहुँचा हूँ तो बन्धुजनों का हाल चाल जाने बिना अगले कर्मपथ पर प्रवेश नहीं कर पाऊँगा। मन नहीं मानेगा। जानने पर चिन्ता मिटेगी। प्राप्त होनेवाली जानकारी हितकर या अहितकर हो सकती है। यह जैसी भी हो, मन में उथल-पुथल न मचने पाए। इसके लिए आवश्यक तैयारी चाहिए। पहले ही इस महावन के साथ एकात्म होना भी है। एकान्त ध्यान दोनों के लिए सहायक होगा।

सूरी से पूछा—"ज़रा शबरकोट्टम तक जाकर दीदियों का हालचाल जानकर आओगे, क्या?"

"जी हाँ, पर इस घोर बन में आप अकेले... ?"

"माँ की गोदी घोर वन?... बीच के अन्तराल की एकान्तता मन का उपचार ही होगा। सारी बातें सोचने पर तैयारी के रूप में यह आवश्यक भी हो गयी है।... जब लौट आओगे तब भी मैं ऐसे ही यहीं बैठा मिलूँगा।"

अनमने भाव से ही सूरी वहाँ से रवाना हुआ था।

ध्यान के बीच, मन बार बार सीता दीदी को जाकर देखने के लिए, नियन्त्रण तोड़कर ललकता। रोके रखने के लिए बहुत यत्न करना पड़ा। कितना भी नाम जपन करने पर भी चीरू दीदी सम्बन्धी व्यथा भी अटल बनी रही। सीता दीदी ने फिर कभी उस तिरोधान के सम्बन्ध में एक शब्द भी नहीं लिखा। इसलिए नहीं होगा कि याद नहीं रही। सोचा होगा कि याद दिलाना नहीं चाहिए। याद न दिलाने से तभी तसल्ली मिलती जब बात विस्मृत हो चुकी हो।

मनोनेत्र के सामने चीरू दीदी का वही चित्र दिखाई देता जिसमें वे सुध-बुध खोकर कहीं भटक रही हैं। यह भ्रम शायद इसीलिए रहता कि वैसे व्यक्तियों को मन्दिरों के परिसर में, भीतरी इलाकों के मट्ठाघरों के परिसर में और साप्ताहिक हाटों में देखने की याद बनी रही।

दीदी की आयु बढ़ती जा रही है। विवश हो जाने पर कौन है उन्हें एक घूँट पेय जल देने या गिर जाने पर ज़रा थाम लेने? यह तय करने का विभ्रम कि वह जन्म समाप्त हो चुका होगा—दीदी की आत्मा को ईश के साथ मिला कर स्मरण करने भी नहीं देता।

मुक्ति का एक मात्र उपाय आत्म संचयन है। सारी भयाशंकाओं को शोकनाशिनी के स्वच्छ प्रवाह की ओर ढकेल देना है। मृतकों का ध्यान करके हरिस्मरण को आधार बना कर स्मृति—जन्म को और एक बार जी लेना है। पार किए गये मार्ग के अन्तशेषों की जाँच करनी है। उनमें, आत्मलय के लिए जो सहायक है उन्हें छाँट लेकर शेष को छोड़ देना है।

'शान्तं आधि सर्वम्' यों ध्यान करके आँखें मूँद लीं। परिसर-बोध से धीरे-धीरे छूटता गया। प्राचीनताओं की ओर लौट गया। जिन दिनों बुद्धि स्थिर हो गयी थी उन दिनों से शुरु होकर पुनरुज्जीवन का अनुभव किया।

सूर्योदय और सूर्यास्त का भी पता नहीं चला।

"पूरे दिन—रात ऐसे ही बैठे हुए आप कौन है?"—कोई आदरपूर्वक पूछ रहा है।

बाहर से है।

आँखें खोलीं।

किसी प्रकार कर्णाकर्णिया सुनकर जानकारी पाकर, आस-पास के गाँवों से आए कुछ लोग शिलाखंड के सामने घुटने से कमर तक के पानी में खड़े हैं। उनके द्वारा लाए गये चिउड़ा, खील, फल आदि चिडियाँ चुग रही हैं।

अधेड़ उम्र के एक विनम्र व्यक्ति ने उन सबके मन का प्रश्न उन सबकी ओर से दुबारा उठाया।

जब मुझे पहचान गये तो उन्होंने अपनी बात जारी रखी—"नहर के बीच के इस शिलाखंड पर आप क्यों अकेले बैठे हैं? हम में से किसी के घर आ जाइएगा। एषुवत्तु घर का बड़ा बेटा हूँ मैं। मेरा नाम है गोपालन। मुझे कोप्पन पुकारते हैं। यदि एषुवत्तु घर के आँगन में आप के चरण-चिह्न पड़ सकें तो वह परिवार सदा के लिए धन्य हो जाएगा। कृपा करें।"

उन्हें जताया कि पश्चिम की ओर गये सूरी के लौटने तक और कहीं नहीं जा पाऊँगा।

वन से एष्ुवत्तु घर तक की दूरी आधा कोस भी नहीं है। उस घर के सदस्य पहले से उस इलाके भर में जाने-पहचानेवाले भले व्यक्ति हैं। पर, तभी जान सका कि कोप्पन सूरी के पिता का सतीर्थ्य है। कोप्पन और उसके घरवाले वर्षों से इस कारण दु:खी हैं कि उन्हें पता नहीं चला है कि चोम्रियत्तु घर में हुई दुर्घटनाओं के बाद सूरी कहाँ गया।

शुभ-अशुभ वार्ताओं का गट्ठर लिए सूरी वापस आ पहुँचा। सीता दीदी कोल्हू-घर में अकेली रहती है। चल फिर नहीं पाती। तो भी शास्ता के मन्दिर के आँगन में झाड़ू देने का काम करती है।

अनियन जिस ने तिरुनावाय के अध्ययन के उपरान्त वैद्यक सीखना आरम्भ किया था प्रदेश भर में चीरू दीदी की तलाश करने के बाद खाली हाथ लौटा था। कभी सुनते उधर हैं। कभी सुनते इधर है। ऐसी सभी जगहों पर जाकर दुबारा ढूँढ़ा। पर कहीं नहीं मिलीं।

अनियन बड़ी तत्परता के साथ सीता दीदी का इलाज करता है। जीविका की या और किसी बात की दिक्कत किसी को नहीं। पर दीदी का हठ है कि रेंगती हुई भी मन्दिर जाकर काम करना है।

अच्चु ने कोल्हू घरवाले अहाते की थोड़ी जगह पर रहने के लिए मकान बनवा लिया है। बाल्य सहज रोगों से पीडित होकर कोच्चु नारायणी चल बसी। इस दु:ख के अलावा एच्चु और रावुण्णी को कोई क्लेश नहीं। सब कुठ ठीक-ठाक है।

सूरी के बढाए बलिष्ठ भुजों का सम्बल लेकर शिलाखंड से उठकर नहाया और तीर्थ पान किया।

तब से लेकर जन्म-कर्म-निरूपण का अभय स्थान यही शिलाखंड है। ध्यान—मनन भी यहाँ। न जाने अब तक कितनी बार ध्यान—मनन कर चुका हूँ।

एष्ुवत्तु घर के सदस्यों ने सूरी के साथ ऐसा ही व्यवहार किया जैसे वह उनके ही परिवार की नयी पीढ़ी का कोई सदस्य हो। एष्ुवत्तु घर के मातुल ने पहले ही किलिप्पाट्टु काव्यों की प्रतिलिपि निकलवा ली थी। उन्होंने वहाँ के धान्यागार में हमें बसा लिया। तत्परता पूर्वक सुझाया कि रामायण और महाभारत की रचना तो हो गयी, ऐसी स्थिति में भागवत की भी...।''

भूख से तड़पते बच्चों का दैन्य सहित कोल्हू घर की जो तीव्र वेदनाएँ थीं उनका शमन हुआ था राम-नाम आलापन और कृष्णलीला—प्रहर्ष से। सोचा—अब जो व्यथाएँ शेष हैं उनका हवन श्रीमहाभागवत में कर दूँगा। इसी दौरान मूल-कृति हस्तगत हो गयी। शुभ लक्षण मान कर अनुवाद कार्य आरम्भ किया।

चिरकाल से संजोई अभिलाषा थी भागवत-रचना। वासना बल से प्राप्त ईश्वरार्पण कुतूहल ही प्रमुख प्रेरणा रहा। चिरपुरातन ज्ञान के पश्चात जो संस्कृति

विकसित हुई उसके स्पष्ट दर्शन भागवत में मिलते हैं। द्राविड देश के भगवत् भक्तों के बारे में भागवत में बताया गया है। उत्तराखंड और दक्षिण प्रदेश के बीच जो वेदान्त-ज्ञान-सम्बन्ध बना रहा वह महाभागवत में प्रतिबिम्बित मिलता है। भागवत-धर्म का अति प्राचीन नाम तो 'एकान्तिक धर्म' ही था न? एकान्तिक शब्द का अर्थ भक्त ही समझना चाहिए। एकान्त भाव तो भक्ति ही है। जो भक्ति मार्ग पर चरण बढ़ाते हैं उनके लिए अर्पण बोध की पूर्णता प्राप्त करने में भागवत का मलयालम भाषा पाठ सहायक हो।

करुणाकरन नामक युवक, जो सूरी के पहले उसी कलरी से अध्ययन कर चुका था, हमें सतत परिचर के रूप में मिल गया। वह एषुवत्तु घर के मातुल का परिचर बन के आया था। वह कभी-कभी शास्त्र विषयक सन्देहों का निवारण मुझसे पूछ लिया करता था। धीरे-धीरे वह मेरा शिष्य एवं सतत-सहचारी बन गया।

सूरी ने कहा कि जो जंगली स्थान कोल्लंकोटु खेत और शोकनाशिनी के उत्तरी तट के बीच, पूर्व में पुलिंकोल्त्तोटु से लेकर पश्चिम में पट्टंचीरी मार्ग तक फैला हुआ है वह गुरुकुल के लिए पर्याप्त होगा। जाकर परख लिया तो उसका कथन ठीक लगा। अब जान लेना है कि यह जगह किस की है। यह भी पता लगाना है कि क्या इसे मोल देकर खरीद सकेंगे और क्या मूल्य देना होगा। सूरी ने यह भी बताया कि इस मामले में भी एषुवत्तु घर के सदस्यों की सहायता ली जा सकती है।

एषुवत्तु परिवार के मातुल ने कहा कि शोकनाशिनी के किनारे का पूरा जंगल चम्पत्तिल् मन्नाडियारों की पुश्तैनी सम्पत्ति है तथा उसे खरीद लेने में कोई कठिनाई नहीं होगी। उन्होंने चम्पत्तु जाकर मोल-भाव ठीक कर लिया। चार हज़ार सिक्के।

कुञ्ञालु मूप्पन ने सोचा कि राशि के साथ अकेले सूरी को भेजना उचित नहीं होगा। दो दिनों के बाद परिचरों के साथ मूप्पन आ गये। चार-पाँच गाड़ियों में गुरुकुल के निर्माण के लिए आवश्यक कुछ सामग्री और एषुवत्तु के भंडार घर के लिए आवश्यक कुछ माल भी लाए।

धरोहर के रूप में आठ हज़ार से अधिक सिक्के मिले। कुंञ्ञालु ने उसे बढ़ा कर दस हज़ार कर दिया था। सिक्कों की जो थैली हस्तान्तरित होकर मिली उसे सूरी ने एषुवत्तु के मातुल को सौंप दिया। ज़मीन की खरीद के दस्तावेज का ताड़-पत्र मुहर लगा कर मिल गया।

सूरी को भी इस बात का हठ था कि आवश्यकता से अधिक वन काटना नहीं चाहिए। तेरह शालाओं का शिलान्यास किया गया जिन में एक शाला हमारे निवास के लिए थीं। एक-एक विषय सिखाने के लिए सुयोग्य अध्यापकों का चयन मन ही मन कर लिया। शालाओं का आकार इतना विस्तृत रखा गया कि उनमें गुरुनाथों के साथ ही शिष्य भी रह सकें। पहले मन्दिर का निर्माण ही आरम्भ हुआ। मुहल्लेवालों

ने दिल खोल कर सहायता की। सूरी और करुणाकरन ने निगरानी की।

सात इलाकों में सूचना देने के बाद नहर के तट पर बरगद का पौधा लगाया। चबूतरे का निर्माण कराया। जब नहर में पानी भरा रहता तब चबूतरे पर बैठा नाम जपन करता। जब पानी उतर जाता तब नहर के बीच के इस शिलाखंड पर बैठा रह कर नाम जपन करता। सामूतिरिप्पाट् की आज्ञा यही थी कि इसके दखिन में प्रवेश न करूँ। सपने में भी नहीं सोचा था कि इतना हो पाएगा। तय किया कि ईश्वर का जो अनुग्रह हाथ आया है उसका भरसक उपयोग करूँ।

पोन्नानी बन्दरगाह के उतरी तट के अन्तरीप पर किला बनाने की ज़मीन वेट्टत्तुनाट् ने फिरंगियों को दी। इस बात को लेकर राजशासनों के बीच मनमुटाव हुआ। प्रबल जल प्रवाह के कारण किले का निर्माण न हो पाया। तो भी बुझा पड़ा वैर धुआँ निकालता हुआ भभक उठा।

पर इसके बीच भी मूप्पनों ने इस बात का जिम्मा उठा लिया कि वे वेट्टत्तु राजमहल से यथा समय ग्रन्थ लेकर शोकनाशिनी को तट पर पहुँचा देंगे। शबरकोट्टम् में रामायण और भारत के जो मूल ग्रन्थ थे उनकी भी आवश्यकता थी नए गुरुकुल का ग्रन्थालय सजाने के लिए।

सीता दीदी ने मूप्पन के हाथों जो ताड़-पत्र भेजा था उसमें लिखा था कि आमक्कावु से बेटी आ रही है। मौसी के देहान्त के बाद उसके मन में यह इच्छा बलवती हो गयी है कि कुछ दिन ही सही, पिता के साथ रहना है। गुरुकुल आने को तैयार हो गयी थी। जब से उसे पता चला कि मैं पालक्काट् पहुँच गया हूँ तो उस ओर निकल पड़ने की उतावली बढ़ गयी है।

यह निर्देश देकर ही शबरकोट्टम से निकला था कि कोई भी मिलने नहीं आए। आनेवालों पर राजकोप का असर पड़ सकता है। ऐसा न हो। जिस लड़की की माता जीवित नहीं रही उसकी दशा प्रवाह में पड़ी नाव की सी है। पता नहीं उसकी शिक्षा पूरी हो पाई कि नहीं। कोई भी पिता तब तक अपनी बेटी को नहीं छोड़े जब तक उसे किसी मज़बूत खूँटे से बाँध नहीं दें। तपस्वी कण्व को भी जो मार्ग स्वीकार्य लगा था उसे अपनाने में मैं क्यों हिचकूँ? ईश्वरीय वात्सल्य का असर महापुण्य ही है!

जिस बेटी ने सामने प्रत्यक्ष होकर आँख भर देख कर चरण स्पर्श करके वन्दना की वह छोटी लड़की नहीं जो पहले ड्योढ़ी के खम्भे तथा मौसी के तन से चिपके रहती थी। इसी के साथ उस छोटी बालिका का चित्र तिरोहित हो पाया जो दुःख की प्रतिमूर्ति थी।

झुके सिर पर हाथ धर का उसे आशीष दी—"अगला धर्म गार्हस्थ्य है। दीर्घ सुमंगली हो।"

हाथ जोड़े, आनन्द के अश्रु बहाती हुई उत्तर दिया—''गुरुकुल भी गृह है न पिताजी?''

''अन्तर है।''

''शरणागता हूँ।'' उसकी दृष्टि मेरे पाँवों की तरफ झुकी।

मेरे मौन को सहमति समझ कर एषुवत्तु की दादी माँ उसका हाथ पकड़े उसे अन्दर ले चलीं।

उन्होंने अद्भुत और आदर के साथ विस्तार से बताया कि दीदी ने एक दिन के लिए भी कोल्हू घर न छोड़ने का हठ पकड़ लिया है। हरिनाम कीर्तन का जप करती हुई और रामायण, भारत आदि का पारायण कर दिन काट रही है। तीसरी बच्ची को जन्म देकर प्रसूति गृह में पड़ी है एच्चु। दूसरा लड़का रहा। तीसरी एक लड़की।

भागवत् अतिशीघ्र पूरा हो गया। यद्यपि अन्य शुकगीत काव्यों की अपेक्षा भागवत् बृहदाकार है तो भी उसे पूरा करने में केवल डेढ़ वर्ष लगे। ग्रन्थ की प्रतिलिपि निकालने का कार्य भी साथ-साथ होता रहा। सूरी, करुणाकरन और बेटी ने ही नहीं, एषुवत्तु के मातुलजी ने भी उसमें हाथ बँटाया। एक-एक पखवाड़े में जितने अंश की रचना हो जाती उसकी प्रतिलिपि निकालने के लिए इन चारों के हाथों में बाँट कर दे देता।

सूरी और करुणाकरन सुबह से शाम तक शालाओं के निर्माण कार्य में व्यस्त हैं। वहाँ चार खम्भों की एक कुटी बना कर उसी में वे ठहरे हुए हैं। रात में जब अवकाश मिलता तभी वे प्रतिलिपि निकालने का काम कर पाते। कोई दूसरा व्यक्ति मूल से मिलान कर प्रतिलिपि संशोधित कर लेता। मूल रचना के ताड़-पत्र और पूरी की गयी प्रतिलिपियाँ एषुवत्तु घर की छत पर सुरक्षित रख देते।

श्रीराम मन्दिर का निर्माण पूरा होने पर जिस दिन अपने हाथों से मूर्ति की प्रतिष्ठापना की उस दिन चम्पत्तु घर के मन्नाटियार ने महादान किया। उस ज़मीन के मूल्य के रूप में जो चार हज़ार सिक्के स्वीकार किए थे वह पूरी रकम श्रीरामजी के समक्ष भेंट की।

एक-एक हज़ार सिक्के चम्पत्तु, वटश्शेरी तथा एषुवत्तु घरवालों के पास तथा शेष एक हज़ार कोच्चिकोविलकम् में जमा किए गये। चारों ने मान लिया कि आमदनी-स्वरूप प्रतिवर्ष नौ सौ प्रस्थधान गुरुकुल को देते रहेंगे। पेरुम्पटप्पु राजपरिवार ने वादा किया कि अधिक आवश्यकता पड़ने पर उससे अधिक सहायता भी दे देंगे। इसके साथ ही यह आशंका मिट गयी कि गुरुकुल का दैनिक खर्च कैसे चलेगा।

यह बात पक्की हो गयी कि गुरुजनों और शिष्यों के दैनिक खर्चे के लिए प्रतिदिन पाँच प्रस्थ चावल मिलता रहेगा। अब केवल फुटकर खर्च और साग-सब्जी की बात ही रह गयी। बहुत ज़मीन पड़ी हुई है। घाटी भी है। बहुत उपजाऊ

अनछुई—मिट्टी। यदि यों ही बीज बोयें तो दस गुना फसल मिलेगी। ईश्वर का अनुग्रह हो तो किसी चीज़ की कोई कमी नहीं पड़ेगी।

गुरुकुल की स्थापना का समाचार प्रदेश की शेष कलरियों के पास पहुँचाया गया। जो छात्र दर्शन, विज्ञान और वेद-वेदांग की उच्च शिक्षा पाना चाहते हैं उन्हें नामित किया जाए—इस अनुरोध को अह्लादपूर्वक स्वीकार किया गया।

हमलावर सेनाओं के निरन्तर होते रहे कूचों से उत्पन्न दुर्भिक्ष तथा वैदिकों के प्रतिशोध की भावना के कारण प्रदेश की अधिकांश कलरी नामावशेष हो चुके थे। लेखन कलरियों के अधिकांश गुरुजन बेरोज़गार हो गये। उनमें महापण्डित भी हैं। उन्हें शोकनाशिनी तट की ओर निमन्त्रित किया जा सका। उन्होंने आने की सहमति प्रकट की। कोलाहल से बचे रह कर, बच्चों को विद्यादान करते हुए शेष जीवन बिताने का जो अवसर मिल रहा था वह उन्हें पूर्णतः स्वीकार्य लगा।

परन्तु, पिषारटी जी स्वयं विस्थापित होने के लिए तैयार नहीं हुए। उनका छोटा भाई शिक्षा की पूर्ति पर वापस आया है और पत्नी सहित पिषारम् (घर) में बस गया है। माताजी चल बसी है। स्वतन्त्र है। इसके बावजूद उन्होंने यही जवाब लिख भेजा—''शिष्टकाल में भी भगवान शास्ता की सेवा पर्याप्त है।''

एक प्रकार से यह अच्छा हुआ। जिस दिन औपचारिक रूप में दीप जलाकर अध्यापन आरम्भ करना निश्चित हुआ था उस सुदिन की केवल दो रात्रियों के पूर्व पूरे गुरुकुल का आग में जल जाना उन्हें देखना नहीं पड़ा। भला, अग्नि क्या विवेचन कर सकती है? तिस पर कार्तिक महीने की तेज़ हवा भी!

हमलावरों के लिए पूर्वी छोर की शाला पर ही आग लगाना पर्याप्त था। बाकी कार्य पूर्वी हवा कर लेती। इस सुगमता का भी ख्याल किए बिना आक्रमणकारियों ने हर शाला को आग लगाई। प्राप्त आदेश का अक्षरशः पालन करना है न?

ईश्वर की कृपा से सूरी और करुणाकरन जलकर मरे नहीं। ऐसा नहीं कि उन्होंने और उनके साथ जो स्थानीय लोग थे उन्होंने आग बुझाने का प्रयत्न नहीं किया। आक्रमणकारियों ने उन्हें भगा दिया। कितना भी प्रयत्न करे तो भी उस भीषण अग्नि को वे बुझा नहीं पाये।

कोई पूर्व सूचना नहीं मिली थी। मिलती तो भी बचाने के लिए कोई पहुँचेगा नहीं। बाद को पता चला कि नेटियिरुप्प् के सलाहकार रहे वैदिकों की प्रेरणा से ही आगजनी हुई थी। आक्रमण के लिए मशाल लिए वे आए थे शोकनाशिनी के उस पार से।

छोटे-छोटे अन्तरों को छोड़ दें तो यह आक्रमण पहले तान्नियूर में हुए आक्रमण की ठीक नकल था। आग में भुने जाने के लिए पहरेदार नहीं थे। कुआँ तो था जो काफी गहरा था और पानी भरा था। परन्तु वे बड़े मामा नहीं थे जो ग्रन्थों को

पहने हुए कपड़े में लपेट कर उसमें डाल देते और बाद को उन्हीं के साथ समाधिस्थ हो जाते।

ऐसे सेनाव्यूहों ने आक्रमण किया था जिन्होंने कोई शासकीय मुहर नहीं पहनी थी। लुटेरों के बहाने आक्रमण हुआ था। उनमें किसी ने किसी शाला में घुस कर कोई वस्तु ले लेने की हरकत नहीं की। यह अलग बात है कि लेने के लिए वहाँ कोई वस्तु नहीं थी। ध्वस्त कर डालना ही एकमात्र लक्ष्य था। सब कुछ जला डालना। प्रमुख लक्ष्य ग्रन्थ ही रहे। तान्नियूर और तिरुवूर की शालाओं को भी जला डालने पर भी जो वेद संहिताएँ, शास्त्र–कृतियाँ और तमिल में लिखित ताड़–पत्र बच गये थे वे सबके सब जलकर राख हो गये। यही विचार था कि अब देखें कि इस प्रदेश में शूद्रों को कौन कैसे वेद सिखाए!

शालाओं के समीप के कुछ हरे भरे वन भी जल कर राख हो गये। भभक उठी आग की लपटें देखकर कोसों दूर से दौड़े आए लोग जब तक पहुँच गये तब तक सब कुछ जल चुका था। आक्रमणकारी भाग जा चुके थे।

'इस प्रदेश में आज तक ऐसी एक आगजनी की बात सुनी तक नहीं है,' ऐसा चीखते चिल्लाते हुए लेग एष्ुवत्तु घर की तरफ भागे आए।

'भागवतं शुकगीत के मूल ताड़–पत्रों में अधिकांश नष्ट हो गये। प्रतिलिपि निकालने के लिए गुरुकुलम ले गयी प्रतियाँ भी नष्ट हो गयीं। कालियदर्पशमन प्रसंग तक के ताड़–पत्र एष्ुवत्तु घर में थे। उनमें से, कुछ ताड़–पत्र जो सन्देह निवारण के लिए सूरी और करुणाकरन शाला ले गये थे, वे भी नष्ट हुए। केवल कुछ अंश ही बच गये।

दिन निकलने पर शोकनाशिनी के किनारे पर जो दृश्य दिखाई दिया वह मानव प्रयत्न की सारहीनता का और मानव मन की क्रूरता का समान रूप से निदर्शन था। साथ ही मानव की भलमानसी का अजस्र स्रोत भी फूट निकला था। सैकड़ों स्थानीय लोग औजार लिए एकत्र हुए। चम्पत्तिलवालों, एष्ुवत्तुवालों और वटश्शेरीवालों ने पहल की। जो शालाएँ जल गयी थीं उनके पुनर्निमाण का तीव्र यत्न आरम्भ हुआ।

राख के बीच पड़े अवशेषों की तलाश करनेवाले लोग जिस पर भी हाथ से छूते, सब राख होते गये। राख से आवृत अनबुझी चिनगारियों पर छूने पर उंगलियाँ झुलस जाती भी थीं। उनमें कई को यह ज्ञात नहीं है कि जो ग्रन्थ जल गये हैं उनमें अधिकांश तो अमूल्य थे। निष्कलंक व्यक्तियों को उतनी तसल्ली! बरगद के तले के चबूतरे पर बैठा। बरगद का जो पौधा लगाया गया था वह पनप कर आदमी के कद से भी ऊँचा हो गया है। उस पर किसी ने आग नहीं लगाई। उसके आगे से बहती तुलाप्पुष़ा (नहर) सूखने लगी है। प्रवाह रुक नहीं गया है। तो भी उसका आरव मन्द्र श्रुति में है।

कुट्टन दाऊ की इस अभिलाषा को सफल बनाने का ही यत्न किया था कि तमिष़कम के गुरुकुल के सदृश एक संस्था इस प्रदेश में भी बनाई जाए। पर सफल नहीं हो पाया। पर, चूँकि आयु अभी शेष है इसलिए आगे जो करणीय है उस पर सोचना है। यदि निवृत्त ही होना था तो बहुत पहले ही हो सकता था। प्राण छूटने तक कर्म करते रहना ही धर्म है। ईश्वर भक्ति के प्रचार के लिए यथा सम्भव प्रयत्न करना है। जो लोग ज्ञानप्राप्ति से वंचित रखे गये हैं उनके उरों पर प्रकाश का पुल बाँधने का प्रयत्न आगे भी जारी रखना है।

पर कैसे? शालाओं का पुनर्निर्माण करके उन्हें फिर अग्नि के शिकार होते देखते रहना है क्या? वेदान्त-सार को मन में जमा लेने के लिए उस दु:सह अनुभव की आवृत्ति ही बेहतर! पर वेदान्त सार के प्रचार में वह काम नहीं आएगी।

बरगद के चबूतरे पर पीठ टिकाए पास ही बैठा है सूरी। मुख म्लान। भागवतवाले ताड़-पत्रों में से एक अधजले ताड़-पत्र का टुकड़ा लिए खड़ी लम्बी साँस छोड़ रही है बेटी। स्थानीय लोगों के साथ मिल कर कठिन शारीरिक श्रम करता हुआ अपना मानसिक क्लेश मिटा रहा है करुणाकरन।

द्राविड देश के भगवद्भक्तों के सम्बन्ध में :
कलौ खलु भविष्यन्ति नारायण परायणाः क्वचिल
क्वचिन महाराज द्रविडेषु च भूरिशः
ताम्रपर्णी नदी यत्र कृतमाला पयस्विनी,
कावेरी च महापुण्या प्रतीची च महानदी'—श्रीमद् भागवतम-11, 38-39

महाप्रस्थान–5

पगडंडी की लाल मिट्टी पर राख लगे चरणों के चिह्न अंकित करते हुए एषुवत्तु घर के मातुल जी, मन्नाटियार और उनके पीछे-पीछे स्थानीय लोग बरगद के चबूतरे की ओर आए। सब की जिह्वाएँ मानों उतर गयी थीं। सबके चेहरों पर यह सवालिया निशान प्रकट था—'आगे क्या?'

इस विचार के साथ उनकी अगवानी की कि इतनी चिन्ता क्यों? अनन्त ब्रह्माण्ड के किसी एक कोने पर, कतिपय मानव प्राणियों के कुछ मोह तहस नहस हो गये—इतना ही है न? इससे ज़्यादा तो नहीं? थाली के ऊपरी कगार पर स्थित धान के दाने की दो स्वाभाविक गतियों में कौन-सी गति किस पल किसकी नहीं हो सकती? माना कि पतन अहित की ओर हो गया। तब भी उसके सम्बन्ध में सोच कर निराशा है तो वह उस अहंकार से उत्पन्न होती है कि कर्ता और फल का अधिकारी मैं हूँ? निष्काम का अभ्यास फिर से करूँ। भर सक परिश्रम करूँ, ऐसा ही सोचना पर्याप्त है न?

पहला काम स्मरण से ग्रन्थों का लिखित पाठ तैयार कर लेना है। पता नहीं, प्रज्ञा कितने दिनों तक बनी रहेगी। जो धारणा बनी हुई है उसके अस्तित्व की आयु और भी छोटी है। विलम्ब नहीं किया जा सकता। आधारभूत पाठों को अपनी ही स्मृति से ताड़-पत्र पर लिखने के लिए सूरी और करुणाकरन पर्याप्त हैं। बस, एक शर्त है—मूल पाठ के साथ मिलान करके ही यह काम करना होगा। यह काम एषुवत्तु घर में बैठे या यहाँ एक कुटी बनाकर सम्पन्न किया जा सकता है। यदि आक्रमणकारी फिर से आकर ग्रन्थों को आग लगा दें तो एक बार पुनः ग्रन्थ निर्मिति का काम करना होगा। इतना ही है न? जो भी हो, कर्म का लोप तब तक नहीं होगा जब तक सभी ज्ञानी व्यक्तियों को आग लगा कर मार डालेंगे।

पर, मानव प्रयत्न इस प्रकार बारम्बार गँवा देने के लिए नहीं है न? आगे, ग्रन्थ परिरक्षा के लिए सफल प्रबन्ध अत्यन्त आवश्यक है। पहरेदार पर्याप्त नहीं, तहखाने भी पर्याप्त नहीं होंगे। दुर्गों का निर्माण करें तो भी तथैव। तो फिर? एक उपाय सूझा।

वैदिक तभी तो वेद शास्त्र ग्रन्थों को नष्ट करने आएँगे जब इनकी रखवाली और अध्यापन का कार्य शूद्र करते हैं, है न? यदि ये दोनों काम ब्राह्मण ही करते हों तो? सामूतिरी तो ब्राह्मणों के शाप से बहुत डरते हैं। यह डर वैदिकों का ही बनाया हुआ है। इसमें इससे कोई अन्तर नहीं पड़ता कि यह काम करनेवाले ब्रह्म ज्ञान रखनेवाले हैं या नहीं, देशी हैं या परदेशी। यदि गुरुमठ को ब्राह्मण—ग्राम बनाया जाए तो आगजनी और आक्रमण रोके जा सकते हैं। चाहे कोई तथाकथित पुरोहित किसी भी प्रकार से प्रेरित करे तो भी सामूतिरीप्पाट् ब्रह्महत्या में साथ नहीं देंगे।

यद्यपि वेदपाठी ब्राह्मणों में अनेक ऐसे हैं जो जातिभेद की परवाह किए बिना ही अध्यापन करने के लिए आने की सुजनता रखते हैं तो भी परिस्थिति उसके लिए अनुकूल नहीं। उनमें जो हठधर्मी हैं वे ही तो परम्परागत वैद्यों के समान वेदरूपी जड़ी—बूटी को घराने के रहस्य ज्ञान के रूप में छिपाए रखने का कठिन प्रयत्न करनेवालों की पहली पंक्ति में स्थित हैं। वे ही तो राजशासनों के अधिकार के परे एकाधिकार के रूप में अधिकार को हथियाए रखने के लिए जादू—टोने के रूप में वेदों का दुरुपयोग करते हैं, उस कार्य को गलत बतानेवालों के विरुद्ध आक्रमण का षड़यन्त्र रचते हैं और आगजनी का आयोजन और कार्यान्वयन करते हैं। है न? जो वेदों का सही ज्ञान रखते हैं वे भी इन लोगों की अवहेलना से डरते हैं।

जो ब्राह्मण वेदपाठी नहीं माने जाते उनमें भी अनेकों ऐसे हैं जो महाज्ञानी हैं। परन्तु वे भी गुरुकुल में आकर छात्रों को सिखाने में हिचकेंगे, उन उपद्रवों से डर कर जो उनके परिवारों के प्रति हो सकते हैं। यह निश्चित है कि वह डर अकारण भी नहीं है।

क्या, परदेश के ब्राह्मणों को लाया जा सकेगा? चूँकि वे जनेऊ पहनते हैं इसलिए उनको सताना और उनकी हत्या करना पाप ही है इस बात पर सामूतिरी को कोई मतभेद नहीं होगा। पर परदेश के ब्राह्मणों में भी ऐसे हैं जो जन्मजात जातिभेद को प्रामाणिक माननेवाले हैं। कालान्तर में उनमें ही कई ऐसे हो गये। किन्तु ईश्वर की कृपा से अन्यथा माननेवाले भी हैं। तंचावूर के पेरियकोविल के नाम से प्रसिद्ध बृहदीकार मन्दिर के भक्त श्रेष्ठों से लेकर गुरुकुल के ब्राह्मण-गुरुनाथ तक ऐसे हैं। यदि वे मिलेंगे तो उनको लाकर बसा लें।

यदि यह कार्य सिद्ध हो सके तो सच्चे ज्ञान को पर्याप्त सुरक्षा मिलेगी और उसका उच्च स्तरीय प्रबोधन भी सम्भव हो सकेगा। अध्ययन के लिए कोई भी आ सकते हैं। जो पश्चिमी इलाकों में बसे हैं उन्हें सुदूर पूरब तक आने का कष्ट उठाना नहीं पड़ेगा। बस, इतना ही चाहिए कि ज्ञान की भिक्षा की तलाश में पहुँचनेवाले यहाँ से खाली हाथ वापस न जाएँ। यदि वह सुनिश्चित हो सका तो कृतकृत्य हो गया!

शालाओं का निर्माण फिर से करके हर एक शाला में एक-एक 'अरिवालर' कुटुम्ब को लाकर बसा देंगे। उनकी सुविधा के लिए गाँव में एक शिव मन्दिर भी

निर्मित करेंगे। गुरुकुल शैव-वैष्णव संगम का एक पवित्र स्थान बन जाए। तब तो छोटे-छोटे भेदों के नाम पर कोई पक्ष आक्रमण के लिए नहीं आएगा।

आनेवाले दिनों में अन्तेवासियों का कुशल मंगल सुनिश्चित करने के लिए सूरी और करुणाकरन पर्याप्त होंगे। यदि इस कार्य से अवकाश मिले तो वे भी काव्य, नाटक आदि तथा व्याकरण, वेदान्त आदि सिखाने का कार्य भी यथासम्भव कर सकेंगे।

किसी-किसी स्मृति में तो यही लिख रखा है कि जिस शूद्र ने वेद सुन लिया है उसके कान में तथा जो शूद्र वेद का उच्चारण करता है उसकी जीभ पर सीसा गला पर उड़ेलना है। किसी सिर फिरी नियमावली में यह तो नहीं बताया है कि जो ब्राह्मण जातिभेद का ख्याल रखे बिना वेद सिखाता है उसके दिमाग में कोई धातु गला कर उड़ेल दें या शूल तपा कर भोंक दें।

ऐसे व्यक्तियों का घमंड दिनों दिन बढ़ता जा रहा है जो परम्परागत रूप में ब्रह्मज्ञान पर अपने अधिकार का दावा करते हुए, सही ज्ञान हमारे पास ही है—ऐसा बहाना कर तथा कोई अपने ऊपर प्रश्नचिह्न नहीं लगाए, इस उद्देश्य से सामान्य जनों को अक्षरज्ञान से वंचित रखते हुए भाग्यवाद को रूढ़मूल करते हुए और श्रुतियों की गलत व्याख्या कर उनका प्रचार करते हुए महा पाप कर रहे हैं। ये लोग अनाचारों का प्रचार करते हुए उनके कर्ता-धर्ता बने हुए हैं। दूसरी तरफ़ निम्नजाति के कहलानेवाले जनों में यह गलत धारणा फैल रही है कि उनके प्रति किए जा रहे सारे उपद्रवों का कारण—वेद-वेदांग हैं। इस प्रकार मुक्ति का एकमात्र साधन और मार्ग उनके लिए नष्ट हो जाता है। निम्न जातीय बनाए गये इन लोगों की यह मूर्खता इस राय तक पहुँच गयी है कि यदि सत्यज्ञान का भंडार-घर पूरी तरह जला डालें तो बच गये। ज्ञान से वंचित रखने की उतावली करनेवाले ही नहीं, जिन्हें ज्ञान द्वारा मुक्ति मिलनी है वे भी ज्ञान के शत्रुपक्ष से जा मिले हैं। अज्ञान रूपी तिमिर पल-पल घनीभूत होता जा रहा है।

दस बारह ऐसे व्यक्तियों को ढूँढ लेना है जो ब्रह्मज्ञानी हैं। पता नहीं कि उनमें कितने व्यक्ति अपरिचित प्रदेश में अपरिचित भाषा बोलनेवालों के बीच बस जाने के लिए तैयार होंगे। पर उसकी तैयारी ही उनके ज्ञान की पूर्णता की पर्याप्त कसौटी होगी न? परम ज्ञान प्राप्त व्यक्तियों के लिए, चाहे कहीं भी जीवन बिताएँ, आस-पास की जनता चाहे किसी भी जाति की क्यों न हो, वे चाहे कोई भी भाषा बोलें, कोई फरक नहीं पड़ता। जो ऐसे भेदों को अब तक पार नहीं कर पाए हैं वे अभी उस मुकाम पर नहीं पहुँच पाए हैं—यही तो मतलब है न?

याद में तलाश करते ही मिल गये कुछ नाम। निश्चित हो गया कि कार्य सिद्ध हो जाएगा। आलयों का निर्माण पूरा हो। ब्राह्मण-परिवारों के आने तक यहाँ और

एक आग्निकांड न होने पाए। छप्पर छानने का काम सबसे अन्त में करेंगे। तब तक जलाने के लिए कोई वस्तु न हो। मिट्टी की दीवारों पर तो आग नहीं लगती!

बरगद के चबूतरे के चारों ओर जो उपस्थित थे उनमें कई ने दीर्घ मौन को मानसिक दु:ख का लक्षण ही समझ लिया।

भीमाकार मन्नाटियार ने अट्टहास किया-"क्या यहाँ तक हो गया इनका घमंड। देखना है कि आगे कभी यहाँ हमला करने कौन आता है?"

"क्षमा करें, हम से जरा असावधानी हो गयी।" वटश्शेरी परिवार के मातुल ने खेद प्रकट किया। ईश्वर की सुझाई सद्बुद्धि से प्रेरित होकर आपने यहाँ ऐसी एक संस्था स्थापित करने का कष्ट उठाया। हम उसकी पहरेदारी का प्रबन्ध भी नहीं कर पाए।"

मन्नाटियार का गम्भीर स्वर पुन: गूँज उठा—"अब आशंका न करें। आगे कभी यहाँ ऐसा ढकोसला नहीं होगा। उसका बीडा हम उठाएँगे।"

एषुवत्तु परिवार के मातुल ने वादा किया—"आगे कोई परेशानी नहीं होगी।"

"यहाँ जो कुछ थे उन सबका पूर्ववत् पुनर्निर्माण करा देंगे।" मन्नाटियार ने शपथ लेते हुए हाथ जोड़े। "हमें छोड़ न जाना।"

ईश्वर को उनके रूपों में अवतरित पाकर मन भर गया। बोला—"ठीक है"।

सांत्वना का निकास छोड़ते हुए एषुवत्तु मातुल ने स्मरण दिलाया—"भागवत...।"

"सम्प्रति जो है उसे रहने दें। सिखाने के लिए आवश्यक ग्रन्थों को स्मरण के आधार पर पहले लिख लेना है।"

एषुवत्तु ने आवास बदल कर गुरुकुल में आकर ठहरने का निर्णय लिया। ठहरने की कुटी का निर्माण जल्दी पूरा हो गया। मन्नाटियार ने उसकी सुशक्त पहरेदारी का प्रबन्ध कर दिया।

वन में ताल-वृक्ष काफी मात्रा में हैं जिन के पत्ते लिखने का काम आते हैं। ताड़-पत्रों की कमी नहीं। शबरकोट्टम् के समान यहाँ भी नहर का पानी पर्याप्त मात्रा में है जिसमें ताड़-पत्रों को बाँध कर डुबो कर रखा जा सकें ताकि सड़ने पर उनकी मिठास मिट जाए।

समय गँवाए बिना ताड़-पत्र पर लिखने का कार्य प्रारम्भ हुआ। सूरी को पाठों की अच्छी स्मृति है। अध्ययन के उपरान्त अभी अधिक दिन नहीं बीते हैं न? करुणाकरन की स्मृति पत्थर पर खींची गयी लकीर की तरह है। साथ बैठ कर रट लेते और अशुद्धियाँ सुधार कर लिख लेते।

मानसिक क्लेश और शारीरिक थकावट मिटाने में शोकनाशिनी सहायक हुई। नहाने के लिए नहर में उतर पड़ते वक्त भी सूरी ही साथ रहता। एक बार नहर के किनारे खड़े रहकर सूरी से कहा—गुरुकुल के निर्माण की पूर्ति के बाद मुझे तीन कार्य

और करने हैं। एक है चीरू दीदी की तलाश। यह तो मन से ही की जा सकती है जो मृत्यु पर्यान्त जारी रह सकती है। लगता नहीं कि वह तलाश सफल होगी। दूसरा है, कभी कम से कम एक बार सीता दीदी से मिलना। वह भी सम्भव नहीं दिखता। तीसरा...''।

जल प्रवाह में कमर तक के पानी में खड़े रह कर हथेलियों में पानी भरकर बार बार मुख धोते रहे सूरी ने उससे निपट कर मेरी ओर देखकर कहा—''यदि मेरा अनुमान ठीक है तो...''।

''वह तो गलत नहीं हुआ करता।''

''पुत्री को किसे सौंप देने का विचार है?''

''अनियन को। देवू के सम्बन्ध में भी कोई निर्णय लेना है।''

उन सब की मानसिकता का पता सीता दीदी के माध्यम से पहले ही लग चुका था।

यह निर्णय लेने के बाद कि पूत्री के साथ सूरी चलेगा, पुत्री को अकेले में बुला कर बात बता दी।

''यहाँ और कुछ दिन रहने—'' पुत्री ने अपनी इच्छा व्यक्त की।

''मतलब यही कि यह रिश्ता हितकर नहीं?''

''यह बात नहीं।'' उसने सिर झुकाया। ''जबसे मेरी स्मृति पक्व हो गयी तब से काकी ने यही सिखाया था कि पिताजी को अदृश्य ईश्वर मान लेना चाहिए। प्रत्यक्ष देखने पर प्रत्यक्ष ईश्वर ही बन गये। पिताजी की इच्छा मेरे लिए अहितकर कैसे हो सकती है?''

यह सन्देह हुआ कि क्या उसने मुझे दिव्यत्व का परिवेश दिया है। उस दिव्यत्व की छाया में रहने की ही उसकी इच्छा है। लगा कि उसकी धारणाओं में और भी पक्वता आनी है। उसे समझा देना है कि कोई भी मनुष्य कभी अमानुष नहीं बन सकता, तथा कोई भी ध्यान अद्भुत भी नहीं होता।

इसके लिए उचित अवसर की ताक में रहते हुए, एक दिन, जहाँ शालाओं का निर्माण कार्य चल रहा था वहाँ के एक पुराने ताड़वृक्ष के पके फलों के गुच्छे पर तोतों का एक झुंड उड़ता हुआ आ बैठा। यह देख कर उसे कुतूहल हुआ। ''बहुत सुन्दर! पिंजरे में डाल कर पालने पर ये हमारे मित्र बन जाएँगे।

''अभी वे हमारे मित्र हैं।'' मैं हँस पड़ा।

''यदि मित्र हैं तो पास आने में क्यों डरते हैं?''

''वे इस कारण हमसे डरते हैं कि वे जानते हैं कि हम उन्हें पराये मानते हैं?' यदि यह संकल्प हम में दृढ़ हो जाए कि वे तो हमीं हैं तो वे हमारे अंग बन जाएँगे। हमारी इच्छा के अनुरूप व्यवहार करेंगे।''

उसके भीतर जो छोटी बालिका बैठी थी, उसका कुतूहल जाग उठा। उसने पूछा—"वह ज़रा दिखा देंगे क्या, पिताजी?"

समझ गया कि वह यही चाहती है मैं अद्‌भुत सिद्धि का प्रदर्शन करूँ। इस मिथ्या धारणा से वह उबर नहीं पाई है कि विश्व दो हैं—भौतिक और आध्यात्मिक। उसकी यही धारणा है कि आध्यात्मिक प्रगति का मतलब है मायाजाल प्रदर्शित करने की सिद्धि प्राप्त करना।

हँसना छोड़ कर मैंने अपनी बात जारी रखी—"प्रदर्शन प्रदर्शक को अहंकार की ओर और दर्शकों को अन्धविश्वास की ओर ले जाएगा। बता दूँगा कि यह कैसे किया जाता है। ताड़वृक्ष के फूलों के गुच्छे पर बैठी एक चिडिया पर ध्यान केन्द्रित करना। मनन करना कि वह चिडिया मेरा अंग है। और यह इच्छा करना कि वह थोड़ी देर के लिए आकर मेरी इस हथेली पर बैठ जाए। एकाग्र अभ्यास से चिडिया पर इन दोनों का असर फलीभूत हो जाएगा। ऐसी सहजता के साथ जैसे वह किसी दूसरी डाली की ओर उड़ जाती है वैसे ही वह हथेली पर आकर बैठ जाएगी और पंख समेट कर चैन से बैठ जाएगी। वह तभी उड़ जाएगी जब हम मानसिक स्तर पर उसे परायी मान ले।

यह निश्चित है कि करके दिखाने पर दर्शकों पर जो प्रभाव पड़ेगा वह हमारे द्वारा उद्दिष्ट नहीं होगा। उनमें यह ज्ञान नहीं उपजेगा कि यह और इससे भी बड़ा कार्य अभ्यास द्वारा कोई भी कर पाएगा। इसके बदले उनमें अद्‌भुत और आदर के भाव ही उपजेंगे। अधिकांश लोग अद्‌भुत के साथ चरण स्पर्श करेंगे, वे तो सही बात ग्रहण नहीं करेंगे।

दो वर्ष पूर्व जब जल की उपस्थिति का पता लगाने की विद्या का प्रयोग किया गया तब भी लोगों की यही प्रतिक्रिया थी। घाटियों की मिट्टी के नीचे के कई उपप्रवाहों में पानी है। परिचय के आधार पर, ध्यान से इस बात का पता लगा सकते हैं कि नीचे के जल की उपस्थिति किस स्थान पर अधिक उपरितलस्पर्शी होता है। सूखे पड़े समग्र भूप्रदेश का आवलोकन करने के पश्चात् आँखें मूँद कर नीचे के जल की उपस्थिति पर ध्यान लगाना है। सम्भव है, जन्मजात वासना भी इसमें सहायक होती हो। इस ध्यान का प्रयोग सूरी शीघ्र ही सीख गया। यदि ध्यान के विषय जीव हैं तो उनके वासना विलास को लांध कर ही साधक के ध्यान और इच्छा को उन पर प्रभाव डालना होगा। जल-ध्यान में यह कठिनाई तो नहीं।

तो भी लोगों ने इसे एक अमानुष वृत्ति ही माना। उनकी निष्कलंकता को दोष नहीं दे सकते। अमानुष सिद्धियों का दावा करके सम्मान और धन पानेवालों की लम्बी कतार ने जनता को उतना अज्ञानी बना रखा है। कितने लोग जानते हैं कि राग-द्वेषों का अतिक्रमण किए बिना ध्यान की सफलता प्राप्त नहीं की जा सकती

और जिन्होंने सफलता पाई है वे उसका उपयोग करके न अपने को बड़ा मान सकते हैं और न कोई लाभ प्राप्त कर सकते हैं। अद्‌भुत शक्ति रखने का दावा करनेवालों ने अन्धविश्वास का जो पौधा लगाया है उसकी जड़ें बहुत गहराई तक पहुँच गयी हैं। उसके विरुद्ध लड़नेवालों को भी उसके पक्षधर बना देता है। ये तो पीढ़ियों से अन्धकार में आमग्न रहे हैं। वे सपने में भी इस बात पर विश्वास नहीं रख पाते कि यह उन ध्यानों में एक है जो अपने पूर्वजों में कई को सुपरिचित थे।

पुत्री को सूरी के साथ विदा करते समय मन में और वातावरण में मालु की उपस्थिति का अनुभव पुनः हो गया। लगा कि मालु इस दृश्य की साक्षिणी बनी खड़ी हुई है। मन्त्रोपदेश माँगती हुई सामने झुकी पुत्री के कान में बता दिया—"सदा—सर्वदा माताजी का नमन किया करो। पति ही ईश्वर है। हरि शरण।"

पुत्री, जिसने अपनी माताजी को एक बार भी नहीं देखा था—क्षण भर के लिए स्तब्ध खड़ी रही। फिर मानों विवेकोदय हुआ हो उसने भरे नेत्रों से पूछा—"जो कुछ भी दिखाई देता है वह सब माताजी ही हैं। है न, पिताजी?"

चलती बैल गाड़ी में चेहरे पर मन्द मुसकान के साथ बैठी अपनी पुत्री को देखा तो यद्यपि मेरा उर गल रहा था तो भी आकासन का अनुभव हुआ। बिदाई के वक्त उसने जो कहा उस ने यह प्रमाणित कर दिया है कि उसकी शिक्षा लगभग पूरी हो चुकी है।

गुरुमठ में ठहरने के लिए आवल दर्जे के गुरुनाथ मिल गये। उनके समक्ष समर्पित करने के लिए यही एक निवेदन था कि विद्या माँगते हुए आने वालों से कभी यह न कहें कि विद्या नहीं दे सकते या देने के लिए विद्या नहीं है। उन महामना गुरुजनों ने एक मत से उसे स्वीकार किया। सपरिवार उनके आ जाते ही गुरुमठ भर पूर हो गया।

गुरुकुल का दीप प्रज्जवलन एक समारोह के समान सम्पन्न हो गया। आस पास के प्रदेशों के सारे जन उपस्थित थे। नहर के उस पार के जन, राजशासनों के रुख की परवाह किए बिना ही तैर कर नहर पार करते हुए आ गये।

परन्तु, शबरकोट्टम से पिषारटी आशान भी पहुँच नहीं पाये। समय ऐसा था जब वेट्टम और नेटियिरिप्पु के बीच फिर से सैनिक मुठभेड़ जोरों से हो रही थी। यह संग्राम तभी से आरम्भ हुआ था जब चालियम में फिरंगियों का किला निर्मित हुआ था। उस किले के निर्माण के लिए वेट्टम और परप्पनाट् ने ज़मीन और सुविधाएँ प्रदान की थीं। इसी को लेकर सामूतिरी की सेना ने दोनों राज्यों पर आक्रमण किया। लड़ाई दीर्घकाल तक चली। स्थिति यहाँ तक पहुँच गयी कि सेना के उत्पात के कारण कोई भी घर से बाहर निकल नहीं पाता था।

गुरुकुल ग्राम की स्थापना की खबर सभी राजशासनों को भेजी गयी थी।

कोलत्तिरी, वेल्लाट्टिरी, पेरुम्पटप्, चेम्पकश्शेरी और वेणाट् आदि ने उपहारों सहित प्रतिनिधियों को भेजा। वेट्टत्तु से तम्पुरान के उपहार पहुँचे। तमिषकम के गुरुकुलों से गुरुजनों और छात्रों ने तत्परता के साथ भाग लिया। ब्राह्मण पंडितों के ग्राम को औपचारिक शुभकामनाएँ अर्पित करते हुए कुन्नलक्कोन का दूत भी आ पहुँचा।

अगले दिन सुबह से काव्यों के सामूहिक पाठ से अन्तरिक्ष मुखरित हो उठा। नहर के प्रवाह का स्वर उसकी पार्का श्रुति बन गया। पूर्वी हवा ने उस संघगान को स्वीकार कर नहर के पार पहुँचा दिया। यह ऐसी भरी उपस्थिति बनकर फैल गया जैसे कोई भी राजा किसी भी प्रकार से इसे रोक नहीं पाता था। यह नहर के उस पार सागर तक फैल गया।

एष्षुवत्तु घर की दादी माँ जिनकी आयु नब्बे वर्ष की हो चुकी थी, पास बुला कर हँसते हुए बोली—"मेरे बच्चे—इस गोपालन को—आपका शिष्यत्व ग्रहण करने का बड़ा मोह है। परन्तु, आपसे सीधे बता देने में उसे संकोच है।"

"यदि माताजी का अभीष्ट भी वही हो तो..."

"हाँ हाँ।"

"किन्तु मेरे सामने तो अब शोक-नाशन की परिसमाप्ति ही शेष रह गयी है।"

"ना ना।" उन्होंने कहा। "देखा ना, मुझे जैसी बुढ़िया भी जीर्ण—जर्जर होकर अभी जीवित है। ऐसी स्थिति में आप लोगों को शत शरत्कालों तक जीवित रहना ही होगा जिन्होंने लोकहित का व्रत ग्रहण कर लिया है।"

चरण छू कर वन्दना की। "लोक माता का हित जैसा हो वैसा ही!"

महाप्रस्थान—6

जलन, गर्मी और मालिन्य को धो डालकर बहा देने के लिए शोकनाशिनी ने भरी-पूरी होकर और इठलाती—बल खाती बह कर दस बार प्रयास किया। इसके समानान्तर मुझे भी मिल गया भीतर के शुचीकरण के अपने प्रयास के लिए उतने लम्बे कालप्रवाह का अनुग्रह।

प्रदेश में दुरित बढ़ता ही गया है। वेट्टत्तुनाटु के विरुद्ध सामूतिरिप्पाट् का युद्ध जारी है। एक बार यहाँ तक नौबत आ गयी कि वेट्टततुनाटु और सहायक राजा मिलकर सामूतिरी को परास्त करेंगे। ऐन मौके पर फिरंगियों ने पैंतरा पदल कर वेट्टत्तुनाट से नाता छोड़कर केवल चालियम दुर्ग के संरक्षण में पूरा ध्यान केन्द्रित किया। तभी तो वेट्टत्तुनाटु को सामूतिरी के साथ सुलह करनी पड़ी। उस सुलह के लागू रहने के बावजूद उत्तर से लगातार आक्रमण हुआ करते रहे।

वेट्टत्तु को सुरक्षा प्रदान करता हुआ और सामूतिरी को धमकी बनकर चालियम दुर्ग स्थित है। सामूतिरी तब तक फिरंगियों के साथ शाकात मैत्री स्थापित नहीं कर सकते जब तक दोनों के व्यापारिक स्वार्थों में वैरुद्य रहेगा।

वेट्टत्तुनाटु के इस नए दृष्टिकोण के पीछे अच्चु का व्यावहारिक ज्ञान प्रकट था कि प्रदेश और प्रदेशवासियों की आयु और स्वास्थ्य में धीरता और शारीरिक शक्ति की अपेक्षा राजनयिक नैपुण्य ही अधिक सहायक होगा। तब भी केवल शक्ति सन्तुलन ही साध्य है, शान्ति नहीं।

सीता दीदी अपनी इच्छा शक्ति के बल पर वातरोग से भिड़ रही है। चिकित्सक अनियन का चिकित्सा—नैपुण्य मानें या कोई चमत्कार मानें, रोग एक सीमा के आगे बढ़ नहीं गया है। यद्यपि बुढ़ापे की विवशताओं के अलावा रोग का दंड भी है तो भी इच्छा शक्ति की दृढ़ता अचंचल रही। रोग के हाल चाल के सम्बन्ध में तलाश करने पर जो अन्तिम जवाब मिला वह यही कि ''तब तक पड़े पड़े सहन करती रहूँगी जब तक यह तय हो पाए कि भैया आकर मिल नहीं पाएँगे।''

चूँकि कलरी का लिखित इतिहास गद्य में था इसलिए वह कंठस्थ नहीं था। जब यह सोच कर मन दु:खी हो रहा था कि वह सदा के लिए नष्ट हो गया, तभी सीता दीदी ने वह पहुँचा दिया। दीदी ने उसे पहले ही अच्चु से कह कर वेट्टत्तु से ले लिया था और छात्रों से कई बार पढ़वा कर, सुन कर उन्हीं के हाथों से प्रतिलिपि लिखवा ली थी। उसमें तो बस तान्नियूर कलरी के विनाश तक का ही विवरण था। दीदी ने आग्रह किया कि शेष अंश भी उल्लिखित करके, पूरा करके भेज दूँ। यह भी लिखा था कि उसकी जानकारियाँ अगली पीढ़ियों को हस्तान्तरित करनी हैं। वह काम भी यथासम्भव पूरा किया।

आँखें मूँदने पर और खोलने पर उस चीरू दीदी का दर्शन होता जो किसी ऐसे मन्दिर की वृक्ष—लताओं से आवृत आँगन में हँसती खेलती रहती हैं जिसमें पूजा बन्द हो गयी है। कपड़े फटे पुराने और मैले। पूरे शरीर पर ऐसे व्रण जो कभी भर नहीं सकते। पर मैल भरे चेहरे पर सदा की भाँति अब भी प्रसन्नता खिल रही है।

मन पर्याप्त रूप में निर्मम नहीं हो पाया है, अथवा दीदी का मन उतना विकल हो चुका है, इन कारणों से ध्यान—मनन से दीदी पर असर डालने का श्रम सफल नहीं हो पाता। ध्यान से इस बात की तलाश की कि क्या वे नामावशेष हो गयीं। तब भी कोई असन्निग्ध उत्तर नहीं मिलता। यह बात सुनिश्चित हो गयी कि अब अधिक परिश्रम करना व्यर्थ है। इस विषय में भी क्या, ममता ही सत्य बोध पाने में बाधक हो रही है?

चाहे तो यों सोच कर आकास्त रह सकते हैं कि कोई भी जीवन सारे कर्तव्यों को निभाने के बाद समाप्त नहीं होता। कुट्टन दाऊ ने यही अन्तिम वरदान दिया था–"अप्पू, तेरा जीवन बच जाए तो पर्याप्त है, खोया हुआ सब कुछ पुनः प्राप्त कर सकेंगे।" पर, सहोदरों के लिए आजीवन आलम्ब बना रहने में वह वरदान भी पर्याप्त नहीं रहा।

यही गनीमत है कि उस महान गुरु की शुभ कामना का कम से कम एक पहलू सफल हो पाया। गुरुकुल ग्राम रूढमूल हुआ, पनपा, पुष्पित हुआ। यहाँ से प्राप्त प्रकाश लिए बाहर निकलने वालों में अधिकांश तो अध्यापक—वृत्ति ही स्वीकार करते हैं। अब तक उनमें करीब पच्चीस व्यक्ति गोकर्णम से कन्याकुमारी तक छा गये हैं। कुछ तो कलरियों में शामिल हुए। चूँकि कलरियों का वंशनाश अतिशीघ्र होता जा रहा है इसलिए उनमें अधिकांश तो प्रदेश में घूमते फिरते दीपस्तम्भ बने हुए हैं। ज्ञान और उसे परोस देने के लिए उपयुक्त नयी लिपि, पाठ्य क्रम और काव्य लिए हर कहीं पहुँचनेवाले उनमें अधिकांश तो तमिल भाषी ब्राह्मण हैं। शायद यही कारण होगा, वैदिकों द्वारा बहुत प्रेरित किए जाने पर

भी इन गुरुनाथों के कार्य—कलाप में सामूतिरिप्पाट् कभी कोई बाधा नहीं डालते।

ग्रन्थों का भंडार पहले की अपेक्षा अधिक समृद्ध हो पाया। कलरी के संचयन में जितने तमिल पाठ थे, उनसे अधिक तमिल पाठ ताड़-पत्रों में लिख लेने में गुरुगुल के परदेशी सहकर्मियों ने साथ दिया। स्मरण से लिखकर रखे पाठों को उन्हें दिखा कर संशोधित भी किए जा सके।

यह विचार सूरी और करुणाकरन को बहुत पसन्द आया कि गुरुकुल ग्राम उसके परदेशी ब्राह्मण गुरुनाथों को दान दिया जाए। प्रदेशवासियों की राय भी यही थी। वह कार्य सम्पन्न कर देने बाद शेष दायित्व भी शेष व्यक्तियों को सौंप दिए।

उस सन्दर्भ में भी कोप्पन ने अपनी स्थायी टेक दुहरायी—''भागवत पूरा करना...''

सूरी और करुणाकरन इस अवसर की ताक में थे कि नष्ट हो गये अंशों को दुबारा लिखवा लें। उनका भी विश्वास था कि कभी मैं अवश्य बताऊँगा कि अब आरम्भ करेंगे। अब तक न जाने कितनी बार मन में यह बात उठी कि अब आरम्भ करूँ। पर पाठ ग्रन्थों के निर्माण के बीच फुरसत नहीं मिली। उसके लिए उत्साह भी पर्याप्त मात्रा में नहीं मिल पाया।

पिछली विजयदशमी के दिन सूरी ने स्पष्टतः पूछा भी ''भागवत का काम ठीक करने के लिए...।''

मन में आया कि उससे पूछूँ—''स्वयं यह कार्य कर सकोगे क्या? संशोधित कर देना ही पर्याप्त होगा न?

प्रतिक्रिया में एक आह ही निकली। तो भी वे उसमें यथाशक्ति प्रवृत्त हो रहे होंगे। जब वे पूरा करके लाकर पढ़ सुनाएँगे तभी गुण-दोष का पता चलेगा।

वह कार्य भी तभी पूरा हो पाएगा यदि बिना विलम्ब के आरम्भ हो। शरीर की थकावट महसूस होती है। गर्मी के दिनों में अधिक। जहाँ मन पहुँचता है वहाँ तन विलम्ब से ही पहुँच पाता है। चार ताड़-पत्र लिख लेने पर कलाई दुखने लगती है। मोतियाबिन्द के कारण होगा, अक्षर पढ़ लेने में दिक्कत होती है। यह निश्चित है कि वृद्धावस्था की अमिट परेशानियाँ आरम्भ हो गयी हैं।

मौन के प्रति लगाव बढ़ रहा है। सुनने में रुचि नहीं। इन्द्रियाँ अन्दर खिंच रही हैं या क्षीण हो रही हैं। गुरु की कृपा से ईश्वरार्पण ज़्यादा सरल बन जाता है।

हाल ही में सूरी ने अपना दुःख यों प्रकट किया—''लगता है कि गुरुनाथ सभी कार्यों से एकदम बहुत दूर हटते जा रहे हैं।''

हँसते हुए बताया—''सब कुछ में तब्दील हो जाने का मुहूर्त निकट आ रहा

है। यदि मन से चलूँ तो खाई का आभास नहीं होगा।''

''दु:खदायक है।'' सूरी ने अपनी व्यथा प्रकट की। ''मनुष्यावस्था की व्यथाओं का कभी कोई अन्त नहीं है क्या?''

''मनुष्य जीवन में दो प्रकार के दु:ख ही हैं न? स्वयंकृत और प्रकृतिदत्त। पहले प्रकार के दु:ख के निवारण के लिए विवेक पर्याप्त है। दूसरे प्रकार का दु:ख वहन करने के लिए ईश्वरार्पण की भावना पूर्ण रूप से पर्याप्त है। क्या तुम जानते नहीं कि जब तक दोनों परिहार पूर्ण विकास नहीं पाएँगे तब तक आधियाँ अमिट व्याधियाँ बनकर तंग करती रहेंगी? आँखों के सामने जो कुछ भी दिखाई देता है वह शाकात नहीं है न? सब परिवर्तनशील हैं। भाव और अभाव अनिवार्य हैं। जो चक्रवर्ती मर-मार कर सारे विश्व को अपने अधीन करने के लिए निकल पड़ते हैं, उनका भी अभाव निश्चित है। हम, कुन्नलक्कोन, ये सारी साधन-सामग्रियाँ, यहाँ तक कि आदित्य भी कल नहीं रहेंगे। दु:ख तब भी बना रहेगा। क्योंकि अलगाव और वेदना सदैव अनिवार्य हैं।''

''समबुद्धि और ईश्वरार्पण कितना भी बढ़े, कभी पूर्ण नहीं होते। ऐसा क्यों?'' सूरी ने घबराहट के साथ यों प्रश्न किया जैसे उसका अर्धभाग स्वयं से सम्बोधित हो।

उत्तर स्वयं ढूँढ निकाल कर आकासन की आह के साथ बताया—''जिस कारण से कोई भी तीर्थ पूर्णत: शुद्ध नहीं हो पाता, उसी कारण से। ठीक है न?''

इस बात पर प्रसन्नता हुई कि सूरी का अध्ययन पूरा हो गया है।

मन ही मन उसका अभिनन्दन किया। आरम्भ के दिनों में सूरी का बस यही लक्ष्य रहा था कि कुछ अद्भुत सिद्धियाँ प्राप्त कर लें जिनके बल पर उन सबसे बदला ले सके जिन्होंने उसके पिताजी को सताया था। उसके हटने में और यह पहचान सुदृढ़ होने में कई वर्ष लगे कि यह मोह कि मेरी आज्ञा को सारा विश्व माने, ऐहिक अहंकार से उत्पन्न है, अनावश्यक है।

अब ऐसी स्थिति तक पहुँच चुका है कि गुरुनाथ की प्रापंचिक उपस्थिति का अभाव सहन करने की शक्ति भी प्राप्त करनी है। निर्णय लिया कि उसे भी पूर्ण करने का प्रयत्न करें।

यह स्मरण है न, अध्ययन पूर्ण होने पर बिदा देने की मौखिक अनुमति मैंने दी थी।

सूरी की आँखें भर आईं—''जी हाँ।''

मेरे कहने का मतलब यह नहीं कि तुम्हें बिदा लेना है। मतलब बस यही है कि मेरे बिदा होने का समय आ रहा है। शान्ति! 'तुम में पक्वता आ गयी है'—इस बात के हर्ष को व्यथा का यह भाव फीका कर देता है।

लम्बी साँस लेकर, आँखें पोंछ कर सूरी ने समचित्तता के साथ मुझे निहारा। फिर सिर झुकाया।

अनुगृहीत करने के लिए जब मूर्धा पर हाथ धरे तब मेरा चित्त भी किंचित् विचलित हुए बिना नहीं रह सका।

इस बात का आकासन हुआ कि वह सक्षम बना है। जल के ही समान जीवन की भी शुद्धि और अशुद्धि के भेद—भावों को सूरी ने पहचान लिया है। यह बात समझ गया है कि शोकनाशिनी उस परम विशुद्धि के प्रवाह का प्रहर्ष-प्रवाह ही है जो तप कर, सागर के लवण से भाप बन उड़कर बादल बन भटकते रहने के बाद वर्षा बनकर बरस पड़ती है। नदी कितनी ही अशुद्धियों को मुस्काती हुई स्वीकार कर लेती है। तमाम सारे लोग जो पाप धो डालकर उसमें मिला देते हैं उसे वह निसंग भाव से स्वीकार करके सागर में वापस पहुँचती है। पुनः ऊपर उठ आने के लिए। यह सबक भी वह सीख चुका है।

यह प्रश्न ही अप्रासंगिक है कि यह चाक्रिक वृत्ति क्यों? यह प्रश्न भी केवल हानि-लाभ का हिसाब लगाने में ही सहायक हो सकता है। वास्तव में हानि भी नहीं, लाभ भी नहीं। वासनाएँ, जो गुण भेदों के फल हैं, प्रकृति में हर कहीं निरन्तर क्रियारत हैं। घाटियों की निम्नोन्नत स्थिति उनकी वासनाओं का परिणाम है। समस्थिति पाने के लिए बहना जल की वासना का फल है। उन दोनों के साथ हवा, धूप, हिम और वर्षा अपनी-अपनी वासना का सूत मिला कर इस प्रपंच को बुन लेते हैं। वासनाओं से वासनाओं का जन्म होता है। बहुत पीछे जाने पर आदिम वासना तक पहुँच सकेंगे। वह ऐसी परम विशुद्धि है जो किसी भी अशुद्धि को किसी भी मात्रा में अपने में समेट लेने के लिए तैयार है। चाहे कालकूट विष ही निगल ले तो भी वह परम विशुद्ध ही बनी रहेगी।

मन के अधिक शिथिल होने के पहले ही उस विशुद्धि के मार्ग में जहाँ तक हो सके आगे बढ़ना है। यह चट्टान तो हज़ारों पुरुषायु को लाँघता हुआ चिकना बना हुआ है। इसी पर बैठे इस क्षणिक जन्म के आय—व्यय के लेखा—जोखे का अन्तिम सत्यापन कर लेना है। इसका समय आ गया है। इस बात में अब विलम्ब नहीं करना चाहिए कि हानि-लाभ को समरस बना कर समूल बट्टे खाते डाला जाए।

जन्म ले आँखें खोलने पर जो विस्मयकारी विश्व दिखाई दिया वह अब चिर परिचित हो चुका है। वे सब साधन सामग्रियाँ अब आवश्यक नहीं रहीं जिनका उपयोग उसे नापने तोलने और उसकी गहराई का पता लगाने में किया था। कर्मकांड समाप्त हो रहा है। वासनाएँ फीकी पड़ रही हैं। शुभ सुन्दर पदों के प्रति जो प्रीति थी, वह भी कम हो गयी है। वर्षा की बूँदों के समान कभी-कभी

जब वे टपक पड़ते हैं उस समय होनेवाले हर्ष के प्रति भी अब चाव नहीं रहा।

जीवन का शरीर रूपी वस्त्र इस तरह फटने लगा है कि उसे सिलाई से दुरुस्त किया नहीं जा सकता। सिलाई का हर प्रयत्न वस्त्र में अधिक अपरिहार्य छेद ही उत्पन्न करता है। वह दशा सन्धि दूर नहीं है जब नया वस्त्र अत्यन्त अपेक्षित बन जाएगा।

ऐहिक के गन्दे वस्त्र सदा धोने के लिए शेष रह जाएँगे। लेकिन यदि इस कारण तीर्थ यात्रा के लिए निकल नहीं सकें तो वह उचित नहीं होगा। राजदंड से मार—पीट कर भूखंडों को ध्वस्त एवं गन्दा करते रहने की क्रीड़ा आजीवन करते रहने पर उनकी भी अन्तिम स्थिति कमर तक के गन्दे पानी में ही होगी—इस तथ्य को सहस्रों चक्रवर्तियों ने प्रमाणित कर दिया है।

हरे! आप ही तो आदि, अन्त और सर्वव्यापी हैं। आपसे ही प्रकृति जन्म लेती है। उस प्रकृति पर आपका प्रभाव, स्पन्द, श्रुति और अपश्रुति के रूप में प्रकट होता है। इनके मिश्रितों के रूप में सोलह हज़ार आठ गुणभेद उत्पन्न होते हैं। इनके गुणभेदों के साथ आप जो रासक्रीड़ा रचते हैं उसकी सन्तानों के रूप में चराचरों की उत्पत्ति होती है। अचरों में आप अदृश्य जीवन बनकर स्थित हैं। चरों में तो अहंबोध, मन और बुद्धि के रूप में स्पष्टत: परिलसित हैं। आपकी करांगुली का छोर प्रकड कर उस पर लटक कर आप के और समीप आने का अनुग्रह देना। अवाच्य है यह सामीप्य-सुख!!

निश्चित है कि मुझमें जो स्वत्व है वह आप ही हैं। पर यह निश्चय अब भी न्यूनाधिक मात्रा में केवल बुद्धि की पहचान मात्र है। वह खूब सोचा-समझा नित्य-अनुभव नहीं हो पाया है। तभी तो वासनाएँ द्वन्द्वों पर पाँव टिकाए, सीधे ही खड़ी हैं और रिश्तों के नाम पर अब भी दु:ख दे रही हैं।

अब भी कुछ ऐसे दु:ख शेष हैं जिन पर विजय पाने से ही सन्तुलन पुन: प्राप्त किया जा सकता है। इसके लिए अन्तिम साँस तक निरन्तर लड़ना पड़ेगा। कुछ फरियादें भी अब भी बनी हुई हैं। इसी का प्रमाण है कि रह—रहकर मन में यह सवाल उठता है कि क्या सामूतिरिप्पाट् अब ही सही, थोड़ी दया दिखा सकते हैं न? कभी-कभी वृथा नियति के प्रति इस बात की फरियाद लगती है कि चीरूदीदी की यथार्थ स्थिति क्यों छिपाए हुए है? इन सब बातों पर भी विजय पाने के लिए सभी प्रलयों के ऊपर अच्छी तरह हाथ-पाँव चलाते हुए खेकर खड़े रहने का पर्याप्त अभ्यास करना ही है। यही आप का माया-मन्दहास है!

माँ—प्रकृति ने अपने प्रसूति कक्ष की दीवारों का विस्तार क्रमश: बढ़ाते हुए प्रपंच बना लिया। उस दृश्य की सीमाएँ समझ लेनेवाला मन आप पिता ने वरदान स्वरूप जो अन्तर्नेत्र प्रदान किए उसके सहारे कल्पित विश्वों का दर्शन करने

लगा। इस प्रकार विश्वरूप तक देखने की शक्ति मिल गयी। यह भी समझ में आ गया कि उस दर्शन की भी कोई सीमा नहीं है।

मेरी परेशानी समझ कर आप ने ही वात्सल्य पूर्वक जो मार्ग दिखा दिया उसी से होकर जबसे मूल आधार का अन्वेषण करता हुआ आगे कदम बढ़ा रहा था, तब से लेकर आज तक मार्ग के मोड़ों पर आपने कृपापूर्वक अपनी जो उंगलियाँ बढ़ा दीं, उन्हें बारी-बारी से थाम कर ठुमक—ठुमक चलता रहा। परम आचार्य के रूप में पधार कर आप ने असन्दिग्ध रूप में बता दिया—"उससे एकाकार होने का अथवा वही बन जाने का प्रयत्न अविराम करते रहना। वही एकमात्र सही रास्ता है।"

"कैसे ?" इस घबराहट के परिहार के लिए यही उत्तर मिला—"हृदय के मार्ग से।" चूँकि यह मार्गदर्शन जीवन के प्रभात काल में ही दिया गया था, इसलिए न कहीं मार्ग भ्रंश हुआ, और न कभी व्यर्थ चलना पड़ा। यदि परमगुरु और सारथी के रूप में तभी से आपको हृदय में प्रतिष्ठित नहीं कर पाया होता तो जन्म ही व्यर्थ हो गया होता।"

आप के उपदेशों का मधुर पोषक तत्त्व चख कर ही यह पहचान लेने की क्षमता पा सका कि यह अकिंचन भी उन पत्तों में एक हूँ जो झड़ जाते हैं। उसी दिन यह निश्चित हो पाया कि सभी पत्ते एक जैसे हैं अथवा कुल मिलाकर एक ही पत्ता है।

तभी यह भी समझ में आ गया कि किसी भी विषाद का निवारण स्वयं से ही सम्भव है। तब तक कोई न कोई विषाद बना रहेगा जब तक यह स्वयं न सूझे कि विषाद है ही नहीं। जब तक मैं, मुझे और मेरा ऐसे अलगाव की भावना बनी रहेगी, तब तक ऐसे दुरित बढ़ते रहेंगे। उनके वे सारे कष्ट मेरे हो जाते हैं जिन्हें मैं अपना मानता हूँ। जो कुछ भी करें सभी संकटों का समग्र निवारण कभी नहीं हो सकता, मनुष्य योनि में जन्मे किसी से भी। इस संसार का पुण्य बस यही है कि अपरिहार्य दु:ख सहन करने की शक्ति मिले।

बुनियादी पाठ पढ़ने के लिए दंडों और पुरस्कारों का विधान हुआ है। पाठ बस यही कि दोनों दो न लगें। इस बात का सन्तोष कि पुरस्कार स्वरूप फूल प्राप्त होगा, यह उस वेदना का अस्थायी परिहार है जो फूल तोड़ने के लिए बढ़े हाथ पर काँटा चुभने पर होती हैं। पुरस्कार स्वरूप फूल प्राप्त हो गया, इस बात पर अमित आनन्द से आत्मविस्मृत नहीं हो जाए इसके लिए पर्याप्त प्रतिविधि है काँटे की चुभन से उत्पन्न अमिट जलन। असहनीयता की परम कोटि तभी होती है जब तोड़ने के लिए कोई फूल न होने पर भी काँटा चुभे। इस दयनीय स्थिति को तभी सह सकेंगे जब यह धारणा स्थिर बन सके कि न फूल नित्य है, और न

काँटा ही।

काँटों से बुरी तरह डरें तो एक फूल भी नहीं मिल पाएगा और यदि बढ़ते मोह के कारण काँटों की एकदम उपेक्षा करें तो अंग अंग पर काँटे चुभते रहेंगे। पूर्ण स्वतन्त्रता का अनुभव तभी होगा जब इस ज्ञान के साथ मानसिक तौर पर उनसे असम्पृक्त रहेंगे कि काँटे और फूल दोनों सत्य हैं। फूल तोड़ने की इस क्रीड़ा को अपने छोटे अन्तराल का उत्सव बना लेने का एकमात्र उपाय इस भावना को बनाए रखना ही है।

ऐहिक जीवन का यह क्रीड़ा—स्वप्न और उसका दर्शक मैं—इतने दिनों तक एक-दूसरे से दूर ही रहे। जो एक था उसके दो हो जाने के बाद लगातार मंचित हो रहे स्वप्नों की परिसमाप्ति पर एक बड़ा यान्त्रिक झूला हमें इस जागरण पर पहुँचा देता है कि सब एक ही हैं। उस झूले पर सुख-दुःख की सैर। यह भी एक ईश्वरीय सत्य ही है। यदि इन्द्रधनुष असत्य है तो सूर्य का प्रकाश, सविता और सर्वाधार सब वैसा ही होगा न? लेकिन ऐसा तो नहीं है न?

ये दृश्य, जो आँखों में स्थित ईशांश की सन्तानें हैं, वे जीवात्मा के प्रतिबिम्ब ही हैं। ज्ञान का उदय तो बाह्य और आन्तरिक दृश्यों से ही होता है न? चराचरों में समान रूप में स्पंदित प्राणों की धडकन के विभिन्न रूपों में जो अस्थायी स्नेह-विद्वेष प्रकट होते हैं वे भी ईश्वरीय हैं। क्रीड़ा और कार्य अलग-अलग नहीं। लौकिक जीवन की क्रीड़ा भी समादरणीय है। उस क्रीड़ा के माध्यम से ही सार स्वरूप कार्य में प्रवेश पा सकते हैं। इस क्रीड़ा का आधार भी वही परम तत्व है। खासियत यही है कि कोई भी कितनी ही बार किसी भी ढंग से क्रीड़ा करे, तो भी आधारभूत तत्त्व बिना घिसाई के ज्यों का त्यों बना रहता है।

किसी से डरे बिना और किसी को डराये बिना राह से आगे बढ़ने का प्रशिक्षण आप ने ही दिया। उन दोनों अवसरों पर जब गला काट कर मारे जाने का दंड तय हुआ था, कर्म के प्रति तत्परता शेष रही थी। इस कारण और चूँकि तैयारी बहुत जल्दी की जानी थी, तदनुसार पक्वता पूरी नहीं हो पाई थी। शायद यही कारण रहा कि करुणामय आपने अधिक समय प्रदान किया।

न जाने आपने कितने अवतार ग्रहण करते हुए आकर अनुग्रह की वर्षा की। मामाजी के रूप में आकर अंकुर में ही अहंकार को नोच डाला। उसके बदले विनम्रता रोप कर अनुगृहीत किया। यद्यपि अन्धा होने का बहाना किया तो भी दिखाई देनेवाली हर वस्तु को पहचानने की आन्तरिक रोशनी प्रदान की। कुट्टन दाऊ के रूप में अन्दर और बाहर की समान रूप से सुरक्षा प्रदान की। उण्णि भैया के रूप में विद्युल्लता के समान आँखों में चकाचौंध उत्पन्न करते हुए बड़े पहाड़ से भिड़कर धराशायी होते हुए निर्भीकता का मूर्त रूप प्रत्यक्ष दिखा दिया।

अरिविनुटयोर नीलकंठ तथा अन्यान्य गुरुजनों के रूप में अवतीर्ण होकर ज्ञानान्न भरपेट परोस दिया और सात्विकता को पोषित किया। पिषारटी जी के रूप में सहचर रह कर व्यंग्य—विनोद का अभ्यास दिया। वैदिकों की किरात-तुल्य निष्ठुरता के रूप में प्रत्यक्ष होकर, उससे हार मानने का पशिक्षण देकर वेदान्त रूपी पाशुपत—अस्त्र चलाने में प्रवीण बना दिया। उसके लिए सहारा प्रदान करने के लिए आष़्वांचेरी तम्प्राक्कल बने रहे। चीरू दीदी बनकर निरीहता का नमूना दिखा दिया। सीता दीदी के रूप में वात्सल्य और क्षमा का मूर्त रूप धारण किया। अम्मिणी दीदी और फूफी बनकर स्नेह का अवतार ग्रहण किया। इतर मार्गों से प्राप्त ज्ञान में जो भी कमी रह गयी उसकी पूर्ति कर देने के लिए मालु के रूप में प्रत्यक्ष होकर देवी के माहात्म्य का अनुभव करा कर अप्रत्यक्ष हो गये!

संग्राम और संक्रामक रोग के रूप में आकर क्लेश देते हुए आपने मन को परिपक्व बना दिया। विपदा की घडी में अपकारक का प्रच्छन्न वेष धारण कर अटियाष़त्तु मूप्पन के रूप में अवतीर्ण होकर प्राण बचाए। काल-प्रवाह में बहा कर, कई गर्तों और भँवरों में डुबोते-उभारते ले जाकर, कई किनारों से लगा कर, आखिर शबरकोट्टम में उतार कर भक्ति काव्यों की रचना में प्रवृत्त कर दिया। कोल्हू के रूप में अवतीर्ण होकर अर्पण-प्रदक्षिणा कराई। काम और क्रोध आदि को निशेष रूप से मिटाने के लिए अति कठिन श्रम कराया।

जब काव्यों की रचना पूर्ण हुई, तब सबसे अलग करके देश निकाला दे दिया। शायद इसीलिए कि प्रशंसा वचन सुनकर काव्य के कर्तृत्व का घमंड न होने पाए। गुरुकुल के पुनर्निर्माण के निमित्त सूरी बनकर आए। जब यह आत्म विनाशकारी हठ उत्पन्न हुआ कि अब मैं एक सर्वविज्ञान केन्द्र का निर्माण करके ही रहूँगा तब उस हठ को मिटाने के लिए हमलावरों के हाथों में सैकड़ों मशाल बनकर शोकनाशिनी के तट पर भी प्रत्यक्ष हुए। डाँट-डपट कर, सर्वस्व ब्राह्मज्ञानियों को दान करके निस्व बने रहने की आज्ञा का पालन कराया। कृतकृत्य भी कर दिया।

आप ही ने कृपा करके यह ज्ञान भी प्रदान किया कि अविकल्प समावस्था में प्रवेश करने का प्रयत्न स्वेच्छापूर्वक करना आत्महत्या के समान है। यह जानकारी भी दी कि जब तक वासनाएँ जल चुकेंगी नहीं तब तक ज्ञान की बत्ती को स्वयं नहीं बुझा देनी है। इसलिए इस जीर्ण वस्त्र को स्वाभाविक अन्त्य तक लेता चला।

हे, सर्वेकार!

दु:खों के दागों को मिटा कर, उलाहनों के खरोंचों को चिकना कर, आशाओं को छाँटकर, तथा गर्व की जूठन को निकाल कर, बर्तन साफ किया जा

रहा है।

स्वयं के प्रति जो ममता है, ममत्व का जो अज्ञान है, और अहम रूपी जो मूढता है सब दूर हो रहे हैं।

इस छोटे से पुष्प की सुगन्ध सार—सर्वस्व ही है।

नहर, चट्टान, पृथ्वी, ऋतुभेद, आकाश, उदय, अस्त सब देखते—देखते अदृश्य हो रहे हैं।

वायु, थल और जल घुल कर विलीन हो रहे हैं।

ध्वनियाँ स्वतः थम रही हैं।

अन्धकार और प्रकाश, शीत और उष्ण, समरस होकर बिदा ले रहे हैं।

गुणातीत अव्ययाधार पूर्णता में बदल रहा है।

वही सब कुछ है। एकमात्र वही सब कुछ है। सब, सब कुछ केवल वही है।

नित्यं, सत्यं।

आनन्द चिन्मयं, एकं।

आधित्रय हरं।

हरिः

हरिः

हरिः

❑❑❑

णाणं
पयासयं
वीर नि.सं. 2470
ई.सन् 1944
भारतीय ज्ञानपीठ